Schriftenreihe
Recht der Internationalen Wirtschaft
Band 15

Englisches Handels- und Wirtschaftsrecht

von

Dr. Volker Triebel
Rechtsanwalt in Düsseldorf
Barrister, London

und

Stephen Hodgson, M. A. (Cantab.)
Solicitor of the Supreme Court of England and Wales
Solicitor of the Supreme Court of Hong Kong

und

Dr. Wolfgang Kellenter, LL.M. (London)
Rechtsanwalt in Düsseldorf
Solicitor of the Supreme Court of England and Wales

und

Dr. Georg Müller, LL.M. (Cantab.)
Rechtsanwalt in Düsseldorf

2., neubearbeitete und wesentlich erweiterte Auflage 1995

Verlag Recht und Wirtschaft GmbH
Heidelberg

Zitiervorschlag: Triebel/Hodgson/Kellenter/Müller, Englisches Handels- und Wirtschaftsrecht, 2. Aufl., Rdnr. ...

1. Auflage 1978 · ISBN 3-8005-6198-0
2. Auflage 1995 · ISBN 3-8005-6974-4

Die Deutsche Bibliothek — CIP-Einheitsaufnahme

Englisches Handels- und Wirtschaftsrecht / von Volker Triebel ... — 2., neubearb. und wesentlich erw. Aufl. — Heidelberg: Verl. Recht und Wirtschaft, 1995

(Schriftenreihe Recht der internationalen Wirtschaft; Bd. 15)
1. Aufl. u. d. T.: Triebel, Volker: Englisches Handels- und Wirtschaftsrecht
ISBN 3-8005-6974-4

NE: Triebel, Volker; GT

ISBN 3-8005-6974-4

© 1995 Verlag Recht und Wirtschaft GmbH, Heidelberg

Das Werk einschließlich aller seiner Teile ist urheberrechtlich geschützt. Jede Verwertung außerhalb der engen Grenzen des Urheberrechtsgesetzes ist ohne Zustimmung des Verlages unzulässig und strafbar. Das gilt insbesondere für Vervielfältigungen, Bearbeitungen, Übersetzungen, Mikroverfilmungen und die Einspeicherung und Verarbeitung in elektronischen Systemen.

Satzkonvertierung: Filmsatz Unger & Sommer GmbH, 69469 Weinheim

Druck und Verarbeitung: Werbe- und Verlagsdruck, Wilhelm & Adam GmbH, 63150 Heusenstamm

Umschlaggestaltung: Atelier Warminski, 63654 Büdingen

∞ Gedruckt auf säurefreiem, alterungsbeständigem Papier, hergestellt aus chlorfrei gebleichtem Zellstoff (TCF)

Printed in Germany

Vorwort zur 2. Auflage

Die erste Auflage erschien vor 17 Jahren. Sie war schon nach zwei Jahren vergriffen. Dies zeigt: Der deutsche Sprachraum braucht eine Einführung in das englische Handels- und Wirtschaftsrecht. Dieses fremde Recht ist besonders wichtig, weil die Handelsbeziehungen mit England immer intensiver werden. Auch nichtenglische Parteien, Kaufleute, Gesellschaften wie Staaten wählen für ihre Rechtsbeziehungen immer häufiger dieses Recht. So fällt auf: Wenn weder eine deutsche noch eine US-amerikanische Partei „ihr" Recht durchsetzen kann, einigen sie sich oft auf englisches materielles Recht, weil es für sie „neutral" erscheint.

Die 2. Auflage gibt die Rechtslage mit Stand Frühjahr 1994 wieder. Sie wurde völlig neu bearbeitet und wesentlich erweitert. Dies war bedingt durch die Entwicklung des englischen Rechts seit 1977. Die englischen Gerichte haben seitdem viele Fälle von Tragweite entschieden. Der Gesetzgeber hat tief in das Fallrecht eingegriffen. So hat er mit dem Gesetz gegen unbillige Vertragsklauseln, dem *Unfair Contract Terms Act 1977,* die Vertragsfreiheit beschränkt. Neuere Gesetze, wie der *Patents Act 1977* und der *Copyright Design and Patents Act 1988*, gestalteten ältere Gesetze grundlegend neu. Das Gesellschaftsrecht hat durch die *Companies Acts 1980* bis *1989* eine umfassende Konsolidierung erfahren. Das Insolvenzrecht ist durch den *Insolvency Act 1986* neu geregelt, das Arbeitsrecht ist in wichtigen Teilen geändert worden. Die Harmonisierung des Rechtes innerhalb der Europäischen Union hat dazu geführt, daß englisches Recht in vielen Bereichen heute erheblich von dem im Jahre 1977 geltenden abweicht. Dies gilt beispielsweise für das Kapitalmarkt-, Verbraucher-, neuerdings für das Handelsvertreterrecht und auch für das internationale Privat- und Verfahrensrecht. Auf wichtige Änderungen, die nach Abschluß des Manuskripts erfolgten (z.B. das am 31. Oktober 1994 in Kraft getretene neue Warenzeichengesetz), wurde soweit möglich, hingewiesen.

Die Neuauflage hat fast alle Themen vertieft, einige neu hinzugenommen. Während die Erstauflage den gewerblichen Rechtsschutz nur in seinen Grundlagen behandelte, enthält die Neuauflage jetzt ein ausführliches Kapitel über englisches Patent-, Geschmacksmuster-, Urheber- und Warenzeichenrecht.

Außerdem wurde ein völlig neues Kapitel geschaffen: Weltweite Geltung englischen Handels- und Wirtschaftsrechts. Darin wird dargestellt, in welchen Ländern der Erde englische Rechtsprinzipien auch heute noch gelten, z.B. in Australien, Kanada, Indien, Hongkong sowie den Staaten des Commonwealth of Nations, dem früheren British Commonwealth of Nations. Diese gehörten ehemals zum britischen Weltreich. Es zeigt sich: Kenntnis des englischen Handels- und Wirtschaftsrechts ist für den Geschäftsverkehr in vielen Teilen der Welt unerläßlich.

Vorwort zur 2. Auflage

Wegen der Stoffülle wurde die Neuauflage von vier Autoren bearbeitet. Der Bearbeitungstiefe kam zugute, daß sich jeder Autor in seiner beruflichen Praxis spezialisiert hat: Volker Triebel im Vertrags-, Handels-, Gesellschafts-, Schiedsverfahrens- und Internationalen Privatrecht; Stephen Hodgson im Gesellschafts- und Insolvenzrecht; Wolfgang Kellenter im gewerblichen Rechtsschutz, Wettbewerbsrecht und im Internationalen Privat- und Prozeßrecht; Georg Müller im Kauf-, Handels- und Gesellschaftsrecht. Die Verfasser haben darauf verzichtet anzugeben, welcher Autor ein bestimmtes Kapitel maßgeblich bearbeitet hat. Alle Autoren fühlen sich gemeinsam für das gesamte Manuskript verantwortlich.

Die Neuauflage enthält neben einem wesentlich erweiterten Sachverzeichnis, englischem Vorbild folgend, auch ein Entscheidungs- und ein Gesetzesregister.

Unser besonderer Dank gilt Rechtsanwalt Dr. Bernd Atenstaedt, stellvertretender Hauptgeschäftsführer der Deutsch-Britischen Industrie- und Handelskammer in London. Er hat Teile des ursprünglichen Manuskriptes für die Neuauflage überarbeitet und Anregungen gegeben, die wegen seiner praktischen Sicht der Dinge besonders wertvoll waren. Zu Dank verpflichtet sind wir Solicitor David Marks, der beim Beginn der Arbeiten an dieser Auflage mitgearbeitet hat.

Wir danken Rechtsanwalt Dr. Hanns Jochen Siegrist LL.M. für die Überarbeitung des Abschnittes Transportrecht und Rechtsanwalt Dr. Michael Johannes Schmidt für seine wertvollen Anmerkungen zum internationalen Privat- und Prozeßrecht. Frau Gudrun Stermann, *Capacité en droit*, hat die einzelnen Beiträge der Autoren zu einem einheitlichen Manuskript zusammengefügt.

Die Verfasser danken ihren Ehefrauen, die mit Verständnis und Nachsicht das Entstehen des Manuskripts begleitet haben; Petra Hodgson hat die von ihrem Mann bearbeiteten Teile durchgesehen. Für kritische Hinweise und weiterführende Anregungen sind die Autoren stets dankbar.

Düsseldorf und Frankfurt im November 1994

Die Verfasser

Inhaltsübersicht

I. Kapitel: Der Begriff des Handels- und Wirtschaftsrechts	29
§ 1 Handelsrecht	29
§ 2 Wirtschaftsrecht	32
II. Kapitel: Quellen des Handels- und Wirtschaftsrechts	34
§ 1 Rechtsprechung	34
§ 2 Gesetzgebung	39
§ 3 Außerstaatliche „Rechtsetzung"	42
§ 4 Handelsbrauch	43
§ 5 Fundstellen und Literatur	44
III. Kapitel: Recht der Handelsgeschäfte	51
§ 1 Einige Besonderheiten des englischen Vertragsrechts	51
§ 2 Warenkauf	94
§ 3 Finanzierungsgeschäfte	118
§ 4 Kreditsicherungsgeschäfte	125
§ 5 Transportrecht	153
IV. Kapitel: Kaufmännische Hilfs- und Mittelspersonen	160
§ 1 Besonderheiten des Stellvertretungsrechts	160
§ 2 Vertretertypen im Handelsverkehr	166
V. Kapitel: Arbeitsrecht	185
§ 1 Allgemeines	185
§ 2 Individualarbeitsrecht	189
§ 3 Kollektives Arbeitsrecht	203
§ 4 Mitbestimmung der Arbeitnehmer	208
VI. Kapitel: Die Gesellschaften	209
§ 1 Allgemeines	209
§ 2 Gründung der company	220
§ 3 Satzung der company	226
§ 4 Kapital der company	237
§ 5 Anteile und Gesellschafter	243
§ 6 Schuldverschreibungen	260
§ 7 Organe der company	263
§ 8 Publizität und Rechnungswesen	276

Inhaltsübersicht

§ 9 Änderung der Substanz und Abwicklung der company 283
§ 10 Partnership 293

VII. Kapitel: Insolvenzrecht 300

§ 1 Allgemeines 300
§ 2 Insolvenz der natürlichen Personen und Konkurs 302
§ 3 Materielles Konkursrecht 307
§ 4 Insolvenz der companies 310

VIII. Kapitel: Gewerblicher Rechtsschutz und Urheberrecht 316

§ 1 Patentrecht 316
§ 2 Geschmacksmusterrecht 333
§ 3 Urheberrecht 337
§ 4 Warenzeichenrecht 340

IX. Kapitel: Wettbewerbs- und Kartellrecht 355

§ 1 Unlauterer Wettbewerb 355
§ 2 Wettbewerbsbeschränkungen 365

X. Kapitel: Internationales Privat- und Verfahrensrecht 373

§ 1 Internationales Prozeßrecht 373
§ 2 Internationales Schiedsverfahrensrecht 404
§ 3 Internationales Konkursrecht 408
§ 4 Internationales Privatrecht 413

XI. Kapitel: Weltweite Geltung des englischen Handels- und Wirtschaftsrechts 433

§ 1 Allgemeines 433
§ 2 England und Wales 435
§ 3 Australien 437
§ 4 Bahamas 442
§ 5 Bermudas 444
§ 6 Die Cayman-Inseln 446
§ 7 Commonwealth und Dependencies 447
§ 8 Hong Kong 449
§ 9 Indien 452
§ 10 Irland 455
§ 11 Israel 457
§ 12 Kanada 458
§ 13 Kanalinseln und die Insel Man 460
§ 14 Kenia, Nigeria und weitere afrikanische Staaten 462

§ 15 Neuseeland	464
§ 16 Nordirland (Ulster)	466
§ 17 Pakistan	468
§ 18 Schottland	470
§ 19 Singapur und Malaysia	472
§ 20 Südafrika	475
§ 21 Vereinigte Staaten von Amerika	477
Gesetzesregister	479
Entscheidungsregister	493
Sachregister	515

Inhaltsverzeichnis

Abkürzungsverzeichnis 22
Einleitung 25

I. Kapitel
Der Begriff des Handels- und Wirtschaftsrechts

§ 1 Handelsrecht 29
§ 2 Wirtschaftsrecht 32

II. Kapitel
Quellen des Handels- und Wirtschaftsrechts

§ 1 Rechtsprechung 34
§ 2 Gesetzgebung 39
§ 3 Außerstaatliche „Rechtsetzung" 42
§ 4 Handelsbrauch 43
§ 5 Fundstellen und Literatur 44
    I. Einführungen in das englische Recht 45
    II. Englisches Zivilrecht 46
    III. Urteils- und Gesetzessammlungen 48
    IV. Zeitschriften 49
    V. Enzyklopädien 49
    VI. Rechtswörterbücher 50

III. Kapitel
Recht der Handelsgeschäfte

§ 1 Einige Besonderheiten des englischen Vertragsrechts 51
    I. Allgemeines 51
    II. Vertragsschluß 53
    III. Gegenleistung – consideration 54
        1. Grundsatz 54
        2. Angebot und consideration 55
        3. Kein Vertrag zugunsten Dritter 56
    IV. Vertragsänderung, Verzicht, Verwirkung 58
    IV. Vertragsform 58
    V. Vertragsinhalt 60
        1. Bestimmtheit 60
        2. Abgrenzung von vorvertraglichen Erklärungen 61
        3. Ausdrücklicher Vertragsinhalt 62
        4. Allgemeine Geschäftsbedingungen 63

	5. Kein nachgiebiges Recht	65
	6. Kein Grundsatz von Treu und Glauben	66
VI.	Vertragsauslegung	67
VII.	Unwirksamkeit	69
	1. Übersicht	69
	2. Rechtswidrigkeit – illegality	70
	3. Unbillige Haftungsbeschränkungen	72
VIII.	Vertragshaftung	75
	1. Vertragsverletzung – breach of contract	75
	2. Verschuldensunabhängige Haftung	76
IX.	Erlöschensgründe	77
	1. Übersicht	77
	2. Erfüllung	77
	3. Frustration	79
	4. Annahme des Vertragsbruches	81
	5. Aufrechnung	82
X.	Rechtsbehelfe	84
	1. Übersicht	84
	2. Schadensersatz	84
	3. Vertragsstrafe – penalty	87
	4. Zinsen	88
	5. Erfüllungsverlangen	90
XI.	Verjährung – limitation of action	91

§ 2 Warenkauf ... 94

I.	Allgemeines	94
II.	Anwendungsbereich	94
	1. Kaufvertrag	94
	2. Tauschvertrag	95
	3. Werk- und Werklieferungsvertrag	95
	4. Dienstvertrag	95
	5. Mietkauf	96
	6. Leasing	96
	7. Wertpapiere	96
III.	Pflichten des Verkäufers	97
	1. Übereignung	97
	a) Grundregel	97
	b) Gattungsschuld	98
	c) Speziesschuld	98
	d) Eigentumsvorbehalt	98
	e) Gutgläubiger Erwerb	99
	2. Gefahrübergang	101
	3. Übergabe	102
	4. Quantität	103

	5. Qualität	103
	a) Kauf nach Beschreibung	104
	b) Handelsübliche Qualität	104
	c) Kauf nach Muster	106
	6. Haftungsausschluß	107
IV.	Pflichten des Käufers	107
V.	Rechtsbehelfe des Verkäufers	108
	1. Übersicht	108
	2. Zurückbehaltungsrecht	109
	3. Rückrufsrecht	109
	4. Wiederverkauf	109
	5. Zahlung des Kaufpreises	110
	6. Schadensersatz	110
VI.	Rechtsbehelfe des Käufers	111
	1. Zurückweisung des Vertragsgegenstandes	111
	2. Schadensersatz	112
	3. Erfüllung	114
VII.	Produkthaftung	115

§ 3 Finanzierungsgeschäfte ... 118
   I. Allgemeines ... 118
  II. Bankenorganisation und Bankenaufsicht ... 118
 III. Finanzierungsarten ... 122
 IV. Devisen- und Investitionskontrolle ... 124

§ 4 Kreditsicherungsgeschäfte ... 125
   I. Allgemeines ... 125
  II. Chattel Mortgage ... 125
     1. Begriff ... 125
     2. Bestellung ... 126
     3. Registrierung ... 127
     4. Rechte des Sicherungsnehmers ... 128
     5. Rückübertragung ... 129
 III. Pledge ... 130
     1. Begriff ... 130
     2. Bestellung ... 130
     3. Erlöschen ... 132
     4. Negative Pledge ... 132
 IV. Lien ... 132
     1. Begriff ... 132
     2. Legal lien ... 132
     3. Vertragliches Zurückbehaltungsrecht ... 133
     4. Gesetzliches Zurückbehaltungsrecht ... 133
     5. Equitable lien ... 134
  V. Hypothecation ... 134

    VI. Floating charge 135
        1. Begriff und Bestellung 135
        2. Verfügungsbefugnis 136
        3. Negative Pledge 137
        4. Konkretisierung 138
        5. Registrierung 139
        6. Rangfolge 139
   VII. Rangrücktrittsvereinbarungen 141
        1. Gesicherte Gläubiger 141
        2. Ungesicherte Forderungen 141
  VIII. Eigentumsvorbehalt 143
        1. Hintergrund 143
        2. Einfacher Eigentumsvorbehalt 143
        3. Erweiterter und Konzernvorbehalt 145
        4. Verlängerter Eigentumsvorbehalt 145
        5. Verarbeitungsvorbehalt 146
    IX. Bürgschaft 146
        1. Begriff 146
        2. Inhalt 147
     X. Forderungsabtretung 150
    XI. Factoring 151
   XII. Export Credit Guarantees 152

§ 5 **Transportrecht** 153
     I. Allgemeines 153
    II. Frachtvertrag 155
   III. Speditionsvertrag 157

IV. Kapitel
Kaufmännische Hilfs- und Mittelspersonen

§ 1 **Besonderheiten des Stellvertretungsrechts** 160
     I. Allgemeines 160
    II. Innenverhältnis 162
   III. Außenverhältnis 163
    IV. Undisclosed Agency 164

§ 2 **Vertretertypen im Handelsverkehr** 166
     I. Handelsvertreter 166
        1. Einleitung 166
        2. Rechtslage vor dem 1. Januar 1994 166
        3. Rechtslage seit dem 1. Januar 1994 169
           a) Einleitung 169
           b) Geltungsbereich 170
           c) Begriffe 171
           d) Rechte und Pflichten im allgemeinen 171

e) Vergütung des Handelsvertreters		172
f) Abschluß und Beendigung des Handelsvertretervertrages		174
4. Stellungnahme		177
II. Factor		179
III. Broker		179
IV. Confirming Houses		181
V. Eigenhändler		182
VI. Franchising		183

V. Kapitel
Arbeitsrecht

§ 1 **Allgemeines** 185

§ 2 **Individualarbeitsrecht** 189
    I. Arbeitsvertrag 189
        1. Begriff 189
        2. Form 190
        3. Inhalt 191
    II. Gesetze zum Schutze des Arbeitnehmers 193
    III. Arbeitnehmerrechte bei Kündigung 198
    IV. Arbeitsgerichte 202

§ 3 **Kollektives Arbeitsrecht** 203
    I. Allgemeines 203
    II. Beilegung von Streitigkeiten bei Kollektivverhandlungen ... 204
    III. Arbeitskampfmaßnahmen 205

§ 4 **Mitbestimmung der Arbeitnehmer** 208

VI. Kapitel
Die Gesellschaften

§ 1 **Allgemeines** 209
    I. Grundsätze 209
    II. Gesellschaftsrecht im Wandel 212
    III. Einteilung der Gesellschaften 214
    IV. Insbesondere: public und private companies 216

§ 2 **Gründung der company** 220
    I. Gründung 220
    II. Probleme der Vorgesellschaft 223

§ 3 **Satzung der company** 226
    I. Memorandum of association 226
        1. Grundsatz 226
        2. Firma 228
        3. Sitz 230

Inhaltsverzeichnis

	4. Gegenstand	231
	5. Haftungsbeschränkung	233
II.	Articles of association	235

§ 4 Kapital der company ... 237
    I. Arten des Kapitals ... 237
    II. Kapitalerhaltung ... 238

§ 5 Anteile und Gesellschafter ... 243
    I. Rechtsnatur und Gattungen von Aktien ... 243
    II. Ausgabe von Anteilen ... 245
    III. Übertragung von Anteilen ... 250
    IV. Insidergeschäfte ... 253
    V. Minderheitenschutz ... 255
    VI. Mehrheitsregel ... 258

§ 6 Schuldverschreibungen ... 260
    I. Schuldverschreibungen debentures ... 260
    II. Arten und Übertragung der Schuldverschreibungen ... 261

§ 7 Organe der company ... 263
    I. Hauptversammlung ... 263
    II. Board of directors ... 267
        1. Grundsätze ... 267
        2. Bestellung und Abberufung der directors ... 269
        3. Rechtsstellung, Sorgfaltspflicht und Verantwortlichkeit der directors ... 271
    III. Secretary ... 274
    IV. Mitwirkung von Arbeitnehmern ... 275

§ 8 Publizität und Rechnungswesen ... 276
    I. Publizitätsvorschriften ... 276
    II. Buchführung und Jahresabschluß ... 278
    III. Prüfung des Jahresabschlusses ... 281

§ 9 Änderung der Substanz und Abwicklung der company ... 283
    I. Konzernrecht ... 283
    II. Umwandlung, Verschmelzung, Übernahmeangebot ... 285
    III. Abwicklung und Auflösung ... 290

§ 10 Partnership ... 293
    I. Begriff und Errichtung der partnership ... 293
    II. Innenverhältnis ... 295
    III. Außenverhältnis ... 296
    IV. Auflösung ... 298
    V. Limited partnership ... 299

VII. Kapitel
Insolvenzrecht

§ 1 Allgemeines	300
§ 2 Insolvenz der natürlichen Personen und Konkurs	302
I. Freiwilliger außergerichtlicher Vergleich – individual voluntary arrangement	302
II. Außergerichtliches Moratorium – scheme of arrangement	303
III. Konkursverfahren – administration order	304
IV. Konkursverfahren – Bankruptcy	304
§ 3 Materielles Konkursrecht	307
§ 4 Insolvenz der companies	310
I. Freiwilliger außergerichtlicher Vergleich	310
II. Compromise or Scheme of Arrangement	311
III. Administration	311
IV. Administrative Receivership und Receivership	313

VIII. Kapitel
Gewerblicher Rechtsschutz und Urheberrecht

§ 1 Patentrecht	316
I. Einführung	316
1. Geschichtliche Grundlagen und Rechtsquellen des englischen Patentrechts	316
2. Die Verwaltung des englischen Patentsystems	317
II. Patentfähigkeit	317
1. Erfindung	317
2. Neuheit	319
3. Erfinderische Tätigkeit	320
4. Gewerbliche Anwendbarkeit	321
5. Patentschutz für Arzneimittel	322
6. Deutliche und vollständige Offenbarung	323
III. Erteilung und Widerruf von Patenten	323
1. Die Anmeldung	323
2. Recherche und Prüfung	324
3. Priorität, Schutzdauer und Widerruf	324
IV. Patentverletzung	325
1. Die Patentansprüche	325
2. Die Verletzungshandlung	326
3. Einwendungen	326
4. Patentverletzungsprozeß	327
V. Arbeitnehmererfindungen	328

Inhaltsverzeichnis

	VI. Patentlizenzen und Wettbewerbskontrolle	329
	1. Patentlizenzen	329
	2. Wettbewerbskontrolle nach englischem Recht	330
	3. Wettbewerbskontrolle nach EU-Recht	330

§ 2 Geschmacksmusterrecht 333
    I. Einführung 333
    II. Eingetragenes Geschmacksmuster 334
    III. Nichteingetragenes Geschmacksmuster 335
    IV. Urheberrechtsschutz an Geschmacksmustern 335

§ 3 Urheberrecht 337
    I. Einführung 337
    II. Gegenstand des Urheberrechts 337
    III. Urheberrechtsverletzung 338

§ 4 Warenzeichenrecht 340
    I. Einführung 340
        1. Das englische Warenzeichensystem 340
        2. Bedeutung der Eintragung 341
    II. Eintragungsfähigkeit 341
        1. Zeichenarten 341
        2. Voraussetzungen für die Eintragung 343
    III. Das Eintragungsverfahren 344
    IV. Warenzeichenverletzung 346
        1. Wirkung der Eintragung 346
        2. Die Verletzungshandlung 346
        3. Benutzung an Originalwaren und Zustimmung 347
    V. Übertragung, Lizenz und Benutzung von Warenzeichen 348
    VI. Wettbewerbskontrolle nach EU-Recht 349
    VII. Warenzeichenreform 351
        1. Eintragungsvoraussetzungen 351
        2. Eintragungshindernisse 352
        3. Eintragungsverfahren 352
        4. Verletzung 353
        5. Benutzung 353
        6. Internationale Aspekte 354

IX. Kapitel
Wettbewerbs- und Kartellrecht

§ 1 Unlauterer Wettbewerb 355
    I. Einführung 355
    II. Passing Off 356
        1. Grundlagen 356
        2. Anspruchsvoraussetzungen 356
        3. Einzelheiten 357

III. Anschwärzung 360
IV. Geheimnisschutz 361
V. Sonstige Regelungen des unlauteren Wettbewerbs 363

§ 2 Wettbewerbsbeschränkungen 365
I. Common Law und Gesetzesrecht 365
II. Wettbewerbsbeschränkende Vereinbarungen 366
III. Preisbindung 368
IV. Marktbeherrschung 369
V. Unternehmenszusammenschlüsse 370
VI. Wettbewerbswidrige Praktiken 371

X. Kapitel
Internationales Privat- und Verfahrensrecht

§ 1 Internationales Prozeßrecht 373
I. Rechtsgrundlagen 373
 1. EuGVÜ und LuganoÜ 373
 2. Bilaterale und internationale Abkommen 375
 3. Common Law 376
II. Internationale Zuständigkeit nach EuGVÜ und LuganoÜ .. 376
 1. Sachlicher Anwendungsbereich von EuGVÜ und
    LuganoÜ (Art. 1) 377
 2. Allgemeiner Gerichtsstand (Art. 2) 377
 3. Besondere Gerichtsstände (Art. 5) 378
 4. Versicherungs- und Verbrauchergerichtsstände
    (Art. 7–15) 380
 5. Ausschließliche Gerichtsstände 380
    a) Art. 16 EuGVÜ/LuganoÜ 380
    b) Gerichtsstandsvereinbarungen (Art.. 17, 18) 381
       aa) Grundzüge 381
       bb) Gerichtsstandsvereinbarungen in allgemeinen
           Geschäftsbedingungen 382
       cc) Weitere Einzelheiten zu Art. 17, 18 EuGVÜ 385
III. Zuständigkeit nach traditionellem englischem Recht 386
 1. Grundzüge 386
 2. Internationale Zuständigkeit für Klagen gegen
    Privatpersonen 387
 3. Internationale Zuständigkeit für Klagen gegen
    Gesellschaften 387
 4. Internationale Zuständigkeit durch Auslands-
    zustellung 388
IV. Vergleich der internationalen Zuständigkeit nach EuGVÜ/
    LuganoÜ und common law 389

Inhaltsverzeichnis

V.	Konkurrierende Gerichtsbarkeit	390
	1. Wahl des günstigsten Gerichtsstandes – forum shopping	390
	2. Exkurs: Die Zweiteilung der englischen Rechtsanwaltschaft in Barristers und Solicitors	391
	3. Prozeßkosten und Verfahrensdauer	392
	4. Doppelzuständigkeit und forum non conveniens doctrine	393
	5. Anti-suit injunctions.............................	394
VI.	Zustellung	394
VII.	Beweiserhebung	395
VIII.	Anerkennung und Vollstreckung ausländischer Urteile	396
	1. Grundzüge	396
	2. Anerkennung von Urteilen nach dem EuGVÜ	396
	3. Vollstreckung von Urteilen nach dem EuGVÜ	397
	4. Anerkennung und Vollstreckung nach dem bilateralen Abkommen von 1960	397
IX.	Arrest..	398
	1. Dinglicher Arrest Mareva Injunction	398
	2. Persönlicher Arrest	400
	3. Exkurs: Anton Piller Order	400
XI.	Zinsen	401

§ 2 Internationales Schiedsverfahrensrecht 404
    I. Grundzüge... 404
    II. Auswirkung einer Schiedsabrede auf einen Prozeß vor englischen Gerichten 405
    III. Kontrolle von Schiedssprüchen durch englische Gerichte ... 405

§ 3 Internationales Konkursrecht 408
    I. Einführung 408
    II. Englisches Konkursverfahren 408
        1. Zuständigkeit englischer Gerichte..................... 408
        2. Wirkung der Eröffnung des Konkursverfahrens 409
        3. Zwingende Anwendung englischen Rechts 410
    III. Ausländische Konkursverfahren......................... 411
    IV. Die Abwicklung insolventer Gesellschaften 412

§ 4 Internationales Privatrecht 413
    I. Einführung 413
    II. Verträge (allgemein)................................... 414
        1. EG-Schuldvertragsübereinkunft 414
        2. Common Law 416
    III. Kaufverträge 418
    IV. Wirtschaftsrechtliche Aspekte des internationalen Deliktsrechts, unlauterer Wettbewerb 421
    V. Arbeitsrecht, kaufmännische Hilfs- und Mittelspersonen ... 422

VI.	Gesellschaftsrecht	425
VII.	Wettbewerbsbeschränkungen	427
VIII.	Gewerblicher Rechtsschutz	428

XI. Kapitel
Weltweite Geltung des englischen Handels- und Wirtschaftsrechts

§ 1	Allgemeines	433
§ 2	England und Wales	435
§ 3	Australien	437
§ 4	Bahamas	442
§ 5	Bermudas	444
§ 6	Die Cayman-Inseln	446
§ 7	Commonwealth und Dependencies	447
§ 8	Hong Kong	449
§ 9	Indien	452
§ 10	Irland	455
§ 11	Israel	457
§ 12	Kanada	458
§ 13	Kanalinseln und die Insel Man	460
§ 14	Kenia, Nigeria und weitere afrikanische Staaten	462
§ 15	Neuseeland	464
§ 16	Nordirland (Ulster)	466
§ 17	Pakistan	468
§ 18	Schottland	470
§ 19	Singapur und Malaysia	472
§ 20	Südafrika	475
§ 21	Vereinigte Staaten von Amerika	477

Gesetzesregister	479
Entscheidungsregister	493
Sachregister	515

Abkürzungsverzeichnis

a. A.	am Anfang
a. A.	anderer Ansicht
a. a. O.	am angegebenen Ort
Abs.	Absatz
a. E.	am Ende
A. C.	Appeal Cases (ab 1891)
A. & E.	Adophus & Ellis (1834–1840)
Aleyn	Aleyn (1646–1648)
All E. R.	All England Law Reports (ab 1936)
App. Cas.	Appeal Cases (1875–1890)
Art.	Artikel bzw. Article
Aufl.	Auflage
AWD BB	Außenwirtschaftsdienst des Betriebs-Beraters (seit 1975 – Recht der Internationalen Wirtschaft RIW/AWD)
B. & A.	Barnewell & Alderson (1817–1822)
B. & Ad.	Barnewell & Adophus (1830–1834)
BB	Betriebs-Berater
B.C.C.	British Company Cases
B.C.L.C.	Butterworths Company Law Cases
Beav.	Beavan (1838–1866)
BGB	Bürgerliches Gesetzbuch
Bing. N.C.	Bingham, New Cases (1834–1840)
B. & S.	Best & Smith (1861–1870)
Ch.	Chancery (ab 1891)
Ch. App.	Chancery Appeal Cases (1865–1875)
Ch. D.	Chancery Division (1875–1890)
CIM	Convention international concernant le transport de merchandises par chemins de fer
C. L. J.	Cambridge Law Journal (ab 1921)
C. L. P.	Current Legal Problems
C. L. R.	Commonwealth Law Reports (ab 1903)
CMR	Convention relative au transport international de merchandises par route
C. M. L. R.	Common Market Law Reports
C. P. D.	Common Pleas Division (1875–1880)
De G. & Sm.	De Gex & Smale (1846–1852)
E. & B.	Ellis & Blackburn (1851–1858)
E. I. P. R.	European Intellectual Property Review
El. & Bl.	Ellis & Blackburn (1851–1858)
E. R.	English Reports (Reprint)

Esp.	Espinasse (1793–1807)
EU	Europäische Union
EuGH	Gerichtshof der Europäischen Gemeinschaften
EUGSVÜ	EG-Schuldvertragsübereinkommen vom 19.6.1980
EuGVÜ	(Europäisches) Übereinkommen über die gerichtliche Zuständigkeit und die Vollstreckung gerichtlicher Entscheidungen in Zivil- und Handelssachen (27.9.1968)
EWG	Europäische Wirtschaftsgemeinschaft
EWS	Europäisches Wirtschafts- und Steuerrecht
Ex.	Exchequer Reports (1847–1856)
Ex. D.	Exchequer Division (1875–1880)
ex p.	ex parte
F. & F.	Foster & Finlason (1856–1867)
f.; ff.	folgende
F.S.R.	Fleet Street Patent Law Reports
GRUR	Gewerblicher Rechtsschutz und Urheberrecht
GRUR Int.	Gewerblicher Rechtsschutz und Urheberrecht International
GWB	Gesetz gegen Wettbewerbsbeschränkungen
Ha.	Hare (1841–1853)
H. Bl.	Blackstone, H. (1788–1796)
H.L.	House of Lords
H.L.Cas.	House of Lords Cases (1847–1866)
H. & N.	Hartstone & Norman (1856–1862)
Hob.	Hobart (1603–1625)
I.C.L.Q.	International and Comparative Law Quarterly
I.C.R.	Industrial Cases Reports
I.I.C.	International Review of Industrial Property and Copyright
IPRAX	Praxis des Internationalen Privat- und Verfahrensrechts
IPRspr	Die deutsche Rechtsprechung auf dem Gebiet des Internationalen Privatrechts
I.R.L.R.	Industrial Relations Law Reports
I.T.R.	Industrial Tribunal Reports
IWB	Internationale Wirtschaftsbriefe
J.B.L.	The Journal of Business Law
K.B.	King's Bench (1901–1952)
KO	Konkursordnung
Ld. Ray.	Raymond, Lord (1694–1732)
Ll.L.Rep.	Lloyd's List Law Reports (1919–1950)
Lloyd's Rep.	Lloyd's Law Reports (ab 1951)
L.J.	Lord Justice
L.J.	Law Journal Reports (Ch., K.B., Q.B.) (1831–1949)
L.Q.R.	Law Quarterly Review

L. R. App. Cas.	Appeal Cases, Second Series (1875–1890)
L. R. Ch. App.	Chancery Appeal Cases (1865–1875)
L. R. Eq.	Equity Cases (1866–1875)
L. R. Ex.	Exchequer Cases (1866–1875)
L. R. H. L.	English and Irish Appeals (1866–1875)
L. R. Q. B.	Queen's Bench (1865–1875)
L. T.	Law Times Report (1859–1947)
Man. & G.	Manning & Granger (1840–1844)
M. L. R.	Modern Law Review
Moo. P. C.	Moore, E. F. (1836–1862)
M. R.	Master of the Rolls
NJW	Neue Juristische Wochenschrift
Nr.	Nummer
OJ EPO	Official Journal of the European Patent Office
P.	Probate Division (1891–1973)
para.	Paragraph
P. C.	Privy Council
P. D.	Probate Division (1875–1880)
Q. B.	Queen's Bench
Q. B. D.	Queen's Bench Division (1875–1890)
R.	Rex bzw. Regina
RabelsZ	Zeitschrift für ausländisches und internationales Privatrecht, begründet von Ernst Rabel
RdA	Recht der Arbeit
RG	Reichsgericht in Zivilsachen, Amtliche Sammlung
RIW/AWD	Recht der Internationalen Wirtschaft
R. P. C.	Reports of Patent Cases (ab 1884)
Russ.	Russell (1823–1829)
S.	Seite
S. C.	Session Cases (ab 1906)
Sel. Cas. Ch.	Selected Cases in Chancery (1724–1733)
S. J. (Sol. J.)	Solicitor's Journal (ab 1857)
Stark.	Starkie (1814–1823)
T. L. R.	Times Law Reports (1884–1952)
T. R.	Term Reports (1785–1800)
v.	versus
vgl.	vergleiche
WG	Wechselgesetz
W. L. R.	Weekly Law Reports
WuW	Wirtschaft und Wettbewerb
ZHR	Zeitschrift für das gesamte Handelsrecht und Wirtschaftsrecht
ZPO	Zivilprozeßordnung

Einleitung

Das Interesse deutscher Juristen am anglo-amerikanischen Recht war und ist groß. Erinnert sei nur an die drei großen „R": Rabel[1], Radbruch[2] und Rheinstein[3]. Trotzdem verwundert: Zusammenfassende deutsche Darstellungen des englischen Zivil- und Handelsrechts stammen aus der Zeit nach dem ersten Weltkrieg.

1

Es gibt keinen Ferid/Sonnenberger des englischen Zivilrechts, der die Grundlagen dieses fremden Rechts systematisch zusammenfaßt und dogmatisch zu erklären versucht[4]. Dies bereitet Schwierigkeiten: Denn diese Schrift kann sich nicht damit begnügen, Rechtssätze des englischen Zivilrechts durch bloße Verweisungen auf ein grundlegendes Werk anzudeuten. Doch soll und kann das englische Zivilrecht nicht breit erörtert werden. Zivilrechtliche Grundsätze werden nur dort beschrieben, wo dies zum Verständnis des englischen Handels- und Wirtschaftsrechts nötig ist.

2

Diese Schrift will nicht wichtige Themen des englischen Handels- und Wirtschaftsrechts dem deutschen Leser erstmals vor Augen führen oder praktische Hinweise auf Teilrechtsgebiete geben. Es geht vielmehr um die systematische Aufbereitung dieses Rechtsgebiets in deutscher Sprache und knapper Form. Unterschiede zwischen englischem und deutschem Recht werden stärker betont als Identität.

3

Diese Schrift wendet sich an den deutschen, österreichischen und schweizer Juristen: Wer einen praktischen Fall nach englischem Recht lösen muß, braucht einen Einstieg; wer geschäftliche Kontakte zu England abklären muß, braucht einen Überblick.

4

Doch auch umgekehrt: Der mit dem deutschen Recht vertraute Jurist muß häufig im heimischen Recht englische Mandanten beraten. Auch wenn er sich dem englischen Laien oder englischen Juristen sprachlich verständlich machen kann, stoßen seine juristischen Ausführungen oft auf taube Ohren: weil er die Begriffswelt des englischen Rechts nicht kennt, weil er die Besonderheiten des eigenen Rechts und Unterschiede zum fremden Recht nicht erahnt.

5

Nicht beabsichtigt ist, die deutschsprachige Sekundärliteratur über englisches Handels- und Wirtschaftsrecht vollständig zu zitieren. Im Vordergrund stehen die originären englischen Rechtsquellen: Gesetze und viel mehr noch Entscheidungen. Denn das Fallrecht, das vom Richter gesetzte Recht, ist im englischen

6

---

1 Das Recht des Warenkaufs, Band I, Berlin 1957; Band II, Berlin 1968, mit Ausführungen zum englischen Vertrags- und Kaufrecht.
2 Der Geist des englischen Rechts, 5. Auflage 1964.
3 Die Struktur der vertraglichen Schuldverhältnisse im anglo-amerikanischen Recht, 1932.
4 Vgl. Ferid/Sonnenberger, Französisches Zivilrecht, Frankfurt/Berlin, vierbändig, 1. Auflage 1970, 2. Auflage ab 1986 (bisher sind die Bände 1/1, 2, 3 und 4/1 erschienen).

Recht allgemein und auch im englischen Handelsrecht die wichtigste Rechtsquelle. Kein englischer Jurist – sei er Praktiker oder Theoretiker – würde einen Rechtssatz zuerst mit einem Zitat aus einem Lehrbuch oder einer Abhandlung belegen, von ehrwürdigen Kompendien früherer Jahrhunderte abgesehen. Am Anfang steht der Fall. Der neueste Fall gibt das Recht wieder. Er ist grundsätzlich nie falsch. Er interpretiert ältere Fälle und Gesetze authentisch. Der Weg zum englischen Recht führt also über Fälle. Das zeigt sich auch daran: Die sehr ärmlichen Sachwortverzeichnisse englischer juristischer Bücher werden mehr als wettgemacht durch komplette Fallverzeichnisse.

7   Diese Schrift muß sich auf eine Auswahl aus dem reichhaltigen Gebiet des Handels- und Wirtschaftsrechts beschränken. Der Schwerpunkt der Darstellung liegt auf dem Vertrags-, Handels-, Gesellschafts- und Insolvenzrecht. Diese Gebiete sind für das deutsche Unternehmen, das in England oder anderen Ländern des englischen Rechtskreises Handel treibt, von besonderer Bedeutung. Dem englischen Arbeitsrecht ist ein eigenes Kapitel gewidmet. Denn das Interesse an dieser Materie ist erfahrungsgemäß sehr groß.

8   In einer Zeit, in der sich Konkurrenzprodukte immer mehr ähneln und der Wettbewerb immer internationaler wird, werden nationale Monopole durch gewerbliche Schutzrechte immer wichtiger. Dies gilt vor allem für Warenzeichen, in Deutschland in Zukunft nur noch „Marken" genannt. Der Erfolg eines Produktes beruht immer häufiger nicht allein auf seiner Qualität oder seinen Unterschieden zu Konkurrenzprodukten, sondern auf dem durch Markendurchsetzung geschaffenen Goodwill. Daher haben wir uns in der neuen Auflage nicht nur auf eine Darstellung der Grundzüge des gewerblichen Rechtsschutzes beschränkt, sondern diesem wichtigen Rechtsgebiet ein ausführliches Kapitel gewidmet.

9   Im internationalen Handel sind nicht nur Grundkenntnisse des englischen Rechts wichtig. Entscheidend ist oft die Vorfrage, welches Recht überhaupt anwendbar ist und welche Gerichte oder Schiedsgerichte zur Entscheidung eines Rechtsstreites berufen sind. Dies rechtfertigt es, das englische Handelskollisionsrecht sowie das internationale Prozeß-, Konkurs- und Schiedsverfahrensrecht ausführlich darzustellen.

10 Einige andere wichtige Rechtsgebiete haben wir schweren Herzens ausgelassen, da eine ausführliche Darstellung den Rahmen dieser Schrift als Einführung in das englische Handels- und Wirtschaftsrecht gesprengt hätte. Dies gilt zum Beispiel für das gesamte Grundstücks- und Baurecht, das englische Rechtsinstitut des *trust* sowie das auch in der internationalen Versicherungspraxis bedeutsame englische Versicherungsrecht. Andere wichtige Rechtsgebiete wie Seehandelsrecht, Bank- und Börsenrecht sowie Wechsel- und Scheckrecht konnten zwar nicht ausführlich dargestellt werden. Sie werden jedoch im Zusammenhang mit anderen Themen gestreift.

Steuerrecht wird nicht behandelt, auch nicht das deutsch-britische Doppelbe-   11
steuerungsabkommen[5]. Hervorstechende Unterschiede des englischen Steuerrechts im Vergleich zum deutschen sind: Der Veräußerungsgewinn (*capital gains*) unterfällt nicht der Einkommensteuer, sondern seit 1965 einem besonderen Gesetz[6]. Im Körperschaftsteuerecht gilt das Anrechnungsverfahren (*imputation system*), das Doppelbesteuerung von Gesellschaften und Anteilseignern vermeidet, schon seit 1973[7].

Das Buch schließt mit einem Kapitel über die weltweite Geltung englischen   12
Handels- und Wirtschaftsrechts. Es zeigt sich: In mehr als 70 Ländern der Erde lebt über ein Drittel der Weltbevölkerung nach englischen Rechtsprinzipien; zum Teil gilt in diesen Ländern englisches Handels- und Wirtschaftsrecht sogar unverändert. In der Neuauflage wurde deshalb der Weltgeltung englischen Handels- und Wirtschaftsrechts ein eigenes Kapitel gewidmet. Das Recht einiger Staaten des *Common Law* Rechtskreises wurde kurz skizziert. Der Einstieg in das Rechtssystem dieser Länder fällt leichter, wenn der rechtshistorische Ursprung und die rechtsdogmatischen Grundlagen klar sind.

---

5 Vgl. Vogel, Double Tax Treaties (1991).
6 Vgl. Section 19 (3) Finance Act 1965 (Anwendbarkeit auf Veräußerungsgewinne nach dem 6. April 1965) und Capital Gains Act 1979, zuletzt geändert durch den Taxation of Chargeable Gains Act 1992.
7 Vgl. Section 86 (3) – (5) Finance Act 1972 sowie jetzt Section 231 (3) des Income and Corporation Taxes Act 1988 in der Fassung des Finance Act 1989.

I. Kapitel
Der Begriff des Handels- und Wirtschaftsrechts

§ 1
Handelsrecht

Das englische Wort für Handelsrecht ist *Mercantile Law* oder *Commercial Law*. Ältere Schriften verwenden *Law Merchant* oder gar das lateinische *lex mercatoria*. Doch handelt es sich hierbei nur um Rechtsregeln, die im kaufmännischen Bereich typisch sind, nicht um ein Sonderrecht für Kaufleute. England kennt keinen Normenkomplex Handelsrecht, der sich vom allgemeinen Zivilrecht abhebt. Der Gedanke eines Rechts der Kaufleute ist englischem Rechtsdenken fremd. Die Rechtsgeschichte gibt eine Erklärung hierfür: Das mittelalterliche universelle Handelsrecht wurde ebenso wie die früheren handelsrechtlichen Sondergerichte in England seit dem Beginn des 17., vor allem aber in der zweiten Hälfte des 18. Jahrhunderts in das nationale Recht einbezogen. Insbesondere dem Richter *Lord Mansfield* ist es zu verdanken, daß die alte *lex mercatoria* dem gemeinen englischen Recht einverleibt und dieses dadurch beweglicher wurde[1]. In Deutschland hingegen wurde das zunächst internationale Handelsrecht erst um die Mitte des 19. Jahrhunderts rezipiert, als das Zivilrecht zu einer solchen Symbiose schon zu starr und unflexibel war[2].

13

Das Fehlen eines kaufmännischen Sonderrechts ist von weitreichender Bedeutung. Der deutsche Jurist sucht vergeblich nach einem Rechtsbegriff des Kaufmannes. Besondere Regeln für Handelssachen, etwa für den Handelskauf, oder gar ein Handelsgesetzbuch gibt es nicht. Für *public* oder *private companies* und *limited partnerships* – nicht aber für *partnerships* und selbständig tätige Unternehmer – sowie für die Sicherungsübereignung ist zwar ein Register vorgesehen. Ein einheitliches Handelsregister mit Gutglaubensschutz, wie wir es aus unserem Handelsgesetzbuch kennen, ist jedoch in England unbekannt. Ebenso fremd ist der Begriff einer Handelsfirma. Wer Geschäfte unter

14

---

1 Vgl. Borchardt, Die Handelsgesetze des Erdballs, Großbritannien und Irland, Berlin 1906 und 1913, S. 16 ff., 86 ff.; Schmitthoff, RabelsZ 28 (1964) S. 47 ff.; Baker, Introduction to English Legal History, 1990; Plucknett, A Concise History of the Common Law, 1956, S. 657 ff.

2 Das alte Wort lex mercatoria hat im letzten Jahrzehnt eine Renaissance erfahren: Es bezeichnet Rechtssätze, die international allgemein und unabhängig von den einzelnen nationalen Rechten gelten (sollen); vgl. aus der reichhaltigen Literatur nur Triebel/Petzold, RIW 1988, 245.

I. Begriff des Handels- und Wirtschaftsrechts

einem anderen Namen als seinem wirklichen Zunamen führt oder während seiner Geschäftätigkeit seinen Namen ändert, also das Prinzip der Firmenwahrheit verletzt, braucht dies nicht einmal mehr anzumelden, sondern nur noch seinen Namen auf Geschäftsbriefen und innerhalb der Firma erkenntlich aufzuführen[3]. Sonderregeln über Stellvertretung im kaufmännischen Bereich hat das englische Recht nur spärlich entwickelt. Dies wird einem deutschen Juristen deutlich, wenn er den untauglichen Versuch unternimmt, einem englischen Kollegen das Konzept einer im Außenverhältnis unbeschränkbaren, gesetzlichen Vollmacht, einer Prokura eben, zu erklären.

15 Gibt es kein verselbständigtes Handelsrecht im deutschen Sinne, so überrascht es nicht, daß auch die Diskussion um Handels- oder Unternehmens(außen)recht in England keinerlei Entsprechung findet. Es ist vielmehr festzustellen, daß das englische Recht niemals die strenge Anlehnung an die Person des Rechtsträgers gesucht hat wie das deutsche Recht. Im Vordergrund steht vielmehr die zu regelnde Rechtshandlung, erst danach ist der Rechtsträger von Interesse.

16 Die praktische Sonderstellung der Unternehmer oder „Kaufleute" im Rechtsverkehr kann auch das englische Recht nicht immer leugnen; auch wenn es Sonderprivatrecht entsprechend Art. 2 EGHGB kaum gibt. Das allgemeine Vertragsrecht kennt einige wenige echte Sondernormen für gewerblich tätige Unternehmer oder „Kaufleute"[4]. Auf der anderen Seite werden gewerblich Tätige aus dem Anwendungsbereich bestimmter Gesetze negativ ganz oder teilweise ausgegrenzt. Beispiele dafür sind der *Consumer Credit Act 1974*, der bei Kreditkäufen und anderen Kreditgeschäften mit Verbrauchern die Freizeichnung von Vertragspflichten weitergehend einschränkt als bei vergleichbaren Geschäften mit Nicht-Konsumenten *non-consumers*[5]. Entsprechendes gilt für den *Unfair Contract Terms Act 1977* und den *Consumer Protection Act 1987*. Sonderregeln enthält auch der *Contracts (Applicable Law) Act 1990*, der die *Rome Convention* in nationales Recht umgesetzt hat.

17 Es gibt außerdem Besonderheiten bei Rechtsstreitigkeiten zwischen Unternehmern. Auch die nach wie vor dem aktionenrechtlichen Denken verhafteten englischen Juristen sehen im Prozeßrecht die Notwendigkeit oder Chance für die Ausgliederung der Handelssachen, in England Handelsklagen, *commercial actions*[6] genannt. Darunter fallen Streitgegenstände, die in den gewöhnlichen Geschäften der Kaufleute und Händler, *merchants and traders,* ihren Ursprung haben. Das Handelsgericht, *Commercial Court,* das diese Fälle entscheidet, ist eine Abteilung des *High Court, Queen's Bench Division.* Die Richter haben

---

3 Der Registration of Business Names Act 1916 wurde durch Sched. 4 Companies Act 1981 aufgehoben; heute gelten sections 25 et seq. Companies Act 1985.
4 Vgl. unten Rdnr. 58ff.
5 Vgl. unten Rdnr. 127ff.
6 Vgl. Order 72 Rules of the Supreme Court; vgl. auch Mathew/Colman, Practice of the Commercial Court, 3. Aufl. London 1990.

keine weitergehenden Befugnisse als „normale" Richter; doch vereinbaren die Parteien häufig Abweichungen von den starren Verfahrensregeln (z. B. statt eidesstattlicher Erklärungen Vorlage eines Verzeichnisses der Urkunden).

Auch wenn England kein Handelsrecht im deutsch-rechtlichen Sinne hat, ist der Titel dieser Schrift gerechtfertigt. Denn es gibt typische Rechtsregeln des englischen Zivilrechts für den kaufmännischen Bereich. Handelsrecht ist also kein Rechtsbegriff, aber eine Arbeitsdefinition im Sinne *Max Webers*. **18**

I. Begriff des Handels- und Wirtschaftsrechts

§ 2
Wirtschaftsrecht

19   Das Konzept eines Wirtschaftsrechts ist schon in Deutschland schwierig zu fassen. Man kann den Begriff entweder auf die wirtschaftliche Tätigkeit der Marktteilnehmer beziehen; dann handelt es sich um eine sachliche Abgrenzung, die relativ wenig aussagt. Alternativ kann auf die Gesamtheit der Normen abgestellt werden, die selbständige Erwerbstätigkeit regeln; der Bedeutungsschwerpunkt liegt dann auf der wirtschaftspolitischen Steuerung des individuellen oder kollektiven Marktverhaltens. Gerade in der zweiten Variante wird das Privatrecht vom öffentlich-rechtlichen Wirtschaftsrecht, v.a. dem Wirtschaftsverwaltungsrecht, verdrängt.

20   In England ist der Begriff eines Wirtschaftsrechts so gut wie unbekannt. In den 70er Jahren gab es Versuche, den Terminus *economic law* – in Anlehnung an die kontinentale Begriffswelt – einzuführen[7]. *Daintith* hat diese Materie 1974 erstmals zusammenfassend dargestellt[8]. Bezeichnend ist jedoch, daß seine Schrift im Handel nicht erhältlich ist; sie wurde nur als Broschüre anläßlich einer internationalen Konferenz verbreitet. Diese Versuche sind heute als gescheitert zu bezeichnen. *Economic law* ist im englischen Recht weder als tätigkeits- noch als normenbezogene Kategorie anerkannt.

21   Das rudimentäre Stadium des englischen Wirtschaftsrechts hat mehrere Ursachen. Eine liegt in den verfassungsrechtlichen Besonderheiten Englands: Die Kompetenzen des englischen Parlaments sind nicht durch eine Verfassung beschränkt, auch nicht durch ungeschriebene Grundrechte. Es gibt kein Verfassungsgericht, das den Gesetzgeber kontrollieren kann. Die Art. 73, 74 GG enthalten dagegen Enumerativkataloge, die es vom deutschen Gesetzgeber verlangen oder es zumindest ermöglichen, ein bestimmtes Gesetzgebungsvorhaben einer Kompetenzvorschrift konkret zuzuordnen. Ein entsprechender Ansatz im englischen Recht fehlt; *parliament* ist allzuständig, ohne dies in Abgrenzung von konkurrierenden Gesetzgebungsorganen jeweils neu begründen zu müssen. Daß diese Vormachtstellung heute durch die Europäische Union mehr und mehr untergraben wird, ist ein Grund für die britische Zurückhaltung gegenüber dem europäischen Gesetzgeber; Kompetenzfragen gab es für *parliament* traditionell nicht.

22   Das Fehlen sachbezogener Kompetenzen setzt sich in der Lehre des Rechtsstoffes fort. Wirtschaftsrecht als solches wird weder an englischen Universitäten gelehrt, noch in Büchern systematisch dargestellt. Die englischen Juristen sind

---
7 Vgl. Schmitthoff [1966] J.B.L. 309; Daintith, Some Characteristics of Economic Law in the United Kingdom, in: Rinck, Begriff und Prinzipien des Wirtschaftsrechts, 1971, S. 21–42.
8 Daintith, Report on the Economic Law of the United Kingdom, Edinburgh, 1974.

zudem gegenüber jeder Art von Kategorienbildung und Systematisierung zurückhaltend.

Die englische Rechtswirklichkeit verlangt nicht nach einer Materie „Wirtschaftsrecht". Es ist vielleicht das wichtigste Charakteristikum englischen Zivilrechts, daß es gewerbliche und freiberufliche Tätigkeit integriert und nicht ausgesondert hat. Dies gilt gerade nicht nur für ein Handels-, sondern vor allem für ein Wirtschaftsrecht. Während auch das englische Recht in einigen Fällen Sonderregeln aufstellt, die an die Person des Handelnden anknüpfen, wird die Tätigkeit als solche grundsätzlich neutral aufgefaßt. Daß prinzipiell jede Rechtsnorm Lenkungsfunktionen hat, wird im englischen Recht weniger bestritten, als dies bei uns der Fall ist.

II. Kapitel
Quellen des Handels- und Wirtschaftsrechts

§ 1
Rechtsprechung

24 Wichtigste Quelle des englischen Rechts – auch des englischen Handelsrechts – ist auch heute (noch) das Fallrecht, das vom Richter gesetzte Recht. Dieses *case law* wird häufig auch *common law* genannt und dem Gesetzesrecht *statutory law* gegenübergestellt. Die Vorrangstellung des Fallrechts reflektiert die überragende Rolle des Richters in der englischen Rechtsentwicklung. Aber auch im praktischen Leben wird die Priorität dieser Rechtsquelle immer und immer wieder deutlich: Wer das Gutachten eines englischen Juristen oder eine juristische Abhandlung liest, stößt zuerst auf Fälle.

25 Aber auch wer ein englisches Gesetz verstehen will, muß den Hintergrund des Gesetzes kennen. Dieser wird oft gebildet vom *case law*, wenn das Gesetz das bis dahin geltende Fallrecht (teilweise) kompiliert oder kodifiziert; gerade für ersteres sind englische Gesetze typisch. Der *Sale of Goods Act 1979* (früher 1893) ist dafür ein gutes Beispiel. Das Fallrecht hat außerdem immer dann erhebliche Bedeutung, wenn ein Gesetz oder ein Komplex von Gesetzen das Sachgebiet nicht abschließend regeln. Das Gesellschaftsrecht etwa ist durch die *Companies Acts 1985* und *1989* und die sie ergänzenden Gesetze weitgehend kodifiziert. Die fortbestehenden Lücken werden jedoch nach wie vor durch das *case law* ausgefüllt.

26 Der Begriff *common law* hat eine andere Bedeutung, wenn er zur Abgrenzung vom englischen Billigkeitsrecht *equity* gebraucht wird. Das gemeine Recht *common law* war das Recht der Königsgerichte, *equity* das vom Gericht des Kanzlers *Court of Chancery* gesprochene Recht. Zu diesem Gericht und damit zu einem eigenständigen Normenkomplex kam es, weil das *common law* starr am Aktionensystem festhielt und die Klageform über das subjektive Recht stellte. Der Kanzler, bis ins 16. Jahrhundert ein Geistlicher, versuchte, ungerechte Urteile der Königsgerichte auszugleichen. Sein Billigkeitsrecht *equity*[1] entwickelte sich im Laufe der Zeit zu einem eigenen, neben das *common law*

---

[1] Equity ist für englische Juristen ein besonderes Lehr- und Prüfungsfach. Über dieses Rechtsgebiet gibt es eigene Textbücher; vgl. Hanbury/Maudsley, Modern Equity, 13. Aufl. London 1989; Hayton, The Law of Trusts, London 1989; Meager, Equity Doctrines & Remedies, 2. Aufl. London 1984; Pettit, Equity and The Law of Trusts, 6. Aufl. London 1989; Snell/Megarry/Baker, Principles of Equity, 29. Aufl. London 1991.

tretenden und dies korrigierenden Rechtssystem. Die Rechtsinstitute aus *equity* haben auch für das Handelsrecht große Bedeutung. Die Unterscheidung zwischen Rechten, die im *common law* oder in *equity* ihren Ursprung haben, zwischen *legal* und *equitable rights*, wird besonders im Kreditsicherungsrecht deutlich. Diese Dichotomie hat ihre historische Wurzel im Treuhandrecht *law of trust*, dem wohl größten Verdienst des englischen Billigkeitsrechts. Weitere noch heute bestehende Unterschiede sind: Gab das *common law* bei Vertragsbruch nur Schadensersatz in Geld, erfand *equity* neue Rechtsbehelfe, so Vertragserfüllung *specific performance* und Unterlassungsklage *prohibitive injunction*, aber auch das außergerichtliche Verwertungsverfahren durch den *receiver*. Auch das Prozeßrecht erneuerte die *equity*, so vor allem das in handelsrechtlichen Streitigkeiten wichtige Rechnungslegungsverfahren und die *discovery of documents:* Diese zwingt die Parteien, die in ihrem Besitz befindlichen Urkunden dem Gegner mitzuteilen und ihm Einsicht zu gewähren. Nach der Justizreform im vorigen Jahrhundert, insbesondere nach den *Judicature Acts 1873-1875,* sind *common law* und *equity* von allen Gerichten anzuwenden; doch haben sich diese beiden Normenkomplexe bis heute nicht verschmolzen. Bis heute ist das Argument wichtig: Ein Rechtsinstitut oder ein Recht habe seinen Ursprung in diesem oder jenem Rechtsbereich; daher seien bestimmte Rechtsfolgen zwingend.

Eine dritte Bedeutung kommt dem Begriff *common law* zu, wenn er im Zusammenhang mit dem kontinentalen Recht gebraucht wird. Er bezeichnet dann das gesamte englische Recht als Gegensatz zum kontinentalen, deutlicher römisch-rechtlich beeinflußten *civil law*[2]. 27

Der englische Jurist kennt die wichtigsten Fälle auswendig[3]: Er kennt ihre Namen, das Entscheidungsjahr, das Gericht, oft auch noch einen oder mehrere der an der Entscheidung mitwirkenden Richter. Denn diese Daten beeinflussen den Wert der Entscheidung. Dies folgt schon aus der Gerichtshierarchie: *High Court, Court of Appeal, House of Lords*[4]. Das Wort einiger Richterpersönlichkeiten, auch in handelsrechtlichen Entscheidungen, hat besonderes Gewicht. Oft weiß der englische Jurist auch, ob das Urteil sofort oder erst nach Beratung verkündet wurde[5]. Er erinnert sich aber auch an Umstände, die die Autorität einer Entscheidung beeinflussen: ob ein Richter ein abweichendes Urteil *dissenting judgment* abgegeben hat; ob die Mehrheit der Richter zwar 28

---

2 Vgl. zum Verhältnis von kontinentalem und englischem Recht und zu den römisch-rechtlichen Wurzeln Zimmermann, ZEuP 1993, S. 4ff.; Gordley, ZEuP 1993, S. 498ff.
3 Zur Zitierweise englischer Entscheidungen vgl. Blumenwitz, Einführung in das Anglo-Amerikanische Recht, 1990, S. 60ff.
4 Nur der High Court und der Court of Appeal wurden von den Judicature Acts 1875-1877 als Supreme Court organisiert. Zunächst war damals vorgesehen, das House of Lords als Revisionsinstanz abzuschaffen. Dieser Schritt wurde noch am Ende der Reformen korrigiert. Es blieb jedoch bis heute bei der ursprünglichen Definition des Begriffes Supreme Court unter Ausschluß des House of Lords.
5 Ein reserved judgment wird durch die Abkürzung C.A.V. (Curia adversari vult.) angezeigt.

II. Quellen des Handels- und Wirtschaftsrechts

in ihrem Spruch, nicht aber in ihrer Begründung übereinstimmten; ob ein Anwalt – entgegen der Standespflicht! – versäumt hat, ungünstige Entscheidungen dem Gericht vorzulegen; ob ein Rechtsmittelgericht die Entscheidung des Untergerichts aus einem anderen Grund aufgehoben hat[6].

29 Wer in England um Rechtsrat fragt, bekommt weit häufiger als in Deutschland keine definitive Auskunft. Die Ursache hierfür liegt oft im System des Richterrechts und hier wiederum an der Schwierigkeit, die *ratio decidendi* einer Entscheidung festzustellen. Die wichtigste Frage bei der Analyse einer Entscheidung lautet: Welcher Rechtssatz trägt das Urteil? Oder umgekehrt: Was haben die Richter „nur nebenbei" gesagt? Die Antwort auf die erste Frage führt zur *ratio decidendi*, die auf die letzte zum *obiter dictum*. Die einfachste Definition der *ratio decidendi* gab *Goodhart*: Sie besteht aus den wesentlichen Tatsachen und der Entscheidung hierüber[7]. Es handelt sich also um einen Rechtssatz mit Voraussetzungen und Rechtsfolge. Um unnötiger Kasuistik vorzubeugen, darf die *ratio* nicht zu eng ausgelegt werden. Andererseits sind abstrakte und tatsachenleere Rechtssätze – wie etwa im Allgemeinen Teil des BGB – in England fremd. Die Ungewißheit zwischen zu enger und zu weiter *ratio* wird im Laufe der Zeit oft durch neue Gerichtsentscheidungen beseitigt, die die Grenzen eines richterrechtlichen Rechtssatzes dann authentisch und bindend festlegen. Solange dies nicht der Fall ist, können und werden Juristen argumentieren. Dies richtet sich im wesentlichen auf zwei Ziele: Zum einen auf die Kunst des Unterscheidens *distinguishing*, die die englischen Kollegen meisterhaft beherrschen: Warum wird der zu entscheidende Fall nicht von der *ratio* eines anderen gedeckt, die dem Begehren entgegensteht? Will man zum zweiten einen vorentschiedenen Fall als gänzlich unerheblich abtun, so sagt man: dieser sei nur für den besonderen Sachverhalt, *on its actual facts*, entschieden.

30 Die Frage nach der *ratio decidendi* ist verwandt mit der *doctrine of stare decisis*[8]: Englische Gerichtsentscheidungen sind Präzedenzfälle, sie haben grundsätzlich absolute Bindungskraft. Ein Untergericht ist an die Entscheidung des Obergerichtes gebunden: der *Court of Appeal* an die *ratio decidendi* des *House of Lords*, der *High Court* an die des *Court of Appeal* und des *House of Lords*. Grundsätzlich können die Gerichte einer Ordnung von eigenen früheren Entscheidungen nicht abweichen. Dies ist nicht eine Frage der Rechtskraft, *res judicata*, die für das Verhältnis der Parteien zueinander gilt. Es ist ein Problem der Bindungswirkung eines Rechtssatzes, eben der *ratio decidendi*. Diese starre Bindungswirkung der englischen Gerichtsentscheidungen – ähnlich § 31 Abs. 3 BVerfGG – wird auf unterschiedliche Art und Weise aufgelockert. Englische Juristen scheuen tendenziell vor einer zu weiten Ausle-

---

6 Vgl. im einzelnen Williams, Learning the Law, 11. Aufl. London 1982.
7 Vgl. Goodhart, Determining the Ratio Decidendi of a Case, in: Essays in Jurisprudence and the Common Law, London 1931, S. 1 ff.; vgl. auch Blumenwitz, a.a.O., S. 30 ff.
8 Vgl. Blumenwitz, a.a.O., S. 28 ff.; Allen, Law in the Making, 7. Aufl. Oxford 1964, S. 161 ff.; Cross, Precedent in English Law, 4. Aufl. 1991.

gung der einzig bindenden *ratio decidendi* zurück; sie halten sich dadurch den Weg des Unterscheidens *distinguishing* offen. Seltener gelingt es, einen Widerspruch zwischen zwei Entscheidungen desselben Gerichts nachzuweisen oder gar dem Gericht Unachtsamkeit — in die höfliche lateinische Floskel *per incuriam* gekleidet — nachzuweisen. Das *House of Lords* hat 1966 erklärt, daß es sich nicht mehr an die eigenen Entscheidungen gebunden fühle. In geeigneten Fällen kann es also von den eigenen *rationes* abweichen[9]. Doch macht das oberste englische Gericht nur sehr selten von diesem Recht des *overruling* Gebrauch. Bis 1990 ist dies nur achtmal geschehen. Wenn dies der Fall ist, fühlen sich in der Regel alle beteiligten Richter veranlaßt, ein eigenes sachliches Votum abzugeben und sich nicht nur dem Urteil ihrer Kollegen anzuschließen[10].

Ob diese Befugnis, von eigenen Entscheidungen abzuweichen, auch für den *Court of Appeal* gilt, ist zweifelhaft und bisher nicht entschieden. Besteht zwischen zwei Urteilen ein unauflösbarer Widerspruch, kann der *Court of Appeal* jedoch aus eigenem Recht einer der vertretenen Ansichten folgen[11]. Die Richter des *High Court* sind an die Entscheidungen ihrer *noble and learned friends* desselben Gerichts nicht gebunden. 31

Doch auch wenn keine rechtliche Bindungswirkung besteht, vor allem bei den *obiter dicta*, können Rechtssätze überzeugen, *persuasive authority* haben. Das gilt in besonderem Maße für die Entscheidungen des *Judicial Commitee of the Privy Council*, des Richterausschusses des Kronrates. Dieser Richterausschuß ist zwar personell identisch mit dem *House of Lords* als oberste Rechtsprechungsinstanz, doch ist er kein Gericht im staatsrechtlichen Sinne. Er ist Revisionsinstanz für — nur noch wenige — Commonwealth-Länder und Dominions (z. B. Neuseeland und die Westindischen Inseln)[12]. 32

Die Bedeutung des Fallrechts zeigt sich in besonderem Maße im Handelsrecht. Die Richter haben hier Grundsätze aufgestellt, die vom Gesetzgeber nicht oder nur punktuell berührt wurden. So sind weite Bereiche des Vertrags-, Kreditsicherungs- und natürlich des Deliktsrechts ganz dem Fallrecht überlassen. Dies galt lange Zeit auch für das Recht der Handelsvertreter. Mit Wirkung ab dem 1. Januar 1994 ist der englische Gesetzgeber jedoch seiner Verpflichtung nachgekommen, die EG-Richtlinie zur Koordinierung des Rechts der 33

---

9 Practice Rule vom 26. 7. 1966 [1966] 3 All E.R. 77.
10 Ein Beispiel aus jüngerer Vergangenheit ist die Entscheidung in Murphy v. Brentwood District Council [1990] 2 All E.R. 908, in der das Urteil des House of Lords in Anns v. Merton London Borough aus dem Jahre 1977 overruled wurde. Wegen der eminenten Bedeutung dieser Entscheidung als Wegweiser für die Zukunft nahm sogar der Lord Chancellor zur Sache selbst Stellung.
11 Dies hat er auf sorgfältigst begründete Manier getan in Barclays Bank plc. v. O'Brien [1992] 4 All E.R. 983. Das House of Lords hat die Entscheidung im Ergebnis, nicht in der Begründung bestätigt in Barclays Bank plc. v. O'Brien [1993] 4 All E.R. 417.
12 Für diese Länder sind die Entscheidungen der englischen Gerichte, also vor allem des House of Lords und des Court of Appeal, nicht bindend; vgl. Attorney General for Hong Kong v. Reid [1994] 1 All E.R. 1, 11.

II. Quellen des Handels- und Wirtschaftsrechts

Handelsvertreter vom 23. Oktober 1989 in nationales Recht umzusetzen[13]. Aber auch wo es Gesetze gibt, hat das Richterrecht seine überragende Bedeutung behalten, und zwar nicht nur für die Gesetzesinterpretation. Denn die Gesetze regeln den Rechtsstoff nicht erschöpfend. So gibt es wohl Gesetze über den Warenkauf, über Personen- und Kapitalgesellschaften; trotzdem ist das Fallrecht für wichtige kauf- und gesellschaftsrechtliche Teilmaterien bestimmend geblieben.

34 Früher verdrängte die englische Schiedsgerichtsbarkeit nicht das Richterrecht: Ein englisches Schiedsgericht konnte von sich aus jederzeit eine Rechtsfrage dem Gericht zur Entscheidung vorlegen und mußte dies gar auf Antrag einer Partei tun. So vermehrte die englische Schiedsgerichtsbarkeit das Richterrecht. Seit dem Schiedsgerichtsgesetz *Arbitration Act 1979* ist der *appeal* in Schiedssachen stark eingeschränkt und kann durch Parteivereinbarung vollends ausgeschlossen werden[14].

---

13 Vgl. dazu unten Rdnr. 418 ff.
14 Vgl. unten Rdnr. 1118 ff.

§ 2
Gesetzgebung

Gesetze spielen im englischen Handelsrecht eine größere Rolle als in anderen Rechtsgebieten. Erwähnt seien nur das Wechselgesetz *Bills of Exchange Act 1882*, das Warenkaufgesetz *Sales of Goods Act 1979* (früher 1893), das Seeversicherungsgesetz *Marine Insurance Act 1906*, das Gesetz über Personengesellschaften *Partnership Act 1890*, Kommanditgesellschaften *Limited Partnership Act 1907*, die Gesetze über Kapitalgesellschaften *Companies Acts 1985 and 1989*, das Insolvenzgesetz *Insolvency Act 1986*, das Gesetz über Finanzdienstleistungen *Financial Services Act 1986* und das Gesetz über den Transport von Waren zur See *Carriage of Goods by Sea Act 1992*. Doch unterscheiden sich diese Gesetze grundlegend von unserem Handelsgesetzbuch oder Spezialgesetzen, wie etwa dem Aktien- oder GmbH-Gesetz. Auch wenn die englischen Gesetze früheres Fallrecht nicht nur zusammenfassen, konsolidieren, also *codifying statutes* genannt werden, sind sie keine Kodifizierungen im kontinentaleuropäischen Sinne. Denn sie regeln nicht ein weites Rechtsgebiet umfassend und systematisch. In aller Regel handelt es sich daher nicht um Voll-, sondern um Teilkodifizierungen. Oftmals besteht die gesetzgeberische Intention auch nur darin, das bestehende Fallrecht oder gar nur einen Teil davon zusammenzufassen und den Juristen damit die Arbeit zu erleichtern: Statt mühsam aus dem Gewirr der sich teilweise widersprechenden Fälle die *ratio decidendi* herauszusuchen, soll ein Blick in das Gesetz eine Übersicht über die *lex lata* geben.

35

Beide Arten von Gesetzen enthalten zumeist keine allgemeinen Rechtsgrundsätze, die nicht schon vom Richterrecht herausgearbeitet worden sind[15]. Allenfalls ändern sie das *common law* in einzelnen Punkten ab. Um ein Gesetz auszulegen, muß deshalb immer wieder auf das vorkodifizierte Fallrecht zurückgegriffen werden. So kann zum Beispiel der Käufer nach *section* 52 des Warenkaufgesetzes vom Verkäufer Erfüllung des Kaufvertrages verlangen, wenn er eine entsprechende Anweisung des Gerichts erwirkt hat. Dies widerspricht der allgemeinen englischen Vertragsauffassung: Grundsätzlich besteht kein Erfüllungs-, sondern nur ein Schadensersatzanspruch. Da *section 52 Sale of Goods Act 1979* selbst keine Auslegungsregeln enthält, greifen die Richter auf vorkodifizierte *equity*-Grundsätze zurück und verurteilen den Verkäufer nur ausnahmsweise zur Erfüllung: Wenn Schadensersatz allein für den Verkäufer unangemessen wäre[16]. Ob sie damit den Gesetzeswortlaut korrigieren

36

---

15 Eine Ausnahme bildet etwa section 146 Financial Services Act 1986: Pflicht, alle relevanten Tatsachen zu offenbaren; vgl. dazu Georg Müller, Vorvertragliche und vertragliche Informationspflichten nach englischem und deutschem Recht, 1994, S. 120 ff.
16 Vgl. Cohen v. Roche [1927] 1 K.B. 169; vgl. unten Rndrn. 189 ff.

II. Quellen des Handels- und Wirtschaftsrechts

oder nur den Rechtstraditionen entsprechend interpretieren, ist eine Frage des Standpunktes. Dies rechtfertigt die dem kontinentalen Juristen fremde Folgerung: Ein Gesetz kann oft nur auf dem Hintergrund des Fallrechts verstanden werden: Am Anfang steht der Fall — und nicht der Blick ins Gesetz. Die Akzente verschieben sich jedoch in Richtung auf eine kontinentaleuropäische Praxis, je mehr EU-Verordnungen unmittelbar geltendes Recht und je mehr EU-Richtlinien in englisches Recht umgesetzt werden. Aber auch bei der Umsetzung von EU-Richtlinien hält der Gesetzgeber in der Regel an der englischen Gesetzestechnik fest, so konkret wie möglich zu formulieren[17].

37 Das besondere Verhältnis zwischen Gesetzes- und Richterrecht zeigt sich auch bei der Gesetzesauslegung[18]. In England dominieren die wörtliche und grammatikalische Auslegung. Auf den Zweck einer gesetzlichen Vorschrift kommt es nicht an. Gesetzesmaterialien, insbesondere das amtliche Protokoll der parlamentarischen Debatten *Hansard* können für die Auslegung grundsätzlich herangezogen werden[18a]. Führen Wortlaut- und systematische Interpretation nicht zu einem klaren Ergebnis, kommt — vergleichbar mit der historischen Auslegung des deutschen Rechts — eine andere Auslegungsregel hinzu: die *mischief rule*. Die erste Frage lautet dann: Was sagte das Richterrecht? Daran schließt sich an: Welchem Mißstand des Richterrechts wollte der Gesetzgeber abhelfen? Die englischen Richter sind nun bestrebt, das von ihnen gesetzte Fallrecht so wenig wie möglich abzuändern und sehen einen Mißstand ihres Rechts nur, wenn dies der Gesetzgeber unmißverständlich zum Ausdruck bringt. Das führt bisweilen zu grotesken Ergebnissen, besonders im Steuerrecht: Weit entfernt von einer wirtschaftlichen Betrachtungsweise — ähnlich § 42 Abgabenordnung —, legen die Gerichte jedes Steuergesetz so wörtlich wie möglich aus. Alljährlich entdecken die findigen englischen Kautelarjuristen neue Löcher in den Steuergesetzen, die ihren Klienten zu Steuerermäßigung oder gar Steuerfreiheit verhelfen. Aber längstens für ein Jahr: Denn der Gesetzgeber, durch diese Praktiken aufgeschreckt, schließt das Loch in dem nächsten *Finance Act*[19]. Diese Wechselbeziehung zwischen Richter- und Gesetzesrecht bedingt eine besondere Gesetzestechnik: weg von allgemeinen Rechtsgrundsätzen und hin zu möglichst präziser Kasuistik und vielen Legaldefinitionen. Nur wenn der Wortlaut des Gesetzes eindeutig[20] ist, kann der Gesetzgeber den Richtern den Weg zu eigener Auslegung versperren.

---

17 Das kürzlich umgesetzte Handelsvertreterrecht ist eine deutliche Ausnahme; The Commercial Agents (Council Directive) Regulations 1993 verwenden eine Vielzahl unbestimmter Rechtsbegriffe, weil sie sich sehr eng an den Wortlaut der Richtlinie anlehnen.
18 Zur Auslegung englischer Gesetze vgl. Blumenwitz, a.a.O., S. 44ff.; Cross, Statutory Interpretation, 2. Aufl. London 1987; Lüderitz, Auslegung von Rechtsgeschäften, 1966, S. 10ff.; Maxwell/Langan, The Interpretation of Statutes, 12. Aufl. London 1969; Odgers/Dworkin, The Construction of Deeds and Statutes, 5. Aufl. London 1967.
18a Pepper (Inspector of Taxes) v. Hart [1993] 1 All E. R. 42.
19 Vgl. Pinson, Revenue Law, 17. Aufl. London 1986, 40-02, 03.
20 Ob etwas eindeutig ist, hängt vom Kontext ab, in dem ein Begriff gebraucht wird. Diese Erkenntnis wird im englischen Recht oft vernachlässigt.

Bei der Auslegung internationaler Konventionen sprengen englische Gerichte die Grenzen der wörtlichen Auslegungsregel; dies gilt auch, wenn die Konvention technisch Bestandteil des englischen Rechts geworden ist. Sie berücksichtigen — wie dies auch auf dem europäischen Kontinent üblich ist — über den Wortlaut hinaus auch den Gesetzeszweck und füllen so Gesetzeslücken. Ein Beispiel: Auch wenn der Frachtführer nach Art. 23 Abs. 4 CMR, die nach dem *Carriage of Goods by Road Act 1965* auch in England gilt, nur für Kosten in bezug auf den Warentransport, nicht aber für solche, die erst aufgrund Verlusts entstehen, haftet, ist er dennoch über den Gesetzeswortlaut hinaus schadensersatzpflichtig für Zölle, deren Entstehungstatbestand an einen Diebstahl während des Transports anknüpft[21].

38

Wo der Staat die Wirtschaft lenkt, ist Gesetzes- und Untergesetzesrecht *statutory instruments* wichtigste Rechtsquelle[22]. Die Funktion der Gerichte ist zunächst auf die Auslegung dieser Vorschriften beschränkt. Darüber hinaus wachen die englischen Gerichte darüber, daß der Grundsatz der Gesetzmäßigkeit der Verwaltung beachtet wird. Sie stützen sich dabei auf den altehrwürdigen Rechtsgrundsatz der *rule of law*[23], der Eingriffe aller Art verbietet, die nicht durch Recht oder Gesetz gedeckt sind. Will der Staat den Devisenverkehr, das Investmentgeschäft, das Marktverhalten regulieren, muß er sich auf gesetzliche Vorschriften stützen können. Sonst heben die Gerichte die Verwaltungsmaßnahme auf. Dabei benutzen sie die — auch aus dem Gesellschaftsrecht bekannte, dort aber jüngst neu akzentuierte — Formel der *ultra vires*.

39

Das Fehlen von verfassungsrechtlichen Grundsätzen und einer Lehre eines Allgemeinen Verwaltungsrechts paart sich mit der traditionellen Zurückhaltung der englischen Richter, wirtschaftspolitische Fragen zu entscheiden[24]. So handelt der Staat in einem gerichtsfreien Raum, wenn er etwa die Industrie subventioniert. Der *Parliamentary Commissioner for Administration Act 1967* führte deshalb den Ombudsmann ein, der auch die staatliche Intervention im Wirtschaftsleben überprüfen soll[25].

40

---

21 Vgl. James Buchanan & Co. Ltd. v. Babco Ltd. [1977] 1 All E.R. 518; Groth, RIW/AWD 1977, S. 267. In Deutschland wird Art. 23 Abs. 4 CMR anders ausgelegt: Zölle wegen eines Diebstahls im Transitland sind nicht zu ersetzen; vgl. Koller, Transportrecht, 2. Aufl. München 1993, Art. 23 CMR, Rdnr. 11.
22 Vgl. insbesondere Daintith, Report on the Economic Law of the United Kingdom, a.a.O., XXI.
23 Vgl. Daintith, a.a.O., S. 222ff.; Chowdhury, Rule Of Law In A State Of Emergency, London 1989; Jowell/Oliver, Judicial Review, London 1989; de Smith, Judicial Review of Administrative Action, 4. Aufl. London 1980.
24 Die Economic Analysis of Law, die in den Vereinigten Staaten eine erhebliche Anzahl von Anhängern hat und einen Schwerpunkt gerade im Handelsrecht zu setzen versucht, konnte etwa in England bisher kaum Fuß fassen.
25 Vgl. Daintith, a.a.O., S. 227f.; Stacey, The Ombudsman, London 1972.

II. Quellen des Handels- und Wirtschaftsrechts

§ 3
Außerstaatliche „Rechtsetzung"

41 Der englische Gesetzgeber und besonders die englischen Gerichte huldigten dem *laissez faire* Gedanken länger als in Deutschland. Die Autonomie der Verbände und Wirtschaftsorganisationen blieb bis in die jüngste Zeit nahezu unangetastet. Die Verbände regelten selbst die Verhältnisse zu ihren Mitgliedern und dies jenseits der Grenzen des positiven Rechts.

42 Ein drastisches Beispiel: Ob Tarifvereinbarungen *collective agreements* Vertragsqualität haben und die Tarifvertragsparteien daran gebunden sind, steht bis heute noch nicht fest. Noch 1968 sprach ein englisches Gericht solchen Vereinbarungen die Vertragsqualität ab, weil es am rechtlichen Bindungswillen fehle[26]. Der von der konservativen Mehrheit eingeführte *Industrial Relations Act 1971* stellte eine unwiderlegliche Vermutung auf: Schriftlich abgefaßte Tarifvereinbarungen hatten Vertragscharakter, wenn nicht die Parteien ausdrücklich rechtliche Bindungen ausschlossen[27]. Doch der unter der Herrschaft der Labour-Regierung erlassene *Trade Union and Labour Relations Act 1974* verkehrte diese Vermutung in ihr Gegenteil[28]. Dabei ist es bis heute geblieben[28a].

43 Beispiele von Autonomie finden sich in allen Bereichen des Wirtschaftslebens. Die Industrie- und Handelskammer *Chamber of Commerce* ist keine Körperschaft öffentlichen Rechts mit Zwangsmitgliedschaft, sondern freiwilliger Zusammenschluß der Kaufleute und Hersteller. Die Kaufleute der *City of London* haben sich einen „privaten" *City Code on Take overs and Mergers* gegeben, um Mißbräuchen bei der Übernahme von Gesellschaften entgegenzuwirken[29]. Der *Financial Services Act 1986* gibt der Londoner Wertpapierbörse ausdrücklich die Befugnis, die formellen Voraussetzungen für eine Emission über die Börse mit Außenwirkung verbindlich zu regeln[30]. Darüber hinaus räumt dieses Gesetz den vielfältigen Institutionen der Finanzdienstleister die Autonomie ein, zum Schutz des Anlegers verbindliche Normen aufzustellen.

---

26 Vgl. Ford Motor Co. Ltd. v. Amalgamated Union of Engineering and Foundry Workers [1969] 2 Q.B. 303.
27 Section 34 Industrial Relations Act 1971.
28 Section 2 Trade Union and Labour Relations Act 1974.
28a Vgl. unten Rdnr. 535.
29 Vgl. unten Rdnr. 561.
30 Section 156 Financial Services Act 1986.

§ 4
Handelsbrauch

Haben die Parteien ihren Vertrag schriftlich abgeschlossen, können außerhalb der Urkunde liegende Beweismittel grundsätzlich nicht mehr verwertet werden[31]. Diese Regel des englischen Beweisrechts gilt aber nicht für Handelsbräuche, die immer dann Vertragsinhalt werden, wenn sie dem Vertragstext nicht widersprechen. Wer sich auf einen Handelsbrauch beruft, muß beweisen, daß der Brauch angemessen, bestimmt und allgemein anerkannt ist (*reasonable, certain and generally accepted*). Ist der Handelsbrauch notorisch, gilt er, auch wenn ihn die Parteien nicht kennen. Da England kein Sonderrecht der Kaufleute hat, findet ein Handelsbrauch auf alle Anwendung, die sich am Handelsverkehr beteiligen. Allerdings machen englische Gerichte für den unerfahrenen Nicht-Kaufmann, der einen notorischen Handelsbrauch nachweislich nicht gekannt hat, häufig eine Ausnahme. Die von der Internationalen Handelskammer veröffentlichten *Incoterms*, die im kaufmännischen Verkehr üblichen Klauseln eine bestimmte Bedeutung geben, gelten nur bei ausdrücklicher Vereinbarung.

44

Gewohnheitsrecht wird — anders als nach deutschem Recht — nicht als selbständige Rechtsquelle angesehen. Sobald es nämlich Gegenstand einer gerichtlichen Entscheidung geworden ist, ist es Fallrecht und damit *common law*.

45

---

[31] Anson/Guest, a.a.O., S. 139f.; Cross, Evidence, 7. Aufl. London 1990, S. 594f.; Schmitthoff, The Export Trade, 9. Aufl. London 1990, S. 8ff.; Schmitthoff, RabelsZ 28 (1964) S. 47ff.

II. Quellen des Handels- und Wirtschaftsrechts

§ 5
Fundstellen und Literatur

46 Das Interesse der deutschen Literatur an klassischen englischen handelsrechtlichen Topoi ist groß. Englisches Handelsrecht selbst wird dagegen in Deutschland vernachlässigt. Dies gilt erst recht für das „Wirtschaftsrecht", das auch den meisten englischen Juristen fremd ist. Im folgenden soll eine Übersicht über die wichtigste Einführungsliteratur in das englische Recht gegeben werden. Eine zusammenfassende neuere deutschsprachige Darstellung des englischen Handels- und auch Wirtschaftsrechts fehlt. *Schirrmeister's* Kompendium über das Bürgerliche Recht Englands, das zu Beginn dieses Jahrhunderts erschien und von *Prochownick* nach dem Ersten Weltkrieg fortgeführt wurde, und *Curti's* Englands Privat- und Handelsrecht aus dem Jahre 1927 sind die letzten Versuche einer zusammenfassenden Darstellung[32]. In den letzten Jahren läßt sich jedoch eine deutliche Tendenz feststellen, englisches Recht zur Kenntnis zu nehmen und darüber – in deutscher Sprache – zu berichten. Dies hängt sicher auch mit dem immer stärker zunehmenden Austausch von Juristen zusammen.

47 Nachfolgend werden die wichtigsten englischen Standardwerke des Zivil- und Handelsrechts aufgeführt. Speziallliteratur wird in Fußnoten am Beginn jedes Kapitels erwähnt. Wegen der überragenden Rolle des Richterrechts wurden die wichtigsten Entscheidungen – wie dies englischer Rechtstradition entspricht – zitiert, wenn auch nur in Fußnoten. Wer den Namen einer Entscheidung kennt, kann in jedem englischen Textbuch über das sehr ausführliche Fallverzeichnis schnell die relevanten Textpassagen dazu auffinden. Handelsrechtliche Grundsätze werden auch in Lehrbüchern über Vertrags-, Delikts-, Eigentums- und Trustrecht behandelt. *Chloros* hat einen bibliographischen Führer durch die englische Rechtsliteratur herausgegeben[33].

48 Eine Warnung erscheint angebracht: Englischer Literatur kommt eine weitaus geringere Bedeutung zu als der deutschen. Zum Rechtsnachweis ist sie im allgemeinen – von einigen hervorragenden Einzelwerken abgesehen – ungeeignet. Englische Rechtsprofessoren genießen kaum Autorität vor englischen Gerichten und werden nur selten zitiert; auch eine sachliche Auseinandersetzung mit in der Literatur vertretenen Ansichten, wie wir sie bei den deutschen Obergerichten als selbstverständlich voraussetzen, findet nicht statt[34]. Darüber hin-

---

32 Schirrmeister/Prochownik (unter Mitarbeit von Jenks), Das Bürgerliche Recht Englands, Band 1 und 2, Berlin 1906 und 1913; Curti, Englands Privat- und Handelsrecht, II. Band: Handelsrecht, Berlin 1927.
33 Chloros, A Bibliographical Guide to the Law of the United Kingdom, The Channel Islands and the Isle of Man, 2. Aufl. London 1973.
34 Vgl. näher Kötz, RabelZ 52 (1988), S. 649.

aus kommt es auch im Rechtsalltag kaum vor, daß ein Wissenschaftler mit einem Gutachten beauftragt wird. Was Gewicht hat, ist nur das Gutachten eines praktizierenden Rechtsanwalts, eine *Counsel's opinion*[35].

I. Einführungen in das englische Recht 49

Deutsch:

Blumenwitz, Einführung in das Anglo-Amerikanische Recht, 4. Aufl. München 1990;
David-Grasmann, Einführung in die großen Rechtssysteme der Gegenwart, 2. Aufl. München 1988, S. 502 ff., 562 ff.;
Henrich, Einführung in das englische Privatrecht, Darmstadt 1971;
Hillebrand, Einführung in das bürgerliche Recht Englands, Essen 1946;
Reynold, Justiz in England. Eine Einführung in das englische Rechtsleben, Köln 1968;
Jaeckle, Grundsätze des englischen Zivilrechts, Frankfurt a. M. 1957;
Radbruch, Der Geist des englischen Rechts, 5. Aufl. Göttingen 1965;
Zweigert/Kötz, Einführung in die Rechtsvergleichung, Band I, 2. Aufl. Tübingen 1984.

Englisch:

Denham, Law: A Modern Introduction, London 1989;
Eddy, English Legal System, 4. Aufl. London 1987;
Frank, The General Principles of English Law, 6. Aufl. London 1975;
Geldart, Elements of English Law, 10. Aufl. Oxford 1991;
Geldart, Introduction to English Law, 2. Aufl. London 1991;
Jackson, The Machinery of Justice in England, 8. Aufl. London 1989;
Jacob, Fabric of English Civil Justice, London 1987;
James, Introduction to English Law, 12. Aufl. London 1989;
Kiralfy, The English Legal System, 8. Aufl. London 1990;
Major, Basic English Law, 2. Aufl. London 1990;
Marsh/Soulsby, Outlines of English Law, 5. Aufl. London 1990;
Phillips, First Book of English Law, 8. Aufl. London 1988;
Simpson, Invitation to Law, London 1988;
Smith/Keenan, English Law, 10. Aufl. London 1992;
Walker/Walker, The English Legal System, 7. Aufl. London 1992;
Williams, Learning the Law, 11. Aufl. London 1982.

---

35 Über die Zweiteilung der englischen Rechtsanwaltschaft in Barristers und Solicitors vgl. unten Rdnr. 1074 ff.

II. Quellen des Handels- und Wirtschaftsrechts

50 II. Englisches Zivilrecht

Deutsch:

Curti, Englands Privat- und Handelsrecht, I. Band: Personen-, Familien-, Sachen- und Erbrecht, Berlin 1927;
Goldschmidt/Heymann, Das Zivilrecht Englands, 1. Teil, Mannheim 1931;
Jenkins/Henshall/Holland, in: Handbuch des Kaufvertragsrechts in den EG-Staaten, Köln 1992;
Rabel, Das Recht des Warenkaufs, Band I, Berlin 1936; Neudruck 1958; Band II, Berlin 1958 (behandelt englisches Warenkauf- und Vertragsrecht);
Schirrmeister/Prochownik (unter Mitarbeit von *Jenks*), Das Bürgerliche Recht Englands, Band 1 und 2, Berlin 1906 und 1913;
Zweigert/Kötz, Einführung in die Rechtsvergleichung, Band II, 2. Aufl. Tübingen 1984 (einzelne Grundsätze des englischen Vertrags-, Delikts- und Bereicherungsrechts).

Englisch:

Vertragsrecht *(law of contract)*
Anson/Guest, Law of Contract, 26. Aufl. Oxford 1984;
Atiyah, An Introduction to the Law of Contract, 4. Aufl. Oxford 1989;
Atiyah, Rise and Fall of Freedom of Contract, London 1979;
Burrows, Remedies for Torts and Breach of Contract, 2. Aufl. London 1994;
Chesire/Fifoot/Furmston, The Law of Contract, 12. Aufl. London 1991;
Chitty/Guest, On Contracts, 26. Aufl. London 1989;
Davies, Contract, 6. Aufl. London 1991;
Harris/Talon, Contract Law Today, Oxford 1987;
McKendrick, Contract Law, London 1990;
Owsia, Formation of Contract, London 1994;
Taylor, Law of Contracts, 3. Aufl. London 1989;
Treitel, The Law of Contract, 8. Aufl. London 1991;
Whincup, Contract Law and Practice, London 1990;

Bereicherungsrecht *(law of restitution)*
Birks, Introduction to the Law of Restitution, Oxford 1985;
Burrows, The Law of Restitution, London Dublin Edinburgh 1993;
Goff/Jones, The Law of Restitution, 4. Aufl. London 1994.

Deliktsrecht *(law of tort)*
Baker, Tort, 5. Aufl. London 1991;
Buckley, Modern Law of Negligence, 2. Aufl. London 1993;
Cane, Tort Law and Economic Interests, London 1991;
Charlesworth/Percy, On Negligence, 8. Aufl. London 1990, Supplement London 1992;

Clark/Lindsell, Torts, 16. Aufl. London 1989, Supplement London 1993;
Clark/Stephanson, Law of Torts, 3. Aufl. London 1991;
Dias/Markesinis, Tort Law, 2. Aufl. London 1989;
Fleming, Introduction to the Law of Torts, 2. Aufl. Oxford 1986;
Fleming, Law of Torts, 7. Aufl. Oxford 1988;
Fridman, Tort, London 1990;
Jackson/Powell, Professional Negligence, 3. Aufl. London 1992;
Salmond/Heuston, Law of Torts, 20. Aufl. London 1992;
Street, On Torts, 9. Aufl. London 1993;
Weinrib, Tort Law, London 1991;
Winfield/Jolowicz, On Tort, 13. Aufl. London 1989.

noch
50

Handelsrecht

Deutsch:

Curti, Englands Privat- und Handelsrecht, II. Band: Handelsrecht, Berlin 1927
Pennington, in: Jura Europae – Gesellschaftsrecht, Band IV. München 1990

Englisch:

Baigent, Commercial Law and Practice, London 1994;
Begg, Corporate Acquisitions & Mergers, 3. Aufl. London 1991;
Borrie, Commercial Law, 6. Aufl. London 1988;
Bradgate/Savage, Commercial Law, London 1991;
Chance/Westwood, Mercantile Law, 22. Aufl. London 1973;
Charlesworth/Schmitthoff/Sarre, Business Law, 15. Aufl. London 1991;
Goode, Commercial Law, London 1992;
Hamblin/Wright, Introduction to Commercial Law, 3. Aufl. London 1988;
Lowe, Commercial Law, 6. Aufl. London 1983;
Marsh/Soulsley, Business Law, 4. Aufl. London 1990;
Ranking/Spicer/Pegler, Mercantile Law, 14. Aufl. London 1974;
Schmitthoff, Export Trade: Law and Practice of International Trade, 9. Aufl. London 1990;
Slater/Chorley/Giles, Mercantile Law, 17. Aufl. London 1977;
Smith/Keenan, Advanced Business Law, 8. Aufl. London 1991;
Stevens/Borrie, Mercantile Law, 17. Aufl. London 1978.

Gesellschaftsrecht

Buchanan, Partnership in Practice, London 1994;
Burgess, Corporate Finance Law, 2. Aufl. London 1992;
Farrar/Furey/Hannigan, Farrar's Company Law, 3. Aufl. London Dublin Edinburgh 1991;
Gore-Brown, On Companies, 44. Aufl. London Stand 1993;

Gower, Principles of Modern Company Law, 5. Aufl. London 1992;
Lindley/Banks, Law of Partnership, 16. Aufl. London 1990;
Pennington, Company Law, 6. Aufl. London Dublin Edinburgh 1990;
Schmitthoff, Groups of Companies, London 1991;
Wheeler, Company Law, London 1993.

III. Urteils- und Gesetzessammlungen

51   Vor 1865 gab es in England 500 private Sammlungen von Gerichtsentscheidungen. Viele der zwischen 1220 bis 1865 ergangenen Entscheidungen sind in den 178 Bänden der *English Reports, Full Reprints (E.R.)* veröffentlicht worden. Seit 1865 gibt der *Incorporated Council of Law Reporting* eine halbamtliche Sammlung der wichtigsten Gerichtsentscheidungen heraus, die nach Gerichten getrennt werden. Wegen der weiteren Einzelheiten des *reporting system* kann auf *Blumenwitz*, Einführung in das Anglo-Amerikanische Recht, 4. Aufl. München 1990, verwiesen werden. Zu erwähnen sind die jeweils wöchentlich erscheinenden *Weekly Law Reports (W.L.R.)* und die *All England Law Reports (All E.R.)*. Eine angesehene Sammlung von handels- und besonders seerechtlichen Entscheidungen sind die *Lloyd's Law Reports (Lloyd's Rep.)*, früher *Lloyd's List Law Reports*. Gesellschaftsrechtlich relevante Entscheidungen werden besonders schnell in *British Company Cases (B.C.C.)* und *Butterworths Company Law Cases (B.C.L.C.)* veröffentlicht. Entscheidungen im gewerblichen Rechtsschutz sind vor allem in dem *Report of Patent Cases (R.P.C.)* und dem *Fleet Street Report (F.S.R.)* zu finden. Wer aktuell auf dem neuesten Stand bleiben will, muß täglich die Tageszeitung *The Times* lesen, die über die wichtigsten Entscheidungen in authentischer und zitierfähiger Weise berichtet. Wer sich mit der Sammlung der wichtigsten Fälle eines Rechtsgebiets in abgekürzter Form begnügt, findet in den Fallbüchern *Case Books* reichhaltiges Material.

52   Da Gerichtsentscheidungen die wichtigste Rechtsquelle sind, sollte die Zitierweise genau beachtet werden. Die Namen der Parteien des Rechtsstreits werden aufgeführt und mit v. verbunden. Diese Abkürzung für das lateinische *versus* wird in England in Zivilrechtsfällen *and* und in Strafrechtsfällen *against* ausgesprochen. Wichtige Fälle haben einen *popular name*, etwa den Namen des in den Fall verwickelten Schiffes. In Nachlaß-, Konkurs- und Zwangsabwicklungsverfahren erscheint nur *re* mit dem Namen des Verstorbenen, des Gemeinschuldners oder der Gesellschaft. In einseitigen, meist Verfügungsverfahren erscheint nur eine Partei mit dem Vorspann *ex parte*. Viele ausländische Juristen beachten nicht den Unterschied zwischen eckigen und runden Klammern, die das Erscheinungsjahr umschließen: Eckige Klammern sind nötig, um den Erscheinungsband aufzufinden, runde hingegen nicht.

53   Hat der englische Jurist einen Fall gefunden, muß er sich vergewissern, ob die Entscheidung noch geltendes Recht ist, in der Zwischenzeit gerichtlich bestä-

tigt, in seinem Entscheidungssatz eingeschränkt oder gar aufgehoben wurde. Hierfür stehen ihm *Digest of English Case Law, Current Law Year Books* für Fälle seit 1952, *Current Law Citator* für Entscheidungen seit 1947 zur Verfügung.

Englische Gesetze haben heute eine Kurzbezeichnung, die das Verkündungsjahr einschließt. Da alle Gesetze streng chronologisch veröffentlicht werden, sind sie in den einzelnen offiziellen Jahrgangsbänden *Public General Statutes* leicht aufzufinden. Daneben gibt es private Gesetzessammlungen, die wichtige Gesetze auch kommentieren, die *Current Law Statutes Annotated*. Besonders anschaulich, weil nicht chronologisch, sondern nach Sachgruppen geordnet, sind *Halsbury's Statutes of England*. Untergesetzesrecht, auch *statutory instruments* genannt, werden nach Verkündungsjahr und der laufenden Jahresnummer zitiert. Auch hier gibt es eine offizielle chronologische Sammlung und die inoffizielle, nach Sachgruppen geordnete und kommentierte Sammlung *Halsbury's Statutory Instruments*. 54

IV. Zeitschriften

Die führenden englischen *Legal Periodicals* sind: *Law Quarterly Review (L.Q.R.), Modern Law Review (M.L.R.), Cambridge Law Journal (C.L.J.)* und *International and Comparative Law Quarterly (I.C.L.Q.)*. Jüngeren Datums ist das *Oxford Journal of Legal Studies (O.J.L.S.)*. Interessante Fragen des englischen Handels- und Wirtschaftsrechts, zugleich eine nach Sachgebieten geordnete Kurzübersicht über die Rechtsprechung und Gesetzgebung, einschließlich des europäischen und überseeischen Rechts, bringt das vierteljährlich erscheinende *The Journal of Business Law (J.B.L.)*. Eine ähnliche Zielrichtung verfolgen das *European Business Law Review (E.B.L.R.)* und das *Business Law Review (B.L.Rev.)*. Einen handelsrechtlichen Schwerpunkt hat das *Lloyd's Maritime and Commercial Law Quarterly (L.M.C.L.Q.)*. Gesellschaftsrechtliche Veröffentlichungen finden sich im *Company Lawyer (Comp.L.)*, im *Practical Law for Companies* (P.L.C.) und im *International Company and Commercial Law Review (I.C.C.L.R.)*. Finanz- und bankrechtliche Schwerpunkte haben das *Journal of International Banking Law (J.I.B.L.)* und das *Butterworths Journal of International Banking and Financial Law (B.J.I.B.F.L.)*. 55

V. Enzyklopädien

In *Halsbury's Laws of England* ist das gesamte englische Recht systematisch geordnet. Die 4. Auflage London 1973–1994 besteht aus 50 Bänden. *The English and Empire Digest*, eine aus 56 Bänden bestehende Enzyklopädie mit 4 Folgebänden bis 1975, ist eine große Hilfe, um ältere, teils schon vergessene Fälle aufzuspüren. 56

II. Quellen des Handels- und Wirtschaftsrechts

VI. Rechtswörterbücher

57 Unter den englischen Rechtswörterbüchern sind zu nennen *Jowitt's Dictionary of English Law*, 2. Aufl. London 1977, Suppl. 1981; *Osborne's Concise Law Dictionary*, 7. Aufl. London 1983; *Mozley/Whiteley's Law Dictionary*, 10. Aufl. London 1988. Außerdem sind in England Sammlungen über gerichtliche Definitionen von Begriffen und Rechtssätzen erschienen. Zu empfehlen ist *Burrows, Words and Phrases Judicially Defined*, 1943–1945 mit Ergänzungsbänden und *Stroud/James, Judicial Dictionary: Words and Phrases Judicially Interpreted by British Judges and Parliament with Statutory Definitions*, 5. Aufl. London 1986; *Saunders, Words and Phrases Legally Defined*, 3. Aufl. London 1988–1990. Als weitere Rechtswörterbücher sind zu nennen: *Martin, A Concise Dictionary of Law*, Oxford 1990; *Collin, English Law Dictionary*, Teddington 1986; *Marrap, Dictionary of Law and Society*, Bromley 1989; *Curzon, Dictionary of Law*, 3. Aufl. London 1988.

III. Kapitel
Recht der Handelsgeschäfte

§ 1
Einige Besonderheiten des englischen Vertragsrechts

I. Allgemeines

Handelsrecht ist zu einem großen Teil Vertragsrecht. Nun gibt es in England kein Sonderrecht für Kaufleute und den kaufmännischen Bereich, kein Recht der Handelsgeschäfte und kein besonderes Vertragsrecht für Kaufleute. Grundsätzlich gilt auch hier das allgemeine englische Vertragsrecht *law of contract*[1]; dies unterscheidet sich wesentlich vom deutschen Schuldrecht, auch in seinen praktischen Auswirkungen im Handelsverkehr. Einige wichtige Grundsätze und Abweichungen sollen im folgenden dargestellt werden. **58**

Kaufmännische Sonderregeln finden sich in England nur in Ausnahmefällen, so daß der Schluß auf ein eigenständiges Handelsvertragsrecht nicht berechtigt ist. Doch dürfen Ansätze von handelsrechtlichen Sonderregeln nicht übersehen werden. So wird im kaufmännischen Bereich vermutet, daß die Parteien einer Vereinbarung auch rechtlichen Bindungswillen *the intention to create a legal relationship* haben[2]. Eine Bank ist dem Verkäufer gegenüber aus der Bestätigung eines Dokumentenakkreditivs verpflichtet, auch wenn der Verkäufer der Bank keine Gegenleistung *consideration* gegeben hat[3]. **59**

Das englische Recht hat keine Lehre der Willenserklärungen oder der Rechtsgeschäfte entwickelt. Der deutsche Jurist findet nur Abhandlungen über Vertragsrecht, von wenigen Passagen in Büchern über Allgemeine Rechtslehre, *jurisprudence* genannt, abgesehen. Demzufolge ist auch die englische Rechtsterminologie an abstrakten Begriffen ärmer: Sie kennt grundsätzlich nur Vertrag *contract* und seltener Versprechen *promise*, nicht aber die abstrakten Begriffe Willenserklärung oder Rechtsgeschäft. **60**

---

1 Vgl. die oben angegebene Literatur über Vertragsrecht; ferner: Rabel, Das Recht des Warenkaufs, Band I, Berlin 1957; Band II, Berlin 1968; Lotter, Der englische Liefervertrag, Köln 1973; Graupner, RIW 1985, 455.
2 Vgl. Edwards v. Skyways [1964] 1 W.L.R. 349; Esso Petroleum v. Commissioners for Customs and Excise [1976] 1 W.L.R. 1078.
3 Vgl. Hamzeh Malas & Sons v. British Imex Industries Ltd. [1958] 2 Q.B. 127; Alan v. El Nasr [1972] 2 Q.B. 189; vgl. auch Schmitthoff, RabelsZ 28 (1964), S. 55ff.

III. Recht der Handelsgeschäfte

61 Es gibt nur englisches Vertragsrecht, nicht ein englisches Recht der Schuldverhältnisse. Allgemeine Grundsätze, die für Vertrag und unerlaubte Handlung gleichermaßen gelten, hat das englische Recht nicht entwickelt. Deliktsrecht, *law of torts* genannt, führt ein eigenständiges Dasein. Das sehr komplizierte Recht der unerlaubten Handlungen, das für nahezu jede Anspruchsgrundlage selbständige Regeln hat, wird in eigenen Lehrbüchern dargestellt, die noch heute den rechtshistorischen und aktionenrechtlichen Bezug erkennen lassen[4].

62 Eine ähnliche Entwicklung vollzieht sich auch für das Rechtsinstitut der ungerechtfertigten Bereicherung *unjust enrichment*. Bisher fanden sich, anders als im amerikanischen Recht, nur vereinzelte, keinem Obersatz zugeordnete Rechtsregeln. Diese wurden in englischen Lehrbüchern als *Annex* zum Vertragsrecht dargestellt, gewöhnlich unter der Rubrik *quasi-contract*. Seit das *House of Lords* das Bereicherungsrecht jedoch als eigenständiges Rechtsgebiet anerkannt hat, verselbständigt es sich gegenüber dem Vertragsrecht zusehends[5].

63 Das deutsche BGB kennt „Einzelne Schuldverhältnisse" in den §§ 433 ff., das deutsche HGB „Handelsgeschäfte" in den §§ 373 ff. Nicht so das englische Recht. Besondere Vertragstypen hat es — von Ausnahmen abgesehen — nicht normiert. So gibt es nur wenige Gesetze, die ein einzelnes Schuldverhältnis regeln, wie der *Sale of Goods Act 1979*, das Warenkaufvertragsgesetz, die *Transport Acts 1962 und 1969*, das Eisenbahnfrachtvertragsgesetz, der *Carriage of Road Act 1965*, das internationale Landfrachtvertragsgesetz, der *Carriage of Goods by Sea Act 1992*, das Seefrachtvertragsgesetz, der *Marine Insurance Act 1906*, das Seeversicherungsvertragsgesetz, der *Bills of Exchange Act 1882*, das Gesetz über die Rechtsverhältnisse bei Wechselbegebung. Aber auch bei diesen Gesetzen handelt es sich nicht um Kodifizierungen im kontinentalen Sinne, die das Fallrecht verdrängen.

64 Das Fehlen festgelegter Vertragstypen zeigt sich deutlich bei der Bestimmung des Vertragsinhalts. Da es kein nachgiebiges Recht in England gibt, müssen sich die Gerichte mit der *doctrine of implied terms*[6], dem mutmaßlichen Parteiwillen, behelfen. Oft müssen sie das in den mutmaßlichen Parteiwillen hineinlegen, was sie angesichts des Typus des abgeschlossenen Rechtsgeschäfts für vernünftig halten.

65 Das englische Vertragsrecht ist nicht kodifiziert, abgesehen vom *Indian Contract Act 1872*[7], der auch in Tansania und Pakistan gilt[8]. Fallrecht ist wichtig-

---

[4] Vgl. zum Deliktsrecht etwa Baker, Tort, 5. Aufl. London 1991; Clark/Lindsell, Torts, 16. Aufl. London 1989; Clark/Stephanson, Law of Torts, 3. Aufl. London 1991; Dias/Markesinis, Tort Law, 2. Aufl. London 1989; Winfield/Jolowicz, On Tort, 13. Aufl. London 1989.

[5] Lipkin Gorman v. Karpnale Ltd. [1991] 2 A.C. 548; vgl. dazu Birks, Introduction to the Law of Restitution, 1985; Burrows, The Law of Restitution, 1993; Goff/Jones, The Law of Restitution, 4. Aufl. 1994. In deutscher Sprache Birks, ZEuP 1993, S. 554 ff.

[6] Vgl. unten Rdnr. 104 ff.

[7] Vgl. unten Rdnr. 1278 ff.

[8] Vgl. dazu unten Rdnr. 1321 ff.

ste Rechtsquelle. Gesetze regeln nur Einzelfragen des Vertragsrechts, wie der *Statute of Frauds 1677* die Form, der *Misrepresentation Act 1967* Rechtsfolgen der — auch schuldlosen — Täuschung, der *Law Reform (Frustrated Contracts) Acts 1945*, Rechtsfolgen der *frustration*, funktionell mit Wegfall der Geschäftsgrundlage vergleichbar, der *Limitation Act 1980* die Verjährung.

II. Vertragsschluß

Im 19. Jahrhundert hat sich in England unter kontinentaleuropäischem Einfluß das Konsensprinzip im Vertragsrecht durchgesetzt. Auch in England kommt ein Vertrag durch Angebot *offer* und Annahme *acceptance* zustande. Doch bestehen Systemunterschiede, die im Handelsverkehr besonders beachtet werden müssen. Hier verwundert vor allem das Erfordernis einer Gegenleistung *consideration* als Voraussetzung für jeden Vertrag, der nicht in besonderer Form *under seal*[9] geschlossen wird. 66

Bisweilen wird neben Angebot, Annahme und Gegenleistung noch rechtlicher Bindungswille *intention to create legal relations* als selbständige weitere Vertragsvoraussetzung angeführt. Im familiären Bereich fehlt dieser Bindungswille häufig[10]. Im Handelsverkehr wird er regelmäßig vermutet[11]. Es kommt aber auch vor, daß eine Vereinbarung ein *Gentlemen's Agreement* sein soll oder eine *honour clause* enthält: Dann kann nur der Ehrenkodex, nicht aber das Vertragsrecht ein Abgehen vom Versprechen ahnden[12]. Letztlich handelt es sich um eine Frage der Auslegung der Parteierklärungen[12a]. So braucht die Zusage einer *ex gratia* Abfindung an einen Arbeitnehmer den rechtlichen Bindungswillen nicht in jedem Fall in Frage zu stellen. 67

Ebenso können bloße Absichtserklärungen *letters of intent* oder *heads of agreement* binden, die nur einen Vertrag vorbereiten wollen. Das englische Fallrecht ist, anders als das in den USA, hier sehr dürftig[13]. Wird der Bindungswille nicht ausgeschlossen, können englische Gerichte durchaus bindende Verträge annehmen, besonders dann, wenn die Parteien sich längere Zeit an einen *letter of intent* gehalten oder im Vertrauen hierauf höhere Aufwendungen gemacht haben. 68

Wer sich nur im Grundsatz einig ist, nur ein *agreement in principle only* schließt, will sich gewöhnlich noch nicht festlegen[14]. Schwierig ist die Feststel- 69

---

9 Vgl. unten Rdnr. 82 ff.
10 Balfour v. Balfour [1919] 2 K.B. 571.
11 Edwards v. Skyways Ltd. [1964] 1 W.L.R. 349, 355.
12 So das bekannte Beispiel in Rose & Frank Co. v. J.R. Crompton & Bros. Ltd. [1925] A.C. 445.
12a Kleinwort Benson Ltd. v. Malaysia Mining Corporation [1989] 1 All E.R. 785 (unverbindlicher letter of comfort).
13 Vgl. Snelling v. John G. Snelling Ltd. [1973] 1 Q.B. 87; Turriff Construction Ltd. v. Regalia Knitting Mills (1971) 222 E.G. 169.
14 Courtney & Fairbairn Ltd. v. Tolaini Bros. Hotels Ltd. [1975] 1 W.L.R. 297.

lung des Bindungswillens, wenn die Parteien eine Vertragsurkunde unterzeichnen wollen, dies aber noch nicht getan haben. Wer sich etwa ausdrücklich den Vertragsschluß vorbehält, häufig mit den Worten: *subject to contract*, will sich meist nicht binden[15]. Oft vereinbaren die Parteien in England bei wichtigen Sachen, vor allem bei Grundstücksgeschäften, den Austausch von Verträgen *exchange of contracts*. Vorher ist die Vereinbarung zwischen den Parteien regelmäßig nicht verbindlich[16].

70 Auch in England kann nur derjenige Verträge schließen, der volljährig ist. Die frühere Altersgrenze von 21 Jahren wurde auf 18 Jahre herabgesetzt[17]. Aber auch wer jünger ist, kann durch Verträge verpflichtet werden: Wenn es um *necessities*, um für den Minderjährigen notwendige Dinge, geht[18]. Handelt es sich um einen Warenkauf, hat der Minderjährige dafür einen angemessenen Preis zu entrichten [s. 3 (2) *Sale of Goods Act 1979*]. Dem besonderen Aspekt der Geisteskrankheit wird in England nicht soviel Bedeutung beigemessen wie nach deutschem BGB; grundsätzlich ist der geistig Kranke – ebenso wie der Betrunkene – gebunden, wenn er nicht zwei Voraussetzungen beweisen kann: einmal, daß er nicht verstand, was er tat; und zum anderen, daß der Vertragspartner sich dieser Unfähigkeit bewußt war. Steht ein Geisteskranker unter gerichtlicher Aufsicht nach *Part VII Mental Health Act 1983*, kann er aus Verträgen, die auf Übertragung seines Eigentums gerichtet sind, nicht in Anspruch genommen werden. Für die Gegenseite ist der Vertrag allerdings bindend. Der Anwendungsbereich der Vorschriften ist noch nicht vollständig gesichert: Nur Verträge, die auf Übereignung gerichtet sind, oder alle Vereinbarungen, auch wenn sie keine Verpflichtung zur Übereignung enthalten[19].

III. Gegenleistung – consideration

1. Grundsatz

71 Nach *common law* ist ein Leistungsversprechen wirkungslos, wenn es nicht für ein Gegenopfer des Versprechensempfängers abgegeben wird, es sei denn, das Versprechen wird in besonderer Form *under seal* geschlossen[20]. Dieses Gegenopfer ist gemeint, wenn in englischen Vertragstexten stereotyp wiederkehrt: *In consideration of* ... Dieser Ausdruck muß also mit „als Gegenleistung für ..." und nicht etwa mit „unter Berücksichtigung von ..." übersetzt werden. Gegenleistung wird definiert als irgendein Recht, Gewinn oder Vorteil einer Vertrags-

---

15 Vgl. Winn v. Bull (1877) 7 Ch.D. 29 einerseits und Branca v. Cobarro [1947] K.B. 854 andererseits.
16 Eccles v. Bryant & Pollock [1948] Ch. 93.
17 Vgl. sections 1 und 9 des Family Law Reform Act 1969.
18 Treitel, Law of Contract, 1991, S. 482 ff.
19 Vgl. Treitel, Law of Contract, 1991, S. 501 f. Insgesamt Menold-Weber, Verträge Minderjähriger und ihre Rückabwicklung im englischen Recht, 1992.
20 Vgl. unten Rdnr. 82 ff.

partei oder irgendein Unterlassen, Nachteil, Schaden oder Verantwortlichkeit der anderen[21]. Zumeist versprechen sich beide Vertragspartner etwas *(executory consideration)*. So verspricht bei einem Kauf der Verkäufer Eigentum und Besitz an einer Sache, der Käufer Zahlung des Kaufpreises und Abnahme der Sache. Dann liegt ein — nach deutschrechtlicher Dogmatik — gegenseitiger (synallagmatischer) Vertrag vor.

Eine moralische Verpflichtung reicht nicht aus *(moral consideration)*, ebenso nicht eine Leistung in der Vergangenheit *(past consideration)*[22]. Unerheblich ist es dagegen, ob die Gegenleistung angemessen ist. Es genügt, wenn ihr irgendein Wert zukommt. Auch bewußte Unterbewertungen sind zulässig[23]. In Verträgen werden daher häufig nur symbolische Leistungen versprochen, etwa ein Pfefferkorn oder eine rote Rose auf Verlangen.

Auch im Handelsverkehr kommt es vor, daß die Gegenleistung nicht ein Gegenversprechen, sondern die Erbringung der Leistung selbst ist. Dann liegt ein einseitiger Vertrag *unilateral contract* vor. Dieser bindet erst, wenn die Gegenleistung erbracht ist: *Executed consideration*. Beispiele solcher einseitiger Verträge sind die Bürgschaft *guarantee*: Hier verspricht der Gläubiger dem Bürgen nicht, an den Schuldner zu leisten; der Bürgschaftsvertrag kommt nach englischer Rechtsauffassung erst zustande, wenn der Gläubiger an den Schuldner zahlt. Ebenso sind Rahmenverträge — etwa Eigenhändlerverträge — nicht schon mit deren Abschluß wirksam. Erst wenn eine Partei Lieferungen entsprechend einem solchen *general* oder *master agreement* ausführt, werden dessen Bestimmungen wirksam. Ebenso ist die Rechtslage bei Einräumung eines Massenrabatts *block discounting* oder bei Abrufverträgen *requirement contracts*, wenn die beiderseitigen Leistungen nicht im Rahmenvertrag selbst festgelegt sind. Auch die Auslobung wird nicht als einseitiges Rechtsgeschäft, sondern als Vertrag mit *executed consideration* konstruiert: Erst der versprochene Erfolg, etwa das Auffinden des entlaufenen Hundes, bringt den Vertrag zustande[24].

2. Angebot und consideration

Die *consideration*-Lehre beeinflußt auch die Rechtsnatur des Vertragsangebotes: Anders als § 145 BGB bindet dieses den Antragenden nicht, vielmehr ist das Angebot bis zu seiner Annahme frei widerruflich, weil es ein Versprechen ohne Gegenleistung ist[25]. Wer sich den Vorteil eines bindenden Vertragsange-

---

21 Currie v. Misa (1875) L.R. 10 Ex. 153; Midland Bank & Trust Co. Ltd. v. Green [1981] A.C. 513, 531; Pitt v. PHH Asset Management Ltd. [1993] 4 All E.R. 961.
22 Re Casey's Patents [1892] 1 Ch. 104; Pao On v. Lau Yiu Long [1979] 3 All E.R. 65.
23 Chappell v. Nestlé [1960] A.C. 87; Midland Bank & Trust Co. Ltd. v. Green [1981] A.C. 513; Pitt v. PHH Asset Management Ltd. [1993] 4 All E.R. 961, 966.
24 Goode, Commercial Law, London 1982, S. 88.
25 Vgl. Dickinson v. Dodds (1876) 2 Ch. D. 463.

III. Recht der Handelsgeschäfte

bots sichern will, muß einen Optionsvertrag abschließen und dem Offerenten eine Gegenleistung, sei es auch nur einen *penny*, anbieten oder sich das Angebot förmlich *under seal* geben lassen.

75 Die freie Widerruflichkeit des Angebots schränkt das englische Recht aber wieder ein, indem es die Wirksamkeit der Annahmeerklärung unter Abwesenden vorverlegt. Wenn nämlich nach den Umständen davon ausgegangen werden kann, daß der Vertragsgegner seine Annahmeerklärung dem Offerenten per Post übersenden wird, kommt es nicht auf den Zugang der Annahme an. Die Annahme, und damit der Vertrag, ist vielmehr schon wirksam, wenn der Annehmende seine Erklärung in den Briefkasten wirft (*mailbox*-Theorie)[26]. Auch wenn die Annahmeerklärung unterwegs verlorengeht, bleibt die rechtliche Existenz des Vertrages unberührt. Auch der Ort des Vertragsabschlusses liegt dort, wo die Annahmeerklärung abgesandt wird[27]. Wie im deutschen Recht reicht Schweigen grundsätzlich nicht aus, um ein Angebot anzunehmen[28]. Der Vertrag kommt jedoch zustande, wenn durch das Verhalten des Angebotsempfängers auf eine konkludente Annahme geschlossen werden kann. Das ist insbesondere der Fall, wenn er darum gebeten hat, ihm ein Angebot zu unterbreiten und später die Lieferung entgegennimmt[29].

3. Kein Vertrag zugunsten Dritter

76 Die Gegenleistung muß vom Versprechensempfänger kommen: *Consideration must move from the promisee.* Dieser Rechtssatz der *consideration*-Lehre schlägt die Brücke zu einer anderen Eigentümlichkeit des englischen Rechts. Er verhindert Verträge zugunsten Dritter[30]. Vertragliche Rechtsbeziehungen, *privity of contract* genannt, sind Voraussetzungen für vertragliche Ansprüche. Das *House of Lords* hat es noch 1968 abgelehnt, diesen Rechtsgrundsatz aufzugeben[31]. Letztlich ist dogmatisch noch nicht geklärt, ob das Fehlen eines Vertrages zugunsten Dritter auf die *consideration*-Lehre oder auf eine hiervon unabhängige Regel, die *privity rule*, zurückzuführen ist[32].

77 Es gibt zahlreiche Ausnahmen von der Unwirksamkeit vertraglicher Rechte zugunsten Dritter, gerade im Handelsrecht. So können bei vielen Versicherungen Dritte begünstigt werden. Der aus einem Wechsel Begünstigte kann ein Dritter

---

26 Adams v. Lindsell (1818) B. & Ald. 681; dazu von Bieberstein, Festschrift für Kitagawa, 1992, S. 221.
27 Entores v. Miles Far East Corporation [1955] 2 Q.B. 327; zum Abschluß per Telefax vgl. Brinkibon Ltd. v. Stahag Stahl und Stahlwarenhandelsgesellschaft mbH [1982] 1 All E.R. 293; Jayme/Götz, IPRax 1985, 113; Schack, Der Erfüllungsort im deutschen, ausländischen und internationalen Privat- und Zivilprozeßrecht, 1985.
28 Felthouse v. Bindley (1862) C.B.N.S. 869.
29 Rust v. Abbey Life Insurance Co. [1979] 2 Lloyd's Rep. 355.
30 Dunlop v. Selfridge [1915] A.C. 847; Tweddle v. Atkinson (1861) 1 B. & S. 393.
31 Beswick v. Beswick [1968] A.C. 58.
32 Kepong Prospecting Ltd. v. Schmidt [1968] A.C. 58.

sein. Das aus dem Recht der *equity* stammende Treuhandrecht kann Dritten einklagbare Ansprüche gewähren, die im Verhältnis Treugeber zum Treuhänder ihren Ursprung haben[33]. Häufig wird eine Partei auch als Vertreter des Dritten angesehen, um diesem die Vorteile des Vertrages zugute kommen zu lassen. So wurden in einem Seefrachtvertrag zwischen Befrachter und Verfrachter Haftungsbeschränkungen vereinbart: Auch die nicht am Vertrag beteiligten Schauerleute konnten sich mit Hilfe der Vertragstheorie hierauf berufen[34]. Letztlich wird die *privity rule* vom englischen Deliktsrecht, und hier wiederum vom Deliktstatbestand der *negligence* aufgeweicht: Eine Vertragspartei kann auch einem Dritten zur Sorgfalt verpflichtet sein, sei es als Hersteller im Bereich der Produzentenhaftung[35] oder bei falschen Auskünften[36].

Nun gibt es im englischen Recht sog. Nebenverträge *collateral contracts*, die neben dem Hauptvertrag geschlossen werden: Zwischen den Vertragspartnern des Hauptvertrages oder nur mit einem Vertragspartner und einem Dritten. Die Gegenleistung für einen solchen Nebenvertrag ist dann der Abschluß des Hauptvertrages. Macht zum Beispiel eine Partei den Vertragsschluß von einer Zusicherung abhängig, so hat diese Zusicherung Vertragscharakter, auch wenn sie nicht Inhalt des Hauptvertrages wird[37]. Auch Dritte können wirksam durch einen solchen Nebenvertrag einbezogen werden, auch wenn an den Dritten keine *consideration* geht oder von ihm kommt. Sichert zum Beispiel der Farbenhersteller zu, die Farben seien zur Streichung eines Piers geeignet, und beauftragt daraufhin der Hafenbesitzer einen Maler, diese Farbe zu kaufen und zu verwenden, so kommt ein solcher *collateral contract* zwischen Hersteller und Auftraggeber zustande, auch wenn dieser für die Farben den Maler und nicht den Hersteller bezahlt[38]. **78**

Auch im englischen Recht selbst wird es als nicht sachgerecht empfunden, daß ein Vertrag zugunsten Dritter nicht abgeschlossen werden kann. Die *Law Commission* hat daher kürzlich vorgeschlagen, den Vertrag zugunsten Dritter durch Gesetz einzuführen. Dem Dritten soll ein eigenes Klagerecht zustehen. Die *Law Commission* hat sich ausdrücklich auch an dem deutschen Vorbild in § 328 BGB orientiert[39]. **79**

---

33 Re Flavell (1883) 25 Ch.D. 89; Re Schebsmann [1944] Ch. 83.
34 New Zealand Shipping Co. Ltd. v. A.M. Satterthwaite & Co. Ltd. [1975] A.C. 154.
35 Vgl. unten Rdnr. 273 ff.
36 Hedley Byrne Co. Ltd. v. Heller & Partners [1964] A.C. 465; Caparo Industries plc v. Dickman [1990] 2 A.C. 605.
37 De Lassalle v. Guildford [1901] 2 K.B. 215.
38 Shanklin Pier Ltd. v. Detel Products Ltd. [1951] 2 K.B. 854.
39 Law Commission Consultation Paper No. 121, 1992: Privity of Contract: Contracts for the Benefit of Third Parties.

III. Recht der Handelsgeschäfte

IV. Vertragsänderung, Verzicht, Verwirkung

80 Auch zur Änderung eines Vertrages *variation* ist *consideration* auf beiden Seiten nötig. Wird ein bestehender Vertrag nur zugunsten einer Partei geändert, fehlt regelmäßig diese Gegenleistung mit der Rechtsfolge: Die Vertragsänderung ist unwirksam. Denn die bloße Verpflichtung der anderen Partei, die alten vertraglichen Verpflichtungen zu erfüllen, ist *past consideration* und führt zu keiner rechtlichen Bindung[40]. Geben hingegen beide Parteien Rechte auf oder begründen sie diese, so liegt bei Vertragsänderung Gegenseitigkeit vor.

81 Ebenso wie Vertragsänderung ist ein einseitiger Erlaß von Verpflichtungen oder ein einseitiger Verzicht *waiver* auf Rechte ohne Gegenleistung grundsätzlich unwirksam. Erläßt der Gläubiger dem Schuldner die Forderung, wenn auch nur teilweise, oder gewährt er ihm ein Zahlungsziel, so ist er hieran in aller Regel nicht gebunden. Es ist deshalb verständlich, daß besonders das Handelsrecht nach Konstruktionen gesucht hat, um die unbilligen Ergebnisse der *consideration*-Lehre einzudämmen. Für das Wechselrecht mußte der Gesetzgeber bestimmen, daß auch eine zurückliegende Leistung *past consideration* die Wechselforderung nicht ungültig macht[41]. Ein weiterer Einbruch ist die *doctrine of equitable estoppel*, die dem deutschen Verwirkungseinwand ähnelt: Der Versprechende ist auch ohne Gegenleistung des Versprechensempfängers an sein einseitiges Versprechen gebunden, wenn er dessen Vertrauen erwecken wollte und jener deshalb zu seinem Nachteil handelt[42]. Verzichten zum Beispiel Gläubiger in einem Moratorium teilweise auf ihre Forderungen, so sind die einzelnen Gläubiger hieran gebunden, weil sie sonst die anderen benachteiligen *(promissory estoppel)*[43]. Wer Dienstleistungen zunächst unentgeltlich erbringt und danach eine Belohnung versprochen bekommt, kann sich darauf verlassen; denn englische Gerichte unterstellen dann ein stillschweigendes Zahlungsversprechen bei Arbeitsbeginn *(proprietary estoppel)*[44]. Bei Dokumentenakkreditiven haftet die bestätigende Bank dem Verkäufer gegenüber auch, wenn dieser ihr keine Gegenleistung erbracht hat[45]. Das plausibelste Argument bei den vielen Erklärungsversuchen für diese Ausnahme ist die Berufung auf einen Handelsbrauch.

IV. Vertragsform

82 Englisches Recht unterscheidet von der Form her zwei Arten von Verträgen: Solche unter Siegel *under seal*, auch *speciality* genannt, und einfache Verträge

---

40 Über sog. past consideration vgl. Rdnr. 72.
41 Vgl. Section 27 des Bills of Exchange Act 1882.
42 Central London Property Trust Ltd. v. High Trees House Ltd. [1947] K.B. 130.
43 Wood v. Roberts (1818) 2 Stark. 417.
44 Lampleigh v. Brathwait (1615) Hob. 105.
45 Vgl. oben Fußnote 3.

simple contracts. Verträge mit Siegel haben meist die Form eines *deed*. Dieses Wort wird zwar zumeist mit Urkunde übersetzt, doch handelt es sich um eine englischrechtliche Eigenart ohne Entsprechung in fremden Rechtssystemen – ebenso wie umgekehrt die notarielle oder gerichtliche Beurkundung oder Beglaubigung in England fremd ist. Eine *deed* muß, streng genommen, unterschrieben, mit Siegel versehen und übergeben werden *signed, sealed and delivered*. Statt des Wachssiegels mit Wappen wird heute zumeist eine Siegelmarke verwendet. Das Siegel braucht heute nicht mehr physisch angebracht zu werden. Es genügt der Aufdruck „*L. S.*" *(locus sigilli)*, wenn nur die Unterschrift auch dieses – symbolische – Siegel umfaßt[46].

83 Die Übergabe *delivery* einer *deed* kann bedingt sein. Dann spricht man von *escrow*. So kommt es bei Übertragung von Grundstücken häufig vor, daß der Vertrag mit Siegel dem *Solicitor* der anderen Vertragspartei übergeben wird mit der Auflage, erst bei Sicherstellung der Kaufpreiszahlung hiervon Gebrauch zu machen. Tritt die Bedingung ein, wirkt diese auf den Zeitpunkt der – bedingten – Übergabe zurück[47].

84 Nach *common law* ist ein Vertrag *under seal* nötig, um ein Versprechen ohne Gegenleistung wirksam zu machen. Nach dem Gesetz ist dies nicht zum obligatorischen Grundstücksgeschäft, wohl aber zur dinglichen Übertragung des Eigentums an Grundstücken *conveyance* erforderlich, auch zur Begründung einer dinglichen Miete *lease* an Grundstücken mit einer Laufzeit von mehr als drei Jahren[48]. Im Rechtsbewußtsein hat sich die Anhänglichkeit für diese feierliche Form des Vertragsabschlusses auch erhalten, wo sie nicht vorgeschrieben ist. So gebraucht eine *company* im Rechtsalltag häufig ihr Gesellschaftssiegel *corporate seal* auch bei einfachen Verträgen, obwohl diese Förmlichkeit seit 1960 überflüssig ist[49].

85 Auch in England besteht grundsätzlich Formfreiheit. Die große Mehrzahl der Verträge im Handelsverkehr sind einfache Verträge *simple contracts*, die keiner Form bedürfen, also auch mündlich abgeschlossen werden können, andererseits aber eine Gegenleistung haben müssen. Nur wenige einfache Verträge müssen schriftlich abgefaßt sein. Dies gilt für Verbraucherkreditverträge[50], Seeversicherungsverträge[51] oder Sicherungsübereignungsverträge[52]; auch Zahlungsversprechen in einem Wechsel unterliegen der Schriftform[53]. Der nun-

---

46 First National Securities Ltd. v. Jones [1978] 2 All E.R. 221, 227. Wann von einem deed gesprochen werden kann, ist seit dem 31. Juli 1990 in section 1 (2), (3) Law of Property (Miscellaneous Provisions) Act 1989 geregelt.
47 Alan Estates Ltd. v. W.G. Stores Ltd. [1981] 3 W.L.R. 892.
48 Sections 52, 54 Law of Property Act 1925.
49 Vgl. Corporate Bodies Contracts Act 1960 und unten Rdnr. 569.
50 Sections 43 ff. Consumer Credit Act 1974.
51 Section 22 Marine Insurance Act 1906.
52 Vgl. Bills of Sale (1878) Amendment Act 1882; vgl. auch unten Rdnr. 311.
53 Sections 3, 17 Bills of Exchange Act 1882.

mehr praktisch wichtigste Fall sind die obligatorischen Grundstücksverträge. Sie sind nur wirksam, wenn sie schriftlich abgefaßt wurden, und die Urkunde den gesamten Vertragsinhalt, auf den sich die Parteien verständigt haben, enthält[54].

86 Der alte *Statute of Frauds 1677* wollte betrügerischen Praktiken entgegentreten und insbesondere Meineid und Anstiftung hierzu eindämmen. Deshalb bestimmte er, daß einige Verträge zwar nicht zu ihrer Wirksamkeit, wohl aber als Voraussetzung für ihre Einklagbarkeit in einer schriftlichen Beweisurkunde, vor oder nach Vertragsabschluß erstellt, ihren Niederschlag finden müssen. Ein solches *memorandum in writing* war für Warenkaufverträge zu einem Preis von zehn Englischen Pfund und darüber nötig. Der englische Gesetzgeber hat diese Formvorschrift für Kaufverträge 1954 abgeschafft[55]. Doch ist sie in verschiedenen Staaten der USA und des früheren Britischen Imperiums auch heute noch gültig[56]. In England gilt diese Beweisvorschrift noch bei Bürgschaften[57] und obligatorischen Grundstücksverträgen, die vor dem 27. September 1989 abgeschlossen wurden[58]. Aber auch hier wird ihr Anwendungsbereich durch die Lehre von der Teilerfüllung *doctrine of part performance* eingeschränkt: Wenn der Kläger nämlich im Vertrauen auf einen mündlichen Vertrag unzweideutig eine Erfüllungshandlung vorgenommen hat, wird dem Beklagten die Berufung auf die Formvorschrift versagt[59].

V. Vertragsinhalt

1. Bestimmtheit

87 Englisches Recht stellt an die Bestimmtheit des Vertragsinhalts hohe Anforderungen, wenn auch heute geringere als früher. So ist der Erwerb einer Sache auf Mietkaufbasis *on hire purchase* allein zu unbestimmt und der Vertrag unwirksam, weil mehrere solcher Vertragstypen üblich sind[60]. Auch wenn die Parteien Bedingungen ihres Vertrages offenlassen und sich später hierüber einigen wollen, fehlt diese Bestimmtheit[61]. Hingegen ist der Vertrag bindend,

---

54 Section 2 Law of Property (Miscellaneous Provisions) Act 1989, für Neuverträge geltend seit dem 27. September 1989.
55 Vgl. Law Reform (Enforcement of Contracts) Act 1954.
56 Vgl. dazu näher unten Rndr. 1347ff.; Rabel, a.a.O., Band II, S. 110f.
57 Vgl. section 4 Statute of Frauds 1677; vgl. auch unten Rdnr. 365.
58 Vgl. section 40 Law of Property Act 1925, aufgehoben durch section 2 (8) Law of Property (Miscellaneous Provisions) Act 1989.
59 Rawlinson v. Ames [1925] Ch. 96; Maddison v. Alderson (1883) 8 App. Cas. 467; Wakeham v. Mackenzie [1968] 1 W.L.R. 1175; zu der Frage, wie sich die part performance-Lehre und die neue section 2 Law of Property (Miscellaneous Provisions) Act 1989 ergänzen, vgl. Davis (1993) 12 O.J.L.S. 99.
60 Vgl. G. Scammel & Hephew Ltd. v. Ouston [1941] A.C. 251.
61 May & Butcher v. R. [1934] 2 K.B. 17.

wenn die Parteien festlegen, nach welchen Kriterien die Lücken zu füllen sind[62]. Haben sich die Parteien eines Warenkauf- oder eines Dienstleistungsvertrages nicht über den Preis geeinigt, so ist eine angemessene Gegenleistung zu erbringen[63].

Auch nach englischem Recht kann ein Vorvertrag binden, denn eine Verpflichtung, einen bestimmten Vertrag abzuschließen, braucht nicht zu unbestimmt zu sein. Hingegen ist eine Vereinbarung, die nur zu Verhandlungen verpflichtet, ein *agreement to negotiate*, zu vage und verpflichtet zu nichts[64]. Bindend ist dagegen eine Vereinbarung, sich während der Verhandlungen nach besten Kräften zu bemühen, zu einer Übereinkunft zu kommen *best endeavours clause*. Ebenfalls wirksam ist das Versprechen, für einen bestimmten Zeitraum keine Verhandlungen mit Dritten zu führen *lock out agreement*[65]. Zu unbestimmt dürfte dagegen die in deutschen Verträgen übliche salvatorische Klausel sein: Bei Unwirksamkeit einzelner Vertragsbestimmungen verpflichten sich die Parteien, sich auf eine Ergänzung zu einigen, die der unwirksamen Bestimmung wirtschaftlich am nächsten kommt.

88

2. Abgrenzung von vorvertraglichen Erklärungen

Oft ist es schwierig, Angebot und Annahme aus der Fülle von Erklärungen im Rahmen langwieriger Vertragsverhandlungen zu präzisieren. Klar ist: Preisauszeichnungen in Schaufenstern, Zusendung von Katalogen und Preislisten sind auch in England nur Einladungen zur Abgabe eines Vertragsangebots *invitationes ad offerendum* und noch keine vertragskonstitutiven Erklärungen.

89

Ob Zusicherungen vor Vertragsschluß Vertragsinhalt werden, ist letztlich eine Frage des Vertragswillens der Parteien, für dessen Feststellung wichtig sind: Zeitlicher Zusammenhang zum Vertragsschluß, Bedeutung für den Vertrag, Informationsgefälle zwischen den Parteien und Aufnahme in eine Vertragsurkunde[66].

90

Auch wenn solche Zusicherungen *representations* nicht Vertragsbestandteil werden, sind sie dennoch nicht ohne Bedeutung; sind sie nämlich falsch, werden sie *misrepresentations* genannt. Der getäuschte Vertragspartner hat dann

91

---

62 Etwa bei Bezug auf eine Preisliste, vgl. Hillas & Co. v. Arcos Ltd. (1932) 147 L.T. 503.
63 Section 8 Sale of Goods Act 1979 und section 15 Supply of Goods and Services Act 1982.
64 Vgl. Courtney & Fairbairn Ltd. v. Tolaini Bros. Hotels Ltd. [1975] 1 W.L.R. 297, 301; von Hatzfeldt-Wildenburg v. Alexander [1912] 1 Ch. 284; Scandinavian Trading Tanker Co. v. Flota Petrolera Ecuatoriana [1981] 2 Lloyd's Rep. 425, 432.
65 Walford v. Miles [1992] 1 All E.R. 453; Pitt v. PHH Asset Management Ltd. [1993] 4 All E.R. 961.
66 Vgl. Oscar Chess Ltd. v. Williams [1957] 1. W.L.R. 370; Dick Bentley Productions Ltd. v. Harold Smith (Motors) Ltd. [1965] 1 W.L.R. 623.

III. Recht der Handelsgeschäfte

unterschiedliche Rechtsbehelfe, je nachdem, ob die *misrepresentation* arglistig, fahrlässig oder schuldlos erfolgte[67].

92   Um Vertragsverhandlungen deutlich vom Vertragsschluß abzugrenzen, benutzen die Parteien häufig die Formel *subject to contract*. Dann ist nur das, was schriftlich fixiert wird, Vertragsbestandteil[68]. Davon zu unterscheiden ist aber die Niederschrift eines schon vorher geschlossenen Vertrages; dies dient lediglich zu Beweiszwecken[69].

3. Ausdrücklicher Vertragsinhalt

93   Englische Kaufleute sehen häufig davon ab, ihre vertraglichen Beziehungen schriftlich zu fixieren. Auch bei nur mündlicher Abrede diskriminiert englisches Prozeßrecht die Parteien nicht: Kläger und Beklagter können Zeugen in einem Rechtsstreit sein; es gilt sogar als selbstverständlich, daß die den Vertrag Aushandelnden zuerst in den Zeugenstand gerufen werden. Das auf dem Kontinent — sowohl im deutschen Zivilprozeßrecht wie in der Prozeßwirklichkeit — vorherrschende Mißtrauen gegenüber Zeugenaussagen findet vor englischen Gerichten keine Entsprechung. Dafür kennt das englische Beweisrecht auch in Zivilverfahren das Kreuzverhör *cross examination*, das dem gegnerischen Anwalt das Werkzeug gibt, einen von der Gegenseite aufgerufenen Zeugen auf Herz und Nieren zu prüfen.

94   Kommt es zu schriftlichen Ausarbeitungen, bereiten englische Kaufleute diese relativ selten selbst vor. Mehr als anderswo besteht in England eine Neigung, schon im Stadium der Vertragsverhandlungen Juristen einzuschalten. Wenn englische Juristen bei der Ausarbeitung der Verträge *drafting* beteiligt sind, sind diese häufig genauer und präziser, dafür aber auch länger und umständlicher als die Entwürfe kontinentaleuropäischer Juristen. Hier zeigt sich die Abneigung englischer Juristen vor abstrakten Rechtssätzen und ihre Liebe zu präziser Kleinarbeit. Maßgeblicher Beweggrund für die Länge englischer Verträge ist der Umstand, daß bei der Vertragsauslegung der Wortlaut gegenüber einer teleologischen Interpretation dominiert — also anders als im deutschen Recht. Daher wird versucht, so viele Einzelheiten wie möglich ausdrücklich zu regeln[70].

---

67 Rescission: Erlanger v. New Sombrero Phosphate Co. (1878) 3 App. Cas. 1218; Schadensersatz: Derry v. Peek (1889) 14 App. Cas. 337; East v. Maurer [1991] 2 All E.R. 733 (jeweils Vorsatz); Hedley Byrne & Co. Ltd. v. Heller & Partners [1964] A.C. 465; Caparo Industries plc v. Dickman [1990] 2 A.C. 605 (jeweils Fahrlässigkeit); Royscott Trust Ltd. v. Rogerson [1991] 2 Q.B. 297 (s. 2 Misrepresentation Act 1967). Zum Ganzen G. Müller, Vorvertragliche und vertragliche Informationspflichten nach englischem und deutschem Recht, 1994.
68 Winn v. Bull (1877) 7 Ch.D. 29.
69 Branca v. Cobarro [1947] K.B. 854.
70 Dies läßt sich mustergültig verdeutlichen anhand The Encyclopedia of Forms and Precedents, die in mittlerweile 42 ständig aktualisierten Bänden Vertragsmuster für das englische Zivilrecht enthält. Das deutsche Recht hat nichts Vergleichbares.

4. Allgemeine Geschäftsbedingungen

Mehr und mehr gewinnen Allgemeine Geschäftsbedingungen auch in England an Bedeutung. Hier versuchen die englischen Kaufleute, das allgemeine Vertragsrecht zu ihren Gunsten zu beeinflussen. Hierfür besteht an und für sich in England mehr Anlaß als auf dem europäischen Kontinent, weil englisches Vertragsrecht in seiner Haftung grundsätzlich verschuldensunabhängig ist.

95

Doch sind solche Bedingungen *standard form contracts, general terms and conditions*, früher auch *contracts of adhesion* genannt, nicht in jeder Branche üblich. So verwundert zum Beispiel, daß englische Banken im Alltagsverkehr mit Kunden keine vorformulierten Bankbedingungen haben. Andererseits spielen Allgemeine Geschäftsbedingungen in der Baubranche seit eh und je eine wichtige Rolle: Die vom *Joint Contracts Tribunal* erarbeiteten *Standard Forms of Building Contract* (veröffentlicht von *RIBA Publications Ltd.*) werden fast immer vereinbart und reichen deshalb in ihrer Bedeutung an die deutschen VOB heran[71]. Im Auslandsgeschäft, besonders bei den großen Anlageverträgen, haben die englischen Bauvertragsbedingungen die FIDIC-Bedingungen stark beeinflußt. Damit gelten englische Baurechtsgrundsätze in nahezu allen wichtigen Anlageverträgen, besonders im Nahen und Fernen Osten und den Entwicklungsländern, auch wenn keine Vertragspartei englisch ist[72].

96

Wie überall, stellen sich auch bei englischen Allgemeinen Geschäftsbedingungen drei Fragen: Einbeziehung, Auslegung und Inhaltskontrolle. Englische Gerichte bevorzugen seit alters her frei ausgehandelte Vertragsbedingungen und versuchen deshalb, die Geltung eines einseitig aufgestellten Vertragswerkes einzuschränken. Englische Gerichte konzentrierten ihre Aufmerksamkeit bisher auf die Einbeziehung *incorporation* und Auslegung *construction*[73]. Der englische Gesetzgeber will mit seinem *Unfair Contract Terms Act 1977*, der seit Februar 1978 gilt, dagegen die Inhaltskontrolle betonen[74].

97

Bei der Einbeziehung steht sich nach englischem Recht derjenige schlechter, der eine Vertragsurkunde unterzeichnet; denn er ist dann regelmäßig an alle Vertragsklauseln gebunden[75]. Liegt hingegen keine Unterschrift vor, kommt es darauf an, ob der andere Vertragspartner die Geschäftsbedingungen kannte oder nur von ihnen wußte. Weiß er nur von etwas Geschriebenem, ist sich aber dessen Rechtsnatur als Geschäftsbedingungen nicht bewußt, werden diese nur Vertragsbestandteil, wenn sie ihm angemessen kundgegeben wurden (Test der

98

---

71 Vgl. Hudson-Wallace, a.a.O.; rechtsvergleichend v. Bernstorff, Beschränkung vertraglicher Haftung und ihre Inhaltskontrolle nach deutschem und englischem Recht, 1984; Weick, Vereinbarte Standardbedingungen im deutschen und englischen Bauvertragsrecht, München 1977.
72 Diese von der Internationalen Vereinigung Beratender Ingenieure herausgegebenen Bedingungen sind für das Bauvertragsrecht 1979 und 1980 neu gefaßt worden.
73 Vgl. Anson/Guest, a.a.O., S. 150.; Thieme/Mitscherlich, AWD 1974, S. 179.
74 Vgl. umfassend Triebel, RIW/AWD 1978, 353.
75 L'Estrange v. Graucob Ltd. [1934] 2 K.B. 394.

III. Recht der Handelsgeschäfte

reasonably sufficient notice)[76]. Dies bedeutet regelmäßig, daß Vertragsbedingungen auf der Rückseite eines übergebenen Schriftstücks nur gelten, wenn auf der Vorderseite hierauf hingewiesen wurde. Allerdings kommt es nicht subjektiv auf die Verhältnisse des Vertragsgegners an, sondern auf objektive Maßstäbe, so daß Unkenntnis der Vertragssprache die Einbeziehung nicht hindert[77], es sei denn, der andere wußte hiervon. Belege, Quittungen, der Einbanddeckel eines Scheckheftes sind keine vertragskonstitutiven Urkunden, so daß deren Übermittlung in der Regel nicht genügt.

99 Allgemeine Geschäftsbedingungen müssen vor oder gleichzeitig mit dem Vertragsschluß dem anderen Vertragspartner bekanntgegeben werden. Nach Vertragsschluß können sie nicht mehr einseitig zum Vertragsinhalt gemacht werden, auch nicht mittels eines Bestätigungsschreibens[78]. Solche *confirmation notes* oder *confirmation slips* sind in der englischen Rechtspraxis, auch unter Kaufleuten, seltener als in Deutschland. Sie sind ohne Bedeutung, auch wenn der Vertragsgegner hiernach schweigt. Schweigen auf ein kaufmännisches Bestätigungsschreiben löst also keine Rechtswirkungen wie im deutschen Handelsrecht aus.

100 Etwas anderes gilt nur, wenn Bestätigungsschreiben im Rahmen von längeren Geschäftsbeziehungen *course of dealings* eingeführt werden[79] oder von den Parteien als Beweisurkunde vorgesehen sind[80].

101 Bei der Auslegung von Allgemeinen Geschäftsbedingungen folgen englische Gerichte den allgemeinen Auslegungsgrundsätzen von Verträgen. Hinzu kommt allerdings: Wenn möglich, legen englische Richter unangemessene Bedingungen gegen deren Verwender *contra stipulatorem* aus.

102 Eine unmittelbare Inhaltskontrolle von Allgemeinen Geschäftsbedingungen, wie sie einem deutschen Juristen nach dem Vorbild der §§ 9–11 AGB-Gesetz vorschwebt, kennt das englische Recht grundsätzlich nicht; eine Ausnahme bilden Freizeichnungsklauseln, die anhand des *Unfair Contract Terms Act 1977* überprüft werden[81]. Das englische Recht stellt eine Art Minimalschutz zur Verfügung; es bedient sich dazu des Vehikels der Einbeziehung: Je ungewöhn-

---

[76] Parker v. South-Eastern Ry [1934] 2 C.P.D. 416; Richardson, Spence & Co. v. Rowntree (1984) A.C. 217; Thompson v. L.M. & S. Ry. Co. [1930] 1 K.B. 41; Interfoto Picture Library Ltd. v. Stiletto Visual Programmes Ltd. [1989] Q.B. 433.

[77] Geier v. Kuwaja, Weston and Warne Bros. Transport Ltd. [1970] 1 Lloyd's Rep. 364.

[78] Olley v. Marlborough Court Ltd. [1949] 1 K.B. 532; McCutcheon v. David Macbrayne Ltd. [1964] 1 W.L.R. 125; Hollier v. Rambler Motors Ltd. [1972] 1 Q.B. 71; vgl. auch Thieme/Mitscherlich, AWD 1974, S. 179 ff.; Cohn, AWD 1972, S. 601 f.; Sayn-Wittgenstein-Berleburg, Allgemeine Geschäftsbedingungen im englischen Recht, Marburg 1969; Kade, Richterliche Kontrolle von formularmäßigen Haftungsfreizeichnungen im englischen Recht, Bonn 1975.

[79] Vgl. Spurling v. Bradshaw [1956] 1 W.L.R. 461; McCutcheon v. David Macbrayne Ltd. [1964] 1 W.L.R. 125.

[80] Über den prozessualen Verwirkungseinwand vgl. Cross, Evidence, 7. Aufl. 1990.

[81] Dazu ausführlich unten Rdnr. 127 ff.

licher die Klausel, um so deutlicher muß der Hinweis auf die Regelung sein[82]. Eine weitergehende Inhaltskontrolle findet nach *common law* nicht statt.

Der Regelungsbefugnis der Vertragsparteien werden durch Gesetz weitere Schranken gezogen. Bei Verbraucherkrediten können die Parteien nicht von verbraucherschützenden Vorschriften abweichen; jede entgegenstehende Bestimmung ist unwirksam[83]. Ähnliche Grenzen bestehen für Finanzdienstleistungen[84]. 103

5. Kein nachgiebiges Recht

Englisches Richterrecht kennt grundsätzlich kein nachgiebiges Recht, kein *ius dispositivum*[85]. Dem entspricht: Das *common law* hat keine Vertragstypen entwickelt, bei denen die Parteien nur einzelne Punkte zu regeln brauchen, die restlichen Vertragsbedingungen dann von der Rechtsordnung bereitgestellt werden. 104

Nun legen sich die Parteien meist nicht in allen Punkten fest. Nur sehr zaghaft versuchen englische Richter, diese Lücken zu schließen. Sie nehmen hierbei Zuflucht zur *doctrine of implied terms*[86]. Diese Lehre gründet sich – ebenso wie die ergänzende Vertragsauslegung nach deutschem Recht – auf den vermuteten Parteiwillen. Zwei Ansatzpunkte sind zu unterscheiden: *Terms implied in fact or in law*. Auf tatsächlicher Grundlage ist eine Vertragsergänzung möglich, wenn sie erforderlich ist, um die Abwicklung des Vertrages erst möglich zu machen *(business efficacy)*. Es können ebenfalls offensichtliche Folgerungen aus dem vereinbarten Text in den Vertrag hineingelesen werden *(bystander)*. Es reicht nicht aus, daß eine Klausel angemessen ist; sie muß vielmehr erforderlich sein. Für den *bystander*-Test wird dies mit der gängigen Formel umschrieben, daß beide Parteien die Bedingung zustimmend mit „ja natürlich" in den Vertragstext aufgenommen hätten, wenn dies ein Dritter vorgeschlagen hätte[87]. Bei den *terms implied in law* geht es darum, aus Anlaß eines konkret zu entscheidenden Falles generelle Klauseln aufzustellen, die dann in allen gleichartigen Verträgen ebenfalls anzuwenden sind; die sachliche Nähe zum dispositiven Gesetzesrecht ist hier besonders deutlich. Dies gilt z. B. für Miet-, Arbeits- oder Pauschalreiseverträge[88]. Dies muß den Ausländer, der seinen Vertrag englischem Recht unterstellt, zu Vorsicht mahnen: Der Vertrag sollte so genau und so ausführlich wie möglich sein; auch Selbstverständlich- 105

---

82 Interfoto Picture Library Ltd. v. Stiletto Visual Programmes Ltd. [1989] Q.B. 433; Treitel, Law of Contract, 1991, S. 247.
83 Section 173 Consumer Credit Act 1974.
84 Section 48 Financial Services Act 1986.
85 Vgl. auch Kahn Freund [1967] 30 M.L.R. 641 f.
86 Vgl. Chitty On Contracts, paras. 841 ff.
87 The Moorcock (1889) 14 PD 64, 68; Shirlaw v. Southern Foundries [1939] 2 K.B. 206; Shell UK Ltd. v. Lostock Garage Ltd. [1977] 1 All E.R. 481.
88 Liverpool City Council v. Irwin [1977] A.C. 239; Wilson v. Best Travel Ltd. [1993] All E.R. 353; Scally v. Southern Health and Social Services Board [1991] 4 All E.R. 563.

III. Recht der Handelsgeschäfte

keiten — wie etwa Rücksicht auf Treu und Glauben zu nehmen — sollten aufgenommen werden[89].

106 Wie zurückhaltend englische Gerichte von der Lehre der *implied terms* Gebrauch machen, zeigen die Beispiele aus der Praxis. Wer ein Haus[90] verkauft, gewährleistet damit noch nicht, daß es für Wohnzwecke geeignet ist[91]. Wer einen Privatdetektiv anheuert, vereinbart damit noch nicht, daß dessen Angestellte vertrauensvolle Information nicht Dritten gegenüber preisgeben[92]. Wer einen Schiedsvertrag schließt, verpflichtet sich damit noch nicht, das Schiedsverfahren mit der nötigen Eile zu betreiben[93]. Ein Arbeitgeber muß für im Ausland beschäftigte Arbeitnehmer weder eine Unfallversicherung abschließen, noch die Arbeitnehmer auf das Risiko aufmerksam machen, das ohne Versicherungsschutz besteht[94]. Hingegen wurden vertragliche Bestimmungen impliziert: daß ein Schiff an der Be- und Entladestelle auch sicher anlegen konnte; daß der Manager einer Pop-Gruppe das Vertrauen zu seinen Stars nicht mutwillig zerstören würde[95]. Ist in einem Dauerschuldverhältnis über die Vertragsdauer nichts bestimmt, wird eine Klausel einbezogen: jede Partei kann mit angemessener Frist *reasonable notice* kündigen[96]. In Dienstleistungsverträge, die keine Bestimmungen über die Leistungszeit enthalten, wird hineingelesen, daß der Dienstverpflichtete die Dienstleistung mit angemessener Sorgfalt und angemessenem Können erbringen wird[97].

107 Schließlich können Vertragslücken durch Handelsbräuche *trade usages*[98] und bei längeren Geschäftsbeziehungen *course of dealings*[99] geschlossen werden. Letztlich hat der Gesetzgeber nachgiebiges Vertragsrecht festgeschrieben: Beim Warenkauf, nunmehr auch beim Dienstvertrag[100].

6. Kein Grundsatz von Treu und Glauben

108 Überspitzt ausgedrückt: Die Parteien englischer Verträge brauchen bei Erfüllung ihrer Verträge nicht auf Treu und Glauben zu achten[101]. Es entscheidet

---

89 Vgl. unten Rdnr. 108f.
90 Anders beim Warenkauf, vgl. unten Rdnr. 237f.
91 Lynch v. Thorne [1956] 1 W.L.R. 303, 305.
92 Easton v. Hitchcock [1912] 1 K.B. 535.
93 Bremer Vulkan Schiffbau und Maschinenfabrik v. South India Shipping Co. Ltd. [1981] A.C. 909.
94 Reid v. Rush & Tompkins Group Plc. [1990] 1 W.L.R. 212.
95 Page One Records Ltd. v. Britton [1968] 1 W.L.R. 157; Denmark Productions Ltd. v. Boscobel Productions Ltd [1969] 1 Q.B. 699.
96 Vgl. Chitty, a.a.O., para. 861 mit weiteren Nachweisen.
97 Law Commission Report No. 156, para. 2.36.
98 Vgl. oben Rdnr. 44f.
99 Vgl. Chitty, a.a.O., para. 857 mit weiteren Nachweisen.
100 Vgl. unten Rdnr. 200 und Rdnr. 207.
101 Interfoto Picture Library Ltd. v. Stiletto Visual Programmes Ltd. [1988] 1 All E.R. 348; Banque Financière de la Cité S.A. v. Westgate Insurance Co. Ltd. [1991] 2 A.C. 249.

grundsätzlich der nackte Buchstabe des Vertrages, und es schadet grundsätzlich nicht, wenn eine Partei ihre vertraglichen Rechte unbillig oder gar rechtsmißbräuchlich ausnutzt[102]. Die Parteien können auch nicht bindend vereinbaren, sich in den Vertragsverhandlungen entsprechend Treu und Glauben zu verhalten; dies sei mit den gegenläufigen Interessen der Verhandelnden nicht zu vereinbaren[103]. So ist eine Bank, die Sicherungsgut verkauft, ihrem Bürgen gegenüber nicht verpflichtet, den höchsten Preis zu erzielen[104]. So kann der Begünstigte einer Garantie auf erstes Anfordern *first demand bond* auf seinen Rechten bestehen, auch wenn dies gegen Treu und Glauben verstößt oder rechtsmißbräuchlich ist. Die Grenze ist Betrug, aber auch nur dann, wenn die Bank hiervon weiß[105].

Nun wird Treu und Glauben im englischen Vertragsrecht nicht ausnahmslos vernachlässigt. Wer die Rechtsbehelfe des *common law*, insbesondere Schadensersatz *damage* geltend macht, braucht sich hieran nicht zu halten. Wer hingegen die Rechtsbehelfe des *equity*, insbesondere Erfüllung *specific performance* oder Unterlassung auch im einstweiligen Rechtsschutz beansprucht, darf selbst nicht gegen Treu und Glauben verstoßen haben. Diese *equitable* Rechtsbehelfe stehen im richterlichen Ermessen. Hier muß der Kläger die sog. *equitable maxims* beachten, die fast alle auch unter die deutschrechtliche Generalklausel des § 242 BGB fallen[106]. Ebenso hat *equity* die verschiedenen Arten der Verwirkung *estoppel* entwickelt, die die bloße Rechtsposition bei widersprüchlichem Verhalten des Klägers zunichte machen können[107]. Wiederum können unangemessene Klauseln oder Vereinbarungen, die unter Zwang zustande gekommen sind, unwirksam sein[108].

109

VI. Vertragsauslegung

Auch im Handelsverkehr sind englische Vertragstexte, wenn sie von englischen Juristen erstellt wurden, ausführlicher und wirken mit ihrer Kasuistik umständlicher als deutsche. Viele Formulierungen sind nur auf dem Hintergrund des englischen Vertragsrechts verständlich. Ihre Ausführlichkeit läßt sich zum Teil durch das Fehlen von dispositiven Rechtsnormen erklären. Die englischen Vertragstexte sind aber auch in besonderem Maße von den englischen Auslegungsregeln geprägt. Nicht nur für die Interpretation von Gesetzen, sondern auch von Urkunden gibt es eigene, von deutschem Recht abweichende Regeln.

110

---

102 Vgl. auch Goode, Commercial Law, London 1982, S. 103 f.
103 Walford v. Miles [1992] 1 All E.R. 453.
104 Barclays Bank Ltd. v. Thienel and Thienel (1978) 122 Sol. J. 472.
105 Vgl. unten Rdnr. 374.
106 Vgl. insbesondere „He who comes to equity must do equity" und „He who comes to equity must come with clean hands".
107 Vgl. unten Rdnr. 220 ff.
108 Vgl. oben Rdnr. 119.

III. Recht der Handelsgeschäfte

111 Wer in der Vertragsauslegung in England vorwiegend ein materiellrechtliches Problem sieht, geht nicht nur an der rechtsgeschichtlichen Entwicklung, sondern auch an der Rechtswirklichkeit, nämlich dem Beweisrecht *law of evidence* vorbei. Dieses kennt detaillierte Regeln, wann außerhalb der Vertragsurkunde liegende Beweismittel *extrinsic evidence*, wie zum Beispiel Zeugenaussagen *parol evidence*, in das Verfahren eingeführt werden können. Das Beweisrecht hat somit unmittelbaren Einfluß auf die Vertragsauslegung.

112 Die Grundregel des englischen Beweisrechts lautet: Außerhalb der Vertragsurkunde liegende Beweismittel sind nicht zulässig, wenn sie den Inhalt der Urkunde ergänzen, verändern oder ihm gar widersprechen. Was die Parteien während der Vertragsverhandlungen sagen oder sich aus sonstigen Umständen ergibt, ist unbeachtlich, wenn es der schriftlichen Vereinbarung etwas hinzufügt oder von ihr etwas ausstreicht. Mündliche Vertragsverhandlungen sind also grundsätzlich nur relevant, wenn sie vom schriftlichen Vertragstext nicht umfaßt werden, wie zum Beispiel eine Nebenabrede *collateral contract* über Zusicherung einer bestimmten Eigenschaft der Kaufsache. Für *extrinsic evidence* ist auch Raum, wenn der Vertragstext nicht den gesamten Vertragsinhalt, sondern nur einen Teil davon wiedergeben sollte. Nachträgliche Vertragsänderungen oder eine Vertragsaufhebung, ebenso wie die wahre Rechtsnatur eines Geschäfts, die Gegenleistung, die Rechtsstellung der Parteien, können grundsätzlich durch Beweismittel außerhalb der Urkunde nachgewiesen werden. Wegen der starken Beweisregel kommt der Unterscheidung zwischen Vertragstext und der bloßen Aufzeichnung des mündlich geschlossenen Vertrages, *memorandum* genannt, besondere Bedeutung zu. Denn ein *memorandum* schließt außerhalb der Urkunde liegende Beweismittel nicht aus. Ob das eine oder andere vorliegt, ist eine Frage des Parteiwillens.

113 Wegen des englischen Beweisrechts konnte ein Streit über Willens- und Erklärungstheorie, ob dem inneren Willen oder der nach außen in Erscheinung getretenen Erklärung bei der Auslegung der Vorzug zu geben ist, gar nicht aufkommen. Grundsätzlich entscheidet nur der Wortlaut. Sind Worte klar, bleibt für Auslegung oder gar Verwertung außerhalb der Urkunde liegender Beweismittel kein Raum *(plain meaning rule)*. Haben Begriffe im juristischen oder gewöhnlichen Sprachgebrauch eine bestimmte Bedeutung, kann diese grundsätzlich nicht widerlegt werden. Auch die Präambel eines Vertrages *recital* kann eindeutige Formulierungen der Vertragspflichten nicht widerlegen. Auf den von den Parteien verfolgten Zweck kommt es bei der Auslegung einer Vertragsklausel nicht an, wenn sich hierfür keine Andeutung im Wortlaut selbst findet. Lassen Worte über ihre Bedeutung hingegen Zweifel aufkommen, sind sie vage, ist eine Beschreibung falsch oder unvollständig, können andere Beweismittel verwertet werden.

114 Die Vertragsgeschichte ist bei der Vertragsauslegung grundsätzlich nicht zu berücksichtigen: Was die Parteien in den Verhandlungen vor Vertragsschuß gesagt haben, auch später geänderte Vertragsentwürfe, ist unerheblich. Dieser Befund ist insofern einzuschränken, als englische Gerichte die Vertragsgeschichte zum Anlaß nehmen (können), die wahren Absichten der Parteien zu ermitteln und diese über die Wortlautauslegung in den Vertragstext hineinzulegen. Dies ist in etwa vergleichbar mit der Auslegung von deutschen Erbverträgen oder Testamenten, wenn die Rechtsprechung verlangt, daß der wahre Wille des Erblassers in der Verfügung von Todes wegen wenigstens ansatzweise ausgedrückt worden sein muß.

Die englische Auslegungspraxis kennt aber auch viele Regeln, die mit deutschen übereinstimmen: Sind zwei Bedeutungen möglich, so verdient diejenige den Vorzug, die dem Vertrag Wirksamkeit verleiht. Der Vertragstext wird als Ganzes gewürdigt, so daß einzelne Klauseln deshalb eine einschränkende Auslegung erfahren können. Ein Vertragstext wird zuungunsten der Partei ausgelegt, die sich auf ihn beruft *(contra proferentem rule)*. Häufig wird bei Aufzählungen ein allgemeiner Begriff im Lichte spezieller Ausdrücke restriktiv interpretiert *(ejusdem generis rule)*. 115

Grundsätzlich ist die Feststellung berechtigt: Die englischen Auslegungsregeln sind wortgläubiger und starrer als die deutschen. Deshalb muß vor Abfassung von Verträgen in englischer Sprache oder gar Übersetzung deutscher Texte ins Englische gewarnt werden, wenn englisches Recht anwendbar ist. Gibt es eine deutsche und eine englische Version, sollte unmißverständlich klargestellt werden, daß allein die deutsche Fassung authentisch ist. 116

VII. Unwirksamkeit

1. Übersicht

Die Gründe, die einen Vertrag nach englischem Recht unwirksam *null and void*, anfechtbar *voidable* oder nicht einklagbar *unenforceable* machen, unterscheiden sich deutlich von denen anderer Rechtssysteme. Der Rechtsvergleich wird erschwert: Englisches Recht ist in der Rechtsterminologie unklar. Gerade hier zeigt sich: Englisches Vertragsrecht wurde nicht wissenschaftlich und systematisch über Jahrhunderte durchdacht, sondern von Fall zu Fall entschieden und weiterentwickelt. Außerdem fällt auf: Englische Richter berücksichtigen den inneren, nicht nach außen deutlich gewordenen Willen der Parteien weniger und halten öfter am Vertrag fest als anderswo. Nachfolgend werden die Grundsätze kurz skizziert und einige Besonderheiten gestreift[109]. 117

Ein nichtiger Vertrag entfaltet keine Rechtswirkungen. Die Leistungen beider Parteien können grundsätzlich kondiziert werden. Ein Vertrag ist zum Beispiel *null and void*, wenn die Gegenleistung *consideration* fehlt, bei grundlegendem 118

---

109 Vgl. im einzelnen Treitel, a.a.O., S. 377–480.

III. Recht der Handelsgeschäfte

Irrtum über die andere Vertragspartei oder die Existenz des Vertragsgegenstandes[110], bisweilen auch bei Rechtswidrigkeit *illegality*.

119 Hingegen ist ein *voidable* Vertrag rechtswirksam, bis er wirksam angefochten *rescinded* oder *avoided* ist. Solche Anfechtungsgründe bestehen bei Betrug *fraud*, Täuschung *misrepresentation*, Zwang *duress* oder unangemessener Beeinflussung *undue influence*. Bei Täuschung sind die Rechtsbehelfe unterschiedlich, je nachdem, ob der Täuschende vorsätzlich oder fahrlässig handelte oder aber schuldlos *innocent* war[111]. *Duress* umfaßt Zwang und widerrechtliche Drohung[112]. In letzter Zeit mehren sich die Fälle der Drohung mit einem wirtschaftlichen Nachteil *economic duress*: Wer bessere Bedingungen eines schon ausgehandelten Vertrages mit der Androhung, sonst vertragsbrüchig zu werden, durchsetzt, kann diesen Tatbestand erfüllen[113]. Ebenso kann einen Vertrag vernichten, wer unter unangemessenem Einfluß *undue influence* eine Schenkung macht oder einen für ihn sehr nachteiligen Vertrag eingeht. Daß ein solcher unangemessener Einfluß ausgeübt wurde, wird bisweilen vermutet: im Verhältnis von Eltern zu ihren Kindern, Anwalt zu seinen Mandanten, Arzt zu seinen Patienten[114]. Die Beweislast wird also umgekehrt.

120 Ein nicht durchsetzbarer *unenforceable* Vertrag ist wirksam, kann aber von einer Partei, bisweilen auch von beiden Parteien, nicht gerichtlich durchgesetzt werden. Rechtswidrigkeit *illegality* führt gewöhnlich nicht zur Nichtigkeit, sondern nur zur Nicht-Durchsetzbarkeit. Ein Vertrag kann nicht durchgesetzt werden, wenn die Verjährungsfrist *period of limitation* abgelaufen ist. Ferner ist ein Vertrag *unenforceable*, wenn das nach dem alten *Statute of Frauds* von 1677 vorgeschriebene Schriftstück fehlt[115]. Will der Beklagte sich im Prozeß auf mangelnde Durchsetzbarkeit berufen, muß er dies ausdrücklich in seinen Schriftsätzen *pleadings* tun.

2. Rechtswidrigkeit – illegality

121 Rechtswidrigkeit kann sich aus Gesetz *statute* oder Richterrecht *common law* oder aus beidem gleichzeitig ergeben. Das englische Konzept der *illegality* umfaßt also sowohl die deutsche Sittenwidrigkeit nach § 138 BGB als auch die Gesetzwidrigkeit nach § 134 BGB. Doch weichen beide Rechtssysteme in ihren Be-

---

110 Bell v. Lever Brothers Ltd. [1932] A.C. 161.
111 Vgl. oben Rdnr. 89 ff.
112 Bartou v. Armstrong [1976] A.C. 104.
113 Occidental Worldwide Investment Corporation v. Skibs A/S Avanti [1976] 1 Lloyd's Rep. 293; North Ocean Shipping Co. Ltd. v. Hyundai Construction Co. Ltd. [1979] Q.B. 705; Pao On v. Lau Yiu Lang [1980] A.C. 614; Monrovia v. International Transport Workers Federation [1981] 2 W.L.R. 803; Dimskal Shipping Co. S.A. v. International Transport Workers Federation (The Evia Luck) [1991] 4 All E.R. 871.
114 Bank of Credit and Commerce International S.A. v. Aboody [1989] 2 W.L.R. 759.
115 Vgl. oben Rdnr. 86.

wertungen und in den Rechtsfolgen stark voneinander ab. Ein krasses Beispiel soll die unterschiedliche Einstellung des deutschen und englischen Rechts verdeutlichen. So erklärte 1878 das deutsche Reichsgericht Tarifausschlußklauseln für sittenwidrig und nichtig; noch 1924 konnten englische Richter keinen solchen Makel feststellen[116].

Die Rechtswirksamkeit aufgrund Richterrechts *common law* kreist um den Begriff *public policy*[117]. Dies schließt einmal das weitere Konzept des englischen *ordre public* im internationalen Privatrecht ein, hat aber auch im heimischen englischen Recht eine weitgehende Bedeutung. *Public policy* wurde häufig mit einem unbändigen Pferd verglichen: Ebenso wie ein Reiter es nicht leicht im Zaum halten kann, lassen sich die Grenzen der *illegality* schwer abstecken. Die Rechtsunsicherheit wird verstärkt, weil sich die richterlichen Wertvorstellungen wandeln: Was früher rechtswidrig war, braucht nach heutiger richterlicher Anschauung nicht mehr mit diesem Makel behaftet zu sein und umgekehrt[118]. **122**

Ein Vertrag kann rechtswidrig *illegal* von Anfang an sein oder dies erst später werden. Nachfolgende Rechtswidrigkeit kann zu *frustration*[119] führen, wenn diese von Dauer ist und nicht nur Nebenpunkte des Vertrags betrifft. **123**

Die Gründe für die Rechtswidrigkeit eines Vertrages sind vielfältig und lassen sich nur schwer systematisch darstellen. So kann der Vertragsschluß selbst – wie etwa der Kaufvertrag über eine Ware ohne die erforderliche Erlaubnis – rechtswidrig sein[120]. Oder die Leistung einer Vertragspartei selbst ist *illegal*, wie der Verkauf obszöner Drucke oder die Verpflichtung, den Aktienmarkt zu manipulieren. Aber auch wenn der Vertragsschluß und die damit begründeten Verpflichtungen selbst nicht zu beanstanden sind, kann dennoch der damit verfolgte Zweck oder die Verwendung des Vertragsgegenstandes oder auch nur die beabsichtigte Art der Vertragserfüllung rechtswidrig sein, so wenn Ausrüstung für verbotene Spiele gemietet wird oder bei einem Frachtvertrag das zulässige Höchstgewicht für einen Lastzug überschritten wird[121]. Wiederum kann sich die Unwirksamkeit aus einem Nebenvertrag *collateral contract* ergeben, wie bei einem zur Erfüllung eines rechtswidrigen Zweckes gegebenen neuen Darlehen. Ob auch die nackte Abtretung einer Forderung, damit sie der Zessionar gegen den Schuldner einklage, nichtig ist, bleibt auch heute noch zweifelhaft. Denn wer einen Rechtsstreit ohne eigenes wirtschaftliches Inter- **124**

---

116 Vgl. RGZ 104, 327 einerseits und Reynolds v. Shipping Federation Ltd. andererseits.
117 Vgl. Treitel, Law of Contract, 1991, S. 386ff.
118 Maxim Nordenfelt Guns and Ammunition Co. v. Nordenfelt [1893] 1 Ch. 630, 666; Nagle v. Feilden [1966] 2 Q.B. 633; Shaw v. Groom [1970] 2 Q.B. 504, 523.
119 Vgl. unten Rdnr. 150ff.
120 Scott v. Brown & Co. [1892] 1 Q.B. 724; Harry Parker Ltd. v. Mason [1940] 2 K.B. 590.
121 Vgl. Anderson v. Daniel [1924] 1 K.B. 138; St. John's Shipping v. Joseph Rank Ltd. [1957] 1 Q.B. 267; Edwin Hill v. First National Finance Corporation plc. [1989] 1 W.L.R. 225.

III. Recht der Handelsgeschäfte

esse unterstützt oder sich gar einen Teil an der gerichtlich zuzusprechenden Leistung zusagen läßt, verstößt gegen *public policy*[122].

125 Ein Beispiel der Gesetzwidrigkeit war die Verletzung des Devisengesetzes von 1947, des *Exchange Control Act 1947*. Selbstverständlich fällt auch die Begehung einer Straftat oder auch nur einer zivilrechtlich unerlaubten Handlung hierunter[123].

126 Bestandteil der englischen *public policy* ist auch die *doctrine of restraint of trade*: Grundsätzlich ist jede unangemessene Beschränkung der wirtschaftlichen Betätigungsfreiheit durch Verträge nicht durchsetzbar[124]. Diese Lehre ist Ausgangspunkt des englischen Kartellrechts. Sie entscheidet grundsätzlich über Wirksamkeit von Wettbewerbsverboten bei Unternehmenskäufen[125] ebenso wie in Anstellungsverträgen[126], Gesellschaftsverträgen, Ausschließlichkeitsbindungen bei Warenverkauf[127], Grundstückskauf oder Pacht oder Dienstbarkeiten *easements*[128]. Angesichts der gesetzlichen Regelungen des englischen Kartellrechts[129] und des Vorrangs des EU-Kartellrechts ist die praktische Bedeutung dieser Lehre erheblich zurückgegangen.

3. Unbillige Haftungsbeschränkungen

127 Bloße Unbilligkeit einer Vertragsklausel bei Haftungsausschluß oder Haftungsbeschränkung kann als Grund für Unwirksamkeit in Betracht kommen. Dafür gibt es verhaltene Ansätze in der Rechtsprechung. Der Gesetzgeber hat in seinem *Unfair Contract Terms Act 1977* den Begriff der Angemessenheit *reasonableness* zum Maßstab für die Unwirksamkeit erhoben. Dabei geht es aber immer nur um solche Vertragsbestimmungen, die die Haftung ausschließen oder begrenzen, um sogenannte *exemption clauses*.

128 In der Rechtsprechung waren *exemption clauses* in Allgemeinen Geschäftsbedingungen Gegenstand offener Inhaltskontrolle: ob die darin enthaltenen Haftungsbeschränkungen angemessen waren. Am deutlichsten haben sich der *Court of Appeal*, und hier wiederum *Lord Denning M.R.* ausgesprochen. Aus-

---

[122] Die Deliktstatbestände maintenance und champarty wurden zwar vom Criminal Law Act 1967 abgeschafft, doch bleiben die vertragsrechtlichen Wirkungen von diesem Gesetz unberührt, vgl. Trendtex Trading Corporation v. Crédit Suisse [1982] A.C. 679.
[123] Bigos v. Bousted [1951] 1 All E.R. 92.
[124] Vgl. Heydon, The Restraint of Trade Doctrine, 1971; Wish, Competition Law, Chap. 2; vgl. unten Rdnr. 994.
[125] Vgl. den locus classicus in Nordenfelt v. Maxim Nordenfelt Guns and Ammunition Co. Ltd. [1894] A.C. 353; Morris Angel & Son Ltd. v. Hollande [1993] 3 All E.R. 569.
[126] Vgl. unten Rdnr. 994 ff.
[127] Vgl. unten Rdnr. 994 ff.
[128] Vgl. Esso Petroleum Co. Ltd. v. Harper's Garage (Stourport) Ltd. [1968] A.C. 269; Schröder Music Publishing Co. Ltd. v. Macaulay [1974] 3 All E.R. 616.
[129] Fair Trading Act 1973; Competition Act 1980; Restrictive Trade Practices Act 1976; Resale Prices Act 1976.

gangspunkt ist das englische Billigkeitsrecht *equity*, das in krassen Fällen der stärkeren Partei die Durchsetzung unangemessener Vertragsbestimmungen gegenüber der schwächeren Partei versagt. Der Klauselverwender hat regelmäßig die stärkere Verhandlungsposition und nutzt diese aus, um unangemessene Klauseln über Allgemeine Geschäftsbedingungen in den Vertrag einzuführen. Deshalb verwehrte es der *Court of Appeal* 1977 einem Reinigungsunternehmen, in dessen Betrieb ein zu reinigender chinesischer Teppich abhanden gekommen war, sich auf eine Haftungsbeschränkung zu berufen[130]. Diese Inhaltskontrolle ist jedoch auf Fälle ungleicher Verhandlungsposition *inequality of bargaining power* beschränkt.

Ab 1. Februar 1978 hat der *Unfair Contract Terms Act 1977* das Recht der Allgemeinen Geschäftsbedingungen geregelt[131]. Der deutsche Jurist ist in seinen Erwartungen enttäuscht, ein Pendant zum Gesetz zur Regelung des Rechts der Allgemeinen Geschäftsbedingungen zu finden: Der *Unfair Contract Terms Act* ist — wenn überhaupt — nur zum Teil ein AGB-Gesetz. Das Gesetz ist keine Kodifizierung des Rechts der Allgemeinen Geschäftsbedingungen. Wie dies englischer Gesetzestechnik entspricht, liegt keine Voll-, sondern nur eine Teilkodifizierung vor. Fragen der Auslegung von Allgemeinen Geschäftsbedingungen, des Verhältnisses zu Individualabreden werden nicht berührt. Auch Probleme der Einbeziehung werden ausgeklammert[132]. Das neue Gesetz ist nicht nur auf Allgemeine Geschäftsbedingungen anwendbar. Es geht um die offene Inhaltskontrolle von Haftungsausschluß- und Beschränkungsklauseln schlechthin, seien diese in Allgemeinen Geschäftsbedingungen, Hinweisen oder in Individualabreden enthalten. **129**

Der Name des Gesetzes *Unfair Contract Terms Act 1977* ist irreführend. Einmal ist der Name zu eng: Nicht nur Ausschluß und Einschränkung vertraglicher Haftung, sondern auch der deliktischen Verantwortlichkeit sind angesprochen. Zum anderen ist der Name des neuen Gesetzes zu weit gefaßt. Es wendet sich nicht gegen unbillige Vertragsbedingungen generell, sondern nur gegen unbillige Freizeichnungsklauseln. Doch werden viele Formen von Haftungsbeschränkungen erfaßt: Abkürzung der gesetzlichen Verjährungsfrist von sechs Jahren, Einschränkung der gesetzlichen Rechtsmittel, Beweisklauseln, Vorbehalt einer anderen als der vertraglich geschuldeten Leistung, Schadloshaltung gegen Ansprüche Dritter für eigene Handlungen. **130**

Das Gesetz ist dreistufig aufgebaut: Manche Vertragsklauseln sind immer unwirksam (absolutes Klauselverbot), andere nur, wenn sie unangemessen *unreasonable* sind (relatives Klauselverbot), wieder andere werden vom neuen Gesetz überhaupt nicht berührt. Diese Dreistufung hängt von unterschiedlichen **131**

---

130 Levison v. Patent Steam Carpet Cleaning Co. [1977] 3 All E.R. 498.
131 Vgl. umfassend Triebel, RIW/AWD 1978, 353–358; Weick, Unfair Contract Terms Acts und AGB-Gesetz, ZHR 145 (1981), S. 68–82.
132 Ausdrücklich section 11 (2) Unfair Contract Terms Act 1977.

III. Recht der Handelsgeschäfte

Kriterien ab: einmal, ob es sich um Verantwortlichkeit im geschäftlichen Bereich handelt *business liability*; zum anderen, ob der andere Vertragsteil als Verbraucher auftritt *dealing as consumer*; zum Teil auch von der Natur des Schadens: Personenschaden einerseits, Sach- und Vermögensschaden andererseits. Es gibt Vorschriften für bestimmte Vertragsarten, andere für Verträge allgemein, wieder andere für fahrlässiges Verhalten, das wiederum im Rahmen von unerlaubten Handlungen, Schutzgesetzen oder Verträgen unerheblich sein kann.

132 Beschränkungsklauseln in Verträgen gelten (wenn der Vertragsgegner Verbraucher ist oder diese in den Allgemeinen Geschäftsbedingungen enthalten sind) nur, wenn sie angemessen sind[133]. Das Kriterium *dealing as consumer* geht über die *business liability*, die generelle Voraussetzung für die Anwendung des neuen Gesetzes, hinaus. Nach der Legaldefinition liegt ein Verbrauchergeschäft vor, wenn eine Vertragspartei den Vertrag im Rahmen eines Geschäftsbetriebes schließt, der Vertragsgegner indes nicht und dies auch nicht vorgibt. Der eine muß also Geschäftsmann sein oder so auftreten, der andere muß Privatmann sein, z. B. beim Kauf von Baumaterial für *do it yourself* oder bei der Buchung einer Ferienreise. Bei Warengeschäften muß noch hinzukommen, daß die Ware ihrer Art nach gewöhnlich für privaten Ver- oder Gebrauch geliefert wird. Erwerb bei Versteigerung ist ausgenommen[134].

133 Haftungsbeschränkungs- oder Ausschlußklauseln in Allgemeinen Geschäftsbedingungen (in der neuen englischen Gesetzesterminologie: *written standard terms of business*) werden, auch im Geschäftsverkehr mit Nichtverbrauchern, am Maßstab der *reasonableness* gemessen. Das Gesetz definiert den Begriff „Allgemeine Geschäftsbedingungen" nicht, doch gibt dessen *section* 3 einen Anhalt für seine weite Auslegung: „Wann immer der Vertragsgegner auf der Grundlage der Geschäftsbedingungen des Verwenders handelt."

134 Der sachliche Geltungsbereich des neuen Gesetzes wird eingeschränkt. Es gilt nur im geschäftlichen Bereich, also nicht bei Geschäften zwischen Privatpersonen, die außerhalb eines Geschäftsbetriebes am Geschäftsverkehr teilnehmen, auch dann nicht, wenn sie dort Allgemeine Geschäftsbedingungen verwenden[135]. Nur bei Gewährleistung im Kauf- und Mietkaufrecht[136] und bei Haftung für außervertragliche Erklärungen[137] kommt es nicht auf den Geschäftsbetrieb *(business liability)* an.

135 Eine wichtige Ausnahme sind internationale Warenlieferungsverträge, die nicht dem neuen Gesetz unterliegen. Das Gesetz definiert in Anlehnung an die

---

[133] Section 3 Unfair Contract Terms Act 1977; zur Angemessenheit vgl. George Mitchell v. Finney Lock Seeds [1983] 2 All E.R. 737; Stag Line Ltd. v. Tyne Shiprepair Group Ltd. [1984] 2 Lloyd's Rep. 211; Smith v. Eric S. Bush [1989] 2 All E.R. 514.
[134] Section 12 Unfair Contract Terms Act 1977; dazu R. & B. Customs Brokers Co. Ltd. v. United Dominions Trust Ltd. [1988] 1 All E.R. 847.
[135] Section 1 (3) Unfair Contract Terms Act 1977.
[136] Section 6 Unfair Contract Terms Act 1977.
[137] Section 8 Unfair Contract Terms Act 1977.

internationalen Kaufgesetze diesen Ausnahmetatbestand umständlich und schwerfällig[138]: Einmal muß es sich um einen Kaufvertrag handeln oder um einen Vertrag, demzufolge Besitz – oder Eigentum – an Waren übergeht. Andere internationale Verträge, wie z. B. Dienstleistungsverträge, sind vom *Unfair Contract Terms Act 1977* also nicht ausgenommen. Zum anderen muß der Vertrag zwischen den Parteien mit Geschäftssitz (wenn sie keinen haben, mit gewöhnlichem Aufenthalt) in verschiedenen Staaten geschlossen worden sein. Die Kanalinseln und die Insel Man werden im Sinne dieser Vorschrift vom Vereinigten Königreich als verschiedene Staaten angesehen. Vertragsschluß von Parteien mit Geschäftssitz bzw. gewöhnlichem Aufenthalt in verschiedenen Staaten wird nur in drei Fällen angenommen, nämlich wenn die Waren bei Vertragsschluß von einem in den anderen Staat befördert werden (sollen); Vertragsangebot und Vertragsannahme von verschiedenen Staaten ausgehen; oder nach dem Vertrag die Waren in das Gebiet eines anderen Staates geliefert werden sollen als dem, in dem Angebot und Annahme abgegeben wurden. Liegt ein solcher internationaler Warenlieferungsvertrag nicht vor, kann die Mängelhaftung auch dann nicht ausgeschlossen werden, wenn die Anwendung der internationalen Kaufgesetze vereinbart wird.

VIII. Vertragshaftung

1. Vertragsverletzung – breach of contract 136

Das deutsche Recht unterscheidet – jedenfalls solange nicht die Vorschläge der Schuldrechtsreformkommission umgesetzt werden – verschiedene Arten von Vertragsverletzungen: Unmöglichkeit, Verzug und positive Forderungsverletzung; zudem nimmt die Gewährleistung bei Mängelhaftung eine Sonderstellung ein. Das englische Recht hingegen hat ein einheitliches Konzept des Vertragsbruches *breach of contract*[139]. Verletzung vorvertraglicher Pflichten *culpa in contrahendo* wird vom englischen Deliktsrecht, und hier wiederum vor allem vom Deliktstatbestand *negligence* umfaßt[140].

Verweigert der Schuldner – auch schon vor Fälligkeit – seine Leistung ernsthaft und nachhaltig, so gewährt deutsches Recht Ansprüche aus positiver Forderungsverletzung oder Verzug. Im englischen Recht hilft auch hier das einheitliche Konzept des Vertragsbruches. Der Gläubiger braucht den Zeitpunkt der Fälligkeit der Leistung nicht abzuwarten, wenn der Schuldner schon vorher zur Leistung nicht imstande ist oder ernsthaft erklärt, wesentliche Vertragspflichten nicht erfüllen zu wollen. Dies ist *anticipatory breach of contract*[141]. 137

---

138 Section 26 Unfair Contract Terms Act 1977.
139 Atiyah, Law of Contract, S. 433 f.; Treitel, Law of Contract, S. 731 ff.; Zweigert/Kötz, a. a. O., Bd. II, S. 202 ff.
140 Vgl. oben Rdnr. 89 ff.
141 Aforos Shipping v. Pagnan [1983] 1 All E.R. 449.

III. Recht der Handelsgeschäfte

Dann hat der Gläubiger die Wahl: Er kann sofort Schadensersatz verlangen oder den Vertrag als fortbestehend ansehen und seinerseits alle Erfüllungshandlungen vornehmen. Erklärt der Schuldner zum Beispiel, an einem langfristigen Werbeagenturvertrag nicht mehr interessiert zu sein, kann der Gläubiger dennoch die einzelnen Werbeleistungen erbringen und dann Schadensersatz verlangen[142]. Diese Rechtsprechung ist in späteren *obiter dicta* kritisiert worden[143].

2. Verschuldensunabhängige Haftung

138 Deutsches Recht gewährt Ansprüche bei Vertragshaftung, von Gewährleistungshaftung abgesehen, nur bei Verschulden, also nur bei Vorsatz oder Fahrlässigkeit des Vertragsgegners. Dem englischen Recht ist ein solcher Verschuldensgrundsatz fremd. Nach englischem Recht ist Vertragshaftung gleichbedeutend mit Garantiehaftung. Dies erklärt sich rechtshistorisch. Die englische Vertragshaftung hat sich unter der Herrschaft des Aktionensystems aus der *assumpsit*-Klage entwickelt. Noch heute ist der alte Fall *Paradine* v. *Jane* aus dem Jahre 1647 *locus classicus* für die englische Regel der *absolute contracts*, wie die verschuldensunabhängige Vertragshaftung auch bezeichnet wird. In diesem uralten Fall war der Pächter eines Landgutes verpflichtet, den Pachtzins zu entrichten, auch als feindliche Truppen — angeführt von einem deutschen Prinzen — das Gut verwüstet hatten[144]. Mag die Nichterfüllung noch so entschuldbar sein, von *frustration*[145] abgesehen, so haftet, wer nicht, nicht rechtzeitig oder nicht genau leistet dennoch.

139 Natürlich ist das, wofür die Vertragsparteien haften, das Ergebnis der Vertragsauslegung. So verspricht der Arbeitnehmer seinem Arbeitgeber, seine Dienste mit angemessener Sorgfalt und den üblichen Fertigkeiten zu verrichten: *to take reasonable care and exercise reasonable skill*. Er haftet also nur, wenn er von diesem Maßstab abweicht. Dies ist jedoch keine Ausnahme von dem Grundsatz der strikten Vertragshaftung, sondern nur die vorrangige Bestimmung der vertraglich geschuldeten Leistung.

140 Auch in anderen Fällen ist das englische Vertragsrecht dem Schuldner weniger günstig als kontinentaleuropäische Rechte. Mahnung, Nachfristsetzung mit Ablehnungsandrohung oder Aufforderung zur Nachbesserung sind englischem Recht unbekannt.

---

142 White and Carter (Councils) Ltd. v. McGregor [1962] A.C. 413.
143 Denmark Production Ltd. v. Boscobel Productions Ltd. [1969] 1 Q.B. 699; vgl. auch Victoria Laundry Ltd. v. Newman Industries Ltd. [1949] 2 K.B. 528; Koufos v. Czarnikow Ltd. [1969] 1 A.C. 350.
144 Paradine v. Jane (1647) Aleyn 26.
145 Vgl. unten Rdnr. 150 ff.

IX. Erlöschensgründe

1. Übersicht

Die Erlöschensgründe nach englischem Vertragsrecht sind vielgestaltig. Bei Aufzählung der Gründe, die zum Erlöschen *discharge* führen, unterscheidet englisches Recht nicht zwischen solchen, die das Vertragsverhältnis beenden, und anderen, die dieses nur umgestalten, die z.B. die primären Erfüllungspflichten nur in sekundäre Schadensersatzpflichten umwandeln. 141

Wichtigster Erlöschensgrund ist Erfüllung *discharge by performance*. Fremd erscheint dem deutschen Rechtsdogmatiker *frustration*; dieses Rechtsinstitut umfaßt sowohl die deutsche Unmöglichkeit als auch, wenn auch nur teilweise, den Wegfall der Geschäftsgrundlage, der zum Erlöschen des Vertrages führt. Denn *frustration* führt nicht zur Anpassung der gegenseitigen Leistungen, sondern zur Leistungsbefreiung. Ebenso ungewohnt ist der Terminus *discharge by breach*: Die vertragstreue Partei kann bei Verletzung einer wesentlichen Vertragsbestimmung durch die andere wählen und die ursprünglichen Vertragspflichten beenden und auf Schadensersatz übergehen. 142

Soll ein Vertrag durch Vereinbarung geändert oder aufgehoben werden, ist das Erfordernis der Gegenleistung *consideration* zu beachten. Dies gilt besonders, wenn eine Partei erfüllt hat und die andere aus ihrer Verpflichtung entlassen werden soll *release*. Wird eine andere als die geschuldete Leistung angenommen und bezahlt *accord and satisfaction*, so liegt in der Bezahlung häufig die *consideration*. 143

Englisches Recht behandelt die Aufrechnung als Erlöschensgrund, nicht jedoch die Verjährung. 144

Hinterlegung, zum Beispiel bei Ungewißheit über die Berechtigung verschiedener Gläubiger, ist nicht – wie nach §§ 372 ff. BGB – eine Frage materiellen Rechts, sondern des Prozeßrechts. Der Schuldner kann einseitig – und nicht nur in einem anhängigen Prätendentenstreit nach § 75 ZPO – im *Interpleader*-Verfahren nach Order 17 der *Rules of the Supreme Court* die Hinterlegung bei Gericht beantragen. 145

2. Erfüllung

Häufigster Erlöschensgrund eines Vertrages ist seine Erfüllung *performance*. Der Schuldner muß seine vertragliche Leistung vollständig[146] und genau am richtigen Ort und zur rechten Zeit erbringen. Art und Umfang der Leistung sowie Erfüllungsort und Erfüllungszeit sind Sache der wörtlichen Vertragsauslegung. Wie genau englisches Recht die Frage der Erfüllung nimmt, zeigt: Wer Waren teils per Schiff und teils per Eisenbahn transportiert, verliert seinen An- 146

---

146 Vgl. etwa section 30 Sale of Goods Act 1979.

III. Recht der Handelsgeschäfte

spruch auf Fracht für den Bahntransport, wenn in dem Transportvertrag, der eine Beförderung per Schiff von Singapur nach New York vorsieht, nur das Recht vorgesehen ist, andere Häfen anzulaufen.

147 Leistungsort ist, wenn nichts anderes bestimmt ist und sich aus den Umständen nichts anderes ergibt, der Ort des Gläubigers der Leistung.

148 Die in einem Vertrag bestimmte Zeit ist grundsätzlich keine wesentliche Vertragsbestimmung, also keine *condition*, sondern nur eine *warranty*[147]. Dies ist für die Rechtsbehelfe des Gläubigers wichtig. Anderes gilt, wenn die Parteien ausdrücklich bestimmt haben, daß die Leistungszeit eingehalten werden muß[148] — etwa mit den Worten: *time is of the essence of the contract* —, oder wenn der Schuldner seine Leistung verzögert hat und vom Gläubiger aufgefordert wurde, binnen angemessener Zeit zu leisten[149]. Ferner ist die Leistungszeit dann eine wesentliche Vertragsbestimmung, wenn sich deren genaue Einhaltung aus den Umständen ergibt. Dies wird bei Handelsverträgen *mercantile contracts* regelmäßig angenommen.

149 Ob der Schuldner zur Teilleistung *partial performance* berechtigt ist, hängt davon ab, ob es sich um einen teilbaren Vertrag *divisible contract* oder um einen sogenannten Gesamtvertrag *entire contract* handelt. Dies ist eine Frage der Vertragsauslegung. Pro rata-Zahlungen sprechen für einen teilbaren Vertrag, ein Pauschalpreis hingegen für einen Gesamtvertrag. Wer bei einem *entire contract* seine Leistung nicht voll erbracht hat, kann die Gegenleistung überhaupt nicht beanspruchen. Ausgangspunkt ist immer noch der alte Fall *Cutter v. Powell* aus dem Jahre 1795. In diesem Fall starb ein Seemann wenige Meilen vor seinem Ankunftshafen; er hatte für die Reise eine Gesamtheuer vereinbart; seine Erben konnten keine Heuer beanspruchen, auch nicht *pro tanto*[150]. Diese Rechtsprechung führte zu unerträglichen Ergebnissen, besonders im Bauvertragsrecht: Wenn der Bauunternehmer den Vertrag im wesentlichen erfüllt hat, aber noch kleinere Restarbeiten ausstehen. Hier hilft die *doctrine of substantial performance*: Der Bauunternehmer kann den vereinbarten Preis verlangen: Er muß sich allerdings gefallen lassen, daß der Auftragnehmer wegen der noch ausstehenden unwesentlichen Restarbeiten Abzüge macht[151]. Diese Lehre hat auch Eingang in das internationale Bauvertragsrecht gefunden. Außerdem steht es dem Gläubiger auch eines auf einem Gesamtvertrag beruhenden Anspruches frei, Teilleistungen anzunehmen. Anspruchsgrundlage ist dann nicht der Vertrag, sondern eine Berechtigung aus *quasi-contract* (und hier der Rechtsbehelf des *quantum meruit*).

---

147 Vgl. section 41 Law of Property Act 1925; dazu Giesen, JZ 1993, 16, 19.
148 Millers Wharf Partnership Ltd. v. Corinthian Column Ltd. (1990) 61 P. & CR. 461.
149 Rickards Charles v. Oppenheim [1950] 1 K.B. 616; British & Commonwealth Holdings plc v. Quadrex Holdings Inc. [1989] 3 W.L.R. 723.
150 Cutter v. Powell (1795) 6 Term. Rep. 320.
151 Dakin & Co. v. Lee [1916] 1 K.B. 566.

3. Frustration

Von ihrer vertraglichen Haftung wird eine Partei nur ausnahmsweise befreit, nämlich bei *frustration*. Darunter fallen tatsächliche und rechtliche Unmöglichkeit und einige Fälle des Fehlens oder des Wegfalls der Geschäftsgrundlage nach deutschem Recht. Die Gleichstellung der Lehre der *frustration* mit dem Institut der Geschäftsgrundlage ist also zu eng, weil auch die nicht zu vertretende Unmöglichkeit erfaßt wird. Zugleich aber ist sie auch zu weit: Die Voraussetzungen für *frustration* sind, wie die entschiedenen Fälle deutlich zeigen, viel strenger als die für die Geschäftsgrundlage nach deutschem Recht. Englisches Recht nimmt die Maxime *pacta sunt servanda* ernster als deutsches.

150

Es verwundert nicht, daß es dem englischen Recht mit seiner strikten Vertragshaftung schwerfällt, den Ausnahmetatbestand der *frustration* juristisch zu begründen. Eine *clausulas rebus sic stantibus*-Lehre fehlt. So wird denn versucht, *frustration* objektiv mit radikaler Änderung der Vertragsverpflichtung, über Vertragsauslegung[152] oder mit Hilfe der *doctrine of implied terms* zu erklären[153].

151

Immer wieder bestätigte Leitentscheidung für *frustration* ist *Davis Contractors Ltd. v. Fareham U.D.C.*[154] Nur äußerst selten sind englische Gerichte bereit, wegen außergewöhnlicher, nicht voraussehbarer und unverschuldeter Umstände eine Vertragspartei von ihrer vertraglichen Verpflichtung zu entbinden: wenn die Vertragserfüllung unmöglich oder die Erfüllungshandlung radikal verschieden von der ursprünglich vertraglich vereinbarten geworden ist. Ein bloßer Härtefall oder ein großer finanzieller Verlust einer Partei reichen nicht aus. Kein englischer Anwalt würde es wagen, mit Worten wie „Opfergrenze" (Philipp Heck) oder „Äquivalenzstörung" (Karl Larenz) das Institut der *frustration* zu begründen. Die Umstände dürfen von keiner Partei herbeigeführt oder gar verschuldet worden sein[155]. Wer sich auf *frustration* beruft, trägt die Beweislast für fehlende Verursachung oder fehlendes Verschulden[156].

152

Einige Rechtsprechungsbeispiele sollen den Anwendungsbereich der *frustration* an bestimmten Umständen und Vertragstypen erläutern. Doch können die Fälle nicht blind auf ähnliche Tatsachengestaltungen übertragen werden. Denn englische wie deutsche Richter legen den Vertrag zunächst aus, um den ursprünglichen vertraglichen Leistungsumfang festzustellen, und diese Auslegung hängt vom Einzelfall ab.

153

---

152 So das House of Lords in Davis Contractors Ltd. v. Fareham U.D.C. [1956] A.C. 696 und Pioneer Shipping Ltd. v. BTP Tioxide Ltd. [1982] A.C. 724.
153 Taylor v. Caldwell (1863) 3 B. & S. 826.
154 Vgl. oben Fn. 152.
155 Maritime National Fish v. Ocean Trawlers [1935] A.C. 524; Paal Wilson v. Blumenthal [1983] A.C. 854.
156 Joseph Constantine v. Imperial Smelting [1942] A.C. 154.

III. Recht der Handelsgeschäfte

154 Ursprünglich wurden von *frustration* nur Fälle tatsächlicher Unmöglichkeit erfaßt; so, wenn die Sache untergeht, von deren Existenz die Vertragserfüllung abhängt[157]. Die Beispiele der rechtlichen Unmöglichkeit sind mittlerweile vielgestaltig: Gehören beide Parteien unterschiedlichen kriegführenden Staaten an, sind sie aus dem Vertrag entlassen; nach englischem Recht ist der Handel dann verboten *(trading with the enemy)*[158]. Wird bei einer Charterparty das Schiff von der Regierung wegen Kriegsausbruchs sequestriert, so hängt die Anwendung der *doctrine of frustration* davon ab, wie lange die Beschlagnahme voraussichtlich anhalten wird. Es muß immer geprüft werden, ob Vertragserfüllung noch möglich ist, wenn auch unter erschwerten Umständen[159]. Im- und Exportverbote befreien von Leistungspflichten nur, wenn sie endgültig sind und die gesamte für die Vertragserfüllung vorgesehene Zeitspanne umfassen[160]. Umstände, die den finanziellen Gewinn in Frage stellen oder zum Verlust führen, reichen nicht aus: etwa, wenn der Verkäufer bei einem c.i.f.-Kaufvertrag von sudanesischen Erdnüssen wegen Sperrung des Suez-Kanals die dreimal längere Route um das Kap der Guten Hoffnung nehmen muß und sich deshalb seine Transportkosten drastisch erhöhen[161]. Ebenso verneinte das *House of Lords* im *Davis Contractor's* Fall die Voraussetzungen der *frustration*: Dort hatte der Bauunternehmer sich verpflichtet, siebenundachtzig Häuser zum Festpreis binnen acht Monaten zu bauen. Wegen schlechten Wetters und Arbeitskräfteknappheit, die auf unvorhergesehene Rekrutierungen zurückzuführen waren, betrug die tatsächliche Bauzeit zweiundzwanzig Monate und die Mehrkosten £ 1.000. Beispiele für *frustration* durch Zweckfortfall sind die bekannten Krönungszugfälle: Wer sich ein Zimmer für teures Geld mietet, um von dort aus den Krönungszug zu genießen, kann sein Geld zurückverlangen, wenn der Krönungszug nicht stattfindet[162].

155 Schwierigkeiten bereiten Fälle, in denen die Vertragserfüllung einer Partei verzögert wird. Hier können keine Fallgruppen nach den Ursachen für die Leistungsverzögerung gebildet werden; *frustration* wird nur angenommen, wenn die Verspätung in ihren Ursachen, Auswirkungen und ihrer voraussehbaren Dauer so anormal ist, daß sie außerhalb der Vorstellungen der Parteien bei Vertragsschluß lag[163]. Verzögert eine Partei das Schiedsverfahren so lange, daß sie damit ein faires Verfahren unmöglich macht, kann der Schiedsvertrag erlöschen und das Verfahren beendet werden.

---

157 Taylor v. Caldwell (1863) 3 B. & S. 826 und section 7 Sale of Goods Act 1979; F.C. Shepherd & Co. v. Jerrom [1986] 3 All E.R. 589.
158 Fibrosa Spolka Akcyjna v. Fairbairn Lawson Combe Barbour Ltd. [1943] A.C. 32.
159 Vgl. Pioneer Shipping Ltd. v. BTP Tioxide Ltd. [1982] A.C. 724.
160 Andrew Millar & Co. Ltd. v. Taylor & Co. Ltd. [1916] 1 K.B. 402.
161 Tsakiroglou & Co. Ltd. v. Noblee Thorl GmbH [1962] A.C. 93; The Super Servant Two [1990] 1 Lloyd's Rep. 1.
162 Griffith v. Brymer [1903] 2 K.B. 434; Krell v. Henry [1903] 2 K.B. 740; dies galt nicht bei gewerblicher Zimmervermietung: Herne Bay Steamboat Co. v. Hutton [1903] 2 K.B. 683.
163 Jackson v. Union Marine Insurance (1873) L.R. 10 C.P. 125.

Führt die Geschäftsgrundlage nach deutschem Recht in erster Linie zur Anpassung der gegenseitigen Leistungen an geänderte Umstände, so nimmt englisches Recht bei *frustration* eine Alles-oder-Nichts-Haltung ein. Liegen die strengen Voraussetzungen nicht vor, bleibt es bei den beiderseitigen Verpflichtungen. Wird *frustration* angenommen, ist der Vertrag beendet. *Frustration* führt zur *discharge of contract*, zum Erlöschen des Vertrages, aber nicht zu seiner Unwirksamkeit von Anfang an. Beide Parteien sind nur von ihren künftigen Leistungspflichten befreit[164]. Hat eine Partei schon vor dem Ereignis, das zur *frustration* führte, geleistet, kann sie nach Richterrecht diese nur zurückfordern, wenn die Gegenleistung *consideration* ganz ausgeblieben ist *(total failure of consideration)*, nicht aber, wenn sie einigen — wenn auch nur geringen — Nutzen aus der Gegenleistung gezogen hat[165]. Diese Regel des *common law* führte häufig zu ungerechten, weil zufälligen Ergebnissen. Der englische Gesetzgeber hat daher in dem *Law Reform (Frustrated Contracts) Act 1943* bestimmt, daß Zahlungen, die vor dem vertragsauflösenden Ereignis bewirkt oder fällig wurden, zurückgefordert bzw. nicht mehr geleistet zu werden brauchen. Die Gerichte können Aufwendungen des Zahlungsempfängers in Ansatz bringen[166].

156

4. Annahme des Vertragsbruches

Nach *common law* hat der vertragstreue gegen seinen vertragsbrüchigen Partner bisweilen ein Wahlrecht. Immer kann er am Vertrag festhalten und Schadensersatz verlangen. Bisweilen kann er den Vertrag als beendet ansehen, braucht also selbst nicht mehr zu erfüllen; die ursprünglichen vertraglichen Verpflichtungen der vertragsbrüchigen Partei sind dann nur noch auf Schadensersatz gerichtet[167].

157

Dieses Wahlrecht hat die vertragstreue Partei nur, wenn die andere eine wesentliche Vertragspflicht verletzt hat. Hier wirkt sich also die Einteilung der vertraglichen Pflichten in wesentliche und unwesentliche, in *conditions* und *warranties*, aus. Diese im 19. Jahrhundert entwickelte Zweiteilung entspricht oft, wenn auch nicht notwendigerweise, der von Haupt- und Nebenpflicht nach deutschem Recht. Der Vertragswille entscheidet über die Qualifizierung als *condition* oder nur als *warranty*[168]. Eine *condition* ist eine Vertragsbestimmung, die für den Vertrag wesentlich *essential* ist, die also die Grundlage des

158

---

164 Chandler v. Webster [1904] 1 K.B. 493; B.P. Exploration Co. (Libya) Ltd. v. Hunt (No. 2) [1981] 1 W.L.R. 232.
165 Fibrosa Spolka Akcyjna v. Fairbairn Lawson Combe Barbour Ltd. [1943] A.C. 32.
166 Vgl. im einzelnen B.P. Exploration Co. (Libya) Ltd. v. Hunt (No.2) [1981] 1 W.L.R. 232; bestätigt vom House of Lords in [1983] 2 A.C. 352.
167 Vgl. Photo Production Ltd. v. Securicor Transport Ltd. [1980] A.C. 827.
168 State Trading Corporation of India v. M. Golodek Ltd. [1989] 2 Lloyd's Rep. 277; Treitel, Law of Contract, S. 691; sections 12–15 Sale of Goods Act 1979; vgl. auch Giesen, JZ 1993, 16, 19.

III. Recht der Handelsgeschäfte

Vertrages ausmacht *(goes to the root of the contract)*, ohne die die Erfüllung der übrigen Vertragspflichten in der Substanz anders wäre als die versprochene Leistung. Ob eine *condition* oder nur eine *warranty* vorliegt, ist eine Frage der Vertragsauslegung im Lichte aller maßgeblichen Umstände. Die von den Parteien gewählten Ausdrücke sind nicht bindend[169]. Eine Zeitbestimmung für die Erbringung einer Leistung ist bei Handelsverträgen im Zweifel eine *condition* und nicht nur eine *warranty*.

159 Häufig entscheidet sich erst bei Vertragsbruch, ob eine Vertragsbestimmung wesentlich oder unwesentlich war. Die Gerichte machen die Qualifizierung dieser dritten Kategorie von Vertragsbestimmungen, *intermediate* oder *innominate terms* genannt, von der Art des Vertragsbruches und seinen Auswirkungen abhängig[170].

160 Eine vierte Kategorie von äußerst grundsätzlichen Vertragsbestimmungen *fundamental terms* haben die Gerichte inzwischen abgelehnt[171].

161 Wer eine *condition* bricht, begeht also einen schweren Vertragsbruch, der *repudiation* genannt wird. Die vertragstreue Partei kann diese *repudiation* annehmen und so den Vertrag — gemeint sind die primären Leistungspflichten — zum Erlöschen bringen *(discharge by breach)*. Englisches Recht konstruiert diese Vertragsbeendigung durch Vertragsbruch als Vertrag durch Annahme des Vertragsbruches *(acceptance of repudiation)*, nicht aufgrund eines einseitigen Gestaltungsrechts. Die vertragstreue Partei muß diese Annahme der vertragsbrüchigen zur Kenntnis bringen. Sie kann in Kenntnis der Verletzung einer *condition* den Vertrag aber auch bestätigen *(affirmation)*, die nicht vertragsmäßige Leistung annehmen, am Vertrag festhalten und sich auf Schadensersatz beschränken[172]. Die Grenze einer solchen Bestätigung zum Verzicht *waiver* ist unscharf. Nimmt der Käufer die mangelhafte Ware oder die Dokumente trotz verspäteter Verschiffung an, muß er seinerseits erfüllen, kann aber wegen des Mangels bzw. der Verspätung Schadensersatz geltend machen.

5. Aufrechnung

162 Die Aufrechnung *set off* ist ein vom englischen Billigkeitsrecht *equity* entwickeltes Verteidigungsmittel[173]. Anfang des 18. Jahrhunderts wurde die Aufrechnung durch die *Statutes of Set-Off* von 1729 und 1735 auch im *common law* anerkannt. Diese Regelungen gelten nach *section 49 (2) Supreme Court*

---

[169] Schuler AG v. Wickman Machine Tools Sales Ltd. [1974] A.C. 235.
[170] Hongkong Fir Shipping v. Kawasaki Kisen Kaisha [1962] 2 Q.B. 26; Bremer Handelsgesellschaft v. Vanden Avenne-Izegem P.V.B.A. [1978] 2 Lloyd's Rep. 109; Lombard North Central plc. v. Butterworth [1987] 1 All E.R. 267.
[171] Suisse Atlantique Société d'Armament Maritime v. Rotterdamsche Kolen Centrale [1967] 1 A.C. 361.
[172] Miles v. Wakefield Metropolitan D.C. [1987] A.C. 539.
[173] Vgl. umfassend Wood, English and International Set-Off, London 1989.

Act 1981 der Sache nach fort[174]. Da die *equity*-Regeln jedoch weitgehender sind, haben erstere nahezu keinen Anwendungsbereich mehr[175]. Die Aufrechnung war ursprünglich kein Institut des materiellen englischen Rechts, sondern des Prozeßrechts. Die Prozeßaufrechnung unterscheidet sich von der Widerklage *counter claim*: Erstere ist nur eine Einwendung, die den Klageanspruch zum Erlöschen bringt, letztere ist von der Klage verselbständigt und führt zumeist zu einem gesonderten gerichtlichen Ausspruch mit gesonderter Kostenfestsetzung.

163 Die Voraussetzungen der Aufrechnung nach englischem Recht werden durch die Unterscheidung von *liquidated* und *unliquidated claims* erschwert. Ein *liquidated claim* liegt vor, wenn die Anspruchshöhe bestimmt ist und nicht von weiteren Feststellungen oder gar Schätzungen abhängt. So ist die Höhe des Kaufpreises meist bestimmt, hingegen ist Schadensersatz wegen entgangenen Gewinns oder wegen Mängeln ein sogenannter *unliquidated claim*, wenn er nicht im Vertrag pauschaliert wurde. Der Beklagte kann mit einem *liquidated claim* gegen einen *liquidated claim* des Klägers aufrechnen, und zwar unabhängig davon, ob ersterer aus demselben Vertrag oder einem anderen Rechtsverhältnis herrührt. Der Beklagte kann auch mit einem *unliquidated claim* aufrechnen, wenn dieser Anspruch demselben Vertrag entspringt oder untrennbar hiermit verbunden ist. So kann der Verkäufer einer mangelhaften Ware mit Schadensersatzansprüchen gegen den Kaufpreis aufrechnen. Hingegen ist eine Aufrechnung mit einem *unliquidated claim* ausgeschlossen gegen einen vertraglichen *liquidated claim* oder mit einem vertraglichen *unliquidated claim* gegen einen *liquidated claim* des Klägers aus einem anderen Vertrag[176].

164 Darüber hinaus ergeben sich Aufrechnungsausschlüsse gegen Forderungen aus Wechseln, Akkreditiven, Garantien oder aus besonderer vertraglicher Abrede.

165 Neben der Prozeßaufrechnung kann die Aufrechnung selbstverständlich vertraglich vereinbart werden; im Verhältnis zwischen einer Bank und ihrem Kunden wird dieses Recht sogar in den Vertrag impliziert: *the banker's right of set-off*. Aufrechnungsverträge können auch später vereinbart werden *(set-off agreements)*[177]. In der Insolvenz sind Aufrechnungsvereinbarungen am Maßstab der *rule 4.90 Insolvency Rules* zu messen. Diese sind zwingend anwendbar und schreiben vor, wann im Insolvenzverfahren eine Aufrechnung möglich ist. Vertraglich vereinbarte Aufrechnungsklauseln, die über diese Voraussetzungen hinausgehen, sind der Gefahr der Nichtigkeit ausgesetzt. Das *House of Lords* hat eine solche, im Konkursfall nichtige Aufrechnungsabrede bei der *International Air Transport Association (IATA)* im Verhältnis der einzelnen Luft-

---

174 Bennett v. White [1910] 2 K.B. 643.
175 Goode, Legal Problems of Credit and Security, S. 154.
176 Rawson v. Samuel (1841) Cr. & Ph. 161; Federal Commerce & Navigation Co. Ltd. v. Molena Alpha Inc. [1978] Q.B. 927.
177 Hongkong Banking Corporation v. Kloeckner [1990] 3 W.L.R. 634.

III. Recht der Handelsgeschäfte

fahrtgesellschaften untereinander angenommen, wenn diese ihre Leistungen verrechnen[178]. Grundsätzlich steht es den Parteien frei, die Aufrechnungsmöglichkeiten einzuschränken oder jede Aufrechnung auszuschließen. Für Formularverträge hat der *Court of Appeal* diese Rechtsmacht erheblich eingeschränkt. Jeder Ausschluß und jede Einschränkung verstößt danach gegen *section 13 (1) (b) Unfair Contract Terms Act 1977*, wenn lediglich vorgesehen ist, daß gegen eine Kaufpreisforderung nicht mit *payment* oder *credit* aufgerechnet werden kann[179].

X. Rechtsbehelfe

1. Übersicht

166 Das englische Recht ist noch tief im Prozeßdenken verwurzelt. Es hat bis jetzt keinen materiellrechtlichen Anspruchsbegriff entwickelt, wie dies Windscheid im gemeinen deutschen Recht getan hat. Deshalb hat der Gläubiger gegen seinen vertragsbrüchigen Partner keine Rechte *rights*, sondern nur Rechtsbehelfe *remedies*.

167 Wie überall im englischen Zivilrecht sind auch im englischen Vertragsrecht die Rechtsbehelfe des *common law* und der *equity* zu unterscheiden. Auf die einen besteht ein Rechtsanspruch; ihre Geltendmachung und Ausübung steht nicht unter dem Gebot von Treu und Glauben. Die anderen stehen im richterlichen Ermessen und werden nur gewährt, wenn dies gerecht und billig ist. So kann ein Käufer Schadensersatz verlangen unter dem Vorwand, die Ware weiche geringfügig von der Beschreibung ab, und diesen Vorwand wegen sinkender Marktpreise erheben. Bei den Rechtsbehelfen der *equity* werden solche Motive des Käufers nicht toleriert.

168 Der wichtigste Rechtsbehelf des *common law* ist Schadensersatz *damages*. Im englischen Billigkeitsrecht *equity* stehen hingegen Vertragserfüllung *specific performance* und Unterlassung *prohibitive injunction* im Vordergrund.

2. Schadensersatz

169 Wer durch eine Vertragsverletzung der anderen Partei einen Schaden erlitten hat, kann Schadensersatz *damages* verlangen. Schadensersatz ist im englischen Recht der primäre Rechtsbehelf; es gilt also anderes als im deutschen, das die Vertragserfüllung in den Vordergrund stellt. *Damages* ist ein Rechtsbehelf des *common law*; es besteht ein unbedingter Rechtsanspruch des Geschädigten.

170 Schadensersatz nach englischem Recht ist nicht auf Naturalrestitution, sondern auf Entschädigung in Geld gerichtet. Die Konsequenzen der Vertragsver-

---

178 British Eagle International Airlines Ltd. v. Cie. Nationale Air France [1975] 2 All E.R. 390.
179 Stewart Gill Ltd. v. Horatio Myer & Co. Ltd. [1992] 2 All E.R. 257.

letzung sollen so weit ausgeglichen werden, wie dies vermögensmäßig möglich ist. Dabei stellt das englische Recht auf den Verlust des Geschädigten, nicht auf den Gewinn des Schädigers ab *compensation, not punishment*. Der Begriff „Schaden" wird weit ausgelegt; eingeschlossen sind Personen-, Eigentums- oder bloße Vermögensschäden. Diese sind als *substantial damages* auszugleichen.

Die vertragsbrüchige Partei mußte die Gegenseite grundsätzlich so stellen wie bei ordnungsgemäßer Vertragserfüllung. Der Geschädigte hat also — wie auch im deutschen Recht — einen Anspruch auf den Ersatz des positiven Interesses *expectation interest*. Der *loss of bargain* kann auf dreifache Weise berechnet werden: (1) Durch die Vertragsverletzung entstandene Kosten *incidental damages*[180]; (2) ungünstiges Deckungsgeschäft; (3) entgangener Gewinn *loss of profit*.   **171**

Der Umfang des Schadensersatzes hängt davon ab, ob eine *condition* oder eine *warranty* verletzt wurde, und die vertragstreue Partei sich bei Verletzung einer *condition* für die Vertragsbeendigung *repudiation* entscheidet oder aber das Vertragsverhältnis fortsetzen möchte[181]. Während im ersteren Fall eine Gesamtabrechnung des Vertragsverhältnisses erfolgt[182], bleibt es im letzteren Fall bei dem Ersatz von Begleitschäden. Typisches Beispiel für *incidental damages* sind Kosten zur Feststellung der Mangelhaftigkeit des Vertragsgegenstandes oder Aufwendungen für den Rücktransport. Zusätzlich kann ein Käufer Ausgleich für den Abschluß eines ungünstigen Deckungsgeschäfts verlangen. Der Schaden ist die Differenz zwischen dem Vertrags- und dem Marktpreis[183]. Läßt sich ein Marktpreis nicht feststellen, ist der Verkehrswert zu ermitteln, notfalls zu schätzen[184].   **172**

Statt des positiven Interesses kann der Gläubiger auch sein negatives Interesse *reliance interest* ersetzt verlangen. Dabei handelt es sich um die entwerteten Aufwendungen, die im Vertrauen auf die Vertragserfüllung angefallen sind[185]. Diese Aufwendungen können auch vor Vertragsschluß erfolgt sein[186]. Alternativ kann der Gläubiger aus *restitution* seine Leistung zurückfordern, wenn die Gegenleistung insgesamt nicht erbracht wurde *(total failure of consideration)*. Dabei handelt es sich um einen bereicherungsrechtlichen Anspruch.   **173**

Der Anspruchsteller kann den Schadensersatz auf die ihm günstigste Weise berechnen. Er kann auch mehrere Berechnungsalternativen miteinander kombinieren. Sein Wahlrecht ist nur dadurch begrenzt, daß er nicht denselben Scha-   **174**

---

180 Vgl. ebenso section 2-715 (1) Uniform Commercial Code.
181 Vgl. oben Rdnr. 157 ff.
182 The Baleares [1990] 2 Lloyd's Rep. 130.
183 Wertheim v. Chikoutimi Pulp [1911] A.C. 301; Watts, Watt & Co. v. Mitsui [1917] A.C. 227.
184 The Arpad [1934] P. 189.
185 Cullinane v. British „Rema" Manufacturing Co. [1954] 1 Q.B. 292; McRae v. Commonwealth Disposals (1950) 84 C.L.R. 377.
186 Anglia Television Ltd. v. Reed [1972] 1 Q.B. 60.

III. Recht der Handelsgeschäfte

den mehr als einmal ersetzt verlangen kann[187]. Der Kläger wird sich also immer dann auf Vertrauensschaden berufen, wenn er einen entgangenen Gewinn nicht nachweisen kann oder ein Deckungsgeschäft nicht abgeschlossen wurde. Positives und negatives Interesse kann der Kläger kombinieren, wenn er Ersatz seiner entwerteten Aufwendungen und des Nettogewinns verlangt. Zu einer Doppelkompensation würde es dagegen führen, wenn ihm neben dem Aufwendungsersatz auch der Bruttogewinn zugesprochen würde.

175 Grundsätzlich sind nur Körper-, Eigentums- oder Vermögensschäden ersatzfähig, nicht aber Ärger, Unannehmlichkeiten, Enttäuschungen und dergleichen[188]. Bei Reiseverträgen wird allerdings auch Ersatz entgangener Urlaubsfreuden gewährt[189]. Strafschadensersatz *punitive* oder *exemplary damages* kann wegen Vertragsverletzung grundsätzlich nicht verlangt werden — anderes gilt im Deliktsrecht. Auch wer keinen Schaden erlitten hat oder keinen Schaden nachweisen kann, kann den Vertragsverletzer auf Schadensersatz verklagen. Freilich erkennt ihm das Gericht dann nur einen nominellen Betrag von wenigen Pfund Sterling zu: *nominal damages*.

176 Ein Schaden ist nur zu ersetzen, wenn er *within the reasonable contemplation of the parties* lag (*remoteness*-Test)[190]. *Leading case* ist nach wie vor die alte Entscheidung *Hadley v. Baxendale*. Die *ratio decidendi* besteht aus einem mehr objektiven und einem mehr subjektiven Teil. Einerseits ist der Schaden zu ersetzen, der nach dem gewöhnlichen Lauf der Dinge als auf dem Vertragsbruch beruhend angesehen werden kann; besondere Schadensposten können andererseits in die Berechnung einbezogen werden, wenn sie von den Parteien beim Vertragsschluß vernünftigerweise als wahrscheinliches Ergebnis eines Vertragsbruchs vorausgesehen werden konnten. Dauert eine Warenversendung per Schiff von Rumänien in den Irak neun Tage länger als zugesagt und bricht während dieser Zeit der Markt zusammen, steht dem Lieferanten Ersatz des vollen entgangenen Gewinns zu[191].

177 Wie in allen Rechtsordnungen muß der Schaden durch den Vertragsbruch verursacht worden sein; eine Ausnahme gilt lediglich bei *liquidated damages*. Dies ist eine Frage der Kausalität *causation*. Wie auch im deutschen Recht geht es darum, aus der Vielzahl aller möglichen Bedingungen die haftungsrechtlich relevanten herauszufiltern. Sind zwei Ursachen gleichwertig, ist jede eine zum Schadensersatz verpflichtende Ursache[192]. Ein Reeder ist nicht gegenüber einem Charterer

---

187 Cullinane v. British „Rema" Manufacturing Co. [1954] 1 Q.B. 292; CCC Films v. Impact Quadrant Films [1984] 3 W.L.R. 245.
188 Hurst v. Picture Theaters Ltd. (1915) 1 K.B. 1; Bliss v. South East Thames Regional Health Authority [1985] I.R.L.R. 308.
189 Jarvis v. Swann Tours Ltd. [1973] Q.B. 223.
190 (1854) 9 Exch. 341; vgl. auch Victoria Laundry Ltd. v. Newman Industries Ltd. [1949] 2 K.B. 528; Koufos v. Czarnikow Ltd. [1969] 1 A.C. 350.
191 The Heron II [1969] 1 A.C. 350.
192 Smith, Hogg & Co. v. Black C. Insurance [1940] A.C. 997.

verantwortlich, wenn das Schiff nur mit zeitlicher Verzögerung zur Beladung zur Verfügung stand und es infolgedessen in einen Orkan geriet[193].

Auch nach englischem Recht muß ein Gläubiger alles tun, um den entstandenen Schaden so gering wie möglich zu halten *mitigation of damages*. Dies läßt sich in drei Regeln zusammenfassen: Erstens sind keine Schäden zu ersetzen, die der Geschädigte angemessenerweise hätte verhindern können. Der Käufer eines mit Rechtsmängeln behafteten Grundstücks *defect of title* kann keinen Schadensersatz von seinem Rechtsanwalt, der die mangelnde Berechtigung des Verkäufers übersehen hat, verlangen, wenn der Käufer wegen der Rechtsmängel noch direkt gegen den Verkäufer vorgehen kann[194]. Zweitens kann der Kläger keinen Ersatz für Schäden verlangen, deren Eintritt er durch eigene Handlungen verhindert hat; dies gilt auch dann, wenn er dabei über die von ihm zu verlangende Sorgfalt hinausgegangen ist[195]. Sind die Schadensminderungsaktivitäten des Klägers drittens mit Kosten verbunden, kann er im Rahmen des Angemessenen auch deren Ersatz verlangen; es ist unschädlich, ob der Schaden tatsächlich verringert oder verhindert wurde[196]. **178**

Von der bloßen Schadensminderungs- oder Schadensabwendungspflicht ist ein Mitverschulden des Gläubigers an der Entstehung des Schadens zu unterscheiden *contributory negligence*. Im Gegensatz zum Deliktsrecht ist die Bedeutung dieses Einwandes im englischen Vertragsrecht gering. Die *common law doctrine of contributory negligence* kommt nur zum Zuge, wenn das Verhalten des Gläubigers gleichzeitig einen Deliktstatbestand verwirklicht[197]. Auch der *Law Reform (Contributory Negligence) Act 1945* ist grundsätzlich nur auf ein deliktisches Verhalten anzuwenden[198]. Nur in Ausnahmefällen wird auch die vertragliche Haftung erfaßt. **179**

3. Vertragsstrafe – penalty

Nach deutschem Recht ist die Vereinbarung einer Vertragsstrafe zulässig und in Handelsgeschäften nicht unüblich. Nach englischem Recht ist eine Vertragsstrafe *penalty* unwirksam. Diese Wertunterscheidung des englischen Rechts ist Ausdruck der Zurückhaltung, eine Partei zur Erfüllung ihres Vertrages zu zwingen. **180**

Hingegen ist die Vereinbarung eines pauschalierten Schadensersatzes *liquidated damages* zulässig[199]. Es überrascht nicht, daß die Abgrenzung einer *pe-* **181**

---

193 The Monarch S.S. Co. [1949] A.C. 196.
194 Brace v. Calder [1895] 2 Q.B. 253; Gebrüder Metallmann v. NBR [1984] 1 Lloyd's Rep. 614.
195 British Westing House v. Underground Electric Railway of London [1912] A.C. 673.
196 Clea v. Bulk Oil [1984] 1 All E.R. 129.
197 The Shinjitsu Maru (No. 5) [1985] 1 W.L.R. 1270.
198 Forsikringsaktieselskapet Vesta v. Butcher [1989] A.C. 852.
199 Vgl. Dunlop Pneumatic Tyre Co. Ltd. v. New Garage and Motor Co. Ltd. [1915] A.C. 79; Golden Bay Realty Ltd. v. Orchard Twelve Investments Ltd. [1991] 1 W.L.R. 981.

III. Recht der Handelsgeschäfte

nalty von *liquidated damages* schwierig ist. Der von den Parteien gewählte Terminus ist nicht bindend. Vielmehr kommt es darauf an, ob die Parteien bei Vertragsschluß den möglichen Schaden ernsthaft zu schätzen versuchten, oder ob sie die Klausel zur Abschreckung vor Vertragsbruch *in terrorem* einfügten. Maßgeblich ist der Zeitpunkt des Vertragsabschlusses[200]. 1915 war die Zahlung von £ 5 bei jeder Verletzung einer Wettbewerbsklausel pauschalierter Schadensersatz, von £ 250 hingegen eine Vertragsstrafe[201]. Wird, wie häufig bei Bauverträgen, der Verzugsschaden nach Tagen, Wochen oder Monaten gestaffelt, wird *liquidated damages* angenommen; wird eine Fixsumme vereinbart, liegt eine *penalty* näher[202].

182 Ob Verfallsklauseln *forfeiture clauses* Vertragsstrafencharakter haben und unwirksam sind, ist zweifelhaft. Der *Court of Appeal* hat 1954 bei einer Ratenzahlungsvereinbarung eine Vertragsstrafe angenommen und, gestützt auf englisches Billigkeitsrecht *equity*, den säumigen Käufer von der Zahlung weiterer vereinbarter Raten freigesprochen[203]. Diese Rechtsprechung ist nicht gefestigt[204]. Rückzahlung von geleisteten Raten- oder Vorauszahlungen − vom Konsumentenschutz nach dem *Consumer Credit Act 1974* abgesehen − ist so gut wie nicht möglich.

4. Zinsen

183 Der Gläubiger kann vom Schuldner, der zu spät zahlt, Zinsen *interest* verlangen. Voraussetzungen, Zeitpunkt und Zinssatz sind kompliziert und bis in unsere Tage zum Teil unklar[205]. Zu unterscheiden ist zwischen dem Zinsanspruch nach Richterrecht *common law* und aufgrund Gesetzes.

184 Wenn Zinsen zugesprochen werden, so kommt es auf die Fälligkeit an. Verzugszinsen gibt es nach englischem Recht schon begrifflich nicht, weil englisches Vertragsrecht den einheitlichen Verletzungstatbestand *breach of contract* hier nicht einbezieht.

185 Bis in die jüngste Vergangenheit galt nach *common law* die Regel: Der Gläubiger konnte bei Zahlung nach Fälligkeit grundsätzlich keine Zinsen verlangen[206]. Eine Ausnahme galt zunächst, wenn vertraglich eine Verpflichtung zur Zinszahlung vorgesehen war. Diese Ausnahme wurde mit den Jahren erweitert: Aufgrund längerer Geschäftsbeziehungen *course of dealings* oder bei Han-

---

200 Jobson v. Johnson [1989] 1 W.L.R. 1026.
201 Vgl. Ford Co. v. Armstrong (1915) 31 T.L.R. 267.
202 Vgl. Public Works Commissioner v. Hills [1906] A.C. 368.
203 Vgl. Stockloser v. Johnson [1954] 1 Q.B. 476.
204 Vgl. Treitel, Law of Contract, 1991, S. 892f. und Chitty, a.a.O., Chapter 26 mit weiteren Nachweisen.
205 Vgl. Chitty, a.a.O., Chapter 26 mit weiteren Nachweisen; The Supreme Court Practice, 1982, 627f.; Wessels, Zinsrecht in Deutschland und England, Münster 1991.
206 Vgl. London Chatham and Dover Railway Co. v. South Eastern Railways Co. [1983] A.C. 429.

delsbrauch *trade usage* wurde eine Verpflichtung zur Zinszahlung angenommen[207]. 1981 gab es zwei Urteile des *Court of Appeal*, die die alte Regel grundsätzlich in Frage stellten. Nach dem *Theno-Impex*-Fall[208] sind Fälligkeitszinsen in Seegerichtssachen *admiralty matters* zu zahlen. Nach dem *Wadsworth-Fall*[209] können Fälligkeitszinsen immer dann verlangt werden, wenn voraussehbar war, daß der Gläubiger bei Aufnahme des geschuldeten Betrages Sollzinsen zahlen würde.

Aufgrund Gesetzes können Richter[210] und Schiedsrichter nach ihrem Ermessen Zinsen auf eine nicht bezahlte Schuld oder Schadensersatz zusprechen, und zwar vom Zeitpunkt des Entstehens des Anspruchs bis zum Erlaß des Urteils bzw. Schiedsspruchs. Englische Urteile und Schiedssprüche trennen also zwischen Zinsen vor Erlaß und danach: *pre judgment award* und *post judgment award*. Die Verpflichtung zur Zahlung von Zinsen, die vor dem Urteilserlaß angefallen sind, ergibt sich aus *section 35A Supreme Court Act 1981*; die Verpflichtung zur Zahlung von Zinsen nach dem Spruch folgt aus *section 17 Judgments Act 1838*. Zinsen werden nicht zugesprochen auf schon gezahlte – wenn auch verspätet gezahlte – Beträge, ferner nicht Zinseszinsen *compound pre judgment interest* sowie nicht außerhalb eines gerichtlichen oder schiedsgerichtlichen Verfahrens. **186**

Der Zinssatz eines angesehenen kaufmännischen Unternehmens richtet sich nicht an den subjektiven Verhältnissen des Gläubigers, sondern am Geldmarkt aus, und zwar gewöhnlich nach den Sollzinsen, die in der Praxis des *Commercial Court* mit einem Prozent über *LIBOR*[211] angenommen werden[212]. **187**

Im Urteil zugesprochene Beträge sind vom Tage der Urteilsfällung an zu verzinsen. Der Zinssatz wird durch untergesetzliches Recht bestimmt, nämlich durch Dekrete des *Lord Chancellors*[213]. Schiedsrichter haben ein Ermessen, ob die im Schiedsspruch zugesprochenen Beträge vom Schuldner ab Erlaß zu verzinsen sind[214]. Wird im Schiedsspruch nichts hierüber gesagt, sind Zinsen wie auf die Hauptschuld zu zahlen. **188**

---

207 Vgl. Page v. Newman (1829) 9 B. & C. 378, 381.
208 Theno-Impex v. Gebr. Van Weeld Scheepvaartkantoor [1981] 2 W.L.R. 821.
209 Vgl. Wadsworth v. Lydell [1981] 1 W.L.R. 598; Diese Entscheidung wurde im Theno-Impex Fall nicht berücksichtigt, weshalb dieser Entscheidung des Court of Appeal in anderer Zusammensetzung geringere Autorität zukommt (vgl. oben Rdnr. 31).
210 Vgl. Law Reform (Miscellaneous Provisions) Act 1934, section 3.
211 Abkürzung für London Interbank Offered Rate.
212 Vgl. Tate and Lyle Food and Distribution Ltd. v. Greater London Council [1982] 1 W.L.R. 149.
213 Vgl. Judgments Act 1938, section 17, in der Fassung der section 44 Administration of Justice Act 1970 in Verbindung mit der jeweiligen Judgments Debts (Rate of Interest) Order; momentan gilt die Judgments Debts (Rate of Interest) Order 1993.
214 Vgl. Arbitration Act 1950, section 20.

III. Recht der Handelsgeschäfte

5. Erfüllungsverlangen

189 Nach englischer Rechtsauffassung ist das vertragliche Garantieversprechen nicht auf Vertragserfüllung, sondern auf Entschädigung in Geld ausgerichtet, also nicht auf *specific performance*, sondern auf *damages*[215]. Dies hat seinen Grund in der englischen Rechtsgeschichte, genauer im Aktionssystem. Die vertraglichen Rechtsbehelfe haben sich aus der *assumpsit*-Klageform entwickelt. Die starre Regel des *common law* – nur Schadensersatz und nie Vertragserfüllung – besteht heute noch als Grundsatz. Das englische Billigkeitsrecht *equity* hat die starre Regel aufgelockert. Reicht Schadensersatz in Geld nicht aus, um den Gläubiger angemessen zu entschädigen, kann das Gericht Vertragserfüllung *specific performance* gewähren[216].

190 Ein Rechtsanspruch auf Vertragserfüllung besteht nicht, vielmehr hängt dies vom richterlichen Ermessen ab. Aus den entschiedenen Fällen lassen sich Richtlinien ableiten, wann Gerichte den Erfüllungsanspruch zusprechen. Wer ein Grundstück kauft, kann Erfüllung des Kaufvertrages verlangen; beim Warenkauf gilt dies hingegen grundsätzlich nicht. Das Warenkaufrechtsgesetz gewährt bei konkretisierten Sachen zwar einen Erfüllungsanspruch, doch ist dies – entsprechend der vorkodifizierten Rechtslage – eingeschränkt auf besonders seltene oder schöne Waren[217]. Auch bei Gattungssachen kann ausnahmsweise auf Erfüllung geklagt werden, etwa auf Lieferung von Öl während der Ölkrise[218] oder auf Stahl während eines Streiks in der Stahlindustrie[219]. Kann der Kläger seinen Schaden nicht beziffern oder beweisen, oder hat er überhaupt keinen Schaden erlitten – dann stünde ihm nur *nominal damages* von wenigen Pfund Sterling zu – gewähren Gerichte häufig Erfüllung[220]. Kraft Gesetzes kann vom Darlehensgeber einer Gesellschaft verlangt werden, seine gezeichnete Schuldverschreibung *debenture* aufzunehmen und zu bezahlen[221].

191 Bei bestimmten Vertragstypen scheidet grundsätzlich immer Erfüllung aus, und der Kläger ist auf Schadensersatzansprüche beschränkt[222]. Dies gilt bei persönlich geschuldeten Dienstleistungen. Doch kann ein Wettbewerbsverbot gegen den Vertragsbrüchigen rechtskräftig durch Unterlassungsklage *prohibitive injunction* durchgesetzt werden. Bei Verträgen, deren Erfüllung ständig beaufsichtigt werden muß – und dies ist bei Bauverträgen der Fall – kann nicht auf Erfüllung geklagt werden[223]. Darüber hinaus lehnen englische Richter Vertragserfüllung ab, wann immer dies zu einer besonderen Härte beim Be-

---

215 Vgl. oben Rdnr. 161 ff.
216 Beswick v. Beswick [1968] A.C. 58; Sky Petroleum v. VIP Petroleum [1974] 1 All E.R. 954.
217 Vgl. Cohen v. Roche [1927] 1 K.B. 169 und section 52 Sale of Goods Act 1979.
218 Vgl. Sky Petroleum v. VIP Petroleum Ltd. [1974] 1 W.L.R. 576.
219 Vgl. Howard E. Perry & Co. v. British Railways Board [1980] 1 W.L.R. 1375.
220 Vgl. Chitty, a. a. O., Chapter 28.
221 Section 195 Companies Act 1985.
222 Vgl. unten Rdnr. 526.
223 Vgl. Carpenters Estates Ltd. v. Davies [1940] Ch. 160.

klagten führen würde oder unfair wäre[224]. Hier zeigt sich, daß *specific performance* ein Rechtsmittel der *equity* ist, das nicht voreilig geltend gemacht werden darf.

XI. Verjährung – limitation of action

Verjährung im englischen Recht ist keine Frage des materiellen Rechts wie die Anspruchsverjährung nach §§ 194 ff. BGB, sondern des Prozeßrechts: Nicht das Recht *right*, sondern der Rechtsbehelf *remedy* unterliegt der Verjährung. Wer eine verjährte Forderung bezahlt, kann nichts zurückfordern, weil das Recht trotz Verjährung noch fortbesteht[225]. Aus der Qualifizierung als Institut des Prozeßrechts erwachsen interessante Probleme des internationalen Prozeßrechts. Englische Gerichte wandten bis zum 1. Oktober 1985 englische Verjährungsvorschriften als *lex fori* auch auf Verträge an, die fremdem Recht unterstanden. So konnte ein Kläger vor einem englischen Gericht obsiegen, wenn die sechsjährige Verjährungsfrist nach englischem Recht noch nicht, die kürzere Frist nach deutschem Recht aber schon abgelaufen ist. Heute bestimmt der *Foreign Limitation Periods Act 1984*, daß grundsätzlich die Verjährungsvorschriften des jeweils anwendbaren materiellen Rechts gelten. 192

Die alten Verjährungsgesetze wurden im *Limitation Act 1939* niedergeschrieben. Seit 1. Mai 1981 gilt der *Limitation Act 1980*, der die Grundzüge des englischen Verjährungsrechts nicht verändert hat. 193

Kurze Verjährungsfristen – etwa die sechsmonatige Verjährungsfrist bei Sachmängeln im deutschen Kaufrecht – sind englischem Recht ebenso fremd wie die dreißigjährige – regelmäßige – deutsche Verjährungsfrist. Forderungen aus einfachen Verträgen *simple contracts* – auch aus Wechseln – verjähren in sechs Jahren, aus Verträgen unter Siegel *specialties*[226] in zwölf Jahren[227]. Auch Ansprüche aus englischen Urteilen und Schiedssprüchen verjähren in sechs Jahren[228], ebenso aus ausländischen Urteilen. Diese unterliegen zwar nicht dem englischen Verjährungsgesetz, doch wird ein Zahlungsversprechen entsprechend einem einfachen Vertrag angenommen[229]. Kürzere Fristen, die zumeist das materielle Recht zum Erlöschen bringen, gelten nach internationalen Konventionen. 194

Die Parteien können die Verjährungsfrist vertraglich verkürzen. Es ist unklar, ob sie auch die gesetzliche Verjährungsfrist verlängern können. Jedenfalls ist hierzu eine Gegenleistung *consideration* nötig. Bloße Vertragsverhandlungen 195

---

224 Vgl. Chitty, a.a.O., Chapter 28.
225 Vgl. Order 18 Rule 8 der Rules of the Supreme Court.
226 Vgl. oben Rdnr. 82 ff.
227 Sections 5, 8 und 11 Limitation Act 1980.
228 Section 24 Limitation Act 1980.
229 Vgl. Lamb & Sons v. Rider [1948] 2 K.B. 331; Berliner Industriebank AG v. Jost [1971] 1 Q.B. 463.

III. Recht der Handelsgeschäfte

bewirken keine Verlängerung. Sehr zweifelhaft ist, ob die Einrede der Verjährung verwirkt werden kann[230].

196 Die Verjährungsfrist beginnt mit Entstehung des prozessualen Anspruchs *accrual of the cause of action*, also vom frühesten Zeitpunkt an, von dem an die Klage erhoben werden konnte[231]. Ob der Kläger die klagebegründenden Tatsachen kannte oder nicht, ist unerheblich. Andererseits wird im englischen Recht nicht auf den Schadenseintritt, sondern auf den bloßen Vertragsbruch *breach of contract* abgestellt. Wer etwa aus falscher Beratung sechs Jahre nach dem Rat einen Schaden erleidet, hat keinen vertraglichen, sondern allenfalls einen deliktischen Schadensersatzanspruch[232]. Ansprüche des Bauherrn gegen den Bauunternehmer verjähren regelmäßig sechs Jahre nach Fertigstellung des Baues *(substantial performance)*. Ist bei einem Darlehen die Fälligkeit nicht bestimmt, beginnt die Verjährungsfrist erst mit der schriftlichen Zahlungsaufforderung[233]. Die Verjährung einer Kaufpreisforderung beginnt, wenn die Fälligkeit nicht bestimmt ist, in dem Zeitpunkt, in dem der Verkäufer dem Käufer anzeigt, daß er zur Lieferung der Ware bereit und willens ist[234].

197 Die Verjährungsfrist wird gehemmt, sie läuft also nicht, solange der Kläger geschäftsunfähig oder gar geisteskrank ist, solange er nicht entdeckt hat und bei nötiger Sorgfalt nicht entdecken konnte, daß der Beklagte ihn betrogen oder ihm die anspruchsbegründenden Tatsachen bewußt verheimlicht hat oder solange sich der Kläger hierüber geirrt hatte[235].

198 Die Verjährungsfrist wird unterbrochen, beginnt also neu zu laufen, wenn der Beklagte seine Schuld schriftlich anerkennt oder Teilzahlungen leistet[236]. Die Verjährungsfrist wird auch durch wirksame Klageerhebung *commencement of proceedings* unterbrochen. Eine Zustellung der Klageschrift an den Beklagten ist hierzu nicht nötig[237]. Seit dem 4. Juni 1990 verliert eine Klageschrift jedoch ihre Wirkung, wenn sie nicht binnen vier Monaten nach der Einreichung bei Gericht zugestellt wird; die ursprüngliche Dauer von zwölf Monaten wurde reduziert[238]. Besteht ein Schiedsvertrag, muß der anderen Partei die Aufforderung, einen Schiedsrichter zu benennen, zugestellt werden.

---

230 Vgl. Chitty, a.a.O., Chapter 29.
231 Vgl. Reeves v. Butcher [1981] 2 Q.B. 509.
232 Meist kommt der Deliktstatbestand negligence in Frage; vgl. Hedley Byrne & Co. Ltd. v. Heller & Partners [1964] A.C. 465; Caparo Industries plc. v. Dickman [1990] 2 A.C. 605; näher oben Rdnr. 89ff.
233 Section 6 (1) (2) Limitation Act 1980.
234 Vgl. Helps v. Winterbottom (1831) 2 B. & Ad. 431.
235 Vgl. Section 32 Limitation Act 1980.
236 Sections 29 und 30 Limitation Act 1980.
237 Vgl. Order 6 Rule 7 (3) der Rules of the Supreme Court.
238 Zunächst war außerdem beabsichtigt, die Unterbrechung der Verjährung an die Zustellung an den Beklagten anzuknüpfen [vgl. clause 75 (1) Courts and Legal Services Bill]. Dieses Vorhaben wurde jedoch im Zuge der Gesetzesberatungen aufgegeben.

Nun bezieht sich Verjährung nur auf die Rechtsbehelfe des *common law*, in **199**
erster Linie also auf Schadensersatz, und nicht auf solche des englischen Billigkeitsrechts *equity*, also nicht auf das Erfüllungsverlangen *specific performance* und die Unterlassung *injunction*. Der *Limitation Act 1980* bestimmt ausdrücklich, daß die sechs- bis zwölfjährigen Verjährungsfristen hierauf nicht anwendbar sind[239]. Trotzdem können englische Gerichte die Verjährungsvorschriften auf die Rechtsbehelfe der *equity* analog anwenden. Das englische Billigkeitsrecht hat auch eigene und flexible Einreden entwickelt, die der Beklagte entgegensetzen kann: Die *doctrine of laches and acquiescence* entspricht dem deutschen Verwirkungseinwand und kann dem Gläubiger die Durchsetzung seiner *equitable remedies* verwehren[240].

---

239 Section 36 Limitation Act 1980.
240 Vgl. Chitty, a.a.O., Chapter 28.

III. Recht der Handelsgeschäfte

§ 2
Warenkauf

I. Allgemeines

200 Das englische Recht kennt kein Sonderrecht für Kaufleute oder Unternehmen. Es gibt daher auch keine den §§ 373 ff. HGB vergleichbaren besonderen Bestimmungen für den „Handelskauf". Für Kaufleute wie Verbraucher gilt gleichermaßen das Warenkaufgesetz *Sale of Goods Act 1979*[1]. Dieses hat mit Wirkung vom 1. Januar 1980 den von *Sir Mackenzie Chalmers* verfaßten *Sale of Goods Act 1893* geändert. Der *Sale of Goods Act 1893* stellte eine Teilkodifizierung des bis dahin geltenden *common law* dar. Der *Sale of Goods Act 1979* übernimmt viele dieser alten Regelungen fast wörtlich. Er geht jedoch auch darüber hinaus und trägt der weiteren Rechtsentwicklung Rechnung. Er gilt in England, Wales und Schottland.

201 Das englische Warenkaufrecht ist heute aus folgenden Rechtsquellen zu entnehmen: (1) dem *Sale of Goods Act 1979*, (2) Nebengesetzen [z. B. *Factors Act 1898, Misrepresentation Act 1967, Supply of Goods (Implied Terms) Act 1973, Unfair Contract Terms Act 1977, Supply of Goods and Services Act 1982, Carriage of Goods by Sea Act 1992*] und (3) dem *common law*, also Gerichtsentscheidungen, wobei auch heute noch auf vor 1893 ergangene Entscheidungen zurückgegriffen werden darf und muß.

202 Der *Sale of Goods Act 1979* bestimmt ausdrücklich, daß er die allgemeinen Regeln des englischen Vertragsrechts nicht verdrängt[2]. Er enthält in weiten Teilen nachgiebiges Recht. Die Parteien können also vertraglich etwas anderes vereinbaren.

II. Anwendungsbereich

1. Kaufvertrag

203 Der *Sale of Goods Act 1979* ist anwendbar auf den Kauf von Waren *goods*. Nach der nicht abschließenden Begriffsbestimmung in *section 61(1) Sale of Goods Act 1979* sind damit umfaßt bewegliche Sachen (also auch Schiffe und

---

[1] Atiyah, The Sale of Goods, 8. Aufl. London 1990; Chalmers/Mark, Sale of Goods Act, 18. Aufl. London 1981; Davies, Sale & Supply of Goods, London 1990; Furmsten, Sale of Goods, London 1990; Greig, Sale of Goods, London 1974; Guest (Hrsg.), Benjamin's Sale of Goods, 4. Aufl. London 1992; Palmer/McKendrick, Interest in Goods, London 1994. Rechtsvergleichend Rabel, Das Recht des Warenkaufs, Band I, Berlin 1957, Band II, Berlin 1958.
[2] Section 62 (2) Sale of Goods Act 1979.

Tiere), Früchte auf dem Halm, nachwachsende Naturalerzeugnisse und Grundstücksbestandteile, soweit diese vor oder durch den Kauf von dem Grundstück getrennt werden. Diese Legaldefinition trifft nicht auf Rechte, Forderungen, Anteile an Gesellschaften, Wertpapiere, Geld und Grundstücke zu. Damit entspricht sie dem handelsmäßigen Gebrauch des Begriffs „Ware".

Die Bestimmungen des *Sale of Goods Act 1979* gelten nur für Kaufverträge *contracts of sale*. Ein Kaufvertrag ist ein Vertrag, mittels dessen (1) der Verkäufer entweder Eigentum auf den Käufer überträgt oder sich verpflichtet, dieses zukünftig zu übertragen, und (2) der Käufer dafür eine Gegenleistung erbringt, die in Geld besteht[3]. **204**

2. Tauschvertrag

Nicht unter das Warenkaufgesetz fällt daher der Tauschvertrag *contract of barter or exchange*. Wird dagegen ein Teil der Gegenleistung in Geld erbracht, liegt die Annahme eines Kaufvertrages nahe. Dies gilt auch dann, wenn die Geldleistung nicht den weit überwiegenden Teil des Preises ausmacht. Die Gerichte haben im Laufe dieses Jahrhunderts einen immer flexibleren Ansatz gewählt und stellen auf einen objektivierten Parteiwillen ab. Kaufrecht gilt daher, wenn Ochsen gegen Getreide getauscht und der Wertunterschied in Geld ausgeglichen werden soll[4]; wenn beim Kauf eines Neuwagens der Gebrauchtwagen in Zahlung gegeben wird. **205**

3. Werk- und Werklieferungsvertrag

Die Definition eines Kaufvertrages geht weiter als der deutsche § 433 BGB; sie umfaßt auch Werklieferungsverträge im Sinne des § 651 BGB *contracts for skill and labour*, gleichgültig, ob die herzustellende Ware vertretbar ist oder nicht[5]. Handelt es sich dagegen um einen reinen Werkvertrag *contract for labour and materials* oder *contract for services* (Reparatur eines Kraftfahrzeuges), ist nicht der *Sale of Goods Act 1979*, sondern allgemeines Vertragsrecht anwendbar. **206**

4. Dienstvertrag

Für Dienstverträge *contracts of service* gilt ebenfalls allgemeines Vertragsrecht; für einige Einzelfragen kann jedoch auf den *Supply of Goods and Services Act 1982* zurückgegriffen werden. Von dem Verwahrungsvertrag *bailment* unterscheidet sich der Kaufvertrag dadurch, daß er auf Übereignung gerichtet ist[6]. **207**

---

[3] Section 2 (1) Sale of Goods Act 1979.
[4] Aldridge v. Johnson (1857) 7 E. & B. 885.
[5] Robinson v. Graves [1935] 1 K.B. 579.
[6] Chapman Brothers v. Vercu Brothers & Co. Ltd. [1933] 49 C.L.R. 306.

III. Recht der Handelsgeschäfte

5. Mietkauf

208 Vom Kaufvertrag ist der Mietkauf *hire purchase* zu trennen. Dabei handelt es sich in aller Regel um einen Warenmietvertrag mit Kaufoption[7]. Der Vertrag ist zunächst nur auf die Verschaffung des unmittelbaren Besitzes durch ein Verwahrungsverhältnis *bailment* gegen Entgelt (Miete *rent*) gerichtet, nicht aber auf einen sofortigen Kauf. Auf einen solchen Mietkauf ist grundsätzlich der *Consumer Credit Act 1974* anzuwenden. Im Handelsverkehr hat der Mietkauf nur geringe Bedeutung. Auf eine ausführliche Darstellung wird daher verzichtet.

6. Leasing

209 Im Gegensatz zum Mietkauf wird auch im Handelsverkehr das *leasing* immer wichtiger. Der englische Rechtsbegriff für einen Mietvertrag über bewegliche Sachen ist *contract of (simple) hire*[8]. Das Wort *leasing* hat seinen Ursprung in den USA, wenn es sich auch letztendlich aus dem alten *common law* herleitet. Dort war oder ist *lease* nämlich eine Art dinglicher Miete, und zwar vornehmlich an Grundstücken und Gebäuden[9]. Heute spricht jedoch auch das englische Recht vom *leasing of equipment*.

210 Die kurzfristige Anmietung beweglicher Gegenstände, z. B. von Kraftfahrzeugen oder Fernsehgeräten, wird auch heute noch als *rental agreement* bezeichnet. Unter den Begriff *"leasing"* fallen dagegen vor allem mittel- und langfristige Mietverträge. Als *operating lease* wird ein Mietvertrag bezeichnet, dessen Laufzeit geringer ist als die gewöhnliche Nutzungsdauer des geleasten Gegenstandes. *Operating leases* werden oftmals mehrfach hintereinandergeschaltet. Beim *finance lease* wird angestrebt, die Mietzinszahlungen auf die voraussichtliche Gesamtnutzungsdauer des Gegenstandes zu verteilen. Der Gesamtbetrag entspricht daher dem vollen Kaufpreis zuzüglich eines Finanzierungsprofits. Auch die bloße Warenmiete wird vom *Consumer Credit Act 1974* erfaßt, wenn der kreditierte Betrag 15,000 GBP nicht übersteigt und der Leasingnehmer keine juristische Person ist.

7. Wertpapiere

211 Für die Transaktionen an der Londoner Wertpapierbörse *Stock Exchange* und die Warenbörse *Commodity Exchange* gelten grundsätzlich keine Spezialgesetze. Da Wertpapiere jedoch keine Waren sind, ist nicht der *Sale of Goods Act 1979*, sondern allgemeines Vertragsrecht anwendbar. Die traditionelle Trennung an der *Stock Exchange* zwischen Börsenmakler *broker* und Börsenhändler *jobber* wurde im Zuge der Liberalisierung der britischen Börsen nach

---

[7] Section 189 (1) Consumer Credit Act 1974 und section 25 (2) Sale of Goods Act 1979.
[8] Coggs v. Bernard (1703) 2 Ld. Raym. 909.
[9] Megarry/Wade, The Law of Real Property, 5. Aufl. London 1984, S. 628 ff.

dem sog. „*Big Bang*" im Oktober 1986 abgeschafft. Die Funktion der *jobbers* haben seitdem preisbestimmende Händler *market makers* übernommen, die als Verkäufer direkt mit dem Käuferpublikum in Kontakt treten. Dem *broker* steht es offen, ebenfalls als *market maker* aufzutreten und gleichzeitig oder anschließend das eigentliche „Brokergeschäft" durchzuführen. Demgegenüber gibt es an der Warenbörse nur Makler.

III. Pflichten des Verkäufers

1. Übereignung

a) Grundregel

Die bedeutendste Pflicht des Verkäufers ist die Übereignung der gekauften Gegenstände. Das Warenkaufgesetz unterscheidet schon terminologisch: Fallen Kaufvertrag und Eigentumsübergang zusammen, spricht es von *sale*, hingegen von einem *agreement to sell*, wenn der Eigentumsübergang nachfolgt oder bedingt ist[10]. Im Gegensatz zum römisch- und deutschrechtlichen Traditionsprinzip folgt das englische Kaufrecht dem Konsensualprinzip: Der Eigentumsübergang hängt in erster Linie vom Parteiwillen und nicht vom Besitzwechsel ab. Außerhalb des Kaufrechts, insbesondere bei der Schenkung, gilt aber auch in England das Traditionsprinzip[11].

212

Die Grundregel ergibt sich aus *section 17 Sale of Goods Act 1979*: Das Eigentum geht zu dem Zeitpunkt über, den die Parteien vertraglich festgelegt haben. Um dies zu ermitteln, ist auf den Wortlaut des Vertrages, das Verhalten der Vertragsparteien und die Gesamtumstände zurückzugreifen. Auch das englische Recht verlangt, daß die zu übereignenden Waren bestimmt sind *ascertained (section 16 Sale of Goods Act 1979)*. Ist das nicht der Fall, kann das Eigentum nicht übergehen. Dies gilt auch dann, wenn die Parteien bereits beabsichtigten, daß die Waren nicht nur verkauft, sondern auch schon veräußert werden sollten. Ob es sich um eine Gattungs- oder eine Speziesschuld handelt, macht keinen Unterschied. Eine Gattungsschuld ist nicht hinreichend bestimmt, wenn es Sache des Verkäufers ist, sich die Waren noch zu beschaffen *generic goods*. Die Frage der Konkretisierung *appropriation* stellt sich dann noch nicht. Auf die Konkretisierung kommt es dagegen an, wenn feststeht, daß Waren aus einer näher beschriebenen Menge, etwa einem bestimmten Vorrat, verkauft worden sind *goods sold ex-bulk*. Derartige Fragen stellen sich vor allem, wenn entweder der Konkursverwalter oder ein gesicherter Gläubiger Anspruch auf bestimmte Waren erhebt und der Käufer einwendet, er sei schon Eigentümer geworden[12].

213

---

10 Section 2 (5) Sale of Goods Act 1979.
11 Cochrane v. Moore [1890] 25 Q.B.D. 47.
12 Mac-Jordan Construction Ltd. v. Brookmount Erostin Ltd. [1992] B.C.L.C. 350; Re Goldcorp Exchange Ltd. [1994] 2 All E.R. 806.

III. Recht der Handelsgeschäfte

b) Gattungsschuld

214 Bei Gattungsschulden ist Eigentumsübergang erst nach Konkretisierung *appropriation* möglich. Solange die Waren also noch getrennt, gewogen oder gezählt werden müssen, findet kein Eigentumsübergang statt[13]. Liegen alle sonstigen Voraussetzungen für den Eigentumsübergang vor, wird der Käufer Eigentümer, nachdem die Konkretisierung abgeschlossen wurde. Diese Vermutung stellt *section 18 Sale of Goods Act 1979, rule 5* für den Fall auf, daß die Parteien nichts anderes vereinbart haben. Zudem muß die Konkretisierung mit Zustimmung der jeweils anderen Partei erfolgt sein. Es reicht jedoch aus, wenn auf eine stillschweigende Zustimmung geschlossen werden kann. Dies ist etwa der Fall, wenn die verkauften Waren in Lieferscheinen oder Rechnungen konkret identifiziert werden[14]. Es wird außerdem vermutet, daß die Ware hinreichend ausgesondert wurde, wenn der Verkäufer diese dem Käufer oder einem Transportunternehmen übergibt, der sie dem Käufer übermitteln soll, und der Verkäufer sich dabei das Eigentum nicht vorbehält[15].

c) Speziesschuld

215 Auch bei der Übereignung von Speziessachen unterscheidet das englische Recht nicht entsprechend dem deutschen Abstraktionsprinzip zwischen obligatorischem und dinglichem Rechtsgeschäft. Haben die Parteien keine Bestimmung getroffen, stellt *section 18 Sale of Goods Act 1979* drei Vermutungen auf. Ausgangspunkt ist die Annahme, daß bei einem unbedingten Kaufvertrag das Eigentum mit dem Abschluß des Vertrages übergeht; dabei kommt es nicht darauf an, ob die Zahlung des Kaufpreises oder die Übergabe der Waren erst später nachfolgt (*rule 1*). Hat der Verkäufer die Waren, obwohl es sich um Speziessachen handelt, noch in einen lieferfähigen Zustand zu bringen oder zu wiegen, zu messen oder zu testen, wird der Käufer erst Eigentümer, wenn diese Handlungen abgeschlossen sind (*rules 2, 3*). Werden Waren dem Käufer auf Probe *on approval* oder zur Ansicht *sale or return* geliefert, erwirbt der Käufer Eigentum, wenn er seine Billigung dem Verkäufer mitteilt oder die Waren sich auf andere Art zu eigen macht (vor allem Zeitablauf; *rules 4, 5*)[16].

d) Eigentumsvorbehalt

216 Die wichtigste Regelung über den Zeitpunkt des Eigentumsübergangs ist der Eigentumsvorbehalt des Verkäufers. Das Gesetz spricht von *reservation of right of disposal*; gebräuchlich sind außerdem *reservation of title* und *reservation of ownership*. Eigentumsvorbehalte sind in der englischen Rechtspraxis im Gegensatz zu anderen Rechtsordnungen erst relativ spät bedeutsam geworden.

---
13 Gillett v. Hill (1834) 2 Cr. & M. 530, 535; National Coal Board v. Gamble [1959] 1 Q.B. 11.
14 Handy Lennox Ltd. v. Grahame Puttick Ltd. [1984] 2 All E.R. 152.
15 Section 18 Sale of Goods Act 1979, rule 5 (2).
16 Poole v. Smith's Car Sales Belham Ltd. [1962] 2 All E.R. 482; London Jewellers Ltd. v. Edinburgh [1934] 2 K.B. 206; Re Peachdart Ltd. [1983] 3 All E.R. 204.

Die erste einschlägige Gerichtsentscheidung datiert aus dem Jahre 1976. Nach dem Namen dieser Entscheidung werden Regelungen über Eigentumsvorbehalte heute noch als *„Romalpa"*-Klauseln bezeichnet[17]. Ohne daß das englische Recht bisher eine ausgefeilte Begriffsbildung (verlängerter/erweiterter Eigentumsvorbehalt) entwickelt hätte, ist anerkannt, daß der Verkäufer den Eigentumsübergang auch von der Bezahlung aller Schulden abhängig machen kann[18]. Weitere Einzelheiten werden bei den Kreditsicherheiten behandelt[19].

Das Warenkaufgesetz erkennt den Eigentumsvorbehalt — wie schon sein Vorgänger aus dem Jahre 1893 in *section 19* — in *section 19 Sale of Goods Act 1979* ausdrücklich an. Der Verkäufer kann danach sowohl beim Verkauf einer Speziessache als auch einer Gattungssache den Übergang des Eigentums von der Erfüllung von Bedingungen abhängig machen. Weder die Übergabe an den Käufer noch an eine Transportperson oder einen Treuhänder führen dann den Wechsel der Rechtsinhaberschaft herbei. 217

e) Gutgläubiger Erwerb

Wie im römischen Recht gibt es auch nach englischem Recht keinen gutgläubigen Erwerb vom Nichteigentümer: Grundsätzlich kann der Käufer nicht mehr Rechte erwerben, als der Verkäufer selbst hat[20]. Die Rechtssicherheit erfordert jedoch auch im englischen Recht Ausnahmen von dieser Regel. Diese sind nur schwer nach einem inneren Grund zu systematisieren. Zum Teil stammen sie aus dem ursprünglich im Beweisrecht wurzelnden Verwirkungseinwand *estoppel*; zum Teil steht die materielle Rechtssicherheit im Vordergrund. Der obengenannte Grundsatz *nemo dat quod non habet* hat gesetzliche Anerkennung gefunden in *section 21 (1) Sale of Goods Act 1979*. Wenn diese Regelung sich auch nur auf bereits verkaufte Waren bezieht[21], wird damit jedoch auch die bloße Vereinbarung, erst in Zukunft Waren zu übereignen, angesprochen. Dies gilt auch für Belastungen zugunsten Dritter[22]. Folgende Ausnahmen vom *nemo dat*-Grundsatz sind anerkannt: 218

(a) Ein Unberechtigter kann Eigentum übertragen, wenn der wahre Eigentümer zustimmt. Diese Zustimmung muß nicht dem Erwerber mitgeteilt werden. Eine Übereinkunft im Innenverhältnis reicht aus[23]. Freiwillige Besitzaufgabe 219

---

17 Aluminium Industrie Vaassen B.V. v. Romalpa Aluminium Ltd. [1976] 1 W.L.R 676; es verwundert nicht, daß der englische Anwalt, der die holländische Klägerin vertrat, die sich auf den Eigentumsvorbehalt berief, gleichzeitig deutscher Rechtsanwalt war.
18 Armour v. Thyssen Edelstahlwerke A.G. [1990] 3 W.L.R. 110.
19 Vgl. dazu unten Rdnr. 353 ff.
20 Rechtsvergleichend Zweigert, RabelsZ 23 (1958), 1 ff.; Sauveplaune, RabelsZ 29 (1965), 651, 685 ff.
21 Shaw v. Commissioner of Met Police [1987] 1 W.L.R. 1332.
22 McGruther v. Pitcher [1904] 2 Ch. 306; Dunlop Pneumatic Tyre Corporation Ltd. v. Selfridge & Co. Ltd. [1915] A.C. 847.
23 Section 21 (1) Sale of Goods Act 1979; Henderson v. Williams [1895] 1 Q.B. 521.

III. Recht der Handelsgeschäfte

oder bloßes Schweigen genügen dagegen noch nicht, um auf eine Zustimmung schließen zu können. Es bedarf weiterer Zustimmungsindizien.

220 (b) Gutgläubiger Erwerb ist ferner nach *estoppel*-Grundsätzen möglich[24]. Dem wahren Eigentümer ist es danach verwehrt, sich auf die Nichtberechtigung des Veräußerers zu berufen. Zwei Konstellationen sind zu unterscheiden. In der ersten erweckt der wahre Eigentümer gegenüber dem Käufer ausdrücklich oder konkludent den Eindruck, daß der Verkäufer entweder der tatsächliche Eigentümer oder wenigstens zur Veräußerung berechtigt sei: *estoppel by representation*. Täuschungsvorsatz oder Fahrlässigkeit sind nicht erforderlich. Es müssen jedoch die allgemeinen *estoppel*-Voraussetzungen erfüllt sein. Das Verhalten des wahren Eigentümers muß sich also auf eine Tatsache beziehen, unzweideutig sein, und der Käufer muß tatsächlich aufgrund des falschen Anscheins gehandelt haben[25].

221 Die zweite Fallgruppe ist dadurch gekennzeichnet, daß der wahre Eigentümer es durch fahrlässiges Verhalten dem Verkäufer ermöglicht, als der wahre Eigentümer zu erscheinen: *estoppel by negligence*. Die Voraussetzungen sind streng. Der wahre Eigentümer muß eine ihm gegenüber dem Erwerber obliegende Pflicht verletzt haben *breach of a duty of care*[26]. Da das *House of Lords* die Anforderungen an das Vorliegen einer solchen Pflicht deutlich angezogen hat, ist die praktische Bedeutung dieser Fallgruppe gering[27]. Ist die Berufung auf eine *estoppel* berechtigt, wird der Käufer Eigentümer. Er erwirbt das Vollrecht[28].

222 (c) Wer Waren auf einem öffentlichen Markt *market overt* kauft, erwirbt sie zum Eigentum, wenn er gutgläubig ist und keine Kenntnis von der mangelnden Berechtigung des Verkäufers hat[29].

223 (d) Ist der Kaufvertrag wegen Irrtums oder Täuschung nichtig, kann auch ein gutgläubiger Dritter – von der Ausnahme (b) einmal abgesehen – keine Rechte erwerben[30]. Ist der Erwerb des Verkäufers dagegen nur anfechtbar, hat er einen *voidable title*. Ein gutgläubiger Käufer, der auch von der Anfechtbarkeit nichts weiß, wird Volleigentümer der Ware[31]. Er genießt also einen den §§ 932, 142 BGB vergleichbaren Schutz.

---

24 Darauf weist section 21 (1) letzter Absatz Sale of Goods Act 1979 hin.
25 Henderson & Co. v. Williams [1895] 1 Q.B. 521; Lloyds and Scottish Finance Ltd. v. Williamson [1965] 1 W.L.R. 404; Mercantile Bank of India Ltd. v. Central Bank of India Ltd. [1983] A.C. 287.
26 Lickbarrow v. Mason (1787) 2 T.R. 63; Mooregate Mercantile Corporation Ltd. v. Twitchings [1977] A.C. 890.
27 Vgl. oben Rdnr. 89 ff.
28 Eastern Distributors Ltd. v. Goldring [1957] 2 Q.B. 600.
29 Section 22 Sale of Goods Act 1979.
30 Etwa wegen wesentlichen Irrtums über die Person des Käufers; Cundy v. Lindsay (1878) 3 App. Cas. 459; Ingram v. Little [1960] 3 All E.R. 332.
31 Section 23 Sale of Goods Act 1979.

(e) Ein Dritter wird außerdem Eigentümer, wenn er die Waren von einem Verkäufer erwirbt, in dessen Besitz der Erstkäufer diese belassen hat, soweit der Zweitkäufer gutgläubig ist und von dem vorangegangenen Kaufvertrag nichts weiß[32]. 224

(f) Entsprechendes gilt, wenn der Erstkäufer mit der Zustimmung des Verkäufers bereits im Besitz der Waren ist, aber noch kein Eigentum erworben hat. Der Zweitkäufer erwirbt auch in diesem Fall Eigentum vom Erstkäufer, wenn dieser ihm die Waren übergibt — unmittelbarer oder mittelbarer Besitz *actual or constructive possession* genügt — und er gutgläubig ist, also an das Eigentum des Erstkäufers glaubt[33] und von einem fortbestehenden Recht des Verkäufers keine Kenntnis hat. Hauptanwendungsbereich sind der Verkauf unter Eigentumsvorbehalt und das Streckengeschäft, insbesondere im Seehandel[34]. 225

(g) Ein Handelsvertreter *mercantile agent*, der ein eigenes Warenlager unterhält, wird *factor* genannt. Wer auf dessen Vertretungsmacht und Verfügungsbefugnis vertraut und gutgläubig ist, erwirbt Volleigentum[35]. 226

2. Gefahrübergang

Nicht als Verkäuferpflicht zu bewerten, aber mit dem Eigentumsübergang untrennbar verbunden, ist der Gefahrübergang. Muß der Käufer den Kaufpreis zahlen, wenn die Ware untergeht oder sich verschlechtert? *Section 20 Sale of Goods Act 1979* knüpft den Gefahrübergang an den Wechsel des Eigentums. Anders als nach § 446 BGB kommt es also grundsätzlich auf die Übergabe der Ware, den Besitzübergang nicht an. Beim Verkauf einer Speziessache erfolgen also in aller Regel gleichzeitig: (1) Abschluß des Kaufvertrages, (2) Eigentumserwerb und (3) Übergang der Gefahr. Dies veranlaßt die Gerichte zuweilen, im Zirkel zu argumentieren: Aus einer Vereinbarung über den Gefahrübergang wird auf den Zeitpunkt des Eigentümerwechsels geschlossen[36]. Verzögert sich die Übereignung durch das Verschulden einer Partei oder wird der Kaufgegenstand deshalb beschädigt, so trägt diese die Preisgefahr[37]. 227

Da die Anbindung des Gefahrübergangs an den Eigentümerwechsel dispositiver Natur ist, können die Parteien Abweichendes regeln; auch aus den Umständen kann sich anderes ergeben. Bei f.o.b.- und c.i.f.-Verträgen geht zum Beispiel die Gefahr regelmäßig in dem Moment auf den Käufer über, in dem die Waren 228

---

32 Section 24 Sale of Goods Act 1979.
33 Definiert in section 61 (3) Sale of Goods Act 1979: „... when it is in fact done honestly, whether it is done negligently or not"; vgl. näher Feuer Leather Corp. v. Frank Johnstone & Sons [1981] Com. L.R. 251, 253.
34 Section 25 Sale of Goods Act 1979; vgl. zur Auslegung der Tatbestandsmerkmale Forsythe International (UK) Ltd. v. Silver Shipping Co. Ltd. (The Saetta) [1994] 1 All E.R. 851.
35 Section 2 Factors Act 1889.
36 Martineau v. Kitchen (1872) Q.B. 436.
37 Section 20 (2) Sale of Goods Act 1979; Demby Hamilton & Co. v. Barton [1949] 1 All E.R. 435.

III. Recht der Handelsgeschäfte

über die Reeling des Schiffes gelangen[38]. Der Käufer wird dagegen erst Eigentümer mit der Übergabe des Konnossements *bill of lading*, das — wie auch im deutschen Recht — ein Traditionspapier ist.

3. Übergabe

229 Von der Pflicht des Verkäufers, dem Käufer das Eigentum an dem Kaufgegenstand einzuräumen, zu unterscheiden ist, daß der Verkäufer dem Käufer außerdem den Besitz an den Waren verschaffen muß. Er hat die Waren zu übergeben *to deliver*[39]. Leistungsort ist für Speziessachen grundsätzlich der Ort, an dem sie sich in Kenntnis beider Parteien befinden. In allen anderen Fällen ist, soweit vertraglich nichts anderes bestimmt ist, die Leistung am Geschäftssitz des Verkäufers zu erbringen. Wie bei § 269 BGB handelt es sich also grundsätzlich um Holschulden. Haben die Parteien dagegen einen Versendungskauf vereinbart, wird die Übergabe an den Transportunternehmer als Übergabe an den Käufer bewertet[40].

230 Übergabe wird definiert als *voluntary transfer of possession from one person to another*[41]. Damit kann gemeint sein die physische Übergabe der Waren, die Aushändigung von Zugangsmitteln (Schlüsseln)[42] oder Dokumenten[43]. Eine Übergabe liegt außerdem vor, wenn ein Dritter erklärt, die Waren nunmehr für den Käufer besitzen zu wollen[44].

231 Das Warenkaufgesetz sagt nichts darüber, in welchem Zeitraum oder zu welchem Zeitpunkt die Übergabe zu erfolgen hat. Es ist Sache der Vertragsparteien, dies zu vereinbaren[45]. In Handelsverträgen gilt die allgemeine Regel, daß die Lieferzeit eine wesentliche Vertragsbestimmung ist[46]. Es handelt sich also um eine *condition*[47]. Wird die Lieferzeit nicht eingehalten, kann der Käufer sich von der vertraglichen Bindung lösen und/oder Schadensersatz verlangen[48]. Wenn keinerlei Bestimmungen zur Leistungszeit getroffen werden, hat die Rechtsprechung immer wieder angenommen, daß der Verkäufer in an-

---

38 Biddel Brothers v. Clements Horst [1912] A.C. 18; Karlos Federspiel & Co. S.A. v. Charles Twigg & Co. [1957] 1 Lloyds Rep. 240.
39 Section 27 Sale of Goods Act 1979.
40 Sections 29 (3), 32 Sale of Goods Act 1979.
41 Section 61 (1) Sale of Goods Act 1979.
42 Dublin City Distillery Ltd. v. Doherty [1914] A.C. 823.
43 Official Assignee of Madras v. Mercantile Bank of India [1935] A.C. 53; Barclay's Bank Ltd. v. Commissioners of Customs & Excise [1963] 1 Lloyds Rep. 81.
44 G.F. Mound Ltd. v. Jay & Jay (Provisions) Corporations Ltd. [1960] 1 Q.B. 159.
45 Section 10 Sale of Goods Act 1979.
46 Bunger Corporation v. Tradax S.A. [1981] 1 W.L.R. 711; Gill & Duffus S.A. v. Societe pour l'Exportation de Sucre [1986] 1 Lloyds Rep. 322.
47 Vgl. oben Rdnr. 148.
48 Thomas Borthwick (Glasgow) Ltd. v. Bunger & Co. Ltd. [1969] 1 Lloyds Rep. 17.

gemessener Frist zu erfüllen hat[49]. Ob dies in allen Fällen entsprechend gilt, ist noch ungeklärt.

Verlängert der Käufer die Lieferfrist, weil der Verkäufer nicht zeitgerecht erfüllen kann, hat er zwei Möglichkeiten. Setzt er einen neuen Liefertermin, so tritt dieser an die Stelle der alten Regelung[50]. Der Käufer kann dagegen auch Lieferung zum nächstmöglichen Zeitpunkt verlangen. In der Folgezeit hat der Käufer dann das Recht, den Verkäufer einseitig mit angemessener Frist zur Lieferung aufzufordern und nach erfolglosem Zeitablauf die Annahme der Ware abzulehnen[51]. 232

4. Quantität

Der Verkäufer ist verpflichtet, die Waren in der zutreffenden, also vertraglich festgelegten, Menge zu liefern. Der *Sale of Goods Act 1979* ist hier kompromißlos. Mit Ausnahme der „*de minimis*-Regel" ist jede noch so geringe Mengenabweichung eine wesentliche Vertragsverletzung. Diese berechtigt den Käufer, die gesamte Lieferung zurückzuweisen[52]. Nimmt der Käufer eine Minder- oder Mehrlieferung an, so hat er einen entsprechend angepaßten Kaufpreis zu zahlen[53]. Eine Mengenabweichung ist nur dann unerheblich, wenn sie so geringfügig ist, daß ihr keine wirtschaftliche Bedeutung zukommt. Dies ist jedoch erst dann der Fall, wenn sie unter 1%, manchmal sogar erheblich darunter liegt[54]. Weitere Einschränkungen können sich aus Handelsbräuchen, besonderen Vereinbarungen oder den Geschäftsbeziehungen zwischen den Parteien ergeben[55]. 233

5. Qualität

Auch nach englischem Recht ist der Verkäufer verpflichtet, mangelfreie Waren zu liefern. Davon zu unterscheiden ist jedoch die Frage, ob, und wenn ja, welche Rechtsbehelfe dem Käufer bei einer Verletzung dieser Pflicht zustehen. Ursprünglich beruhte das englische Recht auf dem Gedanken des *caveat emptor*. Gewährleistungsansprüche standen dem Käufer also nur dann zu, wenn vertraglich Vorsorge getroffen war. Dem hatte bereits der *Sale of Goods Act 1893* 234

---

49 Pearl Mill Co. Ltd. v. Ivy Tannery Co. Ltd. [1919] 1 K.B. 78; Airlight Marine Transport Ltd. v. Vale do Rio Doce Navegacao S.A. (The Leonidas D) [1985] 2 All E.R. 806.
50 Buckland v. Farmer & Moody [1979] 1 W.L.R. 221; Nichimen Corporation v. Gatt Oil Overseas Inc. [1987] 2 Lloyds Rep. 46.
51 Charles Rickards Ltd. v. Oppenheim [1950] 1 K.B. 616.
52 Section 30 Sale of Goods Act 1979.
53 Pagnan & Fratelly v. Tradax Overseas S.A. [1980] 1 Lloyds Rep. 665; Regent OHG Eisenstadt v. Francesco of Jermyn Street [1981] 3 All E.R. 327.
54 Shipton Anderson & Co. Ltd. v. Weil Brothers & Co. Ltd. [1912] 1 K.B. 574; Wilensko Slaski Towarzystwo Drewno v. Fenwick & Co. Ltd. [1938] 3 All E.R. 429.
55 Section 30 (5) Sale of Goods Act 1979.

III. Recht der Handelsgeschäfte

ein Ende bereitet; schon vorher hatte das *common law* in Einzelfragen geholfen. Die Rechtsstellung der Käufer wurde weiter verbessert durch den *Sale of Goods Act 1979*. Heute wird teilweise angenommen, daß die alte Maxime: *caveat emptor* durch die neue: *caveat venditor* ersetzt worden sei.

a) Kauf nach Beschreibung

235 Ein weitreichendes Pflichtenprogramm hat der Verkäufer beim Kauf nach Beschreibung *sale by description*. Ursprünglich handelte es sich um einen solchen Kauf nur dann, wenn der Käufer die Ware selbst nicht tatsächlich in Augenschein genommen hatte, etwa aus einem Katalog bestellt worden war[56]. Schon bald danach wurde jedoch auch der Kauf in einem Warenhaus oder Supermarkt als Kauf nach Beschreibung angesehen[57]. Als Faustregel kann heute gelten, daß jeder Kauf einer Gattungssache einen Kauf nach Beschreibung darstellt. Nur wenn der Käufer einen bestimmten individuellen Gegenstand zu erwerben gedenkt, fehlt es an diesen Voraussetzungen. Daran wird deutlich, daß der Kauf nach Beschreibung nicht mit der Zusicherung von Eigenschaften nach § 459 Abs. 2 BGB gleichgestellt werden kann.

236 Ein Fehler liegt immer dann vor, wenn die Waren nicht mit der Beschreibung übereinstimmen. Dies ist eine tatsächliche Frage. Da sich Abweichungen schnell ergeben können, ist die Haftung des Verkäufers sehr strikt. Das Risiko für den Verkäufer ist auch deshalb groß, weil die Vorschrift sowohl im Handelsverkehr wie unter Privatleuten anzuwenden ist. Obwohl *section 13 Sale of Goods Act* keine ausdrückliche Öffnungsklausel für geringfügigste Abweichungen enthält, sind doch *de minimis*-Ausnahmen erkannt[58]. Außerdem haben die Gerichte verschiedentlich versucht, diesem Problem mit Hilfe der Auslegung beizukommen: Wer Waren nach Beschreibung kauft, gleichzeitig aber im Vertrag bestimmt, daß es auf eine Durchschnittsqualität ankommt, kann sich nicht darauf berufen, daß es bei einer Vielzahl von einzelnen Gütern einzelne Ausreißer gibt[59]. Haben Waren einen bestimmten Handelsnamen, ist diese Qualität der Maßstab, auch wenn die wörtliche Bedeutung eine andere ist[60]. Die Haftung des Verkäufers entfällt auch dann nicht, wenn der Käufer den Mangel kennt.

b) Handelsübliche Qualität

237 Im Zentrum der Gewährleistungsregelungen steht *section 14 Sale of Goods Act 1979*: handelsübliche Qualität *merchantible quality* der Ware. Die Vorschrift

---

56 Varley v. Waipp [1900] 1 Q.B. 513.
57 Grant v. Australian Knitting Mills Ltd. [1936] A.C. 85.
58 Arcos Ltd. v. E.A. Ronaasen & Co. [1993] A.C. 470; Tradax International S.A. v. Goldschmidt S.A. [1977] 2 LLoyd's Rep. 604.
59 Steels & Busks Ltd. v. Bleecker Bik & Co. Ltd. [1956] 1 Lloyd's Rep. 228.
60 Lemy v. Watson [1915] 3 K.B. 731, 752.

gilt nur für Verkäufe, die der Verkäufer im Rahmen seines Geschäftsbetriebes tätigt. Es kommt nicht darauf an, ob die Waren neuwertig sind; auch für den gewerblichen Verkauf von Gebrauchtgütern setzt *section 14 Sale of Goods Act 1979* den Standard (so für gebrauchte Kraftfahrzeuge)[61].

Der *Sale of Goods Act 1979* versucht erstmals eine Definition der Handelsüblichkeit. Das vorangegangene Warenkaufgesetz aus dem Jahre 1893 hatte die Bestimmung der Einzelheiten der Rechtsprechung überlassen. Nach *section 6 Sale of Goods Act 1979* kommt es darauf an, ob die Waren für die Zwecke tauglich sind, für die sie normalerweise erworben werden. Dabei ist auf die gewöhnliche Erwartungshaltung, eine etwa vorhandene Warenbeschreibung, den Preis und alle anderen aussagekräftigen Umstände abzustellen. Diese Definition allein ist nur beschränkt hilfreich. Sie gibt jedoch wenigstens einige Parameter an, die für die Entscheidung von Bedeutung sind. Ob für deren Auslegung auch auf die alte Rechtsprechung zurückgegriffen werden kann, ist bisher nicht geklärt[62]. 238

Vornehmlich ist auf die gewöhnliche Zweckbestimmung von Waren der konkreten Art abzustellen. Schweinefleisch ist daher fehlerfrei, auch wenn es beim Genuß im Rohzustand unerwünschte Nebenwirkungen auslösen kann, weil Schweinefleisch normalerweise nur gekocht oder gebraten verzehrt wird[63]. Unterwäsche ist dagegen fehlerhaft, wenn giftige Farbrückstände zunächst ausgewaschen werden müssen, bevor die Bekleidung benutzt werden kann[64]. Abstrahiert kommt es also auf die jeweilige Verkehrsanschauung an. 239

Dies gilt auch, wenn die Waren für einige Zwecke geeignet, für andere jedoch untauglich sind. Auch für diesen Fall kommt es nach *section 14 (2) Sale of Goods Act 1979* darauf an, wofür die Güter normalerweise erworben werden. Tierfutter, das unter anderem aus Erdnüssen besteht, ist fehlerfrei, wenn es lediglich als Hühnerfutter nicht verwendet werden sollte, weil Hühner auf eine in den Erdnüssen enthaltene Substanz allergisch reagieren[65]. 240

Waren haben nur dann handelsübliche Qualität, wenn sie auch keine versteckten Fehler haben[66]. Es gibt zwei Ausschlußgründe. Waren sind von handelsüblicher Qualität, wenn der Käufer auf die Mängel aufmerksam gemacht wurde, bevor er den Kaufvertrag abschloß; dies muß nicht durch den Verkäu- 241

---

[61] Bartlett v. Sidney Marcus [1965] 1 W.L.R. 1013; Bernstein v. Pamson Motors (Golders Green) Ltd. [1987] 2 All E.R. 220.
[62] Dafür der Court of Appeal in Aswan Engineering Establishment Corp. v. Lupdine [1987] 1 W.L.R. 1; dagegen der Court of Appeal in Rogers v. Parish (Scarborough) Ltd. [1987] Q.B. 933.
[63] Hail v. Hedges [1951] 1 T.L.R. 512.
[64] Grant v. Australian Knitting Mills Ltd. [1936] A.C. 85.
[65] Henry Kendell & Sons v. William Lillico & Sons Ltd. [1969] 2 A.C. 31; Ashington Piggeries Ltd. v. Christopher Hedel Ltd. [1971] 1 All E.R. 847.
[66] Grant v. Australian Knitting Mills Ltd. [1936] A.C. 85; Jackson v. Chrysler Acceptances Ltd. [1978] R.T.R. 474.

III. Recht der Handelsgeschäfte

fer, sondern kann auch durch Dritte geschehen sein. Der Käufer kann sich des weiteren nicht auf Mängel berufen, wenn er die Waren untersucht hat und dabei hätte feststellen müssen, daß sie nicht fehlerfrei sind[67].

242 Während die Zweckbestimmung bisher eine abstrakte war, geht es in *section 14 (3) Sale of Goods Act 1979* um die konkrete Eignung der Waren, so wie der individuelle Käufer sie zu nutzen beabsichtigt. Dies muß dem Verkäufer entweder ausdrücklich oder stillschweigend mitgeteilt worden sein. Da Finanzierungskäufe weit verbreitet sind, reicht es auch aus, daß ein Kreditvermittler *credit-broker* davon Kenntnis hatte. Ob die Güter auch allgemein so verwendet werden, ist dann unerheblich. Dies gilt nicht, wenn der Käufer entweder nicht auf die Eignung der Waren vertraute oder aber nicht in angemessener Weise vertrauen durfte. Bloße Verdachtsmomente reichen nicht aus, um den Schutz entfallen zu lassen. Wer Kohle zur Befeuerung eines bestimmten Schiffes ordert, kann erwarten, daß die gelieferte Kohle den Anforderungen entspricht; dem stehen Zweifel an der Lieferungsfähigkeit des Verkäufers nicht entgegen[68]. Fehlerhaft ist zur Verfütterung an Tiere bestimmtes Fischmehl, das geringfügig vergiftet ist, auch dann, wenn dies für die meisten Tiere unschädlich, jedoch bei der Verfütterung an Nerze gesundheitsschädlich ist[69]. Auch unter dieser Vorschrift hat der Verkäufer für versteckte Fehler einzustehen[70].

243 Die Anwendungsbereiche der Absätze 2 und 3 von *section 14 Sale of Goods Act 1979* überschneiden sich teilweise. Im Absatz 3 wird eine konkrete Zweckbestimmung verlangt, auf die der Käufer vertraut haben muß. Absatz 2 läßt eine marktübliche Nutzungsfähigkeit genügen und verlangt kein Vertrauen des Käufers.

244 Diese Regelungen werden ergänzt durch *section 14 (4) Sale of Goods Act 1979*. Ein konkreter Nutzungszweck kann daher auch wie ein Handelsbrauch zum Vertragsinhalt gemacht werden[71]. Wer verunreinigtes Kanarienvogelfutter erwirbt, kann dieses nicht zurückweisen, sondern ist nur zu einer Minderung des Kaufpreises berechtigt[72].

c) Kauf nach Muster

245 Besondere Gewährleistungsregelungen gelten beim Kauf nach Muster *sale by sample*. Wann dies der Fall ist, bestimmt das Warenkaufgesetz in zunächst tautologisch anmutender Weise: Ein Kauf nach Muster liegt vor, wenn dies ver-

---

67 Section 14 (2) (a) und (b) Sale of Goods Act 1979.
68 Manchester Liners Ltd. v. Rea [1922] 2 A.C. 74.
69 Ashington Piggeries Ltd. v. Christopher Hill [1972] A.C. 441.
70 Frost v. Aylesbury Dairy Co. Ltd. [1905] 1 K.B. 608; Henry Kendell & Sons v. William Lillico & Sons Ltd. [1969] 2 A.C. 31.
71 Hutton v. Warren (1836) 1 M. & E. 466.
72 Peter Darlington Partners Ltd. v. Gosho Co. Ltd. [1964] 1 Lloyd's Rep. 149.

traglich fixiert ist[73]. Damit ist gemeint, daß ein Kauf nach Muster nicht schon immer dann gegeben ist, wenn dem Käufer ein Vergleichsstück präsentiert wird. Die Parteien müssen vielmehr darüber einig gewesen sein, daß die zu liefernden Waren diesem Muster entsprechen sollen. Anderenfalls handelt es sich um einen Kauf nach Beschreibung *sale by description.* Daß die beiden Vorschriften nicht exakt aufeinander abgestimmt sind, zeigt sich daran, daß die Voraussetzungen für einen Kauf nach Muster strenger sind als für einen Kauf nach Beschreibung; die Gewährleistungspflichten des Verkäufers sind demgegenüber bei letzterem schärfer.

Beim Kauf nach Muster hat der Verkäufer dafür einzustehen, daß der Großteil der Lieferung mit dem Muster übereinstimmt, daß der Käufer diesen Großteil der gelieferten Waren mit dem Muster vergleichen kann und daß die Waren keinen Fehler aufweisen, der sie marktuntauglich macht, wenn dieser bei einer angemessenen Untersuchung des Musters hätte festgestellt werden können. 246

6. Haftungsausschluß

Der Verkäufer kann seine Haftung ausschließen, auch durch Allgemeine Geschäftsbedingungen. Derartige Ausschlußklauseln in *non-consumer sales* sind nur dann wirksam, wenn sie angemessen sind. Ausschlußklauseln in Kaufverträgen mit Verbrauchern binden grundsätzlich nicht[74]. 247

IV. Pflichten des Käufers

Wie auch im deutschen Recht hat der Käufer den Kaufpreis zu zahlen und die Waren abzunehmen[75]. Die Höhe des Kaufpreises ergibt sich aus dem Vertrag. Schweigt dieser, hat der Käufer einen angemessenen Preis zu zahlen[76]. Der Verkäufer kann sich vorbehalten, den bei Lieferung der Waren in seinem Unternehmen geltenden Kaufpreis zu fordern *price ruling clause* oder den Preis nach allgemein zugänglichen Indices anzupassen. Der Verkäufer ist nicht verpflichtet, eine andere als eine Zahlung in Geld zu akzeptieren. Tut er dies jedoch, so handelt es sich bei der Zahlung mit Scheck, Wechsel oder ähnlichen Wertpapieren um eine bedingte Zahlung *conditional payment.* Wenn die Einlösung verweigert wird, kann der Verkäufer entweder aufgrund des Kaufvertrages oder des Begebungsvertrages gegen den Käufer vorgehen. Entsprechendes gilt, wenn zugunsten des Verkäufers ein Akkreditiv *letter of credit* eröffnet wird. Zahlt die Bank ausnahmsweise nicht, kann der Verkäufer den Käufer unmittelbar verklagen[77]. Wie auch bei der Leistung erfüllungshalber können die 248

---

73 Section 15 (1) Sale of Goods Act 1979.
74 Vgl. im einzelnen oben Rdnr. 127 ff.
75 Section 27 Sale of Goods Act 1979.
76 Section 8 Sale of Goods Act 1979.
77 W.J. Alan & Co. Ltd. v. El Nasr Export & Import Co. [1972] 2 Q.B. 179; [1972] 2 All E.R. 127.

III. Recht der Handelsgeschäfte

Parteien jedoch Abweichendes vereinbaren; man spricht dann von einem *absolute payment* (z. B. Tilgung mit Hingabe des Wechsels)[78]. Im Gegensatz dazu hat der *Court of Appeal* angenommen, daß die Zahlung mit Kreditkarte unmittelbare Tilgungswirkung hat. Er hat dazu jedoch auch auf die besonderen Umstände des Falles abgestellt[79].

249 Die Zahlung des Kaufpreises und die Übergabe der Waren stehen in einem Gegenseitigkeitsverhältnis *concurrent conditions*. Der Verkäufer muß also bereit und in der Lage sein, dem Käufer gegen Entgegennahme des Kaufpreises den Besitz an den Waren einzuräumen und umgekehrt. Ist dies der Fall, ist der Kaufpreis bereits mit dem Abschluß des Kaufvertrages fällig.

250 Soweit nichts anderes vereinbart ist, ist der Geschäftssitz des Verkäufers der Zahlungsort. Dies gilt auch, wenn ein in England ansässiger Verkäufer Waren in fremder Währung verkauft.

251 Auch im englischen Recht sind Fremdwährungsklauseln zulässig. Englische Gerichte haben sich von der Tradition gelöst, daß Zahlungsklagen in England auf Pfund Sterling lauten mußten[80]. Ob die Parteien eine echte oder eine unechte Fremdwährungsschuld vereinbart haben, ist in aller Regel durch Auslegung zu ermitteln – da die Parteien dies selten ausdrücklich bestimmen. Ist in England zu zahlen, so kann befreiend regelmäßig in Pfund Sterling geleistet werden *money of payment*. Wie das deutsche Recht in § 244 BGB führt auch die englische Auslegungspraxis im Normalfall zu einer unechten Fremdwährungsschuld[81]. Bei einem Währungsverfall ist die Frage nach der Umrechnung wichtiger *money of account* als die Tilgungswirkung. Grundsätzlich entscheidet der Umrechnungskurs am Zahlungstag; die Parteien können jedoch anderes vereinbaren. Die Frage ist heute nicht mehr so aktuell wie früher; der zeitweise Wertverfall der englischen Währung in den Jahren 1992/93 hat jedoch deutlich gemacht, daß die Frage nach wie vor Bedeutung hat.

V. Rechtsbehelfe des Verkäufers

1. Übersicht

252 Die Rechtsbehelfe des Verkäufers, wenn der Käufer seinen Pflichten nicht nachkommt, ergeben sich sowohl aus dem *Sale of Goods Act 1979* als auch aus *common law*. Der *Sale of Goods Act 1979* unterscheidet zwischen Rechtsbehelfen, die sich auf die verkauften Waren beziehen *real remedies* und anderen

---

[78] Maillard v. Argyle (1843) 6 M. & G. 40.
[79] Re Charge Card Services Ltd. [1988] 3 All E.R. 702.
[80] George Maier v. Hennen [1974] 3 W.L.R. 823; Miliangos v. George Frank Ltd. [1975] 3 All E.R. 801; Jean Krau A.G. v. Albany Fabrics [1977] 2 All E.R. 116; Federal Commerce v. Tradax Export S.A. [1977] 2 All E.R. 33; Graupner, RIW/AWD 1975, 164; White [1976] J.B.L. 7.
[81] W.J. Alan & Co. Ltd. v. El Nasr Export & Import Co. [1972] 2 Q.B. 179; [1972] 2 All E.R. 127.

Rechtsbehelfen *personal remedies*. Die *real remedies* kann der Verkäufer nur geltend machen, solange der Kaufpreis noch nicht vollständig gezahlt ist oder dem Verkäufer angeboten wurde. Gleiches gilt, wenn der Kaufpreis mit Scheck oder auf entsprechende Art und Weise beglichen werden sollte und die Einlösung verweigert wurde[82]. Dem Verkäufer stehen dann ein Zurückbehaltungsrecht, ein Rückrufsrecht im Konkurs des Käufers und ein Weiterverkaufsrecht zu[83]. Es kommt nicht darauf an, ob die Waren bereits übereignet wurden.

2. Zurückbehaltungsrecht

Ein Zurückbehaltungsrecht *seller's lien* besteht immer dann, wenn der Kaufpreis fällig, die Zahlung aber ausgeblieben ist. Entsprechendes gilt, wenn der Käufer insolvent geworden ist[84]. Außerdem muß der Verkäufer noch im Besitz der Waren sein. In diesen zusätzlichen Voraussetzungen unterscheidet es sich von anderen Arten von Zurückbehaltungsrechten[85].

253

3. Rückrufsrecht

Von geringer praktischer Bedeutung ist das Rückrufsrecht des Verkäufers *right of stoppage in transit*. Der Verkäufer kann den Transport von Waren zum Käufer aufhalten und die Waren wieder in Besitz nehmen, wenn der Käufer in Konkurs gefallen ist[86]. Da gewerbliche Verkäufer, die mit Zahlungszielen arbeiten, sich in aller Regel das Eigentum bis zur vollständigen Bezahlung des Kaufpreises vorbehalten, greift das Rückrufsrecht zu kurz. Daher gibt es keinerlei moderne Entscheidungen zu diesem Rechtsbehelf[87].

254

4. Wiederverkauf

Der *Sale of Goods Act 1979* enthält zwei Sonderregeln für den Wiederverkauf der Waren durch den Verkäufer, wenn der Käufer den Kaufpreis nicht zahlt *resale by seller*. Sind die Waren vergänglich, oder informiert der Verkäufer den Käufer von seiner Absicht, die Waren an Dritte zu veräußern, ist der Verkäufer zum Wiederverkauf berechtigt, wenn der Käufer nicht in angemessener Zeit zahlt oder den Kaufpreis anbietet[88]. Gleiches gilt, wenn sich der Verkäufer ausdrücklich das Recht des Wiederverkaufs für den Fall vorbehalten hat, daß

255

---

82 Section 38 Sale of Goods Act 1979.
83 Section 39 Sale of Goods Act 1979.
84 Sections 41, 61 (4) Sale of Goods Act 1979.
85 Great Eastern Railway v. Lord's Trustee [1909] A.C. 109; R. v. Warner [1969] 2 A.C. 256.
86 Sections 44 bis 46 Sale of Goods Act 1979.
87 Vgl. etwa Merchant Banking Co. Ltd. v. Firnicks Bessemer Steel Co. Ltd. (1877) 5 Ch.D. 205; Ex parte Rosevear China Clay Co. Ltd. (1879) 11 Ch.D. 560; Kemp v. Falk (1882) 7 App. Cas. 573.
88 Section 48 (3) Sale of Goods Act 1979.

III. Recht der Handelsgeschäfte

der Käufer mit der Zahlung des Kaufpreises in Rückstand gerät[89]. In beiden Fällen wird der Kaufvertrag mit der Durchführung des Wiederverkaufs als aufgehoben betrachtet. Dies bestimmt *section 48 (4) Sale of Goods Act 1979* ausdrücklich; für den Wiederverkauf nach Abs. 3 hat der *Court of Appeal* dies ausdrücklich bestätigt[90]. Die Aufhebung hat *ex nunc*-Wirkung. Schadensersatzansprüche, die auf dem Verhalten des Käufers zwischen dem Abschluß des Kaufvertrages und dem Wiederverkauf beruhen, bestehen fort. Der Verkäufer kann also einen durch den Wiederverkauf erlittenen Verlust auf den Erstkäufer abwälzen. Erzielt der Verkäufer einen Mehrpreis beim Wiederverkauf, so steht ihm dieser Gewinn zu[91].

5. Zahlung des Kaufpreises

256 Der Verkäufer hat zwei *personal remedies*. Er kann auf Zahlung des Kaufpreises[92] oder auf Schadensersatz wegen Nichtabnahme der Waren[93] klagen. Den Kaufpreis kann der Verkäufer verlangen, wenn das Eigentum auf den Käufer übergegangen ist und der Käufer pflichtwidrig die Kaufpreiszahlung verweigert.

6. Schadensersatz

257 Die Schadensersatzklage setzt dagegen voraus, daß ein Eigentumsübergang auf den Käufer noch nicht stattgefunden hat. Eine dritte Konstellation ist ungeregelt: Das Eigentum ist übergegangen, und der Käufer weigert sich, sowohl zu zahlen als auch die Waren abzunehmen. In diesem Fall hat der Verkäufer ein Wahlrecht. Er kann auf Zahlung oder auf Schadensersatz wegen Nichtabnahme klagen. Ausnahmsweise kann der Verkäufer die Zahlung des Kaufpreises auch schon vor Eigentumsübergang verlangen, wenn der Preis auf einen bestimmten Tag zahlbar gestellt war und es nicht darauf ankommen sollte, ob die Übergabe schon erfolgt ist[94]. Dies gilt auch für Ratenzahlungsvereinbarungen. Es reicht aus, wenn der Zahlungszeitpunkt ermittelt werden kann; z.B. Fälligkeit nach Baufortschritt[95].

---

89 Section 48 (4) Sale of Goods Act 1979.
90 R.V. Ward Ltd. v. Bignall [1967] 1 Q.B. 534; die Entscheidung Gallagher v. Shilock [1949] 2 K.B. 765 wurde overruled.
91 R.V. Ward v. Bignall [1967] 1 Q.B. 534.
92 Section 49 Sale of Goods Act 1979.
93 Section 50 Sale of Goods Act 1979.
94 Section 49 (2) Sale of Goods Act 1979.
95 Workman Clarke & Co. Ltd. v. Lloyd Brazileno [1908] 1 K.B. 968.

VI. Rechtsbehelfe des Käufers

1. Zurückweisung des Vertragsgegenstandes

Der weitestgehende Rechtsbehelf des Käufers liegt in der Zurückweisung der gekauften Sachen. Dazu ist der Käufer berechtigt, wenn der Verkäufer eine *condition* verletzt hat. Der Käufer kann sich dann zwischen einer Fortsetzung des Vertragsverhältnisses oder dessen Beendigung *repudiation* entscheiden[96]. Wie bereits ausgeführt[97], beruht jeder Kaufvertrag auf der *condition*, daß der Verkäufer Rechtsinhaber ist[98]. Weitere *conditions* sind: Übereinstimmung des Kaufgegenstandes mit einer Beschreibung[99]; handelsübliche oder vom Käufer verlangte Qualität[100]; Entsprechung der Waren mit einem etwaigen Muster[101]. Entscheidet sich der Käufer, den Vertrag aufzuheben, ist der Verkäufer verpflichtet, den Kaufpreis wegen *total failure of consideration* zurückzuzahlen.

258

Der Käufer verliert das Recht, die Waren zurückzuweisen, wenn er diese angenommen hat. Nach der ursprünglichen Fassung der *section 11 (2) (c) Sale of Goods Act 1893* trat der Rechtsverlust bereits ein, wenn das Eigentum auf den Käufer übergegangen war. Diese Regel wurde allgemein für nicht sachgerecht gehalten. *Section 11 (4) Sale of Goods Act 1979* stellt daher ausschließlich auf die Annahme *acceptance* ab. Von einer Annahme *acceptance* ist eine Bestätigung *affirmation* nach *common law* zu unterscheiden. Letztere verlangt, daß der Bestätigende von seiner Befugnis, die vertragliche Bindung beenden zu können, Kenntnis gehabt haben muß[102]. Dies ist für eine Annahme im Sinne des Warenkaufgesetzes nicht erforderlich. Eine Annahme ist unschädlich, wenn der Verkäufer nicht zur Veräußerung der Waren berechtigt war[103]. Außerdem finden sich häufig vertragliche Sonderregelungen im Hinblick auf eine Annahme der Waren[104]. Das Warenkaufgesetz definiert die verschiedenen Annahmemöglichkeiten in *section 35*. Augenfälligstes Beispiel ist die ausdrückliche Annahmeerklärung, die der Käufer gegenüber dem Verkäufer abgibt.

259

Das englische Warenkaufrecht kennt keinen Unterschied zwischen Annahme und Abnahme; *acceptance* kann mit beiden Begriffen übersetzt werden. Die im deutschen Recht mit der Annahme im Kaufrecht und der Abnahme nach § 640 BGB angesprochenen Rechtsfolgen sollten also nicht allein an den Ausdruck angeknüpft werden. Da allein durch die Annahme bereits ein

260

---

96 Vgl. näher oben Rdnr. 157 ff.
97 Vgl. oben Rdnr. 158 und 172.
98 Section 12 (1) Sale of Goods Act 1979.
99 Section 13 Sale of Goods Act 1979.
100 Section 14 Sale of Goods Act 1979.
101 Section 15 Sale of Goods Act 1979; vgl. auch dazu oben Rdnr. 245.
102 Peyman v. Lanjani [1985] Ch. 547.
103 Roland v. Divall [1923] 2 K.B. 500.
104 Vgl. etwa W.E. Marshall & Co. v. Peat (Rubber) Ltd. [1963] 1 Lloyd's Rep. 562.

III. Recht der Handelsgeschäfte

Rechtsverlust eintreten kann, liegt die Betonung – in deutscher Rechtsterminologie – auf der Abnahmefunktion.

261 Eine Annahme wird z. B. in einem Verhalten des Käufers gesehen, das mit der Stellung des Verkäufers als Noch-Eigentümer unvereinbar ist. Das klassische Beispiel ist der Weiterverkauf und die nachfolgende Auslieferung der Waren durch den Käufer[105]. Eine solche Handlung führt allerdings nur dann zum Rechtsverlust, wenn der Käufer Gelegenheit hatte, die gelieferten Waren daraufhin zu prüfen, ob sie den vertraglichen Spezifikationen entsprechen[106].

262 Waren gelten außerdem als angenommen, wenn der Käufer die Waren für eine mehr als angemessene Zeit in Besitz hatte, ohne daß er dem Verkäufer angezeigt hätte, daß er sie zurückweise. Die Frage nach der angemessenen Frist hat verschiedentlich die Gerichte beschäftigt. Dabei ging es vor allem um den Verkauf von Kraftfahrzeugen an Verbraucher. Eine Benutzung für drei Wochen bei einer Fahrleistung von 140 Meilen stand einer Rückgabe entgegen. Es komme darauf an, den Kaufgegenstand untersuchen zu können; unerheblich sei, ob in dieser Zeit versteckte Fehler hätten entdeckt werden können[107].

2. Schadensersatz

263 Neben dem Zurückweisungsrecht kann der Käufer Schadensersatz verlangen. Dieser kann sich zum einen auf die verweigerte Lieferung oder zum anderen auf die Mangelhaftigkeit der Waren beziehen.

264 Für den Schadensersatz wegen Nichtlieferung gilt *section 51 Sale of Goods Act 1979*. Der Schadensersatz wird vornehmlich anhand der Differenz zwischen Markt- und Vertragspreis berechnet. Dabei kommt es auf den Zeitpunkt an, zu dem die Lieferung hätte erfolgen sollen. Dies gilt auch, wenn die Vertragsbeziehung bereits vor der voraussichtlichen Lieferung aufgehoben wurde[108]. Davon wird abgerückt, wenn die Parteien darüber verhandeln, ob eine Vertragsverletzung vorliegt oder nicht. Dann kommt es auf den Zeitpunkt an, zu dem letztendlich feststeht, daß der Verkäufer nicht liefern wird[109]. Läßt sich ein Marktpreis nicht feststellen, kann der Käufer jeden Schaden, der direkt auf die Nichtlieferung zurückzuführen ist, ersetzt verlangen[110]. Daneben kommen die allgemeinen Regeln der Schadensberechnung zur Anwendung. Dies sieht *section 54 Sale of Goods Act 1979* ausdrücklich vor. Insbesondere sind dies

---

105 Kvei Tik Chao v. British Traders & Shippers Ltd. [1954] 2 Q.B. 459.
106 Section 34 Sale of Goods Act 1979.
107 Bernstein v. Pamson Motors (Golders Green) Ltd. [1987] 2 All E.R. 220; vgl. außerdem Porter v. General Guarantee Corporation [1982] R.T.R. 384.
108 Melacalino v. Nickol & Knight [1920] 1 K.B. 693; Thai Hing Cotton Mill Ltd. v. Kamsing Knitting Factory [1979] A.C. 91.
109 Johnson v. Agnew [1980] A.C. 367; Soolaiman v. Shahsavari [1989] 2 All E.R. 460.
110 Section 51 (2) Sale of Goods Act 1979.

die zwei Kriterien der Voraussehbarkeit in *Hadley v. Baxendale*[111]. Diese werden vor allem relevant, wenn der Verkäufer die Waren anderweitig veräußert hat. Dies ist für die Schadensberechnung grundsätzlich irrelevant, es sei denn, beide Parteien hätten davon gewußt[112].

Das Hauptaugenmerk eines Käufers liegt auf Schadensersatz wegen einer Fehlerhaftigkeit der gelieferten Waren: *breach of warranty*; das gleiche Recht steht dem Käufer zu, wenn der Verkäufer eine *condition* verletzt hat, der Käufer jedoch am Vertrag festhalten will[113]. Nach *section 53 (3) Sale of Goods Act 1979* ist der Schaden anhand der Wertdifferenz zu berechnen: Was sind die Waren tatsächlich und was hätten sie wert sein sollen? Wie auch im deutschen Recht geht es also um den Schutz des Erfüllungsinteresses. Weiterverkäufe des Käufers sind für die Schadensberechnung auch hier grundsätzlich irrelevant[114]. **265**

Gleichfalls unerheblich ist der Marktpreis. Er kommt nur dann ins Spiel, wenn es gilt, den Wert der Waren zu bestimmen, wenn diese mängelfrei gewesen wären. Hier ist der Marktpreis ein wichtiges und oft das entscheidende Indiz. Dies gilt vor allem bei Kaufverträgen über Kraftfahrzeuge[115]. **266**

Fällt der Marktpreis zwischen Vertragsabschluß und Lieferung, kann der Käufer sein Geschäftsrisiko auf den Verkäufer zurückverlagern, wenn er die Waren nicht abnimmt. Dazu ist er auch dann berechtigt, wenn Treu und Glauben nach deutschem Rechtsverständnis dem entgegenstünden. Entscheidet sich der Käufer jedoch trotzdem zur Annahme der Waren, kann er den Marktwertverlust nicht als Schadensersatz vom Verkäufer ersetzt verlangen[116]. Eine Risikoverlagerung findet also dann nicht statt. **267**

Wie im deutschen Recht kann auch im englischen der Ersatz von Folgeschäden wegen *breach of warranty* verlangt werden[117]. Dies betrifft zum einen die Verletzung von Körper oder Gesundheit (Kind erblindet wegen defekter Präzisionsschleuder[118]) oder die Beschädigung von Gegenständen des Käufers[119]. Vorausgesetzt ist jeweils, daß der Schaden abstrakt oder konkret voraussehbar gewesen sein muß[120]. **268**

---

111 (1854) 9 Ex. 341; vgl. dazu oben Rdnr. 169ff.; Koufos v. Zarnikow Ltd. (The Heron II) [1969] 1 A.C. 350.
112 Wertheim v. Chicoutimi Pulp Co. Ltd. [1911] A.C. 301; Re R. & H. Hall Ltd. v. V.H. Pimm (Junior) & Co's. Arbitration [1928] All E.R. 763.
113 Section 53 (1) Sale of Goods Act 1979.
114 Slater v. Hoyle & Smith [1920] 2 K.B. 11.
115 Jackson v. Chrysler Acceptances Ltd. [1978] R.T.R. 474.
116 Saragas Vargas Pina Apezteguir y Cir Saic v. Peter Kramer GmbH [1987] 1 Lloyd's Rep. 394.
117 Nach section 54 Sale of Goods Act 1979 bleiben die Common Law-Rechtsbehelfe unberührt.
118 Godley v. Perry [1960] 1 W.L.R. 9; Grant v. Australian Knitting Mills Ltd. [1936] A.C. 85.
119 Parsons Livestock Ltd. v. Uttley, Ingham & Co. [1978] Q.B. 791; Kemp v. Interson Holidays Ltd. [1987] 2 F.T.L.R. 234.
120 Hadley v. Baxendale (1854) 9 Ex. 341; vgl. dazu oben Rdnr. 169ff.

III. Recht der Handelsgeschäfte

269 Der Schadensersatz erstreckt sich auch auf die Entschädigung wegen entgangener Nutzungsmöglichkeiten *inconvenience, disappointment, distress*[121]. Der *Court of Appeal* hat allerdings klargestellt, daß es sich dabei um einen Vermögensschadensersatz handele. Ersatz für *mental distress* könne nicht verlangt werden[122]. Diese Entscheidung ist mit einigen untergerichtlichen Urteilen nicht in Einklang zu bringen.

3. Erfüllung

270 Einen Erfüllungsanspruch nach deutschem Rechtsverständnis hat ein Käufer nicht. Das Warenkaufgesetz stellt es jedoch in das Ermessen der Gerichte, den Verkäufer zur Lieferung zu verpflichten[123]. Die Vorschrift bezieht sich lediglich auf den Verkauf von Spezies- oder ausgesonderten Waren. Sie gilt also nicht für Gattungssachen. Das Gericht hat die Möglichkeit, seine Anweisung mit den Bedingungen zu versehen, die es für angemessen hält.

271 Die Gerichte sind mit der Ausübung ihres Ermessens mehr als zurückhaltend. Dem Erfüllungsbegehren wird nur dann stattgegeben, wenn die Waren für den Käufer von besonderer Bedeutung sind und Schadensersatz kein zur Genugtuung hinreichender Rechtsbehelf wäre[124]. Der *Court of Appeal* wies etwa ein Begehren zurück, dem Käufer eine 220 Tonnen schwere Maschine, die 270 000 Pfund Sterling gekostet hatte, zu liefern; das Gericht ließ sich nicht davon beeindrucken, daß der Käufer anderenfalls eine entsprechende Maschine nur mit einer Lieferfrist von 9 bis 12 Monaten auf dem Markt hätte erwerben können[125]. Selbst bei der Lieferung von Schiffen, also im Regelfall für einen bestimmten Käufer speziell hergestellten Mobilien, kann nicht generell damit gerechnet werden, daß der Verkäufer zur Erfüllung angewiesen wird[126].

272 Nach dem Wortlaut von *section 52 Sale of Goods Act 1979* kommt es nicht darauf an, ob das Eigentum bereits auf den Käufer übergegangen ist. Die Zurückhaltung der Gerichte nimmt jedoch noch zu, wenn dies nicht der Fall ist. Eine dingliche Berechtigung wird also stärker geschützt als ein bloßer vertraglicher Anspruch[127].

---

[121] Jackson v. Chrysler Acceptances Ltd. [1978] R.T.R. 474; Bernstein v. Pamson Motors (Golders Green) Ltd. [1987] 2 All E.R. 220.
[122] Bliss v. South East Thames Regional Health Authority (1987) I.C.R. 700.
[123] Section 52 Sale of Goods Act 1979.
[124] Behnke v. Bede Shipping Co. Ltd. [1927] 1 K.B. 649.
[125] Societe des Industries Metallurgiques S.A. v. Bronx Engineering Co. Ltd. [1975] 1 Lloyd's Rep. 465.
[126] C.N. Marine Inc. v. Stainer Line [1982] 2 Lloyd's Rep. 336.
[127] Vgl. etwa Ridler Grain Silos Ltd. v. B.I.C.C. Ltd. [1982] 1 Lloyd's Rep. 435.

VII. Produkthaftung

Nicht zum Kaufrecht gehörend, aber in direktem Zusammenhang damit steht die Verantwortlichkeit für fehlerhafte Produkte nach dem *Consumer Protection Act 1987*[128]. Teil 1 des Gesetzes setzt die Richtlinie des Rates der Europäischen Gemeinschaften über die Haftung für fehlerhafte Produkte vom 25. Juli 1985 in englisches Recht um. Das Gesetz verdrängt die vor allem deliktische Produkthaftung aus *tort of negligence, breach of statutory duty* und *tort of nuisance* nicht; wie auch im deutschen Recht tritt es neben das alte Richterrecht. Es erleichtert die Rechtsposition des Geschädigten jedoch dadurch, daß es eine insgesamt verschuldensunabhängige Produkthaftung einführt. Gerade für englisches Recht ist dies besonders wichtig. Kennt englisches Recht doch weder einen Vertrag zugunsten Dritter noch einen Vertrag mit Schutzwirkung für Dritte[129].

273

Ein Produkt wird wie in § 2 ProdHaftG definiert als Ware (= bewegliche Sache) einschließlich Inhaltsstoffe, Getreide auf dem Halm und mit einem Grundstück fest verbundenen Bestandteilen[130]. Erfaßt sind außerdem Schiffe, Flugzeuge und Kraftfahrzeuge. Der *Consumer Protection Act 1987* gilt dagegen nicht für landwirtschaftliche oder Jagderzeugnisse[131].

274

Ein Produkt ist fehlerhaft, wenn es nicht den Sicherheitserwartungen des Verkehrs entspricht. Es kommt also nicht — wie teilweise im Vertragsrecht — darauf an, welche Vorstellungen der Käufer konkret über die Verwendung des Gegenstandes hatte. Die Verkehrserwartungen bestimmen sich danach, wie das Produkt vermarktet wird, welche Gebrauchsanweisungen mitgegeben werden, ferner nach der gewöhnlichen Nutzung des Produkts und dem Zeitpunkt, zu dem der Hersteller das Produkt erstmals ausgeliefert hat[132]. Dieser Fehlerbegriff gilt für alle Produktarten. Die *Law Commission* erwog zunächst, Sonderregeln für pharmazeutische Produkte zu schaffen; dazu haben sich auch Frankreich, Belgien, Luxemburg und Deutschland entschieden. Dies wurde bei den Beratungen über den Gesetzentwurf jedoch abgelehnt. Man ging davon aus, daß auch ohne derartige Sondervorschriften das Auftreten von Haupt- und Nebenwirkungen bei der Anwendung pharmazeutischer Produkte angemessen berücksichtigt werden kann[133].

275

---

[128] Vgl. dazu Clarke, Product Liability, 1989; Eaglestone/Madge, Guide to Product Liability & Insurance, 1989; Geddes, Product & Service Liability in The EEC, 1992; Hewitt, Manufacturer's Liability for Defective Goods, 1988; Kelly/Attree, Product Liability in Europe, 1992; Wright, Product Liability, 1989. In deutscher Sprache Triebel: in v. Westphalen, Produkthaftungshandbuch, Bd. 2, München 1991, S. 437–461.
[129] Zu Bestrebungen, einen Vertrag zugunsten Dritter gesetzlich zuzulassen, vgl. oben Rdnr. 79.
[130] Sections 1 (2), 45 (1) Consumer Protection Act 1987.
[131] Section 2 (4) Consumer Protection Act 1987.
[132] Section 3 Consumer Protection Act 1987.
[133] Triebel in: v. Westphalen, Produkthaftungshandbuch, Bd. 2, München 1991, S. 437, 453.

III. Recht der Handelsgeschäfte

276 Die verantwortlichen Personen werden sachlich wie auch im deutschen Recht, begrifflich jedoch abweichend definiert. Während das deutsche Recht auf den Hersteller abstellt und als Hersteller drei Personengruppen ansieht (§ 4 ProdHaftG), zieht das englische Recht den Ausdruck „verantwortliche Person" als Oberbegriff heran. Haftbar ist daher der Hersteller *producer/manufacturer,* der Scheinhersteller *own brander* und jeder EG-Importeur. Scheinhersteller ist, wer durch das Anbringen seines Namens oder in sonstiger Weise nach außen den Eindruck erweckt, Hersteller zu sein. Als EG-Importeur haftet, wer Produkte zu gewerblichen Zwecken aus einem Staat außerhalb der Europäischen Union in einen Mitgliedstaat einführt. Die Anpassung des *Consumer Protection Act 1987* an die Einführung des Europäischen Wirtschaftsraums — vgl. etwa die deutsche Regelung in § 2 Abs. 2 ProdHaftG n. F.[134] — hat das englische Recht noch nicht vollzogen. Als Importeur würde danach in Zukunft auch haften, wer Waren in den europäischen Wirtschaftsraum importiert.

277 Ausnahmsweise haftet auch ein Lieferant[135]. Dies ist der Fall, wenn er es nach Aufforderung des Geschädigten in angemessener Zeit nicht unternimmt, diesem eine der primär verantwortlichen Personen zu benennen, und der Geschädigte auf diese Angabe angewiesen ist.

278 Der Umfang des Schadensersatzes entspricht der deutschen Regelung. Schadensersatz kommt nur in Betracht bei Tötung, Körperverletzung oder Sachschäden. Der Ersatz von bloßen Vermögensschäden ist damit ausgeschlossen. Der Schaden, der an den gelieferten Produkten selbst eintritt, ist ebenfalls nicht ersatzfähig. Insoweit hat sich der Geschädigte an seinen Vertragspartner zu halten. Auch für die Beschädigung gewerblich genutzter Güter gibt es keinen Ersatz. Die Haftungshöchstgrenze liegt im übrigen bei 275 Pfund Sterling[136].

279 Wer auf Schadensersatz in Anspruch genommen wird, kann sich im wesentlichen auf fünf Verteidigungsvorbringen oder Einwendungen *defences* berufen. Zum ersten kann er geltend machen, daß der Geschädigte die anspruchsbegründenden Tatsachen nicht dargelegt hat. Zum Beispiel ist der *Consumer Protection Act 1987* erst auf Produkte anwendbar, die ab dem 1. März 1988 in den Verkehr gelangt sind[137].

280 Zum zweiten kann er sich auf die in *section 4 Consumer Protection Act 1987* aufgelisteten Einwendungen berufen. Er kann darauf verweisen, daß der Fehler auf zwingenden Rechtsvorschriften beruht; daß er das Produkt nicht in den Verkehr gebracht habe; daß er das Produkt nicht im Rahmen seiner geschäftlichen Tätigkeit vertrieben habe; daß der Fehler im entscheidenden Zeitpunkt

---

[134] Neugefaßt durch Art. 39 des Aufführungsgesetzes über den Europäischen Wirtschaftsraum vom 27. April 1993, BGBl. I, 512.
[135] Section 2 (3) Consumer Protection Act 1987.
[136] Vgl. insgesamt section 5 Consumer Protection Act 1987.
[137] Section 50 (7) Consumer Protection Act 1987.

noch nicht vorlag; daß er nur Hersteller eines Teilproduktes ist, der Fehler jedoch durch die Konstruktion des Endproduktes hervorgerufen wurde. Besonders hinzuweisen ist auf die Einwendung des Entwicklungsrisikos *state of the art defence*. Der Hersteller kann sich also darauf berufen, daß er den Fehler nach dem Stand der Wissenschaft und Technik im maßgeblichen Zeitpunkt nicht erkennen konnte. Wie in Deutschland hat sich auch der englische Gesetzgeber entschlossen, die Wahlmöglichkeit aus Art. 15 der EG-Richtlinie – allerdings mit unterschiedlichem Ergebnis – zu nutzen. Dies führt dazu, daß sich auch der Hersteller pharmazeutischer Produkte auf das Entwicklungsrisiko zu seiner Entlastung berufen kann. Dies ist nach deutschem Recht nicht möglich, da § 15 ProdHaftG die Anwendbarkeit des Produkthaftungsgesetzes auf Arzneimittel gänzlich ausschließt. Das englische Recht führt also zu dem Ergebnis, daß gerade die Personengruppe, die wesentliche Anstöße zur Neuschaffung des Produkthaftungsrechts gegeben hat (Contergan-Fälle), durch das neue Gesetz auch in Zukunft ihre Ansprüche nicht einfacher wird darlegen, beweisen und durchsetzen können.

281 Der Schädiger kann sich des weiteren auf ein Mitverschulden des Geschädigten berufen[138]. Er kann außerdem anführen, daß der Geschädigte in die Verletzung eingewilligt hat *volenti non fit injuria*. Dieser Grundsatz ist im *Consumer Protection Act 1987* nicht erwähnt; er ergibt sich jedoch aus der Beibehaltung nationalen Rechts. Der Hersteller kann letzendlich Verjährung einwenden. Diese ist nicht im *Consumer Protection Act 1987* selbst, sondern in *section 11A Limitation Act 1980* geregelt. Danach besteht eine absolute Verjährungsfrist von zehn Jahren. Bei Körper- und Sachschäden besteht innerhalb dieses Zeitraumes eine dreijährige Verjährungsfrist, die entweder mit dem Eintritt des Schadens oder der Kenntnis des Klägers von der verantwortlichen Person beginnt. Dabei kommt es auf den jeweils späteren Zeitpunkt an.

---

138 Section 6 (4) Consumer Protection Act 1987.

III. Recht der Handelsgeschäfte

§ 3
Finanzierungsgeschäfte

I. Allgemeines

282 Im modernen Handel geht es nicht ohne Kredite. Häufig müssen Kreditgeber eingeschaltet werden, weil etwa der Verkäufer bei einem Abzahlungs- oder Mietkauf zur Finanzierung nicht in der Lage oder nicht willens ist. Die wichtigsten gewerblichen Kreditgeber sind die Banken. Deshalb betonen die nachfolgenden Ausführungen auch deren Finanzierungsgeschäfte.

283 Doch soll nicht verkannt werden: Neben den Banken haben sich auch in England andere Finanzierungsinstitute entwickelt, die im inländischen wie im internationalen Handelsverkehr Bedeutung erlangt haben. Die modernen Kreditgeber haben ihre alten Namen abgelegt. Keiner nennt sich noch Geldverleiher *money lender* und Pfandleiher *pawn broker*. Auch der Gesetzgeber hat diese Namen 1974 im Zuge der Vereinheitlichung des Rechts der Kreditgeschäfte abgeschafft[1]. Neue Namen und neue Finanzierungsarten sind an ihre Stelle getreten. Einige haben ihren Ursprung nicht im alten *common law*, sondern in der amerikanischen Rechtspraxis. So der *factor*, der Kundenforderungen der Lieferanten aufkauft[2]. London hat aber auch eigenständige Finanzierungsinstitute entwickelt. So nehmen sowohl die *export houses*[3] als auch die *finance houses*[4] dem Lieferanten das Kaufpreisrisiko ab. Um das Finanzierungsgeschäft herum haben sich weitere Berufsgruppen gerankt. Zu nennen sind die Finanzierungsmakler *credit brokers*, Finanzberater *debt counsellors*, Kreditauskunfteien *credit reference agencies*, Inkassobüros *debt collectors*. Der *Consumer Credit Act 1974* ist der erste Versuch im Rahmen der Verbraucherkredite, die Rechtsbeziehungen des Kreditsuchenden zu diesen vielfältigen Gruppen zu klären und zu vereinheitlichen. Sein Anwendungsbereich ist allerdings meist auf den Verbraucherkredit beschränkt.

II. Bankenorganisation und Bankenaufsicht

284 Die Unternehmen, die in Großbritannien Bankgeschäfte betreiben, lassen sich grundsätzlich in zwei Kategorien einteilen. Erstere umfaßt alle jene Institute, die das Einlagengeschäft tätigen, d.h. die Depositenbanken, *deposit takers*, und zwar insbesondere die clearing banks wie *Barclays, Lloyds, Midland* und

---

1 Consumer Credit Act 1974.
2 Vgl. unten Rdnr. 379.
3 Vgl. unten Rdnr. 469ff.
4 Vgl. unten Rdnr. 469ff.

National Westminster. Sie stehen mit ihrem weitgespannten Filialnetz der Allgemeinheit für alle Bankgeschäfte im Bereich des *commercial* und *retail banking* zur Verfügung. Zur zweiten Kategorie gehören die *merchant* oder *investment banks.* Sie haben sich auf die Finanzierung bestimmter Geschäfte spezialisiert, wie zum Beispiel auf die Finanzierung von Warengeschäften, auf die Vergabe von Darlehen an ausländische Kommunen oder die Ausgabe von Industrieobligationen, womit sie in die Nähe der Emissionshäuser rücken. Zusätzlich zu diesen beiden Kategorien — aber nicht als funktionell selbständiger Typus zu verstehen — gibt es die Zweigniederlassungen oder Tochtergesellschaften ausländischer Kreditinstitute, die auf dem Londoner Markt inländische wie internationale Bankgeschäfte betreiben und von großer Bedeutung für London als internationales Finanzzentrum sind[5].

Die Depositenbanken, *clearing* oder *retail banks* genannt, zu denen die oben erwähnten vier Großbanken zählen, bilden den Kern des britischen Bankensystems. Ihr traditioneller Tätigkeitsbereich umfaßt die Annahme kurzfristiger Einlagen (Einlagengeschäft), die Gewährung von kurzfristigen Gelddarlehen und Akzeptkrediten (Kreditgeschäft) und, im Dienstleistungssektor, die Durchführung des bargeldlosen Zahlungsverkehrs und des Abrechnungsverkehrs (Girogeschäft). Zu den *deposit takers* gehören in Großbritannien aber auch die für das Hypothekenkreditgeschäft wichtigen *building societies,* die immer noch die bedeutendste Quelle für langfristige Baufinanzierungskredite sind. Historisch gesehen haben sich die *clearing banks* und die *building societies* unabhängig voneinander entwickelt und unterliegen deshalb heute noch unterschiedlicher Aufsicht: Der Tätigkeitsbereich der *clearing banks* und deren Aufsicht unterliegt grundsätzlich den *Banking Acts*; jener der *building societies* dagegen den *Building Societies Acts.* Außerdem gibt es die staatliche *National Savings Bank,* die nur im Einlagen- und Dienstleistungsgeschäft tätig ist[6]. Ihre Tätigkeiten werden nun vom *National Savings Bank Act 1971* geregelt, und sie untersteht besonderer Staatsaufsicht.

Wie ihr Name sagt, waren die *merchant banks* ursprünglich häufig Handelshäuser, die Waren kauften und verkauften und Wechsel hereinnahmen, bis das Wechselgeschäft den Warenhandel ganz verdrängte. Diese *merchant banks*, die sich heute vorwiegend im Londoner Finanzquartier, in der „City", befinden, verfügen inzwischen über ein großes Know-how auf dem Gebiet der Unternehmensübernahmen und Fusionen *(mergers and acquisitions)*, der Projektfinanzierung *(project finance)*, der Management Buyouts und des Emissionsgeschäfts *(new issues)* etc.

Auf den ersten Blick mag das britische Bankwesen im Vergleich zu dem deutschen Universalbanksystem mit seiner institutionellen Arbeitsaufteilung zwi-

---

[5] Vgl. im einzelnen Paget's Law of Banking, 10. Aufl., London, 1989; Holden, The Law and Practice of Banking, Band 1, 5. Aufl., London 1991; Band 2, 7. Aufl., London 1986; Ellinger, Modern Banking Law, Oxford 1987; Perry, Elements of Banking, 6. Aufl., London 1989.
[6] Vgl. section 94 (1) Post Office Savings Bank Act 1969.

III. Recht der Handelsgeschäfte

schen *commercial* oder *retail banking* einerseits und *merchant banking* andererseits fremd wirken. Inzwischen haben aber die im britischen Banksystem stattgefundenen Entwicklungen während der letzten zwanzig und vor allem der letzten zehn Jahre zu einer erheblichen Auflockerung der traditionellen Einteilung geführt.

288 Der *Building Societies Act 1986* hat es den building societies ermöglicht, Bankgeschäfte zu betreiben und somit in die traditionellen Geschäftsdomänen der *retail banks* einzudringen[7]. Eine der größten *building societies, Abbey National*, hat sich daraufhin inzwischen sogar in eine Bank umgewandelt. Angesichts dieser wachsenden Konkurrenz der *building societies* haben sich die *retail banks* verstärkt im Hypothekarkreditgeschäft engagiert. Bereits in den 70er Jahren begannen die *retail banks*, ihre Geschäfte auf mittel- und längerfristige Einlagen und Kredite auszudehnen. Durch das wachsende Engagement in der Finanzierung internationaler Handelsgeschäfte und in Akzeptkrediten sowie im Emissionsgeschäft und in der Finanzberatung bei Unternehmensübernahmen und Fusionen sind die *retail banks* ihrerseits inzwischen in die Domäne der *merchant banks* eingedrungen. Die Tendenz zu einer vermehrten funktionellen Verflechtung der verschiedenen im Bankwesen tätigen Institute wurde auch durch die Deregulierung der Londoner Börse im Rahmen des *Big Bang 1986* angekurbelt. Drei Veränderungen des Big Bang waren für die *retail banks* von besonderer Bedeutung: die Unterscheidung zwischen *jobbers* und *brokers* an der Börse wurde abgeschafft, die unbeschränkte Haftung der Direktoren oder Partner der Brokerfirmen wurde beseitigt und Besitzeinschränkungen der Firmen aufgehoben. Damit wurde der Einstieg der *retail banks* in das Wertpapiergeschäft durch Übernahme solcher Firmen möglich.

289 Die Ausdehnung des traditionellen Tätigkeitsbereiches der *retail banks* in Richtung eines Universalbanksystems hat zu einem starken Dualismus der nach funktionellen Maßstäben aufgebauten Aufsicht geführt. Das Einlagengeschäft der *retail banks* unterliegt den Bestimmungen der *Banking Acts*, wobei das Investmentgeschäft dem *Financial Services Act* unterworfen ist. Die Unterscheidung zwischen privat- und öffentlich-rechtlichen Kreditinstituten ist in Großbritannien im übrigen unbekannt.

290 Erst 1979 gab es ein einheitliches Gesetz, das Banken und Bankgeschäfte definierte und die Zulassung von Banken und Bankenaufsicht regelte. Inzwischen ist der *Banking Act 1979* von dem *Banking Act 1987* aufgehoben worden. Letzterer regelt heute das allgemeine Einlagengeschäft, die Zulassung von Banken und die Bankenaufsicht. *Section 3* (1) des *Banking Act 1987* beschränkt das Einlagengeschäft auf Institutionen *authorised institutions,* die von der *Bank of England* zugelassen und genehmigt worden sind. Eine *authorised institution* kann eine Kapitalgesellschaft sein oder auch eine *partnership* entweder nach englischem Recht oder dem Recht eines EG-Mitgliedstaates.

---

7 Vgl. section 34 (1) Building Societies Act 1986.

Die *Bank of England* kann die Zulassung als *authorised institution* für das 291
Bankgewerbe nur erteilen, wenn die betroffene Institution die Mindestkriterien
in *Schedule 3* des *Banking Act 1987* erfüllt. Unter anderem muß jeder Direktor,
Kontrolleur und Geschäftsführer eine geeignete und qualifizierte Person sein
fit and proper person, das Unternehmen muß von mindestens zwei Geschäftsführern geleitet werden, dem Vorstand muß eine angemessene Zahl von nichtgeschäftsführenden Direktoren *non-executive directors* angehören; ferner muß
das Unternehmen seine Geschäfte in angemessener Weise ausüben und zum
Zeitpunkt der Zulassung nicht weniger als £ 1 Million Aktiva haben. Die Bezeichnung „Bank" kann nur von einer genehmigten Institution benutzt werden, die ein Mindestkapital von nicht weniger als £ 5 Millionen vorweisen
kann[8]. Ein Unternehmen übt seine Geschäfte nur in angemessener Weise aus,
wenn es, unter anderem, den Regelungen über Eigenkapital und Liquidität genügt. Die Vorschriften über Eigenkapital und Liquidität sind auch in *Schedule
3* des *Banking Act 1987* aufgeführt. Die Grundsätze bezüglich der Auslegung
der in *Schedule 3* aufgeführten Kriterien sind im *Statement of Principles* der
Bank of England veröffentlicht, den die Bank gemäß *section 16* des *Banking
Act 1987* publizieren muß[8a].

Ein Unternehmen mit Sitz in einem anderen Mitgliedstaat der Europäischen 292
Union, das das Kreditgeschäft betreibt, kann über eine Zweigstelle oder durch
Erbringung von Dienstleistungen ohne Erlaubnis der *Bank of England* in
Großbritannien seine Geschäfte betreiben, wenn es von den zuständigen Behörden des Herkunftmitgliedstaates zugelassen worden ist und von ihnen beaufsichtigt wird[8b].

Für die laufende Aufsicht über die Banken haben diese der *Bank of England* 293
regelmäßig Zwischenberichte über die Geschäfts- und Kapitalentwicklung vorzulegen. Die *Bank of England* hat auch die Berechtigung, die Geschäftsräume
der Institute aufzusuchen, Berichte der Wirtschaftsprüfer anzufordern und die
Geschäftsleitung zu Besprechungen aufzufordern. Wenn die Institute Kreditgeschäfte nach dem *Consumer Credit Act 1974* führen wollen, benötigen sie
die Lizenz des *Office of Fair Trading*[9].

Die *Bank of England*, 1694 durch *Royal Charter* gegründet, aber erst durch 294
den *Bank of England Act 1946* in öffentliches Eigentum überführt, ist Vertreterin der *Treasury* und Zentralbank Englands. Ihr Verwaltungsrat *governing
body* besteht aus dem *governor*, dem *deputy governor* und bis zu 16 von der
Regierung ernannten Direktoren. Zwar kann das Finanzministerium der *Bank
of England* Weisungen erteilen, doch ist es bislang dazu nicht gekommen. Ihr

---
[8] Vgl. section 67 (1) Banking Act 1987.
[8a] Vgl. auch die Veröffentlichungen der Banking Supervision Division (BSD) der Bank of England, die wichtige Erläuterungen zu Themen wie Eigenkapitalausstattung, Kreditinstitutsgruppen und Großkredite enthalten.
[8b] Vgl. Banking Coordination (Second Council Directive) Regulations 1992 (SI 1992/3218).
[9] Vgl. sections 25 und 184 Consumer Credit Act 1974.

gegenseitiges Verhältnis wird durch Zusammenarbeit und Beratung charakterisiert. Die *Bank of England* gibt gesetzliche Zahlungsmittel und staatliche Schuldverschreibungen heraus, kontrolliert die Geldmenge, reguliert und beaufsichtigt das Bankenwesen[10].

295 Neben der Regulierung der Banken durch den *Banking Act 1987* hat der Gesetzgeber den *Financial Services Act 1986* verabschiedet. Dieser beinhaltet umfassende Bestimmungen für alle Personen und Unternehmen, die Investmentgeschäfte *investment business* ausüben. Gemäß dem *Financial Services Act* ist die Ausübung von Investmentgeschäften nur zulässig, wenn sie von genehmigten oder befreiten Personen *authorised or exempted persons* unternommen wird.

296 Die staatliche Aufsicht des Investmentgeschäftes ist vom *Secretary of State* an das *Securities and Investments Board (SIB)* übertragen worden. Dieser privatrechtlichen Behörde sind wiederum vier Selbstverwaltungs-Organisationen *self regulating organisations (SROs)* untergeordnet, *the Securities and Futures Authority (SFA), the Investment Management Regulatory Organisation (IMRO), the Financial Intermediaries, Managers and Brokers Regulatory Association (FIMBRA)* und *the Life Assurance and Unit Trusts Regulatory Organisation (LAUTRO)*. Die *SROs* konstituieren sich aus Mitgliederorganisationen der verschiedenen Branchen des Investmentgeschäfts. Jede *SRO* hat ihre eigenen Vorschriften erlassen und ist für die Aufsicht ihrer eigenen Mitglieder hauptverantwortlich. Die Genehmigung zu einer *authorised person* wird durch die Mitgliedschaft einer *SRO* erlangt. Die meisten Banken, die das Investmentgeschäft betreiben, sind Mitglieder der *SFA* oder der *IMRO*. Probleme der funktionellen Überschneidung der Aufsichtsorganisationen werden entweder durch das Prinzip der führenden Aufsichtsbehörde *lead regulator* gelöst oder durch Sondervereinbarungen wie z. B. in dem *Memorandum of Understanding* zwischen der *Bank of England* und der *IMRO*.

III. Finanzierungsarten

297 Mit dem *Consumer Credit Act 1974* wurde das Recht der Verbraucherkredite vereinheitlicht[11]. Das Gesetz hat den weiten Begriff des *consumer credit agreement* geschaffen. Darunter fallen alle Kredite des Alltags wie Mietkauf, Abzahlungskauf, Warenmiete[12]. Darlehen für eine bestimmte Summe *fixed sum* wie auch Einräumung einer Kreditgrenze *running account credit*, Ausgabe und Einlösung von Schecks und Kreditkarten, ferner Bestellung eines Faust-

---

10 Vgl. section 1 Banking Act 1987.
11 Vgl. im einzelnen Schofield, J.B.L. 1975 S. 1ff.; Johnson, Consumer Credit, London 1975; Guest/Lloyd, The Consumer Credit Act 1974, London 1975; Goode, Consumer Credit Law, London 1989; Dobson, Sale of Goods and Consumer Credit, 4. Aufl., London 1989.
12 Vgl. oben Rdnr. 208ff.

pfandes *pledge* für den Kreditgeber[13]. Aber nicht nur Vereinbarungen zwischen Gläubiger und Schuldner, auch das Dreierverhältnis Schuldner – Gläubiger – Verkäufer wird erfaßt, wenn der Gläubiger ein Darlehen in bezug auf eine vorausgegangene Vereinbarung des Schuldners gibt und weiß, daß mit dem Darlehen dieses Geschäft finanziert werden soll. In einem solchen Fall ist auch der Kreditgeber für Täuschungen oder Vertragsverletzungen des Verkäufers verantwortlich, kann aber nach Erfüllung der Forderung des Schuldners vom Verkäufer Ersatz verlangen[14]. Das neue Gesetz kann nicht durch Aufspaltung der einzelnen Transaktionen umgangen werden, denn verbundene Rechtsgeschäfte *linked transactions* müssen als Ganzes gewürdigt werden. Aber nicht nur das eigentliche Kreditgeschäft, auch Hilfs- und Nebengeschäfte *ancillary credit businesses* werden erfaßt, so Geschäfte der Kreditmakler, Finanzberater, ferner außergerichtliche Forderungseinziehung. Alle diese mannigfaltigen Rechtsgeschäfte werden einheitlichen Regeln unterstellt, so bei Werbung, Offenlegung von Gebühren und Zinsen. Einheitliche Formulare werden für Vertragsabschluß vorgeschrieben, das Widerrufsrecht nach Vertragsabschluß während der Überdenkungsperiode *cooling off periods* ist vereinheitlicht. Eine Generalklausel gibt den Gerichten die Befugnis, Kreditgeschäfte, die dem Schuldner übermäßige Zahlungen auferlegen oder sonstwie gegen allgemeine Grundsätze fairen Handels verstoßen, „wiederzueröffnen" und so die Schuldnerverpflichtung auf ein angemessenes Maß zu reduzieren oder Zahlungsfristen zu gewähren[15].

Der *Consumer Credit Act 1974* ist nicht auf größere Kreditgeschäfte und nicht auf juristische Personen als Kreditsuchende anwendbar. Das Gesetz beschränkt den Anwendungsbereich auf eine Kreditsumme bis £ 15 000 und auf natürliche Personen, allerdings einschließlich *partnerships*. Außerdem kann der Wirtschaftsminister bestimmte Arten von Kreditgeschäften durch Erlaß ausnehmen. **298**

Wie das Einlagen- wird auch das Kreditgeschäft der Banken allein mit dem Vertragsdogma erklärt. Die Versuche, dieses Verhältnis zwischen Bank und Kunden auf Stellvertretungs- oder Treuhandrecht zu stützen, gehören der Rechtsgeschichte an[16]. Überziehungskredit *overdraft* setzt – ausdrücklich oder stillschweigend abgeschlossenen – Vertrag voraus. Bei größeren Transaktionen wird regelmäßig ein besonderes Darlehenskonto *loan account* eingerichtet. Wird über Zinsen nicht gesprochen, so gilt ein angemessener Zinssatz als stillschweigend vereinbart. Hat der Kunde mehrere Konten und zahlt er ein Darlehen nicht rechtzeitig zurück oder überzieht er ohne Zustimmung der Bank sein laufendes Konto, kann die Bank die verschiedenen Konten saldieren *(combination of accounts)*. **299**

---

13 Vgl. unten Rdnr. 317.
14 Vgl. sections 56, 75 Consumer Credit Act 1974; vgl. auch Dobson, J.B.L. 1975 S. 208 ff.
15 Sections 137–140 Consumer Credit Act 1974; vgl. auch Borrie, a.a.O., S. 196 ff.
16 Vgl. Chorley/Holden, a.a.O., S. 18 ff., 215 ff.

III. Recht der Handelsgeschäfte

300 Gibt der Verkäufer einen vom Käufer akzeptierten Wechsel seiner Bank, so ist der Vertragswille für die Qualifizierung dieses Rechtsgeschäfts maßgebend. Wird der Wechsel als Sicherheit für ein Darlehen oder einen Überziehungskredit gegeben, liegt eine Sicherungsvereinbarung vor. Beim Diskontgeschäft unterscheidet die englische Bankpraxis: Verpflichtet sich der Verkäufer, die Bankzinsen zu bezahlen, spricht man von Diskontierung; verpflichtet sich der Käufer hierzu, ist der Ausdruck Kauf üblich. Ob ein Wechsel von der Bank gekauft oder nur diskontiert werden kann, hängt von den Wechselklauseln ab[17].

301 Häufig bemüht sich der Käufer im Überseegeschäft um Finanzierung durch Dokumentenakkreditive *letters of credit*[18]. Auf diesem Gebiet ist die Rechtsvereinheitlichung weit fortgeschritten. Die Einheitlichen Gebräuche und Richtlinien 1994 gelten nach englischem Recht zwar nur, wenn sie in den Finanzierungsvertrag einbezogen sind. Doch erfolgt dies in den meisten Fällen. Bei dieser Finanzierungsart sind auch in England vier Rechtsbeziehungen zu unterscheiden: Der Kaufvertrag, das Rechtsverhältnis zwischen Käufer und der krediteröffnenden Bank *issuing bank* oder *opening bank*, zwischen letzterer und zweitbeauftragter Bank, *corresponding, intermediary, paying* oder auch *advising bank* genannt, und zwischen letzterer und dem Verkäufer. Je nachdem, ob sich die *issuing bank* den Widerruf vorbehält oder nicht, handelt es sich um einen *revocable* oder *irrevocable letter of credit*; je nachdem, ob ihn die *correspondent bank* bestätigt oder nicht, um einen *confirmed* oder *unconfirmed letter of credit*. Dokumentenstrenge gilt nach der *doctrine of strict compliance* gleichermaßen in Deutschland und in England.

IV. Devisen- und Investitionskontrolle

302 Es gibt heute in Großbritannien keine Devisenkontrolle mehr. Der *Exchange Control Act 1947*, mit dem britische Regierungen weite Bereiche des Außenhandels kontrolliert haben, wurde 1979 von der Regierung Thatcher ausgesetzt und 1987 aufgehoben.

303 Geblieben ist die Investitionskontrolle über den *Industry Act 1975*, mit dem unerwünschte Auslandsinvestitionen in Großbritannien abgewehrt werden können. Übernahme britischer Unternehmen durch Gebietsfremde kann verboten werden. Das Gesetz gibt weitgehende Befugnisse, um Wechsel in der Kontrolle eines wichtigen Industrieunternehmens zu verhindern, wenn ein solcher Wechsel gegen die Interessen des Vereinigten Königreiches oder eines Teiles hiervon verstoßen würden[19].

---

17 Vgl. Schmitthoff, Export Trade, 9. Aufl., London 1990, S. 387f., 393.
18 Vgl. im einzelnen Guttridge/Megrah, The Law of Bankers Commercial Credit, 7. Aufl., London 1984; Schmitthoff, a.a.O., S. 400ff.
19 Vgl. section 13 Industry Act 1975.

§ 4
Kreditsicherungsgeschäfte

I. Allgemeines

Kreditsicherungsgeschäfte berühren das gesamte englische Sachen- und Vertragsrecht[1]. Besonders englisches Sachenrecht bedingt weitreichende Unterschiede zu deutschen Sicherungsmitteln. Im folgenden werden nur die im Handelsverkehr gebräuchlichsten Sicherungsmittel beschrieben. Dazu gehören zwar nicht dingliche Sicherheiten an Grundstücken[2]. Doch darf nicht verkannt werden: Das englische Liegenschaftsrecht *law of real property* als Quelle des *common law* ist der Schlüssel zum Verständnis des englischen Rechts überhaupt; viele Regeln des Rechts der Kreditsicherungen können nur auf dem Hintergrund dieses Rechtsgebiets erklärt werden[3].

304

Eine Unterscheidung durchzieht das englische Sachenrecht und ist auch für die Forderungsabtretung maßgeblich: Zwischen *legal* und *equitable rights*, zwischen Rechten, die sich aus dem *common law* ableiten, und solchen, die im englischen Billigkeitsrecht *equity* ausgebildet wurden[4]. Die praktischen Unterschiede zwischen einem *legal* und einem *equitable* Recht liegen insbesondere in der Bestellung und der Durchsetzung. Erstere verlangen im Gegensatz zu letzteren nach der Einhaltung bestimmter Formen, können dafür aber effektiver durchgesetzt werden.

305

II. Chattel Mortgage

1. Begriff

Das englische Recht hat bis heute vergeblich nach einer abschließenden Definition des Begriffs *mortgage* gesucht. Auch eminenteste Richter- und akademi-

306

---

1 Vgl. Brink/Habel, Recht der Kreditsicherheiten in europäischen Ländern, Teil IV, Berlin 1980; Stumpf (Hrsg.), Eigentumsvorbehalt und Sicherungsübereignung im Ausland, 5. Aufl. Heidelberg 1988.
2 Englisches Sachenrecht unterscheidet zwischen real und personal property. Dies entspricht nur ungefähr dem kontinentalen − und auch im englischen internationalen Privatrecht gebräuchlichen − Begriffspaar von unbeweglichen und beweglichen Sachen. Vgl. etwa Cheshire/Burn, Modern Law of Real Property, 14. Aufl. London 1988.
3 Section 1 Law of Property Act 1925 hat die mannigfachen Eigentumsformen an Grundstücken auf zwei zusammengestrichen: Das unserem Eigentumsbegriff nahekommende freehold, in genauer Rechtsterminologie: An estate in fee simple absolute in possession, und leasehold, genauer a term of years, das als dingliche Miete charakterisiert werden kann. Die Vielfalt der Eigentumsrechte nach equity ist dagegen nicht vernichtet worden. Vgl. Megarry/Wade, The Law of Real Property, 5. Aufl. London 1984, S. 38 ff.
4 Vgl. oben Rdnr. 26.

sche Persönlichkeiten sind an dieser Frage gescheitert[5]. Mehr als eine Beschreibung kann nicht geboten werden: Eine *mortgage* ist eine Sicherheit für die Erfüllung einer Verbindlichkeit unter dem Vorbehalt, daß die Sicherheit zurückgegeben wird, wenn die Verbindlichkeit getilgt wird. Bei einer *legal mortgage* handelt es sich nach englischem Recht nicht um die Belastung einer fremden Sache mit Rechten Dritter, sondern um eine Vollrechtsübertragung mit einem Rückübereignungsanspruch bei Erfüllung des Sicherungszwecks. Der Sicherungsgeber überträgt also sein Eigentum und ist auf das Rückgaberecht *right of redemption* beschränkt. In dieser Form ähnelt eine *mortgage* daher der Sicherungsübereignung[6]. Bei der Bestellung einer *equitable mortgage* kann es ebenfalls – muß es aber nicht – zu einer Eigentumsübertragung kommen. Von der *mortgage* ist eine *charge* zu unterscheiden. Bei einer *charge* wird kein Eigentum vom Sicherungsgeber auf den Gläubiger übertragen. Das Eigentum des Sicherungsgebers wird lediglich mit dem Recht des Gläubigers belastet, das Sicherungsgut zur Tilgung der gesicherten Verbindlichkeit in Anspruch zu nehmen. Bereits an dieser Stelle soll eine Besonderheit des englischen Rechts erwähnt werden. Nach der Entscheidung *Re Charge Card Services Ltd. [1987] Ch. 150* kann die Verbindlichkeit eines Schuldners gegenüber einem Gläubiger nicht Gegenstand einer *charge* des gleichen Gläubigers zugunsten des gleichen Schuldners sein. Eine Verbindlichkeit ist ein nichtkörperlicher Gegenstand, eine *chose in action*, die dem Gläubiger das Recht gewährt, den Schuldner auf Zahlung zu verklagen. Der *High Court* hat es als entscheidend angesehen, daß dieses Recht nicht auf den Schuldner übertragen werden könne, da dieser sich nicht selbst verklagen könne. Die Bestellung einer derartigen Sicherheit sei daher konzeptionell unmöglich. Das Urteil ist von der Rechtspraxis und der Rechtswissenschaft scharf kritisiert worden. Es ist jedoch nach wie vor der *leading case* zu dieser Frage.

2. Bestellung

307 Der englische Begriff *mortgage* wird häufig mit der deutschen Hypothek gleichgesetzt. Das ist falsch. Anders als eine Hypothek kann eine *mortgage* auch an *chattels* bestellt werden[7]. Unter den Begriff *chattels* fallen sowohl bewegliche Sachen *choses in possession* als auch nicht körperliche Gegenstände *choses in action*, wie zum Beispiel Gesellschaftsanteile und im Vereinigten Kö-

---

5 Samuel v. Jarrah Timber and Wood Paving Corporation [1904] A.C. 323, 326 (Lord Macnaghton); Maitland, Equity, 2. Aufl. 1969, S. 182.
6 Nach dem Law of Property Act 1925 kann eine Rechtshypothek über Grundeigentum, freehold und leasehold, nicht mehr durch Vollrechtsübertragung begründet werden, sondern nur noch durch dingliche Vermietung für eine bestimmte Zeit oder durch eine als Rechtshypothek bezeichnete Belastungsurkunde (section 85 bis 87 des Law of Property Act 1925). Im Gegensatz zur mortgage wird durch einen charge nicht das Eigentum auf den Pfandgläubiger übertragen, der Eigentümer räumt ihm nur bestimmte Sicherungsrechte am verpfändeten Gegenstand ein (vgl. Megarry/Wade, The Law of Real Property, 5. Aufl., London 1984, S. 191 ff.).
7 Vgl. im einzelnen Snell/Megarry/Baker, Principles of Equity, 29. Aufl. London 1990, S. 431 ff.

nigreich bestehende Patente[8]; auch an zukünftigen Forderungen kann eine *mortgage* bestellt werden[9].

Ist ein *legal right* das Sicherungsgut, kann – je nach Parteiwille – eine *legal* oder *equitable mortgage* daran begründet werden; an einem *equitable right* hingegen immer nur eine *equitable mortgage*. Soll zum Beispiel am Anteil *share* an einer *company* eine *legal mortgage* bestellt werden, muß der Anteil auf den Sicherungsnehmer übertragen, d. h. dieser muß als Inhaber in das Gesellschaftsregister eingetragen werden. Zur Begründung einer *equitable mortgage* reicht hingegen die Übergabe des Anteilszertifikats mit Übertragungswillen aus[10]. 308

Bei der Bestellung einer *legal mortgage* an nichtkörperlichen Gegenständen *intangible movables* bestehen besondere Form- und Rangvorschriften. Die Bestellung muß schriftlich erfolgen und dem Schuldner schriftlich angezeigt werden[11]. Die Benachrichtigung des Schuldners ist nicht nur für die Wirksamkeit *in law*, sondern auch für den Rang von Bedeutung. *Section 136 Law of Property Act 1925* gibt – und dies ist ungewöhnlich – *equitable rights* den Vorrang vor *legal rights*: *subject to equities*. Der Sicherungsnehmer kann seinen einmal entstandenen Vorrang jedoch durch die Benachrichtigung des Sicherungsgebers wahren[12]. 309

Keine Sondervorschriften gibt es dagegen, wenn eine *equitable mortgage* an nichtkörperlichen Gegenständen begründet werden soll. Vorausgesetzt wird lediglich eine Einigung der Parteien. Eine Benachrichtigung des Schuldners ist zwar nicht Wirksamkeitsvoraussetzung. Da sich jedoch hier der Rang nach der Anzeige an den Schuldner richtet[13], sollte diese ebenfalls unmittelbar erfolgen. Kennen-Müssen des Schuldners reicht jedoch aus, um den Rang zu erhalten[14]. 310

3. Registrierung

Chattel mortgages haben – anders als die Sicherungsübereignung in Deutschland – nur eine untergeordnete Bedeutung, weil zumeist ein umständliches förmliches Verfahren durchlaufen werden muß. Man könnte meinen, daß das englische Recht dadurch vermeiden wolle, daß Gläubiger durch den Schein des Besitzes über die Vermögenslage des Schuldners getäuscht werden, wenn der 311

---

8 Vgl. sections 30 (2) und (6) Patents Act 1977.
9 Syrett v. Egerton [1957] 3 All. E.R. 331.
10 Vgl. unten Rdnr. 331 ff.
11 Vgl. section 136 Law of Property Act 1925; die Vorschrift gilt nicht nur für die Übertragung, sondern auch für die Bestellung einer Sicherheit; Durham Brothers v. Robertson [1898] 1 Q.B. 765.
12 Dearle v. Hall [1824–34] All E.R. Rep. 28; Pfeiffer Weinkellerei – Weineinkauf GmbH & Co. v. Arbuthnot Factors Ltd. [1988] 1 W.L.R. 150; kritisch dazu Oditah (1989) 8 O.J.L.S. 513.
13 Whittingstall v. King (1882) 46 L.T. 520.
14 Mutual Life Assurance Society v. Langley (1886) 32 Ch. D. 460.

III. Recht der Handelsgeschäfte

Schuldner diese Sachen einem anderen sicherungsübereignet[15]. Den „Konkurs des Konkurses" zu vermeiden, war jedoch nur ein Nebeneffekt der Neuregelung im letzten Jahrhundert. Dem Gesetzgeber ging es bei den *Bills of Sale Acts 1878, 1882* vielmehr darum, die Sicherungsgeber durch strenge Formvorschriften selbst zu schützen. Sie sollten genau wissen, wozu sie sich verpflichtet hatten[16]. Eine *mortgage* über *personal chattels* muß nach den *Bills of Sale Acts 1878, 1882* binnen sieben Tagen nach Begründung beim *Registrar of Bills of Sale* angemeldet werden; verschiedene Unterlagen, einschließlich der Sicherungsvereinbarung mit Angabe der Gegenleistung *consideration*, müssen hinterlegt werden[17]. Anderenfalls ist die *mortgage*, ebenso wie bei einer Formabweichung, nichtig. Mit *personal chattels* sind bewegliche Gegenstände gemeint. Die Errichtung des *bill of sale* muß normalerweise von einem *Solicitor* bezeugt werden; bei der bloßen Bestellung einer Sicherheit genügt die Bestätigung eines unbeteiligten Dritten. Der Sicherungsgeber muß über die Wirkung der Übertragung aufgeklärt werden. Das Register kann jedermann einsehen.

312 Auf die Bestellung einer Sicherheit durch *companies* ist der *Bills of Sale Act 1882* nicht anwendbar[18]. Doch muß eine von einer *company* bestellte *mortgage* binnen 21 Tagen beim *Registrar of Companies* angemeldet und dort eingetragen werden[19]. Es entfällt also lediglich die Notwendigkeit einer doppelten Anmeldung und Eintragung.

4. Rechte des Sicherungsnehmers

313 Erfüllt der Sicherungsgeber seine Verpflichtungen nicht, stehen dem Sicherungsnehmer fünf Rechtsmittel zur Seite: Er kann aus der gesicherten Forderung auf Zahlung klagen, den Gegenstand veräußern und sich aus dem Erlös befriedigen, den Rückgabeanspruch in einem *foreclosure*-Verfahren für verfallen erklären lassen, einen Verwalter *receiver* bestellen und diesen den Gegenstand verwerten lassen oder die Sache selbst in Besitz nehmen. Am praktisch relevantesten sind die Veräußerung des Sicherungsgutes und die Einsetzung eines Verwalters.

314 Der Sicherungsnehmer hat bei der Ausübung seiner Rechte auf die Interessen des Sicherungsgebers und etwaiger nachrangiger Sicherungsnehmer Rücksicht zu nehmen. Es ist noch nicht höchstrichterlich und bindend entschieden, ob diese Pflichten nur *in equity* oder auch *in law* bestehen. Der *Privy*

---

[15] Das war tatsächlich Sinn und Zweck der Bills of Sale Acts 1854 und 1862.
[16] Manchester, Sheffield and Lincolnshire Railway Co. v. North Central Wagon Co. (1888) 13 App. Cas. 554, 560 (Lord Herschell).
[17] Vgl. sections 10 und 13 Bills of Sale Act 1878, 1882.
[18] Vgl. section 17 Bills of Sale Act 1882; Slavenburg's Bank N.V. v. Intercontinental Natural Resources Ltd. [1980] All E.R. 955.
[19] Section 397 Companies Act 1985.

Council[20] hat jedoch 1992 in einer mit Spannung erwarteten Entscheidung ausgesprochen, daß keine *duty of care* zu Lasten des Sicherungsnehmers besteht. Er muß seine Rechtsmacht lediglich entsprechend Treu und Glauben ausüben; dies schließt es ein, daß bestimmte Verwertungshandlungen für den Kreditnehmer ungünstig seien dürfen[21]. Der Sicherungsnehmer kann daher etwa den Betrieb eines Unternehmens fortsetzen, auch wenn dies mit Risiken behaftet ist. Wer einen zu seinen Gunsten belasteten Gegenstand veräußert oder vermietet, muß dafür einen marktgerechten Preis erzielen und darf die Immobilie nicht leerstehen lassen; dies würde auf Kosten des – u. U. personenverschiedenen – persönlichen Schuldners gehen. Er muß außerdem das Sicherungsgut in einem ordnungsmäßigen Zustand erhalten und ist gegenüber dem Sicherungsgeber für die Einnahmen abrechnungspflichtig. Ein Sicherungsnehmer ist jedoch nicht verpflichtet, seine Sicherheit zu verwerten. Er kann abwarten, bis sich etwa die Marktpreise verbessert haben[22]. Dies ist gerade wegen der Rezession auf dem englischen Immobilienmarkt in den letzten Jahren häufig vorgekommen.

In diesem Zusammenhang hat der *Court of Appeal* jedoch jüngst eine Grenze gezogen. Auf den Antrag des Sicherungsgebers hat er einen Sicherungsnehmer verpflichtet, das Haus zu verkaufen. Der Kreditgeber hatte dagegen abwarten wollen, bis die Immobilienpreise gestiegen sind. Die Vermietungskonditionen waren jedoch so schlecht, daß während dieser Zeit nicht nur keine Tilgungsleistungen hätten erbracht werden können; noch nicht einmal die Zinsbelastung wäre gedeckt gewesen. Im Ergebnis hätte also der Sicherungsnehmer auf Kosten und Risiko des Sicherungsgebers spekulieren können. Denn wenn sich seine Erwartungen nicht erfüllt hätten, hätte er nach wie vor aus der gesicherten Forderung in der dann bestehenden Höhe gegen den Kreditnehmer vorgehen können. Grundlage für die Entscheidung des Gerichts war *section 91 Law of Property Act 1925*[23]. Danach hat das Gericht Ermessen, ob es den Sicherungsnehmer verpflichten will, gegen seinen Willen das Sicherungsgut zu verkaufen. Im Ergebnis läuft dieses Verfahren auf eine Interessenabwägung hinaus, bei der dem Sicherungsgeber allerdings nach wie vor grundsätzlich der Vorrang gebührt.

5. Rückübertragung

Erfüllt der Sicherungsgeber oder ein begünstigter Dritter seine Verpflichtung, ist der Sicherungszweck entfallen. Das Sicherungsgut muß zurückübertragen werden. Bei allen *equitable mortgages* und *legal mortgages of land or choses*

---

20 Dazu oben Rdnr. 32.
21 Downsview Nominees Ltd. v. First City Corporation Ltd. [1993] 2 W.L.R. 86.
22 China and South Sea Bank Ltd. v. Tan [1990] 1 A.C. 536.
23 Palk v. Mortgage Services Funding plc. [1993] 2 All E.R. 481.

III. Recht der Handelsgeschäfte

in action ist dies in einem vereinfachten Verfahren möglich *by receipt*[24]. Der Sicherungsgeber muß sein Rückübertragungsrecht binnen sechs – bei einer *deed* binnen zwölf – Jahren seit Bestellung der Sicherheit durchsetzen, weil seine Ansprüche sonst verjähren[25].

III. Pledge

1. Begriff

317 Unter einem *pledge*, auch *pawn* genannt, ist die Überlassung des Besitzes an einem Gegenstand zur Sicherung einer Forderung zu verstehen. Ein *pledge* ist die älteste Sicherheit des englischen Rechts. Es entspricht in Konstruktion und Funktion dem deutschen Faustpfand; doch ist es in England, besonders als Sicherungsmittel der Banken, in seiner Bedeutung nicht von der Sicherungsübereignung verdrängt worden[26]. Dies hat seine Ursache zum einen in den Formerfordernissen, die die *Bills of Sale Acts 1878, 1882* für Sicherungsübereignungen aufgestellt haben. Zum zweiten reicht die Überlassung mittelbaren Besitzes an den Sicherungsnehmer aus. Von einer *mortgage* unterscheidet sich ein *pledge* in zweierlei Hinsicht: Zum einen findet eine Eigentumsübertragung nicht statt; zum anderen ist es zwingend, daß dem Sicherungsnehmer Besitz eingeräumt wird.

2. Bestellung

318 Ein *pledge* kann an nur an Gegenständen bestellt werden, deren Besitz übertragen werden kann. In der Praxis sind dies bewegliche Gegenstände *personal chattels* und umlauffähige Wertpapiere *negotiable instruments*, also etwa Wechsel, Inhaberaktien, Inhaberschuldverschreibungen oder bestimmte Arten von Versicherungspolicen. Obwohl theoretisch möglich, gibt es heute keine *pledges* mehr an Grundstücken.

319 Die Sicherheit wird durch Vertrag und Besitzübertragung eingeräumt; es handelt sich also nicht um eine reine Konsensualsicherheit. Trotz der Nachteile für den Sicherungsgeber wird oftmals der unmittelbare Besitz auf den *pledgee* übertragen. Befinden sich die Waren dagegen in einem Warenhaus oder bei einem anderen Dritten, kann dem Sicherungsnehmer mittelbarer Besitz durch Anerkenntnis des unmittelbaren Besitzers *attornment* eingeräumt werden. Bleiben die Waren in den Geschäftsräumen des Sicherungsgebers, reicht eine Vereinbarung, für den Kreditgeber den Besitz zu mitteln, nicht aus. Nach engli-

---

[24] Vgl. section 115 Law of Property Act 1925, section 57 Friendly Societies Act 1974, section 13 Building Societies Act 1986.
[25] Sections 5, 8 und 15, 17, 20 Limitation Act 1980.
[26] Vgl. auch Chorley/Holden, Law of Banking, 6. Aufl., London 1974, S. 290f., 320ff.; Snell/Megarry/Baker, a.a.O., S. 413ff.

schem Recht müssen die verpfändeten von den nicht verpfändeten Waren sichtbar getrennt und der Verfügungsgewalt des Sicherungsnehmers unterstellt werden. Sie müssen z. B. in versiegelten Räumen, die an den Kreditgeber vermietet werden und zu denen nur er Zutritt hat, aufbewahrt werden[27].

Solange die Waren durch ein Konnossement *bill of lading* repräsentiert werden, ist die Bestellung eines *pledge* einfacher. Denn die Übergabe dieses Wertpapiers ersetzt die Übertragung des Besitzes. Gibt der Sicherungsnehmer die Dokumente zurück, damit der Sicherungsgeber die Waren ausladen, verzollen oder verkaufen kann, läßt er sich regelmäßig eine Empfangsbestätigung unterschreiben, *trust receipt* oder *letter of trust*. Der Sicherungsgeber verspricht darin, die verpfändeten Waren oder den Verkaufserlös als Treuhänder für den Sicherungsgeber zu halten. Dadurch wird der mittelbare Besitz *constructive possession* des Sicherungsnehmers und damit die Verpfändung, auch für den Fall des Konkurses, aufrechterhalten[28]. Jedoch kann ein gutgläubiger Dritter unbelastetes Eigentum vom Sicherungsgeber erwerben. Ein *letter of trust* braucht nicht registriert zu werden, weder nach den *Bills of Sale Acts 1878, 1882* noch nach dem *Companies Act 1985*. Auch die neuen Registrierungsvorschriften des *Companies Act 1989*, die jedoch noch nicht in Kraft getreten sind, verlangen keine Eintragung. 320

Mit der Bestellung der Sicherheit erwirbt der Sicherungsnehmer eine *special property* an den Waren. Diese darf nicht mit dem fortbestehenden Eigentum des Sicherungsgebers verwechselt werden. Der Sicherungsnehmer ist berechtigt, den Besitz auszuüben[29], das Sicherungsgut auf eigenes Risiko zu nutzen[30] und sein Sicherungsrecht weiterzuübertragen[31]. Der Sicherungsnehmer ist schließlich befugt, die Waren zu verkaufen und mit dem Erlös die gesicherte Forderung zu tilgen. Dieses Recht besteht, wenn ein Zeitpunkt für die Rückzahlung des Kredits bestimmt wurde und dieser verstrichen ist[32]. Haben die Parteien keinen Endtermin festgelegt, hat der Kreditgeber den Sicherungsnehmer zur Zahlung innerhalb einer angemessenen Frist aufzufordern und ihn auf die drohende Verwertung hinzuweisen. Verstreicht die Frist fruchtlos, können die Waren verwertet, sprich: verkauft werden[33]. 321

---

27 Young v. Lambert (1870) L.R. 3 P.C. 142; Official Assignee of Madras v. Mercantile Bank of India Ltd. [1935] A.C. 53.
28 North Western Bank Ltd. v. Poynter, Son and Macdonalds [1895] A.C. 56; Chorley/Holden, a.a.O., S. 326; Drobnig, RabelsZ 26 (1961), S. 403 ff., 411 ff.; Snell/Megarry/Baker, a.a.O., S. 435 f.
29 Yungmann v. Briesemann (1892) 67 L.T. 642.
30 Coggs v. Bernard (1703) 2 Ld. Raym. 909.
31 Donald v. Suckling (1866) L.R. 1 Q.B. 585.
32 Re Morris, ex parte Official Receiver (1866) 18 Q.B.D. 222.
33 France v. Clark (1883) 22 Ch. D. 830.

III. Recht der Handelsgeschäfte

3. Erlöschen

322 Ein *pledge* erlischt, wenn die gesicherte Schuld getilgt und der Besitz an dem Sicherungsgut zurückübertragen wurde. Dazu ist der Sicherungsnehmer verpflichtet. Dies gilt auch dann, wenn der Vertrag darüber keine ausdrücklichen Bestimmungen enthält; es besteht jedenfalls ein entsprechendes *implied undertaking* des Sicherungsnehmers[34]. Da der Sicherungsgeber Eigentümer bleibt, kann er die Grundforderung jederzeit zum Erlöschen bringen und das Sicherungsgut herausverlangen — es sei denn, die vertraglichen Bestimmungen sähen anderes vor.

4. Negative Pledge

323 Von einem Faustpfand ist eine *negative pledge clause* zu unterscheiden. Eine solche Bestimmung ist keine Sicherheit, sondern lediglich eine vertragliche Abrede zwischen Sicherungsgeber und Sicherungsnehmer. Sie findet sich in Verträgen über die Bestellung von Sicherheiten, insbesondere *floating charges*[35]. In auf England beschränkten Geschäften bestimmen derartige Klauseln in der Regel, daß der Sicherungsgeber keine weiteren Sicherheiten am Sicherungsgut bestellen darf, die vor- oder gleichrangig sind. Bei internationalen Transaktionen geht es dagegen nicht darum, die Bestellung solcher Sicherheiten zu verhindern. Vorgeschrieben wird normalerweise vielmehr, daß die zuerst bestellte Sicherheit gleichrangig ist; alternativ kann der Sicherungsgeber auch verpflichtet werden, dem Sicherungsnehmer neue Sicherheiten einzuräumen[36].

IV. Lien

1. Begriff

324 Ein *lien* entspricht dem Zurückbehaltungsrecht des deutschen Rechts; es erfüllt zudem ähnliche Funktionen wie ein Vermieter- oder Werkunternehmerpfandrecht. Es gibt vier Entstehungsgründe für ein *lien*: *common law*, Vertrag, Gesetz oder *equity*.

2. Legal lien

325 Das *legal lien*[37], das vom englischen Fallrecht herausgearbeitet wurde, ist die wichtigste Unterart. Es besteht nur und nur so lange, als Besitz an den Sachen gegeben ist. Von einem *particular lien* spricht man, wenn das Zurückbehal-

---

34 Babcock v. Lawson (1880) 5 Q.B.D. 284.
35 Vgl. dazu unten Rdnr. 337.
36 Vgl. Penn/Shea/Aurora, The Law and Practice of International Banking, 1987, Rdnrn. 6.37 ff.
37 Vgl. im einzelnen Snell/Megarry/Baker, a.a.O., S. 438 ff.; Charlesworth/Schmitthoff/Sarre, a.a.O., S. 476 ff.

tungsrecht nur wegen Forderungen existiert, die sich auf die zurückbehaltenen Waren beziehen. So kann der Frachtführer grundsätzlich nur die Waren zurückbehalten, für die die Fracht noch nicht bezahlt ist; gleiches gilt für einen Werkunternehmer[38]. Hingegen gibt ein *general lien* auch Ansprüche wegen anderer Forderungen. Es entsteht aber nur aufgrund längerer Geschäftsbeziehungen, besonderer Vereinbarung oder anerkannten Handelsbrauchs[39]. Auf einen solchen Brauch können sich *Solicitors*, Banken, Handelsvertreter, die Waren ihres Prinzipals besitzen, und Börsenmakler berufen. Von einer *mortgage* unterscheidet sich das Zurückbehaltungsrecht dadurch, daß das Eigentum nicht übergeht; im Gegensatz zu einem *pledge* hat der Zurückbehaltende keine Befugnis, die Waren zu verkaufen und sich aus dem Erlös zu befriedigen. Die Berufung auf ein *lien* stellt daher nur ein Verteidigungsvorbringen dar. In Ausnahmefällen gewährt jedoch das Gesetz ein Verwertungsrecht. Begünstigte sind etwa Gastwirte, Frachtführer oder Reeder. Das Zurückbehaltungsrecht erlischt, wenn der Schuldner Erfüllung der Forderung in ordnungsmäßiger Art und Weise anbietet, wenn der Berechtigte verzichtet, den Besitz verliert oder ihm andere Sicherheiten bestellt werden.

3. Vertragliches Zurückbehaltungsrecht

Auch die Vereinbarung eines vertraglichen Zurückbehaltungsrechts setzt Besitz voraus. Ist das nicht der Fall oder wird dem Sicherungsnehmer ein Verwertungsrecht eingeräumt, handelt es sich nicht um ein *lien*, sondern ein auf mittelbaren Besitz gegründeten *pledge*. Eine Besonderheit gilt für das einer Bank gewährte Zurückbehaltungsrecht. Dieses berechtigt sie, auch ohne eine entsprechende vertragliche Bestimmung, den zurückbehaltenen Scheck oder Wechsel zu verwerten[40]. Ein vertragliches *lien* braucht nicht registriert zu werden, auch nicht, wenn es von einer Kapitalgesellschaft bestellt wird[41].

326

4. Gesetzliches Zurückbehaltungsrecht

In der Praxis am wichtigsten ist das Zurückbehaltungsrecht des Verkäufers: Er hat ein *particular lien*: Wenn er die Ware noch in Besitz hat, der Kaufpreis aber abredewidrig noch nicht bezahlt ist oder der Käufer in Konkurs fällt, kann er sie zurückbehalten, auch wenn das Eigentum schon auf den Käufer übergegangen ist. Der Verkäufer verliert dieses Zurückbehaltungsrecht, wenn er die Waren dem Spediteur oder Frachtführer übergibt oder der Käufer rechtmäßig

327

---

38 The Katingaki [1976] 2 Lloyd's Rep. 372.
39 United States Steel Products Co. v. Great Western Railway Co. [1916] 1 A.C. 189; K. Chellaram & Sons (London) Ltd. v. Butlers Warehousing and Distribution Ltd. [1977] 2 Lloyd's Rep. 192.
40 Brandao v. Barnett (1846) 3 C.B. 519.
41 Section 395 Companies Act 1985. Das englische Recht befindet sich insoweit im Umbruch; aber auch, wenn die Neuregelung des Companies Act 1989 in Kraft treten sollte, wäre eine Registrierung nach section 93 Companies Act 1989 nicht erforderlich.

III. Recht der Handelsgeschäfte

Besitz erlangt[42]. Wird der Käufer zahlungsunfähig und sind die Waren schon beim Frachtführer, kann der Verkäufer sie zurückfordern. Dieses *right of stoppage in transit* besteht, bis die Waren dem Käufer oder seinem Stellvertreter vom Frachtführer übergeben werden und dadurch in deren Besitz gelangen[43].

5. Equitable lien

328 Ein solches Zurückbehaltungsrecht setzt im Gegensatz zu einem *legal lien* keinen Besitz voraus. Der Begünstigte muß lediglich eine nicht erfüllte Forderung haben. Das Zurückbehaltungsrecht kann dann aufgrund einer besonderen Rechtsbeziehung zwischen den Parteien – z. B. zwischen Gesellschaftern einer *partnership*[44], zwischen Verkäufer und Käufer von Immobilien[45] –, durch bestimmtes Verhalten oder ausdrückliche vertragliche Bestimmungen entstehen. Im heutigen Handelsverkehr haben *equitable liens* eine sehr untergeordnete Bedeutung.

V. Hypothecation

329 *Hypothecation* ist ein Fremdwort im *common law*[46]. Wahrscheinlich stammt es aus dem Seerecht. Durch *hypothecation* erlangt der Sicherungsnehmer weder Eigentum wie bei der *mortgage* noch Besitz am Sicherungsgut wie beim Faustpfand. Es handelt sich um ein besitzloses Pfandrecht, das durch *letter of hypothecation*, mißverständlich auch *letter of lien* genannt, begründet wird. Kann der Sicherungsgeber dem Kreditgeber keinen Besitz verschaffen, weil sich seine Lagerräume nicht abtrennen und versiegeln lassen oder weil sie im Besitz eines Dritten sind, kann er in einem *letter of hypothecation* ein besitzloses Pfandrecht begründen. Dies allerdings nur, wenn diese Urkunde im gewöhnlichen Geschäftsverkehr als Beweis für Besitz und Kontrolle über Waren angesehen wird. Diese Einschränkung bedeutet Rechtsunsicherheit. Teilt der Kreditgeber dem unmittelbaren Besitzer die Verpfändung mit, kann dieser keine vorrangigen Rechte erwerben. Gutgläubige Dritte hingegen erwerben vom Sicherungsgeber unbelastetes Eigentum. Ein *letter of hypothecation* braucht nicht registriert zu werden, weder nach den *Bills of Sale Acts 1878, 1882* noch nach dem *Companies Act 1985*[47].

330 Der Begriff *letter of hypothecation* wird oft – vor allem von Banken – gebraucht, um sich eine umfassende Sicherheit bestellen zu lassen, die möglichst

---

42 Section 41 Sale of Goods Act 1979.
43 Vgl. sections 44 ff. Sale of Goods Act 1979.
44 Aberdare and Plymouth Co. Ltd. v. Hankey (1887) 3 T.L.R. 493.
45 Re Birmingham, Savage v. Stannard [1959] Ch. 523; Whitbread & Co. Ltd. v. Watt [1902] 1 Ch. 835; vgl. Worthington [1994] 53 C.L.J. 263.
46 Vgl. Chorley/Holden, a. a. O., S. 321, 328 f.; Drobnig, RabelsZ 26 (1961), S. 412 ff.
47 Vgl. Re Hamilton Young & Co. [1905] 2 K.B. 772.

alle gegenwärtigen und zukünftigen Forderungen gegen ihren Kunden abdeckt. Ein solcher *letter of hypothecation* hat keine genaue juristische Bedeutung. Diese wird vielmehr erst durch den tatsächlichen Inhalt bestimmt. Es kommt daher immer wieder vor, daß die Bestellung der Sicherheit unwirksam ist, weil bei der weiten Formulierung bestimmte Normen zum Schutz des Sicherungsgebers oder des Rechtsverkehrs nicht eingehalten wurden. Oft wird übersehen, daß die Dokumente, an denen die Sicherheit bestellt werden sollte, keine Inhaberpapiere waren oder die Waren nicht durch Übergabe der Dokumente übereignet werden konnten. Außerdem besteht die Gefahr, daß bestimmte Arten solcher Sicherheiten als Sicherungsübereignungen angesehen werden und daher registrierungspflichtig sind[48]. Eine Eintragungspflicht kann in bestimmten Fällen auch für Kapitalgesellschaften bestehen, wenn nicht eine bestimmte Menge von Waren als Sicherungsgut bezeichnet, sondern eine umfassende Sicherheit gewährt wird[49].

VI. Floating charge

1. Begriff und Bestellung

Eine *floating charge* ist eine Sicherheit des englischen Rechts, die im deutschen keine volle Entsprechung findet. Sie wird nicht an einem individuellen Sicherungsgut oder einer bestimmten Menge von Gegenständen bestellt, sondern in aller Regel an dem gesamten gegenwärtigen und zukünftigen Vermögen des Sicherungsgebers. Für die Tilgung des Kredits steht also ein Haftungsfond zur Verfügung. Über diesen darf der Sicherungsgeber jedoch verfügen. Beim Eintritt bestimmter Ereignisse konkretisiert sich die *charge* auf einzelne, dann noch im Eigentum des Sicherungsgebers stehende Vermögensteile. Der Sache nach handelt es sich also um ein umfassendes besitzloses Pfandrecht. Die Bestellung kann formlos erfolgen; nur wenn auch Grundvermögen mitverpfändet wird, ist Schriftform nötig[50]. In der Praxis erfolgt die Bestellung jedoch schon aus Beweiszwecken in aller Regel schriftlich, oft sogar in der besonderen Form eines *deed*.

Floating charges sind nicht durch den Gesetzgeber oder das eher starre *common law* eingeführt worden. Ihre Entwicklung beruht ausschließlich auf handelsrechtlicher Praxis; insbesondere im Bankgeschäft sind sie heute weit verbreitet. Die Ausgabe von Schuldverschreibungen zur Beschaffung von Krediten am allgemeinen Geldmarkt wird oft durch *fixed* und/oder *floating charges* gesichert. Als Sicherungsinstrument wurden *floating charges* erstmals 1870 vom

---

48 Vgl. Bills of Sale Acts 1878, 1882.
49 Vgl. section 395 Companies Act 1985 und Slavenburg's Bank N.V. v. Intercontinental Natural Resources Ltd. [1980] 1 All E.R. 955.
50 Section 2 Law of Property (Miscellaneous Provisions) Act 1989.

III. Recht der Handelsgeschäfte

Court of Appeal anerkannt[51]; das *House of Lords* hat sich dem angeschlossen[52]. Nur *companies* können *floating charges* bestellen; natürlichen Personen und *partnerships* ist diese Art Sicherheit verschlossen, da sie nicht von den Erfordernissen der *Bills of Sale Acts 1878, 1882* befreit sind. Auch dies ist ein Grund für die Popularität der *company* im englischen Wirtschaftsleben. *Floating charges* sind nicht nur im englischen, sondern auch im neuseeländischen und australischen Recht bekannt; kürzlich wurden sie auch in den Vereinigten Staaten von Amerika anerkannt. Schottland kennt sie seit 1962.

333 *Floating charges* sind *equitable charges*, also keine Sicherheiten des *common law*. Es besteht heute Einigkeit darüber, daß das Charakteristikum einer *floating charge* die fortbestehende Verfügungsbefugnis *trading power* ist. Typischerweise kommt hinzu, daß gegenwärtiges und zukünftiges Vermögen zur Haftungsmasse gehört, und daß sich dessen Inhalt ändert. Von anderen *equitable charges* unterscheidet sie sich dadurch, daß der Sicherungsgeber über die Vermögensgegenstände im ordentlichen Geschäftsgang verfügen darf[53].

334 Es war und ist im englischen Recht umstritten, ob eine *floating charge* bereits dann eine echte Sicherheit darstellt, wenn die Haftungsmasse noch variabel ist. Teilweise wird eingewandt, zunächst handele es sich lediglich um eine vertragliche Vereinbarung, die erst in der Zukunft, nämlich beim Eintritt bestimmter Ereignisse, rechtliche Wirkungen nach sich ziehe[54]. Dabei wird jedoch außer Acht gelassen, daß die Bestellung der Sicherheit von vornherein mit einer vom Sicherungsnehmer gewährten Verfügungsbefugnis gekoppelt ist. Daher kann der Sicherungsnehmer eine einstweilige Verfügung *interlocutory injunction* bereits gegen den Sicherungsgeber erwirken, wenn die *charge* sich noch nicht auf einzelne Gegenstände konkretisiert hat[55]. Heute spricht daher mehr dafür, *floating charges* bereits vor Konkretisierung als echte Sicherheit anzusehen. Dies folgt zudem aus *section 251 Insolvency Act 1986*, der ausdrücklich auf den Entstehungszeitpunkt abstellt. Daß die Sicherheit noch nicht vollwertig ist, darf jedoch nicht verkannt werden[56].

2. Verfügungsbefugnis

335 Der Sicherungsgeber ist zur Verfügung über die Bestandteile des Haftungsfonds befugt, soweit diese im ordentlichen Geschäftsgang erfolgen; er hat und behält also die *trading power*. Erlaubt sind also alle Arten von Transaktionen,

---

[51] Re Panama, New Zealand & Australia Royal Mail Co. (1870) L.R. 5 Ch. App. 318.
[52] Re Yorkshire Woolcombers Association Ltd. [1903] 2 Ch. 284, vom House of Lords affirmed unter der Bezeichnung Illingworth v. Houldsworth [1904] A.C. 355.
[53] Illingworth v. Houldsworth [1904] A.C. 355; Re Bond Worth Ltd. [1980] Ch. 228.
[54] Pennington (1960) 23 M.L.R 630.
[55] Tricontinental Corporation Ltd. v. FCT (1987) 5 A.C.L.C. 555; Re Woodroffes (Musical Instruments) Ltd. [1986] Ch. 366.
[56] Ferran [1988] C.L.J. 213; Worthington [1994] C.L.J. 81.

die der Fortführung des Unternehmens dienen (sollen): Verkauf von Waren, Bestellung von Sicherheiten, Tilgung von Forderungen; auch Aufrechnungen sind gestattet[57]. Nicht gedeckt ist dagegen der Verkauf des gesamten Unternehmens; der Käufer erwirbt dann lediglich belastetes Eigentum[58]. Diese Einschränkung gilt nicht für Umstrukturierungsmaßnahmen innerhalb einer Unternehmensgruppe, die zu Vermögensübertragungen führen[59].

Trotz einer *floating charge* darf und kann der Sicherungsgeber sein gesamtes Vermögen belasten. Er kann also *legal mortgages* und *fixed charges* bestellen; zulässig ist es auch, eine spätere *floating charge* an einem Teil des bereits der früheren *floating charge* unterliegenden Vermögens zu bestellen. Wer über sein Vermögen und dessen Bestandteile verfügen kann, kann sie als Minus auch als Sicherheitsgut verwenden. Diese später bestellten Sicherheiten können auch Vorrang vor der *floating charge* haben[60]. Ausgeschlossen ist es lediglich, über dieselbe Haftungsmasse eine vor- oder gleichrangige *floating charge* zu bestellen[61].

336

3. Negative Pledge

Floating charges können zwar weitreichende Rechte begründen; indes ist die tatsächliche Sicherheit für den Begünstigten vor der Konkretisierung begrenzt. Diese für *chargeholder* bestehende Gefahr versuchen die Parteien oft, durch *negative pledge clauses* auszuschließen[62]. Darunter ist die Verpflichtung des Sicherungsgebers zu verstehen, später bestellten Sicherheiten keinen Vor- oder Gleichrang einzuräumen. Im einzelnen steht den Parteien ein weiter Gestaltungsspielraum offen. Derartige Klauseln setzen sich gegen spätere Sicherheiten jedoch nur durch, wenn die Sicherungsnehmer bösgläubig waren. Sonst bleibt es bei der normalen Rangfolge. Bösgläubigkeit meint nicht nur Kenntnis von der *floating charge*, sondern auch von der *negative pledge clause*. Bisher geht man im englischen Recht davon aus, daß nur positive Kenntnis schadet; Wissen-Müssen reicht nicht aus. An der Effizienz solcher Klauseln werden daher immer mehr Zweifel laut; dies gilt vor allem für Banken, die am häufigsten durch *floating charges* gesichert sind. Sie sehen, bevor sie neue Kredite ab gewissen Größenordnungen gewähren, normalerweise das Register ein und haben damit automatisch Kenntnis. Ob daher für diesen Bereich Kenntnis und Wissen-Müssen gleichgestellt werden und die Kreditinstitute durch ihre eigene Geschäftspraxis daher ihren Vorrang verlieren, ist jedoch bisher nicht entschieden.

337

---

57 Rother Iron Works Ltd. v. Canterbury Precision Engineers Ltd. [1974] Q.B. 1.
58 Hubbuck v. Helms (1887) 56 L.J. Ch. 536.
59 Re Borax Co. [1901] 1 Ch. 326.
60 Wheatley v. Silkstone & Haigh Moor Coal Co. (1885) 29 Ch. D. 715; Re Automatic Bottle Makers Ltd. [1926] Ch. 412.
61 Re Benjamin Cope & Sons Ltd. [1914] 1 Ch. 800.
62 AJB Finance Ltd. v. Bank of Scotland [1994] B.C.C. 184.

III. Recht der Handelsgeschäfte

338 *Negative pledge clauses* werden bei größeren Finanzierungen mit Rückfallklauseln *defeasance clauses* kombiniert. Ihr Ziel ist es, in Schwierigkeiten geratenen Unternehmen die Neuaufnahme von Krediten zu ermöglichen, die ihnen durch eine *negative pledge* eigentlich verwehrt wäre. Die Rückfallklausel kann so ausgestaltet werden, daß die Altschuld etwa aus den neu aufgenommenen Geldern abgelöst werden muß. Weniger Sicherheit bietet es, wenn dem Altschuldner neue Sicherheiten, etwa Bürgschaften Dritter, zur Verfügung gestellt werden oder er als erster Begünstigter *beneficiary* eines *trust* eingesetzt wird.

4. Konkretisierung

339 Die *floating charge* verwandelt sich in eine *fixed charge*, wenn bestimmte Ereignisse eintreten. Dieser Vorgang wird *crystallisation* genannt. Die bis dahin variable Sicherheit erstreckt sich ab diesem Zeitpunkt auf die einzelnen Bestandteile, die sich noch im Eigentum des Sicherungsgebers befinden oder die dieser zukünftig noch erwirbt *attachment*. Die klassischen Beispiele für solche Ereignisse sind die Einstellung der Geschäftstätigkeit und die Liquidierung des Unternehmensträgers[63]. Der Sicherungsvertrag, oft ein *debenture deed*, kann weitere Vorfälle auflisten; davon wird in der Regel im Interesse des Kreditgebers Gebrauch gemacht.

340 Das englische Recht hat bis heute noch nicht höchstrichterlich entschieden, ob eine *floating charge* sich auch automatisch in eine *fixed charge* umwandeln kann, ob es also ausreicht, wenn ein vorher bestimmtes Ereignis eintritt. Früher ging man davon aus, daß diese Konversion nur durch eine Erklärung des *chargeholders* geschehen könne. Das kanadische Recht akzeptiert *automatic crystallisation clauses* nicht. Es verstoße gegen das öffentliche Interesse; andere Gläubiger hätten keinerlei Gelegenheit, sich ihrer Rechte vor dem *chargeholder* zu versichern. Dieser Haltung hat sich auch der *Cork Report* angeschlossen[64]. Dem ist man mit dem Argument entgegengetreten, in letzter Instanz sei eine *floating charge* ein Vertrag zwischen Sicherungsgeber und Sicherungsnehmer. Allein entscheidend seien daher dessen Bestimmungen[65]. Dies hat bisher zwei erstinstanzliche Richter überzeugt[66].

341 Nach *crystallisation* hat der Begünstigte vor allem drei Handlungsvarianten: Er kann einen *receiver* bestellen, der die Sicherheit zu seinen Gunsten verwertet; dies ist der praktisch häufigste Fall. Er kann das Sicherungsgut selbst in Besitz nehmen. Der Sicherungsgeber kann sich auch damit begnügen, die *floating charge* in eine *fixed charge* umzuwandeln; dazu genügt jedenfalls die

---

[63] Re Woodroffes (Musical Instruments) Ltd. [1986] Ch. 366.
[64] Re Churchill Consolidated Copper Corporation Ltd. [1978] 5 W.W.R. 652; Cork Commitee Report, Command Paper 8558, 1578–9.
[65] Re Manurewa Transport Ltd. [1971] N.Z.L.R. 909; Pennington (1991) Current L.P. 99.
[66] Re Woodroffes (Musical Instruments) Ltd. [1986] Ch. 366 (Nourse J.); Re Brightlife Ltd. [1987] Ch. 200 (Hofmann J.).

einfache Mitteilung an den Kreditnehmer. Damit wird der Sicherungsnehmer noch nicht befriedigt. Da er jedoch dem Kreditnehmer die Befugnis nimmt, über das Sicherungsgut zu verfügen, sichert er den Bestand der Haftungsmasse und die zukünftige Begleichung seiner Forderung.

5. Registrierung

Floating charges müssen registriert werden. Dies richtet sich nicht nach den *Bills of Sale Act 1878, 1882*, sondern nach dem *Companies Act 1985*[67]. Dies würde sich auch nicht ändern, wenn das neue Registrierungsrecht des *Companies Act 1989* in Kraft treten würde[68]; das ist gegenwärtig noch nicht der Fall. Das alte Recht der Eintragung wird seit langem als überarbeitungsbedürftig angesehen. Es definiert nicht eindeutig, welche Arten von *charges* registriert werden müssen; es funktioniert außerdem umständlich. Das neue Recht wollte diese Grundübel abstellen. Es ist jedoch selbst wiederholt wegen neuer Ungereimtheiten kritisiert worden. Es gehe außerdem nicht weit genug über die alten Fehler hinaus[69]. Daher steht heute zu erwarten, daß dieser Teil des *Companies Act 1989* nicht mehr in Kraft gesetzt wird und es entweder zu einer gänzlichen Neufassung kommt. Radikaler ist der Vorschlag im *Diamond Report*, das gesamte Kreditsicherungsrecht erstmals und abschließend zu kodifizieren, um die Systembrüche zwischen den und die Ungereimtheiten innerhalb der einzelnen Sicherheiten zu bereinigen. Solange gilt jedenfalls das alte Recht auch hinsichtlich der Eintragung bestimmter Sicherheiten fort.

342

Die Registrierung selbst ist kein Wirksamkeitserfordernis. Der Sicherungsnehmer kann vom Sicherungsgeber ohne sie Zahlung verlangen und sein Recht auch zwangsweise durchsetzen. Sie dient ausschließlich der Durchsetzbarkeit im Außenverhältnis gegenüber Dritten: *perfection*. Ist die Sicherheit ordnungsgemäß, also innerhalb von 21 Tagen nach Bestellung, registriert, werden alle Dritten so behandelt, als ob sie von ihr Kenntnis gehabt hätten; der Gegenbeweis ist nicht zulässig. Eine nicht registrierte *charge* ist dagegen unwirksam im Verhältnis zu einem Konkursverwalter *liquidator*, Zwangsverwalter *administrator* und nachfolgenden Sicherungsnehmern oder Käufern *subsequent chargees or purchasers*[70]. Die Registrierung hat außerdem für den Rang der Sicherheit Bedeutung.

343

6. Rangfolge

Die Festlegung der Ränge mehrerer Sicherheiten, die sich auf denselben Gegenstand beziehen, gehört zu den schwierigsten Problemen im englischen Kredit-

344

---

67 Vgl. section 396 (1) (f) Companies Act 1985.
68 Vgl. dann die neue section 396 (2) (e) Companies Act 1985.
69 Ferran/Mayo [1991] J.B.L. 152
70 Section 395 Companies Act 1985.

III. Recht der Handelsgeschäfte

sicherungsrecht. Der Sinngehalt der vorhandenen Regelungen und ihre wirtschaftlichen Ergebnisse werden in jüngerer Zeit nachhaltig in Frage gestellt[71]. Die Rangfolge richtet sich zunächst nach der Unterscheidung von *legal* und *equitable charge*. Ordnungsmäßige Registrierung unterstellt, ist innerhalb beider Gattungen der Zeitpunkt der Bestellung maßgeblich. Eine Besonderheit gilt für das Aufeinandertreffen von am gleichen Vermögensbestandteil bestellten *fixed* und *floating charges*; ersterer gebührt die Priorität. Treffen eine *legal* und eine *equitable* Sicherheit aufeinander, geht die *legal mortgage* vor, auch wenn sie später bestellt wurde. Ist eine Registrierung nicht erfolgt, hat der Sicherungsgeber den Vorrang, der gutgläubig war. *Negative pledge clauses* sichern den Vorrang nur, wenn nachfolgende Gläubiger sie kannten.

345 Kapitalgesellschaften, die finanzielle Probleme haben, versuchen häufig, die alten Geldgeber zur Bereitstellung neuer Kredite zu bewegen und ihnen dafür Sicherheiten zu besonders günstigen und die anderen Kreditgeber benachteiligenden Bedingungen einzuräumen. Dem schiebt das englische wie auch das deutsche Insolvenzrecht ab einem bestimmten Stadium einen Riegel vor. Eine *preference* liegt vor, wenn eine *company* im Stadium der Insolvenzreife oder bis zu zwei Jahren bzw. sechs Monaten davor einem Gläubiger, Bürgen oder Garanten Rechte gewährt, die ihn in eine bessere Position versetzen, als er ohne die zusätzlichen Rechte innehätte[72]. Ein solches Vorzugsrecht ist nur anzuerkennen, wenn der Schuldner nicht von dem Bestreben (auch nur mit-)motiviert wurde, einen dem Kreditgeber nicht gebührenden Vorzug zu gewähren[73]. Die Vorschrift stellt also vor allem auf die subjektive Haltung des Schuldners ab; dadurch wird Manipulationen Tür und Tor geöffnet. Das Rechtsgeschäft ist nicht *ipso iure* unwirksam; der Konkursverwalter kann vielmehr einen Antrag bei Gericht stellen, es für unwirksam zu erklären. Das Gericht kann das nach seinem Ermessen Notwendige anordnen, um den Vorteil auszugleichen.

346 Für *floating charges* besteht eine weitergehende Sonderregelung. Sie sind von Gesetzes wegen unwirksam, wenn sie innerhalb von zwei Jahren — bei *floating charges* zugunsten der Gesellschaft nahestehender Personen — bzw. 12 Monaten vor Konkursreife bestellt wurden und der Begünstigte nicht eine gleichwertige Geld-, Sach- oder Dienstleistung erbracht oder eine Verbindlichkeit in entsprechender Höhe getilgt hat; dies muß mit oder nach Bestellung der Sicherheit geschehen[74]. Dabei ist kein technischer, sondern ein wirtschaftlicher Maßstab anzulegen[75].

---

71 Oditah, Legal Aspects of Receivables Financing, 1991, S. 128 ff.
72 Section 239 Insolvency Act 1986.
73 Re M. C. Bacon Ltd. [1990] B.C.L.C. 324; Re Fairways Magazine Ltd. [1992] B.C.C. 924.
74 Section 245 Insolvency Act 1986; vgl. näher, Charlesworth/Cain/Marshall, a. a. O. S. 637 ff.; Pennington, a. a. O. S. 461 ff.
75 Re Fairways Magazine Ltd. [1992] B.C.C. 924.

VII. Rangrücktrittsvereinbarungen

1. Gesicherte Gläubiger

In den letzten Jahren sind in England Vereinbarungen über Rangrücktritte *debt subordination* immer häufiger geworden[76]. Sie haben oft mit der Refinanzierung von notleidend gewordenen Unternehmen zu tun. Der bisherige Kreditgeber kann oder will keine neuen finanziellen Mittel bereitstellen. Es kann aber ein neuer Financier gefunden werden. Dieser ist jedoch nur bereit zu kreditieren, wenn ihm erstrangige Sicherheiten eingeräumt werden. Der selbst ursprünglich vorrangig gesicherte Altgläubiger akzeptiert den Rangrücktritt, weil er ein eigenes Interesse daran hat, daß der Geschäftsbetrieb aufrechterhalten wird und daher wenigstens gewisse Aussichten bestehen, daß seine Rückzahlungsforderungen bedient werden.

347

Rangrücktritte werfen kaum Probleme auf, wenn nur eine geringe Anzahl von Personen betroffen sind. Fraglich waren zunächst die Auswirkungen auf die *doctrine of privity of contract*[77]. Es ist jedoch heute geklärt, daß zwei Sicherungsnehmer ihren Rang untereinander austauschen können. Der Schuldner muß weder Partei dieser Übereinkunft werden noch davon überhaupt wissen[78]. Der genaue Umfang des Rangrücktritts und etwaige Konditionen sind ausschließlich dem Vertrag zu entnehmen.

348

2. Ungesicherte Forderungen

Die tatsächliche und rechtliche Situation ist etwas anders, wenn nicht gesicherte Gläubiger Nachrangigkeitsvereinbarungen treffen. Gerade solche Klauseln finden sich oft in den Ausgabebedingungen von Schuldverschreibungen. Treten die Zeichner hinter alle anderen Gläubiger zurück, handelt es sich bei den zugeführten Mitteln der Sache nach oft um „bevorrechtigtes Eigenkapital"; der Unterschied zu den Inhabern von Vorzugsaktien ist wirtschaftlich marginal. Im Konkursfall entfällt auf diese Gläubiger häufig keine Quote. Trotzdem werden derartige Gläubiger nach wie vor als Darlehensgeber behandelt; eine (teilweise) Gleichstellung mit Anteilseignern findet nicht statt[79].

349

Investoren zeichnen derartige Schuldverschreibungen trotz des schlechten Ranges in der Erwartung eines höheren Risikozuschlags, sprich: Zinses *junk bonds*. Sie halten die Wahrscheinlichkeit einer Liquidation für relativ fernliegend. Für Kapitalgesellschaften hat die Ausgabe von Schuldverschreibungen den Vorteil, daß die Gesellschafterstruktur unverändert bleibt; es gibt keine Bezugsrechte; die strengen Kapitalerhaltungsregeln greifen nicht. Außerdem ist

350

---

76 Vgl. insgesamt Wood, The Law of Subordinated Debt, London 1991.
77 Vgl. dazu oben Rdnr. 76 ff.
78 Cheah Theam Swee v. Equiticorp Finance Group Ltd. [1992] B.C.C. 98.
79 Collins v. G. Collins & Sons (1984) 9 A.C.L.R. 58.

III. Recht der Handelsgeschäfte

es je nach der Stimmung auf den allgemeinen Geldmärkten zeitweise wirtschaftlich günstiger, nicht junge Aktien, sondern neue Schuldverschreibungen zu emittieren.

351 Bei derartigen Vereinbarungen war fraglich, ob sie auch im Konkurs durchsetzbar waren. *Section 107 Insolvency Act 1986* und *Rule 4.181 Insolvency Rules 1986* legen den Gleichrang aller ungesicherten Gläubiger fest: *pari passu*. Gesichert ist heute, daß eine Aufrechnung unter Verstoß gegen diese Regel nicht zulässig ist[80]. Die Aussagen des *House of Lords* in zwei 1972 und 1975 entschiedenen Fällen waren zum Teil so interpretiert worden, als schlössen sie Rangübereinkünfte unter ungesicherten Gläubigern mit Wirkung auch in der Insolvenz generell aus[81]. Dies war heftig kritisiert worden. In einem Aufsehen erregenden Fall im Zusammenhang mit dem Zusammenbruch des Maxwell Imperiums hat der *High Court* davon Abstand genommen. Unter Berufung auf Vorbilder in anderen *common law*-Rechtsordnungen hat er Rangrücktritte ungesicherter Gläubiger als wirksam angesehen, solange diese nicht zum Nachteil anderer Gläubiger gehen, die nicht an der Vereinbarung beteiligt sind[82]. Das Gericht stand bei dieser Entscheidung allerdings unter einem erheblichen wirtschaftlichen Druck: Das gesamte — internationale — Sanierungskonzept hing letztlich an dieser Frage.

352 Wegen dieses Risikos hat die englische Vertragspraxis in der Vergangenheit alternative Gestaltungsmöglichkeiten entwickelt. Von diesen wird auch in Zukunft noch Gebrauch gemacht werden, solange die wirtschaftlich sinnvolle Entscheidung des *High Court* nicht auch von einem der Obergerichte bestätigt worden ist. Die Varianten enthalten in der Regel keinen direkten Rangrücktritt, sondern erreichen das gewünschte Ergebnis lediglich wirtschaftlich. Vor allem drei Lösungen sind zu nennen[83]. Die einfachste geht dahin, die Nachrangigkeitsvereinbarung nur im Innenverhältnis zwischen den Gläubigern abzuschließen; hier tragen die bevorrechtigten Gläubiger allerdings das Insolvenzrisiko der nachrangigen. Wohl am meisten verbreitet ist die Einschaltung eines *trust*: Die nachrangigen Gläubiger halten alle Zahlungen treuhänderisch für die bevorrechtigten Gläubiger, bis letztere vollständig befriedigt sind. Eine dritte Möglichkeit sieht vor, die Forderungen der nachrangigen Gläubiger oder deren Durchsetzbarkeit durch die Tilgung aller anderen Forderungen zu bedingen.

---

80 National Westminster Bank Ltd. v. Halesowen [1972] A.C. 785; British Eagle International Air Lines Ltd. v. Compagnie Nationale Air France [1975] 1 W.L.R. 758.
81 Carreras Rothmans Ltd. v. Freeman Mathews Treasure Ltd. [1985] Ch. 207.
82 Re Maxwell Communications Corporation Plc. [1994] 1 All E.R. 737 (Vinelott J.).
83 Vgl. näher Johnson [1991] J.B.L. 225.

VIII. Eigentumsvorbehalt

1. Hintergrund

Eigentumsvorbehalte haben in England keine so lange Tradition wie im deutschen Recht. Ausgefeilte Ausführungen zu den Eigentumsvorbehalten waren in der englischen Vertragspraxis lange Zeit unüblich. Dies hat sich seit der ersten Leitentscheidung des *Court of Appeal* im Jahre 1976 geändert[84]. Das Gericht hat darin erstmals einen verlängerten Eigentumsvorbehalt anerkannt. Es hat dies allerdings nicht unmittelbar aufgrund des vorbehaltenen Eigentums mit Veräußerungsermächtigung getan, sondern umständlich Stellvertretungs- und Treuhandrecht bemüht, um dem Verkäufer einen Zahlungsanspruch gegen den Käufer zusprechen zu können, der den Kaufpreis bereits eingezogen hatte.

2. Einfacher Eigentumsvorbehalt

Unter einem einfachen Eigentumsvorbehalt ist auch im englischen Recht eine Bedingung zu verstehen, daß das Eigentum an den Kaufgegenständen erst mit der vollständigen Bezahlung des Kaufpreises auf den Käufer übergeht. Rechtsdogmatisch kann diese Bedingung im englischen Recht einfacher vereinbart werden als im deutschen, da das Abstraktionsprinzip in England unbekannt ist. Nach *section 17 Sale of Goods Act 1979* bestimmen vielmehr allein die Parteien darüber, wann das Eigentum auf den Käufer übergehen soll[85]. Der Eigentumsvorbehalt selbst ist in *section 19 Sale of Goods Act 1979* ausdrücklich anerkannt. Der Eigentumsübergang kann danach von Bedingungen abhängig gemacht werden, selbst wenn die Übergabe der Waren bereits erfolgt ist.

Nach englischem Recht kommt es für den Zeitpunkt des Eigentumsübergangs auf den Vertrag an. Enthält dieser keine ausdrückliche Bestimmung, wechselt nach *section 18 Rule 1 Sale of Goods Act 1979* das Eigentum schon mit dem Abschluß des Kaufvertrages. Wollen die Parteien also einen Eigentumsvorbehalt vereinbaren, so müssen sie dies ausdrücklich beim Abschluß des Vertrages tun. Ein nachträglicher Vermerk auf einem Lieferschein reicht nicht aus. Zwei Ausnahmen sind gesetzlich fixiert: Zum einen wird vermutet, daß sich der Verkäufer das Eigentum vorbehalten hat, wenn die Waren verschifft werden müssen, und das Eigentum durch die bloße Übergabe der Transportpapiere übergehen kann. Zum anderen geht das Eigentum bei Vertragsschluß nicht über, wenn der Verkäufer dem Käufer einen Wechsel oder einen Scheck zusammen mit den Transportpapieren aushändigen läßt und der Käufer das Zahlungsmittel nicht zeichnen will: Wenn er dann gleichwohl die Transportpapiere nicht zurücksendet, geht das Eigentum nicht über[86].

---

84 Aluminium Industrial Vaasen B.V. v. Romalpa Aluminium Ltd. [1976] 1 W.L.R. 676.
85 Vgl. näher oben Rdnr. 212 ff.
86 Section 19 (2) und (3) Sale of Goods Act 1979.

III. Recht der Handelsgeschäfte

356 Das englische Kreditsicherungsrecht wird von der bereits mehrfach angesprochenen Unterscheidung zwischen *legal* und *equitable* Sicherheiten durchzogen. Da die englische Auslegungspraxis sehr am Wortlaut einer Klausel haftet, sollten in der Vereinbarung die gelieferten Waren, die Bedingung der vollständigen Kaufpreiszahlung und die Rechtsfolge so klar wie möglich aufgelistet werden. Insbesondere sollte deutlich gemacht werden, daß die Rechtsinhaberschaft *in law* unter Vorbehalt steht und der Verkäufer daher nicht nur auf ein bloßes *equitable right* verwiesen werden kann. Die Klausel, daß der Verkäufer sich die *equitable and beneficial ownership* vorbehält, ist also unzureichend[87]. Die Genauigkeit der Formulierung ist besonders für deutsche Exporteure wichtig. Für den Fortbestand des Vorbehalts kommt es nämlich auf das Recht des Belegenheitsortes an[88].

357 Das *House of Lords* hat sich 1990 erstmals mit einem Eigentumsvorbehalt beschäftigen müssen. Die Entscheidung ist zwar zum schottischen Recht ergangen. Sie hat aber auch für das englische Recht nicht zu unterschätzende Bedeutung, da sie sich auf die bereits angeführten Regelungen des Warenkaufgesetzes gründet, die auch in England gelten. Das Gericht erkennt mit aller Deutlichkeit an, daß ein einfacher Eigentumsvorbehalt keine Kreditsicherheit im engeren Sinne ist. Es handelt sich vielmehr lediglich um einen Kauf unter Vorbehalt. Bei einer Sicherheit müsse der Käufer zunächst Eigentümer werden und dann einen Teil dieser Rechtsmacht auf den Verkäufer zurückübertragen. Dies geschehe gerade nicht, wenn der Verkäufer sein Recht nur eingeschränkt übertrage[89]. Was sich für einen deutschen Juristen so eindeutig anhört, hat für das englische Recht erhebliche Bedeutung. Wäre ein einfacher Eigentumsvorbehalt nämlich eine Sicherheit wie jede andere, müßte sie registriert werden, wenn sie von einer *company* bestellt würde[90]. Damit würde das Institut praktisch erheblich entwertet. Das *House of Lords* hat nun eindrücklich bestätigt, daß dies nicht erforderlich ist.

358 Der einfache Eigentumsvorbehalt geht unter, wenn der Käufer das Vorbehaltsgut in einer Weise umgestaltet oder verarbeitet, daß das ursprüngliche Produkt nicht mehr wiedererkannt werden kann. Der Verkäufer verliert seine Rechte außerdem, wenn ein gutgläubiger Dritter die Waren erwirbt[91].

359 Der Eigentumsvorbehalt berechtigt den Verkäufer, die Waren bis zum Eintritt der Bedingung vom Käufer herauszuverlangen. Das Recht ist auch gegenüber einem Konkursverwalter *liquidator* und einem Gläubiger durchsetzbar, der bereits Pfändungsmaßnahmen ausgebracht hat. Gleiches müßte auch für *receiver*

---

[87] Re Bond Worth Ltd. v. Mansanto [1979] 3 All E.R. 919.
[88] Cammell v. Sewell (1860) 5 H. & N. 728; In re Weldtech Equipment Ltd. [1991] 7 B.C.C. 16.
[89] Armour v. Thyssen Edelstahl-Werke A.G. [1990] 3 All E.R. 481.
[90] Section 395 Companies Act 1985; zur Neufassung dieser Vorschriften durch den Companies Act 1989 vgl. oben Rdnr. 342.
[91] Section 25 Sale of Goods Act 1979.

und *administrator* gelten. Es gibt jedoch noch keine Entscheidung, die dies ausspricht.

3. Erweiterter und Konzernvorbehalt

In der Entscheidung des *House of Lords* aus dem Jahre 1990[92] hat das Gericht eine *all monies retention of title-clause* aufrechterhalten. Diese war in den Bedingungen der deutschen Verkäuferin enthalten. Da es lediglich um die Ausgestaltung des Vorbehaltes geht und dies in das Belieben der Parteien gestellt ist, können diese also auch Zahlungen aus anderen Verträgen oder zugunsten von Konzerngesellschaften zur Bedingung für den Eigentumsübergang erheben. Im Ergebnis liegen deutsches und englisches Recht damit auf einer Linie, was den einfachen und den erweiterten Eigentumsvorbehalt angeht.

360

4. Verlängerter Eigentumsvorbehalt

Dies gilt für einen verlängerten Eigentumsvorbehalt – Verkäufer läßt sich den Kaufpreisanspruch des Käufers aus der Veräußerung der Vorbehaltsware im voraus abtreten – nicht. Die erste Leitentscheidung des *Court of Appeal* betraf zwar eine derartige Vereinbarung – bezeichnenderweise war diese in den Allgemeinen Geschäftsbedingungen des niederländischen Verkäufers enthalten. Das Gericht nahm an, daß der Käufer den von seinem Abnehmer erhaltenen Kaufpreis als Treuhänder *trustee* für den Verkäufer halte und daher zu einer Herausgabe des Kaufpreises verpflichtet sei: *proceeds clause*. In der Folgezeit haben die englischen Gerichte die Anforderungen an dieses Treuhand- oder Verwahrungsverhältnis immer deutlicher verschärft. Sie haben nicht mehr allein auf die vertraglichen Vereinbarungen, sondern auf die sonstigen Beziehungen zwischen Verkäufer und Käufer abgestellt und eine Gesamtbetrachtung vorgenommen. Jede Ungenauigkeit in der Auslegung der Klausel ging dabei zu Lasten des Verkäufers[93]. So weit wie möglich sollten daher auch hier alle Zweifel durch deutliche Formulierungen im Vertrag beseitigt werden.

361

Damit ist der verlängerte Eigentumsvorbehalt jedoch noch nicht gerettet. Ist der Käufer eine *company*, wird ein verlängerter Eigentumsvorbehalt als *charge* behandelt, die nach *section 395 Companies Act 1985* registriert werden muß. Anderenfalls ist sie gegenüber Dritten und einem Konkurs- oder Zwangsverwalter nicht durchsetzbar. Daran haben die Gerichte auch festgehalten, nachdem das *House of Lords* den einfachen Eigentumsvorbehalt *expressis verbis* nicht als herkömmliche Kreditsicherheit eingestuft hat. Mit der von der dritten Instanz angeführten Begründung[94] geht dies konform: Wenn der Käufer

362

---

92 Armour v. Thyssen Edelstahl-Werke A.G. [1990] 3 All E.R. 481.
93 Hendy Lennox v. Grahame Puttick [1984] 1 W.L.R. 485: Waren nicht gesondert gelagert und Zahlungsaufschub für den Käufer nach dem Weiterverkauf; Re Andrabell [1984] 3 All E.R. 407: Erlöse nicht auf gesondertem Konto.
94 Siehe oben Rdnr. 353.

III. Recht der Handelsgeschäfte

Rechte überträgt, die ihm an anderen Sachen bereits zugestanden haben, so ist dies etwas anderes als der bloße Transfer eingeschränkter Rechte durch den Verkäufer[95]. Wenn diese Frage der Registrierung auch noch nicht höchstrichterlich geklärt ist, so kann jedem Lieferanten/Exporteur nur geraten werden, neben einer glasklaren Formulierung auf einer Registrierung des verlängerten Eigentumsvorbehaltes zu bestehen.

5. Verarbeitungsvorbehalt

363 Auch die Vereinbarung eines Eigentumsvorbehaltes an durch Verarbeitung neu entstehenden Gegenständen ist möglich. Auch dabei handelt es sich jedoch um eine registrierungspflichtige Sicherheit. Dies gilt erst recht, wenn der Käufer die Vertragsgegenstände mit eigenen Materialien verbindet, so daß sie nicht mehr voneinander getrennt werden können. Da der Verkäufer an diesen Waren niemals Eigentum hatte, ist das dem Verkäufer eingeräumte Recht eine Sicherheit, die für Kapitalgesellschaften eintragungspflichtig ist[96].

IX. Bürgschaft

1. Begriff

364 Bürgschaften, insbesondere von Banken, sind auch in England wichtige obligatorische Sicherungen[97]. Der englische Ausdruck für Bürgschaftsvertrag ist *contract of suretyship* oder – häufiger – *contract of guarantee*[98]. Darin verpflichtet sich der Bürge *surety* oder *guarantor*, für die Schuld des Hauptschuldners einzustehen. Im Gegensatz zur Bürgschaft liegt beim Garantievertrag im Sinne des deutschen Rechts, der *contract of indemnity* genannt wird, ein selbständiges primäres Leistungsversprechen vor[99].

365 Der Bürgschafts-, nicht aber der Garantievertrag, muß in einer Beweisurkunde seinen Niederschlag gefunden haben. Fehlt die Beweisurkunde, ist der Vertrag zwar materiellrechtlich gültig, kann aber prozessual nicht durchgesetzt werden, auch nicht gegenüber Kaufleuten. Die Beweisurkunde kann vor oder nach Abschluß des Bürgschaftsvertrages erstellt werden. Sie muß die Parteien und die wichtigsten Vertragsbestimmungen enthalten. Zwar schreibt *section 4 Statute*

---

[95] In re Weldtech Equipment Ltd. [1991] 7 B.C.C. 16; ebenso Tatung (UK) Ltd. v. Galex Telesure Ltd. [1989] 5 B.C.C. 325.
[96] Clough Mill v. Martin [1985] 1 W.L.R. 111.
[97] Vgl. Berensmann, Bürgschaft und Garantievertrag im englischen und deutschen Recht, Berlin 1988.
[98] Vgl. Chance/Westwood, a.a.O., S. 264 ff.; Charlesworth/Schmitthoff/Sarre, a.a.O., S. 481 ff.; Rowlatt, The Law of Principal and Surety, 5. Aufl. London 1991; Snell/Megarry/Baker, a.a.O., S. 450 ff.
[99] Vgl. Guild v. Conrad [1894] 2 Q.B. 885.

of Frauds 1677 die Unterschrift des Bürgen oder seines Vertreters vor; jedoch kann der Name des Bürgen auch gedruckt erscheinen oder mit Schreibmaschine geschrieben sein. Der Gläubiger braucht den Bürgen grundsätzlich nicht über besondere Umstände aufzuklären, deren Kenntnis ihn von der Bürgschaftserklärung abhalten würde[100]. Eine Offenbarungspflicht besteht nur im Hinblick auf Umstände, die von dem normalen Bürgenrisiko nicht gedeckt und dem Gläubiger bekannt sind[101].

2. Inhalt

Wie auch im deutschen Recht ist die Bürgschaft an die Hauptschuld angelehnt, also akzessorisch. Der Umfang der Hauptschuld ist auch für die Bürgschaft maßgeblich. Sie erstreckt sich auch auf eine etwaige Schadensersatzhaftung des Schuldners, die an die Stelle der Primärverpflichtung getreten ist[102]. Andererseits kommt es auch dem Bürgen zugute, wenn der Gläubiger eine wesentliche Bestimmung des Kreditvertrages verletzt und dieser daher wegen *repudiatory breach*[103] aufgehoben wird[104]. 366

Bürgschaften können über feste Beträge übernommen werden. Die Parteien können jedoch auch vereinbaren, daß der jeweilige Bestand einer Hauptschuld besichert werden soll *continuing guarantee*. Wenn der Vertrag schweigt[105], ist der Bürge befugt, seine Verpflichtung aufzukündigen. Damit wird dann der Umfang der Bürgenhaftung von diesem Zeitpunkt an bestimmt. Zahlungen des Hauptschuldners und Zahlungen Dritter werden auf die Bürgschaft angerechnet. Das kann der Gläubiger einfach dadurch umgehen, daß er eingehende Gelder auf ein neues Konto umleitet. Mit diesem technischen Mittel verschaffen sich vor allem Banken die Möglichkeit, diese Eingänge auf neu gewährte Kredite anzurechnen. Andererseits werden neue Darlehen auch nicht mehr durch die Bürgschaft abgesichert[106]. Da auch der Tod des Bürgen die Bürgschaftsverpflichtungen fixiert, wird häufig bestimmt, daß Testamentsvollstrecker oder Erben dies erst durch Kündigung mit einer Frist von drei Monaten erreichen können. 367

Von rechtlich und praktisch erheblicher Bedeutung ist, ob die Bürgschaft sich auf die gesamte Schuld erstreckt, aber auf einen Höchstbetrag begrenzt ist, oder ob von vornherein nur für einen Teil der Forderung gebürgt wird. Wenn die Verpflichtung des Bürgen sich im Ergebnis also auf den gleichen Betrag 368

---

100 Vgl. Cooper v. National Provincial Bank Ltd. [1954] 2 All E.R. 641.
101 Vgl. näher G. Müller, Vorvertragliche und vertragliche Informationspflichten nach englischem und deutschem Recht, 1994, S. 101 ff.
102 Moschi v. Lep Air Services Ltd. [1973] A.C. 331; Hyundai Heavy Industries Co. Ltd. v. Papadopoulos [1980] 2 All E.R. 29.
103 Vgl. dazu oben Rdnr. 157 ff.
104 National Westminster Bank Ltd. v. Riley [1986] B.C.L.C. 268.
105 Westminster Bank Ltd. v. Cond (1940) 46 Com. Cas. 60.
106 Sogenannte rule in Clayton's case (1816) 1 Mer. 572.

III. Recht der Handelsgeschäfte

belaufen kann, so sind die Rechtsfolgen einer Tilgung der Hauptforderung unterschiedlich. Im letzteren Fall erwirbt der Bürge, der den Gläubiger befriedigt, einen entsprechenden Anteil an den vom Gläubiger außerdem gehaltenen Sicherheiten; er kann diesen auch in der Insolvenz des Schuldners im eigenen Namen geltend machen[107]. In der zuerst geschilderten Konstellation steht dem Bürgen diese Befugnis nicht zu, da die Bürgschaftsschuld nicht teilbar ist. Er kann daher nur dann aus anderen Sicherheiten Befriedigung suchen, wenn er die Gesamtforderung zum Erlöschen gebracht hat[108]. Dieser für Gläubiger und Schuldner ungünstige Effekt der zweiten Lösung wird vertraglich durch *whole amount clauses* zum Nachteil des Bürgen ausgeschlossen. Obwohl es sich der Sache nach um eine Teilbetragsbürgschaft handelt, wird sie dadurch in eine Höchstbetragbürgschaft umgewandelt.

369 Tilgt der Bürge die Schuld, hat er im Innenverhältnis einen Freistellungsanspruch, wenn er die Bürgschaftserklärung im Auftrag des Hauptschuldners abgegeben hat. Unabhängig davon gehen auch die Forderungen des Gläubigers gegen den Schuldner einschließlich der Sicherheiten auf ihn über, ohne daß es auf die Kenntnis des Bürgen oder auf den Zeitpunkt ihrer Bestellung ankommt[109]; dies wird *subrogation* genannt.

370 Auch der Gläubiger ist dem Bürgen in gewissen Fällen verantwortlich. Er darf die Hauptschuld nicht im Einvernehmen mit dem Schuldner zum Nachteil des Bürgen verändern. Er muß bei einer Verwertung anderer Sicherheiten einen angemessenen Preis erzielen[110]. Verletzt der Gläubiger diese Pflichten, ist der Bürge nur dann vollkommen befreit, wenn der Gläubiger gegen eine vertragliche *condition*[111] verstoßen hat; es kommt dann nicht darauf an, ob dem Bürgen tatsächlich ein Schaden entstanden ist. Dies ist etwa gegeben, wenn der Gläubiger andere Sicherheiten ganz oder teilweise aus dem Haftungsverband entlassen[112] oder gegenüber dem Schuldner auf die Forderung verzichtet hat[113]. Hat der Gläubiger keine *condition* verletzt, ist der Bürge nur insoweit befreit, wie ihm ein Vermögensnachteil entstanden ist. Das ist etwa anzunehmen, wenn bei der Verwertung anderer Sicherheiten ein höherer Preis zu erzielen gewesen wäre[114]. In beiden Fällen handelt es sich lediglich um Verteidigungsvorbringen des Bürgen; aktiv geltend zu machende Rechte stehen einem Bürgen in der Regel nicht zu.

371 In den oft langen englischen Bürgschaftsverträgen finden sich Klauseln, die diese für den Bürgen günstigen Regeln ausschließen. Sie sind daher nur vor

---

107 Goodwin v. Gray (1874) 22 W.R. 312.
108 Re Sass [1896] 2 Q.B. 12.
109 Forbes v. Jackson (1882) 19 Ch. D. 615.
110 Standard Chartered Bank Ltd. v. Walker [1982] 3 All E.R. 938.
111 Vgl. dazu oben Rdnr. 158 und 172.
112 Pledge v. Buss (1860) John. 663.
113 Commercial Bank of Tasmania v. Jones [1893] A.C. 313.
114 Wulff v. Jay (1872) L.R. 7 Q.B. 14.

dem Hintergrund des englischen Rechts verständlich[115]. Die wichtigsten Sonderregelungen wurden bereits angesprochen. Andere Bestimmungen geben dem Gläubiger die Möglichkeit, den Kredit des Schuldners zu erneuern, ihm längere Zahlungsfristen einzuräumen oder Sicherheiten auszutauschen, ohne daß der Bestand der Bürgschaft hierdurch gefährdet wird. Ebenso wird häufig Vorsorge getroffen, wenn sich die Rechtsform des Schuldners ändert. Beweisklauseln, wonach ein Kontoauszug die Schuld verbindlich festlegt, schließen Einwendungen des Hauptschuldners aus.

Bürgen mehrere für dieselbe Schuld, wird dies nicht im Sinne einer *joint*, sondern einer *several liability* gestaltet. Dadurch werden mehrere selbständige Streitgegenstände geschaffen, so daß die Verpflichtungen eines Bürgen beim Tod des anderen nicht erlöschen. Das Verhältnis der Bürgen untereinander hängt davon ab, ob es sich um Mitbürgen *co-surety* oder um Ausfallbürgen *sub-surety* handelt. Während erstere im Zweifel zu gleichen Anteilen verpflichtet sind[116], haftet der Ausfallbürge nur für die Zahlungsfähigkeit des Bürgen und kann von diesem Schadloshaltung verlangen[117]. 372

Oft sollen Bürgschaften nicht nur Geldleistungen absichern; sie werden auch in bezug auf die Erfüllung von Verträgen über den Bau von Industrieanlagen und bei Kettenverträgen mit mehreren Subunternehmern abgegeben. Dann spricht man regelmäßig von *performance guarantees* oder *performance bonds*. Häufig handelt es sich in diesen Fällen nicht nur um sekundäre Bürgschafts- sondern um primäre Leistungspflichten. Kaufleute verwenden die Begriffe oft auch untechnisch und meinen damit die Versicherung einer Vertragspartei, ihre Vertragspflichten zu erfüllen[118]. Daneben hat die Praxis zur Sicherung von Anzahlungen *down payment bonds* und für die Gewährleistung und Serviceleistungen des Unternehmers *maintenance bonds* entwickelt. 373

Häufig, besonders in Auslandsgeschäften, bestehen die Gläubiger darauf, daß diese *bonds* von einer Bank oder Versicherung gestellt werden und auf erstes (schriftliches) Anfordern *on first (written) demand* zahlbar sind. Damit ist der mißbräuchlichen Inanspruchnahme Tür und Tor geöffnet. Englische Gerichte verhindern dies nur in sehr engen Grenzen, nämlich nur dann, wenn ein Betrug *fraud* des Gläubigers nachgewiesen werden kann und die Bank hiervon zum Zeitpunkt der Zahlung weiß: *fraud to the knowledge of the bank*[119]. Dieser Ansatz der englischen Rechtsprechung liegt grundsätzlich auf einer Linie mit 374

---

115 Vgl. im einzelnen Lingard, Bank Security Documents, 3. Aufl. London 1993, para. 13.12 ff.
116 Derring v. Earl of Winchelsea (1787) 2 Bos. & Pul. 270.
117 Scholefield Goodman & Sons v. Zygnier [1986] A.C. 562.
118 Vgl. Schmitthoff, The Export Trade, 9. Aufl., London 1990, S. 451 f.
119 Howe Richardson Scale Co. Ltd. v. Polimex-Cekop and National Westminster Bank Ltd. [1978] Lloyd's Rep. 161; Edward Owen Engineering Ltd. v. Barclays Bank International Ltd. [1978] Q.B. 159; United Trading Corporation S.A. v. Allied Arab Bank Ltd. [1985] 2 Lloyd's Rep. 554.

der Haltung des Bundesgerichtshofes, wenn es um die Zahlung auf eine Garantie auf erstes Anfordern geht; auch hier wird rechtsmißbräuliches Verhalten verlangt, um eine Zahlungsverweigerung der Bank zu rechtfertigen. Es ist jedoch schwieriger, vor einem englischen Gericht *fraud* als vor einem deutschen Rechtsmißbrauch nicht nur zu behaupten, sondern auch zu beweisen. *L.J. Ackner* hat diese Schwierigkeit in einer Entscheidung des *Court of Appeal* aus dem Jahre 1985 akzeptiert, aber auf den Wortlaut der Garantieerklärung verwiesen. Es liegt auch im Interesse des (internationalen) Rechtsverkehrs, wenn englische Banken an ihren Zahlungsversprechen grundsätzlich festgehalten und nur in Ausnahmefällen davon entbunden werden[120].

X. Forderungsabtretung

375 Forderungsabtretungen zu Sicherungszwecken[121] waren in England im Vergleich zur deutschen Praxis selten. Dies mag an den Formvorschriften und am konservativen englischen Recht liegen. Auch der verlängerte Eigentumsvorbehalt mit Forderungsabtretung ist in England weder rechtlich so anerkannt und abgesichert wie im deutschen Recht noch in der Praxis entsprechend verbreitet[122]. In letzter Zeit treten diese Fragen jedoch immer häufiger auf.

376 Englisches Recht unterscheidet streng zwischen zwei Arten von Forderungsabtretung *assignment*: einem *legal* oder *statutory assignment* nach *section 136 Law of Property Act 1925* und einem *equitable assignment*. Das Gesetz verlangt die Einhaltung bestimmter Förmlichkeiten: Die Abtretungsurkunde muß vom Zessionar unterschrieben, die Abtretung dem Schuldner schriftlich angezeigt werden[123]. Künftige und Teile von Forderungen können nach *section 136 Law of Property Act 1925* nicht abgetreten werden.

377 Liegen diese Voraussetzungen nicht vor, ist die Abtretung deshalb nicht unwirksam. Vielmehr ist regelmäßig nur eine *equitable assignment* gegeben, die weder Schriftform noch Mitteilung an den Schuldner erfordert. Es ist allerdings dringend zu empfehlen, den Schuldner, wenigstens formlos, zu informieren, und zwar aus verschiedenen Gründen: Der unwissende Schuldner wird durch Zahlung an den Zedenten befreit; wird die Forderung mehrmals abgetreten, entscheidet über die Priorität nicht der Zeitpunkt der Abtretung, sondern die Bekanntgabe an den Schuldner (*rule in Dearle v. Hall*[124]); nach Kenntnis

---

120 Penn/Shea/Aurora, Law and Practice of International Banking, 1987, Rdnr. 12.20 ff.
121 Über Abtretung vgl. Textbücher über Vertragsrecht, z.B. Guest, a.a.O., S. 390 ff. Vgl. auch Zweigert/Kötz, Einführung in die Rechtsvergleichung, II, Tübingen 1969, S. 138 ff.; Carl, Wirksamkeitsvoraussetzungen für Forderungsabtretungen, insbesondere zu Sicherungszwecken, Berlin 1986.
122 Vgl. oben Rdnr. 361.
123 Van Lynn Developments v. Pelais Construction Ltd. [1969] 1 Q.B. 607.
124 (1828) 3 Russ. 1.

kann der Schuldner neue Einwendungen gegen den Zedenten dem Zessionar nicht mehr entgegenhalten; wird über das Vermögen des Zedenten der Konkurs eröffnet, fällt die abgetretene Forderung in die Konkursmasse, wenn nicht der Schuldner vor Konkursbeginn von der Abtretung wußte[125]. Die Abtretung oder Sicherungsabtretung aller gegenwärtigen und künftigen Außenstände *book debts* durch einen Schuldner, der eine natürliche Person ist, ist einem *trustee* über sein Vermögen gegenüber regelmäßig unwirksam[126].

Eine in der Praxis wichtige Konsequenz der Unterscheidung zwischen *legal* und *equitable assignment* ist die prozessuale Durchsetzung der Forderung. Für den Zedenten *in law* gelten die normalen Regeln. Er kann im eigenen Namen gegen den Zessionar klagen und die Zwangsvollstreckung betreiben. Der Zedent *in equity* kann „seine" Forderung dagegen nur mit Hilfe des Zessionars geltend machen. Nur zusammen können sie den Schuldner zur Zahlung zwingen. 378

XI. Factoring

Beim *factoring* verkauft der Lieferant seine laufenden Außenstände *book debts* an einen *factor*[127]. Nur wenn der *factor* das Risiko der Zahlungsunfähigkeit des Käufers übernimmt, kommt es zu einer Risikoabwälzung auf ihn. Man spricht dann von *without recourse* oder *factor's risk*. Der Verkauf der Außenstände wird zumeist dem Schuldner angezeigt (*open factoring*). Der Lieferant kann aber auch dem *factor* die Kundenforderungen verkaufen, um Barmittel zu erhalten und sie sich dann wieder zurückübertragen lassen, ohne daß der Abnehmer hiervon erfährt. Dann handelt es sich um *undisclosed factoring*. Der *factor* ist vom *factor* im Stellvertretungsrecht, einem Handelsvertreter mit Warenlager, zu unterscheiden[128]. 379

Der Verkäufer kann das finanzielle Risiko aber auch auf ein Finanzierungsinstitut *finance house* im Wege der *non-recourse finance* übertragen. Das Finanzierungsinstitut schließt dann einen Vertrag mit dem Verkäufer, in dem der Verkauf der Kaufpreisforderung vereinbart wird, und mit dem Käufer, worin dieser sich zur Zahlung des Kaufpreises an das Finanzierungsinstitut verpflichtet[129]. 380

---

125 Vgl. unten Rdnr. 820ff.
126 Sections 344, 253 Insolvency Act 1986.
127 Vgl. Forman/Gilbert, Factoring and Finance, London 1976; Biscoe, Law and Practice of Credit Factoring, London 1975.
128 Vgl. unten Rdnr. 461f.
129 Vgl. Schmitthoff, a.a.O., S. 453ff.

III. Recht der Handelsgeschäfte

XII. Export Credit Guarantees

381 Kreditversicherungen über private Versicherungsgesellschaften waren in England wenig bekannt. An ihre Stelle im Außenhandel traten früher staatliche Garantien[130]. Zuständig war das *Export Credit Guarantee Department*, eine Abteilung des englischen Wirtschaftsministeriums, das in mehreren Städten Großbritanniens Regionalbüros unterhielt. Eine Exportgarantie konnte jeder, der im Vereinigten Königreich Geschäfte im Zusammenhang mit dem Export, der Produktion, der Güterverteilung und Dienstleistungen versah, für Transaktionen im Außenhandel beantragen. Das *Export Credit Guarantee Department* hatte Standardbedingungen für kurz-, mittel- und langfristige Kredite. Die Exportgarantie erstreckte sich regelmäßig nicht auf Risiken, die von kommerziellen Versicherern abgesichert wurden; gedeckt waren außerdem nicht Umstände aus der Sphäre des Exporteurs. Der Exporteur erhielt jedoch Deckung – grundsätzlich 90% – u.a. bei Zahlungsunfähigkeit des ausländischen Käufers, bei längerem Zahlungsverzug als sechs Monate, bei Annahmeverzug, Widerruf der Exportlizenz, politischen Krisen und Kriegen außerhalb Großbritanniens. Da das *Export Credit Guarantee Department* nicht kommerziell organisiert war, war die von dem Exporteur zu zahlende Prämie für die Bürgschaft relativ gering. Ein derartig besicherter Warenexport wurde von Banken großzügig kreditiert. Die Rechte aus der Exportgarantie konnten zu diesem Zweck abgetreten werden[131].

382 Dieses Exportsicherungssystem hat sich seit dem 2. Dezember 1991 grundlegend verändert. Die Exportsicherungstätigkeit des *Export Credit Guarantee Department* wurde privatisiert. Sie wurde als Ganzes von *NCM Credit Insurance Ltd.* übernommen. Dabei handelt es sich um die im Vereinigten Königreich tätige Tochtergesellschaft eines international operierenden Versicherers[132].

---

130 Vgl. im einzelnen den Export Guarantee and Overseas Investment Act 1978; ferner Schmitthoff, a.a.O., S. 471ff.
131 Vgl. dazu den heute aufgehobenen Export Guarantee and Overseas Investment Act 1978 und Schmitthoff, a.a.O., S. 471ff.
132 Adresse: NCM Credit Insurance Ltd., Crown Building, Cathays Park, Cardiff CF1 3 PX.

§ 5
Transportrecht

I. Allgemeines

Der grenzüberschreitende Güterverkehr zu Lande, zur See und in der Luft wird heute weitgehend von internationalen Konventionen geregelt. Im europäischen Landfrachtverkehr auf Straßen gilt das Genfer Abkommen über den Internationalen Straßengütertransport *(CMR)*, das durch den *Carriage of Goods by Road Act 1965* Gesetzeskraft erlangte[1].

383

Das Übereinkommen über den internationalen Bahntransport (*COTIF*-Konvention mit den überarbeiteten *CIM*-Bestimmungen, jetzt als „*ER/CIM*" bezeichnet, als Anlage B) erhielt Gesetzeskraft durch den *International Transport Conventions Act 1983*. Die Verfrachtung der Güter zur See unterliegt dem *Carriage of Goods by Sea Act 1971*, mit dem den Hague-Visby-Regeln über die Güterbeförderung zur See von 1968 Gesetzeskraft verliehen wurde[2]. Auf *charterparties* von Schiffen finden hingegen keine internationalen Konventionen Anwendung; vielmehr bleibt es hier bei den alten Regeln des *common law*[3]. Im Luftkraftverkehr ist das Vereinigte Königreich den Konventionen von Warschau von 1929, von Den Haag von 1955 und von Guadalajara von 1961 beigetreten und hat sie durch die *Carriage by Air Acts 1961* und *1962* und den *Carriage by Air and Road Act 1979* in nationales Recht umgesetzt[4]. Dem Montrealer Abkommen von 1975 ist das Vereinigte Königreich bislang nicht beigetreten.

384

Der Staat kontrolliert das Frachtgeschäft durch ein Lizenzsystem. Für den Straßengütertransport hat zwar der *Transport Act 1968* die Bedürfnisprüfung abgeschafft, aber die Lizenz hängt noch von den Qualifikationen des Frachtführers einschließlich seiner Finanzkraft, Sicherheit der Fahrzeuge usw. ab[5].

385

---

1 D'Arcy/Ridley, The Law of the Carriage of Goods by Land, Sea and Air, 7. Aufl., London 1991; Kitchin, Road Transport Law, 27. Aufl., London 1991; Glass/Cashmore, Introduction to Law of Carriage of Goods, London 1989; Clark, International Carriage of Goods by Road, London 1991; Hill/Messent, Contracts for the International Carriage of Goods by Road, London 1984.
2 Todd, Contracts for the Carriage of Goods by Sea, London 1988; Career, Carriage by Sea, 13. Aufl., London 1988; Wilson, Carriage of Dangerous Goods by Sea, London 1985; D'Arcy/Ridley a.a.O.
3 Vgl. Scrutton, On Charterparties and Bills of Lading, 19. Aufl., London 1984; Carver/Colinveaux, Carriage by Sea, 13. Aufl., London 1982.
4 Vgl. McNair/Kerr/Evans, The Law of Air, 3. Aufl., London 1964; Cheng, Law of International Air Transportation, London 1972; Diedericks-Verschoor, Introduction to Air Law, 4. Aufl., London 1991; Shawcross/Beaumont, Air Law, 4. Aufl., London 1983; Verwer, Liability for Damage to Luggage in International Air Transport, London 1988; D'Arcy/Ridley a.a.O.
5 S. im einzelnen Teil V des Transport Act 1968, geändert durch den Road Traffic Act 1974 und den Transport Act 1982 sowie die unter dem Transport Act 1985 verabschiedeten Gesetze und Verordnungen.

III. Recht der Handelsgeschäfte

Für den Straßenfernverkehr mit Lastzügen ist eine Sondergenehmigung nötig. Nach diesem Gesetz brauchen sowohl Frachtführer als auch Unternehmen zur Beförderung im Rahmen des eigenen Geschäftsbetriebs eine Genehmigung.

386 Im Gegensatz zum Frachtgeschäft hängt die Ausübung des Speditionsgeschäfts nicht von staatlicher Genehmigung ab. Es unterliegt auch nicht staatlicher Kontrolle. Die meisten Speditionsunternehmen haben sich der *British International Freight Association,* früher dem *Institute of Freight Forwarders* angeschlossen. Dieser rein privatrechtliche Verband hat Richtlinien herausgegeben, die ein faires Geschäftsverhalten der Spediteure sicherstellen sollen.

387 Das nationale englische Fracht- und Speditionsrecht ist gesetzlich nicht geregelt. Die englische Rechtsprechung hat nur in wenigen Fällen die Rechte und Pflichten der am Güterverkehr Beteiligten klar umrissen. Diese Lücke füllen allgemeine Geschäftsbedingungen aus, die *Road Haulage Association Ltd. Conditions of Carriage 1991* für Frachtführer[6] und die *Standard Trading Conditions 1989* der *British International Freight Association* für Spediteure[7]. Wo diese nicht gelten, wird mangels ausdrücklicher Parteiabrede auf die *doctrine of implied terms* zurückgegriffen, die freilich weit weniger Hilfe gibt als das nachgiebige deutsche Gesetzesrecht[8].

388 Das Vertragsrecht reicht aber nicht aus, um die Rechtsbeziehungen der verschiedenen an einem Transportgeschäft beteiligten Personen zu regeln: zwischen Absender, Haupt-, Zwischen-, Empfangsspediteur, Haupt-, Zwischen-, Unterfrachtführer, Schiffsagenten, Lagerhäusern, Zollabfertigern und Empfänger. Denn englisches Vertragsrecht kennt keinen Vertrag zugunsten Dritter[9]. Hier zeigt sich die Bedeutung des englischen Deliktsrechts, das häufig auch als Anspruchsgrundlage benutzt wird, um durch Allgemeine Geschäftsbedingungen eingeschränkte vertragliche Ansprüche zu umgehen. In Frage kommt das *tort of negligence*, das – unabhängig von vertraglichen Banden – Sorgfaltspflichten im Verhältnis zum Wareneigentümer auferlegt[10]. Aber auch wer, ohne fahrlässig zu handeln, Waren an den falschen Empfänger ausliefert, kann deliktsrechtlich verantwortlich werden. Denn nach dem *tort of conversion* haftet, wer vorsätzlich und ungerechtfertigt einem Berechtigten Benutzung oder Besitz einer beweglichen Sache entzieht[11].

---

[6] Erhältlich bei der Road Haulage Association, Roadway House, 35 Monument Hill, Weybridge, Surrey, England.

[7] Erhältlich bei der British International Freight Association, Redfern House, Browells Lane, Feltham, England.

[8] Vgl. oben Rdnr. 104 ff.

[9] Vgl. oben Rdnr. 76 ff.

[10] Vgl. Hill, Freight Forwarders, London 1972, S. 75 ff; Schmitthoff, The Export Trade, 9. Aufl., London 1990, S. 45 ff; Glass/Cashmore, a.a.O., S. 10 ff.

[11] Vgl. Peereboom v. World Transport Agency Ltd. (1921) 6 Ll.L. Rep. 170; Hollins v. Fowler (1875) L.R. 7 H.L. 757; Hill, a.a.O., S. 104 ff.

II. Frachtvertrag

Der Eisenbahnfrachtvertrag im internen Warentransport wird durch allgemeine Geschäftsbedingungen, den *Railway Board's Conditions of Carriage*, eingehend geregelt[12]. Obwohl die Staatliche Eisenbahn ein Monopol über den inländischen Schienenverkehr hat, ist die Befugnis der Bahn, den Inhalt dieser Bedingungen zu regeln, unbeschränkt. Die Bahn haftet für Verlust oder Verschlechterung des Gutes zwar grundsätzlich unabhängig vom Verschulden ihrer Hilfspersonen, doch enthalten ihre Bedingungen einen weitgefaßten Katalog von Ausnahmetatbeständen und die Haftungsbeschränkung auf £ 1 500 pro Tonne beförderter Güter.

389

Im folgenden soll der inländische Straßenfrachtvertrag *contract of carriage by road* näher betrachtet werden. Hier gibt es kein Gesetzes-, sondern nur Richterrecht[13].

390

Die englische Literatur betont den Unterschied zwischen zwei Arten von Frachtführern, zwischen *common* und *private carriers*. Der öffentliche Frachtführer *common carrier* kommt im Rechtsalltag zwar nur noch selten vor, doch ist dieses alte Konzept grundlegend für ein Verständnis des englischen Frachtrechts. Unter diesen Begriff fällt jeder, der zu erkennen gibt, daß er gegen Entgelt ohne Zugrundelegung besonderer Beförderungsbedingungen Güter aller oder nur einer bestimmten Art befördern will[14]. Wer Beförderungsverträge nur aufgrund besonderer Vertragsbedingungen abschließt, sich die Annahme des Beförderungsauftrages vorbehält oder nur gelegentlich tätig wird, ist *private carrier*. Die Unterscheidung zwischen beiden Arten von Frachtführern ist von großer rechtlicher Bedeutung: Nur der öffentliche Frachtführer ist zur Beförderung der Güter verpflichtet, es sei denn, das Fahrzeug ist schon voll beladen, die Güter sind von anderer Art, als er zu befördern angibt, oder die Reiseroute ist ungewöhnlich. Nur der *common carrier* haftet bei Verlust oder Beschädigung des Gutes wie ein Versicherer unabhängig vom Verschulden. Er kann sich nur auf bestimmte Ausnahmen berufen: Höhere Gewalt[15], feindliche Mächte, den Gütern selbst anhaftende Mängel[16], Verschulden des Absenders oder Krieg. Öffentliche Landfrachtführer können ihre Haftung nicht durch Anschläge in ihren Geschäftsräumen, sondern nur aufgrund Individual-

391

---

12 Abgedruckt bei Glass/Cashmore, a.a.O., S. 269 ff.
13 Vgl. insbesondere das grundlegende Werk von Kahn-Freund, The Law of Carriage by Inland Transport, 4. Aufl., London 1965, sowie die Nachweise in Fn. 1.
14 Vgl. schon Nugent v. Smith [1876] 1 C.P.D. 423; Belfast Ropework Co. Ltd. v. Bushell [1918] 1 K.B. 210.
15 Der englische Begriff Act of God darf — streng genommen — nicht mit höherer Gewalt übersetzt werden. Denn nach englischem Recht wird dieser Begriff sehr eng ausgelegt: Nur solche Umstände fallen darunter, die unmittelbar und ausschließlich von einem Naturereignis ausgelöst wurden, nicht auf menschliche Handlungen zurückzuführen sind und auch bei größter Vorsicht nicht hätten verhindert werden können; vgl. Nugent v. Smith [1876] 1 C.P.D. 423.
16 Der englische Begriff inherent vice wird weltweit im Transportrecht verwendet.

III. Recht der Handelsgeschäfte

vertrages ausschließen. Für bestimmte Wertsachen hat der *Carrier Act 1830* die Haftung auf £ 10 für jede Einheit beschränkt[17].

392 Im Rechtsalltag ist der öffentliche Frachtführer heute selten. Denn die Frachtführer erklären in ihren Beförderungsbedingungen, nur aufgrund ausdrücklicher Vertragsannahme zu befördern und fallen dann also nicht mehr unter den Begriff des *common carrier*. Die staatlichen Transportunternehmen haben meist kraft Gesetzes nicht die Eigenschaft eines *common carrier*. Ist der Frachtführer nicht *common*, sondern *private carrier*, haftet er nur bei eigenem Verschulden oder Verschulden seiner Leute. Fast alle nichtstaatlichen englischen Frachtführer verwenden die von der *Road Haulage Association Ltd.* herausgegebenen allgemeinen Geschäftsbedingungen *Conditions of Carriage*[18], die staatlichen Frachtführer hingegen ihre eigenen[19]. Beide unterscheiden sich nicht grundsätzlich, beide werden von Zeit zu Zeit geändert. Diese Bedingungen beschränken die Haftung für Verlust und Beschädigung des Frachtgutes auf Fälle von *wilful negligence*, d. h. auf vorsätzliche Pflichtverletzung und auf Fälle von grober Unachtsamkeit: wenn sich weder Frachtführer noch seine Leute darum kümmern, ob sie sich einer Pflichtverletzung schuldig machen[20]. Auch der Höhe nach sind Schadensersatzansprüche regelmäßig auf £ 1 300 pro Tonne Frachtgut beschränkt[21]. Häufig werden bei einer Beförderung aufeinanderfolgende Frachtführer tätig: Haupt-, Zwischen-, Teil- und Unterfrachtführer. Dabei bestimmen die allgemeinen Geschäftsbedingungen, daß bei mehreren aufeinanderfolgenden Frachtführern der erste grundsätzlich nur wie ein Spediteur haftet, jedenfalls die Frachtführer nur als Teilfrachtführer für die von ihnen selbst ausgeführte Beförderung[22].

393 Frachtführer haben wegen ihres Frachtlohnes kein gesetzliches Pfandrecht *pledge*, wohl aber ein *lien*, das dem kontinentaleuropäischen Zurückbehaltungsrecht vergleichbar ist. Der *common carrier* kann dieses Zurückbehaltungsrecht gegen den wirklichen Eigentümer der Waren ausüben, auch wenn dieser nicht sein Vertragspartner sein sollte, allerdings nur wegen der mit der Beförderung der in seinem Besitz befindlichen Waren zusammenhängenden Kosten[23] (*specific or particular lien*)[24]. Der *private carrier* kann das Zurückbehaltungsrecht nur dann geltend machen, wenn der Anspruchsgegner zu-

---

17 Section 1 des Carrier Act 1830; vgl. auch D'Arcy/Ridley, a. a. O., S. 46.
18 S. o. Fn. 6.
19 Vgl. die British Road Service Ltd. Conditions of Carriage, abgedruckt bei Glass/Cashmore, a. a. O., S. 269 ff.
20 Über die Auslegung des Begriffes wilful negligence werden verschiedene Meinungen vertreten; vgl. im einzelnen Hill, a. a. O., S. 87 ff. unter Berufung auf Re City Equitable Fire Insurance Co. [1925] Ch. 407, 434; Glass/Cashmore, a. a. O., S. 30 ff. und S. 242 ff.
21 Vgl. z. B. clause 11 (1) (b) der Road Haulage Association Ltd. Conditions of Carriage in der Fassung aus dem Jahre 1991.
22 Vgl. z. B. clause 2.4. a. a. O.
23 So schon Skinner v. Upshaw (1702) 2 Lord Raymond 752.
24 Vgl. im einzelnen oben Rdnr. 324 ff.

gleich Eigentümer des Frachtgutes ist[25]. Die *Conditions of Carriage* erweitern das Zurückbehaltungsrecht auf Forderungen, die nicht mit der Beförderung der im Besitz des Frachtführers befindlichen Waren zusammenhängen (*general lien*)[26].

III. Speditionsvertrag

Der Spediteur ist kaufmännische Mittelsperson zwischen Absender und Frachtführer[27]. Er wird *forwarding agent*, seltener *freight forwarder* oder einfach *forwarder* genannt. Es gibt weder eine Legaldefinition ähnlich § 407 HGB noch hat die Rechtsprechung ein klares Berufsbild herausgearbeitet, das seinen rechtlichen Status umschreibt und seine Rechte und Pflichten aufzählt. Fest steht nur, daß er die Versendung von Gütern besorgen muß, ohne daß er diese selbst zu befördern braucht. Seiner Funktion nach unterscheidet er sich von einer Vielzahl anderer Mittelspersonen, deren Aufgaben er aber im Einzelfall gleichfalls übernehmen kann. Da er nicht selbst befördert, unterscheidet er sich vom Frachtführer *carrier*. Führt er aber Frachtgeschäfte aus oder gibt er sich dafür aus[28], wird er insoweit wie ein Frachtführer behandelt, so zum Beispiel, wenn er den Zu- und Abtransport zum und vom Frachtführer übernimmt. Je nachdem, ob er Land-, See- oder Lufttransporte besorgt, hat er unterschiedliche Aufgaben. Besorgt er Lufttransporte, wird er in aller Regel von der *International Air Transport Association (IATA)* zugelassen sein und deren Kontrolle unterstehen. Obwohl *forwarder* und *loading broker*[29] unterschiedliche Funktionen haben, werden diese häufig von ein und demselben Unternehmen wahrgenommen, das dann sowohl Vertreter des Absenders als auch des Schiffseigentümers ist.

394

Davon ist wiederum der *ship's agent* zu unterscheiden, der die Interessen des Schiffseigentümers im Hafen vertritt, wenn letzterer dort kein eigenes Büro unterhält[30]. Oft übernehmen englische Spediteure auch die Zollabfertigung und werden dann auch *customs brokers* genannt. Hierfür ist im Vereinigten Königreich – im Gegensatz zu den meisten anderen Ländern – keine staatliche Genehmigung erforderlich. Wiederum andere Aufgaben als der Spediteur hat der *landing agent* im Seefrachtgeschäft, der im Ankunftshafen namens des Schiffseigentümers Leichter *lighter* bestellt, dem Kapitän Empfangsbestätigun-

395

---

25 Vgl. im einzelnen Hill, a.a.O., S. 215 f; D'Arcy/Ridley, a.a.O., S. 30, 37 ff., 134 ff., 254 f; Glass/Cashmore, a.a.O., S. 62 ff.
26 So clause 15 der Road Haulage Association Ltd. Conditions of Carriage in der Fassung aus dem Jahre 1991.
27 Vgl. Hill, a.a.O.; ferner Schmitthoff, a.a.O.
28 Vgl. Claridge, Holt & Co. Ltd. v. King & Ramsey (1920) 3 Ll.L. Rep. 197; Glass/Cashmore, a.a.O., S. 70.
29 Vgl. Heskell v. Continental Express Ltd. (1950) 83 Ll.L. Rep. 438; vgl. auch unten Rdnr. 465 ff.
30 Vgl. im einzelnen Hill, a.a.O., S. 29 ff.

III. Recht der Handelsgeschäfte

gen ausstellt und den Transport der Waren vom Schiff zu den Lagerhallen überwacht[31]. Häufig übernimmt der Spediteur Hilfsleistungen unterschiedlicher Art wie die Lagerung von Gütern *warehousing* oder die Verpackung der Waren *packing*. Oft besorgen sie auch die Transportversicherung, obwohl sie dazu weder nach *common law*[32] noch nach den allgemeinen Geschäftsbedingungen verpflichtet sind[33].

396 In den meisten kontinentaleuropäischen Rechtssystemen ist der Spediteur Kommissionär oder ein Unterfall dieser Rechtsfigur: Er handelt im eigenen Namen, aber für fremde Rechnung. Diese rechtliche Einordnung kommt für den englischen Spediteur nicht in Betracht, denn englisches Recht kennt das Rechtsinstitut des Kommissionärs nicht[34]. Der rechtliche Status des *forwarding agent* kann nicht allgemein, sondern nur von Fall zu Fall bestimmt werden: ob er Prinzipal ist und Frachtführer im eigenen Namen beauftragt oder ob er − worauf seine Bezeichnung hindeutet − als Vertreter auftritt. Meist wird er Vertreter des Absenders sein, doch kann er dies auch für den Frachtführer oder den Empfänger, ja er kann zugleich Vertreter mehrerer am Frachtgeschäft Beteiligter oder zunächst Vertreter des einen sein und dann Vertreter des anderen werden. Hier gibt es keine gesetzlichen Regeln. Allgemeines Stellvertretungsrecht bestimmt seinen rechtlichen Status, und es ist schwer, aus den − sich teilweise widersprechenden − Fällen allgemeine Rechtsgrundsätze abzuleiten[35].

397 In den meisten Fällen legen englische Spediteure ihre allgemeinen Geschäftsbedingungen zugrunde, die von der *British International Freight Association* entworfenen *Standard Trading Conditions*, jetzt in der Fassung aus dem Jahre 1989[36]. Diese allgemeinen Geschäftsbedingungen werden nicht schon kraft Handelsbrauchs, sondern erst bei wirksamer Einbeziehung Vertragsbestandteil. Ansonsten gilt *common law*. Nach den allgemeinen Geschäftsbedingungen hat der Spediteur seine Tätigkeit mit angemessener Sorgfalt, Fleiß, Geschick und Urteilsvermögen auszuführen[37]. Das entspricht der Sorgfaltspflicht des *common law*. Die Geschäftsbedingungen führen eine Reihe von Fällen auf, in denen die zivilrechtliche Verantwortlichkeit des Spediteurs für Verlust oder Beschädigung der Ware ausgeschlossen ist, wie z. B. bei Streik oder Aussperrung[38]. Allerdings obliegt es dem Spediteur, den Nachweis dafür zu führen. Aber auch wenn eine Schadensersatzpflicht begründet ist, ist diese der

---

31 Vgl. Chartered Bank v. B.I.S.M.N. Co. Ltd. [1909] A.C. 369.
32 Vgl. W.L.R. Traders Ltd. v. B & N Shipping Agency Ltd. [1955] 1 Lloyd's Rep. 554, 558; vgl. aber von Taubenberg v. Davies Turner & Co. Ltd. [1951] 2 Lloyd's Rep. 462, 466.
33 Vgl. clause 13 (B) der Standard Trading Conditions 1989 der British International Freight Association.
34 Vgl. unten Rdnr. 417.
35 Vgl. im einzelnen Hill, a.a.O., S. 38 ff.
36 Vgl. oben Fn. 7.
37 Vgl. clause 26 der Standard Trading Conditions.
38 Vgl. clause 27 (A) a.a.O.

Höhe nach begrenzt auf 2 SDR[39] (z. Zt. etwa £ 1.70 oder DM 4,40) pro Kilogramm Frachtgut oder einen niedrigeren Gesamtwert der verlorengegangenen oder beschädigten Ware[40]. Alle Ansprüche des Auftraggebers gegen den Spediteur müssen spätestens nach 14 Tagen schriftlich angezeigt werden[41].

Für seine Tätigkeit kann der Spediteur von seinem Auftraggeber Provision *charges* verlangen. Hat der Absender den Spediteur beauftragt, besteht grundsätzlich nur gegen ihn der Vergütungsanspruch, gegen den Abnehmer nur, wenn auch er Vertragspartner des Spediteurs geworden ist oder im Wege der Novation an die Stelle des Absenders getreten ist[42]. Bei Warenbeförderung über den Ärmelkanal, im sog. *short sea trade*, ist es üblich, daß der Spediteur eine Kommission vom Frachtführer erhält. Eine solche Übung besteht aber nicht im Überseegeschäft, dem sog. *deep sea trade*. **398**

Bis zur Bezahlung seiner Vergütung kann der englische Spediteur das Frachtgut zurückbehalten. Das englische Recht gewährt zwar kein gesetzliches Pfandrecht *pledge*. Doch steht auch dem Spediteur ein *lien*[43] zu. Nach *common law* hat er ein *specific or particular lien*[44]. Die *Standard Trading Conditions* geben ihm darüber hinaus ein *general lien* wegen aller Forderungen gegen den Auftraggeber, auch solchen, die nicht mit den zurückbehaltenen Waren zusammenhängen[45]. Hat der Spediteur das Frachtgut zugleich verpackt, steht ihm nach *common law* schon ein *general lien* zu, wohl auch, wenn er es zugleich verwahrt hat[46]. Der Spediteur darf aber nur die Waren zurückhalten, die noch im Eigentum seines Vertragspartners stehen. Er hat kein Zurückbehaltungsrecht, wenn er nur für den Absender tätig wird, die Waren aber schon in das Eigentum des Empfängers übergegangen sind. **399**

---

39 SDR bedeutet Special Drawing Right (Sonderziehungsrecht). Dabei handelt es sich um eine Verrechnungseinheit, die vom Internationalen Währungsfond (IMF) nach einem Währungskorb ausgewählter Mitgliedstaaten festgelegt wird.
40 Vgl. clause 29 (A) (i) a.a.O.
41 Vgl. clause 30 (A) a.a.O.
42 Vgl. Hill, a.a.O., S. 252 ff.
43 Vgl. oben vor Fn. 23.
44 Vgl. oben Fn. 23 und 24.
45 Vgl. clause 10 (A) a.a.O.
46 Vgl. Hill, a.a.O., S. 216 f.

IV. Kapitel
Kaufmännische Hilfs- und Mittelspersonen

§ 1
Besonderheiten des Stellvertretungsrechts

I. Allgemeines

400 Das englische Stellvertretungsrecht unterscheidet sich vom deutschen Recht und anderen kontinentaleuropäischen Rechten nicht nur in dogmatischen Fragen, sondern auch in seinen praktischen Auswirkungen. Deshalb müssen einige Grundsätze[1] erklärt werden, um die rechtlichen Besonderheiten der kaufmännischen Hilfs- und Mittelspersonen, aber auch die Rechtsstellung von Direktoren der englischen *companies* oder von Partnern der englischen *partnerships*[2], verständlich zu machen.

401 Die englische Geschäftssprache unterscheidet viele kaufmännische Hilfs- und Mittelspersonen. Genannt seien nur *representative, commercial traveller, commission merchant, distributor, broker* und *agent*. *Agent* wird wiederum mit anderen Worten zu neuen Begriffen verbunden, wie *selling-, commercial-, consignment-, estate-, shipping-, loading-, customs-, forwarding-, travel-* und *mercantile agent*.

402 Demgegenüber ist die englische Rechtssprache arm: Eigentlich gibt es nur die Begriffe *agent* (Stellvertreter) und *factor* (Stellvertreter mit Warenlager[3]). Die Definition des *agent* ist sehr weit: Sie umfaßt alle Personen, die der Geschäftsherr *principal* beschäftigt, um seine Rechtsverhältnisse zu regeln und zu beeinflussen[4]. Der Rechtsbegriff steht oft im Widerspruch zur Geschäftssprache. Sie bezeichnet als *agent* häufig auch den Eigenhändler, der Kaufverträge mit Dritten im eigenen Namen und auf eigene Rechnung abschließt. Deshalb sollte in jeden Handelsvertretervertrag eine klarstellende Klausel aufgenommen werden.

403 Die juristische Definition des *agent* ist weiter als die eines Stellvertreters nach den §§ 164 ff. BGB. Denn sie umfaßt nicht nur die rechtsgeschäftliche, sondern

---

[1] Vgl. Billens/Roger, Agency Law, London 1993; Markesinis and Munday, An Outline of the Law of Agency, 2. Aufl. London 1986; Fridman, The Law of Agency, 6. Aufl. London 1990; Bowstead/Reynolds/Davenport, Agency, 15. Aufl. London 1985; vgl. auch alle Bücher über englisches Vertragsrecht, ferner Zweigert/Kötz, a.a.O., II, S. 114ff.
[2] Vgl. unten Rdnrn. 786ff.
[3] Vgl. unten Rdnr. 461ff.
[4] Borrie, Commercial Law, 6. Aufl. 1988, S. 1ff.

auch die deliktische Tätigkeit des *agent*. Deliktsrechtlich haftet der Geschäftsherr für einen *agent* nicht, wenn dieser selbständiger Unternehmer *independent contractor* ist. Ist er aber unselbständig, und hat er in Ausübung der ihm übertragenen Verrichtung gehandelt, so kann sich der Geschäftsherr — anders als nach § 831 BGB — nicht entlasten. *Agency* ist komplexer als der deutschrechtliche Begriff der Stellvertretung: Denn das englische Recht trennt dogmatisch nicht zwischen Innen- und Außenverhältnis, nicht zwischen dem Rechtsverhältnis zwischen *agent* und *principal* und der Vollmacht des *agent* im Verhältnis zum Dritten. Folglich hängt auch das rechtliche Schicksal der Vollmacht vom Bestand des Innenverhältnisses ab.

Aus der Verquickung von Innen- und Außenverhältnis folgt eine weitere Besonderheit: Vollmacht wird nicht einseitig begründet, sondern nur aufgrund Vertrages, von den Grundsätzen der Anscheinsvollmacht einmal abgesehen. Man spricht von *agency agreement* oder *agency contract*[5]. Ein solcher Stellvertretungsvertrag ist — vergleichbar mit § 167 Abs. 2 BGB — formlos gültig[6], auch wenn der vom Vertreter abgeschlossene Vertrag formbedürftig ist[7]. Nur ausnahmsweise muß der Bevollmächtigte in einer besonderen Urkunde *deed*[8] ernannt werden. Eine solche Vollmachtsurkunde heißt *Power of Attorney*[9] und muß vom Vollmachtgeber unterschrieben, mit Siegel versehen und übergeben werden *(signed, sealed and delivered)*. Sie ist bei Grundstücksgeschäften nötig. Üblich ist sie, wenn ein Börsenmakler mit An- und Verkauf von Wertpapieren, ein Versicherungsmakler mit dem Abschluß von Versicherungsverträgen beauftragt wird, ferner bei Arbeitsvermittlungsagenturen, Anlageberatern, bei Einräumung der Einziehungsbefugnis über ein Bankkonto. Ein unentgeltlicher Auftrag verpflichtet den Vertreter nicht, tätig zu werden, da die Gegenleistung *consideration* fehlt, es sei denn, der *contract of agency* wurde unter Siegel abgeschlossen.

404

Das englische Richterrecht hat den Stellvertretungsvertrag zu einem besonderen Vertragstypus entwickelt, der sich vom allgemeinen Vertragsrecht abgrenzt. Hingegen läßt sich der *agency contract* nur schwer in einzelne selbständige Vertragstypen zergliedern. Ein Vergleich mit deutschen kaufmännischen Hilfs- und Mittelspersonen ergibt: Zum Teil kennt das englische Recht keine Entsprechung, so zum Beispiel keinen Kommissionär; zum Teil hat es für einzelne Sachverhalte Sonderregeln ohne Entsprechung im deutschen Recht entwickelt wie für den Handelsvertreter mit Warenlager, zum Teil hat die Geschäftspraxis

405

---

5 Der agent braucht — ähnlich wie nach § 165 BGB — nicht volljährig zu sein, um einen bindenden Vertrag zwischen dem Vertretenen und dem Dritten zu begründen. Allerdings kennt das englische Recht keine untere Altersgrenze für den Stellvertreter wie die beschränkte Geschäftsfähigkeit nach deutschem Recht.
6 Über formgültige Geschäfte vgl. oben Rdnr. 82 ff.
7 Vgl. Heard v. Pilley (1869) 4 Ch. App. 548.
8 Vgl. oben Rdnr. 82.
9 Vgl. dazu Powers of Attorney Act 1971.

IV. Kaufmännische Hilfs- und Mittelspersonen

eigene Rechtsinstitute hervorgebracht wie *confirming houses*. Auch wo bei funktionaler Rechtsvergleichung identische Rechtsinstitute zu vermuten sind wie beim Handelsvertreter, tauchen Unterschiede in Einzelfragen auf.

II. Innenverhältnis

406 Auch wenn der Stellvertretungsvertrag schweigt, hat der Vertreter gegenüber seinem Geschäftsherrn verschiedene Pflichten zu erfüllen.

407 Das *agency law* kannte ursprünglich kein Gesetzesrecht – vom *Factors Act 1889* abgesehen –, doch haben die Gerichte für nahezu alle Typen von kaufmännischen Hilfs- und Mittelspersonen nachgiebige Rechtsregeln entwickelt. Ausgangspunkt ist der mutmaßliche Parteiwille (*doctrine of implied terms*)[10]. Am 18. Dezember 1986 hat der Rat der Europäischen Gemeinschaften eine Richtlinie „zur Koordinierung der Rechtsvorschriften der Mitgliedsstaaten betreffend die selbständigen Handelsvertreter" erlassen, die bis zum 1. Januar 1994 in englisches Recht umgesetzt werden mußte. Dies ist durch *The Commercial Agents (Council Directive) Regulations 1993* mit Wirkung zum 1. Januar 1994 geschehen. Die englische Verordnung bringt erstmalig gesetzliche Bestimmungen. Sie wird im nachfolgenden Paragraphen (§ 2 Vertretertypen im Handelsverkehr) näher dargestellt.

408 Die meisten Pflichten des Vertreters sind auch für den deutschen Juristen selbstverständlich: Der Vertreter muß Weisungen seines Geschäftsherrn befolgen, will er sich nicht schadensersatzpflichtig machen und seinen Anspruch auf Vergütung verlieren[11]. Der Vertreter muß die im Verkehr erforderliche Sorgfalt beachten, in der englischen Rechtssprache: *must exercise reasonable care and skill*. Ob dieser Sorgfaltsmaßstab auch für den unentgeltlich handelnden Vertreter gilt, kann dahinstehen. Denn er ist deliktsrechtlich verantwortlich, wenn er die im Verkehr nötige Sorgfalt nicht beachtet[12]. Der Vertreter darf seine Aufgaben und Befugnisse nicht auf einen Dritten übertragen, wenn der Vertretene ihn hierzu nicht ausdrücklich oder stillschweigend ermächtigt hat. Die englischen Richter nehmen diesen Rechtssatz sehr ernst: So darf ein Grundstücksmakler *estate agent* keinen Untervertreter einschalten[13]. Typisches Beispiel für Delegation ist hingegen: Ein Rechtsanwalt aus der Provinz *country solicitor* beauftragt seinen London *agent*, den Korrespondenzanwalt in London, den Rechtsstreit vor dem *High Court* zu führen.

409 Aus dem englischen Treuhandrecht *law of trust* stammt eine starre Regel: Der Vertreter muß jeden Widerstreit seiner Interessen mit denen seines Geschäfts-

---

[10] Vgl. oben Rdnr. 105 ff.
[11] Vgl. Turpin v. Bilton (1843) 5 Man. & Cl. 455; Fraser v. B.N. Furman (Productions) Ltd. [1967] 3 All E.R. 57; Keppel v. Wheeler [1927] 1 K.B. 577.
[12] Hier kommt der Deliktstatbestand der negligence in Frage, der sich auf Donoghue v. Stevenson [1932] A.C. 562 gründet; vgl. auch Hedley Byrne & Co. Ltd. v. Heller & Partners [1963] 2 All E.R. 575.
[13] Vg. John McCann v. Pow [1975] 1 All E.R. 129.

herrn vermeiden[14]. Dabei kommt es nicht darauf an, ob der Vertreter fair gegenüber dem Vertretenen handelt. Es entscheidet der objektive Interessenwiderstreit[15]. Der deutsche Jurist wird an das Verbot des Selbstkontrahierens nach § 181 BGB erinnert. Doch geht das englische Verbot weiter: Nicht nur das Mitwirken derselben Person auf beiden Seiten des Rechtsgeschäfts ist verboten[16], sondern jeder Interessenkonflikt ohne Rücksicht auf dieses formelle Kriterium. Eine wichtige Konsequenz dieser starren englischen Regel ist das grundsätzliche Verbot des Selbsteintritts aller kaufmännischen Hilfs- und Mittelspersonen. So kann zum Beispiel der Handelsvertreter die Waren des Prinzipals nicht zum ermäßigten Preis kaufen oder der Börsenmakler nicht eigene Papiere verkaufen. Ein klassisches Beispiel ist die Entscheidung des *House of Lords* in *Boardman v. Phipps*[17]: Verwertet ein *Solicitor*[18] Informationen, die er als *agent* erworben hat, so muß er den Gewinn aus seinen Geschäften auch dann herausgeben, wenn die „Benachteiligten" diese Geschäfte nicht selbst abgeschlossen hätten. Auch wer Geschäftsgeheimnisse, die Eigentumsrechten gleichgesetzt werden, verletzt, fällt unter diesen Rechtssatz, und zwar unabhängig von Geheimhaltungsklauseln. Erinnert sei an *Lamb v. Evans*[19]: Ein englischer Verleger beschäftigte selbständige Vertreter auf dem europäischen Kontinent, die Anzeigen für ein internationales Branchenverzeichnis hereinnahmen. Auch nach Beendigung ihres Vertragsverhältnisses konnte der Verleger ihnen untersagen, die gesammelten Daten im Wettbewerb gegen ihn zu verwenden, obwohl jedermann diese aus dem veröffentlichten Verzeichnis abschreiben konnte[20]! Die einzige Möglichkeit, das weitgefaßte englisch-rechtliche Verbot des Selbstkontrahierens zu umgehen: Der Vertreter klärt seinen Auftraggeber über seine Interessen an dem Geschäft voll auf, und dieser ist damit einverstanden[21].

III. Außenverhältnis

Der Umfang der Vertretungsmacht *authority* des Vertreters richtet sich in erster Linie nach dem *agency contract*. Seine Vertretungsmacht (*actual authority*) kann er ausdrücklich (*express authority*) oder stillschweigend (*implied*

410

---

14 Vgl. Keech v. Sandford (1726) Sel. Cas. Ch. 61; vgl. Snell, Equity, 29. Aufl. London 1990, S. 245 ff.
15 Vgl. Bentley v. Craven (1893) 18 Beav. 75.
16 Fullwood v. Hurley [1927] All E.R. 610; Anglo-African Merchants Ltd. v. Bayley [1969] 2 All E.R. 421.
17 [1967] A.C. 46; vgl. auch Industrial Development Consultants Ltd. v. Cooley [1972] 1 W.L.R. 443.
18 Über die Zweiteilung der englischen Rechtsanwaltschaft vgl. unten Rdnr. 1084 ff.
19 [1893] 1 Ch. 218.
20 Ob sich der Geschäftsherr darüber hinaus durch Wettbewerbsklauseln schützen kann, ist zweifelhaft; vgl. Cheshire/Fifoot, Furmstone, Law of Contract, 11. Aufl. London 1986, S. 456 ff. mit weiteren Nachweisen.
21 Vgl. Ryan v. Pilkington [1959] 1 All E.R. 689; Burt v. Claude Cousins Ltd. [1971] 2 All E.R. 611.

authority) eingeräumt bekommen. Im Geschäftsverkehr ist diese *implied authority*, auch *usual authority* genannt, besonders wichtig: Wer einen Vertreter nicht nur für ein einziges Geschäft (*special agent*), sondern für bestimmte Arten von Geschäften bestellt (*general agent*), gibt ihm die dafür nötigen – geschäftsüblichen – Vollmachten, sei er Grundstücksmakler *estate agent*[21] oder Geschäftsleiter eines Bierverkaufs[22]. Die *implied authority* kommt oft der deutschen Handlungsvollmacht nahe. Eine gesetzlich fest umschriebene und im Außenverhältnis unbeschränkbare Vollmacht wie die Prokura nach den §§ 48ff. HGB gibt es aber in England nicht.

411 Der englische Geschäftsverkehr kann im Interesse der Rechtssicherheit nicht auf die vom Innenverhältnis gelöste Duldungs- (*agency by estoppel*) und Anscheinsvollmacht (*apparent* oder *ostensible authority*)[23] verzichten. Doch ist ihr Umfang nach englischem Recht oft enger. So ist ein Handelsvertreter regelmäßig nur zur Vermittlung, nicht auch zum Inkasso bevollmächtigt[24], es sei denn, er unterhält ein Konsignationslager[25].

412 Die Vertretungsmacht kann auch nachträglich *ex post facto* durch die *doctrine of ratification* eingeräumt werden, wenn eine Person ohne Vollmacht gehandelt, der Geschäftsherr das Geschäft aber nachträglich genehmigt hat[25a]. In Ausnahmefällen kann die Vertretungsmacht auch auf notwendiger Geschäftsführung ohne Auftrag (*agency of necessity*) beruhen, wenn der Vertreter in dringenden Fällen gutgläubig im vermuteten Einverständnis des Geschäftsherrn gehandelt hat. Die Gerichte erkennen eine *agency of necessity* jedoch nur selten an[25b]. Häufigster Fall ist, daß ein Schiffskapitän bei einem Unfall oder einer Notlage einen Vertrag mit einem Dritten schließt, der dann aufgrund der *agency of necessity* auch den Schiffseigner bindet.

IV. Undisclosed Agency

413 Je nachdem, ob der Vertreter im fremden oder eigenen Namen handelt, spricht man im deutschen Recht von unmittelbarer oder mittelbarer Stellvertretung, kommen unmittelbare Vertragsbeziehungen zwischen Geschäftsherrn und dem Dritten zustande oder nicht. Ganz anders das englische Recht: Auch wenn der Vertreter im eigenen Namen auftritt, können direkte Beziehungen zwischen

---

22 Vgl. Watteau v. Fenwick [1893] 1 Q.B. 346.
23 Locus classicus ist Hely-Hutchinson v. Brayhead Ltd. [1968] 1 O.B. 549, 583 per Lord Denning M.R.; siehe auch Waugh v. Clifford & Sons [1982] 1 All E.R. 1095 und Armagus Ltd. v. Mundogas S.A. [1986] 2 All E.R. 385.
24 Vgl. Butwick v. Grant [1924] 2 K.B. 483.
25 Vgl. unten Rdnr. 423.
25a Presentaciones Musicales S.A. v. Secunda [1994] 2 All E.R. 737.
25b The Winson [1982] A.C. 936; The Goring [1988] A.C. 831.

Prinzipal und dem Dritten entstehen. Das anglo-amerikanische Recht erreicht dieses Ergebnis mit der Rechtsfigur des *undisclosed agent*[26].

Was aus kontinentaleuropäischer Sicht als Anomalie erscheint, wird auch in der englischen Rechtspraxis eingeschränkt: Zwischen dem verdeckten Geschäftsherrn und dem Dritten kommen nur Rechtsbeziehungen zustande, wenn der *undisclosed agent* tatsächlich Vertretungsmacht hat. Grundsätzlich ist der mittelbare Stellvertreter selbst Vertragspartei: Er kann den Drittkontrahenten verklagen und von ihm verklagt werden. Der verdeckte Prinzipal erwirbt nur dann unmittelbare Rechte gegen den Dritten, wenn dies mit dem vom *agent* abgeschlossenen Vertrag vereinbar ist, mit anderen Worten: Wenn die Person des *agent* für den Dritten nicht von Bedeutung ist[27]. Damit rückt das englische Konzept der *undisclosed agency* in die Nähe der deutschen Rechtsfigur des Vertrages für den, den es angeht. **414**

Erfährt der Drittkontrahent vom verdeckten Prinzipal, kann er wählen: Er kann statt den Stellvertreter auch den Geschäftsherrn verklagen. Erstreitet der Dritte gegen den *agent* ein Urteil und wird ihm erst danach der Prinzipal bekannt, kann er dann nicht mehr gegen diesen vorgehen. Andererseits verliert er das Klagerecht gegen den Prinzipal nicht, wenn er ein gerichtliches Verfahren gegen den *agent* anstrengt und die Klage wieder zurücknimmt[28]. **415**

Die Rechtsfigur der *undisclosed agency* war früher besonders wichtig für den ausländischen Prinzipal. Es gab nämlich eine Vermutung: Handelte der *agent* für einen ausländischen Geschäftsherrn, wurde er selbst Vertragspartei. Diese Rechtsvermutung wurde schon 1917 bezweifelt[29], 1968 endgültig abgeschafft[30]. Der ausländische Geschäftsherr braucht sich also nicht mehr auf die Regeln der *undisclosed agency* zu berufen, wenn er den englischen Vertragspartner verklagen will. **416**

Undisclosed agency mag ein Grund dafür sein, daß das englische Recht die Rechtsfigur des Kommissionärs weder entwickelt noch übernommen hat[31]. **417**

---

26 Aus der deutschen Literatur hierzu sehr ausführlich Müller-Freienfels, RabelsZ 17 (1952) S. 578 1 f., RabelsZ 28 (1953) S. 12; Zweigert/Kötz, a.a.O., II, 5. 120ff.
27 Vgl. Humble v. Hunter (1848) 12 O.B. 310; Drughorn Ltd. v. Rederiakt. Transatlantic [1919] A.C. 203, HL.
28 Vgl. Clarkson Booker Ltd. v. Andjel [1964] 3 All E.R. 260, CA.
29 Vgl. Miller, Gibb v. Smith and Tyrer Ltd. [1917] 2 K.B. 141.
30 Vgl. Teheran-Europa Ltd. v. Belton (Tractors) Ltd. [1968] 2 All E.R. 886.
31 Vgl. Schmitthoff, The Export Trade, 9. Aufl. London 1990.

IV. Kaufmännische Hilfs- und Mittelspersonen

§ 2
Vertretertypen im Handelsverkehr

I. Handelsvertreter

1. Einleitung

418 Das Handelsvertreterrecht Englands wurde zum 1. Januar 1994 einschneidend geändert: Durch *The Commercial Agents (Council Directive) Regulations 1993* wurde die EG-Richtlinie des Rates der EG vom 18. Dezember 1986 (86/653/EWG) zur Koordinierung der Rechtsvorschriften der Mitgliedstaaten betreffend die selbständigen Handelsvertreter in nationales Recht transformiert. Diese Richtlinie war grundsätzlich bis zum 1. Januar 1990 umzusetzen und spätestens zum 1. Januar 1994 auf laufende Handelsvertreterverträge anzuwenden; für das Vereinigte Königreich und Irland wurde die erstgenannte Frist jedoch bis zum 1. Januar 1994 verlängert[1].

2. Rechtslage vor dem 1. Januar 1994

419 Es ist auch heute noch wichtig, einen Überblick über das bisher geltende Recht zu geben. Er soll zeigen, wie sich das englische Handelsvertreterrecht entwickelt hat und auf welchem Fundament das neue Recht zu verstehen ist. Außerdem regelt das neue Recht — ebenso wie die EG-Richtlinie — das Handelsvertreterrecht nicht abschließend. Auch in Zukunft wird daher auf *common law* zurückgegriffen werden müssen, wenn es mit dem neuen Recht nicht in Widerspruch steht; dies gilt insbesondere für nebenberufliche Handelsvertreter und für den wichtigen Bereich der Handelsvertreter für Dienstleistungen. Ob in diesen Bereichen Rechtsgedanken aus den *Commercial Agents (Council Directive) Regulations 1993* Einzug halten können, bleibt abzuwarten.

420 Weder Gesetzgeber noch Gerichte hatten bisher ein klar umrissenes Rechtsinstitut des Handelsvertreters entwickelt[2], wie es sich in den §§ 84 ff. HGB findet. Die Praxis kannte das Berufsbild des Handelsvertreters — natürlich — und nannte ihn *agent* oder *mercantile agent*. Oft wurden diese Begriffe aber — juristisch inkorrekt — auch für Eigenhändler, die im eigenen Namen und auf eigene Rechnung handelten, verwandt[3]. Deshalb empfahl sich auch schon nach altem Recht eine klare Abgrenzung im Vertrag. Eine gewisse Rechtsstabilität für Handelsvertreter erzeugte das alte englische Recht mit der Hilfe von

---

[1] Vgl. Art. 22 Abs. 1, 3 der EG-Richtlinie.
[2] Vgl. hierzu die Darstellung bei Stumpf, Internationales Handelsvertreterrecht, Band 2, Ausländisches Handelsvertreterrecht, Heidelberg 1986, S. 166 ff.; Lotter, Das englische Handelsvertreterrecht, London 1975; Sandberger/Teubner, RIW/AWD 1975, 256 ff.
[3] Lamb & Son v. Goring Brick Co. [1932] 1 K.B. 710.

*implied terms*⁴. Dem Handelsvertreter deutscher Vorstellung entspricht der selbständige Gewerbetreibende *independent agent*. Nach englischer Rechtsauffassung fällt auch der Angestellte *employed agent* darunter.

Der gravierendste Unterschied zum deutschen Handelsvertreterrecht lag in den grundsätzlichen Anliegen: Englisches Recht kannte keine zwingenden Rechtsnormen zum Schutze des Handelsvertreters. Es gab keine Mindestkündigungsfristen und keinen Ausgleichsanspruch. Das englische Handelsvertreterrecht war bis zum 1. Januar 1994 Richterrecht. Es bestand aus den allgemeinen Grundsätzen des Stellvertretungsrechts *agency* und aus der Rechtsprechung zur Auslegung von in Handelsvertreterverträgen typischen Klauseln. **421**

Eines der Hauptprobleme des alten Rechts war die Frage der Ausschließlichkeit. Sollte der Handelsvertreter ausschließlich für den Prinzipal tätig werden, tat man gut daran, den Umfang der Exklusivität geographisch und sachlich im Vertrag zu definieren. Oft wurde versucht, letzteres allein durch den Gebrauch der Adjektive *sole* und *exclusive* festzuschreiben. Unter einem *sole agent* sollte der einzige Handelsvertreter im Vertragsgebiet zu verstehen sein, neben dem der Prinzipal allerdings seine Waren selbst vertreiben durfte. Auch die eigene Tätigkeit des Unternehmers sollte dagegen verboten sein, wenn der Handelsvertreter als *exclusive agent* bestellt worden war⁵. Diese Ausdrücke waren jedoch niemals *terms of art*, sondern wurden von unterschiedlichen Gerichten zu unterschiedlichen Zeiten vor unterschiedlichem Hintergrund abweichend interpretiert⁶. Schon zum alten Recht galt daher die Empfehlung, es nicht bei diesen Begriffen zu belassen, sondern das Gewollte ausdrücklich zu regeln. **422**

Die Vertretungsmacht des Handelsvertreters erstreckte sich nur auf die Vermittlung, nicht auch auf den Abschluß von Verträgen oder das Inkasso, soweit nicht ausdrücklich oder stillschweigend etwas anderes vereinbart worden war. Als besondere Art von Vertretung wurde die Übernahme der Delkredere-Haftung angesehen. Englische Gerichte legen derartige Klauseln bei Zweifeln grundsätzlich eng aus: Der Handelsvertreter steht nur dafür ein, daß der Käufer den Kaufpreis zahlt; er hat nicht auch die Annahme der Ware zu verantworten⁷. Üblicherweise erhält der Handelsvertreter eine zusätzliche Vergütung für dieses größere Risiko⁸. **423**

Die Bedeutung des Wortlauts des Handelsvertretervertrages zeigte sich am deutlichsten bei Fragen des Provisionsanspruchs. Nach Stellvertreterrecht kann der Vertreter nur dann Vergütung für seine Tätigkeit beanspruchen, wenn dies ausdrücklich oder stillschweigend vereinbart ist. Im kaufmännischen Bereich sprach bei einem *professional agent* dagegen eine Vermutung für eine entspre- **424**

---

4 Vgl. dazu oben Rdnr. 105 ff.
5 Bentall, Horsley and Baldry v. Vicary [1931] 1 K.B. 253.
6 Snelgrove v. Ellringham Colliery Co. (1881) 45 J.P. 408.
7 Thomas Gabriel & Sons v. Churchill and Sim [1914] 3 K.B. 1272.
8 Churchill and Sim v. Goddard [1936] 1 All E.R. 675.

IV. Kaufmännische Hilfs- und Mittelspersonen

chende stillschweigende Vereinbarung[9]. Der Provisionsanspruch entstand und war fällig[10], wenn der Handelsvertreter im wesentlichen und in gehöriger Weise all das getan hatte, wozu er verpflichtet war. Da Vertragshaftung nach englischem Recht kein Verschulden voraussetzt[11], mußte der Prinzipal grundsätzlich Provision also auch dann zahlen, wenn er wegen nichtverschuldeter Umstände keinen Nutzen aus der Vermittlungstätigkeit des Handelsvertreters hatte. In der Praxis wurden Entstehen und Fälligkeit des Provisionsanspruchs jedoch häufig zum Nachteil des Handelsvertreters abgeändert, insbesondere von der Zahlung des Kaufpreises durch den Kunden abhängig gemacht.

425 Ob dem Handelsvertreter nach Beendigung des Vertragsverhältnisses ein Provisionsanspruch zustand, war ausschließlich eine Frage der Vertragsauslegung. Ein Rechtssatz, wonach der Geschäftsherr bei Vertragsbeendigung Entschädigung oder Ausgleich zu zahlen hatte, wenn er aus dem vom Handelsvertreter geworbenen Kundenstamm weiterhin Vorteile hatte, bestand nicht[12]. Entgegen § 87 Abs. 3 HGB hatte der englische Handelsvertreter auch für nach Vertragsende abgeschlossene Geschäfte keinen Vergütungsanspruch, wenn diese auf seine Vermittlung zurückzuführen waren. Etwas anderes galt jedoch, wenn der Handelsvertreter die Bestellungen schon vor der Beendigung des Vertretungsverhältnisses entgegengenommen hatte, diese aber erst nach seinem Ausscheiden ausgeführt wurden[13]. Die Auslegung des Handelsvertretervertrags konnte auch zu einem Provisionsanspruch bei Nachbestellungen *repeat orders* nach Vertragsende führen. Dies war etwa der Fall, wenn der Prinzipal eine Provision für alle Geschäfte mit vom Handelsvertreter eingeführten Kunden versprochen hatte, solange die Geschäftsbeziehungen mit den Kunden anhalten würden[14], oder wenn ausdrücklich bestimmt war, daß der Provisionsanspruch von der Vermittlung des Handelsvertreters unabhängig sein sollte[15]. Die Entscheidungen lassen sich nicht auf einen gemeinsamen Nenner bringen. Als Faustregel kann man jedoch festhalten: War der Handelsvertretervertrag auf unbestimmte Zeit abgeschlossen, so führte die Vertragsauslegung eher zu Provisionsansprüchen nach Vertragsbeendigung als bei befristeten Verträgen[16]. Rechtsdogmatisch war immer unklar, ob die Provisionsansprüche nach Vertragsbeendigung als Erfüllungs- oder als Schadensersatzansprüche zu verstehen waren[17].

---

9 Ist der Handelsvertretervertrag unwirksam oder ist die Vergütung nicht genügend bestimmt, steht dem Handelsvertreter ein quasi-vertraglicher Anspruch auf angemessene Vergütung zu (quantum meruit).
10 Nach englischer Terminologie: commission is earned and payable.
11 Vgl. oben Rdnr. 136f.
12 Nayler v. Yearsley (1860) 2 F. & F. 41.
13 Sellers v. London Counties Newspapers Ltd. [1951] 1 All E.R. 544.
14 Wilson v. Harper, Son & Co. [1908] 2 Ch. 370.
15 Roberts v. Elwells Engineers Ltd. [1972] 2 All E.R. 890; Salomon v. Brownfield (1896) 12 T.L.R. 239; Bilbee v. Hasse & Co. (1889) 5 T.L.R. 677.
16 Schmitthoff, The Export Trade, 9. Aufl. London 1990, S. 289f.
17 Wilson v. Harper [1908] 2 Ch. 370; Robert v. Elwells Engineers Ltd. [1972] 2 All E.R. 890.

Dem Handelsvertreter stand ein Anspruch auf Aufwendungsersatz gegen den **426** Prinzipal immer dann zu, wenn dies nicht ausdrücklich oder stillschweigend ausgeschlossen war[18]. Dies war in der Regel günstiger als der Anspruch nach § 87d HGB. Schadensersatzansprüche wegen unberechtigter außerordentlicher Kündigung wurden in der englischen Rechtspraxis in geringerer Höhe zugesprochen als in der deutschen, weil es keine zwingenden Mindestkündigungsfristen gab und die Parteien häufig kurze Kündigungsfristen vereinbart hatten[19].

Wegen seiner gesamten Ansprüche gegen den Prinzipal hatte der Handelsvertreter ein Zurückbehaltungsrecht an allen Waren des Prinzipals (*general lien*)[20]. Dieses konnte jedoch vertraglich ausgeschlossen werden. **427**

3. Rechtslage seit dem 1. Januar 1994

a) Einleitung

Die Umsetzung hat das englische Recht nicht durch Gesetz *statute* vorgenommen. Der *Secretary of State* hat vielmehr mit Zustimmung des englischen Parlaments auf der Grundlage von *section 2 (2) European Communities Act 1972* eine Rechtsverordnung *statutory instrument* verabschiedet. **428**

Die *Commercial Agents (Council Directive) Regulations 1993* lehnen sich in Gliederung und Wortlaut eng an den Text der EG-Richtlinie an. Sie enthalten eine Vielzahl unbestimmter Rechtsbegriffe, ohne daß jedoch der umgesetzte Text einen umfassenden Katalog von Definitionen aufweisen würde, wie er sich sonst überaus häufig in englischen Gesetzen findet. Die Verordnung ist ganz im kontinentalen Stil abgefaßt. Sämtliche sich bei ihrer Anwendung ergebenden Zweifelsfragen werden die englischen Gerichte zu entscheiden haben. Diese werden damit vor eine Aufgabe gestellt, die über ihr überkommenes Selbstverständnis hinausgeht: Sie müssen nach dem Sinn und Zweck der Regelungen fragen, weil der Wortlaut der Vorschriften mehr Fragen stellt denn beantwortet. **429**

Das neue Recht ist in fünf Abschnitte unterteilt. Im ersten geht es um einführende Bestimmungen, der zweite beschäftigt sich mit den gegenseitigen Rechten und Pflichten der Vertragsparteien, der dritte mit dem Entgelt des Handelsvertreters, der vierte mit dem Abschluß und der Beendigung des Handelsvertretervertrages und der fünfte mit abschließenden Regelungen[20a]. **430**

---

18 Hichens, Harrison, Woolston v. Jackson [1943] 1 All E.R. 128.
19 Bei einem auf unbestimmte Zeit abgeschlossenen Handelsvertretervertrag gilt eine angemessene Kündigungsfrist als vereinbart. Vgl. Martin-Baker Aircraft Ltd. v. Murison [1955] 2 All E.R. 722.
20 Vgl. oben Rdnr. 324ff.
20a Hodgkinson (1994) 5 E.B.L. Rev. 119.

IV. Kaufmännische Hilfs- und Mittelspersonen

b) Geltungsbereich

431 Das neue Recht gilt in ganz Großbritannien, jedoch mit Ausnahme von Nordirland. Es ist zum 1. Januar 1994 in Kraft getreten. Die Parteien eines Handelsvertretervertrages können es nur dadurch insgesamt ausschließen, daß sie ihre Vereinbarung dem Recht eines anderen Mitgliedsstaates der EU unterwerfen[21].

432 Es gibt keine echten Übergangsvorschriften für Altverträge. In Übereinstimmung mit den Verpflichtungen aus der EG-Richtlinie erfaßt das neue Recht alle am 1. Januar 1994 bestehenden Handelsvertreterverträge; die Parteien können diese Wirkung nicht vertraglich ausschließen. Für bis zu diesem Zeitpunkt noch nicht virulent gewordene Verpflichtungen oder Rechte bleibt es allerdings bei dem bisherigen Rechtszustand; es gibt also keine echte Rückwirkung[22]. Verträge, die vor oder zum 31. Dezember 1993 beendet worden sind, werden vom neuen Recht nicht erfaßt. Daraus folgt, daß alle laufenden Verträge angepaßt werden sollten, jedenfalls aber überprüft werden müssen. Anderenfalls können die verbleibenden Gestaltungsspielräume nicht genutzt werden; die Regelungen des neuen Rechts sind zum großen Teil zwingend, teilweise dürfen abweichende Bestimmungen nicht zu Lasten des Handelsvertreters ausfallen.

433 Das englische Recht hat von der Befugnis in Art. 2 Abs. 2 der EG-Richtlinie Gebrauch gemacht und nebenberufliche Handelsvertreter aus seinem Anwendungsbereich gänzlich ausgenommen[23]. Demgegenüber hat das deutsche Recht seine differenzierte Regelung in § 92b HGB auch nach der Rechtsanpassung beibehalten. Wer als Vertreter im Nebenberuf anzusehen ist, wird in *Schedule 1* im einzelnen erläutert.

434 Eine weitere wichtige Ausnahme verdient es, an prominenter Stelle erwähnt zu werden: Wie schon die EG-Richtlinie beschränkt sich das neue englische Recht auf den Warenvertreter. Die Dienstleistungsvertreter sind schon aus der Definition „Handelsvertreter" ausgenommen[24]. Daraus ist unmittelbar die Frage abzuleiten, was mit Mischvertretern zu geschehen hat. Drei Lösungen sind denkbar: (1) die Verträge werden aufgeteilt und das neue Recht nur auf die Warenvertretung angewandt; (2) es wird auf den Schwerpunkt der Tätigkeit abgestellt und das neue Recht einheitlich angewandt oder gar nicht; (3) Mischvertreter werden schon im Ansatz dem alten Recht unterstellt, da sie nicht dem Begriff „Handelsvertreter" unterfallen. Am wahrscheinlichsten ist die erste Lösung. Eine gänzliche Nichtanwendung ist mit dem Wortlaut und dem Sinn und Zweck weder der Richtlinie noch der englischen Umsetzungsvorschriften zu vereinbaren. Ähnliches gilt für Lösung (2); diese wirft außerdem immer wie-

---

[21] Regulations 1 (1) und (2), 2 (5) Commercial Agents (Council Directive) Regulations 1993.
[22] Regulation 23 Commercial Agents (Council Directive) Regulations 1993.
[23] Regulation 2 (3) und (4) Commercial Agents (Council Directive) Regulations 1993.
[24] Regulation 2 (1) Commercial Agents (Council Directive) Regulations 1993.

der die Frage auf, was der Schwerpunkt der Tätigkeit ist: Bemißt sich dies nach dem Zeitaufwand oder nach dem Umsatz? Die Optimallösung kann es angesichts des beschränkten Anwendungsbereiches nicht geben. Sachlich ist die Teilung der Verträge die angemessene Antwort. Probleme, die sich z. B. bei einer teilweisen Beendigung der Vertragsbeziehung ergeben können, sind im Einzelfall zu bewältigen.

c) Begriffe

Der Begriff *commercial agent* wird in Übereinstimmung mit der Richtlinie definiert: ein selbständiger Gewerbetreibender, der ständig befugt ist, den An- oder Verkauf von Waren für einen anderen *principal* zu vermitteln oder die Verträge für dessen Rechnung und in dessen Namen abzuschließen. Ausgenommen sind: (1) Organe von Gesellschaften *officers of a company*, (2) Gesellschafter einer *partnership*, (3) in der Insolvenz tätige Verwalter[25], (4) unentgeltlich tätige Handelsvertreter, (5) Handelsvertreter, die an Warenbörsen oder auf Rohstoffmärkten tätig sind und (6) *Crown Agents for Overseas Governments and Administrations*[26].

435

d) Rechte und Pflichten im allgemeinen

Von einem Handelsvertreter wird grundsätzlich dreierlei verlangt: im Interesse des Prinzipals zu handeln, seine Pflichten zu erfüllen und sich nach Treu und Glauben zu verhalten. Insbesondere hat er sich nach Kräften seiner Vermittlungs- oder Abschlußtätigkeit zu widmen, ihm verfügbare und für den Unternehmer wichtige Informationen an diesen weiterzugeben und dessen angemessene Weisungen zu befolgen[27]. Für das englische Recht besonders hervorzuheben ist die Meßlatte von Treu und Glauben. Hat doch das englische Recht sich bis in die jüngste Zeit hinein geweigert, einen derartigen Rechtssatz als Rechtsprinzip anzuerkennen[28]. Die ausdrückliche Erwähnung, daß der Handelsvertreter seinen Pflichten zu entsprechen hat, ist nicht in der EG-Richtlinie enthalten und nur vor der Besonderheit eines Rechts zu erklären, das grundsätzlich keinen Erfüllungsanspruch kennt[29]. Für kontinentales Rechtsverständnis sind derartige Ausführungen dagegen selbstverständlich. Ob sich in der englischen Rechtspraxis daraus tatsächlich ein erzwingbarer Erfüllungsanspruch herleiten läßt, bleibt abzuwarten.

436

Entsprechend ist das Pflichtenprogramm für den Unternehmer: Auch er hat seinen Pflichten nachzukommen und Treu und Glauben zu beachten. Beson-

437

---

25 Vgl. dazu section 388 Insolvency Act 1986.
26 Regulation 2 (1) und (2) Commercial Agents (Council Directive) Regulations 1993.
27 Regulation 3 Commercial Agents (Council Directive) Regulations 1993.
28 Vgl. oben Rdnr. 108 f.
29 Vgl. dazu oben Rdnr. 189 f.

ders erwähnt wird die Informationsverpflichtung. Der Unternehmer hat den Handelsvertreter sowohl mit den für seine Tätigkeit notwendigen Unterlagen auszustatten als auch andererseits über die zur Ausführung des Handelsvertretervertrages notwendigen Informationen auf dem laufenden zu halten (erheblicher Geschäftsrückgang, Annahme oder Ablehnung vermittelter Verträge, unterbliebene Ausführung)[30].

438 Die jeweiligen Standards sind zwingendes Recht und der Disposition der Parteien entzogen. Die *Regulations* enthalten keine Klausel, die bestimmt, wer die Kosten der beiderseitigen Informationen zu tragen hat. Der englische Verordnungsgeber hat im Text der Verordnung bestimmt, daß sich die Folgen einer Vertragsverletzung nach dem jeweils auf den Handelsvertretervertrag anwendbaren nationalen Recht richten[31]. Dies ist eigentlich selbstverständlich. Es ist jedoch ein deutlicher Fingerzeig darauf, daß trotz der Harmonisierung Unterschiede entlang der nationalen Grenzen fortbestehen bleiben — und bleiben sollen.

e) Vergütung des Handelsvertreters

439 Die Verprovisionierung des Handelsvertreters ist im dritten Abschnitt der Verordnung näher geregelt. Es wird zunächst der Auslegungsgrundsatz des alten Rechts bestätigt, daß auch dann ein Anspruch auf eine angemessene Vergütung besteht, wenn eine entsprechende vertragliche Bestimmung fehlt. Die Regeln der Verordnung zu deren Ermittlung, Entstehen und Fälligkeit gelten jedoch nur, wenn die Vergütung teilweise oder ganz in einer Provision besteht[32]; eine Provision ist ein Entgelt, dessen Höhe von der Anzahl oder dem Wert der Geschäfte abhängig ist[33].

440 Die Verordnung unterscheidet zwischen der Provision für Geschäfte, die während der Laufzeit des Vertrages abgeschlossen wurden und solchen, die erst nach dessen Beendigung zustandekamen. Im ersten Zeitraum hat der Handelsvertreter eine Provision verdient, wenn ein Geschäft durch seine Tätigkeit zustandegekommen ist oder es mit einem Dritten vereinbart wurde, den der Handelsvertreter vorher für Geschäfte gleicher Art als Kunde geworben hatte. Ein Provisionsanspruch besteht außerdem für Geschäfte, die in einem dem Handelsvertreter ausschließlich zugewiesenen Bezirk oder Kundenkreis zustandegekommen sind[34]. Das englische Recht hat sich also für die zweite Variante in Art. 7 Abs. 2 der EG- Richtlinie entschieden. Demgegenüber hat das deutsche Recht in § 87 Abs. 2 S. 1 HGB eine der ersten Variante entsprechende Lösung gewählt. Nach der deutschen Regelung kommt es nicht darauf an, ob der Han-

---

30 Regulation 4 Commercial Agents (Council Directive) Regulations 1993.
31 Regulation 5 Commercial Agents (Council Directive) Regulations 1993.
32 Regulation 6 Commercial Agents (Council Directive) Regulations 1993.
33 Regulation 2 (1) Commercial Agents (Council Directive) Regulations 1993.
34 Regulation 7 Commercial Agents (Council Directive) Regulations 1993.

delsvertreter geographisch oder für einen Kundenkreis ausschließlich tätig wird. Diese Regelung kann das Provisionsaufkommen nicht unerheblich erhöhen. Ob diese Regelung zwingend ist, ist offengelassen worden. Sowohl die EG-Richtlinie wie die Umsetzungsnormen bestimmen an verschiedenen Stellen, was zur Disposition der Parteien steht. Im Umkehrschluß folgt daraus, daß diese Regelung abbedungen werden kann, und zwar auch zum Nachteil des Handelsvertreters.

441 Für erst nach dem Ende des Handelsvertretervertrages abgeschlossene Geschäfte hat der Handelsvertreter einen Anspruch auf Provision, wenn sie überwiegend auf seine Tätigkeit zurückzuführen und in angemessener Frist nach dem Vertragsablauf zustandegekommen sind[35].

442 Der Provisionsanspruch des jetzigen Handelsvertreters kann mit dem seines Vorgängers konkurrieren. Ein Provisionsanspruch des gegenwärtigen besteht immer dann nicht, wenn die Provision dem früheren Handelsvertreter zusteht. Das englische Recht räumt also dem letzteren den Vorrang ein und vermeidet Doppelzahlungen. Zu einer Teilung der Provision kommt es lediglich, wenn die Gesamtumstände danach verlangen. Das neue Recht macht ausdrücklich den Unternehmer dafür verantwortlich, daß die Provision dem tatsächlich berechtigten Handelsvertreter zugeht. Der nichtberechtigte Empfänger hat diese dem Prinzipal zu erstatten[36]. Auch diese Vorschrift ist nur vor dem Hintergrund des englischen Rechts erklärbar. Es hat im Gegensatz zum deutschen Recht noch kein echtes Bereicherungsrecht entwickelt, sondern sich über die Jahrhunderte mit Einzelregelungen beholfen. Erst in den letzten Jahren setzt sich das Bewußtsein durch, daß sich diese einzelnen Ansätze bis zu einem gewissen Maße abstrahieren und auf ein einheitliches Schema zurückführen lassen[37].

443 Der Provisionsanspruch ist entstanden, wenn der Unternehmer oder der Dritte das Geschäft ausgeführt hat oder der Prinzipal das Geschäft nach den vertraglichen Bedingungen hätte ausgeführt haben sollen. Diese Regelungen sind für beide Seiten dispositiv. Die folgenden Vorschriften zum Entstehen und der Fälligkeit sind dagegen halbseitig zwingend. Von ihnen kann nicht zum Nachteil des Handelsvertreters abgewichen werden. Der Anspruch entsteht spätestens, wenn der Dritte das Geschäft durchgeführt hat oder durchgeführt hätte, wenn der Unternehmer sich vertragsgerecht verhalten hätte. Die Provision ist spätestens fällig am letzten Tag des Monats, der auf das Quartal folgt, in dem er entstanden ist. Als Vierteljahr definiert das englische Recht den Zeitraum zwischen der Aufnahme der Tätigkeit durch den Handelsvertreter und dem entsprechenden Termin drei Monate später oder dem Anfang des vierten Monats, wobei jeweils auf den früheren Zeitpunkt abgestellt wird[38].

---

35 Regulation 8 Commercial Agents (Council Directive) Regulations 1993.
36 Regulation 9 Commercial Agents (Council Directive) Regulations 1993.
37 Vgl. näher oben Rdnr. 62.
38 Regulation 10 Commercial Agents (Council Directive) Regulations 1993.

IV. Kaufmännische Hilfs- und Mittelspersonen

444 Der Provisionsanspruch erlischt, wenn feststeht, daß das Geschäft nicht ausgeführt werden wird und dies auf Umstände zurückzuführen ist, die der Unternehmer nicht zu vertreten hat. Die Formulierung der EG-Richtlinie ist eine etwas andere („Umstand vom Unternehmer nicht zu vertreten"). Sachlich ist dasselbe gemeint; es könnte sich jedoch eine Änderung der Beweislast ergeben. Die Vorschrift ist ebenfalls halbseitig zwingendes Recht. Bereits empfangene Provisionen sind zu erstatten[39].

445 Auch nach englischem Recht kann ein Handelsvertreter nunmehr eine detaillierte Abrechnung verlangen. Sie ist aufzustellen spätestens bis zum gleichen Zeitpunkt, zu dem der Provisionsanspruch entsteht. Die Abrechnung muß alle für die Ermittlung der Provision wesentlichen Faktoren enthalten. Der Handelsvertreter kann verlangen, daß ihm Informationen weitergegeben werden, über die der Unternehmer verfügt und die er benötigt, um die Berechnung der Provision überprüfen zu können; auch Auszüge aus den Geschäftsbüchern sind eingeschlossen. Diese Vorschrift ist insgesamt zwingend. Von ihr kann weder zum Nachteil noch zum Vorteil des Handelsvertreters abgewichen werden.

f) Abschluß und Beendigung des Handelsvertretervertrages

446 Dieser Abschnitt der Verordnung enthält mehr Regelungen, als die Überschrift sachlich andeutet. Jede Partei hat zunächst gegen die jeweils andere einen Anspruch darauf, daß der Inhalt des Handelsvertretervertrages schriftlich niedergelegt wird; Entsprechendes gilt für spätere Änderungen[40]. Das englische Recht hat die Option des Art. 13 Abs. 2 der EG-Richtlinie also nicht übernommen; diese beließ den Mitgliedsstaaten die Möglichkeit, für Handelsvertreterverträge die Schriftform vorzuschreiben.

447 Die nächsten drei Vorschriften befassen sich mit der Laufzeit und der Kündigung des Handelsvertretervertrages. Zunächst wird festgeschrieben, daß ein Handelsvertretervertrag, der nach dem Ablauf der ursprünglich bestimmten Zeit zwischen den Parteien fortgesetzt wird, als nunmehr auf unbestimmte Zeit abgeschlossen gilt[41]. Ein auf unbestimmte Zeit abgeschlossener Vertrag ist ordentlich kündbar. Die Kündigung muß grundsätzlich zum Ende eines Kalendermonats ausgesprochen werden; die Parteien können allerdings etwas anderes vereinbaren. Die Länge der Kündigungsfrist hängt von der Laufzeit des Vertrages zum Zeitpunkt der Kündigung ab (im 1. Jahr – ein Monat; im 2. Jahr – zwei Monate; im 3. und weiteren Jahren – drei Monate). Die Fristen können von den Parteien verlängert werden; die Kündigungsfrist für den Prinzipal darf dann jedoch nicht kürzer sein als für den Handelsvertreter[42]. Wie die EG-Richtlinie enthält auch das neue englische Recht keine Vorschrift

---

39 Regulation 11 Commercial Agents (Council Directive) Regulations 1993.
40 Regulation 13 Commercial Agents (Council Directive) Regulations 1993.
41 Regulation 14 Commercial Agents (Council Directive) Regulations 1993.
42 Regulation 15 Commercial Agents (Council Directive) Regulations 1993.

mit sachlichem Gehalt über die fristlose Kündigung des Handelsvertretervertrages. Es wird vielmehr insoweit auf das alte Recht verwiesen[43].

Nach der Beendigung des Handelsvertretervertrages kann der Handelsvertreter grundsätzlich entweder Schadensersatz *damages* oder Entschädigung *indemnity* verlangen; die Entschädigung entspricht dem deutschen Ausgleichsanspruch. Die *Commercial Agents (Council Directive) Regulations 1993* regeln sowohl den Schaden- wie den Entschädigungsanspruch. Im deutschen Recht ergibt sich der Schadensersatzanspruch dagegen aus allgemeinem Vertragsrecht. **448**

Das englische Recht trifft eine ausdrückliche Bestimmung zur Rangfolge von Entschädigung und Schadensersatz. Wenn vertraglich nichts anderes vereinbart ist, hat Schadensersatz Vorrang vor Entschädigung[44]. Der Ministerrat der EG hatte die Mitgliedsstaaten in Art. 17 Abs. 1 der Richtlinie verpflichtet, entweder das deutsch-rechtliche Ausgleichsprinzip oder das französische Kompensationsmodell auf Schadensbasis zu übernehmen. Die britische Regierung hatte sich zunächst auf ein bloßes Schadensersatzrecht des Handelsvertreters verständigt. Erst im Zuge der regierungsinternen Beratungen und sehr kurzfristig vor dem Inkrafttreten der Verordnung wurde der Entschädigungsanspruch eingefügt. **449**

Die genauen Konsequenzen dieser Anspruchskonkurrenz stehen noch nicht fest. Sicher ist, daß ein Ausgleichsanspruch nur besteht, wenn der Vertrag dies vorsieht. Ist das nicht der Fall, bleibt es bei bloßem Schadensersatz. Nach englischem Vertragsrecht ist Schadensersatz grundsätzlich verschuldensunabhängig[45]. Dies gilt auch für den Entschädigungsanspruch des Handelsvertreters. Es kann daher durchaus sein, daß sich Schadensersatz und Entschädigung im Ergebnis nicht sehr voneinander unterscheiden. Da das englische Recht einen Entschädigungsanspruch für Handelsvertreter nicht kennt, alle Verträge nachverhandelt werden sollten und die Parteien sich auf die Berechtigung zur Entschädigung im Vertrag einigen müssen, ist es sehr wahrscheinlich, daß in der englischen Rechtspraxis auch in Zukunft der Entschädigungsanspruch keine große Rolle spielen wird. Im Gegensatz zum deutschen Recht wird dann der Schadensersatzanspruch das primäre Recht des Handelsvertreters sein. **450**

Das neue Recht regelt den Grund und die Höhe des Schadensersatzes nur teilweise; es spricht nur den Ersatzanspruch des Handelsvertreters an. Der Prinzipal muß sich demgegenüber allein auf allgemeines Vertragsrecht berufen. Dieses wird ergänzend auch auf den Anspruch des Handelsvertreters anzuwenden sein. Was tatsächlich ein Schaden ist, wird in *Regulation 17 (6), (7) Commercial Agents (Council Directive) Regulations 1993* nämlich nicht abschließend definiert, sondern nur beispielhaft benannt. Die Schadensminderungspflich- **451**

---

43 Regulation 16 Commercial Agents (Council Directive) Regulations 1993.
44 Regulation 17 (2) Commercial Agents (Council Directive) Regulations 1993.
45 Vgl. oben Rdnr. 136f.

IV. Kaufmännische Hilfs- und Mittelspersonen

ten des allgemeinen Vertragsrechts[46] werden voraussichtlich ebenfalls für die Ansprüche beider Vertragsparteien gelten.

452 Der Entschädigungsanspruch besteht, wenn (1) der Handelsvertreter dem Unternehmer neue Kunden zugeführt oder das Geschäftsvolumen mit bestehenden Kunden erheblich ausgeweitet und der Unternehmer auch nach dem Ende des Handelsvertreterverhältnisses daraus wesentliche Vorteile zieht und (2) die Zahlung einer Entschädigung unter Berücksichtigung aller Umstände angemessen ist; für letzteres ist auch darauf abzustellen, ob dem Handelsvertreter aus bereits abgeschlossenen Geschäften infolge der Vertragsbeendigung Provisionen entgangen sind. Die Höhe der Entschädigung wird im Ansatz wie auch im deutschen Recht bemessen. Ob dies auch für die Rechtspraxis gelten wird, bleibt abzuwarten. Die Entschädigung darf eine Jahresvergütung nicht übersteigen. Diese ist anhand des Durchschnittsverdienstes der letzten fünf Jahre oder einer entsprechend kürzeren Frist zu bemessen, wenn das Handelsvertreterverhältnis noch nicht fünf Jahre gedauert hat[47].

453 Auch neben den Entschädigungsanspruch kann ein Anspruch auf Ersatz des Schadens treten, der dem Handelsvertreter gleichwohl noch infolge der Beendigung des Handelsvertretervertrages entsteht. Dabei handelt es sich zum einen um Provisionen, die der Handelsvertreter bei ordnungsmäßiger Vertragserfüllung verdient hätte und deren Nichtzahlung dem Unternehmer einen wesentlichen Vorteil aus der Tätigkeit des Handelsvertreters verschaffen würde. Das englische Recht hat insoweit die EG-Richtlinie wörtlich übersetzt, die darin enthaltene Schwachstelle aber nicht ausgemerzt. Schon die reine Zurückhaltung der Provision bedeutet für den Prinzipal einen geldwerten Vorteil. Wie er aber aus dieser Nichtzahlung einen Vorteil aus der Tätigkeit des Handelsvertreters erwirtschaften soll, bleibt unerfindlich. Außerdem muß der Prinzipal Aufwendungen und Kosten des Handelsvertreters ersetzen, die sich infolge der Vertragsbeendigung nicht mehr amortisiert haben[48].

454 Eine ganze Reihe weiterer Regelungen gilt für Entschädigungs- und Schadensersatzanspruch gleichermaßen. Dies sind zunächst die Ausschlußgründe. Keinerlei Ansprüche bestehen, wenn (1) der Unternehmer den Handelsvertretervertrag aus Gründen gekündigt hat, die eine außerordentliche Kündigung aus wichtigem Grund gerechtfertigt hätten – damit ist also auch die ordentliche Kündigung einbezogen, wenn eine außerordentliche Kündigung hätte ausgesprochen werden können; (2) wenn der Handelsvertreter den Vertrag selbst gekündigt hat und dies nicht aus Gründen erfolgt ist, die dem Unternehmer zuzurechnen sind, oder wegen Alters, Gebrechen oder Krankheit des Handelsvertreters erzwungen wurde; (3) der Handelsvertreter seine Rechte und Pflichten mit Zustimmung des Prinzipals auf einen Dritten überträgt. Äußerst fragwür-

---

46 Vgl. dazu näher oben Rdnr. 178.
47 Regulation 17 (3) und (4) Commercial Agents (Council Directive) Regulations 1993.
48 Regulation 17 (6) und (7) Commercial Agents (Council Directive) Regulations 1993.

dig ist insbesondere die zweitgenannte Kategorie: Was sind dem Unternehmer zuzurechnende Umstände? Dies wird man wohl wie die Formulierung in § 89b Abs. 3 Nr. 1 HGB − Billigkeitsprüfung − verstehen müssen[49].

Entschädigungs- und Schadensersatzansprüche bestehen auch, wenn das Vertretungsverhältnis durch den Tod des Handelsvertreters beendet wird[50]. Beide Ansprüche muß der Handelsvertreter innerhalb eines Jahres gegenüber dem Unternehmer geltend machen; anderenfalls erlöschen sie[51]. Die Regelungsbefugnis der Parteien ist eingeschränkt. Vereinbarungen, die Entschädigung oder Schadensersatz zum Nachteil des Handelsvertreters ändern, können wirksam erst nach dem Ende des Vertragsverhältnisses getroffen werden[52]. Das deutsche Recht macht diese beiden zuletzt genannten Einschränkungen nur in bezug auf den Ausgleichsanspruch (§ 89b Abs. 4 HGB). Das englische, nicht aber das deutsche Recht stimmt insoweit mit der EG-Richtlinie überein.

Eine inhaltlich wichtige Vorschrift betrifft schließlich Wettbewerbsabreden *restraint of trade clauses*. Das neue Handelsvertreterrecht nimmt eine engere Begriffsbestimmung vor als das englische Kartellrecht. Als Wettbewerbsklauseln werden nur Bestimmungen verstanden, die die Tätigkeit des Handelsvertreters nach dem Ende des Vertragsverhältnisses einschränken[53]. Wettbewerbsabreden müssen, um bindend zu sein, schriftlich abgeschlossen werden und zu dem dem Handelsvertreter zugewiesenen Bezirk oder Kundenkreis und der vertriebenen Warengattung in Beziehung stehen. Sie dürfen eine Laufzeit von zwei Jahren nicht überschreiten[54]. Nach Art. 20 der EG-Richtlinie können die Mitgliedsstaaten außerdem vorsehen, daß ihr jeweiliges nationales Recht strengere Anforderungen stellen kann. Von diesem Vorbehalt hat das englische Recht Gebrauch gemacht. Damit ist vor allem die alterwürdige *doctrine of restraint of trade* angesprochen[55]. Im Gegensatz zur deutschen Umsetzungsnorm in § 90a HGB ist im neuen englischen Handelsvertreterrecht keine Karenzentschädigung vorgesehen.

4. Stellungnahme

Das neue englische Handelsvertreterrecht hat die EG-Richtlinie umgesetzt, aber auch nicht mehr getan. Es stellt keinen Gesamtentwurf zum Handelsvertreterrecht dar. Zum deutschen Recht bestehen nach wie vor wichtige Unterschiede. Das deutsche Handelsvertreterrecht ist schon im Ansatz darauf ausgerichtet, möglichst alle Sachfragen ausdrücklich zu regeln. Die §§ 84−92c HGB

---

49 Regulation 18 Commercial Agents (Council Directive) Regulations 1993.
50 Regulation 17 (8) Commercial Agents (Council Directive) Regulations 1993.
51 Regulation 17 (9) Commercial Agents (Council Directive) Regulations 1993.
52 Regulation 19 Commercial Agents (Council Directive) Regulations 1993.
53 Regulation 2 (1) Commercial Agents (Council Directive) Regulations 1993.
54 Regulation 20 Commercial Agents (Council Directive) Regulations 1993.
55 Vgl. dazu unten Rdnr. 994.

gehen daher über die EG-Richtlinie zum Teil erheblich hinaus. Demgegenüber ging es dem englischen Verordnungsgeber nicht um eine grundsätzliche Neuregelung des Handelsvertreterrechts. Er hat seine Aufgabe von vornherein darauf beschränkt gesehen, die Verpflichtung zur Umsetzung der Richtlinie zu erfüllen. So fehlen etwa Bestimmungen zur Delkredereprovision, zum Aufwendungsersatz, zur Verjährung, zu Zurückbehaltungsrechten, zur Wahrung von Geschäfts- und Betriebsgeheimnissen und zu weiteren Fragen. Seiner Tradition treu bleibend hat es nur im EG-konformen Mindestmaß in die Vertragsfreiheit eingegriffen. Es bleibt daher abzuwarten, ob die englische Rechtsprechung eher dem Schutzgedanken der kontinentalen Vorstellung folgt oder dem Liberalismus des alten englischen Handelsvertreterrechts.

458 Die Art der Umsetzung vermag nicht in vollem Umfang zu überzeugen. Der Text der englischen Verordnung wirft eine Vielzahl von Zweifelsfragen auf, die vor allem die englischen Gerichte, möglicherweise auch der Europäische Gerichtshof, zu beantworten haben werden. Dies kann man dem Verordnungsgeber kaum vorhalten, verfügt das englische Recht doch nicht über eine ausgeprägte Rechtsprechung zum Schutz der Handelsvertreter, wie sie etwa das deutsche Recht aufweist.

459 Die wohl einschneidendste Bestimmung der Verordnung ist *Regulation 17*, die den Schadensersatz- bzw. Ausgleichsanspruch des ausscheidenden Handelsvertreters regelt. Schon der Schadensersatzanspruch ist dem englischen Recht vom Ansatz her fremd. Denn nach *common law* gibt es Schadensersatz nur bei einer Vertragsverletzung. Stellt der Handelsvertreter seine Tätigkeit im Einvernehmen mit dem Unternehmer ein, verhält er sich jedoch vertragskonform. Nach allgemeinem Rechtsverständnis fehlt daher schon die Grundlage für einen Schadensersatzanspruch. Dies ist bei einem Ausgleichsanspruch anders, der zwar unmittelbar an die Vertragsbeendigung, nicht jedoch an die Vertragsverletzung anknüpft. Eine solche Berechtigung war dem englischen Recht bisher jedoch unbekannt. Daß die Verordnung zudem eine Kombination von Schadensersatz und Ausgleich zuläßt, und Schadensersatz in dieser Konstellation schlechterdings eine Vertragsverletzung verlangen muß, zeigt, daß die Kombination beider Rechte bei gleichen Voraussetzungen nicht stringent durchgehalten werden kann. Dafür mag auch ein Grund sein, daß der im Juni 1993 vom *Department of Trade and Industry* veröffentlichte Vorentwurf nur einen Schadensersatzanspruch zur Verfügung stellte; der Ausgleichsanspruch ist erst und überraschend in die letzte Fassung aufgenommen worden.

460 Festzuhalten ist, daß alle noch laufenden Handelsvertreterverträge überprüft, die meisten von ihnen wohl angepaßt werden müssen oder sollten. Es liegt dann an den Parteien, so viele Zweifelsfragen wie möglich durch die vertragliche Formulierung zu klären. Ansonsten sind (Rechts-)Streitigkeiten vorprogrammiert. Außerdem können nur so die Gestaltungsspielräume, die das neue Recht eröffnet, genutzt werden.

II. Factor

Der *factor* ist ein Handelsvertreter mit Abschlußvollmacht oder mit Konsignationslager. Der *Factors Act 1889*, eine der wenigen Kodifikationen im englischen Stellvertretungsrecht, definiert einen *factor* recht umständlich: Als einen Handelsvertreter, der in seinem gewöhnlichen Geschäftsbetrieb befugt ist, Waren zu verkaufen, sie zu Verkaufszwecken zu übergeben, Waren einzukaufen oder Kredite gegen Verpfändung von Waren aufzunehmen. 461

Die praktische Bedeutung des *Factors Act 1889* liegt im Gutglaubensschutz Dritter, die vom *factor* erwerben: Hat der Vertreter mit Zustimmung des Eigentümers den Besitz an den Waren oder der sie repräsentierenden Wertpapiere erlangt, wird der gutgläubige Käufer oder Pfandgläubiger geschützt, auch wenn der Prinzipal ihn nicht zum Verkauf oder zur Verpfändung bevollmächtigt hatte[56]. Guter Glaube an die Vertretungsmacht und Verfügungsbefugnis des *factor* reichen nicht aus. Der Prinzipal muß dem *factor* Besitz eingeräumt haben, und zwar in seiner Eigenschaft als Handelsvertreter, nicht nur aufgrund Mietkaufs[57]. Daß dies der Fall ist, wird allerdings vermutet[58]. Dies gilt auch dann, wenn die Zustimmung des Eigentümers durch eine vorsätzliche Täuschung erwirkt wurde[59]. Der wahre Berechtigte verliert also sein Eigentum an den Dritten. Der *factor*, der seine Pflichten aus dem Innenverhältnis verletzt hat, bleibt ihm jedoch verantwortlich[60]. 462

Auch für den *factor* gilt seit dem 1. Januar 1994 das neue Handelsvertreterrecht; eine ausdrückliche Bestimmung findet sich dazu jedoch nicht. 463

Der *factor* im rechtstechnischen Sinn ist vom Käufer von Außenständen *book debts* zu unterscheiden, der auch *factor* genannt wird[61]. 464

III. Broker

Der englische *broker* wird gewöhnlich mit dem deutschen Makler gleichgesetzt. Rechtsdogmatisch ist dies falsch. Der Makler weist die Gelegenheit zum Abschluß von Verträgen nach oder vermittelt diese; er bereitet den Vertragsabschluß nur vor. Ganz anders der *broker*: Er schließt die Verträge namens des Prinzipals selbst ab, er ist Vertreter *agent*[62]. Deshalb ist die Grenze zwischen *broker*, Handelsvertreter und damit auch *factor* verschwommen. Im Gegensatz 465

---

56 Section 2 Factors Act 1889; vgl. Folkes v. King [1923] 1 K.B. 282; Sauveplanne, RabelsZ 29 (1965) S. 651 ff., 688 ff.
57 Belvoir Finance Co. Ltd. v. Harold Cole Co. Ltd. [1969] 2 All E.R. 904.
58 Section 2 (3), (4) Factors Act 1889;.
59 Folkes v. Kings [1923] 1 K.B. 282; Newtons of Wembley v. Williams [1965] 1 Q.B. 560.
60 Section 12 Factors Act 1889.
61 Vgl. oben Rdnr. 379 f.
62 Vgl. auch Giles in: Cohn, Manual of German Law, Band II, 2. Aufl., London 1971, S. 25 f.

IV. Kaufmännische Hilfs- und Mittelspersonen

zum *factor* hat der *broker* kein Warenlager, kann deshalb regelmäßig auch kein Zurückbehaltungsrecht geltend machen[63]. Es entspricht auch nicht dem Berufsbild eines *broker*, eine *del credere* Haftung zu übernehmen. *Broker* können sich grundsätzlich auch nicht auf eine Vollmacht aus Rechtsschein berufen. In der Praxis ist der *broker* selbständiger als der englische Handelsvertreter: Häufig wird er für eine unbestimmte Vielzahl von Auftraggebern tätig.

466 Über den *broker* gibt es weder gesetzliche Regelungen noch zusammenfassende Abhandlungen. Da es kein Sonderrecht für Kaufleute gibt, fehlt auch die Unterscheidung zwischen Handels- und Zivilmaklern. Das allgemeine englische Stellvertretungsrecht bestimmt – mangels ausdrücklicher Vereinbarungen – das Rechtsverhältnis zwischen *broker* und Auftraggeber.

467 Im englischen Geschäftsleben spielen *broker* eine ungleich größere Rolle als in Deutschland Makler. Die Geschäfte an der Wertpapier-[64] und Warenbörse schließen sie namens ihrer Kunden ab[65]. Im Seefrachtgeschäft ist der *loading broker* Vertreter des Frachtführers und häufig mit dem Spediteur identisch[66]. Die Frachtmakler an der Londoner Frachtbörse, der sog. *Baltic Exchange*, nehmen sehr unterschiedliche Aufgaben wahr: Sie vermitteln *charterparties*, Schiffsverkäufe, sorgen für Zollabfertigung und erledigen andere Formalitäten bei der Verfrachtung von Waren, letztlich übernehmen sie als Vertreter der Schiffseigentümer die Be- und Entladung der Schiffe[65].

468 Die Funktionen des Grundstücksmaklers übernimmt in England der *estate agent*. Mit Wirkung vom 3. Mai 1982 ist dieser Geschäftszweig näheren Regelungen unterworfen worden. Der *Estate Agents Act 1979* verlangt bestimmte Qualifikationen, um diesen Beruf ausüben zu können. Er regelt außerdem das Verhältnis zwischen den Grundstücksmaklern und ihren Kunden und den Umgang mit Fremdgeldern. *Estate agents* arbeiten zumeist mit *solicitors* zusammen, die, nachdem das Geschäft verhandelt ist, die sehr langen Urkunden für Grundstücksübertragungen abfassen.

---

63 Allerdings hat der stockbroker, der Makler an der Wertpapierbörse, kraft Handelsbrauchs ein allgemeines Zurückbehaltungsrecht general lien, vgl. Re London & Globe Finance Corporation [1902] 2 Ch. 416.

64 Mitglieder der englischen Wertpapierbörse waren nicht nur brokers, sondern auch jobbers. Letztere traten als Eigenhändler auf. Gemäß einem Handelsbrauch an der Wertpapierbörse war der broker dem jobber gegenüber zur Zahlung verpflichtet, auch wenn sein Auftraggeber nicht zahlt; vgl. Thair, in: Chance, Principles of Mercantile Law, 22. Aufl. London 1980, S. 461 ff. Nach dem Big Bang von 1986 wurde diese Unterscheidung abgeschafft; vgl. dazu oben Rdnr. 288.

65 An der Londoner Metal Exchange sind 17 Ringmembers zugelassen. Diese schließen Verträge im eigenen Namen ab. Vgl. Figgis, in: Granger, Trading in Commodities, 2. Aufl. Cambridge 1975, S. 58.

66 Heskell v. Continental Express Ltd. [1950] 1 All E.R. 1033, 1037 per Devlin J.; vgl. oben Rdnr. 394.

IV. Confirming Houses

Eine Eigentümlichkeit des englischen Exportgeschäfts sind die *confirming houses*[67]. Dabei handelt es sich nicht um einen Rechtsbegriff, sondern um eine von der Geschäftspraxis geprägte Institution.

Confirming houses treten zwischen den englischen Exporteur und den ausländischen Käufer. Zu unterscheiden sind daher die Rechtsbeziehungen des *confirming house* zum Käufer einerseits und zum Exporteur andererseits. Zwischen Käufer und *confirming house* besteht zumeist ein Stellvertretungsvertrag *agency contract*. Die Rechtsbeziehungen zwischen Exporteur und *confirming house* können verschieden sein. Drei Varianten sind praktisch relevant. Das *confirming house* kann einmal im eigenen Namen vom Exporteur kaufen. Dies steht nicht im Widerspruch dazu, daß es gleichzeitig nur als Vertreter des Käufers handelt; denn die Rechtsbeziehungen sind zu unterscheiden. Im Verhältnis zum englischen Verkäufer haftet das *confirming house* dann wie ein normaler Käufer. Es kann aber auch gegenüber dem Verkäufer als Vertreter für den ausländischen Käufer auftreten; dann kommt der Kaufvertrag direkt mit dem Käufer zustande und nur dieser ist für den Kaufpreis haftbar. Diese beiden Möglichkeiten sind mehr theoretischer Natur. Für die *confirming houses* typisch ist die dritte Variante: Das *confirming house* tritt als Vertreter des Käufers auf und übernimmt zusätzlich gegenüber dem Exporteur die Haftung für den Kaufpreis. Diese Haftung soll bereits aus dem Wort bestätigen *confirm* folgen, wenn es in Wortverbindungen wie *confirming order* oder *confirming house*, gebraucht wird[68]. Bestätigt das *confirming house* einen Verkaufsauftrag, so ist die Rechtslage ähnlich der einer Bank, die ein Akkreditiv bestätigt: Es muß, wenn der Käufer nicht zahlt, selbst den Kaufpreis entrichten, kann seinerseits aber vom Käufer Aufwendungs- und Schadensersatz verlangen. Der Verkäufer hat gegenüber dem *confirming house* in bezug auf den Kaufpreis ähnliche Rechte wie gegenüber dem unmittelbaren Käufer[69].

Die Pflichten des *confirming house* gegenüber dem ausländischen Käufer sind gering. Bisweilen verpflichtet es sich, dem Exporteur Anweisungen über die Verschiffung der Ware zu geben. Qualität und Menge der Ware braucht es dagegen grundsätzlich weder zu überprüfen noch hat es dafür einzustehen. Hat der Käufer Einwendungen, muß er sich direkt an den Exporteur halten. Solche Ansprüche des ausländischen Käufers gegen den Exporteur bestehen auch dann, wenn das *confirming house* im eigenen Namen gekauft hat, ohne daß diese Ansprüche zunächst an den Käufer abgetreten werden müssen. Hier zeigt sich, zu welch ungekünstelten und praktischen Lösungen die Rechtsfigur des *undisclosed principal* fähig ist[70]. Mangels weitergehender Vereinbarung hat

---
67 Vgl. Schmitthoff, The Export Trade, 9. Aufl. London 1990, S. 296ff.
68 Sobell Industries Ltd., v. Cory, Bros. Co. Ltd. [1955] 2 Lloyd's Rep. 82, 89 per McNair J.
69 Section 38 (2) Sale of Goods Act 1979; vgl. oben Rdnr. 252ff.
70 Teheran-Europa Co. Ltd. v. Belton Ltd. [1968] 2 Q.B. 454; vgl. auch oben Rdnr. 413ff.

IV. Kaufmännische Hilfs- und Mittelspersonen

das *confirming house* ein Zurückbehaltungsrecht nur wegen der Forderungen, die sich auf die Waren in seinem Besitz beziehen, nicht aber ein sog. *general lien*[71]. Für das Innenverhältnis zwischen Käufer und *confirming house* wird in aller Regel englisches Recht vereinbart; Gerichtsstand ist dann normalerweise ebenfalls England.

472 *Confirming houses* sind auch unter dem Namen *export houses* bekannt. Dabei handelt es sich aber um einen weitergehenden Begriff. Ihr berufsständischer Zusammenschluß, die *British Exporters Association*[72], gibt eine Broschüre heraus, nach der die *export houses* verschiedene Funktionen wahrnehmen können: Sie sind — je nach Wunsch des Kunden — Eigenhändler, Handelsvertreter, *factor, confirming house*; sie übernehmen auch die Rolle des englischen Lieferanten.

V. Eigenhändler

473 Der Eigenhändler[73] handelt im eigenen Namen. Er ist nicht *agent*, auch wenn er in der Geschäftssprache häufig so genannt wird[74]. In neuerer Zeit hat sich die Bezeichnung *distributor* oder auch *dealer* eingebürgert. Außerdem kauft und verkauft der Eigenhändler auf eigene Rechnung. Auf ihn sind deshalb die Regeln über *undisclosed agency* nicht anwendbar; direkte vertragliche Kontakte über seinen Kopf hinweg sind ausgeschlossen.

474 Meistens schließt der Eigenhändler mit seinem Lieferanten einen Rahmenvertrag *skeleton* oder *cooperation contract* ab. Dieser ist von den einzelnen Kaufverträgen zu unterscheiden. Deren Regelungen werden durch den *Sale of Goods Act 1979* und das Richterrecht ergänzt. Der Grundsatz der Vertragsfreiheit überläßt es den Parteien außerdem, welche Bestimmungen sie in den Rahmenvertrag aufnehmen wollen — Verpflichtungen des Eigenhändlers zu werben, Marktinformationen weiterzuleiten, Patente und Warenzeichen des Lieferanten im Vertragsgebiet zu schützen oder die Waren nur unter einem bestimmten Warenzeichen zu vertreiben.

475 Oft verpflichtet sich der Lieferant, im Vertragsgebiet Waren nur an den Eigenhändler zu liefern. Damit korrespondiert in der Regel die Pflicht des Eigenhändlers, die von ihm vertriebenen Waren nur vom Lieferanten zu beziehen. Solche Alleinvertriebsvereinbarungen, *exclusive sales agreements* oder einfach *solus agreements* genannt, sind vertragsrechtlich grundsätzlich zulässig. Wer

---

71 Vgl. oben Rdnr. 324 ff.
72 Smallwood, Use an export house for efficient exporting; Adresse: 16 Dartmouth Street, London SW1H 9BL.
73 Vgl. Schmitthoff, a. a. O., S. 279 ff.; Graupner, AWD 1970, 49 ff.
74 Vgl. Lamb & Son v. Goring Brick Co. [1932] 1 K.B. 710, 717.

sie verletzt, macht sich schadenersatzpflichtig[75]. All die genannten Klauseln unterliegen jedoch einer kartellrechtlichen Kontrolle. Das englische Kartellrecht selbst steht *distribution agreements* grundsätzlich wohlwollend gegenüber. Normalerweise fallen Eigenhändlerverträge nicht unter den *Restrictive Trade Practices Act 1976*. Auch einer Überprüfung nach dem *Fair Trading Act 1973* und dem *Competition Act 1980* halten sie in der Regel stand[76]. Verboten sind dagegen Preisbindungen der zweiten Hand[77]. Wettbewerbsbeschränkungen sind nach allgemeinem *common law* nichtig, wenn sie die Handlungsfreiheit einer Vertragspartei unangemessen beschränken. Das *House of Lords* hat die 4½-jährige Vertriebsbindung eines Tankstelleninhabers an Kraftstoffe einer bestimmten Mineralöllieferantin bestätigt, eine 21jährige Kaufverpflichtung dagegen als *unreasonable restraint of trade*[78] und damit als unwirksam angesehen[79]. Zu einem großen Teil wird das englische Recht heute überlagert vom EU-Kartellrecht.

Bisweilen verpflichtet sich der Eigenhändler zur Abnahme einer Mindestmenge, bisweilen darüber hinaus zur Weiterleitung aller Kundenaufträge an den Lieferanten. Die Schadensersatzhaftung des Eigenhändlers bei Verletzung solcher Klauseln ist verschieden: Im ersten Fall haftet er, auch wenn ihm kein Verschulden zur Last fällt; im letzteren Falle nur, wenn er Kundenaufträge fahrlässig nicht an den Lieferanten weiterleitet[80]. **476**

Deutsche Gerichte gewähren dem Alleinvertriebsvertreter unter bestimmten Voraussetzungen einen Ausgleichsanspruch bei Vertragsbeendigung in Analogie zum Handelsvertreterrecht. Englisches Handelsvertreterrecht kannte bisher einen solchen Anspruch nicht. Er wurde daher auch noch keinem Eigenhändler zugestanden. Ob sich dies nach dem Inkrafttreten des neuen Handelsvertreterrechts ändern wird, bleibt abzuwarten. Die Chancen dafür dürften jedoch relativ ungünstig sein. Englisches Recht ist mit solchen Analogien sehr zurückhaltend. **477**

VI. Franchising

Das *Franchise*-System hat auch in England in den letzten Jahren erheblich an Bedeutung gewonnen: Händler werden in ein genau geplantes Vertriebssystem **478**

---

75 Im Gegensatz zum ausschließlichen Handelsvertreter braucht der Eigenhändler Direktlieferungen des Lieferanten grundsätzlich nicht zu dulden; vgl. Lamb & Son v. Goring Brick, a.a.O.; vgl. oben Rdnr. 422.
76 Vgl. näher unten Rdnr. 997ff.
77 Vgl. section 5 Resale Prices Act 1976.
78 Vgl. unten Rdnr. 994.
79 Esso Petroleum Co. Ltd. v. Harpers Garage Ltd [1968] A.C. 269.
80 James Shaffer Ltd. v. Findlay Durham & Brodie [1953] 1 W.L.R. 106; vgl. auch Schmitthoff, a.a.O., S. 279ff.

IV. Kaufmännische Hilfs- und Mittelspersonen

mit einheitlichem Gruppenimage eingefügt[80a]. Das System beruht normalerweise auf zwei Säulen: Erstens überläßt der Franchisegeber dem Franchisenehmer gewerbliche Schutzrechte für einen begrenzten Zeitraum. Zweitens übernimmt der Franchisenehmer die Verpflichtung, die Anweisungen des Franchisegebers peinlich genau einzuhalten, um nach außen als eine Einheit zu erscheinen; damit korrespondieren weitgehende Kontrollrechte des Franchisegebers. Die Schlußfolgerung ist nicht von der Hand zu weisen, daß Franchise-Systeme geradezu darauf angelegt sind, ihre Existenz zu verschleiern.

479 Jedes Franchise-System beruht auf den vertraglichen Absprachen zwischen Franchisegeber *franchisor* und Franchisenehmer *franchisee*. Diese sind in England ähnlich wie im deutschen Recht. Auf eine eingehende Darstellung wird daher hier verzichtet. Franchisenehmer und Franchisegeber haben sich in der *British Franchise Association* zusammengeschlossen. Diese hat einen *Code of Ethics* herausgegeben[81]. Er enthält Verhaltensmaßregeln für alle Personen, die Franchise-Verträge abschließen oder beratend daran mitwirken. Er ist nicht rechtlich bindend, erzeugt aber eine tatsächliche Wirkung. Wie in Deutschland steht auch in England das Vertriebsfranchising im Vordergrund. Bei Errichtung neuer Verkaufsketten ist für Änderungen der Gebrauchsart von Gebäuden und Läden eine behördliche Genehmigung nötig[82].

80a Adams/Jones, Franchising, 3. Aufl. London 1990; Collier, Legal Aid Franchising Compliance Manual, London 1993; Mendelsohn, Franchising Law & Practice, London 1994.
81 Der Code of Ethics kann über die British Franchise Association, Thames View, Newtown Road, Henley-on-Thames, Oxfordshire RG9 1HG bestellt werden.
82 Vgl. Town and Country Planning Act 1981; vgl. auch Skaupy, AWD 1973 S. 296ff.

V. Kapitel
Arbeitsrecht

§ 1
Allgemeines

Englisches Arbeitsrecht[1] ist kein vom allgemeinen Vertrags- und Deliktsrecht verselbständigter Normenkomplex. Es ist erst seit dem Ende des Zweiten Weltkrieges Gegenstand wissenschaftlicher Abhandlungen und wurde erst seit zwei Jahrzehnten als akademisches Lehrfach in die juristische Ausbildung aufgenommen. Inzwischen ist Arbeitsrecht — früher als *industrial law,* dann als *labour law* und nun vorzugsweise als *employment law* bezeichnet — als selbständiges Rechtsgebiet in der Rechtswissenschaft etabliert. Seine ursprünglichen Quellen finden sich im *common law,* und zwar vorwiegend im Vertragsrecht *law of contract* und Deliktsrecht *law of tort.* Von großer Bedeutung für die Entwicklung des modernen Arbeitsrechts war die Einführung von Gesetzen zum Schutz der Arbeitnehmer, wie z. B. der Kündigungsschutz; in neuerer Zeit waren die Gesetzgebung der Europäischen Union sowie die Rechtsprechung des Europäischen Gerichtshofes sehr einflußreich. **480**

Auch englisches Arbeitsrecht läßt sich in zwei Bereiche einteilen: Individualarbeitsrecht *individual employment law,* zu dem das Arbeitsvertragsrecht und das Arbeitnehmerschutzrecht gehören, und kollektives Arbeitsrecht *collective labour relations.* Dieses — eine Besonderheit aus deutscher Sicht — ist von der Immunität gegen deliktische Ansprüche geprägt. **481**

Die Geschichte des modernen englischen Arbeitsrechts beginnt mit dem frühen 19. Jahrhundert. Seine Wurzeln sind in der zuerst in England auftretenden Industrialisierung zu suchen, mit der nicht nur der Verfall jahrhundertealter feudaler Strukturen einsetzte, sondern auch eine neue Organisation der Produktionsprozesse notwendig wurde. Daß die damalige Wirtschaftsordnung und das soziale und politische Denken von einer extremen liberalen Haltung eines *laissez-faire* geprägt war, spiegelt sich in dem damals geltenden Postulat der absoluten Vertragsfreiheit wider. Der formalen Vertragsgleichheit von Arbeitnehmern und Arbeitgebern stand jedoch eine deutliche wirtschaftliche Imparität gegenüber und in der Gestaltung der Arbeitsbedingungen war der einzelne mittellose Arbeitnehmer der Verfügungsgewalt des Arbeitgebers ausgeliefert. **482**

---

1 Vgl. Butterworths Employment Law Guide, 2. Auflage 1994; Selwyn's Law of Employment, 8. Auflage 1993; Tolley's Employment Handbook, 8. Auflage 1993.

V. Arbeitsrecht

483 Auch die Struktur der englischen Arbeitsverhältnisse *labour relations* geht auf die politische und wirtschaftliche Geschichte des 19. Jahrhunderts zurück. Die traditionelle Feindlichkeit zwischen den Arbeitnehmern und den von Repräsentanten des Adels und der Arbeitgeber besetzten Gerichte brachte es mit sich, daß sowohl die englischen Arbeitnehmerverbände wie auch die Arbeitgeberorganisationen sich einer Regelung ihrer Beziehungen zueinander durch Rechtsnormen widersetzten und vielmehr informelle Institutionen *praeter legem* bevorzugten. Zu den ersten großen Errungenschaften der Gewerkschaften zählte die Schaffung einer Reihe von Immunitäten gegen gewisse *common law* Regelungen, die die Koalitions- und Streikfreiheit auf verschiedene Weise deliktisch eingeschränkt hatten. Bis heute hat das kollektive Arbeitsrecht in England diesen vorwiegend negativen Charakter behalten.

484 Auffallend für den deutschen Juristen ist auch, daß Tarifverträge in der Regel keinen Vertragscharakter haben. Inzwischen gibt es jedoch einzelne kollektivrechtliche Vorschriften, die den Gewerkschaften positive Rechte geben, wie das Recht auf schriftliche Informationen über Geschäftsdaten des Unternehmens, die für Tarifverhandlungen erforderlich sind und das Recht auf Konsultation bei der Entlassung von Arbeitnehmern, des Austritts des Unternehmens aus der staatlichen Rentenversicherung sowie für die Einführung von Betriebs-und Gefahrenschutzausrichtungen. Dennoch ist das englische kollektive Arbeitsrecht schwer vergleichbar mit dem Begriff eines kollektiven Arbeitsrechts im deutschen Sinne, welches die gesamtwirtschaftlichen Beziehungen der Arbeitgeber und Arbeitnehmer umfassend zu regeln versucht. So gibt es in England im wesentlichen kein Mitbestimmungs- oder Betriebsverfassungsrecht.

485 Während einer Regelung der gesamtwirtschaftlichen Beziehungen zwischen Arbeitgebern und Arbeitnehmern durch ein von Rechtsnormen geprägtes kollektives Arbeitsrecht durch den Gesetzgeber relativ wenig Bedeutung beigemessen wird, sind seit 1960 im Bereich des Individualarbeitsrechts eine Vielzahl von Arbeitnehmerschutzgesetzen eingeführt worden, die in die privatrechtlichen Beziehungen zwischen Arbeitgeber und einzelnen Arbeitnehmern eingreifen, um einen sozialen Interessenausgleich zu gewährleisten. Hierzu gehören nicht nur Rechte auf Gesundheitsschutz, Arbeitsschutz und Jugendarbeitsschutz, sondern auch Kündigungsschutz, Mutterschutz, Gleichbehandlung von Männern und Frauen sowie die Lohnfortzahlung im Krankheitsfall etc.

486 Kein anderer Bereich des englischen Rechtsalltags hat in den letzten 20 Jahren so viel Aufsehen erregt und ist dermaßen zur Zielscheibe umwälzender politischer und sozialer Veränderungen geworden wie das moderne Arbeitsrecht.

487 Vor dem Hintergrund einer während der 60er Jahre von Streiks geplagten Wirtschaft hoffte die konservative Regierung unter Edward Heath, durch die Einführung des *Industrial Relations Act 1971* der Macht der Gewerkschaften entgegenwirken zu können. Zum ersten Mal wurde damit der Versuch unternommen, Tarifverträgen zwingende Wirkung für einzelne Arbeitsverhältnisse zuzusprechen. Der *Industrial Relations Act* ist mit den bekannten Folgen für das politische Schicksal der damaligen konservativen Regierung gescheitert. 1974 startete die *Labour* Regierung durch den *Trade Union and Labour Relations Act* erneut einen Versuch, das kollektive Arbeitsrecht zu regeln. 1975 wurde das Gesetz durch den *Employment Protection Act* und 1976 durch den *Trade Union and Labour Relations (Amendment) Act* ergänzt. Hierdurch wurden die Immunitäten der Gewerkschaften gegen das Deliktsrecht ausgedehnt und die Schutzrechte der Arbeitnehmer im Individualarbeitsbereich ergänzt und erweitert.

Mit dem Sieg der konservativen Regierung Margaret Thatcher im Mai 1979 schlug die letzte Stunde für die übermächtige Rolle, die die Gewerkschaften im englischen kollektiven Arbeitsrecht gespielt hatten. Tatsächlich wurde die Reform der *industrial relations* und damit der Abbau der Macht der Gewerkschaften zu einem der politischen Hauptziele der *Tories*. Der *Employment Act 1980* war die erste einer Vielzahl gesetzgeberischer Maßnahmen während des letzten Jahrzehnts, um den Einfluß der Gewerkschaften zu begrenzen und dem katastrophalen Zustand der *industrial relations* Ende der 70er Jahren ein Ende zu bereiten: Verminderung der den Gewerkschaften zugebilligten Immunitäten, Einschränkung der zulässigen Streikmaßnahmen bei *secondary picketing* sowie Reform des *closed shop*[2]. Das System der *industrial relations* der 90er Jahre zeichnet sich durch eine äußerst kalte, schroffe Haltung gegenüber den Gewerkschaften und dem Arbeitsschutz aus. Vor allem vor diesem Hintergrund wird der schwer erkämpfte Erfolg des Premierministers John Major, die Verbindlichkeit des sozialen Protokolls des Maastrichter Vertrages für Großbritannien auszuschließen, verständlich.

488

Dennoch wird das moderne englische Arbeitsrecht von Richtlinien der Europäischen Gemeinschaft und Entscheidungen des Europäischen Gerichtshofes stark bestimmt. Von den arbeitsrechtlich bedeutsamen Richtlinien, die vom englischen Gesetzgeber umgesetzt worden sind, sind zu nennen: Die Richtlinie 75/117 zum Grundsatz des gleichen Entgelts für Männer und Frauen *Equal Pay Directive*; Richtlinie 76/207 zur Verwirklichung der Gleichbehandlung von Männern und Frauen hinsichtlich des Zugangs zur Beschäftigung, zur Berufsausbildung und zum beruflichen Aufstieg sowie in bezug auf die Arbeitsbedingungen *Equal Treatment Directive*; Richtlinie 79/7 zur Gleichbehandlung von Männern und Frauen auf dem Gebiet der sozialen Sicherheit *Equal Treatment in Social Security Matters*; Richtlinie 77/187 über die Wahrung von Ansprüchen der Arbeitnehmer beim Übergang von Unternehmen *Acquired Rights Directive*, die mittels der *Transfer of Undertakings (Protection of Employment) Regulations* ins nationale Recht umgesetzt worden ist; Richtlinie 75/129 über Massenentlassungen *Collective Redundancies Directive*, und die

489

---

2 Siehe hierzu Margaret Thatcher, The Downing Street Years, London 1993, S. 40 und S. 92 ff.

V. Arbeitsrecht

Richtlinie 80/987 zum Schutz der Arbeitnehmer bei Zahlungsunfähigkeit des Arbeitgebers *Employer's Insolvency Directive*.

490 Wie in Deutschland ist das Arbeitsrecht derzeit auf eine Vielzahl von Einzelgesetzen verteilt, von denen für das Individualarbeitsrecht der *Employment Protection (Consolidation) Act 1978*[3] und für das kollektive Arbeitsrecht in bezug auf Gewerkschaften und Arbeitsstreitigkeiten der *Trade Union and Labour Relations (Consolidation) Act 1992*[4] die wichtigsten Quellen sind. Andere für das Arbeitsrecht wichtige Bestimmungen sind enthalten in dem *Equal Pay Act 1970*, dem *Sex Discrimination Act 1975* und dem *Race Relations Act 1976*.

---

[3] Abgeändert durch die Employment Acts 1980, 1982, 1988 und 1989 und durch den Trade Union Reform and Employment Rights Act 1993.

[4] Abgeändert durch den Trade Union Reform and Employment Rights Act 1993.

§ 2
Individualarbeitsrecht

I. Arbeitsvertrag

1. Begriff

Der Arbeitsvertrag *contract of employment* oder *contract of service* wird zwischen einem Arbeitgeber und einem Arbeitnehmer — früher unter der archaischen Bezeichnung *master and servant,* heute zwischen *employer and employee* — abgeschlossen. Er unterscheidet sich vom Werkvertrag *contract for services* dadurch, daß bei letzterem ein Selbständiger *independent contractor* eine bestimmte Aufgabe übernimmt und nicht nur eine bloße Arbeitsleistung schuldet. Hatte die Unterscheidung zwischen *contracts of service* und *contracts for services* früher nur für die deliktische Haftung des Geschäftsherrn für seine Leute Relevanz, so ist sie heute von viel umfassenderer Bedeutung. Die Unterscheidung, ob ein Arbeiter als Arbeitnehmer *employee* oder als Selbständiger *independent contractor* einzustufen ist, bestimmt, welche Rechtsnormen auf den entsprechenden Arbeiter anzuwenden sind. Ein Arbeitnehmer, nicht dagegen ein Selbständiger[5], genießt aufgrund seines Arbeitsverhältnisses die gesamten Arbeitsschutzrechte: Schutz gegen ungerechtfertigte Kündigung *unfair dismissal,* Anspruch auf Abfindung *redundancy payment* bei Entlassung wegen mangelnden Betriebsbedarfes *redundancy,* Mutterschutzrechte *maternity rights,* Gleichbehandlung bei Zahlung *equal pay,* Lohnfortzahlung bei Krankheit *statutory sick pay* und gesetzliche Kündigungsfristen *statutory minimum notice periods etc.* Die Einkünfte eines Arbeitnehmers sind gemäß *Schedule E* des *Income and Corporation Taxes Act 1988* nach dem *PAYE* Verfahren zu versteuern[6]. Steuern werden also direkt abgeführt. Selbständige hingegen werden gemäß *Schedule D* des *Income and Corporation Taxes Act 1988* besteuert.

Die Abgrenzung zwischen Arbeitsvertrag *contract of service* und Werkvertrag *contract for services* kann unter bestimmten Umständen problematisch sein. Bei der Auslegung des Vertragsverhältnisses sind die Gerichte nicht an die von den Parteien selbst erwählten Bezeichnungen gebunden, da diese oft fehlerhaft sind oder rechtsmißbräuchlich genutzt werden, sondern haben die tatsächlichen Verhältnisse selbständig zu prüfen[7]. Voraussetzungen für den Arbeits-

491

492

---

5 Bei Selbständigen findet der Sex Discrimination Act 1975, der Wages Act 1986 und der Race Relations Act 1976 Anwendung.
6 Das Kürzel PAYE bedeutet Pay As You Earn; vgl. hierzu auch die Veröffentlichung der englischen Steuerbehörde Inland Revenue, IR 56/N139 Employed or Self Employed?
7 Vgl. Young & Woods Ltd. v. West [1980] I.R.L.R. 201; Massey v. Crown Life Insurance Co. [1978] I.R.L.R. 31, CA.

V. Arbeitsrecht

vertrag sind gegenseitige schuldrechtliche Verpflichtungen. Der Arbeitgeber hat Arbeit zur Verfügung zu stellen, der Arbeitnehmer Arbeit zu leisten[8]. Dies vorausgeschickt, gibt es eine Reihe von Abgrenzungsmerkmalen, die bei der Vertragsgestaltung in Erwägung gezogen werden müssen: ob Arbeitnehmer an persönliche und fachliche Weisungen des Arbeitgebers gebunden sind; zeitliche und örtliche Bindung und Arbeitskontrolle; Eingliederung in einen fremden Produktionsbereich; Grad an finanzieller Risikoübernahme durch den Arbeitnehmer; ob eigene Arbeitsausstattung vom Arbeitnehmer selbst zu beschaffen ist.

493 Eine Abgrenzung aufgrund verschiedener Merkmale – als *multiple test* bezeichnet[9] – hat heutzutage Vorrang vor früher angewandten Regeln wie etwa die der Kontrolle der Arbeitsausführung *control test*[10] oder die der Einbeziehung des Arbeitnehmers in die Organisation des Unternehmens *organisation test*[11]. Im Rahmen des *multiple test* scheint zunehmend die Frage des Unternehmerrisikos hervorgehoben zu werden: Ist der Arbeiter für eigene Rechnung tätig?[12] Dennoch ist kein Merkmal allein ausschlaggebend; bei der Lösung konkreter Fragen müssen alle Tatbestände berücksichtigt werden.

2. Form

494 Der Arbeitsvertrag kann, von wenigen Ausnahmen abgesehen, formlos abgeschlossen werden: mündlich, schriftlich oder durch stillschweigende Vereinbarung. Allerdings schreibt der *Employment Protection (Consolidation) Act 1978*[13] vor, daß einem Arbeitnehmer, der mindestens acht Stunden pro Woche beschäftigt wird, innerhalb von zwei Monaten nach Beginn der Arbeitstätigkeit einzelne Bestimmungen des Arbeitsvertrages schriftlich bestätigt werden müssen wie etwa Tätigkeitsbezeichnung, Vertragsbeginn, Lohn, Arbeitszeit, Urlaub, Altersversorgung, Krankengeld, Kündigungsfrist, Beschwerdeweg. Änderungen müssen dem Arbeitnehmer unverzüglich und spätestens innerhalb eines Monats schriftlich mitgeteilt werden. Doch handelt es sich bei einem solchen *statement* weder um den Arbeitsvertrag noch um einen unwiderlegbaren Beweis seines Inhalts[14]. Die Wirksamkeit des Arbeitsvertrages hängt davon

---

8 Vgl. Nethermere (St Neots) Ltd. v. Gardiner [1984] I.C.R. 612; Hellyer Brothers Ltd. v. McLeod [1987] I.C.R. 52.
9 Vgl. Ready Mix Concrete Ltd. v. Minister of Pensions [1968] 2 Q. B. 497.
10 Vgl. Yewens v. Noakes [1880] Q.B.D. 530.
11 Vgl. Stevenson, Jordan and Harrison Ltd. v. MacDonald and Evans [1952] I.T.L.R. 101.
12 Market Investigation Ltd. v. Minister of Social Security [1989] 2 Q.B. 173; Lee v. Chung [1990] I.R.C.R. 236.
13 Abgeändert durch den Trade Union Reform and Employment Rights Act 1993 section 26, Schedule 4.
14 Vgl. Robertson v. British Gas Corporation [1983] I.C.R. 351; Systems Floors (UK) Ltd. v. Daniels [1982] I.C.R. 54.

nicht ab. Verweigert der Arbeitgeber eine solche Vertragsbestätigung, kann sich der Arbeitnehmer an das *Industrial Tribunal* wenden[15].

3. Inhalt

In England ist es nur bei leitenden Angestellten üblich, den Vertragsinhalt schriftlich genau festzulegen. Der Arbeitsvertrag mit Arbeitern und anderen Angestellten, *junior staff* genannt, kommt häufig mündlich zustande. Dabei wird nur Lohn, Arbeitszeit und Urlaub abgesprochen. Im Verhältnis zwischen Arbeitnehmern und Arbeitgebern herrscht grundsätzlich allgemeine Vertragsfreiheit. **495**

Da es – auch im Arbeitsrecht – nur wenig nachgiebiges Gesetzesrecht gibt, kommt bei der Bestimmung des Vertragsinhalts dem mutmaßlichen Parteiwillen, dem die *doctrine of implied terms* Wirksamkeit verleiht, besondere Bedeutung zu. Einzelne Bestimmungen werden nach dieser Lehre nur dann in den Vertragstext impliziert, wenn es nach dem Sinn des Arbeitsvertrages notwendig ist[16]. So gelten häufig als stillschweigend vereinbart: Die Treuepflicht des Arbeitnehmers, Verpflichtung des Arbeitnehmers, bereit und willens zu sein, die Arbeit aufzunehmen und sie mit der nötigen Sorgfalt *reasonable care* auszuführen, angemessene und gesetzmäßige Anordnungen des Arbeitgebers zu befolgen, alle im Zusammenhang mit dem Beschäftigungsverhältnis erworbenen Vorteile an den Arbeitgeber abzuführen, während der Arbeitszeit für keinen Dritten tätig zu werden und sich auf neue Arbeitsmethoden und Techniken einzustellen[17]. Bestimmungen, die als branchenüblich betrachtet werden, können ebenfalls in den Vertrag inkorporiert werden. Der Inhalt eines Arbeitsvertrages kann auch durch Tarifverträge *collective agreements* ergänzt werden, wenn der Arbeitsvertrag ausdrücklich auf die Tarifvereinbarung verweist, oder wenn eine solche Verweisung als branchenüblich gilt. Eine tarifliche kein Streik *no strike* Klausel gilt nur dann für die einzelnen Arbeitsverträge, wenn sie bestimmten Bedingungen genügt[18]. **496**

In den Vertragstext impliziert wird die Verpflichtung des Arbeitgebers, das Treueverhältnis zwischen Arbeitnehmer und Arbeitgeber nicht zu verletzen und seine Fürsorgeverpflichtung gegenüber dem Arbeitnehmer[19]. **497**

Während und nach Beendigung des Arbeitsverhältnisses darf der Arbeitnehmer Betriebs- oder Geschäftsgeheimnisse des Arbeitgebers *trade secrets* Drit- **498**

---

15 Vgl. section 11 (1) Employment Protection (Consolidation) Act 1978, abgeändert durch den Trade Union Reform and Employment Rights Act 1993.
16 Vgl. Liverpool City Council v. Irwin [1977] A.C. 239; Scally v. Southern Health and Social Services Board [1991] I.C.R. 771; vgl. allgemein oben Rdnr. 105.
17 Vorausgesetzt, daß der Arbeitgeber hierfür ausreichende Umschulung anbietet; vgl. Cresswell v. Board of Inland Revenue [1984] I.C.R. 508.
18 Vgl. section 180 Trade Union and Labour Relations (Consolidation) Act 1992.
19 Vgl. Lewis v. Motorworld Garages Ltd. [1985] I.R.L.R. 465; vgl. auch Johnstone v. Bloomsbury Health Authority [1991] I.C.R. 269.

V. Arbeitsrecht

ten nicht zugänglich machen, weil er nach *common law* einer Treuepflicht unterliegt[20]. Diese Verpflichtung erstreckt sich auch auf Informationen, die unter Vertraulichkeitsgesichtspunkten mit einem Betriebsgeheimnis vergleichbar sind. Ein Geschäftsgeheimnis liegt vor, wenn die Kenntnis davon über die eigene Erfahrung und Geschicklichkeit des Arbeitnehmers hinausgeht und ein objektiver Dritter sie als vertraulich einstuft[21]. Auch wenn Informationen nicht als Betriebs- oder Geschäftsgeheimnis gelten, aber dennoch vertraulich sind, ist ein Arbeitnehmer während des Arbeitsverhältnisses verpflichtet, solche Informationen nicht zu offenbaren[22].

499 Bei vertragswidriger Verbreitung von Betriebs- oder Geschäftsgeheimnissen oder vertraulichen Informationen hat der Arbeitgeber Anspruch auf Schadensersatz. Wirksamer ist oft jedoch eine Klage auf Unterlassung im Wege einer einstweiligen Verfügung *interlocutory injunction*, die vom Gericht zugestanden wird, wenn der Kläger hinreichende Anhaltspunkte vorbringt, eine Entschädigung durch Schadensersatz nicht ausreichend wäre und nach dem Ermessen des Gerichts angesichts der *balance of convenience* eine einstweilige Verfügung erlassen werden sollte.

500 Der Arbeitnehmer kann sich in engen Grenzen auch nach Beendigung des Arbeitsvertrages verpflichten, Geschäftsgeheimnisse zu wahren, Kundenlisten des Geschäftsherrn nicht zu verwerten und keine vertraulichen Informationen weiterzuleiten. Wettbewerbsverbote *restraint of trade clauses* sind jedoch nur wirksam, wenn sie erstens nach Gegenstand, Zeit und räumlichem Umfang im Interesse der Parteien angemessen sind, also nur, wenn sie zum Schutz von Eigentumsinteressen, Geschäftsgeheimnissen und Kundenlisten des Arbeitgebers unbedingt nötig sind; zweitens, wenn sie auch im öffentlichen Interesse angemessen sind. Sie dürfen zudem die Interessen des Arbeitnehmers nicht außer acht lassen. Unter bestimmten Umständen kann eine unwirksame Vertragsbestimmung aus dem Vertragstext gestrichen werden, wenn die übrigen Bestimmungen trotzdem ihren Sinn behalten und der Vertragscharakter nicht geändert wird[23]. Die Wirksamkeit eines Wettbewerbsverbotes wird beispielsweise eher gewährleistet, wenn das Verbot bei dem Verkauf eines Unternehmens vom Verkäufer abgegeben wird[24]. Hingegen ist eine Karenzentschädigung nicht Voraussetzung für die Wirksamkeit.

501 Trotz der Vertragsfreiheit kann die Dispositionsbefugnis von Arbeitnehmer und Arbeitgeber kraft Gesetzes eingeschränkt werden. So regelt der *Equal Pay*

---

20 Vgl. Saltman Engineering Co. v. Campbell Engineering Co. [1963] 3 All E.R. 413; Printers and Finishers v. Holloway [1965] 1 W.L.R. 1.
21 Vgl. Saltman Engineering Co. v. Campbell Engineering Co. [1963] 3 All E.R. 413; Printers and Finishers v. Holloway [1965] 1 W.L.R. 1.
22 Vgl. Faccenda Chicken Ltd. v. Fowler [1986] I.C.R. 297.
23 Vgl. Salder v. Imperial Life Assurance Co. of Canada Ltd. [1988] I.R.L.R. 388 und Rex Stewart Jeffries Parker Ginsberg Ltd. v. Parker [1988] I.R.L.R. 483.
24 Vgl. Systems Reliability Holdings plc. v. Smith [1990] I.R.L.R. 377.

Act 1970 beispielsweise den Grundsatz des gleichen Entgelts für Männer und Frauen; gemäß *section 319 Companies Act 1985* darf die Laufzeit eines Direktorenvertrages *director's contract* fünf Jahre nicht überschreiten. Sogenannte *garden leave* Klauseln, die es dem Arbeitgeber ermöglichen, den Arbeitnehmer bei Kündigung des Arbeitsverhältnisses durch den Arbeitnehmer freizustellen („nach Hause zu schicken zwecks Gartenarbeit") und ihn während der Kündigungsfrist zu entlohnen, sind grundsätzlich zulässig[25]. Sollten aber die Fristen überdurchschnittlich lang sein, kommt dies trotz der Zahlung einem Wettbewerbsverbot gleich, was vom Gericht als unzulässig erklärt werden kann.

Der Arbeitgeber muß die vereinbarte Vergütung zahlen; er braucht jedoch – abgesehen vom Fall des Akkordlohnes und anderen Ausnahmen – den Arbeitnehmer grundsätzlich nicht zu beschäftigen. Doch hat *Lord Denning M.R.* 1974[26] bezweifelt, ob der Arbeitgeber auch heute noch in allen Fällen sagen kann: „Wenn ich meine Köchin regelmäßig entlohne, kann sie sich nicht beklagen, wenn ich einige oder alle Mahlzeiten außer Haus einnehme"[27]. Anders als nach deutschem Recht braucht der Arbeitgeber bei Vertragsbeendigung kein Zeugnis über die Beschäftigung auszustellen[28]. 502

II. Gesetze zum Schutze des Arbeitnehmers

Der Grundsatz der Vertragsfreiheit zählt zwar heute immer noch zu den wichtigsten Merkmalen der englischen Arbeitsverhältnisse[29]. In jüngster Zeit hat der Gesetzgeber aber Mindestrechte garantiert, weshalb man heute auch nicht mehr von einer absoluten Vertragsfreiheit in arbeitsrechtlichen Beziehungen sprechen kann. 503

Zu den frühesten Gesetzen zur Regelung der Entlohnung von Arbeitern gehörte der *Truck*[30] *Act 1831*, der dem Mißstand der Entlohnung mit Waren abgeholfen hat. Nach diesem Gesetz war, abgesehen von bestimmten Ausnahmen, jede vertragliche Vereinbarung nichtig, wonach die Vergütung des Arbeiters ganz oder zum Teil nicht in gesetzlicher Währung bestehen soll. Zahlung mit Scheck oder durch Überweisung war nach dem *Payment of Wages Act 1960* nur mit Zustimmung des Arbeitnehmers zulässig. Der *Wages Act 1986* hat inzwischen den *Truck Act* und den *Payment of Wages Act* abgelöst. Seit dem 504

---

25 Evening Standard Ltd. v. Henderson [1987] I.R.L.R. 64 (CA).
26 Vgl. Langston v. A.U.E.W. [1974] 1 All E.R. 98 (CA).
27 So per Asquith J. in Collier v. Sunday Referee Publishing Co. Ltd. [1940] 4 All E.R. 234.
28 Vgl. Carrol v. Bird [1800] 3 Esp. 201; Gallear v. I.F. Watson & So Ltd. [1979] I.R.L.R. 305.
29 Obwohl schon 1926 Dicey der Meinung war: „the rights of workmen ... have become a matter not of contract but of status", Lectures on the Relation between Law and Opinion in England in the 19th Century (London, 1926).
30 Truck ist ein altes englisches Wort für Tausch.

V. Arbeitsrecht

1. Januar 1987 können Abzüge vom Gehalt und Lohn nur aufgrund einer vertraglichen Regelung oder mit vorheriger Einwilligung des Arbeitnehmers vorgenommen werden. Eine Ausnahme bilden die gesetzlichen Abzüge (Lohnsteuer und Sozialversicherung).

505 Der *Factories Act 1961* und der *Health and Safety at Work etc. Act 1974* enthalten viele Bestimmungen zum Schutze der Gesundheit der Arbeitnehmer. Die Arbeitszeit von Kindern im Alter zwischen 13 und 16 Jahren ist gesetzlich begrenzt. Kinder unter 13 Jahren dürfen überhaupt nicht beschäftigt werden. Für Jugendliche im Alter zwischen 16 und 18 Jahren sowie für Erwachsene bestehen heute im allgemeinen keine Begrenzungen mehr[31].

506 Der *Employment Protection Act 1975* führte für den Fall eines nicht auf den Arbeitnehmer zurückzuführenden Arbeitsausfalls ein System der Lohngarantie ein. Diese Bestimmungen wurden – erneut – in den *Employment Protection (Consolidation) Act 1978*[32] aufgenommen, der dem Arbeitnehmer einen Mindestlohn von einer Woche (von fünf Tagen), täglich jedoch höchstens £ 14.10 in jedem Kalenderquartal garantiert, maximal £ 282 jährlich. Diese Lohngarantie entsteht, wenn der Arbeitnehmer wegen geringen Bedarfs nicht genügend Arbeit erhält oder der Arbeitsablauf durch andere Ereignisse gestört wird, nicht jedoch bei einem Arbeitskampf.

507 Noch bis vor wenigen Jahren wurde aus dem *common law* gefolgert, daß der Arbeitnehmer bei Krankheit einen Anspruch auf Vergütung hat[33], solange die Krankheit nicht dauerhaft ist und den Vertrag beendet. Denn der Arbeitnehmer schuldet nicht seine Arbeit. Voraussetzung für den Lohnanspruch ist nur, daß er zur Arbeit bereit und willens ist[34]. Im Jahre 1982 entschied der *Court of Appeal*[35] jedoch, daß es keine allgemeingültige Vermutung zugunsten eines solchen Anspruches gibt. Mangels einer ausdrücklichen Vereinbarung muß ein Gericht alle Umstände in Erwägung ziehen, bevor ein Anspruch auf Lohnfortzahlung bei Krankheit in den Vertragstext impliziert werden kann. Auch wenn ein Anspruch auf Lohnfortzahlung bei Krankheit weder ausdrücklich vereinbart worden ist noch mittels eines *implied term* zum Vertragsbestandteil gemacht werden kann, haben seit 1983 alle Arbeitnehmer einen gesetzlichen Anspruch gegen den Arbeitgeber auf Zahlung eines staatlichen Krankengeldes *statutory sick pay*, das innerhalb eines Zeitraumes von insgesamt drei Jahren auf 28 Wochen beschränkt ist[36].

---

31 Vgl. Employment of Women and Young Persons and Children Act 1920; Children and Young Persons Act 1933; Factories Act 1961 und Employment Act 1989.
32 Sections 12 bis 18 Employment Protection (Consolidation) Act 1978.
33 Nur in extremen Fällen führt Krankheit zur automatischen Vertragsbeendigung doctrine of frustration. Vgl. Pussard v. Spiers & Pond [1876] 1 Q.B.D. 410; vgl. auch Williams v. Watsons Luxury Coaches Ltd [1990] I.C.R. 536; vgl. oben Rdnr. 150.
34 Vgl. Morrison v. Bell [1939] 2 K.B. 187.
35 Vgl. Mears v. Safecar Security Ltd. [1982] 2 All E.R. 865 (CA).
36 Vgl. Social Security Contributions and Benefits Act 1992, Social Security Administration Act 1992 und die Statutory Sick Pay (General) Regulations 1982.

Der Anspruch auf gesetzliches Krankengeld besteht ab dem dritten Krankheitstag und beträgt beim niedrigsten Satz £ 46.95 und beim höchsten £ 52.50 pro Woche, maximal £ 1470.00 für eine 28wöchige Periode. Der Arbeitgeber kann 80% des Krankengeldes durch Abzug von seinem Beitrag zur staatlichen Sozialversicherung *national insurance contributions* für den Arbeitnehmer anrechnen lassen. Außerdem kann er das vertraglich vereinbarte Krankengeld gegen das gesetzliche Krankengeld verrechnen. Wird der Arbeitnehmer wegen Gefahr für seine Gesundheit von der Arbeit suspendiert, ohne arbeitsunfähig zu sein, gibt ihm der *Employment Protection (Consolidation) Act 1978* nunmehr Anspruch auf Lohnfortzahlung bis zu maximal 26 Wochen[37]. **508**

Der *Employment Protection Act 1975* hat erstmals den gesetzlichen Mutterschutz in England eingeführt. Gemäß *section 60 Employment Protection (Consolidation) Act 1978* ist die Kündigung einer weiblichen Arbeitnehmerin aufgrund einer Schwangerschaft oder wegen damit verbundener Gründe automatisch unzulässig *unfair dismissal*, wenn die weibliche Arbeitnehmerin die Mindestbeschäftigungszeit von zwei Jahren erfüllt hat. Wichtige Änderungen des gesetzlichen Mutterschutzes werden im *Trade Union Reform and Employment Rights Act 1993* vorgesehen: Unter anderem neue Rechte während des Mutterschaftsurlaubes und Abschaffung der Mindestbeschäftigungszeit von zwei Jahren als Voraussetzung für eine Kündigungsschutzklage[38]. Weibliche Arbeitnehmer haben heute nach dem *Social Security Contributions and Benefits Act 1992* einen gesetzlichen Anspruch gegenüber dem Arbeitgeber auf bezahlten Mutterschaftsurlaub *(statutory maternity pay)* bis maximal 18 Wochen in Höhe von mindestens £ 47.95 pro Woche bis maximal 9/10 ihres normalen Wochenlohns, wenn sie mindestens 26 Wochen vor Beginn der vierzehnten Woche vor der voraussichtlichen Entbindung ununterbrochen beschäftigt *continuously employed* waren. Der Arbeitgeber kann sich das Mutterschaftsgeld über seinen Beitrag zur Sozialversicherung *national insurance contribution* anrechnen lassen[39]. Eine Arbeitnehmerin hat nach dem *Employment Protection (Consolidation) Act 1978* auch einen Rechtsanspruch darauf, von der Arbeit freigestellt zu werden, um Schwangerschaftskliniken zu besuchen[40], sowie innerhalb von 29 Wochen nach Geburt des Kindes ein Recht, unter Einhaltung bestimmter Bedingungen auf Rückkehr zu ihrem alten oder einem anderen, nicht minderwertigen Arbeitsplatz. Hauptvoraussetzung für den Anspruch auf Rückkehr ist, daß die Arbeitnehmerin nicht weniger als zwei Jahre ununterbrochen bei dem Arbeitgeber beschäftigt war[41]. **509**

---

[37] Vgl. sections 19–22 Employment Protection (Consolidation) Act 1978.
[38] Sections 23 und 25 Trade Union Reform and Employment Rights Act 1993 werden voraussichtlich im Oktober 1994 in Kraft treten.
[39] Section 167 Social Security Contributions and Benefits Act 1992.
[40] Section 31A Employment Protection (Consolidation) Act 1978.
[41] Sections 31A(1), 45(1) und 153(1) Employment Protection (Consolidation) Act 1978.

V. Arbeitsrecht

510 Der *Employment Protection (Consolidation) Act 1978* gibt allen Arbeitnehmern in bestimmten Fällen das Recht, von der Arbeit freigestellt zu werden[42]. Dieses Recht haben Gewerkschaftsfunktionäre und Mitglieder für ihre innerbetriebliche und gewerkschaftliche Betätigung und zur Fortbildung, mangels Bedarf entlassene Arbeitnehmer *redundant employees*, um sich einen neuen Arbeitsplatz zu suchen, sowie Arbeitnehmer zur Ausübung bestimmter öffentlicher Ämter.

511 Einen wichtigen Beitrag zum Schutze der Arbeitnehmer enthält die europäische Richtlinie über die Wahrung von Ansprüchen der Arbeitnehmer beim Übergang von Unternehmen, Betrieben oder Betriebsteilen *Acquired Rights Directive* von 1977. Diese Richtlinie wurde ins englische Recht umgesetzt durch die *Transfer of Undertakings (Protection of Employment) Regulations 1981*[43]. Im Falle der Übertragung eines Unternehmens, Betriebes oder Betriebsanteiles gehen die Rechte und Pflichten des Veräußerers aus dem Arbeitsvertrag oder dem Arbeitsverhältnis ab dem Zeitpunkt der Übertragung auf den Erwerber über; Arbeitnehmer des Veräußerers werden automatisch als vom Erwerber zu den gleichen Konditionen angestellt betrachtet, wenn die Arbeitnehmer zustimmen[44]. Vom Veräußerer ausgehandelte Kollektivverträge gelten auch für den Erwerber. Die *Regulations* bewirken aber keine automatische Übertragung von Rechten auf Leistungen bei Alter oder Invalidität aus privaten betrieblichen Altersversorgungen. Keine Anwendung finden die *Transfer Regulations* bei einem Erwerb durch die Übertragung von Aktien *share deal*[45].

512 Das englische Richterrecht verbietet nicht die Benachteiligung bestimmter Gruppen von Arbeitnehmern. Deshalb hat der Gesetzgeber Diskriminierungsverbote erlassen, die teilweise auf allen Rechtsgebieten gültig sind, im Arbeitsrecht jedoch besondere Bedeutung haben. Der *Race Relations Act 1976* verbietet die Benachteiligung von Arbeitnehmern wegen ihrer Hautfarbe, Rasse sowie wegen ihrer ethnischen oder nationalen Herkunft. Der *Equal Pay Act 1970* und die *Sex Discrimination Acts 1975 und 1986* untersagen, einen Arbeitnehmer wegen seines Geschlechts oder wegen seines Status als verheiratete Person schlechter zu stellen. Die *Sex Discrimination Acts* beziehen sich auch auf Stellenangebote. Nur in sehr engen kasuistisch aufgezählten Grenzen können unterschiedliche Arbeitsbedingungen für Frauen und Männer gerechtfertigt sein[46].

---

[42] Sections 29, 31, 31(A)(1) des Employment Protection (Consolidation) Act 1978; Sections 168, 170 und 178 Trade Union and Labour Relations (Consolidation) Act 1992.
[43] Abgeändert durch die Transfer of Undertakings (Protection of Employment Amendment) Regulations 1987 und den Trade Union Reform and Employment Rights Act 1993. Das deutsche Pendant ist § 613a BGB.
[44] Vgl. Katsikas v. Konstantinidis [1993] I.R.L.R. 179; vgl. auch Section 33 (4) Trade Union Reform and Employment Rights Act 1993.
[45] Vgl. Initial Supplies Limited v. McCall (1992) S.L.T. 67.
[46] Section 7 Sex Discrimination Act 1975.

Regelungen über die Altersversorgung wurden vom *Sex Discrimination Act* nicht aufgestellt[47]. Allerdings sind sie Gegenstand der EG-Richtlinie (86/378) zur Verwirklichung der Gleichbehandlung von Männern und Frauen in der betrieblichen Altersversorgung. Diese Richtlinie hätte vom *Social Security Act 1989* ins englische Recht umgesetzt werden sollen. Wegen der Entscheidung in *Barber v. Guardian Royal Exchange Assurance Group*[48], die sich mit der Gleichbehandlung von Männern und Frauen bei der Altersversorgung gemäß Art. 119 EWGV befaßte, ist die Umsetzung jedoch verschoben worden. 513

In Großbritannien war die Mitgliedschaft in einer Gewerkschaft häufig mit dem Recht auf Erwerb oder Beibehaltung eines Arbeitsplatzes verbunden, *closed shop*[49]. Der *Trade Union and Labour Relations Act 1974*[50] definierte ein *closed shop* oder *union membership agreement* als eine Vereinbarung zwischen unabhängigen Gewerkschaften und einem oder mehreren Arbeitgebern, die bewirkt, daß Arbeitsverträge bestimmter Arbeitnehmergruppen die Bedingung zu enthalten haben, daß die Arbeitnehmer Mitglieder unabhängiger Gewerkschaften sind oder werden müssen. Diese Vereinbarungen wurden bereits seit 1924 als wirksam behandelt[51] und waren bis in neuerer Zeit weit verbreitet, insbesondere im Kohleberg- und Schiffsbau, in der Elektrizitätsversorgung und im Druckereiwesen. 514

Das heißumstrittene Thema *closed shop* war eine der ersten Zielscheiben der Reformbestrebungen der Thatcher Regierung im Bereich des kollektiven Arbeitsrechts. Schon durch die *Employment Acts 1980* und *1982* wurde das *closed shop*-Prinzip erheblich eingeschränkt. Nach dem *Employment Act 1988* war es nicht mehr möglich, Arbeitnehmern zu kündigen, um einen *closed shop* zu unterstützen. Eine Kündigung wegen eines verweigerten Eintritts in eine Gewerkschaft war unzulässig und galt automatisch als ungerechtfertigt *unfair dismissal*. 515

Nach dem *Employment Act 1990* ist es gesetzwidrig, einem Arbeitssuchenden einen Arbeitsplatz zu verweigern, weil er Mitglied oder Nichtmitglied einer Gewerkschaft ist *pre-entry closed shop*. Dem Betroffenen steht ein Anspruch auf Schadensersatz bis zu £ 11 000 zu. Arbeitgeber oder Gewerkschaften, die ein *closed shop* erzwingen, handeln also gesetzwidrig und machen sich strafbar. Die Bestimmungen bezüglich *closed shops* sind im *Trade Union and Labour Relations (Consolidation) Act 1992* konsolidiert worden. 516

Arbeitsvermittlung liegt in England nicht ausschließlich in staatlichen Händen. Wer Arbeitsverträge vermittelt, braucht allerdings eine Genehmigung 517

---

[47] Vgl. section 6 (4) Sex Discrimination Act 1975.
[48] [1990] I.C.R. 616.
[49] So McCarthy: The Closed Shop in Great Britain, London 1964, S. 2ff.; Royal Commission, a.a.O., S. 160ff.
[50] Vgl. section 30 (1) Trade Union and Labour Relations Act 1974.
[51] Vgl. Reynolds v. Shipping Federation Ltd. [1924] 1 Ch. 28, in Deutschland hingegen sind sie wegen Verstoßes gegen die guten Sitten nach § 138 BGB nichtig, vgl. schon RGZ 104, S. 327.

V. Arbeitsrecht

nach dem *Employment Agencies Act 1973*[52]. Die Behörde prüft im Genehmigungsverfahren, ob der Antragsteller sowie alle mit der Arbeitsvermittlung betrauten Personen geeignet sind.

518 Die gesetzliche Altersversorgung besteht aus einem Grundbetrag *state pension* und einem Zusatzbetrag *(State Earnings Related Pension = SERPS)*. Von dem letzteren können sich Arbeitgeber und/oder Arbeitnehmer befreien lassen durch *contracting out*, wenn der Arbeitgeber eine eigene betriebliche Altersversorgung *occupational pension scheme* hat. Bei den betrieblichen Altersversorgungen sind zu unterscheiden: Pensionspläne, die einseitig vom Arbeitgeber abgeschlossen und *pension funds*, die von Treuhändern verwaltet werden.

519 Die Beträge zur gesetzlichen Altersversorgung sind Teil des im *PAYE*-Verfahren vom Arbeitgeber abzuführenden *national insurance* Beitrages, der z. Zt. für den Arbeitgeber maximal 10,4% und für den Arbeitnehmer maximal 9% seines Bruttoarbeitsverdienstes beträgt.

III. Arbeitnehmerrechte bei Kündigung

520 Die Kündigungsfrist bestimmte sich – wenn der Arbeitsvertrag hierüber schwieg – nach Handelsbrauch[53]. Sie mußte angemessen *reasonable* sein und konnte – wenn nicht schriftlich vereinbart – erst nach der Kündigung festgesetzt werden. Mindestkündigungsfristen haben erst die *Contracts of Employment Acts 1963* und *1972* eingeführt; der *Employment Protection (Consolidation) Act 1978*[54] hat diese Fristen verlängert: Nach ununterbrochener vierwöchiger Beschäftigung ist für die ersten zwei Jahre einer Beschäftigung eine Frist von mindestens einer Woche nötig. Nach mehr als zweijähriger Beschäftigung gewährt jedes zusätzliche Beschäftigungsjahr eine weitere Woche Mindestkündigungsfrist bis maximal zwölf Wochen[55]. Die Mindestkündigungsfrist des Arbeitnehmers hingegen beträgt nur eine Woche.

521 Nach *common law* können beide Vertragsparteien das Arbeitsverhältnis aus wichtigem Grunde mit sofortiger Wirkung kündigen: Verletzt eine Partei ihre Vertragspflichten nachhaltig oder schwerwiegend, so liegt nach englischer Rechtsauffassung darin eine Zurückweisung des Vertrages *repudiation*, die die andere Partei annehmen und so den Vertrag beenden kann[56]. Liegt kein schwerer Vertragsverstoß vor, ist nach *common law* die fristlose Kündigung unberechtigt und löst ihrerseits Schadensersatzansprüche aus. Allerdings kann nach *common law* nur Schadensersatz verlangt werden, nicht aber Wiederein-

---

[52] Vgl. auch Conduct of Employment Agencies and Employment Business Regulations 1976.
[53] Vgl. Richardson v. Koefod [1969] 1 W.L.R. 181; vgl. auch Hill v. CA Parsons & Co. Ltd. [1972] Ch. 305.
[54] Vgl. section 49 (1) Employment Protection (Consolidation) Act 1978.
[55] Vgl. section 4 Employment Protection (Consolidation) Act 1978.
[56] Vgl. oben Rdnr. 161.

stellung[57]. Ein solcher Anspruch leitet sich aus dem *common law* Rechtsbehelf des *wrongful dismissal* ab, der vom gesetzlichen *unfair dismissal* zu unterscheiden ist. Die zuständigen Gerichte für eine Klage wegen *wrongful dismissal* sind entweder *County Courts* oder *High Courts* nicht aber die *Industrial Tribunals*. Klagen wegen *wrongful dismissal* sind selten, aber nicht unbekannt. Gegen eine *unfair dismissal* vorzugehen, ist grundsätzlich einfacher und billiger[58].

Erst der *Industrial Relations Act 1971* führte in England einen echten Kündigungsschutz ein[59]: Er schützt den Arbeitnehmer auch gegen vertragsmäßige – nicht nur gegen vertragswidrige – Kündigungen. Das englische Arbeitsrecht nennt die sozial ungerechtfertigte Kündigung *unfair dismissal*. Unter *dismissal* versteht das Gesetz nicht nur fristgemäße und fristlose Kündigung, sondern auch die Beendigung durch Zeitablauf bei befristeten Verträgen, ja auch eine Kündigung durch den Arbeitnehmer selbst, wenn das Verhalten des Arbeitgebers ihn hierzu zwingt oder berechtigt *constructive dismissal*.

522

Kündigungsschutz genießt, wer zwei Jahre ununterbrochen beschäftigt[60] war und noch nicht das betriebsübliche Ruhestandsalter erreicht hat[61]. Wer nach dem Arbeitsvertrag seine Arbeit gewöhnlich außerhalb Großbritanniens ausführt, fällt nicht unter den Schutz des Gesetzes. Abgesehen von sehr eingeschränkten Ausnahmen kann das Recht, nicht ungerechtfertigt gekündigt zu werden, nicht vertraglich ausgeschlossen werden. Eine Aufhebung des Schutzrechtes ist z.B. bei befristeten Verträgen mit einer Laufzeit von mehr als einem Jahr möglich, wenn dies vor Beendigung des Arbeitsverhältnisses von den Parteien schriftlich vereinbart worden ist[62]. Die Kündigung eines streikenden Arbeitnehmers ist grundsätzlich gerechtfertigt, es sei denn, andere mit ihm streikende Mitarbeiter werden anders behandelt bzw. werden nicht gekündigt oder nach der Kündigung wieder eingestellt.

523

Die Prüfung, ob eine Kündigung durch den Arbeitgeber gerechtfertigt ist, zerfällt in zwei Stufen. Zunächst muß der Arbeitgeber nachweisen, daß der Grund für die Entlassung entweder Unfähigkeit, das Verhalten des Arbeitnehmers, mangelnder Bedarf, gesetzliche oder sonstige Gründe waren. Gelingt ihm dies nicht, ist die Entlassung automatisch ungerechtfertigt. Ist der Nachweis dagegen erbracht, entscheidet das Gericht, ob der Arbeitgeber angemessen gehandelt hat, als er den Arbeitnehmer wegen dieser Gründe entließ[63]. Wichtig

524

---

57 Vgl. Denmark Productions Ltd. v. Boscobel Production Ltd. [1969] 1 Q.B. 699.
58 Die Verjährungsfrist bei wrongful dismissal beträgt 6 Jahre nach Vertragsbruch; bei unfair dismissal muß die Klage innerhalb von drei Monaten nach Kündigung eingereicht werden.
59 Jetzt: sections 54–65 Employment Protection (Consolidation) Act 1978.
60 Die 2-Jahresfrist gilt, unter anderem, nicht für Kündigungen aufgrund Mitgliedschaft in einer Gewerkschaft oder (ab Oktober 1994) aufgrund einer Schwangerschaft.
61 Gibt es kein betriebsübliches Ruhestandsalter (retirement age), erlischt der Anspruch bei Vollendung des 65. Lebensjahres.
62 Vgl. section 142 Employment Protection (Consolidation) Act 1978, abgeändert durch section 8(2) des Employment Act 1980.
63 Vgl. Polkey v. AE Dayton Services [1988] I.C.R. 142.

V. Arbeitsrecht

hierbei ist nicht nur der Kündigungsgrund an sich, sondern auch die Einhaltung einer angemessenen Verfahrensweise; in diesem Zusammenhang sind die in dem Verhaltenskodex von *ACAS* vorgeschriebenen Regelungen und Beschwerdewege von großer Bedeutung[64]. Der entlassene Arbeitnehmer kann verlangen, daß der Arbeitgeber ihm binnen 14 Tagen die Kündigungsgründe schriftlich mitteilt. Ein wichtiger Grund liegt etwa nicht vor, wenn ein hochbezahlter gegen einen weniger gut bezahlten Arbeitnehmer ausgetauscht werden soll[65]. Hingegen ist eine Kündigung grundsätzlich zulässig, wenn der Arbeitnehmer wegen Wegfall des Arbeitsplatzes überflüssig *redundant* wird[66], solange er bei der Auswahl der in Betracht kommenden Arbeitnehmer nicht benachteiligt wird und die Kündigung nicht aufgrund sonstiger unzulässiger Gründe, z.B. aus mutterschaftsbezogenen Gründen, erfolgt[67].

525 In jedem Falle ist die Kündigung automatisch ungerechtfertigt, wenn sie wegen der Mitgliedschaft oder Mitarbeit in einer unabhängigen Gewerkschaft erfolgt oder ausgesprochen wurde, weil der betreffende Arbeitnehmer kein Gewerkschaftsmitglied war, ist und dies auch nicht werden will[68].

526 Kann der unberechtigt entlassene Arbeitnehmer aufgrund *wrongful dismissal* nach *common law* grundsätzlich nur Schadensersatz verlangen, so kann bei ungerechtfertigter Kündigung *unfair dismissal*, Wiederbeschäftigung *re-engagement* oder Wiedereinstellung *reinstatement* angeordnet werden: Im ersten Fall bleibt die Kündigung in Kraft. Es wird ein neues Arbeitsverhältnis begründet. Im letzten Fall besteht das ursprüngliche Arbeitsverhältnis fort[69]. Wiederbeschäftigung und Wiedereinstellung kommen nach einer Kündigung aber selten vor; viel häufiger wird die Zahlung einer Entschädigung/Abfindung angeordnet.

527 Die Entschädigungssumme besteht aus zwei Bestandteilen[70]. Der Grundbetrag *basic award* richtet sich nach der Beschäftigungszeit: Er beträgt einen halben Wochenlohn für jedes Beschäftigungsjahr zwischen dem 18. und 21. Lebensjahr, einen Wochenlohn für jedes Beschäftigungsjahr zwischen dem 22. und 40. und eineinhalb Wochenlöhne für jedes Beschäftigungsjahr nach dem 41. Lebensjahr, jedoch nur bis zu einer Höchstgrenze von 20 Beschäftigungsjahren und einem Wochenlohn bis zu £ 205. Dieser Grundbetrag beläuft sich somit auf maximal £ 6150. Hinzukommt ein Ausgleichsbetrag *compensatory award*[71], den die *Industrial Tribunals* nach der Bedeutung des Arbeitsplatzverlustes und dem, was sie nach den Umständen für gerecht und billig halten, zusprechen. Der Höchstbetrag beläuft sich auf £ 11000.

---

64 Vgl. Acas Code of Practice No. 1; zu ACAS siehe unten Rdnr. 538.
65 Vgl. Price v. Gourlay Bros. [1973] I.R.L.R. 11.
66 Über redundancy vgl. unten Rdnr. 528.
67 Vgl. section 59 Employment Protection (Consolidation) Act 1978.
68 Vgl. section 152 Trade Union and Labour Relations (Consolidation) Act 1992.
69 Vgl. Morris v. Gestetner Ltd. [1973] I.C.R. 587.
70 Vgl. section 72 Employment Protection (Consolidation) Act 1978.
71 Vgl. sections 74 und 75 Employment Protection (Consolidation) Act 1978.

528 Werden Arbeitnehmer entlassen, weil ihre Arbeitsplätze weggefallen sind bzw. aufgrund *redundancy*, steht ihnen eine Abfindung für den Verlust von Vergünstigungen zu, auf die sie sonst kraft Betriebszugehörigkeit Anrechte hätten. Dieses *redundancy payment*, eingeführt durch den *Redundancy Payments Act 1965* und heute aus dem *Employment Protection (Consolidation) Act 1978* abgeleitet, hat im deutschen Arbeitsrecht keine direkte Entsprechung. Die Abfindung will den Verlust des Arbeitsplatzes ausgleichen, unabhängig davon, ob der entlassene Arbeitnehmer dadurch tatsächlich arbeitslos wird; die Abfindung ist eine Entschädigung für den Verlust der Sicherheit des alten und die Unsicherheit, einen neuen Arbeitsplatz mit ähnlicher Vergütung und Nebenverdiensten (z. B. betrieblichen Ruhegeldern) zu erhalten[72]. Jeder Arbeitnehmer, der mindestens 18 Jahre alt ist, und der zwei Jahre fortwährend beschäftigt war *continuously employed* und normalerweise nicht außerhalb Großbritanniens arbeitet, hat Anspruch auf diese Abfindung. Wer das branchenübliche Ruhestandsalter – oder wenn es dies nicht gibt, 65 Jahre – erreicht hat, ist hierzu nicht mehr berechtigt.

529 Der Anspruch entsteht nur bei einer Entlassung aufgrund *redundancy*, d.h. Entlassung, weil der Arbeitgeber das Unternehmen nicht mehr zu dem Zweck oder an dem Ort fortführt oder fortzuführen beabsichtigt, wofür oder wo er den Arbeitnehmer beschäftigte. Eine *redundancy* liegt auch vor, wenn im Unternehmen oder am Arbeitsplatz kein Bedarf nach der vom Arbeitnehmer ausgeführten Arbeit mehr besteht oder der Bedarf sich verringert hat oder dies zu erwarten ist. Entläßt ein Unternehmer Arbeitnehmer, weil er zu viele beschäftigt und diese wirtschaftlich nicht mehr tragen kann, so fällt dies nicht unter den Begriff der *redundancy*[73]. Auch bei nur vorübergehender Nichtbeschäftigung des Arbeitnehmers ohne Bezahlung *lay-off* oder bei Kurzarbeit während vier und mehr zusammenhängender Wochen oder während sechs innerhalb von dreizehn Wochen kann der Arbeitnehmer nach schriftlicher Kündigung *redundancy payment* beanspruchen.

530 Der Abfindungsanspruch wird verwirkt, wenn der Arbeitnehmer ein Angebot, spätestens binnen vier Wochen nach Beendigung des alten Arbeitsvertrages eine neue angemessene Beschäftigung bei dem bisherigen Arbeitgeber anzunehmen, aus unangemessenen Gründen ablehnt[74]. Der Anspruch auf *redundancy payment* muß in der Regel innerhalb von sechs Monaten nach der Entlassung geltend gemacht werden. Der Abfindungsanspruch richtet sich gegen den Arbeitgeber. Die Höhe der Abfindungssumme richtet sich nach der Beschäftigungszeit: Ein halber Wochenlohn für jedes Beschäftigungsjahr zwischen dem 18. und 21. Lebensjahr, ein Wochenlohn für jedes Beschäftigungsjahr zwischen dem 22. und 40. und eineinhalb Wochenlöhne für jedes Beschäf-

---

[72] Vgl. Wynes v. Southrepps Hall Broiler Farm Ltd. [1968] I.T.R. 407.
[73] Vgl. Hindle v. Percival Boats Ltd. [1969] 1 W.L.R. 174.
[74] Section 82 (3) Employment Protection (Consolidation) Act 1978.

V. Arbeitsrecht

tigungsjahr nach dem 41. Lebensjahr, jedoch nur bis zu einer Höchstgrenze von 20 Beschäftigungsjahren und einem Wochenlohn von bis zu £ 205. Der Höchstbetrag ist also auch hier £ 6150.

IV. Arbeitsgerichte

531 Deutschen Arbeitsgerichten entsprechen in etwa die englischen *Industrial Tribunals*. Sie entscheiden über Anträge, Klagen und Beschwerden nach den verschiedenen Arbeitsgesetzen, insbesondere bei ungerechtfertigter Kündigung, Diskriminierung, Mutterschaft, Gesundheit und Sicherheit am Arbeitsplatz sowie *redundancy*. Die Gerichte bestehen aus einem Vorsitzenden, der Volljurist ist, und zwei Laien als Beisitzer, die von den Arbeitgeberverbänden und den Gewerkschaften vorgeschlagen werden. Das Verfahren ist informell. Es gibt keinen Anwaltszwang. Gegen die Entscheidungen der *Industrial Tribunals*, die in der Regel am Ende der mündlichen Verhandlung bekanntgegeben werden, kann Berufung *appeal* zum *Employment Appeal Tribunal* eingelegt werden, allerdings beschränkt auf Fragen des materiellen Rechts *points of law*.

532 Weitere Rechtsmittelinstanzen in Arbeitssachen sind der *Court of Appeal* sowie der oberste Gerichtshof *House of Lords*. Entscheidungen dieser Gerichte sind für alle unteren Arbeitsgerichte verbindlich. Die Entscheidungen eines unteren Arbeitsgerichtes binden andere Arbeitsgerichte jedoch nicht. In EG-Rechtsfragen kann der Europäische Gerichtshof angerufen werden.

533 Wird der Entscheidung eines unteren Arbeitsgerichtes nicht Folge geleistet, so kann sie auf einen Antrag bei den normalen Zivilgerichten *County Courts* oder *High Court* zwangsweise durchgesetzt werden. Es steht im freien Ermessen der Arbeitsgerichte, ob sie den Verfahrensbeteiligten Kosten oder Auslagenerstattung gewähren. Auch im Verfahren in der Rechtsmittelinstanz müssen die Parteien grundsätzlich ihre Kosten selbst tragen.

§ 3
Kollektives Arbeitsrecht

I. Allgemeines

Auf dem Kontinent und in den USA werden Tarifverträge für ganze Industriezweige abgeschlossen. Tarifverträge *collective agreements*, die einen entsprechenden Geltungsbereich haben, sind — jedenfalls außerhalb der noch verbliebenen staatlichen Betriebe (z. B. im Bergbau) — in Großbritannien selten. Weitaus häufiger sind inoffizielle Vereinbarungen auf Betriebsstättenebene. Bei diesen betriebsbezogenen Vereinbarungen werden — im Gegensatz zu deutschen Kollektivverträgen — keine Mindest-, sondern in der Regel Standardbedingungen vereinbart. Auf dieser Ebene vertritt regelmäßig der *shopsteward*[75] die Arbeitnehmer. Dieser braucht nicht einer Gewerkschaft anzugehören und als Gewerkschaftsmitglied nicht die Interessen seiner Gewerkschaft zu vertreten.

534

Tarifvereinbarungen binden die Tarifparteien grundsätzlich nicht. Dies hat der *Trade Union and Labour Relations Act 1974* klargestellt: Tarifvereinbarungen erzeugen durchsetzbare Vertragspflichten nur, wenn sie schriftlich abgefaßt sind und eine Bestimmung enthalten, wonach sie rechtlich verbindlich sein sollen[76].

535

Der materielle Teil von *collective agreements* wird nicht kraft Gesetzes Inhalt der individuellen Arbeitsverträge, auch nicht für Mitglieder der am Abschluß beteiligten Gewerkschaften[77]; es ist eine Einbeziehung in den individuellen Arbeitsvertrag nötig. Außerdem ist die *doctrine of implied terms* so flexibel, daß Tarifvereinbarungen oftmals kraft mutmaßlichen Parteiwillens den Inhalt der individuellen Arbeitsverträge bestimmen[78]. Ist ein Tarifvertrag Teil eines individuellen Arbeitsvertrages, kann der Arbeitsvertrag nur mit Zustimmung des jeweiligen Arbeitnehmers geändert werden. Die Gewerkschaft handelt nicht als Vertreter des Arbeitnehmers. In keinem Falle können Tarifvereinbarungen zwingende Mindest- oder Standardbestimmungen aufstellen, die nicht durch Individualabreden in Arbeitsverträgen durchbrochen werden können. Enthält eine Tarifvereinbarung eine Verpflichtung, für einen Zeitraum auf Arbeitskämpfe zu verzichten, so wird dies nicht Bestandteil der Arbeitsverträge, wenn nicht die Vereinbarung schriftlich abgefaßt wurde und die Einbeziehung

536

---

75 Vgl. Royal Commission, a. a. O., S. 25 ff.
76 Vgl. section 23 (1) Employment Protection (Consolidation) Act 1978 und NCB v. NUM [1986] I.R.L.R. 439.
77 Vgl. Holland v. London Society of Compositors (1942) 40 T.L.R. 440; Edwards v. Skyways Ltd. [1964] 1 All E.R. 494.
78 Vgl. Sagar v. Ridehalgh [1931] 1 Ch. 310; vgl. oben Rdnr. 105 ff.

ausdrücklich sowohl im Tarifvertrag wie im individuellen Vertrag geregelt wird. Darüber hinaus muß der Tarifvertrag den einzelnen Arbeitnehmern am Arbeitsplatz zugänglich sein[79].

537 Das englische System der freiwilligen Tarifvereinbarungen war bis vor einigen Jahren teilweise überlagert von staatlichen Institutionen mit unterschiedlichen Befugnissen. In Industriezweigen, in denen das freiwillige System der Tarifvereinbarungen nicht funktionierte oder solche Vereinbarungen nicht beachtet wurden, zum Beispiel in der Landwirtschaft, im Textil- und Restaurantgewerbe, übernahmen *Wages Councils* die Funktionen der Tarifvertragsparteien. Seit August 1993 wurden grundsätzlich alle *Wages Councils* abgeschafft[80]. Lediglich in der Landwirtschaft kann der *Agricultural Wages Board* für alle Bedingungen eines Arbeitsvertrages noch Mindestbestimmungen aufstellen. Diese werden *ipso iure* Inhalt der einzelnen Arbeitsverträge. Die einzelnen davon betroffenen Arbeitnehmer können diese Bestimmungen gegen Arbeitgeber durchsetzen. Arbeitgeber, die sich nicht an die Anordnungen halten, machen sich darüber hinaus strafbar. In Regierungskreisen wird jedoch auch erwogen, den *Agricultural Wages Board* abzuschaffen.

II. Beilegung von Streitigkeiten bei Kollektivverhandlungen

538 Seit 1896 gibt es in England ein Schiedssystem zur Beilegung von Arbeitskämpfen. Auch heute noch ist es grundsätzlich freiwillig: Ein Schiedsverfahren findet nur mit Zustimmung aller Betroffenen statt, Schiedssprüche sind nicht gerichtlich durchsetzbar und beschränken nicht die Arbeitskampfmittel. Schieds- und Schlichtungsstelle ist heute der *Advisory, Conciliation and Arbitration Service (ACAS)* in London, dessen Zusammensetzung und Aufgaben durch den *Trade Union and Labour Relations (Consolidation) Act 1992*[81] geregelt werden. *ACAS* wird durch einen Vorstand geleitet, der aus einem Vorsitzenden und neun Mitgliedern besteht; jeweils drei werden von Arbeitgeberverbänden und Gewerkschaften ernannt; drei sind unabhängig. *ACAS* selbst ist nicht an Weisungen der Regierung gebunden.

539 Allgemein hat *ACAS* die Arbeitsbeziehungen zu fördern. *ACAS* stellt Beratungs-, Schiedsgerichts- und Vermittlungsdienste zur Verfügung, um Streitigkeiten beizulegen. Insbesondere berät *ACAS* auf eigene Initiative oder Ersuchen der Parteien über die Struktur und Praxis von Tarifverhandlungen, die Anerkennung von Gewerkschaften, die Anwerbung von Arbeitskräften sowie die Berufsausbildung[82]. *ACAS* veröffentlicht Verhaltensrichtlinien und Berichte[83].

---

79 Vgl. section 180 Trade Union and Labour Relations (Consolidation) Act 1974.
80 Vgl. Wages Act 1986 und Trade Union Reform and Employment Rights Act 1993.
81 Abgeändert durch den Trade Union Reform and Employment Rights Act 1993.
82 Vgl. section 213 Trade Union and Labour Relations (Consolidation) Act 1992.
83 Vgl. Code of Practice Nos 1, 2 and 3.

540 Der Verweis auf das Schiedsgerichtsverfahren wird im Normalverfahren als letzter Ausweg gesehen, wenn andere Wege zur Beilegung einer Streitigkeit während der Kollektivverhandlungen nicht zum Erfolg geführt haben. Die Aufgabe des Schiedsrichters besteht darin, eine unabhängige Entscheidung zu treffen. Die Parteien erklären sich im Normalfall im voraus bereit, die Entscheidungen des Schiedsrichters umzusetzen, obwohl diese nicht rechtsverbindlich sind.

541 Eine weitere Schiedsstelle ist das *Central Arbitration Committee (CAC)*, wie *ACAS* durch den *Employment Protection Act 1975* begründet[84], allerdings heute nach mehreren Gesetzesänderungen mit weniger Aufgaben ausgestattet. *CAC* entscheidet mit einem Vorsitzenden sowie zwei weiteren Schiedsrichtern, die von den Arbeitgeberverbänden und den Gewerkschaften benannt werden. *CAC* ist in allen Angelegenheiten zuständig, die an sie von *ACAS* verwiesen werden, und ist damit eine echte Alternative zu *ACAS*, das im Regelfall mit nur einem Schiedsrichter entscheidet. In eigener Zuständigkeit entscheidet *CAC* (nur noch) über die Verpflichtung eines Arbeitgebers, auf Verlangen einer Gewerkschaft Informationen für Tarifverhandlungen offenzulegen[85].

III. Arbeitskampfmaßnahmen

542 Großbritannien kennt kein Streikrecht, nur eine Streikfreiheit. Der Grund hierfür liegt in der geschichtlichen Entwicklung des Arbeitsrechts. Zwischen 1891 und 1906 entwickelten die englische Gerichte zur Bekämpfung von Streikmaßnahmen deliktische Anspruchsgrundlagen bei wirtschaftlichen Schäden unter dem Sammelbegriff *economic torts*: Verleitung zum Vertragsbruch *inducement of breach of contract*, Beeinträchtigung vertraglicher Beziehung *interference with contractual relations*, zivilrechtliche Verschwörung *civil conspiracy* und Einschüchterung *intimidation*. Mit dem historischen *Trade Disputes Act 1906* erreichten die Gewerkschaften eine Befreiung vor ihrer deliktsrechtlichen Verantwortlichkeit. Die genauen Grenzen der Immunität haben sich seit 1906 im Laufe der Jahre je nach dem vorherrschenden politischen Zeitgeist geändert. Die gegenwärtigen Immunitätsregelungen gegen zivilrechtliche Verfolgung sind im *Trade Union and Labour Relations (Consolidation) Act 1992* enthalten[86].

543 Nach *section 219 Trade Union and Labour Relations (Consolidation) Act 1992* wird natürlichen Personen Immunität gegen deliktische Haftung gewährt, wenn die Handlungen im Hinblick oder zur Förderung einer betrieblichen Auseinandersetzung *trade dispute* erfolgt sind. Diesen Begriff definiert das

---

84 Vgl. section 259 Trade Union and Labour Relation (Consolidation) Act 1992.
85 Vgl. sections 181 und 183 Trade Union and Labour Relations (Consolidation) Act 1992.
86 Abgeändert durch den Trade Union Reform and Employment Rights Act 1993.

V. Arbeitsrecht

Gesetz als eine Streitigkeit zwischen Arbeitnehmern und deren Arbeitgebern, die sich ausschließlich oder überwiegend auf Arbeitsbedingungen bezieht: Beschäftigung eines oder mehrere Arbeitnehmer, Verteilung von Arbeit, Arbeitspflichten von Arbeitnehmern, Sanktionen, Mitgliedschaft in Gewerkschaften, Betätigung der Gewerkschaftsfunktionäre usw.[87]. Wird aus politischen Gründen gestreikt, fällt die Streitigkeit nicht unter die Definition eines *trade dispute*[88].

544 Gewerkschaften genießen heute keine volle Immunität mehr gegen deliktische Ansprüche. Eine Gewerkschaft haftet für deliktisches Verhalten, wenn es vom Vorstand, Präsidenten oder Generalsekretär der Gewerkschaft genehmigt war. Die gegenwärtige Immunität zugunsten der Gewerkschaften ist der für sonstige Personen ähnlich (im Hinblick oder zur Förderung eines *trade dispute*). Allerdings ist die Immunität für Gewerkschaften an eine weitere Voraussetzung geknüpft: Die Mehrheit der Arbeitnehmer muß der Arbeitskampfmaßnahme in geheimer und per Post vollzogener Abstimmung *secret postal ballot* zugestimmt haben[89].

545 Die Immunität nach *section 219 Trade Union and Labour Relations (Consolidation) Act 1992* erstreckt sich auf alle direkten Arbeitskampfmaßnahmen, also auch auf solche, die keinen Streik darstellen, wie z.B. Arbeit nach Vorschrift, Verweigerung von Überstunden, unmittelbare Maßnahmen, die sich gegen einen an der Streitigkeit nicht beteiligten Arbeitgeber richten (*secondary actions* sind, mit Ausnahme vom rechtmäßigen Streikposten, nicht mehr zulässig[90]).

546 Bei Streiks ist das Aufstellen von Streikposten *picketing* durch Arbeitnehmer und Gewerkschaftsfunktionäre üblich. Nach dem *Trade Union and Labour Relations (Consolidation) Act 1992*[91] ist dies nur dann rechtmäßig, wenn die Streikposten im Hinblick oder zur Förderung einer Arbeitsstreitigkeit aufgestellt wurden, um auf friedlichem Weg Informationen zu erhalten, mitzuteilen oder um andere Arbeitnehmer zu überreden, dem Arbeitsplatz fernzubleiben. Die Streikposten sind am oder in der Nähe des bestreikten Betriebes aufzustellen. Gewerkschaftsfunktionäre dürfen die von ihnen vertretenen Gewerkschaftsmitglieder begleiten. Eine Verhaltensrichtlinie über Streikposten *Code of Practice on Picketing*, die keine Gesetzeskraft hat, nennt weitere Einzelheiten. Sie sieht u.a. vor, daß maximal sechs Personen aufgestellt werden sollten.

547 Wenn Arbeitskampfmaßnahmen die oben beschriebenen gesetzlichen Voraussetzungen nicht erfüllen, können Arbeitgeber, Kunden, Lieferanten u.a., die dadurch zu Schaden gekommen sind, eine gerichtliche Verfügung auf Unter-

---

87 Vgl. section 244 Trade Union and Labour Relations (Consolidation) Act 1992.
88 Vgl. British Broadcasting Corporation v. Heason [1977] I.R.L.R. 273.
89 Vgl. sections 226, 227, 228, 229 Trade Union and Labour Relations (Consolidation) Act 1992.
90 Vgl. section 224 Trade Union and Labour Relations (Consolidation) Act 1992.
91 Vgl. section 220 Trade Union and Labour Relations (Consolidation) Act 1992.

lassung und ein Urteil auf Schadensersatz gegen den Verursacher erwirken. Nachdem grundsätzlich die Gewerkschaft für alle Handlungen ihrer Funktionäre (einschließlich *shop stewards*) oder Mitglieder verantwortlich ist, kann auf Schadensersatz aus dem Vermögen der Gewerkschaft geklagt werden. Schadensersatz ist der Höhe nach begrenzt[92]: Bei weniger als 5000 Mitgliedern auf £ 10 000; bei 5000 bis 24 999 Mitgliedern auf £ 50 000; bei 25 000 bis 99 999 Mitgliedern auf £ 125 000; bei 100 000 oder mehr Mitgliedern auf £ 250 000.

Die Gewerkschaft kann sich der Verantwortung nur entziehen, wenn die Arbeitskampfmaßnahmen von ihrem Vorstand, Präsidenten oder Generalsekretär nicht genehmigt waren und dies auch bekannt gemacht wurde. **548**

---

[92] Vgl. section 22 Trade Union and Labour Relations (Consolidation) Act 1992.

V. Arbeitsrecht

§ 4
Mitbestimmung der Arbeitnehmer

549 Großbritannien kennt bis heute keine gesetzliche Mitbestimmung im Betrieb so wie das Betriebsverfassungsgesetz (BetrVG) in Deutschland, welches die Mitbestimmung in personellen, sozialen und wirtschaftlichen Angelegenheiten in Deutschland seit 1952 regelt. Es kennt daher auch nicht die Einrichtung eines Betriebsrates, wie er im BetrVG vorgesehen ist.

550 Wenn es überhaupt eine betriebliche Mitbestimmung gibt, dann nur aufgrund von Vereinbarungen zwischen Geschäftsführung und Gewerkschaften oder deren Vertrauensleuten, den *shop stewards*, deren Funktion und Stellung gesetzlich nicht geregelt ist. Diese *works councils* oder *committees* bestehen in vielen Betrieben Großbritanniens sehr oft auch heute noch getrennt für Angestellte *(white collar workers)* und Arbeiter *(blue collar workers)*.

551 Großbritannien kennt auch bis heute keine gesetzliche Mitbestimmung im Unternehmen, so wie sie in Deutschland erstmalig mit dem Montan-Mitbestimmungsgesetz von 1951 geregelt und in der Folgezeit mit dem BetrVG, dem Mitbestimmungsergänzungsgesetz von 1956 und dem Mitbestimmungsgesetz von 1956 ausgebaut wurde.

552 Die unternehmerische Mitbestimmung war zwar viele Jahre lang ein wichtiges Thema der englischen Wirtschafts- und Sozialpolitik. Dies gilt insbesondere im Hinblick auf den Vorschlag der Europäischen Kommission für eine fünfte gesellschaftsrechtliche Richtlinie im Jahre 1972. 1975 leitete der *Labour*-Abgeordnete *Giles Radice* ein Gesetzgebungsverfahren über den Weg eines *private members bill* ein. Aber weder diese Vorlage noch eine Initiative der *Labour* Regierung 1974 bis 1979, die 1975 mit der Einsetzung eines Untersuchungsausschusses *(Bullock Committee)* begann und 1978 mit einer parlamentarischen Gesetzesvorlage *White Paper* fortgesetzt wurde, fanden einen Abschluß in einem Gesetz.

553 Nachdem sich die konservativen Regierungen seit 1979 gegen eine gesetzliche Mitbestimmungsregelung ausgesprochen haben und der Richtlinienvorschlag der Europäischen Kommission seit 1972 nicht wesentlich weitergekommen ist, ist heute noch nicht abzusehen, wann und ob die unternehmerische Mitbestimmung in Großbritannien eingeführt wird.

VI. Kapitel
Die Gesellschaften

§ 1
Allgemeines

I. Grundsätze

Unter das deutsche Wort Gesellschaft fallen sowohl Kapital- wie Personengesellschaften. Die englische Rechts- und Umgangssprache kennt keinen solchen umfassenden Begriff. Der englische Rechtsalltag versteht unter *companies* nur Kapital-, nicht auch Personengesellschaften, wie zum Beispiel *partnerships*. Ebensowenig umfaßt das englische Gesellschaftsrecht Kapital- und zugleich Personengesellschaftsrecht. Wer in Büchern über *company law* blättert, wird nichts über eine englische oHG oder KG finden. Und umgekehrt: Abhandlungen über *partnerships* beschränken sich auf Personengesellschaften[1]. 554

England kennt kein Sonderrecht für Kaufleute, das sich vom Zivilrecht abhebt. Folglich gibt es keine Handelsgesellschaften, die nur im kaufmännischen Bereich gebildet werden können. Zum Beispiel: Eine *partnership*, die häufig der deutschen oHG gleichgestellt wird, braucht nicht auf den Betrieb eines Handelsgewerbes ausgerichtet zu sein, wenn der Zusammenschluß nur um des Gewinnes willen erfolgt[2]. So ist die Sozietät englischer *Solicitors* eine *partnership*[3], die deutscher Rechtsanwälte hingegen Gesellschaft bürgerlichen Rechts, nicht aber oHG. 555

Wer in England einen Zusammenschluß um des Gewinnes willen bilden möchte, hat grundsätzlich zwei Möglichkeiten: Entweder er gründet eine *partnership* oder eine *company*[4]. 556

---

1 Über Company Law vgl. Gower's Principles of Modern Company Law, 5. Aufl. London 1992; Pennington, Company Law, 6. Aufl. London 1990; Boyle/Sykes, Gore-Brown On Companies, 44. Aufl. London 1986 mit Ergänzungslieferungen; Palmer's Company Law, 25 Aufl. London 1992, mit Ergänzungslieferungen; Tolley's Company Law, mit Ergänzungslieferungen; Behrens, Die Gesellschaft mit beschränkter Haftung im internationalen und ausländischen Recht, Berlin 1976, S. 730ff. Über Partnership vgl. Lindley & Banks on Partnership, 16. Aufl. London 1990; Drake, Law of Partnership, 3. Aufl. London 1983; Underhills Principles of the Law of Partnership, 12. Aufl. London 1986. Über Steuerrecht vgl. Butterworths UK Tax Guide 1993–94, 12. Aufl. London 1993.
2 Section 1 Partnership Act 1890.
3 Barristers können keine partnership bilden, sondern nur eine Bürogemeinschaft, Chambers genannt, eingehen. Denn für einen Barrister ist es standeswidrig, eine Honorarteilung zu vereinbaren. Über den Unterschied zwischen Solicitors und Barristers vgl. unten Rdnr. 1074ff.
4 Section 716 CA 1985.

VI. Die Gesellschaften

557 Das Recht der Personengesellschaften ist im *Partnership Act 1890* und dem *Limited Partnership Act 1907* geregelt. Der *Companies Act 1985 („CA 1985")* mit seinen 747 Artikeln und 25 Anhängen ist die bedeutendste Rechtsquelle für die Kapitalgesellschaften[5]. Dieses Gesetz wird ergänzt durch Part V des *Criminal Justice Act 1993* zur Bekämpfung von Insidergeschäften[6], den *Business Names Act 1985*, den *Companies Consolidation (Consequential Provisions) Act 1985* und schließlich den *Companies Act 1989*, der unter anderem die siebte und achte EG Richtlinie ins englische Recht umgesetzt hat. Zu erwähnen sind weitere Gesetze, die in das gegenwärtige *company law* hineingreifen und es vervollständigen: der *Financial Services Act 1986 („FSA 1986")*, der den Investitionsbereich reguliert, aber auch wichtige Vorschriften zum Schutze von Anlegern bei falschen oder irreführenden Prospektangaben über *companies* sowie Vorschriften für Unternehmensübernahmen enthält; der *Insolvency Act 1986*, der ausführlich Konkurs- und Zwangsabwicklungsverfahren regelt, und der *Company Directors Disqualification Act 1986*, der das Gericht ermächtigt, Personen, die als *directors* unzulässig sind, die Ausübung eines entsprechenden Amtes zu untersagen.

558 Obwohl inzwischen eine weitreichende Konsolidierung von Gesetzestexten des *company law* stattgefunden hat, kann jedoch nach wie vor nicht von einer Kodifikation im deutschen Sinne gesprochen werden[7]. Denn das Präzedenzfallsystem des *common law* bleibt weiterhin als wichtiger Grundpfeiler des englischen *company law* bestehen. Im Rechtsalltag bedeutet dies, daß der englische Jurist sich bei vielen wichtigen Fragestellungen auf Gerichtsentscheidungen berufen muß. So kann er Gesetzen nur wenig über die Rechtsstellung der Direktoren einer *company* entnehmen. Vergegenwärtigt man sich ihre Stellung als *agents and trustees*, so findet man im Stellvertretungs- und Billigkeitsrecht *agency and equity* reichhaltiges Material.

559 Das englische Gesetzesrecht der Kapitalgesellschaften hat über die geographischen Grenzen von England und Wales hinaus Bedeutung erlangt. Die *Companies Acts* aus den Jahren 1985 und 1989 gelten grundsätzlich auch in Schottland. In Nordirland gilt grundsätzlich das in England und Wales geltende *company law*, obwohl dies nicht aufgrund direkter Anwendung des Companies Act

---

5 Die ersten Companies Acts stammen aus der Mitte des vorigen Jahrhunderts. Obwohl zahllose Male geändert, ist der Companies Act aus dem Jahre 1862 grundlegend geblieben und bestimmt heute noch das moderne company law. Neufassungen der Companies Acts waren bis 1972 fast immer das Ergebnis eines Kommissionsberichts, so folgte das Gesetz von 1948 dem Cohen Report, das von 1967 dem Jenkins Report. Die jüngsten Neufassungen der letzten zwei Jahrzehnte sind vorwiegend auf Richtlinien der Europäischen Union zurückzuführen. Vgl. Gower a.a.O., S. 55 ff. Wichtigste Textsammlung der heutigen Companies Acts sowie anderer Gesetzestexte bezüglich company law ist Butterworths Company Law Handbook, 9. Aufl. London 1993.

6 Der Criminal Justice Act 1993 ist vom Parlament schon verabschiedet worden und wird voraussichtlich März 1994 in Kraft treten. Bis dahin gilt weiterhin der Companies Securities (Insider Dealing) Act 1985.

7 Vgl. oben Rdnr. 35.

Allgemeines § 1

1985[8] sondern über den Weg besonderer Verordnungen *Orders in Council*[9] geschieht. Auch in Irland (Eire) gelten englische Gesetze über Kapitalgesellschaften: Auch nach 1922, als Irland unabhängige Republik wurde, galt das alte englische Gesetz von 1908 weiter, zum Teil ergänzt durch den irischen *Companies Act 1959*. Die irischen *Companies Acts 1963–1990*, die heute gelten, folgen grundsätzlich den englischen *Companies Acts* und dem *Insolvency Act 1986*[10]. Aber nicht nur irisches Gesetzes- und Fallrecht lassen den englischen Ursprung erkennen. Auch wer Lehrbücher und Kommentare über irisches *company law* sucht, ist weitgehend auf englische Literatur angewiesen. Die englischen *Companies Acts* gelten nicht auf der Insel Man und auf den Kanalinseln, doch gibt es hier nahezu identische Gesetze. Im Einzugsbereich des *common law* folgte das *company law* vielfach dem englischen Vorbild (z. B. Kanada, Australien, Indien, Pakistan, Singapur und die anglophonen Staaten Afrikas, wie zum Beispiel Nigeria)[11].

Auch der englische *Partnership Act 1890* gilt in ursprünglicher oder abgewandelter Form in zahlreichen Ländern wie Australien, Indien, Israel, Jamaika, Kanada, Kenia, Neuseeland, Nigeria, Pakistan, Tansania, Uganda[12]. **560**

Neben dem Gesetzes- und Fallrecht sind die Richtlinien verschiedener Aufsichtsbehörden von großer Bedeutung. Zu nennen sind die Zulassungsvoraussetzungen für Aktien *shares* an der Londoner Börse *The International Stock Exchange of the United Kingdom and the Republic of Ireland, London Stock Exchange* genannt, und der *City Code on Takeovers and Mergers*, der Verhaltensrichtlinien bei Gesellschaftszusammenschlüssen aufstellt. **561**

Die Regeln der *London Stock Exchange* sind nicht mehr außerrechtliche Normen, sondern haben nach dem *FSA 1986* Gesetzeskraft. Sie sind in einer eigenen Publikation unter dem Titel „Die Notierungsbestimmungen", *The Listing Rules*, zusammengefaßt. Diese Veröffentlichung wird wegen der gelben Farbe ihres Einbandes „Yellow Book" genannt[13]. Sie regelt nicht nur die Zulassung von Wertpapieren zum Börsenhandel, sondern gewährleistet auch einen ordnungsmäßigen Börsenhandel. Die außerrechtlichen Vorschriften des Ausschusses für Übernahmen und Fusionen *The Panel on Takeovers and Mergers*, sind in den „Bestimmungen über wesentliche Aquisitionen", *The Substantial Acquisition Rules* und in dem Code der Londoner City für Übernahmen und **562**

---

8 Section 745 CA 1985 und section 213 Companies Act 1989.
9 Vgl. Companies (Northern Ireland) Order 1986 (SI 1986/1032), the Business Names (Northern Ireland) Order 1986 (SI 1986/1033), the Company Securities (Insider Dealing) (Northern Ireland) Order 1986 (SI 1986/1034) und die Companies Consolidation (Consequential Provisions) Order 1986 (SI 1986/1035); vgl. Halsbury's Laws of England, Vol. 7 (2) para. 2411 ff.; auch Insolvency (Northern Ireland) Order 1989 (SI 1989/2405).
10 Zu private limited companies im irischen Recht vgl. Conrad-Hassel, GmbHR 1992, 438 ff.
11 Triebel, RIW/AWD 1977, 681 ff.
12 Klein, AWD 1971, 503.
13 In der jüngsten Fassung vom 16. September 1993, die seit dem 1. Dezember 1993 in Kraft ist.

VI. Die Gesellschaften

Fusionen, *The City Code on Takeovers and Mergers,* umgangssprachlich das „Blue Book" getauft, veröffentlicht.

II. Gesellschaftsrecht im Wandel

563 Seit 1972 ist die Entwicklung des englischen Gesellschaftsrechts *company law* von einer immer stärker werdenden Flut europäischer Richtlinien maßgeblich geprägt worden[14], die seit Abschluß der Römischen Verträge im Rahmen der europäischen Harmonisierungsbestrebungen vom Europäischen Ministerrat erlassen worden sind. Im einzelnen hat die Europäische Kommission eine Vielzahl von Richtlinien zur Koordinierung der nationalen Gesellschaftsrechte in den Ländern der EU erarbeitet, wovon mindestens zwanzig schon ins geltende englische Recht umgesetzt worden sind. Die erste gesellschaftsrechtliche Richtlinie ist durch *section 9 European Communities Act 1972* in englisches Recht transformiert worden; die zweite Richtlinie zur Koordinierung des Gesellschaftsrechtes (Kapitalschutzrichtlinie) sowie die vierte Richtlinie (Bilanzrichtlinie) sind von den *Companies Acts 1980* und *1981* umgesetzt worden. Die dritte Richtlinie über Verschmelzungen und die sechste Richtlinie über die Spaltung von Aktiengesellschaften wurden durch die *Companies (Mergers and Divisions) Regulations 1987* ins nationale Recht übertragen. Die Umsetzung der siebten und achten Richtlinie – Konzernrechnungslegung einerseits und Zulassung der mit der Pflichtprüfung beauftragten Personen andererseits – war Gegenstand des *Companies Act 1989.* Die elfte Richtlinie (Offenlegung von Zweigniederlassungen) ist von den *Overseas Companies and Credit and Financial Institutions (Branch Disclosure) Regulations 1992 (SI 1992/3179),* die zwölfte Richtlinie (Einmanngesellschaften) von *The Companies (Single Member Private Limited Companies) Regulations 1992 (SI 1992/1669)* ins englische Recht umgesetzt worden[15].

564 Die fünfte Richtlinie (Strukturrichtlinie) und ein Entwurf der neunten Richtlinie (Angleichung des Konzernrechtes) liegen vor. Die fünfte Richtlinie verdient besondere Beachtung wegen des monistischen Systems des englischen Leitungsorgans *board of directors,* welches die Leitung und Kontrolle in einem Verwaltungsorgan vereint. Die Mitbestimmung der Arbeitnehmer durch paritätische Besetzung eines Aufsichtsrates in Großunternehmen ist seit Jahren von der konservativen Regierung abgelehnt worden. Das hat dazu geführt, daß die endgültige Fassung der fünften Richtlinie vorsieht, daß, obwohl Mitgliedstaaten dem Grunde nach das dualistische System einführen müssen, sie dennoch

---

14 Vgl. Gower, a.a.O., S. 55ff.
15 Siehe auch CA 1985 (Accounts of Small and Medium-Sized Enterprises in ECUs) Regulations 1992 (SI 1992/2452) und Partnerships and Unlimited Companies (Accounts) Regulations 1993 (SI 1993/1820) hinsichtlich der Richtlinie zur Änderung der vierten und der siebten Richtlinie. Vgl. auch Tolley's Company Law; para. 7001 ff. und Butterworths Company Law Handbook, a.a.O., S. 1951.

die Wahl zwischen dem dualistischen und dem monistischen System haben. In Großbritannien lehnt die konservative Regierung das dualistische Modell nach wie vor strikt ab. Die zehnte Richtlinie (Grenzüberschreitende Fusionen) liegt noch beim europäischen Parlament.

Der Vorschlag der Kommission zur Einführung einer eigenständigen Gesellschaftsform im gesamten EU-Bereich kann für die Entwicklung des Rechts der Kapitalgesellschaften richtungweisend sein: die *european company* oder *societas europaea (SE)*[16]. Diese neue Gesellschaftsform soll nach der ursprünglichen Grundidee teilweise durch materielles EU-Recht, teilweise durch das Recht des jeweiligen Mitgliedsstaates geschaffen und verwaltet werden. Die Mitgliedsstaaten konnten sich jedoch nicht auf einen Satz gemeinsamer Vorschriften einigen. Insbesondere die Mitbestimmungsregelungen blieben umstritten. Dies hat die Kommission veranlaßt, im Jahre 1989 neue Entwürfe vorzulegen. Die Mitbestimmungsfragen wurden in eine Richtlinie ausgelagert, ein Verfassungskonflikt damit möglicherweise vorprogrammiert. Die Anzahl der Einheitsregelungen wurde gegenüber dem ersten Entwurf erheblich reduziert; die nationalen Gesellschaftsrechte sollen also an Bedeutung gewinnen. Dies zeigt schon das Grunddilemma: Wo ist der Sinn einer *SE*, wenn die Mitgliedsstaaten bei der Ausgestaltung in wesentlichen Fragen freie Hand haben? Die überarbeiteten Entwürfe haben bisher nicht mehr als Diskussionen ausgelöst. Mit baldiger Einführung einer *societas europaea* ist jedoch nicht zu rechnen. 565

Auch in Großbritannien ist durch die *European Economic Interest Grouping (EEIG)* Europäische wirtschaftliche Interessenvereinigung (EWIV) eine neue Rechtsform für die Organisation grenzüberschreitender Zusammenarbeit geschaffen worden *(The European Economic Interest Grouping Regulations 1989 SI 1989/638* – in Ausführung der EG-Verordnung 2137/85). Das britische *Statutory Instrument* verleiht der EEIG eigene Rechtspersönlichkeit. Dies hat das deutsche Recht nicht getan. In § 1 des am 1.1.1989 in Kraft getretenen EWIV-Ausführungsgesetzes hat der deutsche Gesetzgeber bestimmt, daß die Vorschriften über die offene Handelsgesellschaft anzuwenden sind, soweit die EG-Verordnung keine Regelung enthält. 566

Die wichtigsten Änderungen des Gesellschaftsrechtes im Laufe der letzten 20 Jahre sind also auf maßgebenden Einfluß der EU zurückzuführen. Ob dies weiterhin der Fall bleiben wird, wird im wesentlichen davon abhängen, wie sich die Europäische Union weiterentwickeln wird, vor allen Dingen, ob die Ziele des Vertrages von Maastricht konsequent verwirklicht werden können[17]. 567

---

16 OJ 1991 C176/1 und Com (91) 174; vgl. auch DTI Consultation Document (January 1992).
17 Der Vertrag von Maastricht trat am 1. November 1993 in Kraft.

VI. Die Gesellschaften

III. Einteilung der Gesellschaften

568 Der deutsche Jurist findet in England weniger Gesellschaftsarten, insbesondere weniger Mischformen als zu Hause. So fehlt der Unterschied zwischen handelsrechtlichen Gesellschaften und solchen bürgerlichen Rechts. Die Rechtsform der *company* ist aber so flexibel und vorteilhaft, daß ein Bedürfnis nach weiteren Arten oder Mischformen nicht besteht.

569 Auch das englische Recht unterscheidet zwischen rechtsfähigen und nichtrechtsfähigen Gesellschaften. Der deutsche Jurist stellt hierbei die dogmatische Frage: Ist das Gebilde fähig, Träger von Rechten und Pflichten zu sein? Das englische Recht hingegen betont die praktischen Eigenschaften der Rechtspersönlichkeit[18]: *perpetual succession*, die fortwährende Existenz und rechtliche Unabhängigkeit von den Mitgliedern; *corporate seal*, das früher bei Verträgen nötige und heute nur noch übliche Gesellschaftssiegel[19]; ferner die Fähigkeit, Verträge abzuschließen, deliktisch verantwortlich zu sein, Eigentum an Grundstücken und beweglichen Sachen zu haben, zu klagen und verklagt zu werden.

570 Von alters her kann eine juristische Person in England nur durch staatlichen Akt entstehen, sei es durch Gesetz oder *Royal Charter* (Konzessionstheorie) oder aufgrund Gesetzes (System der Normativbestimmungen)[20]. Zwar gibt es einige wichtige Beispiele für die beiden ersten Entstehungsarten[21]. Von praktischer Bedeutung im Geschäftsleben ist heute jedoch nur noch die Verleihung der Rechtsfähigkeit nach dem *CA 1985* durch die Eintragung beim *Registrar of Companies* und die Ausstellung des *certificate of incorporation*[22]. Diese Gründungsbescheinigung ist die Geburtsurkunde der *company*. Das darin erwähnte Datum bestimmt den Zeitpunkt ihrer Rechtsfähigkeit.

571 Hingegen haben Personengesellschaften keine eigene Rechtspersönlichkeit. Dazu gehören *partnerships* und *limited partnerships*. Erstere entsprechen den deutschen offenen Handelsgesellschaften, letztere haben – wie Kommanditge-

---

18 Grant, The Law of Corporations, 1850, S. 6; Gower, a.a.O., S. 22; vgl. auch sections 13, 14 CA 1985.
19 Verträge, die nach englischem Recht under seal abgeschlossen werden müssen, insbesondere solche ohne Gegenleistung, Grundstücksübertragungen und dingliche Mieten leases mit einer Laufzeit von mehr als drei Jahren, müssen, um wirksam zu sein, entweder mit dem Gesellschaftssiegel versehen werden oder von einem director und dem secretary oder von zwei directors unterschrieben werden (section 36A CA 1985). Eine company braucht nicht länger ein Gesellschaftssiegel zu haben (section 36A (3) CA 1985).
20 Kid, Treatise on the Law of Corporations, 1753, S. 39f.; Grant, The Law of Corporations, 1850, S. 6; Kahn-Freund, International Academy of Comparative Law, Congress Uppsala 1966, Section III c.2.
21 So die Russian Company von 1555; die East Indian Company von 1600; die Bank of England von 1694; das Institute of Chartered Accountants in England und Wales, die Berufsorganisation der englischen Wirtschaftsprüfer, die deshalb „Chartered Accountants", abgekürzt „C.A." heißen; das Chartered Institute of Arbitrators, die Berufsorganisation der Schiedsrichter.
22 Section 13 CA 1985.

sellschaften — Komplementäre *general partners* und Kommanditisten *limited partners*. *Partnerships* haben in England nur geringe Bedeutung, *limited partnerships* kommen selten vor. Denn auch der kleine englische Geschäftsmann bevorzugt im allgemeinen die Rechtsform der *private limited company*. So waren 1992-93 in Großbritannien 948 900 *private companies* und 11 700 *public companies*[23] eingetragen, in der Bundesrepublik hingegen gab es Ende 1992 nur 549 659 Gesellschaften mit beschränkter Haftung und 3219 Aktiengesellschaften[24]. Der Grund für die größere Beliebtheit der *private limited company*: Sie bietet größere Vorteile als eine rechtsfähige deutsche Handelsgesellschaft. Eine *private limited company* braucht kein Mindestkapital zu haben. Ihre Gründung ist einfach; die Gründungskosten sind gering. Englisches Körperschaftssteuerrecht *corporation tax* benachteiligt die *company* nicht, denn das Anrechnungsverfahren *imputation system* vermeidet Doppelbesteuerung der *company* und ihrer Gesellschafter. Ein wichtiger Vorteil bei der Fremdfinanzierung ist: Eine *company* kann leichter Kredit aufnehmen, weil sie ihren Gläubigern *floating charges* als Sicherheit anbieten kann[25], die sich auf das gesamte gegenwärtige und zukünftige Vermögen oder Teile davon erstrecken können.

Der *CA 1985* unterscheidet — wie auch seine Vorgänger — drei Arten von *companies*:

a) *companies limited by shares*;
b) *companies limited by guarantee*;
c) *unlimited companies*[26].

Bei der *company limited by shares* ist die Haftung der Gesellschafter auf ihre Einlage beschränkt. Dies ist die praktisch allein bedeutsame Rechtsform einer *company*. Die nachfolgenden Ausführungen beschränken sich deshalb hierauf. Die Gesellschafter einer *company limited by guarantee* verpflichten sich, bei Auflösung *winding up* der *company* für die Gesellschaftsschulden in bestimmter Höhe zu haften[27]. Diese Rechtsform wählen Versicherungsvereine auf Gegenseitigkeit, Unternehmens-Unfallversicherungen, Sportvereine und Konzerne, die nicht des Gewinnes willen gegründet worden sind, aber auch professionelle Vereinigungen. *Unlimited companies*, deren Mitglieder für Gesellschaftsschulden voll haften, sind viel weniger bekannt. Allerdings werden sie unter bestimmten Voraussetzungen von den strengen Publikationserfordernissen des *CA 1985* befreit[28].

In England gibt es keine Mischformen. So ist die Kommanditgesellschaft auf Aktien unbekannt. Doch ist es theoretisch möglich, eine *company limited by*

---

23 Companies in 1992-93 (HMSO), Table A2.
24 Fachserie 2 des Statistischen Bundesamtes 1993.
25 Goode, Legal Problems of Credit and Security, 1993, S. 46 ff.
26 Section 1 (2) CA 1985.
27 Section 2 (4) CA 1985.
28 Section 254 CA 1985.

VI. Die Gesellschaften

shares zu gründen und für die Direktoren unbeschränkte Haftung vorzusehen[29]. Ebenso unbekannt ist die GmbH & Co. KG., eine Kommanditgesellschaft mit einer beschränkt haftenden juristischen Person als Komplementärin. Für Mischformen fehlt der Anreiz: die Rechtsform der *company* ist flexibel genug; Doppelbesteuerung braucht nicht umgangen zu werden (auch nicht bei Gewerbe- und Vermögensteuer, die es in Großbritannien nicht gibt).

574 Der Überblick über Gesellschaftsformen wäre unvollständig, wenn nicht *unincorporated voluntary associations* und *trusts* erwähnt würden. Erstere entsprechen unseren nichtrechtsfähigen Vereinen und erfreuen sich großer Beliebtheit. Nicht nur Clubs und örtliche Vereine, sondern auch Gewerkschaften und Arbeitgeberverbände haben diese Rechtsform[30]. Ein *trust* ist keine Gesellschaftsform, sondern ein Treuhandverhältnis, wohl die genialste Rechtsschöpfung der englischen Juristen. *Trusts* sind überall dort zu finden, wo Vermögen verwaltet wird, sowohl im persönlichen als auch im wirtschaftlichen Bereich[31]. Ein *trust* hat keine Rechtspersönlichkeit. Weil er ein Kind des englischen Billigkeitsrechts *equity* ist, ist die Frage schwierig, ob die durch *trust* geschaffenen Rechtsbeziehungen als persönliche oder dingliche Rechte zu qualifizieren sind.

IV. Insbesondere: public und private companies

575 Die wichtigste Unterteilung der *companies* ist die in *public companies* einerseits und *private companies* andererseits[32]. Die *Companies Acts 1985* und *1989* sind grundsätzlich auf beide anwendbar. Beide sind Typen einer einheitlichen Kapitalgesellschaftsform.

576 Bei Umsetzung der zweiten EG-Richtlinie zur Koordinierung des Gesellschaftsrechts führte der *Companies Act 1980* eine neue Legaldefinition von *private* und *public companies* ein. Alle Gesellschaften wurden als *private* eingestuft, es sei denn sie erfüllen die wesentlich strengeren Erfordernisse, die *public companies* auferlegt werden[33]. Der Hauptunterschied zwischen *private* und *public companies* besteht darin, daß das *memorandum* einer *public company* ein Mindestgrundkapital von £ 50000 festsetzen muß, wobei ein Viertel des Nennbetrages samt Agio sofort eingezahlt werden muß[34].

---

29 So ausdrücklich sections 306, 307 CA 1985.
30 Lloyd, Unincorporated Associations, London 1914.
31 Rechtsvergleichend siehe vor allem Maitland, Trust and Corporation, in: Collected Papers, 3. Band, Cambridge 1911, S. 321 ff.; Kötz, Trust und Treuhand, Göttingen 1963; vgl. im übrigen die gesamte Literatur zu equity.
32 Über das Recht der private companies vgl. vor allem Behrens, a.a.O., S. 730; ferner Lotter, Die englische GmbH, 1974.
33 Section 1 (3) CA 1985.
34 Sections 11, 101 (1), 117, 118 CA 1985.

Gemäß *section 1(3) CA 1985* ist eine *public company* eine *company limited by* **577**
shares (oder auch eine *company limited by guarantee* mit einem Gesellschaftskapital *share capital*), deren *memorandum* die Gesellschaft als *public company* bezeichnet und die darüber hinaus als *public company* eingetragen ist. Als *private company* gilt jede andere *company*, die nicht als *public* bezeichnet wird. Eine *private company* unterliegt nicht den Mindestgrundkapitalbestimmungen, darf aber ihre Aktien oder Schuldverschreibungen zur öffentlichen Zeichnung nicht anbieten[35].

Grundsätzlich unterliegen *private* wie *public companies* denselben Rechtsregeln. **578**
Doch ist der Gesetzgeber in jüngster Zeit mehr und mehr bestrebt, die *private company* zu deregulieren, sie von den äußerst langwierigen Erfordernissen der *Companies Acts* zu entbinden. Diese Deregulierung hat dazu geführt, daß die Unterschiede zwischen *private* und *public companies*, die bis 1980 nur gering waren, heute wesentlich bedeutender geworden sind. Diese Tendenz wird sich in Zukunft wahrscheinlich verstärken. So muß die *public company* mindestens zwei Mitglieder und zwei Direktoren haben, während sich eine *private company* mit einem Mitglied[36] und einem Direktor begnügen kann. Der alleinige Direktor einer *private company* darf allerdings nicht auch zugleich das Amt des Sekretärs *company secretary* innehaben. Ein Direktor einer *public company* darf nicht älter als 70 Jahre sein, wenn dies nicht entweder durch die Satzung *articles of association* oder durch ordentlichen Beschluß einer Hauptversammlung genehmigt wird.

Die *private company* kann ihre Geschäftstätigkeit sofort nach Ausstellung der **579**
Gründungsbescheinigung *certificate of incorporation* aufnehmen, nicht aber eine neu gegründete *public company*. Diese braucht eine Gewerbebescheinigung *trading certificate*, die der Gesellschaftsregistrator erst nach Vorlage einer eidesstattlichen Erklärung *statutory declaration* eines Direktors oder des Sekretärs ausstellt[37]. *Section 25 (1) CA 1985* schreibt vor, daß die Firma einer *public company* den Zusatz „*public limited company*" oder „*plc*" führen muß. *Public companies* die ihren Gesellschaftssitz *registered office* in Wales haben, dürfen unter dem walisischen „*cwmni cyfyngedig cyhoeddus*" (abgekürzt „*c.c.c.*") firmieren. Eine *private company limited by shares* muß den Zusatz „*Limited*" oder „*Ltd.*" benutzen. In Wales ist wiederum für „*Limited*" die Anwendung der heimischen Form „*cwmni cyfyngedig*" (abgekürzt „*cyf*") zugelassen[38]. Im Gegensatz zu der bis 1980 geltenden Legaldefinition einer *private company*, schreibt der *CA 1985* keine Einschränkung der Übertragbarkeit von Aktien bei *private companies* mehr vor. Nach wie vor ist es aber durchaus üblich, daß die Satzung *articles of association* einer *private company* solche Einschränkungen enthält. Aktien einer an der Londoner Börse *London Stock*

---

35 Sections 143 (3), 170 und 171 (3) FSA 1986.
36 The Companies (Single Member Private Limited Companies) Regulations 1992 SI 1992/1699.
37 Section 117 CA 1985.
38 Sections 25, 27 CA 1985.

VI. Die Gesellschaften

Exchange notierten *public company* dagegen müssen frei übertragbar sein. Unter bestimmten Voraussetzungen ist der Erwerb eigener Aktien bei *private* sowie auch bei *public companies* zulässig. Weist die Gesellschaft keine Gewinne aus, kann nur eine *private company* ihr Grundkapital dafür verwenden.

580 Grundsätzlich ist finanzielle Unterstützung *financial assistance* durch eine *company* bei der Zeichnung oder dem Kauf eigener Aktien oder von Anteilen an ihrer Muttergesellschaft verboten[39]. Eine *private company* kann allerdings unter bestimmten Voraussetzungen bei der Zeichnung oder dem Kauf eigener Aktien finanzielle Unterstützung leisten[40]. *Private* wie *public companies* unterliegen den gleichen Ausschüttungseinschränkungen: ob und inwieweit das Jahresergebnis an die Gesellschafter ausgeschüttet werden darf. Der ausschüttungsfähige Jahresüberschuß kann nur aus den kumulativen realisierten Gewinnen abzüglich der kumulativen realisierten Verluste bestehen. Eine *public company* darf außerdem, solange das Gesellschaftsvermögen den Betrag des Grundkapitals *called-up share capital* und der nicht ausschüttungsfähige Reserven *undistributable reserves* nicht übersteigt, keinen Gewinn ausschütten[41]. Bei *public companies*, nicht dagegen bei *private companies*, besteht eine Mitteilungspflicht gegenüber der Gesellschaft bei einem Erwerb oder Verkauf einer Beteiligung an stimmberechtigten Aktien von mehr als 3%; die Mitteilung muß schriftlich binnen zweier Tage erfolgen[42].

581 *Public companies* unterliegen weit strengeren Vorschriften als *private companies* hinsichtlich Inhalt, Aufbau und Offenlegung des Jahresabschlusses, der innerhalb von sieben Monaten ab Ende des Geschäftsjahres beim *Registrar of Companies* einzureichen ist. Bei *private companies* hingegen richten sich Inhalt und Form des Jahresabschlusses danach, ob eine kleine, mittlere oder große Gesellschaft vorliegt; alle *private companies* müssen den Jahresabschluß binnen zehn Monaten ab Ende des Geschäftsjahres einreichen.

582 *Private* wie *public companies* ist die Vergabe von Darlehen an Direktoren oder mit den Direktoren verbundenen Personen untersagt. Der Umfang dieses Verbotes geht bei *public companies* allerdings weiter als bei *private companies*[43]. Alle *public companies* unterliegen den Bestimmungen des *City Code on Takeovers and Mergers*, eine *private company* hingegen nur unter ganz besonderen Umständen.

583 Gemäß *section 43 CA 1985* kann eine *private company* durch Satzungsänderung und die Vorlage vorgeschriebener Unterlagen beim Registrator in eine

---

[39] Section 151 ff. CA 1985; vgl. auch Consultative Document des Department of Trade and Industry vom 18. Oktober 1993: „Company Law Review: Proposals for Reform of Sections 151-158 of The Companies Act 1985".
[40] Section 155 CA 1985.
[41] Sections 263, 264 CA 1985.
[42] Sections 198-212 CA 1985.
[43] Sections 330ff. CA 1985; insbesondere section 331 (6).

public company umgewandelt werden. Umgekehrt kann eine *public company* auch in eine *private company* umgewandelt werden[44].

Häufig wird *public company* mit Aktiengesellschaft und *private company* mit Gesellschaft mit beschränkter Haftung übersetzt. Dies schließt die Gleichstellung der beiden englischen mit den deutschen Gesellschaftsformen ein. Ein solcher Vergleich ist in dieser Allgemeinheit falsch. Denn *private* und *public company* sind einander viel ähnlicher als AG und GmbH. 584

Obwohl *private* und *public companies* keine unterschiedlichen Gesellschaftsformen sind, sondern nur „Typen im Sinne von Abwandlungen ein und derselben Gesellschaftsform"[45], findet in jüngster Zeit eine materiellrechtliche Differenzierung als Anerkennung der Funktionstrennung beider Gesellschaften statt. Vor Inkrafttreten des *Companies Act 1980* wurde sogar terminologisch nicht zwischen *private* und *public* unterschieden − beide Arten von Gesellschaften führten unterschiedslos denselben Zusatz „*Limited*". Seit 1980 bemüht sich der Gesetzgeber vermehrt darum, das Gesellschaftsrecht auf die Bedürfnisse kleinerer und mittlerer Unternehmen abzustimmen. Der Versuch von 1981, dem funktionellen Unterschied zwischen *private* und *public company* Rechnung zu tragen, ist leider gescheitert[46]. Mit dem Inkrafttreten des *Companies Act 1989* wird aber die Sonderstellung der *private company* hervorgehoben: eine *private company* kann sich von bestimmten, allgemein geltenden Vorschriften der *Companies Acts* freizeichnen. Trotz solcher Schritte in Richtung auf eine neue Rechtsform unterliegen *private* wie *public companies* weiterhin grundsätzlich denselben Vorschriften: Die Anteile werden unterschiedslos *shares* genannt, die Halter solcher Anteile unterschiedslos *shareholders* oder *members*. 585

Funktional entsprechen sich aber *public company* und AG einerseits, *private company* und GmbH andererseits. Dies zeigt sich nicht nur beim offenen bzw. geschlossenen Gesellschafterkreis, sondern auch bei der Kapitalbeschaffung: *public company* und AG wenden sich häufig an die Öffentlichkeit, die Gesellschafter einer *private company* und GmbH hingegen bringen das Kapital privat auf. Kleinere und mittlere Unternehmen wählen in Deutschland die Rechtsform einer GmbH, in England die einer *private company*. Auch zahlenmäßig überwiegen *private companies* und GmbHs gegenüber *public companies* und Aktiengesellschaften: 1992−93 gab es in Großbritannien nur 11 700 *public*, hingegen 948 900 *private companies*; in Deutschland waren Ende 1992 3219 Aktiengesellschaften, hingegen 549 659 GmbHs eingetragen[47]. 586

Um Fehlassoziationen zu vermeiden, wird *company* im folgenden nicht übersetzt. Die wichtigsten Unterschiede zwischen *public* und *private company* werden gesondert hervorgehoben. 587

---

44 Sections 53, 54 CA 1985.
45 Behrens, a.a.O, S. 740 ff.
46 A New Form of Incorporation for Small Firms: A Consultative Document (1981 Cmnd 8171).
47 Vgl. oben Rdnr. 572.

VI. Die Gesellschaften

§ 2
Gründung der company

I. Gründung

588   Eine *company* erwirbt Rechtspersönlichkeit, d. h. wird zur juristischen Person, nicht durch Registrierung, sondern durch Ausstellung des *certificate of incorporation* und zwar mit Wirksamkeit ab dem im *certificate* erwähnten Datum[1]. Diese Gründungsbescheinigung stellt der Registrator, ein Beamter des Handels- und Wirtschaftsministeriums *Department of Trade and Industry*, das dem deutschen Wirtschaftsministerium vergleichbar ist, aus[2]. Die Gründungsbescheinigung einer *limited company* ist zwingender Beweis dafür, daß die *company* ordnungsgemäß gegründet wurde und eingetragen ist, und im Falle einer *public company*, daß sie als solche eingetragen ist[3]. Die Bescheinigung hat folgenden Wortlaut:

„Ich bescheinige hiermit, daß die ... Limited an diesem Tage gemäß dem *Companies Act 1985* gegründet wurde und daß ihre Haftung beschränkt ist."

589   Um diese Gründungsbescheinigung zu erhalten, müssen die Gründer *promoters* die *company* beim Registrator zur Eintragung anmelden. Sie müssen dem Registrator eine Gründungsgebühr von £50 zahlen und bestimmte Unterlagen vorlegen. Die wichtigsten sind: das *memorandum of association*, der Teil der Gesellschaftssatzung, der die Grundfragen und das Außenverhältnis der Gesellschaft regelt[4]; eine Liste der ersten Direktoren und des Sekretärs *company secretary*[5] und die Angabe des Gesellschaftssitzes[5]; eine eidesstattliche Erklärung *statutory declaration* des mit der Gründung beauftragten Rechtsanwalts oder eines in der oben erwähnten Liste genannten Direktors oder Sekretärs, daß die Gründungsvoraussetzungen erfüllt sind[6]; *articles of association*, d. h. der Teil der Gesellschaftssatzung, der das Innenverhältnis der *company* regelt. Werden die *articles of association* nicht vorgelegt, gilt *ipso iure* die in einer vom *Secretary of State* erlassenen Verordnung abgedruckte Mustersatzung: Bei einer *private company limited* by shares sowie bei einer *public com-*

---

1 Section 13 (3) CA 1985.
2 Seine Adresse ist Companies House, Crown Way, Maindy, Cardiff, CF4 3UZ mit Zweigniederlassung in London, 55–71 City Road, London EC1 IYBB; für Schottland ist dies Companies House, Exchequer Chambers, 102 George Street, Edinburgh, EH2 3DJ.
3 Section 13 (7) CA 1985.
4 Section 10 CA 1985.
5 Section 10 (2), (6) CA 1985.
6 Section 12 CA 1985.

pany ist dies die Mustersatzung in Table A[7]. Die einzelnen Bestimmungen von Table A gelten ferner *ipso iure* insoweit, als nichts anderes vereinbart wurde. Deswegen ist es übliche Praxis, Table A *expressis verbis* völlig auszuschließen und maßgeschneiderte *articles of association* zu entwerfen, auch wenn sie sich mit Table A in vielen Punkten überschneiden.

Der Registrator prüft gewöhnlich nur, ob die Gegenstandsklausel im *memorandum* rechtmäßig ist und die vorgelegten Urkunden den formellen Voraussetzungen genügen, also vollständig, unterschrieben und mit Datum versehen sind. Die Ausstellung der Gründungsbescheinigung einer Gesellschaft muß vom *Registrar of Companies* in der *London Gazette* bekanntgemacht werden. Die Prüfung erstreckt sich eher auf die formale Ordnungsmäßigkeit als auf die materielle Rechtmäßigkeit der Anmeldung. Das *memorandum* einer *public company* und – wo eingereicht – die *articles* müssen von mindestens zwei, die einer *private company* von mindestens einem Gründer oder seinem Vertreter unterschrieben werden; Adresse, Beruf und die Anzahl der gezeichneten Anteile sind anzugeben[8]. Ein Zeuge muß die Unterschriften unter dem *memorandum* beglaubigen. Notarielle Beurkundung oder Beglaubigung ist nicht vorgeschrieben. Der Registrator darf im Rahmen seiner Prüfung keine Beweise erheben[9]. 590

Bei einer *private company* braucht die Einzahlung auf das Nominal- oder schon gezeichnete Kapital nicht nachgewiesen zu werden, bevor sie ihre Geschäftstätigkeit ausübt. Eine *public company* hingegen darf ihre Geschäftstätigkeit nicht aufnehmen, bevor der Registrar eine Gewerbebescheinigung *trading certificate* über das erforderliche Mindestgrundkapital ausgestellt hat[10]. Damit soll gewährleistet werden, daß das Grundkapital einer *public company* auch tatsächlich aufgebracht wird. Eine Gewerbebescheinigung bekommt nur, wer beim Registrar eine eidesstattliche Erklärung *statutory declaration* eines Direktors oder des Sekretärs einreicht, die bestätigt, daß der Nennbetrag des gezeichneten Kapitals nicht weniger als £50 000 beträgt und daß mindestens ein Viertel des Aktiennennbetrages eingezahlt worden ist. Angegeben werden müssen auch die Gründungskosten *preliminary expenses* und Vergütungszusagen an Gründer oder Dritte[11]. Nach Ausstellung der Gewerbebescheinigung erfolgt die Bekanntmachung in der *London Gazette*. Bei unzulässiger Aufnahme ihrer Geschäftstätigkeit macht sich nicht nur die *public company* selbst 591

---

7 Vgl. Butterworths Company Law Handbook, Appendix 2 S. 1981 ff.: vgl. section 8 (4) CA 1985 und auch Tables B bis F, die verschiedene Mustersatzungen memoranda und articles of association für public and private companies limited by guarantee with and without share capital, unlimited companies with share capital and public companies, vorschlagen. Vgl. Butterworths Company Law Handbook, S. 1302. Vgl. auch Gaiman v National Association for Mental Health [1971] 1 Ch 317.
8 Sections 1, 2, 3, 7, 10, 14 CA 1985.
9 R. v. Registrar of Companies, ex parte Bowen [1914] 3 K.B. 1161; vgl. Pennington a. a. O., S. 27.
10 Sections 13 (4) und 117 CA 1985.
11 Vgl. section 117 (3) CA 1985.

VI. Die Gesellschaften

strafbar[12], sondern auch die verantwortlichen Direktoren. Das Kapital einer englischen Kapitalgesellschaft kann in einer anderen Währung als Pfund Sterling denominiert werden. Das Kapital muß nicht aus einem festen Gesamtbetrag bestehen, sondern kann sogar in mehreren Währungen ausgegeben werden. Vorteile liegen in der Begrenzung des Wechselkursrisikos und der Erleichterung des Erwerbs von Beteiligungen an international tätigen Unternehmen; außerdem kann es vorzugswürdig sein, einen Teil des Kapitals in „harter" Währung auszuweisen. Der *High Court* hat lediglich verlangt, daß bei einer *public company* der gesetzliche Mindestbetrag von £ 50 000 in englischen Pfund denominiert sein muß[13].

592 Wie auch im deutschen Recht sind Sacheinlagen anstatt Bareinlagen möglich. Allerdings muß bei Sacheinlagen einer *public company* ein Prüfungsbericht über den Wert der Sacheinlagen erstellt werden[13a]. Besteht die Sacheinlage in der Verpflichtung, einen Vermögensgegenstand auf die *public company* zu übertragen, so muß diese Verpflichtung binnen fünf Jahren nach Erteilung der Aktien erfüllt werden. Verpflichtungen zu Dienstleistungen gelten bei *public companies* nicht als Sacheinlagen und sind unzulässig. Die Registrierungskosten einer *private company* belaufen sich auf £ 50; die einer *public company* auf mindestens £ 12 500. Hinzu kommen Kosten für den Druck des *memorandum* und der *articles*, für die Anschaffung des Gesellschaftssiegels und der am satzungsmäßigen Sitz zu führenden Bücher und Register. Die bis 1988 übliche Kapitalsteuer *capital duty* in Höhe von 1 % des gezeichneten Kapitals wurde durch den *Finance Act 1988* abgeschafft[14].

593 Die Gründungsurkunde beweist unwiderleglich, daß alle Voraussetzungen für die Gründung der *company* erfüllt wurden[15]. Hat der Registrator einmal die Gründungsurkunde ausgestellt, kann die Existenz der *company* nur noch in seltenen Fällen in Frage gestellt werden. Daß das memorandum nicht den gesetzlichen Voraussetzungen entspricht[16], reicht hierfür nicht aus. Auch das in der Bescheinigung angegebene Gründungsdatum kann nicht widerlegt werden, selbst wenn es zweifellos falsch ist[17]. Allerdings heilt die Beweiskraft der Gründungsbescheinigung nicht eine Gesetzwidrigkeit der Gegenstandsklausel[18]. Erfolgreich angefochten wurde zum Beispiel die Eintragung einer *company* unter der Firma „Lindi St. Claire (Personal Services) Ltd.", deren Gegenstandsklausel die Prostitution als Hauptgegenstand hatte. Die Eintragung

---

12 Nach englischem Strafrecht ist eine persönliche Schuld nicht nötig; folglich kann sich auch eine juristische Person strafbar machen.
13 Re Scandinavian Bank Group plc. [1987] 2 All E.R. 70.
13a Sections 103 und 108 CA 1985.
14 Section 141 Finance Act 1988.
15 Section 13(7) CA 1985.
16 Per Lord Wrenbury in Cotman v. Brougham [1918] A.C. 514.
17 Jubilee Cotton Mills Ltd. v. Lewis [1924] A.C. 958.
18 Bowman v. Secular Society Ltd. [1917] A.C. 406, 439.

wurde auf Antrag des *Attorney General* als Verstoß gegen den *ordre public* für nichtig erklärt[19].

Die Beweiskraft der Gründungsbescheinigung soll — soweit wie möglich — das Vertrauen Dritter in die Existenz der *company* schützen. Sie verhindert unwirksame Gesellschaftsgründungen[20]. Dies mag ein Grund dafür sein, daß es eine Lehre von der faktischen oder fehlerhaften Gesellschaft im englischen Recht nicht gibt. 594

Jeder *company* wird eine eigene Eintragungsnummer zugeteilt[21], die bei schottischen *companies* mit dem Buchstaben „SC" beginnt. Die Gründung einer *company* dauert in der Regel drei bis vier Wochen. Seit März 1991 gibt es aber auch ein Schnellverfahren beim *Companies House*, das eine Gründung binnen 24 Stunden ermöglicht, was allerdings mit Zusatzkosten von ungefähr £ 200 verbunden ist. 595

Wer sich die Schwierigkeiten einer Neugründung ersparen möchte, kann die Möglichkeit einer landesüblichen Schubladengesellschaft *shelf company* in Anspruch nehmen. Solche *shelf companies* werden entweder von „Gesellschaftsgründern" *company formation agents* oder von *solicitors* gegründet, oft mit einem eingezahlten Kapital *paid-up capital* von nur £ 2. Diese Gesellschaften werden zugunsten potentieller Klienten vorgegründet und die Dokumente wortwörtlich bis auf Abruf in der Schublade behalten. Die Kosten einer *shelf company* betragen in der Regel £ 150 bis £ 200. Wegen des Mindestkapitals einer *public company* werden solche kaum in vorgegründeter Form angeboten, obwohl dies theoretisch möglich ist. 596

II. Probleme der Vorgesellschaft

Vor ihrer Gründung kann die *company* keine Verträge abschließen. Da ein Vertreter nichts tun kann, wozu der Vertretene nicht selbst fähig ist, binden namens der *company* vor ihrer Gründung geschlossene Verträge diese nicht[22]. Auch nach Gründung kann die *company* solche Verträge nicht ratifizieren[23], sie kann sie nach Erlangung der Rechtsfähigkeit nicht einmal genehmigen[24]. Denn nach englischem Stellvertretungsrecht muß der Vertretene bei Vertragsschluß existieren, will er den Vertrag später genehmigen. Drei Auswege bieten 597

---

19 R v. Registrar of Companies, ex parte H.M.'s Attorney-General [1991] B.C.L.C. 476; als noch „weniger wünschenswert" lehnte der Registrator andere vorgeschlagene Firmen wie „Hookers Ltd." und „Lindi St. Claire (French Lessons) Ltd." ab.
20 Vgl. Gower, a.a.O., S. 279.
21 Section 705 CA 1985.
22 Re English and Colonial Produce Co. Ltd. [1906] 2 Ch. 435.
23 Natal Land Co. Ltd. v. Pauline Syndicate Ltd. [1904] A.C. 120.
24 So der bekannte Fall Kelner v. Baxter (1866) L.R.2 C.P. 174.

VI. Die Gesellschaften

sich an, um die vor Gründung namens der *company* geschlossenen Geschäfte auf diese überzuleiten: Verträge werden mit der *company* nach Gründung neu geschlossen (Novation); sie werden vor Gründung aufgesetzt, aber erst danach unterzeichnet; der *company* wird ein Optionsrecht eingeräumt[25]. Von solchen vor Gründung abgeschlossenen Verträgen sind bei *public companies* Verträge nach Gründung, aber vor Erhalt der Gewerbebescheinigung zu unterscheiden. Letztere sind gültig. Sollte aber eine *public company* binnen 21 Tagen ihre Verpflichtungen zur Anmeldung gemäß *section 117 CA 1985* nicht erfüllen, so sind die Direktoren Dritten gegenüber gesamtschuldnerisch schadensersatzpflichtig[26]. Bei Verstoß gegen *section 117 CA 1985* machen sich eine *public company* und die verantwortlichen Direktoren strafbar[27].

598 Ob zwischen dem Dritten und dem namens der werdenden *company* Handelnden ein Vertrag zustande kommt, ist eine Frage der Vertragsauslegung. *Section 36C (1) CA 1985*, die Artikel 7 der ersten gesellschaftsrechtlichen Richtlinie ins englische Recht umsetzt, beseitigt den altbekannten, aber tendentiösen Unterschied zwischen den zwei widersprüchlichen Entscheidungen in *Kelner v Baxter*[28] und *Newborne v Sensolid (Great Britain) Ltd*[29]. Das Ergebnis der neuen *section 36C (1) CA 1985* ist: Der unmittelbar Handelnde ist persönlich verantwortlich. Damit ist aber noch immer zweifelhaft, ob der Handelnde selbst einen solchen Vertrag gegen den Dritten durchsetzen kann. Nach *common law* spricht die herrschende Meinung aber eher dafür[30]; eine gerichtliche Entscheidung, ob der Auslegung von *section 36C (1) CA 1985* etwas anderes zu entnehmen ist, steht noch aus[31].

599 Nach englischem Recht brauchen Gründer *promoters* der *company* nicht zugleich Gründungsgesellschafter zu sein. Nur wer die Satzung, genauer das *memorandum*, unterzeichnet, ist Gründungsgesellschafter *subscriber*. Jeder, der sich maßgeblich an der Gründung der *company* beteiligt, ist Gründer *promoter*. Allerdings fallen nicht Rechtsanwälte und andere Berater darunter, die nur die Gesellschaftssatzung ausarbeiten.

600 Das englische Billigkeitsrecht *equity* schenkt den Gründern besondere Beachtung. Gründer sind keine Vertreter der *company*, weil diese noch nicht existiert[32]. Sie stehen aber in einem besonderen Vertrauensverhältnis zur werdenden Gesellschaft. Dieses verpflichtet sie, alle im Zusammenhang mit der Gründung erzielten Gewinne offenzulegen, entweder den Direktoren, soweit diese

---

25 Hier können sich Schwierigkeiten wegen des Erfordernisses der consideration ergeben; vgl. oben Rdnr. 71 ff.
26 Section 117 (8) CA 1985.
27 Section 117 (7) CA 1985.
28 (1866) L.R.2 C.P. 174.
29 [1954] 1 Q.B. 45.
30 Vgl. Gower, a.a.O., S. 308.
31 Rover International Limited v Cannon Film Sales Ltd [1987] B.C.L.C. 540.
32 Kelner v. Baxter (1866) L.R.2 C.P. 174.

von ihnen unabhängig sind[33], oder gegenüber den künftigen Gesellschaftern im Prospekt[34]. Die *company* kann gegen einen *promoter*, der diese Pflicht zur Offenlegung verletzt, vorgehen: Sie kann Verträge anfechten und die Gegenleistung, im Falle eines Verkaufs an die *company* den Kaufpreis, zurückverlangen[35]; sie kann den nicht offenbarten Gewinn vom *promoter* herausverlangen[36]; sie kann ihn auch auf Schadensersatz wegen Verletzung der besonderen Vertrauenspflicht verklagen[37]. *Promoters* haben für ihre Dienste bei Gründung keinen Anspruch auf Vergütung gegen die *company*. Denn diese bestand ja rechtlich noch nicht. Nach Gründung kann sich die *company* nur durch förmlichen Vertrag *under seal* zur Vergütung verpflichten, da die Leistungen des *promoters* in der Vergangenheit liegen, also eine *past consideration* darstellen[38]. Die Mustersatzung zum Anhang des *Companies Act 1948* gab den Direktoren die Befugnis, die Auslagen der *promoters* zu ersetzen und sie für ihre Dienste zu vergüten. In dem heutigen Table A wird diese Befugnis allerdings nicht *expressis verbis* vorgeschrieben, vermutlich weil sie sich von selbst versteht.

Englisches Recht hat der Rechtsnatur der Vorgesellschaft wenig Beachtung geschenkt. Nach einer Gerichtsentscheidung hat sie weder den Charakter einer *company* noch den einer *partnership*. Dies hat zur Folge: Gründer sind für Handlungen oder Unterlassungen ihrer Mitgründer nicht verantwortlich[39]. **601**

---

33 Erlanger v. New Sombrero Phosphate Co. [1878] 3 App. Cas. 1218.
34 So in Gluckstein v. Barnes [1900] A.C. 240. (H.L.).
35 Erlanger v. New Sombrero Phosphate Co. [1878] 3 App. Cas. 1218.
36 Lagunas Nitrate Co. v. Lagunas Syndicate [1899] 2 Ch. 392; Salomon v. Salomon [1897] A.C. 22; Re Leeds and Hanley Theatre of Varieties Ltd. [1902] 2 Ch. 809; über Prospektzwang vgl. unten Rdnr. 665.
37 So in Re Leeds and Hanley Theatre of Varieties Ltd. [1902] 2 Ch. 809.
38 Vgl. oben Rdnr. 71 ff.
39 Keith Spicer Ltd. v Mansell [1970] 1 W.L.R. 333 (C.A.).

VI. Die Gesellschaften

§ 3
Satzung der company

I. Memorandum of association

1. Grundsatz

602 Eine *company* hat keine einheitliche Satzung, keinen einheitlichen Gesellschaftsvertrag. Ihre Verfassung besteht aus zwei selbständigen Urkunden: dem *memorandum of association* und den *articles of association*[1]. Das *memorandum* regelt vor allem das Außenverhältnis wie Firma, Sitz, Gegenstand der *company*, Haftungsbeschränkung, Höhe und Stückelung des Nominalkapitals. Eines der auffälligsten Merkmale des *memorandum* jeder englischen Gesellschaft ist die üblicherweise seitenlange Gegenstandsklausel über Rechtsfähigkeit und Befugnisse der *company*. Diese Besonderheit des englischen Gesellschaftsrechts ist auf die bis 1990 geltende Lehre der *ultra vires* zurückzuführen. Danach hatte eine *company* keine unbeschränkte Rechtsfähigkeit, ihr Umfang wurde durch den im *memorandum* niedergelegten Gegenstand bestimmt[2].

603 Die *articles* befassen sich mit dem Innenverhältnis der *company*. So wird in der Mustersatzung, die nach dem *CA 1985* von den *Companies (Tables A to F) Regulations 1985* (SI 1985/809) vorgeschlagen wird[3], folgendes geregelt: Auslegung, Fragen des Gesellschaftskapitals *share capital*, Gattungen von Aktien *classes of shares*, Stimmrechte *voting rights* und Bevollmächtigte *proxies*, Geschäftsordnung der Hauptversammlung *procedure of AGMs* und Sitzungen des Vorstands *board meetings*, Ernennung, Rechte und Pflichten der Direktoren und Sekretäre *appointment, rights and obligations of directors and secretary*, Gewinnverteilung *dividends* und Bestimmungen für Rücklagen *reserves*, Buchführung *accounting*, Abwicklung *dissolution*, Übertragbarkeit der Anteile *transfer of shares*, Kapitalerhöhungen und -herabsetzungen *increases and reductions of capital* etc. Die *articles* einer *public company*, deren Aktien an der Börse notiert sind, müssen von der Londoner Börse *London Stock Exchange* genehmigt werden.

---

[1] Die amerikanische Rechtsterminologie weicht zum Teil von der englischen ab: statt memorandum of association findet man certificate of incorporation oder articles of association oder charter, statt articles of association by-laws. Doch bestehen nicht nur verbale, sondern auch juristische Unterschiede zwischen den verschiedenen Begriffen.
[2] Vgl. das grundlegende Urteil Ashbury Railway Carriage and Iron Co. v. Riche (1875) L.R. 5 H.L. 653, 670; vgl. unten Rdnr. 618.
[3] Section 8 (4) CA 1985. Die genaue Version der Table A, die auf jede einzelne Gesellschaft anwendbar ist (wenn sie nicht ausgeschlossen wird), bestimmt sich nach dem im certificate of incorporation angegebenen Gründungsdatum.

Englisches Gesellschaftsrecht erklärt die sich aus der Satzung ergebenden **604** Rechte und Pflichten mit dem Vertragsdogma. Weder hat es den Begriff des Gesamtaktes entwickelt noch betont es die körperschaftliche Organisation der *company*. Mit Gründung erhalten *memorandum* und *articles of association* die bindende Wirkung eines Vertrages zwischen der *company* und jedem einzelnen Gesellschafter, den allerdings nur die einzelnen Gesellschafter zugleich untereinander abgeschlossen haben, nicht aber die *company*[4]. Vertragspartner ist der Gesellschafter als solcher, nicht zugleich in seiner Eigenschaft als Direktor oder Dritter. Allerdings kann der einzelne Gesellschafter diese — vertraglichen — Gesellschaftsrechte nicht selbst geltend machen, solange die einfache Mehrheit der Gesellschafter hierzu in der Lage ist[5].

Für das *memorandum of association* schreibt das Gesetz einen Mindestinhalt **605** vor, die sog. *compulsory clauses*[6]. Dazu gehören neben Gründungsklausel, Feststellungen über Firma, Sitz, Gegenstand, Haftungsbeschränkung, Höhe des Grundkapitals, die Nennbeträge der einzelnen Aktien und die Zahl der Aktien eines jeden Nennbetrages. Diese Klauseln und ihre rechtlichen Ausstrahlungen sollen nachfolgend dargestellt werden. Gesellschaftskapital wird gesondert behandelt.

Eine *company* kann ihr *memorandum* nur ändern, wenn dies das Gesetz ausdrücklich zuläßt[7]. Vor Inkrafttreten der *section 110 (2) Companies Act 1989* **606** konnte eine Gegenstandsklausel nur beschränkt geändert werden. Mit der Abschaffung der *ultra vires* Lehre[8], kann seit Februar 1991 eine Gegenstandsklausel mit qualifizierter Mehrheit uneingeschränkt verändert werden, abgesehen vom Domizil, das unter keinen Umständen angetastet werden darf. So kann eine *company* heutzutage entweder durch ordentlichen oder außerordentlichen Beschluß jede Klausel des *memorandum* ändern, es sei denn, daß im *memorandum* ausdrücklich bestimmt wird, daß Änderungen nicht zulässig sind. Hat das *memorandum* über den Mindestinhalt weitere Regelungen aufgenommen, die auch Bestandteil der *articles* hätten sein können, kann eine Änderung nur mit qualifizierter Mehrheit und vorheriger Ankündigung erfolgen[9]. Das *memorandum* selbst kann die Abänderlichkeit seiner Bestimmungen erschweren oder ausschließen. Sonderrechte der Gesellschafter, die im *memorandum* verbrieft sind, können grundsätzlich nicht abgeändert werden.

---

4 Section 14 CA 1985. Schuldet ein Gesellschafter der company, gilt diese Forderung als sog. specialty debt. Für eine specialty debt gilt eine besondere Verjährungsfrist von 12 Jahren. Im umgekehrten Verhältnis gilt dies nicht.
5 Sog. rule in Foss v. Harbottle, vgl. unten Rdnr. 689.
6 Section 2 CA 1985.
7 Section 2 (7) CA 1985.
8 Vgl. unten Rndr. 621.
9 Section 17 CA 1985.

VI. Die Gesellschaften

2. Firma

607 Das Recht der Firmen- und Geschäftsbezeichnungen wurde durch den *Companies Act 1981* geändert. Der Registrator ist demnach nicht mehr befugt, eine vorgeschlagene Firma abzulehnen, nur weil sie unerwünscht *undesirable* erscheint[10]. Grundsätzlich kann die company jede Firma wählen, also eine Sach-, Personen- oder Phantasiefirma, solange die gewählte Firma nicht einer schon im Register eingetragenen Firma gleich ist[11]. Der Registrator muß die Firmen aller eingetragenen *companies* in einem Register aufführen. Unzulässig ist eine Firma, die nach dem Ermessen des Registrators entweder einen Deliktstatbestand erfüllt oder verletzend wirkt. Firmen, die nach dem Ermessen des Registrators eine Verbindung zur Regierung oder zu einer Landesbehörde andeuten, bedürfen der Zustimmung des *Secretary of State*. Ohne Zustimmung der zuständigen Behörde sind ferner ungefähr neunzig Bezeichnungen unzulässig, die in *The Company and Business Names Regulations 1981 (SI 1981/1685)* aufgeführt sind[12]. Dieses Verbot betrifft zum Beispiel folgende Bezeichnungen: „British", „England", „English", „European", „Her Majesty", „His Majesty", „Institute", „International", „King", „Police", „Prince", „Princess", „Queen", „Royal" und „United Kingdom". Darüber hinaus hat der Registrator zwei *Practice Notes* über Firmen und Geschäftsbezeichnungen und spezielle Begriffe und Bezeichnungen veröffentlicht[13].

608 Eine *company limited by shares* muß eine Firma führen, die den Zusatz „*limited*" enthält oder bei einer *public company* den Zusatz „*public limited company*". Vor dem Inkrafttreten des *Companies Act 1981* war es durchaus üblich, die Zustimmung des Registrators für eine vorgesehene Firma im voraus schriftlich einzuholen. Diese Möglichkeit besteht nicht mehr, und der Gesellschaftsgründer oder sein Anwalt ist nun allein auf das Namensregister angewiesen. Deshalb empfiehlt es sich, die Ausstellung der Gründungsbescheinigung abzuwarten, bevor mit dem Druck der Firmenbriefköpfe, Quittungen usw. begonnen wird. Aber auch nach Ausstellung der Gründungsbescheinigung kann der *Secretary of State* binnen zwölf Monaten seit Gründung oder Änderung eines existierenden Namens die *company* auffordern, ihre Firma zu ändern, wenn diese der einer älteren *company* gleich oder zu ähnlich ist[14]. Worte, die als Warenzeichen aufgefaßt werden können, dürfen nur geführt werden, wenn sie sich direkt auf Waren beziehen, mit denen die *company* handelt[15].

---

10 Sections 25–34 CA 1985.
11 Section 26 (1) (c) CA 1985.
12 Vgl. Butterworths Company Law Handbook, a.a.O., S. 1279 ff.
13 Notes of Guidance on Choosing a Company Name and on Sensitive Words and Expressions and Change of Name, CHN's 2, 3 und 4.
14 Section 28 (2) CA 1985.
15 Auch wenn der Registrator nichts gegen eine vorgeschlagene Firma einzuwenden hat, kann ein bestehendes oder beantragtes Warenzeichen verletzt sein. Deshalb sollte vorsorglich der Trade Mark Index, Patent Office, 25 Southampton Buildings, Chancery Lane, London, WC2A 1AY eingesehen werden, vgl. unten Rdnr. 940.

Die Firmenkontrolle durch den Registrator vermeidet im Rechtsalltag viele Rechtsstreitigkeiten über die Führung einer bestimmten Firma, wenngleich diese dadurch nicht ausgeschlossen werden. Nach Deliktsrecht[16] besteht ein Unterlassungsanspruch, wenn eine *company* Geschäfte unter einer Firma so führt, daß die Öffentlichkeit annehmen muß, es seien Geschäfte eines anderen Unternehmens[17]. Statt einen solchen deliktischen Anspruch geltend zu machen, kann eine *company* den Registrator auffordern, eine andere *company* zur Firmenänderung zu zwingen, wenn die eigene Firma gleich oder zu ähnlich ist. Eine *company* kann ihre Firma durch außerordentlichen Beschluß *special resolution* ändern. Die Änderung wird erst mit Ausstellung einer abgeänderten Gründungsbescheinigung, *certificate of incorporation on change of name*, wirksam. Rechte und Verpflichtungen der umbenannten Firma bleiben unverändert. **609**

Eine *private company limited by shares* muß den Zusatz „limited" als letztes Wort ihrer Firma annehmen; eine *public company* muß den Zusatz „*public limited company*" führen[18]. Hat die *company* ihren Sitz in Wales, kann statt dessen das walisische Wort „*cyfyndegig*" bei einer *private company*, oder bei einer *public company* „*cwmni cyfyngedig cyhoeddus*", gewählt werden[19]. Nur eine *private company limited by guarantee*, die Handel, Kunst, Wissenschaft, Religion etc. fördert und Gewinne und Einkommen nur hierfür verwendet, Ausschüttung von Dividenden aber verbietet, braucht diesen Zusatz mit Genehmigung des *Secretary of State* nicht zu führen[20]. **610**

Eine *company* muß ihre Firma auffällig und leicht lesbar außerhalb der Geschäftsräume anbringen, ferner auf dem Siegel und allen Geschäftsbriefen, Mitteilungen, Rechnungen, Quittungen, Bestellungen, Wechseln, Schecks, Akkreditiven etc.[21]. Unterläßt sie dies, können die *company* und ihre Direktoren und Sekretäre mit einer Geldbuße belegt werden. Der *CA 1985* sieht eine noch schärfere – zivilrechtliche – Sanktion vor: Wer ein Gesellschaftssiegel ohne Firma benutzt oder für die *company* einen Wechsel, Scheck, Geldanweisung unterschreibt oder unterschreiben läßt, ohne dafür zu sorgen, daß die Firma *registered name* darauf korrekt und ausführlich erscheint, haftet persönlich. Diese Haftung ist freilich nur subsidiär: nur wenn die *company* nicht selbst zahlt[22]. **611**

Führt eine *company* eine Geschäftsbezeichnung, die sich von der eingetragenen Firma *corporate name* unterscheidet, findet der *Business Names Act 1985* **612**

---

16 Die deliktische Anspruchsgrundlage ist die sog. passing-off action, vgl. unten Rdnr. 976.
17 Vgl. Ewing v. Buttercup Margerine Co. Ltd. [1971] 2 Ch. 1; Aerators Ltd. v. Tollit [1902] 2 Ch. 319.
18 Section 13 (7) CA 1985.
19 Section 25 CA 1985.
20 Section 30 CA 1985.
21 Sections 348–350 CA 1985; vgl. auch Penrose v. Martyr (1858) 120 E.R. 595.
22 Section 349 (4) CA 1985.

VI. Die Gesellschaften

Anwendung. Nach dessen section 2 muß eine solche *company* ihre eingetragene Firma *registered name* für Geschäftsbriefe und schriftliche Zahlungsforderungen benutzen und sie auffällig und leicht lesbar außerhalb der Geschäftsräume anbringen. Bei Verletzung dieser und anderer Offenlegungspflichten kann gegen die verantwortlichen Direktoren eine Geldbuße verhängt werden. Zivilrechtlich kann die *company* unter ihrem *business name* abgeschlossene Verträge nur unter erschwerten Umständen gerichtlich durchsetzen, wenn versäumt wurde, die eingetragene Firma *registered name* auf Geschäftsbriefen und Zahlungsforderungen anzugeben[23].

613 Die Bezeichnung „Bank" darf nur von einem genehmigten Institut benutzt werden[24]. Anspruch auf den Namen *Building Society* Bausparkasse hat nur eine Gesellschaft, die als solche gemäß dem *Building Societies Act 1986* anerkannt wird[25].

3. Sitz

614 Im *memorandum* braucht nur das Domizil der *company* angegeben zu werden: ob die Gesellschaft ihren Sitz in England und Wales oder in Schottland hat[26]. Der *CA 1985* erlaubt es damals schon bestehenden *companies* mit Sitz in Wales und seitdem neugegründeten *companies*, diese Klausel abzuändern, um allein Wales als Gesellschaftssitz festzuschreiben. Ansonsten kann diese Bestimmung nicht abgeändert werden mit der Folge: Eine englische *company* kann ihren Sitz nie nach Schottland verlegen. Sie muß den Umweg über eine Neugründung nehmen.

615 Diesem Sitz kommt im englischen internationalen Privatrecht besondere Bedeutung zu: Während deutsches Recht für die Bestimmung des Statuts einer Gesellschaft auf den tatsächlichen Sitz der Hauptverwaltung abstellt, kommt es in England auf das Gründungsland an[27].

616 Vom Gesellschaftssitz zu unterscheiden ist der satzungsmäßige Sitz *registered office*: Vom Zeitpunkt ihrer Gründung muß die *company* dem Registrator ihre Anschrift und jede Änderung schriftlich mitteilen[28]. Dieses *registered office* ist aber nur Briefadresse: Die *company* braucht hier keine Geschäftstätigkeit auszuüben; nur offizielle Mitteilungen und Zustellungen müssen ihr hier zugehen können. Vielfach dient das Büro eines Rechtsanwalts oder Buchprüfers als *registered office*. Diese Anschrift wie auch Registrierungsnummer und -stelle müssen auf allen Geschäftsbriefen und Bestellungen der *company* angegeben werden[29]. An dem *registered office* müssen zahlreiche Dokumente aufbewahrt

---

23 Section 5 Business Names Act 1985.
24 Section 67 Banking Act 1987.
25 Section 107 Building Societies Act 1986.
26 Section 2 CA 1985;
27 Vgl. Gasque v. I.R.C. [1940] 2 K.B. 80; vgl. auch unten Rdnr. 1184ff.
28 Section 287 CA 1985.
29 Section 351 CA 1985.

und Verzeichnisse geführt werden, in die Gesellschafter, Gläubiger und Dritte Einsicht nehmen können[30].

Wieder anders ist das steuerrechtliche Konzept der *residence of corporation*. Seit 1988 gilt der allgemeine Grundsatz, daß eine ab dem 15. März 1988 im Vereinigten Königreich gegründete *company* auch im Vereinigten Königreich steuerlich *resident* ist[31]. Wird die zentrale Verwaltung und Kontrolle *central management and control* einer englischen oder ausländischen *company* im Vereinigten Königreich ausgeübt, ist sie auch im Vereinigten Königreich steuerlich resident[32]. Nur mit Zustimmung des Finanzministeriums *Treasury* kann eine im Vereinigten Königreich residente *company* ihre im Ausland residente Tochtergesellschaft zur Ausgabe von Aktien oder Schuldverschreibungen veranlassen. Innerhalb der EU hingegen bedürfen Kapitalbewegungen einer bloßen Berichterstattung[33]. 617

4. Gegenstand

Für den deutschen Juristen am auffälligsten sind die oft seitenlangen und ver- 618
klausulierten Bestimmungen über Gegenstand und Befugnisse der *company*. Warum so viele Worte für etwas, was doch in der Satzung einer Aktiengesellschaft oder im Gesellschaftsvertrag einer GmbH so knapp gesagt werden kann? Ein Grund hierfür ist die *ultra vires* Lehre: Nach englischer Rechtsauffassung hatte der Gesetzgeber eine *company* nur für bestimmte Zwecke geschaffen: Deshalb hatte eine *company* nur beschränkte Rechts- und Handelsfähigkeit: Sie hatte nur die Befugnisse, die zur Erfüllung dieser Zwecke nötig sind[34]. Dies führte zwingend zur Beschränkung der Vertretungsmacht der Organe der *company*, des *board of directors*. Wollte die *company* ein nicht vom *memorandum* gedecktes Geschäft abschließen, mußte sie zunächst das *memorandum* ändern. Fehlte zum Beispiel die Befugnis, Darlehen aufzunehmen, dann war ein Darlehensvertrag unwirksam, und die Direktoren waren der *company* gegenüber persönlich schadensersatzpflichtig. Sinn der Gegenstandsklausel war der Schutz Dritter: Wer Aktien einer *company* kaufen oder mit ihr Geschäfte abschließen will, sollte beim Registrator das *memorandum* einsehen und sich über die Zwecke und Befugnisse der *company* vergewissern können[35]. Die Länge und Kompliziertheit der Gegenstandsklausel machte diesen Zweck freilich zunichte.

---

30 Vgl. unten Rdnr. 742.
31 Section 66 Finance Act 1988, Sch 7.
32 De Beers Consolidated Mines Ltd v Howe [1906] A.C. 455; Unit Construction Co. Ltd. v. Bullock [1960] A.C. 351; vgl. auch Gore-Brown, a.a.O., para. 24.003 und Butterworths UK Tax Guide 1993–94, a.a.O., S. 907 vgl. weiter Inland Revenue Statement of Practice SP/6/93.
33 Section 765 A des Taxes Act 1988; vgl. auch Movements of Capital (Required Information) Regulations 1990 (SI 1990/167).
34 Vgl. das grundlegende Urteil Ashbury Railway Carriage and Iron Co. Ltd. v. Riche (1875) L.R. 7 H.L. 653.
35 Per Lord Parker of Waddington in Cotman v. Brougham [1918] A.C. 514, 520.

VI. Die Gesellschaften

619 Für Umständlichkeit und Länge der Gegenstandsklausel ist auch die in England übliche enge Wortlautinterpretation verantwortlich[36]. So umfaßt die Befugnis, Geld aufzunehmen, nicht den Kauf von Wertpapieren[37]. Die Auslegung der Gegenstandsklausel wird durch die *main objects rule* noch komplizierter: Zählt das *memorandum* einige wichtige Zwecke auf, werden andere Zwecke und verbundene Befugnisse als diesen Hauptzwecken untergeordnet angesehen und eng interpretiert[38]. Die Folge dieser Auslegungsregel ist die stereotype Klausel in den *memoranda*: Alle aufgeführten Zwecke seien als Hauptzwecke anzusehen. Diese am Wortlaut orientierte Interpretation steht Generalklauseln feindlich gegenüber. Doch waren Bestimmungen anerkannt, die die Direktoren von den Fesseln der *memoranda* befreien, wie etwa: Die *company* könne jedwedes Geschäft abschließen, das nach Meinung der Direktoren für die Gesellschaft vorteilhaft sei[39].

620 Schon seit längerer Zeit hatte man in England erkannt, daß die *ultra vires* Lehre, gefördert durch diese Auslegungspraxis, die Sicherheit des Rechtsverkehrs gefährdete. Doch erst mit dem Beitritt des Vereinigten Königreiches in die EWG 1972 wurden wichtige, wenn auch unvollständige Schritte im Rahmen der europäischen Rechtsangleichung unternommen, die *ultra vires* Lehre zu modifizieren. Dies beschränkte sich zunächst auf Abänderungen zugunsten gutgläubiger Dritter durch die Einführung von *section 9 European Communities Act 1972,* die am 1. Januar 1973 in Kraft trat. Eine grundsätzliche Überarbeitung der umstrittenen Doktrin erfolgte erst gute 16 Jahre später.

621 Mit dem Inkrafttreten von *sections 108–112 Companies Act 1989* ist die *ultra vires* Lehre inzwischen mit Wirkung vom 4. Februar 1991 so gut wie abgeschafft. *Section 3A* des abgeänderten *CA 1985* ermöglicht es nun einer *company*, eine allgemeine und theoretisch kurze Gegenstandsklausel zu wählen, womit die *company* ohne Einschränkung zur Ausführung jedweden Geschäfts befugt ist. Die volle Rechtsfähigkeit und der sich daraus ergebende Verzicht auf eine Gegenstandsklausel waren indes mit der zweiten Gesellschaftsrichtlinie nicht vereinbar. *Section 35 CA 1985*, die die ursprüngliche *section 9 European Communities Act* ersetzte, sieht vor, daß die Rechtswirksamkeit eines Geschäftes der *company* wegen mangelnder Rechtsfähigkeit weder von der *company* noch von Dritten angefochten werden darf. Ein Mitglied kann ein bevorstehendes *ultra vires* Geschäft, nicht aber die Erfüllung einer bestehenden *ultra vires* Verpflichtung, durch Unterlassungsklage und/oder einstweilige Verfügung verhindern. Veranlaßt ein Direktor eine Transaktion, die über die Gegenstandsklausel der *company* hinausgeht, macht er sich schadensersatzpflichtig.

---

36 Vgl. oben Rdnr. 112 ff.
37 Introductions Ltd. v. National Provincial Bank Ltd. [1970] Ch. 199.
38 Cotman v. Brougham [1918] A.C. 514, einerseits und Anglo Overseas Agencies Ltd. v. Green [1961] 1 Q.B. 1 andererseits.
39 Bell Houses Ltd. v. City Wall Properties [1966] 2 Q.B. 656.

Nach dem neuen Recht kann jedoch ein solches Geschäft durch außerordentlichen Beschluß der Gesellschafter ratifiziert werden.

Zweifelhaft ist allerdings, ob diese Gesetzesänderung zu einer Verkürzung der seitenlangen Gegenstandsklauseln führen wird. Denn trotz der beinahe vollständigen Abschaffung der *ultra vires* Lehre für das Außenverhältnis der *company* bleibt für das Innenverhältnis zwischen der *company* und deren Vertretern die Einschränkung des Geschäftsrahmens durch aufgeführte Gegenstände nach wie vor bestehen. Überschreitet ein Direktor seine Befugnisse, macht er sich der *company* gegenüber schadensersatzpflichtig. Ebenso kann ein Mitglied bei einer *ultra vires* Transaktion eine unzulässige Transaktion der Direktoren, beziehungsweise eine solche, die über die Befugnisse der Direktoren hinausgeht, durch Unterlassungsklage und einstweilige Verfügung verhindern. Die Frage, inwieweit ein durch einen Direktor der *company* getätigtes *ultra vires*-Geschäft die *company* selber rechtmäßig bindet, ist durch *section 35A CA 1985* gelöst: zugunsten gutgläubiger Dritter wird fingiert, daß der *board of directors* oder eine von dem *board* beauftragte Person trotz der im *memorandum* aufgeführten Einschränkungen die *company* rechtsfähig binden kann. Der gute Glaube des Dritten wird vermutet. Gleichwohl besteht für den Dritten keine Pflicht nachzuforschen, ob die Satzung die Befugnisse der Direktoren einschränkt. Weil ein Dritter beim Registrator nicht mehr nachzuforschen braucht, war auch kein Raum mehr für die Lehre von der unterstellten Kenntnis *constructive notice,* die durch *section 35B CA 1985* abgeschafft worden ist. 622

Obwohl die *ultra vires* Lehre beinahe ganz abgeschafft wurde, bleibt sie für den englischen Juristen von Bedeutung: nicht nur wegen des Innenverhältnisses, sondern auch wegen aller bis zum 3. Februar 1991 getätigten Geschäfte, für die das alte Recht und die damit verbundenen Einschränkungen weiterhin gelten. 623

Eine *company* kann die Gegenstandsklausel durch außerordentlichen Beschluß mit Dreiviertelmehrheit in jeder zulässigen Art ändern[40]. Die bis 1989 geltende Einschränkung, die Änderungen nur zu bestimmten Zwecken erlaubte, wurde durch den *Companies Act 1989* aufgehoben. 624

5. Haftungsbeschränkung

Die Gründungsbescheinigung verleiht der *company* Rechtspersönlichkeit; eine Haftungsbeschränkung ist damit nur verbunden, wenn dies ausdrücklich im *memorandum* vorgesehen ist[41]. Dann haftet zwar die *company* unbeschränkt, die Gesellschafter aber nur in Höhe der nicht geleisteten Einlage. Diese Haftungsbeschränkung für Mitglieder wurde erstmals in der bekannten Ent- 625

---

40 Section 4 CA 1985.
41 Section 2 CA 1985.

VI. Die Gesellschaften

scheidung *Salomon v. Salomon*[42] anerkannt. Dieser Grundsatz der Haftungsbeschränkung wird umschrieben mit *veil of incorporation*.

626 Auch das englische Recht kennt Ausnahmen hiervon und spricht bei der Durchgriffshaftung metaphorisch vom „Aufheben des Schleiers der Rechtspersönlichkeit" *lifting the veil of incorporation*[43]. Ein dem deutschen Recht fremdes Beispiel: Eine *public company*, nicht aber dagegen eine *private company*, muß eine Mindestanzahl von zwei Mitgliedern haben. Führt eine *public company* sechs Monate lang Geschäfte ohne diese Mindestanzahl, bleibt die *public company* zwar bestehen. Aber jeder Gesellschafter, der hiervon weiß, haftet persönlich und gesamtschuldnerisch neben der *public company*[44]. Will die *public company* dies vermeiden, muß sie binnen dieser sechs Monate einen weiteren Gesellschafter, sei es auch nur einen Strohmann *nominee*[45], aufnehmen oder aber die *company* abwickeln. Seit Einführung der *Companies (Single Member Private Limited Companies) Regulations 1992* (SI 1992/1699) sind *private companies* von der Bestimmung bezüglich einer Mindestanzahl der Mitglieder befreit. Somit sind in England Ein-Mann-Gesellschaften möglich, ohne daß dies durch den Umweg über Strohmänner erreicht werden müßte, wie dies beispielsweise für die Beteiligung einer Mutter- an einer Tochtergesellschaft früher nötig und üblich war.

627 Ein weiteres Beispiel der Durchgriffshaftung ergibt sich aus dem Tatbestand des *fraudulent trading*[46]: Hat eine *company* Geschäfte in der Absicht der Gläubigerbenachteiligung geführt, kann das Gericht im Rahmen einer Abwicklung *winding up* auf Antrag des Liquidators die persönliche Haftung eines jeden anordnen, der sich wissentlich an solchen Geschäften beteiligt hat. Bloße Insolvenz der *company* oder das Bestreben der Gesellschafter, die persönliche Haftung[47] zu vermeiden, reichen hierzu nicht aus. Hinzukommen muß *dishonesty*. Solche Unehrenhaftigkeiten können aus den äußeren Umständen abgeleitet werden. So ordnete *Maugham J.* die persönliche Haftung eines Direktors für Kaufpreisschulden der *company* an[48]: Er hatte die Geschäfte der *company* geführt und Waren für sie zu einem Zeitpunkt bestellt, als die Aussichten, daß die *company* den Kaufpreis hierfür würde begleichen können, äußerst gering waren.

628 Bisweilen begründen englische Gerichte die Durchgriffshaftung auch mit der Stellvertretungs- oder Treuhandtheorie: Die *company* wird als Vertreterin oder

---

42 [1897] A.C. 22.
43 Vgl. im einzelnen Pennington, a.a.O., S. 38ff.; Gower, a.a.O., S. 108–138; Gore-Brown, a.a.O., S. 1004ff.
44 Section 1 (I), 24 CA 1985.
45 So ausdrücklich Salomon v. Salomon [1897] A.C. 22.
46 Sections 213–215 Insolvency Act 1986.
47 Re Patrick Lyon Ltd. [1933] All E.R. 590.
48 Re William C. Leitch Brothers Ltd. No. 1 [1932] All E.R. 892. Vgl. auch Farrar, J.B.L. 1976 S. 224ff.

Treuhänderin der Gesellschafter angesehen. Hinzu kommen noch zwei weitere Möglichkeiten: Die Durchgriffshaftung findet auch statt, wenn die Existenz der *company* eine bloße Fassade darstellt; ferner in bestimmten Fällen bei der Auslegung von Gesetzen und Verträgen, so, wenn der Geltungsbereich des jeweiligen Gesetzes oder Vertrages über die betroffene Gesellschaft hinausgeht und die Muttergesellschaft einschließt.

Ein weiterer Bereich, auf den die Durchgriffshaftung ausgedehnt wurde, ist das Steuerrecht. Die entschiedenen Fälle behandeln die Frage, wann die Gewinne einer Tochter- der Muttergesellschaft zuzurechnen sind[49]. Wichtigstes Kriterium scheint hierbei zu sein: Kontrollierte die Mutter- die Geschäfte ihrer Tochtergesellschaft?

629

II. Articles of association

Der *Companies Act 1985*[50] Table A schreibt Muster-*articles* für eine *private* wie auch eine *public company* vor. In kontinentaler Rechtsterminologie handelt es sich hierbei um dispositives Recht: Die Bestimmungen des Table A der Mustersatzung gelten, wenn die *company* keine eigenen *articles* beim Registrator vorlegt oder soweit diese eigenen *articles* die Vorschriften der Mustersatzung nicht ausschließen oder ändern[51]. Nach Eintragung der *articles of association* beim Registrator gelten sie als bindender Vertrag zwischen der *company* und jedem einzelnen Mitglied[52] und zwischen den einzelnen Mitgliedern *inter se*[53].

630

Die Mustersatzung des sogenannten Table A ist ungewöhnlich umfangreich: Sie enthält 118 Bestimmungen. Die von Rechtsanwälten „maßgeschneiderten" *articles of association*, die gedruckt werden müssen, sind oft noch viel länger. Der Grund hierfür ist: Anders als das deutsche Gesellschaftsrecht enthält der *CA 1985* wenig zwingende Rechtssätze über das Innenverhältnis. Der Spielraum für eine eigene Gestaltung dieses Verhältnisses ist größer. In der englischen Rechtspraxis wird diese größere Satzungsautonomie ausgenützt, die *articles of association* sind ausführlicher und von größerer Bedeutung[54]. So finden sich hier die mannigfaltigsten Regelungen über Konstituierung und Befugnisse der Gesellschaftsorgane, Gewinnausschüttung, über Ausgabe und Gattungen von Aktien etc.

631

---

49 Vgl. auch sections 703–709 Income and Corporation Taxes Act 1988.
50 Companies (Tables A to F) Regulations 1985 (SI 1985/805) Table A; vgl. auch section 8A CA 1985, die den Secretary of State ermächtigt, einen Table G für partnership companies einzuführen.
51 Section 8 CA 1985.
52 Hickman v. Kent or Romney Marsh Sheep Breeders Assoc. [1915] 1. Ch. 881.
53 Borland's Trustee v. Steel [1901] Ch. 279; vgl. auch section 14 CA 1985.
54 Vgl. auch Pennington, ZHR (1974), 342ff.

VI. Die Gesellschaften

632 Die *articles of association* können durch außerordentlichen Gesellschafterbeschluß *special resolution* geändert werden[55]. Eine Bestimmung in den *articles*, die der *company* diese Änderungsbefugnis nimmt, ist ungültig[56]. Eine *company* darf sich nicht vertraglich oder anderweitig verpflichten, die *articles of association* nicht oder gar nur mit Zustimmung anderer zu ändern. Eine Vereinbarung unter den einzelnen Mitgliedern, dies nicht zu tun, ist jedoch gültig, vorausgesetzt, daß künftige Mitglieder an diese Vereinbarung nicht gebunden sind[57]. Eine Änderung der *articles* darf jedoch nicht mit dem *memorandum* kollidieren. Weitere Einschränkungen ergeben sich aus Gesetz und *common law*. Rechte gewisser Gattungen von Vorzugsaktien können nur durch außerordentlichen Beschluß einer besonderen Versammlung *class meeting* der Inhaber von Vorzugsaktien geändert werden[58], und auch dann können 15 Prozent der nicht zustimmenden Inhaber solcher Vorzugsanteile bei Gericht auf Unwirksamkeit der Änderung klagen[59]. Weiterhin muß die beabsichtigte Änderung *bona fide* im wohlverstandenen Interesse der *company* sein. Ob dies der Fall ist, entscheiden zunächst die Gesellschafter selbst. Das Gericht wird erst einschreiten, wenn kein vernünftiger Mensch der Meinung sein kann, die Änderung sei guten Glaubens erfolgt; dies gilt zum Beispiel, wenn die Mehrheit der Gesellschafter der Minderheit maßgebliche Vergünstigungen vorenthält[60]. Ist die Änderung der *articles* in gutem Glauben und im wohlverstandenen Interesse der *company*, so ist unerheblich, ob sie für die Minderheit besonders unvorteilhaft ist[61] oder gar zurückwirkt[62].

---

[55] Section 9 CA 1985.
[56] Walker v. London Tramways Co. (1879) 12 Ch.D. 705; Malleson v. National Insurance Corporation [1894] 1 Ch. 200; Bushell v. Faith [1969] 2 Ch. 438, 448.
[57] Russell v. Northern Bank Development Corporation [1992] 1 W.L.R. 588.
[58] Section 125 CA 1985.
[59] Section 127 CA 1985.
[60] Greenhalgh v. Arderne Cinemas Ltd. [1951] Ch. 286.
[61] Sidebottom v. Kershaw, Leese & Co. [1920] 1 Ch. 154.
[62] Allen v. Gold Reefs of West Africa Ltd. [1900] 1 Ch. 656.

§ 4
Kapital der company

I. Arten des Kapitals

Das *memorandum* einer *limited company* muß das *share capital* und seine Stückelung in *shares* angeben[1]. *Share capital* wird auch *nominal capital* oder *authorised share capital* genannt. In einem *memorandum* heißt es etwa: „Das Nominalkapital beträgt £ 100. Es wird in 100 Anteile zu je £ 1 unterteilt." Die *shares* dürfen auf einen Nennbetrag in Pfund oder in anderen Währungen lauten. Die Stückelung lautet auf erheblich niedrigere Beträge, als es in Deutschland üblich ist.   633

Das Nominalkapital *authorised share capital* ist nur eine Prognosezahl, nämlich der Gesamtbetrag der Aktien, die die *company* ausgeben darf. Es ist mit dem genehmigten Kapital einer deutschen Aktiengesellschaft vergleichbar: Auch ihre Satzung kann den Vorstand ermächtigen, das Grundkapital bis zu einem bestimmten Nennbetrag durch Ausgabe neuer Aktien zu erhöhen[2]. Der Höchstbetrag der Aktien, die die *limited company* ausgeben darf, ist von den tatsächlich schon gezeichneten Aktien zu unterscheiden: dem *issued capital*. Die Differenz zwischen Nominal- und gezeichnetem Kapital ist das nichtgezeichnete Kapital *unissued share capital*.   634

Die Einlagepflicht der *shareholders* besteht in einer Geld- oder Sacheinlage in die Gesellschaft. Die Gesellschaft kann Aktien ausgeben, für die die Einlage zum Teil bei der Zeichnung und zum Teil erst später zahlbar ist. Die Summe der tatsächlich eingezahlten Einlagen wird als *paid-up capital*, der noch ausstehende Rest als *unpaid* oder *uncalled capital* bezeichnet. Aktien, für die die Einlage vom Mitglied in Raten bezahlt wird, werden *partly paid shares* genannt. *Partly paid shares* sind in jüngster Zeit oft bei Privatisierungen von Staatsbetrieben genutzt worden. Durch besonderen Mitgliederbeschluß kann *unpaid capital* bis zur Abwicklung der *company* eingefroren werden, wenn es in *reserve capital* umgewandelt wird[3]. Sonst ist die Ausgabe von Aktien, deren Gesamtbetrag das Nominalkapital übersteigt, unwirksam[4].   635

Die Erbringung von Sacheinlagen wird bei *private* und *public companies* unterschiedlich behandelt. Bei einer *private company* wird die Feststellung des Wertes der einzubringenden Sacheinlagen von den Parteien selbst bestimmt und kann nur in seltenen Fällen angefochten werden[5]. Dagegen darf eine   636

---

1 Section 2 (5) CA 1985.
2 Vgl. §§ 202ff. AktG.
3 Vgl. Pennington, a.a.O., S. 137–138.
4 Bank of Hindustan, China and Japan Ltd. v. Alison (1871) L.R. 6 C.P. 222.
5 Re White Star Line [1938] Ch. 458; Tintin Exploration Syndicate v. Sandys (1947) L.T. 412.

VI. Die Gesellschaften

public company Aktien gegen Sacheinlagen nur ausgeben, wenn der Wert der Sacheinlagen gemäß *section 108 CA 1985* geprüft worden ist. Verpflichtungen zu Dienstleistungen können bei *public companies* keine Sacheinlagen sein. Will eine *company* das Nominalkapital *authorised share capital* erhöhen, muß sie das *memorandum* ändern[6], was durch ordentlichen Beschluß der Gesellschafter möglich ist.

637 Ein deutschrechtliches Grund- oder Stammkapital, das den Gläubigern die — anfängliche — Haftungssubstanz veranschaulicht, gibt es nicht, jedenfalls nicht bei *private companies*. Denn soweit das Nominalkapital *authorised share capital* nicht durch die Gesellschafter aufgebracht wurde, fehlt eine Haftungsgrundlage. Folgerichtig kann eine *company* dieses nichtgezeichnete Kapital, wenn die *articles* dies vorsehen, ohne weiteres auflösen: durch außerordentlichen Gesellschafterbeschluß[7], der beim Registrator binnen 14 Tagen angemeldet werden muß.

638 Auch das Mindestkapital wird bei *private* und *public companies* unterschiedlich behandelt. Bei *private companies* gibt es keine Vorschriften, die eine Mindestsumme für das Nominalkapital *authorised share capital* oder Mindestzeichnung oder Mindesteinzahlung vorschreiben. Das Nominal- und demzufolge das gezeichnete Kapital vieler *private companies* ist daher sehr gering: £ 100 und weniger. Theoretisch ist es möglich, das Nominalkapital *authorised share capital* einer *private limited company* mit nur einem *pence* anzusetzen. Es liegt auf der Hand: Dies eröffnet das Tor zu betrügerischen Gründungen; dieser Rechtszustand wird denn auch heftig kritisiert. Will sich ein Gläubiger ein Bild von der Haftungsgrundlage einer *private company* machen, sollte er vom gezeichneten Kapital *issued share capital* ausgehen, das er der Bilanz entnehmen kann.

639 Das genehmigte Mindestkapital einer *public company* muß £ 50 000 betragen, wovon mindestens ein Viertel samt Agio eingezahlt werden muß.

II. Kapitalerhaltung

640 Das gezeichnete Kapital *issued share capital* ist die Haftungssubstanz der *company*. Dieses soll zum Schutz der Gläubiger aufgebracht werden und möglichst erhalten bleiben. Das englische Recht hat diesen Grundsatz schon 1887 in *Trevor v. Whitworth*[8] entwickelt. Verschiedene Rechtsfolgen haben hier ihren Ursprung.

641 Die Gesellschafter haften bis zum Nennwert der von ihnen gezeichneten Anteile[9]. Deshalb dürfen Anteile — ebenso wie nach § 9 AktG — nicht unter

---

6 Section 121 CA 1985.
7 Section 135 CA 1985.
8 (1887) 12 App. Cas. 409.
9 Sections 74 (1) und 74 (2) (d) Insolvency Act 1986.

pari *at a discount*, also nicht unter ihrem Nennwert ausgegeben werden[10]. Diese Regel erlaubt keine Ausnahmen, abgesehen von der Zahlung einer Provision, die gemäß section 97 CA 1985 zulässig ist. Jede Befreiung der Gesellschafter von ihrer Verpflichtung zur Zahlung der Einlage ist unwirksam[11]. Die Haftung bis zum Nennbetrag darf auch nicht durch Zahlung hoher Provisionen und anderer Gebühren ausgehöhlt werden. Deshalb darf an Emissionshäuser und Börsenmakler bei einem *offer for sale*[12] nur eine Provision bis zu zehn Prozent des Ausgabebetrages gezahlt werden und auch nur, wenn dies die *articles* zulassen und im Prospekt darauf hingewiesen wird[13]. Gegen Zahlung einer angemessenen Maklergebühr für ein *placing* bestehen keine Bedenken[14]. Statt der Einzahlung können auch Sach- oder Dienstleistungen vereinbart werden. Bei einer *private company* bleibt es auch hier bei der *common law* Regel: Das Gericht prüft nicht nach, ob die Gegenleistung angemessen ist[15], es sei denn, sie ist illusorisch[16]. Allerdings reicht nach allgemeinem Vertragsrecht eine früher erbrachte Leistung *past consideration* nicht aus, um einen wirksamen Vertrag zu begründen[17]. Egal, ob die Einlage aus Barleistungen oder Sacheinlagen besteht, muß dies beim Registrator angemeldet werden[18]. Unterbleibt die Anmeldung, hat dies jedoch keine zivilrechtlichen Folgen.

Die *company* kann ihre Anteile über Nennbetrag *at a premium* ausgeben. Der höhere Ausgabebetrag muß auf ein *share premium account* übertragen werden, das den strengen Voraussetzungen über Kapitalherabsetzung unterliegt[19]. **642**

Schon 1887 legte *Trevor v. Whitworth*[20] fest, daß die *company* nicht ihr eigener Gesellschafter sein, also keine eigenen Anteile erwerben könne. Denn dies käme der Rückzahlung des gezeichneten Gesellschaftskapitals gleich. Dieses grundsätzliche Verbot des Erwerbes eigener Aktien wurde in den *Companies Acts 1980-81* kodifiziert und ist heute in *section 143(1) CA 1985* enthalten. Allerdings wird das Verbot in wichtigen Fällen gelockert und erlaubt damit unter streng geregelten Umständen den Erwerb eigener Aktien. Der Erwerb oder die Rückzahlung von rückkaufbaren Vorzugsaktien *redeemable preference shares* war schon vor 1980 möglich. Nach Inkrafttreten der *Companies Acts 1980-81* ist auch der Erwerb anderer voll gezeichneter Aktien möglich, und zwar entweder aus vorhandenen Gewinnen oder aus dem Erlös bei der Ausgabe junger **643**

---

10 Section 100 CA 1985.
11 Ooregum Gold Mining Co. of India Ltd. v. Roper [1892] A.C.
12 Vgl. unten Rdnr. 661.
13 Section 97 CA 1985, abgeändert durch den FSA 1986.
14 Section 97 (3) CA 1985.
15 Re Wragg Ltd. [1897] 1 Ch. 796.
16 Hong Kong and China Gas Co. Ltd. v. Glen [1914] 1 Ch. 527.
17 Dies wird häufig bei schon erbrachten Dienstleistungen der Fall sein; Re Eddystone Marine Insurance Co. [1893] 3 Ch. 9; vgl. zu past consideration oben Rdnr. 72.
18 Section 88 CA 1985.
19 Section 130 CA 1985.
20 (1887) 12 App. Cas. 409.

VI. Die Gesellschaften

Aktien. *Section 162 CA 1985* sieht vor, daß eine *company* unter der Voraussetzung eigene Aktien erwerben darf, daß dies von den *articles of association* erlaubt wird, und daß beim Erwerb das Kapital der *company* erhalten bleibt bzw. eine Kapitalreserve *capital redemption reserve* gebildet wird, sofern der Erwerb aus dem Gewinn der *company* finanziert wird. Beim Erwerb eigener Aktien wird unterschieden zwischen dem amtlichen und außeramtlichen *market* und *off-market* Erwerb. Letzterer muß durch außerordentlichen, ersterer durch ordentlichen Beschluß im voraus genehmigt werden. Ferner darf eine *private company* den Erwerb eigener Aktien unter bestimmten Umständen selbst aus dem Kapital der *company* finanzieren. Allerdings darf die geleistete Zahlung die nach *section 171 CA 1985* vorgeschriebene Formel nicht überschreiten. *Section 23 CA 1985* dehnt dieses Verbot des Erwerbs eigener Anteile aus: Auch eine Tochtergesellschaft kann grundsätzlich keine Aktien ihrer Muttergesellschaft halten. Im Verhältnis Tochter-Mutter-Gesellschaft ist also eine wechselseitige Beteiligung ausgeschlossen.

644 Eine *company* darf grundsätzlich nicht Zeichner oder Käufer eigener Anteile sein oder solche ihrer Muttergesellschaft finanziell unterstützen *financial assistance*, um damit zu versuchen, die Regel in *Trevor v. Whitworth* zu umgehen. Darlehen der *company* an solche Käufer sind nichtig[21]. Direktoren, die Darlehen zu solchen Zwecken gewähren, verletzen ihre Treuepflicht gegenüber der *company* und machen sich schadensersatzpflichtig[22]. Ausnahmen von diesem Grundsatz werden im Rahmen der Arbeitnehmerbeteiligung zugelassen und auch erlaubt, wenn die Kreditvergabe zum normalen Geschäftsbetrieb der *company* gehört[23]. Ferner ist die finanzielle Unterstützung zulässig, wenn sie nicht dem Ziel der Tilgung bei dem Erwerb entstandener Forderungen oder Verpflichtungen dient und eine nur nebensächliche Auswirkung darstellt[24]. Sections 155 ff. CA 1985 sehen vor, daß eine *private company* finanzielle Unterstützung bei der Zeichnung oder bei dem Erwerb eigener Aktien leisten darf, wenn die Direktoren der Meinung sind, daß zum Zeitpunkt der Unterstützung die *company* solvent ist, und daß in den darauffolgenden zwölf Monaten die *company* in der Lage sein wird, ihre fälligen Forderungen zu begleichen. Zu diesem Verfahren, *whitewash procedure* genannt, bedarf es einer eidesstattlichen Erklärung *statutory declaration* der Direktoren.

645 Nicht als finanzielle Unterstützung werden angesehen: die Dividendenausschüttung, die Ausgabe von Gratisaktien *bonus shares* und die durch das Gericht genehmigte Kapitalherabsetzung *reduction of capital*.

---

21 Section 151 CA 1985; vgl. auch Selangor United Rubber Estates Ltd. v. Cradock (Nr. 3) [1968] 1 W.L.R. 1555; vgl. auch das Consultative Document des Department of Trade and Industry vom 18 Oktober 1993, „Company Law Review: Proposals for Reform of Sections 151–158 of The Companies Act 1985".
22 Steen v. Law [1964] A.C. 287.
23 Section 153 CA 1985.
24 Brady v. Brady [1989] A.C. 755 (H.L.).

Das gezeichnete Gesellschaftskapital darf auch nicht durch Dividendenzahlungen ausgehöhlt werden. Schon 1882 wurde deshalb festgelegt, daß Dividenden nur aus Gewinnen gezahlt werden dürfen[25]. Direktoren, die entgegen dieser Regel das Kapitalkonto für Dividendenzahlungen verwenden, sind der *company* gegenüber schadenersatzpflichtig, können sich aber ihrerseits wieder an die Empfänger dieser Leistungen halten[26]. Werden Gewinne thesauriert *capitalised*, können – ähnlich wie nach §§ 207ff. AktG – an die Gesellschafter *bonus shares* ausgegeben werden, wenn dies die *articles* vorsehen[27].

646

Die Bestimmungen über die Ausschüttung von Dividenden wurden durch Inkrafttreten des *Companies Act 1980*, der die zweite Gesellschaftsrichtlinie umgesetzt hat, radikal geändert. Vor 1980 war die Zulässigkeit von Dividendenausschüttungen sehr unzulänglich und nur von Gerichtsentscheidungen *case law* geregelt. Ein Verlust des Anlagekapitals etwa brauchte nicht ausgeglichen zu werden[28]. Nur im laufenden Geschäftsjahr eingetretene Verluste des Umlaufvermögens mußten zunächst gutgemacht werden. Verlustvortrag aus Vorjahren verhinderte nicht die Ausschüttung aus Gewinnen des laufenden Jahres[29]. Gewinnvorträge, die nicht thesauriert wurden, konnten gleichfalls ausgeschüttet werden[30]. Auch der Gewinn aus Verkauf oder Neubewertung des Anlagevermögens stand zur Ausschüttung zur Verfügung, soweit hierdurch das eingezahlte Kapital *paid-up capital* vermehrt wurde[31]. Die Neuregelung durch *section 263 CA 1985* verbietet eine Dividendenausschüttung, es sei denn, sie wird aus ausschüttungsfähigen Gewinnen entnommen. Damit sind die oben erwähnten Gerichtsentscheidungen gegenstandslos geworden. Das Gesetz definiert ausschüttungsfähige Gewinne *profits available for distribution* – sofern sie nicht bei Ausschüttung oder Kapitalumwandlung ausgehöhlt worden sind – als kumulative und realisierte Gewinne abzüglich der kumulativen und realisierten Verluste. Darüber hinaus gilt für *public companies:* Gewinn darf nicht ausgeschüttet werden, solange das Gesellschaftsvermögen den Betrag des Grundkapitals nicht übersteigt.

647

Eine *company* darf auch Zinsen auf das eingezahlte Kapital zahlen. Im Gegensatz zum deutschen Recht besteht keine Pflicht zur Bildung gesetzlicher Rücklagen.

648

Die Voraussetzungen über Kapitalherabsetzung sind genau geregelt[32]: Zustimmung des Gerichts und ein außerordentlicher Gesellschafterbeschluß in Form

649

---

25 Flitcroft's Case (1882) 21 Ch. D. 519.
26 Moxham v. Grant [1900] 1 Q.B. 88.
27 Table A Art. 110.
28 Lee v. Neuchatel Asphalte Co. (1889) 41 Ch.D. 1.
29 Ammonia Soda Co. Ltd. v. Chamberlain [1918] 1 Ch. 266.
30 Re Hoare & Co. Ltd. [1904] 2 Ch. 208.
31 Lubbock v. British Bank of South America [1892] 2 Ch. 198; Dimbula Valley (Ceylon) Tea Co. Ltd. v. Laurie [1961] Ch. 353.
32 Section 135 CA 1985; ferner Pennington, a.a.O., S. 172ff.

VI. Die Gesellschaften

einer *special resolution* sind nötig. Das Gericht wird seine Zustimmung nicht versagen, wenn die Interessen der Gläubiger und der Öffentlichkeit nicht *unfairly* benachteiligt werden. Gläubiger können der Herabsetzung widersprechen. Solange ihre Forderungen nicht bezahlt oder durch Hinterlegung bei Gericht gesichert sind, wird das Gericht ihrem Widerspruch entsprechen. Werden von der Kapitalherabsetzung bestimmte Gattungen von Anteilen betroffen, müssen zusätzlich die Bestimmungen der *articles* und *section 125 CA 1985* über die Änderung von *class rights* beachtet werden. Unter den Begriff der Kapitalherabsetzung fällt nur das gezeichnete Gesellschaftskapital *issued share capital*. Noch nicht gezeichnete Teile des Nominalkapitals *unissued share capital* können durch Änderung des *memorandum* ermäßigt werden.

§ 5
Anteile und Gesellschafter

I. Rechtsnatur und Gattungen von Aktien

Anteile *shares* sind Bruchteile des Nominalkapitals *authorised share capital*, also des im *memorandum* vorgesehenen Höchstbetrages des Gesellschaftskapitals. Es gibt keinen Grundsatz, wonach jeder Gesellschafter einen einheitlichen Anteil halten muß wie bei einer deutschen GmbH. Die Aktie des *shareholder* ist – ähnlich wie beim Aktionär einer AG – nur summenmäßig festgelegt. Doch unterscheiden sich *share* an einer *company* und Aktie an einer deutschen AG: erstere ist ein Bruchteil des *nominal capital,* das nur zum Teil gezeichnet zu sein braucht; letztere ist ein Bruchteil des Grundkapitals der AG, der tatsächlichen Haftungssubstanz. Ein Mindestbetrag für *shares* wird nur bei *public companies* vorgeschrieben.

650

Darüber hinaus verkörpern Anteile die Rechte der Gesellschafter *shareholders*: Vermögensrechte auf Dividende und Liquidationserlös und Verwaltungsrechte. Nach englischem Recht sind diese Rechte vorwiegend vertraglicher Natur und werden als unkörperliche Gegenstände *choses in action* klassifiziert[1]. Ebenso verhält es sich mit den Gesellschafterpflichten. Wichtigste Verpflichtung ist die Leistung der Einlage. Diese kann aus einer Barzahlung, einer Sach- oder, bei *private companies*, einer Dienstleistung bestehen. Die Fälligkeit kann in der Satzung festgelegt sein oder vom Abruf *call* der *company* abhängen. Oft bestimmen die *articles,* daß bei Säumnis des Gesellschafters mit seiner Einlagenverpflichtung der Anteil kaduziert werden kann (*forfeiture*). Eine Nachschußpflicht kennt das englische Gesellschaftsrecht nicht.

651

Die *company* kann *shares* in *stock* umwandeln[2]. Der Unterschied zwischen beiden: *shares* stellen eine Einheit dar, können nicht in Teile zerlegt und nicht in Bruchteilen übertragen werden, brauchen nicht voll eingezahlt zu werden, müssen dann aber bis zur Vollzahlung[3] durchnumeriert werden; *stock* hingegen kann in Bruchteilen übertragen werden und braucht nicht numeriert zu werden. Die Umwandlung von *shares* in *stock* spielt heute keine große Rolle mehr.

652

Die Vorliebe, Aktien in Gattungen *classes of shares* zu unterteilen, ist in England besonders groß[4]. Diese Einteilung findet sich üblicherweise nicht im

653

---
1 Borland's Trustee v. Steel Bros [1901] 1 Ch. 279, 288.
2 Section 121(2)(c) CA 1985.
3 Section 182(2) CA 1985.
4 Vor allem durch die Ausgabe von stimmrechtslosen Aktien non voting shares. Bei public companies ist die Existenz von stimmrechtslosen Aktien heftig kritisiert worden, was dazu geführt hat, daß in jüngster Zeit public companies wie Great Universal Stores PLC und Whitbread PLC ihren Gesellschaftern das Stimmrecht für bisher stimmrechtslosen Aktien angeboten haben.

VI. Die Gesellschaften

memorandum, sondern in den *articles*. Es können Aktien mit Mehrfachstimmrechten ausgegeben werden[5]. Umgekehrt kann das Stimmrecht bei allen Gattungen von Aktien ausgeschlossen werden[6]. Davon wird häufig Gebrauch gemacht, um die Gesellschaft vor Übernahmen *take-overs* zu schützen[7].

654 Vorzugsanteile *preference shares* sind meist stimmrechtlos. Wird bei Vorzugsanteilen der Vorzugsbetrag in einem Jahr nicht gezahlt, so muß im kommenden Jahr dieser rückständige Betrag vor Ausschüttung einer weiteren Dividende gezahlt werden. Etwas anderes gilt nur, wenn die Vorzugsanteile ausdrücklich als *non-cumulative shares* bezeichnet werden[8]. Bei Abwicklung der *company* wird ein rückständiger Vorzugsbetrag nicht aus dem Vermögen beglichen, bevor nicht alle Dividenden ausgeschüttet worden sind[9]. Denn wenn nichts anderes vereinbart ist, genießen Vorzugsanteile bei der Abwicklung keine Priorität im Vergleich zu *ordinary shares*[10].

655 Austritt und Ausschluß eines *shareholder* ist grundsätzlich unzulässig. Die *articles* können die Ausgabe von *redeemable preference shares* vorsehen, die eingelöst werden können oder nach Wahl der *company* eingelöst werden müssen[11]. Auch Nachzugsaktien *deferred shares* werden bisweilen ausgegeben, die ein Recht auf Dividende erst nach Zahlung eines bestimmten Dividendensatzes auf die *ordinary shares* geben.

656 Die Gesellschafter einer englischen *company* bleiben grundsätzlich nicht anonym. Denn Inhaberanteile *bearer shares* sind in England selten. Dies liegt einmal an den besonderen Formalitäten: Eine *company* kann solche *shares* nur dann ausgeben, wenn dies ausdrücklich in den *articles* vorgesehen ist[12]. *Bearer shares* müssen — ebenso wie Inhaberaktien nach § 10 Abs. 1 AktG — voll einbezahlt sein[13]. Hinzu kommt eine steuerliche Benachteiligung: Auf ein *share warrant*, der Urkunde über eine Inhaberaktie, sind drei Prozent Stempelsteuer zu zahlen, dreimal soviel wie sonst[14]. Demgegenüber wiegen die Vorteile eines *share warrant* als echtes Wertpapier gering: Es kann durch Besitzübergabe *delivery* übertragen werden[15]. Der Inhaber wird nicht im Gesell-

---

5 Dies verbietet z. B. § 12 Abs. 2 AktG.
6 Und nicht nur bei Vorzugsaktien wie nach § 139 AktG.
7 Vgl. unten Rdnr. 771 ff.
8 Webb v. Earle (1875) L.R. 20 Eq. 556.
9 Re Crichton's Oil Co. [1902] 2 Ch. 86.
10 Vgl. Pennington, a.a.O., S. 211.
11 Section 160 CA 1985. Kauft die company redeemable shares aus Gewinnen zurück, so muß der Nominalbetrag der Anteile auf ein besonderes Kapitalkonto capital redemption reserve übertragen werden, das den Vorschriften über Kapitalherabsetzungen unterliegt.
12 Section 188 (1) des CA 1985.
13 Vgl. section 188 (1) CA 1985.
14 Section 1, Schedule I Stamp Act 1891 in Verbindung mit section 59 (1) Finance Act 1963; vgl. aber auch section 132 Schedule 19 Part IV Finance Act 1990; vgl. auch Pinson, Revenue Law, 17. Aufl. 1986, para. 32–111 ff.
15 Section 188 (2) CA 1985.

schafterverzeichnis eingetragen[16]. Rechtshistorisch war die Entwicklung von Inhaberaktien unterdrückt, solange das Devisengesetz *Exchange Control Act 1947* in Kraft war.

Deshalb werden *shares* nicht in Form von Inhaberaktien, sondern von im Gesellschafterregister eingetragenen Aktien *registered shares* — den im Aktienbuch einzutragenden Namensaktien vergleichbar — ausgegeben. Darüber stellt die *company* ein Anteilszertifikat *share certificate* aus[17]. Dies ist eine Beweisurkunde[18], nicht ein Rechtstitel wie die Eintragung im Gesellschafterverzeichnis[19]. Die Bedeutung des *share certificate* wird unterstrichen durch die Anwendbarkeit der *doctrine of estoppel*[20], die dem Rechtsinstitut der Verwirkung, aber auch dem einredefreien Erwerb durch Gutgläubige vergleichbar ist: Die *company* ist an den Wortlaut des von ihr ausgegebenen Zertifikats gebunden, wenn jemand darauf vertraut und sich entsprechend einrichtet. Stellt die *company* aufgrund einer gefälschten Übertragungsurkunde ein neues *share certificate* aus, so kann der Erwerber zwar nicht Gesellschafter werden, doch muß die *company* ihn schadlos halten[21]. Bestätigt das *certificate*, die Einlage sei bezahlt, so kann die *company* einem gutgläubigen Erwerber gegenüber mit ihrem Einzahlungsverlangen ausgeschlossen sein[22]. Jedoch löst ein gefälschtes Zertifikat allein nicht die Wirkungen der *estoppel* aus[23].

657

II. Ausgabe von Anteilen

Eine *company* kann bis zu der im *memorandum* festgesetzten Höhe des Nominalkapitals *authorised share capital* Aktien ausgeben. Verschiedene Möglichkeiten bieten sich hierfür an. Gründungsgesellschafter *subscribers* können für ihre Anteile im *memorandum* zeichnen. Bietet eine *company* nur ihren Gesellschaftern weitere *shares* an, spricht man von einem *rights issue*. Die Befugnis, neue Aktien *relevant securities*[24] auszugeben, üben die Direktoren aus. Dazu müssen zunächst die Direktoren ermächtigt werden, entweder durch Gesellschafterbeschluß oder durch die *articles of association*. Eine solche Ermächtigung muß bestimmen, wieviele Aktien ausgegeben werden dürfen und muß auf maximal fünf Jahre befristet sein[25]. Die Ausgabe von Aktien bei fehlender

658

---

16 Section 355 CA 1985.
17 Section 185(1) CA 1985.
18 Section 186 CA 1985; das Zertifikat stellt einen prima facie Beweis des Titels dar und muß binnen 2 Monaten nach Zeichnung der Aktien oder Vorlage einer Übertragung ausgestellt werden.
19 Section 361 CA 1985; allerdings können auch Eintragungen im Gesellschafterverzeichnis widerlegt werden. Vgl. section 359 CA 1985.
20 Vgl. Pennington, a.a.O., S. 350ff.
21 Re Bahia and San Francisco Rlwy (1868) L.R.3 O.B. 584; Dixon v. Kennaway & Co. [1900] 1 Ch. 833.
22 Bloomenthal v. Ford [1897] A.C. 156.
23 Ruben v. Great Fingall Consolidated [1906] A.C. 439.
24 Section 80 (1) CA 1985, die eine Legaldefinition von relevant securities enthält.
25 Sections 80, 80 A, 89 und 95 CA 1985.

VI. Die Gesellschaften

Ermächtigung ist jedoch wirksam. Direktoren, die dies wissentlich erlauben, können mit einer Geldbuße belegt werden. Unter *relevant securities* werden auch Rechte zur Zeichnung von Aktien verstanden. Deshalb fallen Optionsscheine sowie Wandelschuldverschreibungen darunter. Diese Bestimmungen können bei *private companies* in wichtigen Punkten gelockert werden, zum Beispiel kann die Ermächtigung zur Ausgabe von neuen Aktien über die normale Frist von fünf Jahren hinaus verlängert werden[26].

659 Der Grundsatz der Gleichbehandlung aller *shareholders* wurde auf wichtige Weise durch den *Companies Act 1980* ergänzt. Er räumt allen Aktionären ein Bezugsrecht ein. Obwohl ein Bezugsrecht auch vor 1980 oft in den *articles of association* vorgesehen wurde, diente der *Companies Act 1980* dazu, diese Regelung, die aufgrund der zweiten Gesellschaftsrichtlinie erlassen wurde, im englischen Gesellschaftsrecht zu verankern. Gemäß *sections 89-96 CA 1985* wird jedem einzelnen Aktionär die Möglichkeit eingeräumt, seine mitgliedschaftliche und vermögensmäßige Stellung in der Gesellschaft auch bei Neuausgabe von Aktien oder bei Kapitalerhöhung zu erhalten. Das in *section 89* verankerte Bezugsrecht gilt nur bei Ausgabe von Aktien gegen Barleistung *for cash*. Nimmt der einzelne *shareholder* sein Bezugsrecht nicht in Anspruch, darf die *company* die *shares* an jede beliebige Person ausgeben. Das Angebot der *company* auf Zeichnung neuer Aktien, das für 21 Tage offengehalten werden muß, muß schriftlich erfolgen und darf, im Gegensatz zur normalen *common law* Regel, nicht widerrufen werden. Das Bezugsrecht kann bei *private companies* durch Spezialklauseln in der Satzung, im *memorandum* oder in den *articles of association* völlig aufgehoben werden[27]. Gemäß *section 95 CA 1985* können *private* sowie auch *public companies* das Bezugsrecht in besonderen Fällen durch außerordentlichen Gesellschafterbeschluß aufheben, wenn die Direktoren die Gründe hierfür in einem Rundschreiben an die Aktionäre erklären[28].

660 Bei einer *public company*, deren Aktien an der Börse amtlich notiert sind, sind zusätzlich die Bestimmungen des *Yellow Book* zu beachten. Hierdurch wird die Ermächtigung zur Ausgabe von neuen Aktien auf 15 Monate beschränkt. Einzelne Aktionäre können vom Bezugsrecht ausgeschlossen werden, wenn rechtliche und tatsächliche Komplikationen bestehen (z.B. ausländische Aktionäre)[29]. Bei der Ausgabe von amtlich notierten Aktien besteht ferner eine außerrechtliche, aber trotzdem wichtige Einschränkung, die vom Ausschuß für

---

26 Section 80A CA 1985.
27 Vgl. section 91 CA 1985.
28 Vgl. hierzu auch Mutual Life Insurance Company of New York v. Rank Organisation Limited [1985] B.C.L.C. 11: wenn die Direktoren redlich und im Interesse der company handeln, kann ein von einer Zeichnung ausgeschlossener Aktionär die Zeichnung nicht anfechten.
29 Vor allem bei Aktionären außerhalb Großbritanniens, z.B. in USA, wo ein rights issue ansonsten die dortigen strengen Voraussetzungen für Angebote zur Zeichnung an die Öffentlichkeit erfüllen müßte.

Investorenschutz *Investor Protection Committee* der *Association of British Insurers* (ABI) und der *National Association of Pension Funds* (NAPF) erlassen wurde. Diese Einschränkung sieht u. a. vor, daß die Aufhebung eines Bezugsrechtes jährlich genehmigt und auf 5 % des gezeichneten Kapitals *issued share capital* beschränkt werden muß.

Eine *public company* — nicht aber eine *private company*[30] — kann auch die Öffentlichkeit zur Zeichnung und zum Kauf von Aktien einladen, entweder direkt *offer for subscription* oder über Emissionshäuser und Börsenmakler. Banken und Makler wiederum können entweder selbst zeichnen und dann an die Öffentlichkeit weiterverkaufen *offer for sale*. Sie können ihr Angebot aber auch auf ihren Kundenkreis beschränken oder nur als Vertreter der *company* auftreten *placing*. In solchen Fällen wird normalerweise die amtliche Notierung der Anteile an der Londoner Börse *London Stock Exchange* beantragt.

661

An dem Londoner Finanzmarkt haben sich zwei weitere erwähnenswerte Finanzierungsmethoden entwickelt. Will eine *company* den Unternehmenserwerb nicht bar *cash*, sondern durch eine Neuausgabe von Aktien finanzieren, kann sie ein Emissionshaus einschalten, das sich dem Verkäufer gegenüber vertraglich verpflichtet, die an ihn auszugebenden jungen Aktien zu plazieren *vendor placing*. Damit kann die *company* das Bezugsrecht der Aktionäre umgehen, da die Neuausgabe nicht gegen Barleistung *cash* erfolgt; der Verkäufer erhält den Erlös der Plazierung. Zum anderen finanzieren viele *public companies* ihre Geschäfte durch Euro-Anleihen *euro-bonds* sowie auch *euro-equities*, die über den nichtamtlichen Markt *Over The Counter* (OTC) gehandelt werden.

662

Die gesetzlichen Bestimmungen für die öffentliche Zeichnung von Aktien sind durch den *FSA 1986* vollständig neu geregelt worden. Die öffentliche Zeichnung von Aktien unterliegt daher nicht länger dem *Companies Act 1985*, sondern dem *Financial Services Act 1986*. Mit diesem Gesetz wurden verschiedene EG-Richtlinien ins englische Recht umgesetzt: die Zulassungsrichtlinie (EWG 79/279), die Prospektrichtlinie (EWG 80/390) und die Zwischenberichtsrichtlinie (EWG 82/121). Wichtigstes Anliegen dieses Gesetzes war, den Londoner Investmentmarkt nach dem sogenannten „Big Bang" von 1986 zu deregulieren. *Part IV* des *Financial Services Act* regelt die amtliche Notierung aller börsenfähigen Wertpapiere *securities*[31], einschließlich Aktien *shares*, Schuldverschreibungen *debentures*, Optionsscheinen *warrants* und Investmentzertifikaten. Der noch nicht in Kraft getretene *Part V* des *FSA 1986* wird die öffentliche Zeichnung aller nicht amtlich notierten Wertpapiere *unlisted securities* regeln. Bis zu seinem Inkrafttreten gilt für alle nicht amtlich an der Börse notierten Zeichnungen weiterhin der *Companies Act 1985*[32].

663

---

30 Sections 143 (3), 170 und 171(3) FSA 1986.
31 Section 142 ff. FSA 1986.
32 Sections 56–71 CA 1985.

VI. Die Gesellschaften

664 Der Handel mit amtlich notierten Aktien findet grundsätzlich an der Londoner Börse *London Stock Exchange* statt. Die Zulassung von Wertpapieren zum Börsenhandel wird materiellrechtlich vom *FSA 1986* geregelt. Der *FSA 1986* ermächtigt die Londoner Börse *London Stock Exchange*, Richtlinien für die Zulassung von Wertpapieren zur amtlichen Notierung zu erlassen, die im *Yellow Book* veröffentlicht sind[33]. Neben der amtlichen Notierung durch die Börsenzulassung gibt es aber auch einen weiteren geregelten Markt, den *Unlisted Securities Market* (U.S.M.)[34], der den Handel von an der Börse nicht zugelassenen emittierten Wertpapieren mittelständischer Unternehmen zuläßt[35].

665 Wer sich direkt oder indirekt an die Öffentlichkeit wendet, unterliegt grundsätzlich dem Prospektzwang, der die Funktion der deutschen Gründungsprüfung erfüllt. Der Emittent muß in der Regel zunächst gewisse formelle Voraussetzungen zur Börsenzulassung erfüllt haben: Der voraussichtliche Kurswert der zuzulassenden Aktien muß mindestens £ 700 000 betragen (£ 200 000 bei Schuldverschreibungen *debentures* oder *debt securities*), die Aktien müssen frei übertragbar sein und das Unternehmen, der Emittent, muß grundsätzlich mehr als drei Jahre existiert haben. Das Zulassungsverfahren wird durch den Zulassungsantrag bei der dafür zuständigen Stelle eingeleitet, nämlich bei der *London Stock Exchange*, die hierfür als *competent authority* gilt[36]. Kernstück des Zulassungsantrages ist der Entwurf des Prospektes oder, genauer gesagt, der Notierungsdetails *listing particulars*[37], die dem *Listing Committee* der *London Stock Exchange* zur Genehmigung vorgelegt werden müssen. Die Bestimmungen des *Yellow Book* setzen den Mindestinhalt der *listing particulars*[38] fest. Darüber hinaus gilt allgemein der Grundsatz, daß die *listing particulars* der Öffentlichkeit ein zutreffendes Bild über den Emittenten und die Wertpapiere vermitteln sollen. Sie müssen über die Vermögenswerte und Verpflichtungen, die finanziellen Verhältnisse, Gewinne und Verluste des Emittenten sowie über die mit den Wertpapieren *securities* verbundenen Rechte Auskunft geben. Die *listing particulars* müssen unter anderem angeben: die Personen, die für die Richtigkeit und Vollständigkeit des Inhaltes die Verantwortung übernehmen, die Bilanzen und Gewinn- und Verlustrechnungen für die letzten drei Jahre in Form einer vergleichenden Darstellung, die mit den zuzulassenden Aktien verbundenen Rechte, Stückzahlen und Nummern sowie den Gesamtbetrag der Emission, Einzelheiten über die in den zwei vorhergehenden Jahren abgeschlossenen wichtigen Verträge *material contracts*, Einzel-

---

33 Section 143 FSA 1986.
34 Vgl. Nach der News Release der London Stock Exchange vom 1. April 1993 soll der Unlisted Securities Market erst Ende 1996, und nicht schon wie geplant Ende 1995 abgeschafft werden.
35 Auch für diesen Markt gibt es Zulassungsbestimmungen. Diese sind im — ob seines Einbandes sogenannten — „Green Book" gesammelt.
36 Section 142 (6) FSA 1986.
37 Section 144 FSA 1986.
38 Vgl. The Listing Rules, Chapters 5 und 6.

heiten über die Direktoren, einen Bericht über das Betriebskapital *working capital* der *company*, die Geschäftsentwicklung seit dem letzten Jahresabschluß sowie die Geschäftsaussichten für das laufende Geschäftsjahr. Neben den vollständigen *listing particulars* wird häufig bei großen Emissionen ein Vorprospekt *pathfinder prospectus* herausgegeben, dessen Zweck es ist, den Markt zu testen und das Investoreninteresse anzukurbeln.

Die Börse hat zu überprüfen, ob der Inhalt der *listing particulars* mit den Bestimmungen des *Yellow Book* übereinstimmt. Sie kann die Zulassung ablehnen, wenn sie der Auffassung ist, daß die Zulassung für Investoren schädlich wäre[39]. Eine einmal erteilte Zulassung kann von der London Stock Exchange nicht widerrufen werden[40]. Dagegen kann die Börse den Handel aussetzen, wenn der ordnungsmäßige Börsenhandel gefährdet wird. Gemäß *section 149 FSA 1986* muß eine Kopie der *listing particulars* zur Eintragung beim Registrator vorgelegt werden, zusammen mit Abschriften aller wichtigen Verträge *material contracts* und zusammen mit den Sachverständigengutachten, die in den *listing particulars* aufgeführt sind. 666

Von der Verpflichtung, volle *listing particulars* zu veröffentlichen, gibt es nur wenige Ausnahmen. Hingegen gibt es zahlreiche Ausnahmen, die die Veröffentlichung verkürzter *listing particulars* ermöglichen. Dritte werden in ihrem Vertrauen auf Angaben in dem Prospekt geschützt[41]. Für die Richtigkeit und Vollständigkeit des Prospektinhaltes, der *listing particulars* bei der Emission von amtlich notierten Aktien sind folgende Personen verantwortlich: der Emittent, die Direktoren zur Zeit des Zulassungsantrages, jedermann, der im Prospekt zugelassen hat, als gegenwärtiger oder künftiger Direktor angegeben zu werden, jedermann, der ausdrücklich im Prospekt die Verantwortung für einen Teil ihres Inhaltes übernimmt und jedermann, der den Prospekt oder einen Teil davon genehmigt hat. Für die Richtigkeit und Vollständigkeit des Prospektinhaltes bei der Emission von nicht amtlich notierten Aktien sind die gleichen Personen verantwortlich, allerdings mit bestimmten Einschränkungen. *Sections 150* und *166 FSA 1986* geben Dritten einen gesetzlichen Schadensersatzanspruch bei falschen oder irreführenden Angaben oder wenn der Prospekt offenzulegende Tatsachen nicht erwähnt[42]. 667

Ferner besteht ein Schadensersatzanspruch gegen jede Person, die es versäumt, die erforderlichen Ergänzungsinformationen *supplementary listing particulars* zu veröffentlichen. 668

Gegen den Schadensersatzanspruch gibt es eine Reihe von möglichen Einwänden, auf die sich den Verantwortlichen berufen können, zum Beispiel, wenn ein 669

---

39 Section 144 (3) FSA 1986.
40 Section 144 (6) FSA 1986.
41 Sections 150 und 166 FSA 1986.
42 Vgl. näher dazu insgesamt Georg Müller, Vorvertragliche und vertragliche Informationspflichten nach englischem und deutschem Recht, 1994, S. 118 ff.

VI. Die Gesellschaften

Direktor den Beweis erbringt, daß er die Angaben in angemessener Weise überprüft und für zutreffend befunden hat. Für die Aussagen eines Sachverständigen übernimmt nur dieser selbst die Verantwortung, es sei denn, daß ein Direktor keinen vernünftigen Grund hatte, von der Fähigkeit des Sachverständigen auszugehen. Dann wäre auch dieser verantwortlich. Ausgeschlossen von der Verantwortung gemäß *sections 150* und *160 FSA 1986* sind professionelle Berater (zum Beispiel Rechtsanwälte). Ungeachtet der neuen Bestimmungen in *sections 150* und *166 FSA 1986* gelten nach wie vor die alten *common law* Rechtsbehelfe wie Vertragsaufhebung oder Schadensersatz. Bei erheblicher Irreführung *material misrepresentation* im Prospektinhalt kann der Zeichner seinen Anspruch auf Vertragsaufhebung *rescission* und Rückzahlung geltend machen. In diesem Falle besteht auch die Möglichkeit, die gezeichneten Aktien zu behalten und Schadensersatz zu verlangen[43].

III. Übertragung von Anteilen

670 Grundsätzlich hat jeder Aktionär das uneingeschränkte Recht, seine *shares* an Dritte zu übertragen. Diese Freiheit wird aber oft in den *articles of association* von *private companies* erheblich eingeschränkt. Registrierte Aktien können durch Abtretung und Eintragung des Erwerbers im Aktionärsbuch[44] übertragen werden. Die *company* kann auf diese Eintragung vertrauen und braucht auf Begünstigte *beneficiaries* keine Rücksicht zu nehmen, wenn ein Treuhänder eingetragen ist[45]. Jeder Vermerk, der ein Treuhänderverhältnis andeutet, soll sogar unterbleiben[46]. Ein Testamentsvollstrecker kann, obwohl sein Amt treuhänderischer Natur ist, im Verzeichnis eingetragen werden[47].

671 Vielfach schränken die *articles* – wie dies auch nach § 15 Abs. 5 GmbHG und bei Namensaktien nach § 68 Abs. 2 AktG möglich ist – die Übertragbarkeit der *shares* ein. Seit 1980 sind *private companies* von der Verpflichtung befreit, Einschränkungen vorzusehen. Doch wird in der Praxis in den *articles of association* die Übertragbarkeit häufig eingeschränkt – was immer zu empfehlen ist. Bei der Auslegung der *articles of association* unterliegen solche Einschränkungen der engen Wortlautinterpretation[48]. An der Londoner Börse hingegen werden nur frei übertragbare Aktien zum Handel zugelassen[49]. Die Bestimmungen in den *articles* über die Übertragbarkeit von Anteilen variieren; dies

---

43 Houldsworth v. City of Glasgow Bank (1880) 5 App Cas. 317 (H.L.) aufgehoben durch section 111A CA 1985.
44 Section 182 (1)(b) CA 1985.
45 Theakston v. London Trust plc. [1984] B.C.L.C. 390, ähnlich § 67 Abs. 2 AktG.
46 Section 360 CA 1985.
47 Sie brauchen dies aber nicht, denn die company muß einen Erbschein grant of probate oder letters of administration anerkennen. Vgl. section 187 CA 1985.
48 Re Smith & Fawcett Ltd [1942] Ch. 304.
49 Vgl. The Listing Rules, Chapter 3, para 3.15.

gilt insbesondere bei *private companies*. So gibt es Klauseln, die die Übernahme der Aktien eines Gesellschafters bei Tod oder Konkurs zu einem festgelegten Preis vorsehen[50]. Häufig wird ein Vorkaufsrecht, *pre-emption right* oder *right of first refusal* genannt, eingeräumt. Gibt es ein Vorkaufsrecht bei einem *transfer*, so schließt die Übertragung *transfer* nicht nur die Übertragung des Rechts selbst *legal title*, sondern auch die Übertragung eines *beneficial interest*[51] ein. Noch häufiger gilt die Bestimmung, daß es im uneingeschränkten Ermessen der Direktoren liegt, die Eintragung der Übertragung von Aktien abzulehnen; Gründe hierfür brauchen sie nicht anzugeben[52]. Eine solche Weigerung kann nur angegriffen werden, wenn die Direktoren ihr Ermessen nicht *bona fide* im Interesse der *company* ausgeübt haben[53]. Dieser Nachweis mißlingt, wenn sie sich – wie häufig – über die Gründe für ihre Ablehnung ausschweigen. Begründen sie hingegen ihre Ablehnung, kann dies gerichtlich nachgeprüft[54] und so u. U. eine Berichtigung des Aktionärsbuches erzwungen werden[55]. Die Direktoren dürfen ihre Ablehnung nicht erst Monate nach Einsendung der Übertragungsurkunde bekanntgeben[56].

Registrierte Aktien brauchen nicht in notarieller Form übertragen zu werden. 672
Die erforderliche Form richtet sich nach den *articles*. Aus steuerrechtlichen Gründen darf die *company* eine Übertragung nicht im Aktionärsbuch eintragen, solange keine Übertragungsurkunde *proper instrument of transfer* vorliegt, das der Stempelsteuer unterliegt[57]. Üblich war bisher, daß sowohl Zessionar und Zedent die Übertragungsurkunde unterschrieben und dies von einem Zeugen beglaubigt wurde. Der *Stock Transfer Act 1963*[58] hat die Übertragung voll eingezahlter Aktien erleichtert und bietet eine Übertragungsmodalität als Alternative zu der in den *articles* normalerweise vorgeschriebenen Methode: Auf einem Formular braucht nur noch der Zedent zu unterschreiben; Beglaubigung durch Zeugen ist nicht mehr nötig. Wird das vom *Stock Transfer Act 1963* vorgeschriebene Formular nicht benutzt, muß die Übertragungsurkunde mit den *articles* übereinstimmen. Werden im Anteilszertifikat – wie häufig – mehrere Anteile ausgewiesen, soll aber nur ein Teil hiervon übertragen werden, so übergibt der Verkäufer dem Käufer nicht das Zertifikat,

---

50 Borland's Trustee v. Steel Bros Ltd. [1901] 1 Ch. 279.
51 Lyle & Scott v Scott's Trustees [1959] A.C. 763; siehe aber auch Safeguard Industrial Investments Ltd v. National Westminster Bank Ltd [1982] 1 All E.R. 449 (C.A.).
52 So auch die Muster articles in Table A, Art. 24.
53 Re Coalport China [1895] 2 Ch. 404.
54 Re Bede Steam Shipping Co. Ltd. [1917] 1 Ch. 123.
55 Section 359 (1) CA 1985.
56 Section 183 (5) CA 1985; vgl. auch Re Swaledale Cleaners Ltd. [1968] 1 W.L.R. 1710; Tett v. Phoenix Property and Investment Co Ltd. [1984] B.C.L.C. 599.
57 Section 183 (1) CA 1985.
58 Section 1 und Schedule 1 Stock Transfer Act 1963; Nunmehr können nach dem Stock Exchange (Completions of Bargains) Act 1976 Anteile ohne Ausstellung einer Urkunde übertragen werden.

VI. Die Gesellschaften

sondern läßt sich von der *company* ein *certification of transfer* für den Käufer ausstellen[59]. Dieses wird als Bescheinigung darüber gewertet, daß der Käufer Beweisurkunden über die Aktien vorgelegt hat, nicht aber, daß der Käufer Inhaber ist. Stellt die *company* zu Unrecht vorsätzlich oder fahrlässig ein solches *certification of transfer* aus, kann ein gutgläubiger Käufer sie auf Schadensersatz in Anspruch nehmen. Nach Übertragung vernichtet die *company* das alte Anteilszertifikat und stellt ein neues aus. Gibt sie das alte versehentlich an den Verkäufer zurück, so kann ein gutgläubiger Dritter hierdurch keine Rechte und Ansprüche gegen die *company* erwerben[60]. Hier zeigt sich wieder, daß das Anteilszertifikat kein Wertpapier ist.

673 Die Übertragung von amtlich notierten Aktien wird durch das sogenannte Talisman System der Londoner Börse durchgeführt. Dieses System ermöglicht eine schnelle, sichere und stückslose liefer- und geldmäßige Abwicklung für die an der Londoner Börse gehandelten Aktiengeschäfte. Alle veräußerten Aktien werden bei einem Strohmann *nominee* der Börse namens SEPON Ltd. verwahrt. Verkäufe und Ankäufe von Aktien werden im Auftrag der jeweiligen Makler auf deren Konto bei SEPON Ltd. entweder ein- oder ausgebucht. Form der Übertragung ist entweder ein *Talisman Sold Transfer* oder ein *Talisman Bought Transfer*. Die Einführung eines stückelosen Übertragungsystems *paperless trading* durch das sogenannte TAURUS System wurde nach einigen Jahren der Entwicklung im März 1993 wieder eingestellt[61]. Die erhoffte Abschaffung der Stempelsteuer in Höhe von 0,5 % des Übertragungswertes, die im Rahmen der Einführung des TAURUS Systems geplant wurde, tritt einstweilen nicht ein. Die Stempelsteuer muß bei einer Übertragung von Aktien binnen 30 Tagen ab dem Datum der Übertragung bezahlt werden[62].

674 Werden Anteile veräußert, so verpflichtet sich der Verkäufer nur dazu, alles zu tun, damit der Käufer im Aktionärsbuch registriert wird; er steht aber nicht zugleich für diesen Erfolg ein[63]. Es ist Sache des Käufers, seine Eintragung als Gesellschafter zu besorgen, wenn er es versäumt, die Aktien *with registration guaranteed* zu kaufen. Allerdings hilft auch hier das englische Billigkeitsrecht *equity*: Vom Abschluß des Kaufvertrages an wird der Verkäufer wie ein Treuhänder angesehen[64]; der *beneficial interest* an den Aktien geht an den Käufer über, auch wenn die Übertragung gegen ein Vorkaufsrecht in den *articles* verstößt[65]. Wenn nicht — was an der *London Stock Exchange* üblich ist — vereinbart wird, daß Aktien entweder *ex div* oder *cum div* verkauft

---

59 Section 184 CA 1985.
60 Longman v. Bath Electric Tramways Ltd. [1905] 1 Ch. 646.
61 Das von der London Stock Exchange entwickelte TAURUS System wird voraussichtlich durch ein neuzuentwickelndes System mit dem Namen CREST ersetzt.
62 Section 15 (2) Stamp Act 1891.
63 Hichins, Harrison, Woolston & Co. v. Jackson & Sons [1943] A.C. 266; London Founders Asscn. Ltd. v. Clarke (1888) 20 Q.B. 576.
64 Stevenson v. Wilson [1907] S.C. 445.
65 Hawks v. McArthur [1951] 1 All E.R. 22.

werden, gilt folgende Regelung: Dividenden, die nach Übertragung der *beneficial ownership* bekanntgemacht werden, gehen an den Käufer über. Dividenden, die vor der Übertragung bekanntgemacht, aber erst hinterher ausgezahlt werden, verbleiben dem Verkäufer. Bis zur Eintragung im Register bleibt der Verkäufer der *company* gegenüber noch stimmberechtigt. Dem Verkäufer gegenüber erwirbt der Käufer das Stimmrecht erst bei voller Bezahlung und nicht schon zum Zeitpunkt der Übertragung der *beneficial ownership*[66]. Umgekehrt muß der Käufer dem Verkäufer regelmäßig Einzahlungen nach Abschluß des Kaufvertrages ersetzen[67].

Werden dieselben Aktien an zwei gutgläubige Käufer veräußert, gibt es Konflikte. Auch hier zeigt sich die Bedeutung der Eintragung im Aktionärsbuch: Wer eingetragen ist, hat regelmäßig Vorrang. Solange hingegen keiner eingetragen ist, bleibt es bei der Billigkeitsregel: wessen *equitable right* zuerst begründet wurde, hat Vorrang[68]. 675

IV. Insidergeschäfte

Den rechtswidrigen Handel mit Wertpapieren *securities* einer *company* durch Personen, die über preisempfindliche Information verfügen, bekämpft das englische Recht durch die Auferlegung von Offenbarungspflichten bei dem Erwerb von Aktien durch Direktoren an der eigenen Gesellschaft (ob *private* oder *public*), durch Offenbarungspflichten bei dem Erwerb von Aktien an einer *company* über einen gewissen Prozentsatz hinaus und durch strafrechtliche Maßnahmen. 676

Nach *section 324 CA 1985* muß ein Direktor der *company* schriftlich Auskunft geben über sein Interesse an Aktien oder Schuldverschreibungen *debentures* der *company* oder einer Gesellschaft derselben Unternehmensgruppe sowie über das Ende dieses Interesses, über den Abschluß eines Vertrages zum Verkauf solchen Interesses oder über die Abtretung eines Optionsrechtes zum Kauf solcher Aktien oder Schuldverschreibungen. „Interesse" wird weit definiert[69] und schließt Aktien ein, die im Besitz des Ehepartners oder von Kindern sind. Die schriftliche Mitteilung muß binnen fünf Tagen seit der Bestellung als Direktor oder der Kenntnis des Erwerbes (oder Verkaufes) erfolgen. Die angegebene Information muß in ein von der *company* geführtes Register eingetragen werden[70]. Ergänzend zu den Bestimmungen der *sections 324 ff. CA 1985* gibt es einen Musterkodex über den Handel mit Wertpapieren durch 677

---

66 Musselwhite v. CH Musselwhite & Son Ltd [1962] Ch. 964; Re Picadilly Radio plc [1989] B.C.L.C. 683.
67 Spencer v. Ashworth, Partington & Co. [1925] 1 K.B. 589.
68 Vgl. im einzelnen Gower, a.a.O., S. 400 ff.
69 Vgl. Schedule 13 Part 1 para. 1 CA 1985.
70 Section 325 CA 1985.

VI. Die Gesellschaften

Direktoren, der bei allen an der Londoner Börse notierten Gesellschaften Anwendung findet[71]. Danach darf ein Direktor zwei Monate vor der vorläufigen Bekanntmachung der Jahres- und der Halbjahresergebnisse nicht mit Wertpapieren seiner company handeln.

678 Ein Direktor muß den Vorstandsvorsitzenden über jedes beabsichtigte Aktiengeschäft im voraus schriftlich unterrichten.

679 *Sections 198–212 CA 1985* enthalten Offenbarungsvorschriften, die denen von *section 324ff. CA 1985* ähnlich sind[71a]. Im Gegensatz zu *sections 324ff. CA 1985* erfassen *sections 198ff. CA 1985* jedoch nicht nur Direktoren, sondern auch alle jene Erwerber von Aktien, die den vom Gesetz festgelegten Schwellenwert von drei Prozent überschreiten. Der Geltungsbereich von *sections 324ff. CA 1985* ist allerdings auf *public companies* und auf Stimmrechtsaktien (Schuldverschreibungen fallen also nicht darunter) beschränkt[72]. Erwirbt oder verkauft eine Person allein oder mit mehreren Personen zusammen *acting in concert*[73] mindestens drei Prozent oder mehr der Stimmrechtsaktien einer *public company*[74], ist sie verpflichtet, dies der *public company* binnen zwei Geschäftstagen anzuzeigen. Mitteilungspflichtig ist auch jede Veränderung des Aktienbesitzes um mindestens ein Prozent. Zusätzlich zu der Mitteilungspflicht des Inhabers kann eine *public company* jeden zwingen, von dem sie weiß oder angemessenen Grund hat anzunehmen, daß er in den letzten drei Jahren über Rechte an Stimmrechtsaktien (einschließlich Optionsscheinen) der *public company* verfügte, die genauen Eigentumsverhältnisse, nicht nur bezüglich der eigenen Person, sondern auch von etwaigen Miteigentümern, innerhalb eines angemessenen Zeitraumes offenzulegen[75].

680 *Part V Criminal Justice Act 1993* regelt das materielle Recht des verbotenen Insiderverhaltens. *Part V Criminal Justice Act 1993* umschreibt verschiedene Unrechtstatbestände: der Abschluß von Insidergeschäften *dealing offence* und die Weitergabe von Insiderinformationen an Dritte zu bestimmten Zwecken *tipping offence*[76]. Ein *dealing offence* liegt vor, wenn ein Insider über Insiderinformationen verfügt und unter bestimmten Umständen selbst mit Wertpapieren handelt, für die diese Information preisempfindlich *price-affected* ist. Der Tatbestand der *tipping offence* ist erfüllt, wenn ein Insider, der über Insiderinformationen verfügt, eine andere Person darin bestärkt, mit Wertpapieren zu handeln, für die diese Informationen preisempfindlich sind oder wenn

---

71 Vgl. Listing Rules, Appendix to Chapter 16.
71a Abgeändert durch die Disclosure of Interest in Shares (Amendment) Regulations 1993 (SI 1993/1819).
72 Vgl. auch Schedule 13 Part 1 para. 1 CA 1985.
73 Section 204 CA 1985.
74 Der Prozentsatz, der gegenwärtig drei Prozent beträgt, kann durch Verordnung gemäß section 210 A CA 1985 geändert werden.
75 Section 212 CA 1985; ein angemessener Zeitraum beträgt normalerweise 7 Tage.
76 Section 53 Criminal Justice Act 1993.

er diese Informationen in anderer als in ordnungsmäßiger Ausführung seines Amtes einer anderen Person offenbart. Das verbotene Geschäft muß auf einem geregelten Markt *regulated market* stattfinden[77]. Nur natürliche Personen können sich wegen Insidergeschäften strafbar machen.

Zu Insiderwertpapieren gehören nicht nur Aktien oder Schuldverschreibungen einer *company*, sondern auch Optionsscheine und Bezugsrechte sowie auch bestimmte derivative Termingeschäfte, wenn sie in einem geregelten Markt *regulated market* gehandelt werden. Als Insider gilt jede Person, die wissend über Insiderinformationen verfügt, die sie in ihrer Eigenschaft als Direktor, Angestellte oder Aktionär erlangt hat[78]. *Section 56 Criminal Justice Act 1993* legt als Insiderinformationen fest: noch nicht öffentlich bekanntgewordene Umstände, die hinreichend konkret sind und die einen erheblichen Einfluß auf die Bewertung der Insiderwertpapiere hätten, wenn sie öffentlich bekanntgemacht würden. Der Vorwurf des Insidergeschäfts kann u. a. entkräftet werden, wenn der Insider im Zeitpunkt des Abschlusses des Geschäftes keinen Vermögensvorteil erwartete. Ein Vermögensvorteil kann jedoch auch darin bestehen, daß durch das verbotene Geschäft ein Verlust vermieden wird.

V. Minderheitenschutz

Kein englisches Gericht hat je eine Entscheidung getroffen wie das Reichsgericht[79]: „... der Aktionär hat sich bei allen seinen Maßnahmen als Glied der Gemeinschaft zu fühlen, der er angehört und ist gehalten, die Treuepflicht gegenüber der Gemeinschaft zur obersten Richtschnur seines Handelns zu machen"[80]. Das Stimmrecht eines *shareholder* wird als Eigentumsrecht qualifiziert; ein Gesellschafter kann es so ausüben, wie er dies in seinem Interesse für richtig hält[81], auch eigennützig und zum Nachteil der *company*. Ein Treueverhältnis zur *company* mit bestimmten Pflichten gibt es nicht. Daraus folgt auch: Gesellschafter können — anders als nach § 136 AktG — mitstimmen, auch wenn sie an dem Beschluß persönlich stark interessiert sind[82]. Auch Stimmrechtsbindungen sind zulässig[83].

Von diesem Grundsatz der ungehinderten Stimmrechtsausübung haben die Gerichte nur wenige Ausnahmen bei betrügerischen Manipulationen zum

---

77 Section 52 (3) Criminal Justice Act 1993. Die geregelten Märkte werden durch Verordnung des Treasury bestimmt. Zur Zeit liegt nur ein Entwurf der Verordnung vor. Er schließt aber die meisten europäischen Börsen ein.
78 Section 57 Criminal Justice Act 1993.
79 RGZ 146, 385.
80 Vgl. auch BGHZ 103, 184.
81 Carruth v. I.C.I. Ltd. [1937] A.C. 707, 765.
82 Von diesem Grundsatz gibt es nur wenig Ausnahmen, z. B. sections 164 (5) und 174 (2) CA 1985, wonach der Aktionär sich nicht an einem Gesellschafterbeschluß über den Erwerb seiner Aktien durch die company beteiligen darf.
83 Greenwell v. Porter [1902] 1 Ch. 530.

VI. Die Gesellschaften

Schutze der Minderheit zugelassen[84], nämlich in Fällen, wo ein „Betrug an der Minderheit" *fraud on the minority* begangen wird. *Fraud* bedeutet dabei nicht Betrug im engen juristischen Sinne, sondern unredliches Handeln: Nötig ist dabei auch, daß der „Betrug" von der herrschenden Mehrheit *controllers* begangen oder geduldet wird[85]. So darf die Mehrheit Eigentum oder Betriebsgeheimnisse der *company* nicht für eigene Zwecke verwenden[86] oder Unterschlagungen durch Direktoren nicht genehmigen[87].

684 Bis zum Inkrafttreten der ursprünglichen *section 210 Companies Act 1948* und seiner Nachfolgerin *section 459 CA 1985* (früher auch *section 75 Companies Act 1980*), konnte Minderheitenschutz praktisch nur auf zwei Wegen erreicht werden: entweder über *fraud on the minority* (als Ausnahme zu der Regel in *Foss v. Harbottle*[88]) oder, bei „vergewaltigender Unterdrückung der Minderheit", durch Antrag auf Zwangsabwicklung der *company*, weil dies als gerecht und billig *just and equitable* galt[89]. Unter die Generalklausel „gerecht und billig" fallen u. a. folgende Fälle: Der Hauptzweck der *company* kann nicht erreicht werden[90]; die *company* ist so personalbezogen wie eine *partnership* strukturiert und im Management ist es zu einem Stillstand gekommen; die Partner können einander nicht mehr vertrauen[91]; die *company* führt betrügerische Manipulationen oder rechtswidrige Geschäfte aus[92]; die *company* ist nur ein Mantel *bubble*, die nie Geschäfte geführt oder Vermögen besessen hat[93].

685 In all diesen Fällen konnte die Gesellschaft nur zwangsabgewickelt werden, was sachlich nicht zufriedenstellend war. Deshalb sahen *section 210 Companies Act 1948* und seine Nachfolgerin *section 459 CA 1985* verschiedene Alternativlösungen vor. Die ursprüngliche Fassung in *section 210 Companies Act 1948* erwies sich als unzureichend, so weil „vergewaltigende Maßnahmen gegenüber der Minderheit" nicht durch einen isolierten Vorgang bewiesen werden konnten. Gestützt auf *section 459 CA 1985* kann nunmehr ein Gesellschafter sich an das Gericht mit einer *petition* wenden, wenn die Angelegenheiten der *company* so geführt werden, daß die Interessen eines Teiles der Mitglieder im allgemeinen unredlich beeinträchtigt werden oder eine vorzunehmende Maßnahme oder Unterlassung solche Interessen entsprechend beeinträchtigen würde. Das

---

84 Vgl. Gower, a. a. O., S. 593 ff.; Pennington, a. a. O., S. 654 ff.
85 Prudential Assurance Co. Ltd. v. Newman Industries Ltd. (No. 1) [1981] Ch. 229. Vgl. auch Prudential Assurance Co. Ltd. v. Newman Industries Ltd. (No.2) [1982] Ch. 204 (C.A.).
86 Menier v. Hooper's Telegraph Works (1874) L.R. 9 Ch. App. 350.
87 Cook v. Deeks [1916] 1 A.C. 554.
88 Siehe unten Rdnr. 689.
89 Sections 222 ff., 225 Companies Act 1948.
90 Re German Date Coffee Co. (1882) 20 Ch. D. 169.
91 Insbesondere Re Westbourne Galleries Ltd. [1971] 1 All E.R. 561; vgl. auch Gower, a. a. O., S. 668.
92 Re Thomas Edward Brinsmead & Sons [1897] 1 Ch. 45.
93 Re Cuthbert Cooper & Sons Ltd. [1937] Ch. 392.

Gericht ist in seinen Befugnissen flexibel: Es kann die nach seinem Ermessen nötigen Maßnahmen treffen: die Geschäftsführung überwachen; die *company* dazu zwingen, eine gerügte Maßnahme rückgängig zu machen oder eine unterlassene nachzuholen; den Kauf der Aktien der Minderheit entweder durch andere Mitglieder oder durch die *company* selber mit entsprechender Kapitalherabsetzung anordnen. Auch der *Secretary of State* kann solche Rechtsbehelfe beantragen, wenn ein von ihm angeordneter Bericht eines Sonderprüfers *inspector* Grund zur Annahme gibt, daß gegen *section 459 CA 1985* verstoßen wurde.

Der Antrag auf Zwangsabwicklung aus *just and equitable* Gründen wurde durch *section 225 Companies Act 1948* erheblich eingeschränkt[94], denn einem solchen Antrag durfte nicht mehr stattgegeben werden, wenn ein anderer Rechtsbehelf ausreichend war. Trotz dieser Einschränkung bleiben beide Rechtsbehelfe, die Zwangsabwicklung und die *fraud on the minority*-Doktrin noch bestehen. Allerdings ist die Bedeutung des Konzeptes *fraud on the minority* sowie die Zwangsabwicklung für den Minderheitenschutz durch die Einführung eines wesentlich umfangreicheren Rechtsbehelfes erheblich verringert worden — früher *section 210 Companies Act 1948*, heute *section 459 CA 1985*. **686**

Zum Schutz der Minderheit kann der *Secretary of State* Sonderprüfungen durchführen. Hierzu kann er einen oder mehrere Sonderprüfer *inspectors*, häufig einen hervorragenden Rechtsanwalt oder Wirtschaftsprüfer, bestellen, wenn dies mindestens 200 Aktionäre oder die Inhaber mindestens eines Zehntels der gezeichneten Aktien oder die *company* selbst beantragen[95]. Auf gerichtliche Anordnung hin muß er eine Untersuchung in die Wege leiten[96]. Außerdem kann der *Secretary of State* auch von Amts wegen tätig werden, wenn er betrügerische Manipulationen vermutet oder wenn Gesellschafter beeinträchtigenden Maßnahmen ausgesetzt sind, ferner bei nicht sachgerechter Führung oder unzureichender Information der Gesellschafter über die Angelegenheiten der *company*[97]. Der *Secretary of State* kann sich auch in einem weniger förmlichen Verfahren Geschäftsbücher und Unterlagen vorlegen lassen, wenn es hierfür Anlaß gibt[98]. Hat der Sonderprüfer seinen Bericht vorgelegt, kann der *Secretary of State*[99] die Verantwortlichen strafrechtlich verfolgen oder zivilrechtliche Maßnahmen gegen sie einleiten, entweder namens der *company* klagen, wenn dies das öffentliche Interesse gebietet, oder die Zwangsabwicklung der *company* oder Anordnungen nach *section 459 CA 1985* beantragen. **687**

---

94 Jetzt section 125 (2) Insolvency Act 1986.
95 Section 431 CA 1985.
96 Section 218 (5) Insolvency Act 1986; vgl. auch R.v.B.O.T., ex parte St. Martins Preserving Co. [1965] 1 Q.B. 603.
97 Vgl. section 432 (2) CA 1985.
98 Section 447 (2)-(3) CA 1985.
99 Section 438 CA 1985.

VI. Die Gesellschaften

688 Sonderprüfer können auch bestellt werden, um zu ermitteln, wer am Erfolg oder Mißerfolg einer *company* interessiert ist, wer diese kontrollieren und ihre Geschäftspolitik wesentlich beeinflussen kann[100]. Sie müssen in solchen Fällen ernannt werden, wenn dies 200 Aktionäre oder die Inhaber eines Zehntels der gezeichneten Aktien beantragen, solange dies nicht schikanös *vexatious* ist. Statt dessen kann der *Secretary of State* von jedermann Angaben verlangen, von dem er annimmt, Aktien oder Schuldverschreibungen an der *company* zu halten oder gehalten zu haben[101]. Die Sonderprüfer können die Untersuchung auch auf verbundene Unternehmen ausdehnen, können Unterlagen von Direktoren, Sekretären und Bevollmächtigten, wie Banken, Rechtsanwälten und Buchprüfern, herausverlangen und diese Personen unter Eid vernehmen[102].

VI. Mehrheitsregel

689 Minderheitenschutz gibt es auch im prozeßrechtlichen Bereich. Gesellschafter einer *company* können nicht nur ihre eigenen Rechte gegen die company durchsetzen. Sie können auch verlangen, daß Direktoren und andere Gesellschafter ihre Pflichten gegenüber der *company* erfüllen[103]. Doch hat das englische Prozeßrecht nur zögernd eine allgemeine *actio pro socio* anerkannt[104]. Diese schränkt die Mehrheitsregel *majority rule* ein, die sich auf *Foss v. Harbottle*[105] gründet: Pflichten gegenüber der *company* soll grundsätzlich nur diese selbst durchsetzen; solange eine Pflichtverletzung durch einfachen Gesellschafterbeschluß sanktioniert werden kann, sind Gesellschafter nicht klageberechtigt. Wer zum Beispiel rügt, eine Hauptversammlung sei nicht ordnungsgemäß durchgeführt worden, kann einen trotzdem ergangenen Beschluß grundsätzlich nicht anfechten[106].

690 Doch gibt es weitreichende Ausnahmen von dieser Regel aus dem Jahre 1843. Macht sich die Mehrheit der Gesellschafter betrügerischer Manipulationen gegenüber der Minderheit schuldig, ist letzterer der Klageweg nicht versperrt[107]. Wird eine Maßnahme der *company* nicht durch den im *memorandum* bestimmten Gegenstand gedeckt, kann ein Gesellschafter sofort auf Unterlassung klagen[108]. Denn eine solche Maßnahme geht (im Innenverhältnis) nach

---

100 Sections 442–444 CA 1985.
101 Section 444 CA 1985.
102 Section 447 CA 1985.
103 Vgl. im einzelnen Gower, a. a. O., S. 643 ff.
104 Prudential Assurance Co. Ltd. v. Newman Industries Ltd. (No. 1) [1981] Ch. 229; Eastmanco Ltd. v. G.L.C. [1982] 1 W.L.R. 2; Smith v. Croft (No. 1) [1986] 1 W.L.R. 580.
105 (1843) 2 Ha. 461; vgl. auch Edwards v. Halliwell [1950] 2 All E.R. 1064.
106 MacDougall v. Gardiner (1875) 1 Ch.D. 13.
107 Cook v. Deeks [1916] A.C. 554.
108 Flitcroft's Case (1882) 21 Ch.D. 519. Ein Gesellschafter kann nach geltendem Recht ein bevorstehendes ultra vires-Geschäft, nicht aber die Erfüllung einer bestehenden ultra vires-Verpflichtung verhindern.

wie vor über die Kompetenzen der Direktoren hinaus[109]. Wiederum kann ein Gesellschafter Handlungen der *company* verbieten, wenn diese einen außerordentlichen Beschluß voraussetzen, ein solcher Beschluß aber nicht oder nicht ordnungsgemäß gefaßt wurde[110]. Die Klage der einzelnen Gesellschafter kann auf zweierlei Weise durchgeführt werden: entweder in Form einer persönlichen Klage *personal action* oder − in Anlehnung an das US-amerikanische Recht − in Form einer *derivative action* namens der *company*[111]. Für die letztere hält das englische Prozeßrecht seit langem auch die sog. *representative action* bereit[112]. Strittig ist aber, ob die persönliche Klage *personal action* völlig unabhängig von der Regel in *Foss v. Harbottle* besteht oder eine Ausnahme dazu darstellt[113].

noch
690

---

109 Die ultra vires-Lehre ist im Außenverhältnis so gut wie abgeschafft worden. Vgl. section 35 CA 1985 und oben Rdnr. 621.
110 Baillie v. Oriental Telephone Co. Ltd. [1915] Ch. 503.
111 Pennington, a.a.O., S. 650ff.
112 Vgl. Order 15 Rule 12 der Rules of the Supreme Court; vgl. auch Note 15/12/5 der Rules of the Supreme Court.
113 Vgl. Gower, a.a.O., S. 660ff.

259

VI. Die Gesellschaften

§ 6
Schuldverschreibungen

I. Schuldverschreibungen debentures

691 Schuldverschreibungen *debentures* sind die wichtigste Art der Fremdfinanzierung. Sie sind auch bei kleinen *private companies* populär. Oder genauer: Die Rechtsform der *company* ist vor allem deshalb so attraktiv, weil nur sie durch *floating charges* abgesicherte Schuldverschreibungen ausgeben kann[1]. Der *floating charge* ist ein Sicherungsmittel am gesamten Gesellschaftsvermögen, am gegenwärtigen wie am künftigen[2]. Eine Schuldverschreibung *debenture* kann entweder abgesichert sein oder nicht. Im letzten Falle wird die Schuldverschreibung als *bond* oder *loan note* bezeichnet.

692 Eine präzise Legaldefinition einer Schuldverschreibung *debenture* kann man weder im *Companies Act* noch im *Financial Services Act* finden: *section 744 CA 1985* sowie *Schedule 1 para. 2 FSA 1986*, die beide eine Schuldverschreibung beschreiben, bieten dennoch keine vollständige Begriffsbestimmung. Eine *debenture* ist zunächst nur eine Schuldurkunde, die gewöhnlich *under seal* ausgestellt wird. Darin erkennt die *company* an, dem Gläubiger, *debenture holder* genannt, einen bestimmten Betrag zu schulden. So kurz ist eine *debenture* in der Praxis allerdings nie. In den meisten Fällen wird zwischen den Gläubiger und die *company* ein Treuhänder geschaltet. Dadurch kann die Absicherung entweder als *floating* oder *fixed charge* im Namen des Treuhänders ausgestellt werden, der die Sicherung zugunsten aller Gläubiger treuhänderisch verwaltet. Dann muß eine Treuhandurkunde *debenture trust deed* ausgefertigt werden. Gibt es mehrere Gläubiger, werden die Schuldverschreibungen oft als *stock* ausgegeben. Die Rechtsbeziehungen zwischen Gläubigern, *company* und Treuhänder werden dann in einem *debenture stock trust deed* zwischen der *company* und dem Treuhänder geregelt. Gläubiger erhalten über ihre Rechte gegenüber dem Treuhänder häufig eine Beweisurkunde, *debenture stock certificate* genannt[3]. Wer die Öffentlichkeit zur Zeichnung oder zum Kauf von Schuldverschreibungen auffordert, unterliegt dem Prospektzwang[4].

693 In dem umfangreichen *debenture (stock) trust deed* finden sich häufig sehr detaillierte Bestimmungen über:

---

1 Wollen partnerships oder Einzelhändler bewegliche Sachen im Wege der Mobiliarhypothek verpfänden, müssen sie die strengen Voraussetzungen der Bills of Sale Acts 1878, 1882 erfüllen; vgl. oben Rdnr. 306 ff.
2 Vgl. oben Rdnr. 331 ff.
3 Vgl. im einzelnen Pennington, a.a.O., S. 443; vgl. auch Re Dunderland Iron Ore Co. Ltd. [1909] 1 Ch. 446.
4 Vgl. oben Rdnr. 665.

a) die Verpflichtung der *company*, die Hauptsumme samt Zinsen und Kosten zu zahlen;

b) die Verpfändung des Grundeigentums der *company*, sei es *freehold* oder *leasehold*[5], sowie der beweglichen Sachen[6]. Da diese verpfändeten Sachen genau bezeichnet werden müssen, spricht man von einem *fixed* oder *specific charge*;

c) die Verpfändung des gesamten Vermögens oder einzelner Sachgesamtheiten der *company*, auch künftiger Vermögenswerte, durch einen *floating charge*[7];

d) die Bedingungen, unter denen ein *fixed charge* durchgesetzt werden kann und sich ein *floating charge* konkretisiert, wie zum Beispiel bei Zahlungsrückstand, Einstellung der Geschäftstätigkeit, bei Beginn der Abwicklung der *company*, bei Verletzung irgendeiner Klausel der Urkunde durch die *company* etc;

e) die Befugnis der Gläubiger bzw. ihres Treuhänders, verpfändete Vermögensgegenstände bei Eintritt der vorausgegangenen Bedingungen in Besitz zu nehmen, zu verkaufen, die Geschäfte der *company* fortzuführen;

e) die Verpflichtung der *company*, ein Verzeichnis der Inhaber von Schuldverschreibungen zu führen, das verpfändete Eigentum zu versichern – und wenn nötig – zu reparieren;

f) die Befugnis der Gläubiger bzw. ihrer Treuhänder, bei Eintritt dieser Bedingungen einen *receiver* zu ernennen. Dieser Verwalter ist eine Erfindung der *equity*, des englischen Billigkeitsrechts. Er verwertet die verpfändeten Gegenstände außerhalb des Zwangsabwicklungs- oder Konkursverfahrens[8];

g) die Befugnisse und Verpflichtungen des Treuhänders sowie auch seine Vergütung.

II. Arten und Übertragung der Schuldverschreibungen

Schuldverschreibungen können unter pari *at a discount* oder mit Agio *at a premium* ausgestellt oder eingelöst werden. 694

Wandelschuldverschreibungen *convertible debentures* dürfen nicht unter pari emittiert werden[9]. Nur Schuldverschreibungen auf den Inhaber *bearer debentures* sind echte Wertpapiere. Sie können durch Besitzübergabe *delivery* übertragen werden. Auch gutgläubiger Erwerb ist möglich[10]. 695

---

5 Vgl. oben Rdnr. 306.
6 Vgl. oben Rdnr. 306.
7 Vgl. oben Rdnr. 331 ff.
8 Vgl. unten Rdnr. 847.
9 Moseley v. Koffyfontein Mines [1904] 2 Ch. 108 (C.A.).
10 Vgl. Gore-Brown, a.a.O., S. 17.016.

VI. Die Gesellschaften

696 Viel häufiger sind registrierte Schuldverschreibungen *registered debentures*. Diese sind keine Wertpapiere, sondern nach englischer Klassifikation unkörperliche Gegenstände *choses in action*[11]. Sie müssen — wenn sie auch Sicherheiten verkörpern — in zwei Verzeichnisse eingetragen werden: sowohl in das von der *company* als auch das vom Registrator geführte Register der Belastungen[12]. Wird die Eintragung in das vom Registrar geführte Register versäumt, ist die Sicherheit einem Liquidator oder anderem Gläubiger der *company* gegenüber, nicht aber die Forderung selbst, unwirksam[13]. Die Übertragung solcher Schuldverschreibungen erfolgt zu den Bedingungen, wie sie auf der Rückseite abgedruckt sind oder nach dem *Stock Transfer Act 1963*, d.h. nach dem von diesem Gesetz vorgesehenen Formular *stock transfer*. Bei den abgedruckten Bedingungen heißt es gewöhnlich, daß der registrierte Halter sie schriftlich oder gemäß der an der Börse zulässigen Form übertragen kann[14]. Die *company* darf einen neuen Halter in das Verzeichnis der Schuldverschreibungen erst eintragen, wenn ihr eine gültige Übertragungsurkunde vorliegt. Sie kann dem Erwerber dieselben Einwendungen entgegenhalten wie dem Veräußerer, es sei denn, die Schuldverschreibungen werden von Einwendungen *company* und Inhaber frei *free of equities* übertragen. Im übrigen kann — wegen der ähnlichen Rechtslage — auf die Ausführungen über *shares* verwiesen werden[15].

697 Die Stempelsteuer *stamp duty* auf festverzinsliches Fremdkapital wurde 1976 abgeschafft. Von dieser Befreiung sind Wandelschuldverschreibungen *convertible debentures* ausgeschlossen. Eine *company* kann sich verpflichten oder sich das Recht vorbehalten, Schuldverschreibungen einzulösen: *redeemable debentures*. Diese Einlösbarkeit kann unbeschränkt hinausgezögert oder ganz ausgeschlossen werden bei sog. *perpetual debentures*[16].

---

11 Das sind Rechte, die nur im Wege einer Klage durchgesetzt werden können.
12 Sections 190 und 395 CA 1985.
13 Re Monolithic Building Co. [1915] 1 Ch. 643.
14 Vgl. im einzelnen Gore-Brown, a.a.O., S. 17.014.
15 Vgl. auch oben Rdnr. 650.
16 Section 193 CA 1985; vgl. auch Gore-Brown, a.a.O., S. 17.008 ff.

§ 7
Organe der company

I. Hauptversammlung

Eine *company* hat zwei Organe: Hauptversammlung *general meeting* und Vorstand *board of directors*. Die Hauptversammlung ist das oberste Willensorgan der *company*[1], der Vorstand das Leitungsorgan. Die allgemeine Verwaltungsbefugnis der *company* hat der Vorstand, nicht aber einzelne Direktoren, vorbehaltlich einzelner Bestimmungen der *Companies Acts*, der *articles of association* und Anweisungen der Gesellschafter durch außerordentlichen Beschluß[2]. Dem englischen Recht ist der Begriff des Organs wie überhaupt eine institutionelle Betrachtung im Gesellschaftsrecht fremd. — 698

Soweit nichts anderes bestimmt ist, hat die Hauptversammlung weitgefaßte Zuständigkeiten. Sie bestellt Direktoren und Rechnungsprüfer und beruft sie ab, beschließt über jede Änderung des Gesellschaftskapitals, des *memorandum* und der *articles*, über die Auflösung der *company*. Für *public companies*, deren Aktien an der Börse amtlich notiert sind, bestimmt das *Yellow Book* noch eine ganze Reihe zusätzlicher Transaktionen, die die Zustimmung der Gesellschafter benötigen. Ausführliche und unterschiedliche Bestimmungen, auch über die Kompetenzabgrenzung zum *board of directors*, finden sich in den *articles*. Der Satzungsautonomie kommt also auch hier besondere Bedeutung zu, weil der CA 1985 nur wenige zwingende Vorschriften enthält. — 699

In jedem Geschäftsjahr (bzw. Kalenderjahr) und nicht später als 15 Monate nach der letzten Jahreshauptversammlung muß die ordentliche Jahreshauptversammlung *annual general meeting*, abgekürzt *AGM* genannt, zusammentreten. Seit 1989 kann eine *private company* durch einen besonderen Wahlbeschluß *elective resolution* darauf verzichten, eine Jahreshauptversammlung abzuhalten[3], wenn nicht ein Gesellschafter darauf besteht. Jeder Gesellschafter kann die Einberufung mit Hilfe des *Secretary of State* erzwingen: Dieser kann selbst zur Hauptversammlung laden und konkrete Anweisungen zu Einzelfragen geben[4]. Werden Jahreshauptversammlungen nicht gesetzesgemäß einberufen und abgehalten, können säumige Direktoren und die *company* selber mit einer Geldstrafe belegt werden. — 700

Grundsätzlich sehen die *articles* vor, unter welchen Bedingungen und wann eine außerordentliche Versammlung *extraordinary general meeting*, abgekürzt — 701

---
1 Siehe hierzu aber Gower, a.a.O., S. 501.
2 Vgl. Table A, Art. 70.
3 Section 366A CA 1985.
4 Section 367 CA 1985.

VI. Die Gesellschaften

EGM genannt, einberufen werden kann und muß. Unabhängig davon müssen die Direktoren einer Einladungsaufforderung der Gesellschafter, die ein Zehntel des stimmberechtigten eingezahlten Kapitals halten, nachkommen. Die Gesellschafter müssen die Aufforderung unterschreiben, ihren Zweck und Grund angeben und sie am satzungsmäßigen Gesellschaftssitz hinterlegen. Berufen die Direktoren die Versammlung dann nicht binnen 21 Tagen ein, können dies die Gesellschafter binnen drei Monaten selbst tun. Die Gesellschafter können von der *company* Ersatz ihrer angemessenen Auslagen verlangen, und die *company* muß diese von der Vergütung der säumigen Direktoren abziehen[5]. Englische Gerichte geben — anders als deutsche — in zweifelhaften Fällen auch Rechtsrat und Anweisungen. So kann ein Gericht auf Antrag anordnen, eine Hauptversammlung einzuberufen, abzuhalten und zu leiten und kann konkrete Anweisungen hierfür geben, wenn sie sonst nicht ohne Schwierigkeiten oder nicht in der durch Gesetz und *articles* vorgeschriebenen Weise abgehalten werden könnte[6].

702 Auffällig ist, wie detailliert englisches Gesellschaftsrecht Form und Frist der Einberufung, Abhaltung der *general meetings* und Beschlußfassung regelt. Fehlerhafte Beschlüsse können vom Gericht aufgehoben werden, doch sind dem Antragsrecht einzelner Gesellschafter durch das Mehrheitsprinzip, der *rule in Foss v. Harbottle*, Grenzen gesetzt[7].

703 Die Einberufungsfrist zur ordentlichen Jahreshauptversammlung muß mindestens 21, zur außerordentlichen Versammlung mindestens 14 Tage betragen. Besonderheiten gelten für außerordentliche Beschlüsse. Soll auf der Versammlung eine *special resolution*, eine besondere Art eines außerordentlichen Beschlusses, gefaßt werden, muß die Versammlung in jedem Fall 21 Tage vorher einberufen werden[8]. Die *articles of association* können längere, aber nicht kürzere Einberufungsfristen vorschreiben. Alle stimmberechtigten Gesellschafter können für die ordentliche Jahreshauptversammlung auf diese Ladungsfrist verzichten, für außerordentliche Versammlungen genügen die Gesellschafter, die 95% der stimmberechtigten Anteile halten[9]. Eine *private company* kann durch einen besonderen Wahlbeschluß *elective resolution* diesen Prozentsatz von 95% auf nicht weniger als 90% reduzieren[10].

704 Die Versammlung kann auf verschiedene Räume verteilt sein, wenn nur alle Teilnehmer mit audiovisuellen Hilfsmitteln so daran teilnehmen können, als wären alle Mitglieder im selben Raum[11]. Die *articles* schreiben gewöhnlich vor, daß alle Gesellschafter persönlich oder per Post an ihre im Aktienbuch

---

5 Section 368 (6) CA 1985.
6 Section 371 CA 1985.
7 Vgl. oben Rdnr. 689.
8 Section 378 (2), CA 1985.
9 Section 369 (3), (4), CA 1985.
10 Sections 369 (4) und 378 (3) CA 1985.
11 Byng v. London Life Association Ltd. [1990] Ch. 170.

angegebene Adresse, nach dem Tod eines Gesellschafters — obwohl nicht stimmberechtigt — der Testamentvollstrecker und bei Konkurs der Konkursverwalter einzuladen sind[12]. Gesellschafter, deren Zustellungsadresse außerhalb Großbritanniens liegt, brauchen nicht benachrichtigt zu werden, wenn nicht die *articles of association* dies bestimmen. Die Wirtschaftsprüfer *auditors* der *company* müssen benachrichtigt werden.

Nach *common law* können Beschlüsse angefochten werden, auch wenn nur wenige Gesellschafter nicht benachrichtigt worden sind[13]. Nunmehr bestimmt die Mustersatzung, daß Beschlüsse wirksam sind, auch wenn versehentlich die Benachrichtigung einzelner Gesellschafter unterblieben ist[14]. Nach den *articles* muß die Einladung Zeit und Ort angeben und besonders zu behandelnde Geschäfte *special business* allgemein bezeichnen[15]. Darunter fällt bei einer außerordentlichen Versammlung sowie auch bei einer Jahreshauptversammlung jeder Punkt, nicht jedoch Fragen zu Dividendenzahlungen, Buchführung, Bilanzen, Berichten der Direktoren und Prüfer, Wahl von Direktoren an Stelle zurückgetretener und Bestellung und Vergütung der Prüfer. Diese werden alle als normale Geschäfte *ordinary business* klassifiziert. Soll ein besonderer Punkt behandelt werden, muß dies in der Einberufung so genau angegeben werden, daß jeder Gesellschafter für sich entscheiden kann, ob er angesichts dieser Frage teilnehmen will[16]. Soll ein außerordentlicher Beschluß *special resolution* gefaßt werden, muß die Einladung den genauen Wortlaut wiedergeben[17]. Bei *public companies* ist die Einladung zur Versammlung in einem Rundschreiben *circular* an die Mitglieder enthalten. Hierin wird häufig der Hintergrund des Beschlusses ausführlich erklärt und die Stellungnahme der Direktoren abgedruckt. 705

Gesellschafter, die ein Zwanzigstel der stimmberechtigten Anteile halten oder 100 Gesellschafter, von denen im Durchschnitt jeder £ 100 auf seine Anteile einbezahlt hat, können von der *company* verlangen, daß diese allen Gesellschaftern einen auf der nächsten ordentlichen Jahresversammlung vorgesehenen Antrag mitteilt; ferner, daß die *company* eine Erklärung, die bis zu 1000 Worte umfassen darf, über einen für irgendeine Hauptversammlung vorgesehenen Antrag oder über einen anderen Punkt weiterleitet[18]. 706

Beschlüsse werden grundsätzlich auf den *general meetings* gefaßt. Die Gesellschafter können etwas anderes, insbesondere schriftliche Abstimmung vereinbaren. Beschlußfassung auf der Hauptversammlung setzt ein bestimmtes Quorum, Beschlußfähigkeit voraus, d. h. die Anwesenheit einer bestimmten Anzahl 707

---

12 Vgl. Table A, Art. 31.
13 Young v. Ladies' Imperial Club [1920] 2 K.B. 523.
14 Table A, Art. 39.
15 Table A, Art. 38.
16 Baillie v. Oriental Telephone Co. Ltd. [1906] 1 Ch. 148.
17 Section 378 CA 1985; vgl. auch Re Moorgate Mercantile Holdings Ltd. [1980] 1 W.L.R. 277.
18 Section 376 CA 1985.

VI. Die Gesellschaften

von Gesellschaftern; dies wird normalerweise in den *articles of association* festgesetzt. Wenn in den *articles of association* kein Quorum vorgesehen wird, bestimmt der *CA 1985*, daß bei *private* wie *public companies* mindestens zwei Gesellschafter oder ihre Vertreter während der Versammlung anwesend sein müssen[19]. Ein einzelner Gesellschafter kann also – jedenfalls nicht ohne Zustimmung des Gerichts – keine Hauptversammlung abhalten.

708 Die Abstimmung durch Handaufheben *show of hands* ist charakteristisch für die Hauptversammlung einer englischen Gesellschaft. Dabei hat jeder anwesende Gesellschafter, nicht aber ein Bevollmächtigter *proxy*[20], eine Stimme, und zwar unabhängig von der Anzahl seiner Anteile. Diese Abstimmungsmethode kann zu Verzerrungen führen. Deshalb kann Abstimmung nach Kapitalanteilen *poll* von nicht weniger als fünf stimmberechtigten Gesellschaftern, die ein Zehntel der stimmberechtigten Anteile halten, verlangt werden, und zwar auch dann noch, wenn das Ergebnis einer Abstimmung durch *show of hands* schon vorliegt. Dieses Recht können die *articles of association* nicht ausschließen[21]. Auch Bevollmächtigte können auf einer *poll* bestehen und bei dieser Abstimmungsmethode mitstimmen.

709 Ein Beschluß bedarf grundsätzlich nur der einfachen Mehrheit der abgegebenen Stimmen, ein außerordentlicher Beschluß einer qualifizierten Mehrheit von drei Vierteln der abgegebenen Stimmen. Es gibt zwei Arten von außerordentlichen Beschlüssen: *extraordinary* und *special resolutions*. Erstere sind zum Beispiel für Abwicklung der *company*, letztere für Anträge über Abberufung eines Direktors, Bestellung eines über 70 Jahre alten Direktors, Ernennung eines Prüfers in bestimmten Fällen, Kapitalherabsetzung, Änderung der *articles* und des *memorandum* nötig. Bei *private companies* gibt es seit 1989 auch eine vierte Variante nämlich einen besonderen Wahlbeschluß *elective resolution*, für den eine Einberufungsfrist von 21 Tagen nötig ist. Eine *elective resolution* ist unter anderem für einen Verzicht auf die Einberufung der Jahreshauptversammlung und auf die Bestellung von Abschlußprüfern erforderlich[22].

710 Alle Beschlüsse werden protokolliert; die Protokolle werden am Gesellschaftssitz aufbewahrt und können von den Gesellschaftern eingesehen werden. Außerordentliche Beschlüsse und solche über jede Erhöhung des Nominalkapitals müssen gedruckt und beim Registrator hinterlegt werden.

711 Im Rahmen der Deregulierung des Rechts der *private companies* hat der *Companies Act 1989* neue Regelungen eingeführt: Eine *private company* kann nunmehr schriftliche Beschlüsse *written resolutions* fassen, ohne zu diesem Zwecke eine Versammlung einberufen zu müssen[23]. Ein solcher Beschluß ist

---

19 Section 370 (4) CA 1985; vgl. auch Table A, Art. 40.
20 Über proxies vgl. Gower, a. a. O.; S. 512ff.
21 Section 373 CA 1985.
22 Sections 379(A) (1), 80(A), 252, 366(A), 369 (4), 378 (3) und 386 CA 1985.
23 Sections 381A, 381B und 382A CA 1985.

nur wirksam, wenn er von allen zum Zeitpunkt der Beschlußfassung stimmberechtigten Gesellschaftern unterschrieben wird. Sollte der Beschluß für die Abschlußprüfer der *company* von Belang sein, müssen sie durch die Überlassung einer Kopie des vorgeschlagenen Beschlusses benachrichtigt werden. Der schriftliche Beschluß wird erst dann wirksam, wenn die Abschlußprüfer binnen sieben Tagen der *company* mitgeteilt haben, daß er entweder für sie nicht von Belang ist oder wenn er doch bedeutsam ist, es trotzdem nicht der Einberufung einer Versammlung bedarf. Sind sieben Tage verstrichen, ohne daß die Abschlußprüfer ihre Stellungnahme abgegeben haben, wird der schriftliche Beschluß ohne weiteres wirksam.

II. Board of directors

1. Grundsätze

Die Befugnisse des Vorstands *board of directors* ergeben sich nicht aus dem Gesetz oder dem *common law*, sondern aus den *articles*. Diese grenzen seine Kompetenzen von denen der Hauptversammlung ab. Der Vorstand ist also nicht mit originären Befugnissen ausgestattet; er wird nicht als Organ der Gesellschaft, sondern als ihr Beauftragter aufgefaßt (Mandatstheorie)[24]. Allerdings: Solange der *board of directors* seine durch Satzung gedeckten Befugnisse nicht überschreitet, braucht er sich dem Willen der Hauptversammlung – anders als nach § 37 Abs. 1 GmbHG – nicht zu beugen[25]. Beharrt die Hauptversammlung dennoch auf ihrem Willen gegenüber dem Vorstand, muß sie zunächst durch Satzungsänderung, also durch außerordentlichen Beschluß *special resolution*, die Befugnisse des Vorstands beschneiden; das kann sie nicht mit rückwirkender Kraft tun. Überschreitet der Vorstand seine Befugnisse, kann die Hauptversammlung dessen Rechtsgeschäfte genehmigen[26]. 712

Der Vorstand als ganzer, *prima facie* aber nicht der einzelne Direktor, ist mit solchen Befugnissen ausgestattet. Nur wenn die *articles* dies vorsehen, kann der Vorstand einzelne Direktoren mit der Ausführung bestimmter Befugnisse beauftragen und bevollmächtigen[27]. 713

England kennt nicht das dualistische System Vorstand/Aufsichtsrat, sondern folgt dem monistischen System *one tier* oder *unitary system*: Zwischen Vorstand und Hauptversammlung ist kein weiteres Kontrollorgan geschaltet. Doch können die *articles* vorsehen, daß bestimmte Handlungen des Vorstands von einem besonderen Gremium genehmigt werden müssen. Hat die *company* einen geschäftsführenden Direktor *managing director*, der heutzutage US- 714

---

24 Vgl. Behrens, a.a.O., S. 795.
25 Automatic Self-Cleansing Co. Ltd. v. Cuninghame [1906] 2 Ch. 34.
26 Bamford v. Bamford [1970] Ch. 212.
27 Table A, Art. 72.

VI. Die Gesellschaften

amerikanischem Vorbild folgend häufig *chief executive officer* genannt wird, für ihre täglichen Geschäfte bestellt, aber Geschäfte von größerem Gewicht und Festlegung der Richtlinien der Geschäftspolitik dem gesamten *board of directors* vorbehalten, so kommen dessen Funktionen *in praxi* denen eines deutschen Aufsichtsrates nahe, vor allem bei *public companies*, wo der Vorstand häufig aus geschäftsführenden *executive directors* und nichtgeschäftsführenden *non-executive directors* besteht.

715 Einen wichtigen Beitrag zu diesem Thema hat ein Bericht des *Committee on the Financial Aspects of Corporate Governance* geleistet[28]. Dieser Bericht, der nach dem Vorsitzenden der Kommission *Cadbury Report* genannt wird, hat für die Geschäftsleitung einer *company* wichtige Empfehlungen gemacht, die in einem Verhaltenskodex *Code of Best Practice* enthalten sind. Obwohl dieser Code nicht gesetzlich verankert ist, sehen die Notierungsdetails *listing particulars* des neuen *Yellow Book* vor, daß der Jahresbericht einer an der Börse notierten *public company* Stellung dazu nehmen soll, ob die Cadbury-Empfehlungen erfüllt wurden. Wenn diesen Empfehlungen nicht gefolgt wurde, müssen die Gründe dafür angegeben und erklärt werden[29].

716 Jede Stellungnahme ist von den Abschlußprüfern zu überprüfen. Der *Cadbury Report* empfiehlt unter anderem: Ungeachtet der besonderen Verantwortungsbereiche einzelner Direktoren, muß der Vorstand seinen Verpflichtungen gemeinsam nachkommen; niemandem sollten uneingeschränkte Befugnisse eingeräumt werden; deshalb sollten die Rollen des Vorsitzenden *chairman* und des *chief executive* getrennt werden; der Vorstand soll schriftlich bestimmen, welche wichtigen Geschäfte dem gesamten Vorstand vorbehalten sein sollen; der Vorstand sollte mindestens drei *non-executive directors* haben, wovon mindestens zwei bestimmte Unabhängigkeitskriterien erfüllen sollen; ferner soll der Vorstand einen Prüfungsausschuß *audit committee* und einen Vergütungsausschuß *remuneration committee* bestellen, bestehend aus mindestens je drei *non-executive directors*. Das englische *board*-System zeigt also Annäherungen an das dualistische deutsche System.

717 Das englische *board*-System im engeren Sinn besagt[30]: Grundsätzlich sind nur alle Direktoren gemeinschaftlich zu Geschäftsführung und Vertretung befugt. Die Geschäftsordnung für Sitzungen des Vorstands *board meetings* wird normalerweise vom Vorstand selbst geregelt, wenn nicht – wie gewöhnlich – die *articles* dies bestimmen. In vielen Fällen regeln die *articles* die Fragen der Einberufung, das Quorum, den Vorsitz und geben dem *chairman* bei Stimmengleichheit die entscheidende Stimme *casting vote*. Wenn die *articles of association* dies ausdrücklich vorsehen, können Beschlüsse des Vorstandes durch ein

---

28 Report of the Cadbury Committee on the Financial Aspects of Corporate Governance, December 1992; vgl. auch der Code of Best Practice.
29 The Listing Rules, Chapter 12, para. 12.43(j).
30 Vgl. Gower, a. a. O., S. 159 ff.

von allen stimmberechtigten Direktoren unterschriebenes Schriftstück als *written resolution* gefaßt werden[31]; Sitzungen können telefonisch abgehalten werden. Ein Direktor, der sich außerhalb Großbritanniens *overseas* aufhält, braucht nach der Mustersatzung nicht geladen zu werden[32].

Nur wenn die *articles* dies bestimmen, hat die *company* auch einen *managing director*, der die täglichen Geschäfte führt und überwacht. Seine Pflichten und Befugnisse ergeben sich aus den *articles* und dem Anstellungsvertrag[33]. Kann der *board* nach den *articles* einen solchen geschäftsführenden Direktor ernennen, so kann er dessen Bestellung nicht selbst widerrufen, wenn dies im Widerspruch zu seinem Anstellungsvertrag steht. Doch kann die Hauptversammlung den Geschäftsführer abberufen, entweder durch Satzungsänderung oder durch einen ordentlichen Beschluß nach *section 303 CA 1985*. Doch setzt sie damit die *company* Schadensersatzansprüchen wegen einer Verletzung des Anstellungsvertrages aus[34]. 718

Grundsätzlich kann nur der *board* gemeinschaftlich die *company* vertreten. Es gilt der Grundsatz der Gesamtvertretung. Wirksame Vertretung setzt wirksame Beschlußfassung des *board* im Rahmen der ihm durch die *articles* eingeräumten Befugnisse voraus. Seit der Regel im *Turquand*-Fall aus dem Jahre 1856[35] braucht sich ein Dritter mit Fragen der internen Geschäftsführung nicht mehr zu beschäftigen. Seit dem *European Companies Act 1972* und vor allem mit *section 35A CA 1985* schaden auch Beschränkungen der Vertretungsmacht in *memorandum/articles* nicht mehr. Trotzdem muß auch heute noch der Vorstand insgesamt die Vertretung ausüben. Deshalb kommt, wenn nur ein *director*, etwa der geschäftsführende handelt, der Duldungs- oder Anscheinsvollmacht, *apparent* oder *ostensible authority* genannt, besondere Bedeutung zu, wenn er nicht Einzelvertretungsmacht hat[36]. 719

2. Bestellung und Abberufung der directors

So wie das Gesetz nicht die Funktion der Hauptversammlung von der des *board of directors* abgrenzt, überläßt es auch die Regelung der Ernennung und Abberufung der Direktoren weitgehend den *articles*. Darin können beliebige Bestimmungen vorgesehen werden: Direktoren können auf Lebenszeit ernannt werden[37]; sie können selbst ihren Stellvertreter und Nachfolger bestimmen. Das Gesetz beschränkt sich auf wenige Punkte: Eine *public company* muß mindestens zwei Direktoren haben[38], die grundsätzlich in getrennter Abstim- 720

---

31 Vgl. Table A, Art. 93.
32 Vgl. Table A, Art. 88.
33 Harold Holdsworth & Co. Ltd. v. Caddies [1955] 1 All E.R. 725.
34 Southern Foundries v. Shirlaw [1940] A.C. 701; Read v. Astoria Garage Ltd. [1952] Ch. 637.
35 (1856) 6 El. & Bl. 327.
36 Hely-Hutchinson v. Brayhead Ltd. [1968] 1 Q.B. 549.
37 Vgl. oben Rdnr. 709.
38 Eine private company braucht hingegen nur einen director zu haben; vgl. section 282 CA 1985.

VI. Die Gesellschaften

mung in der Hauptversammlung zu wählen sind[39], wenn nicht die Versammlung einstimmig etwas anderes bestimmt. Ein Direktor darf grundsätzlich nicht älter als 70 Jahre sein[40].

721 Ein nicht entlasteter Gemeinschuldner *undischarged bankrupt* kann nicht ohne gerichtliche Zustimmung Direktor sein oder werden[41], ebenso nicht, wer nach dem *Company Directors Disqualification Act 1986* als Direktor disqualifiziert worden ist. Dieses Gesetz gibt dem Gericht in drei Fällen die Befugnis, einem Direktor die Ausübung des Amtes zu untersagen: erstens wegen pflichtwidrigen Handelns im Zusammenhang mit einer *company*, wie z. B., wenn ein Direktor wegen eines Verbrechens[42] der *company* gegenüber verurteilt wird oder wenn ein Direktor sich des *fraudulent trading* schuldig gemacht hat; zweitens wegen Unfähigkeit, wenn er Direktor einer insolventen *company* war und wegen seines Verhaltens von der Verwaltung einer *company* ausgeschlossen werden sollte; drittens, in anderen Fällen, z. B. wenn ein Direktor ein nicht entlasteter Gemeinschuldner ist oder sich des *wrongful trading*[43] schuldig gemacht hat.

722 Hingegen beschränkt das Gesetz nicht die Ernennung von Ausländern, juristischen Personen (auch Muttergesellschaften), Minderjährigen oder Geisteskranken zu *directors*. Häufig sehen die *articles* solche Beschränkungen vor. Direktor ist nicht nur, wer ordnungsgemäß als Direktor ernannt wird, sondern auch ein Schattendirektor *shadow director*. Schattendirektoren, auf die gewisse Bestimmungen des *Companies Act* und anderer Gesetze anwendbar sind, sind Personen, deren Anweisungen der Vorstand üblicherweise befolgt[44].

723 In vielen Satzungen von *private*, ja auch *public companies* ist noch eine andere Beschränkung anzutreffen: *share qualification*. Ein director muß dann binnen einer bestimmten Frist, die nicht länger als zwei Monate sein darf, eine bestimmte Anzahl von Anteilen erwerben[45]. So wird das Prinzip der Selbstorganschaft im Rechtsalltag durchgesetzt.

724 Das Amt eines Direktors endet *ipso iure* in den in den *articles* bestimmten Fällen. Er kann aber auch von der Gesellschafterversammlung durch einfachen Beschluß, der durch *special notice* besonders angekündigt sein muß, jederzeit – auch wenn kein wichtiger Grund wie nach § 84 Abs. 3 AktG vorliegt – abberufen werden[46]. Die *articles* können einem Direktor aber besondere Stimmrechte,

---

39 Section 292 CA 1985.
40 Sections 293 CA 1985; vgl. auch oben Rdnr. 709.
41 Section 11 Company Directors Disqualification Act 1986.
42 Nach der englischen strafprozessualen Terminologie handelt es sich um indictable offences, also um Vergehen, die öffentlich angeklagt werden müssen.
43 Siehe oben Rdnr. 627.
44 Section 741 (2) CA 1985, section 251 Insolvency Act 1986, section 22 (4), (5) Company Directors Disqualification Act 1986 und section 207 FSA 1986.
45 Section 291 CA 1985.
46 Section 303 CA 1985.

zum Beispiel drei Stimmen pro Anteil, für den Fall seiner eigenen (!) Abberufung zubilligen[47]. Wegen vorzeitiger Abberufung kann der Direktor Schadensersatzansprüche aus seinem Anstellungsvertrag gegen die *company* geltend machen[48].

3. Rechtsstellung, Sorgfaltspflicht und Verantwortlichkeit der directors

Der englische *director* entspricht nicht dem deutschen Direktor. Das deutsche Wort muß im englischen mit *manager*, das englische im deutschen mit Vorstandsmitglied wiedergegeben werden. Der Geschäftsführer einer GmbH kommt dem englischen *managing director* nahe[49]. 725

Das englische *company law* kennt den Begriff des Organs nicht[50]. Deshalb muß auf *common law* und *equity* zurückgegriffen werden, um die Rechtsstellung eines *director* zu charakterisieren. Ein *director* ist — wenn nicht etwas anderes vereinbart wird — nicht Angestellter der *company*, sondern deren Vertreter *agent*, außerdem aber in gewisser Weise auch einem Treuhänder vergleichbar: *quasi-trustee*[51]. Weil er Vertreter ist, verpflichten ihn Verträge, die er im Rahmen seiner Befugnisse abschließt, nicht persönlich[52]. Er hat auch die Stellung eines Treuhänders *trustee*, und zwar einmal in bezug auf das Vermögen der *company*, zum anderen aber auch in bezug auf seine Befugnisse, die er redlich *honestly* und in gutem Glauben *in good faith* und im Interesse der *company*, zu der er in einem fiduziarischen Verhältnis steht, ausüben muß. Doch weicht seine Rechtsstellung von der eines Treuhänders ab: Nicht er, sondern die *company* ist — auch formelle — Rechtsträgerin des Vermögens; seine Sorgfaltspflichten sind geringer als die eines *trustee*. 726

Nur als *director*, nicht als Gesellschafter ist er verpflichtet. Deshalb kann ein *director* auf der Gesellschafterversammlung in seiner Eigenschaft als Anteilseigner gegen den Willen der Minderheit seine Handlungen sanktionieren[53], vom seltenen Fall des Betruges der Minderheit *fraud on the minority* abgesehen. Seine Pflichten bestehen nur der *company* gegenüber, nicht gegenüber den Gesellschaftern und auch nicht gegenüber einer Tochtergesellschaft der *company*[54]. Deshalb kann ein Direktor von einem Gesellschafter Anteile zu einem niedrigen Preis kaufen und seine Kenntnisse, die einen höheren Preis rechtfertigten, verschweigen[55], muß aber die Gewinne an die *company* abfüh- 727

---

47 So ausdrücklich Bushell v. Faith [1970] A.C. 1099.
48 Vgl. auch section 303 (5) CA 1985.
49 Vgl. auch Frommel/Thompson, a.a.O., S. 38.
50 Siehe hierzu aber Gower, a.a.O., S. 193.
51 Vgl. im einzelnen Gower, a.a.O., S. 550; Pennington, a.a.O., S. 550ff. zur Stellung eines Direktors als officer der company und zugleich als Angestellter.
52 Elkington & Co. v. Hürter [1892] 2 Ch. 452.
53 North West Transportation Co. v. Beatty (1887) 12 App. Cas. 589.
54 Lindgren v. L.P. Estates Ltd. [1968] Ch 572 (C.A.).
55 Percival v. Wright [1902] 2 Ch. 421.

VI. Die Gesellschaften

ren. Hingegen braucht ein *director* nicht auf den Nutzen für Staat und Volk bedacht zu sein[56].

728 Besonders stark ausgeprägt ist die in *equity* fußende Treuepflicht *fiduciary duty* gegenüber der *company*. Daraus folgt: Ein *director* muß redlich *honestly* und in gutem Glauben *in good faith* im besten Interesse der *company* handeln. Der von den Gerichten angesetzte Maßstab hierfür ist subjektiv und nicht objektiv[57]; das Interesse der *company* ist nicht auf die *company* selbst beschränkt, sondern schließt auch die Interessen der Gesellschafter sowie die der Arbeitnehmer ein[58]. Letztere können aber die Einhaltung dieser Pflicht nicht einklagen. Das Gericht wird eine Vorgehensweise oder eine Entscheidung der Direktoren nicht aufheben, bei der die Direktoren im Glauben waren, sie sei im besten Interesse der *company* getroffen worden. Dies gilt jedoch nicht, wenn ein vernünftiger Direktor hätte erkennen müssen, daß ein Interessenkonflikt besteht. Ein *director* darf keine Stellung einnehmen, in der seine Pflichten mit seinen persönlichen Interessen kollidieren können[59]. Hierbei kommt es weniger auf die formelle Rechtsstellung an — wie etwa nach der traditionellen Auslegung des § 181 BGB — als auf den materiellen Interessenkonflikt. Auch wenn ein *director* bestimmte Gruppen vertritt, seien es Arbeitnehmer oder Gläubiger, darf er deren Interessen nicht über die der *company* stellen. Ein *director* darf kein persönliches Interesse an einem Vertrag haben, den die *company* abschließt[60]. Ein solcher Vertrag ist zwar nicht unwirksam, doch kann er von der *company* angefochten werden[61]. Der einzige Ausweg, wenn die *articles of association* nichts anderes vorsehen: Ein *director* muß sein Interesse den Gesellschaftern gegenüber offenlegen, die dann dem Vertrag zustimmen können[62]. Häufig sehen die *articles of association* vor, daß das persönliche Interesse eines *director* an einem Vertrag zulässig ist, wenn er dies dem Vorstand offenlegt und an der Entscheidung des Vorstandes nicht mitwirkt.

729 Eine weitere Rechtsfolge fließt aus der Treuepflicht: Ein *director* darf seine Stellung nicht benutzen, um heimlich Gewinne zu machen, so nicht Informationsmaterial oder Kundenlisten der *company* für eigene Geschäfte verwenden oder mit deren Kunden Geschäfte abschließen[63]. Obwohl *directors* ohne

---

56 Vgl. Pennington, ZHR 1964 S. 348 ff.
57 Re Smith & Fawcett Ltd [1942] Ch 304 (C.A.).
58 Greenhalgh v. Aderne Cinemas [1951] Ch. 286 und sections 309 und 719 CA 1985.
59 Industrial Development Consultants Ltd. v. Cooley [1972] 1 W.L.R. 443; Selangor United Rubber Estates Ltd. v. Craddock (No. 3) [1968] 1 W.L.R. 1555.
60 Aberdeen Ry. v Blaikie (1854) 1 Macq H.L. 461; Transvaal Lands Co. v. New Belgium Co. [1914] 2 Ch. 488.
61 Hely-Hutchinson v. Brayhead Ltd. [1968] 1 Q.B. 549; Guinness v. Saunders [1990] 2 A.C. 663 (H.L.).
62 Vgl. auch section 317 CA 1985; Georg Müller, Vorvertragliche und vertragliche Informationspflichten nach englischem und deutschem Recht, 1994, S. 111 ff.
63 Regal (Hastings) Ltd. v. Gulliver [1967] 2 A.C. 134; Boardman v. Phipps [1967] 2 A.C. 46, Industrial Development Consultants v. Cooley [1972] 1 W.L.R. 443; Canadian Aero Service v Malley [1973] 40 D.L.R. 371 (Can. S.C.).

besondere Vereinbarung keinem Wettbewerbsverbot unterliegen, schränkt die Treuepflicht ihren Spielraum für Wettbewerb weitgehend ein[64].

Directors haben nicht — wie Vorstandsmitglieder nach § 93 AktG — die Sorgfalt eines ordentlichen und gewissenhaften Geschäftsführers anzuwenden, sondern die, welche sie in eigenen Angelegenheiten anzuwenden pflegen, d.h. die Sorgfaltspflicht des *director* — wie in § 708 BGB — wird subjektiv beurteilt[65]. Wer nicht als *managing director* angestellt ist, braucht die Geschäfte der *company* nicht ständig zu überwachen und die Angestellten nicht zu kontrollieren. Für Verschulden von *co-directors* braucht er, wenn ihm nicht eigenes Verschulden zur Last fällt, nicht einzustehen[66]. *Articles* und Anstellungsvertrag können *directors* nicht im voraus von ihrer Verantwortung befreien[67]. Bis 1989 war unsicher, ob eine *professional indemnity insurance* zugunsten der *directors* wegen Verstößen gegen ihre Treuepflichten wirksam sei. Der *Companies Act 1989* hat den Abschluß einer solchen Versicherung durch die *company* zugelassen[68]. Ferner kann die *company* einen *director* freistellen, der in einem Zivilprozeß obsiegt hat oder in einem Strafprozeß freigesprochen wurde. Das Gericht kann einen *director* von Ersatzpflichten entheben, wenn er redlich und angemessen gehandelt hat und die Pflichtverletzung den Umständen nach entschuldbar war[69].

730

Zwei Unterschiede zum deutschen Recht bei der Haftung der Direktoren fallen auf: In der englischen Praxis ist es nicht üblich, daß die Hauptversammlung über die Entlastung der Direktoren beschließt. Gläubiger können Ersatzansprüche der *company* gegen die Direktoren — anders als nach § 93 Abs. 5 AktG — nicht geltend machen.

731

Ein *director* ist ohne besonderen Anstellungsvertrag nicht zugleich Angestellter der *company*. Er hat deshalb keinen Anspruch auf Bezüge, wenn die *articles* dies nicht vorsehen. Gewöhnlich überlassen die *articles* diese Frage der Hauptversammlung[70]. Stimmen alle Gesellschafter der Verteilung des Bilanzgewinns zu, so liegt darin regelmäßig auch die Billigung der Direktorenbezüge. Eine *company* darf ihren *directors* Ersatz für einen Verlust des Amts bei Rücktritt oder Übertragung des Unternehmens nur gewähren, wenn die Gesellschafter zustimmen[71]. Diese *golden handshakes* haben einen Teil ihrer steuerlichen Attraktivität eingebüßt und verdienen nur noch, „silberner Händedruck" genannt zu werden.

732

---

64 Thomas Marshall (Exporters) Ltd. v. Guinle [1978] 3 W.L.R. 116.
65 Re City Equitable Fire Insurance Co. Ltd. [1925] Ch. 407, 428.
66 Ashurst v. Mason (1875) L.R. 20 Eq. 255; Re Forest of Dean Mining Co. (1879) 10 Ch. D. 450; Cullerne v. London and Suburban General Permanent Building Society (1890) 25 Q.B.D. 485 (C.A.).
67 Section 310 CA 1985.
68 Section 310 (3) CA 1985.
69 Section 727 CA 1985.
70 Vgl. Table A, Art. 82.
71 Sections 312 ff. CA 1985.

VI. Die Gesellschaften

733 Die Direktoren unterliegen einer Vielzahl von wichtigen Offenbarungspflichten und Einschränkungen, die alle das Ziel haben, vernünftiges und honoriges Handeln der Direktoren sicherzustellen. Gemäß *section 317 CA 1985* müssen die Direktoren dem Vorstand jedwedes direkte oder indirekte Interesse an einem vorgeschlagenen Vertrag sowie die Natur des Interesses offenbaren. Der Verkauf eines Vermögensgegenstandes von einem *director* an die *company* oder von der *company* an einen *director* bedarf der Zustimmung der Gesellschafter, wenn der Wert über £ 100 000 oder über 10 % des Reinvermögens der *company* liegt. Eine *company* darf einem *director* oder mit ihm verbundenen Personen (einschließlich des Ehegatten und der Kinder unter 18 Jahren) grundsätzlich kein Darlehen gewähren, für ihn bürgen oder Sicherheit leisten, es sei denn, das Darlehen beträgt weniger als £ 10 000 oder ist zur Deckung von Kosten vorgesehen, die einem Direktor im Rahmen seiner Dienste entstanden sind, allerdings nur bis zum Gesamtwert von höchstens £ 20 000[72].

734 Jeder Direktor muß die *company* schriftlich über den Kauf oder Verkauf von Aktien der *company* benachrichtigen. Zusätzlich untersagt ein von der Londoner Börse herausgegebener Musterkodex unter bestimmten Umständen den Handel eines Direktors mit den Wertpapieren der *company*[73]. *Directors* einer *company*, deren Aktien an der Börse notiert sind, sind verpflichtet, den Markt auf dem laufenden zu halten und alles Mögliche zu unternehmen, um Verfälschungen am Markt für amtlich notierte Papiere der *company* zu verhindern. Nach dem *Yellow Book* werden gewisse Transaktionen zwischen Direktoren und der *company* als „Transactions with Related Parties" bezeichnet[74]. Solche Vorgänge müssen mit einem Rundschreiben *circular* den Gesellschaftern mitgeteilt werden; bisweilen verlangt die Börse deren Zustimmung.

III. Secretary

735 Der *secretary* ist ein dem deutschen Gesellschaftsrecht fremdes Organ. Er ist eine Art Urkundsbeamter. Er ist ranghöchster Angestellter der *company*, ihr *chief administrative officer*. Er führt die Bücher und Protokolle, wacht über ordnungsmäßige Einberufung des *board of directors* und der Hauptversammlung, über Einhaltung der zahlreichen Registrierungsvorschriften, stellt Anteilszertifikate aus etc. Nur in größeren Unternehmen gehört er der Geschäftsleitung an. In der Anfangszeit versieht dieses Amt häufig ein *solicitor*. Jede *company* muß einen *secretary* haben, der nicht zugleich der einzige *director* sein darf[75]. *Section 286 CA 1985* verpflichtet die Direktoren, alle nötigen Schritte zur Ernennung eines *secretary* zu unternehmen, der über die erforder-

---

[72] Sections 330–342 CA 1985.
[73] Vgl. oben Rdnr. 677.
[74] Vgl. The Listing Rules, Chapter 11.
[75] Section 283 (1) und (2) CA 1985.

lichen Qualifikationen verfügt. *Secretaries* von großen *public companies* sind häufig Juristen oder Wirtschaftsprüfer. Seit einigen Jahren gibt es auch eine Berufsorganisation der *Company Secretaries*. Die *articles* geben gewöhnlich den *directors* die Befugnis, den *secretary* zu ernennen und ihm die Vollmachten zu geben, wie sie dies für richtig halten.

Die Rechtsprechung erkennt dem Sekretär bisweilen Duldungs- und Anscheinsvollmacht für den Abschluß einfacher Verträge zu[76]. Offizielle Dokumente unterschreiben gewöhnlich ein *director* und der *secretary* gemeinsam.   736

IV. Mitwirkung von Arbeitnehmern

Arbeitnehmermitbestimmung ist in England fremd. Es gibt auch keine Betriebsräte, deren Aufgaben und Kompetenzen gesetzlich umrissen sind. Deren Aufgaben erfüllen in englischen Betrieben die *shop stewards*, meist Gewerkschaftsangehörige, deren Funktion im inoffiziellen System der *labour relations* eingebettet ist.   737

Der *Bullock-Report* von 1977 hat die Diskussion über Mitbestimmung entfacht[77]. Darin hat eine Kommission, bestehend aus drei Gesellschafts- und drei Arbeitnehmervertretern, zwei Juristen und einem Regierungsrepräsentanten Stellung genommen zur Einführung der Mitbestimmung in Großbritannien: Die Vertreter der Industrie, in der Kommission eine Minderheit, wollten dem deutschen Vorbild folgen und Mitbestimmung nur in den neu zu schaffenden Aufsichtsräten zulassen. Die Gewerkschaftsvertreter und die anderen Kommissionsmitglieder wollten Arbeitnehmervertreter direkt in den Vorstand bringen: Mitbestimmung sollte in der Geschäftsleitung stattfinden. Arbeitnehmervertreter sollten – wie der deutsche Arbeitsdirektor – im Management aktiv mitwirken können. Ein Bericht der Regierung *White Paper* von 1978 schlug ein dualistisches System mit Mitbestimmungsrechten der Arbeitnehmer vor[78].   738

Seit der gewerkschaftsfeindlichen Sozial- und Wirtschaftspolitik der Thatcher Regierung ist die Polemik um die Arbeitnehmermitbestimmung in Großbritannien allerdings längst kein ernsthaftes Thema mehr. Auf EU-Ebene wurde Arbeitnehmermitbestimmung von der fünften Richtlinie aufgegriffen. Die jüngste Fassung dieser Richtlinie sieht jedoch nur vor, daß Mitgliedstaaten die Wahl zwischen dem dualistischen und dem monistischen System haben sollen, und ferner, daß Arbeitnehmermitbestimmung von den Mitgliedstaaten in einer von drei Wahlformen durchgesetzt werden kann. Es ist unwahrscheinlich, daß die jetzige britische Regierung einer solchen Richtlinie zustimmen wird.   739

---

76 Panorama Developments Ltd. v. Fidelis Furnishing Fabrics Ltd. [1971] 2 Q.B. 711.
77 Vgl. auch Schmitthoff, J.B.L., 1975, S. 265 ff.; Niel Martin-Kaye, J.B.L., 1976, S. 235 ff.; Davies, M.L.R., 38 (1975), S. 254 ff.; Simitis, M.L.R., 38 (1975), S. 1; Klein, RIW/AWD 1977, 415 ff.
78 Industrial Democracy (1978) Cmnd 7231.

VI. Die Gesellschaften

§ 8
Publizität und Rechnungswesen

I. Publizitätsvorschriften

740 Die Entwicklung des *company law* wird durch die Tendenz zu immer größerer Publizität gekennzeichnet. Publizität ist geradezu das Hauptcharakteristikum des modernen englischen Gesellschaftsrechts. Offenbar glaubt der englische Gesetzgeber, Publizität könne Investoren besonders gut schützen. Dafür besteht mehr Anlaß als in der Bundesrepublik Deutschland: Um langfristig Geld aufzunehmen, wenden sich englische *companies* über den Kapitalmarkt an die Öffentlichkeit, in Deutschland hingegen sind Banken zwischen Gesellschaften und Investoren eingeschaltet. Verglichen mit der Publizität vernachlässigt der englische Gesetzgeber andere Kontrollmittel. Staatsaufsicht durch das Handels- und Industrieministerium spielt im Alltag − anders als durch die *Federal Securities and Exchange Commission* in den U.S.A. − eine untergeordnete Rolle.

741 Die Verwaltung einer *company* wird durch eine Vielfalt von Publizitätsbestimmungen erschwert, die die Hinterlegung von Urkunden und die Eintragung im Gesellschaftsregister vorschreiben. Eine erschöpfende Aufzählung der Offenlegungsvorschriften ist nicht beabsichtigt. Beim Registrator, der für jede *company* eine Akte führt, können gegen Zahlung einer geringen Gebühr wichtige Urkunden eingesehen werden: *memorandum* und *articles of association*[1], *listing particulars* und Prospekte[2], Aufstellung der gezeichneten Aktien einschließlich der Vereinbarungen über Zuteilungen gegen Sachleistungen und Sondergutachten[3], Einzelheiten über Kapitalerhöhung und -herabsetzung[4], Verzeichnis der Belastungen des Gesellschaftsvermögens[5], der jährlich einzureichende *annual report* mit Bilanz, Gewinn- und Verlustrechnung, Geschäfts- und Prüfungsbericht[6], Einzelheiten über den Erwerb eigener Aktien[7].

742 An ihrem satzungsmäßigen Sitz, dem *registered office*, muß die *company* unter anderem aufbewahren: Verzeichnis der Aktionäre[8], Protokolle der Hauptver-

---

1 Sections 4, 18, 380 CA 1985.
2 Section 149 FSA 1986 und section 64 CA 1985.
3 Section 88 und 111 CA 1985.
4 Section 123 und 138 CA 1985.
5 Section 395 bis 400 CA 1985. Siehe hierzu sections 92–107 Companies Act 1989, die den Companies Act 1985 durch Einführung eines neuen Part XII in bezug auf die Eintragung von Belastungen charges ändern werden. Part XII ist aber noch nicht in Kraft getreten, und es gelten weiterhin sections 395–424 CA 1985.
6 Sections 241 und 242 CA 1985.
7 Section 169 CA 1985.
8 Sections 352–356 CA 1985.

sammlungen⁹, Verzeichnis über Direktoren und Sekretäre[10], Abschriften der Anstellungsverträge der Direktoren[11], Verzeichnis der Inhaber von Schuldverschreibungen[12], Abschriften aller Urkunden, die eine eintragungsbedürftige Belastung auf dem Gesellschaftsvermögen begründen[13], Verzeichnis aller Belastungen des Gesellschaftsvermögens[14]. Darüber hinaus muß ein Verzeichnis über alle Aktien und Schuldverschreibungen der Direktoren, ihrer Ehegatten und minderjährigen Kinder, auch an verbundenen Unternehmen, geführt werden[15]. Wer unmittelbar oder über Strohmänner *nominees* drei Prozent der stimmberechtigten Aktien *relevant share capital* einer *public company* erwirbt, muß dies binnen zwei Tagen schriftlich mitteilen, die *public company* muß dies in ein besonderes Verzeichnis eintragen[16]. Alle Gläubiger können kostenlos Verzeichnisse und Abschriften über Belastungen einsehen[17]. Jedermann hat gegen Zahlung dieses Recht in bezug auf Verzeichnisse der Aktionäre, der Inhaber der Schuldverschreibungen, der Auflistungen über Rechte der Direktoren an Aktien und Schuldverschreibungen und – mit gewissen Einschränkungen – über Personen mit dreiprozentiger Beteiligung[18]. Darüber hinaus muß die Hinterlegung bestimmter Dokumente in der *London Gazette* bekanntgemacht werden[19]. Auf aller Geschäftskorrespondenz muß die eingetragene Firma, der Sitz, der Registrierungsort und die Registrierungsnummer angegeben werden[20].

Jede *public company*, deren Aktien an der Londoner Börse notiert sind, unterliegt der Verpflichtung, alle Aktionäre sowie den Markt auf dem laufenden zu halten. Insbesondere muß die Börse von bestimmten, im *Yellow Book* aufgelisteten Ereignissen unterrichtet werden.

Auch ausländische Gesellschaften *oversea companies*, die in Großbritannien eine Geschäftsstelle errichten *established place of business*, sind verpflichtet, sich als *oversea company* anzumelden und binnen eines Monats beim *Registrar of Companies* folgendes einzureichen: beglaubigte Kopie der Satzung, eine Auflistung der Direktoren und Sekretäre, Namen eines Zustellungsbevollmächtigten sowie eine eidesstattliche Versicherung *statutory declaration* bezüglich des Datums der Errichtung der Geschäftsstelle[20a]. Parallel zu den *oversea*

---

9 Sections 382 und 383 CA 1985.
10 Section 288 CA 1985.
11 Section 318 CA 1985.
12 Sections 190 und 408 CA 1985.
13 Sections 407 und 408 CA 1985.
14 Sections 407 und 408 CA 1985.
15 Section 325 und Sch. 13 Part IV CA 1985.
16 Sections 198 bis 220 CA 1985, abgeändert durch die Disclosure of Interest in Shares (Amendment) Regulations 1993 (SI 1993/1819); vgl. auch Rdnr. 580.
17 Section 408 CA 1985.
18 Sections 211–219 CA 1985.
19 Section 711 CA 1985.
20 Section 351 CA 1985.
20a Section 691 CA 1985.

VI. Die Gesellschaften

company-Bestimmungen sehen ab 1. Januar 1993 die *Oversea Companies and Credit and Financial Institutions (Branch Disclosure) Regulations 1992*[20b] ähnliche oder erweiterte Anmelde- und Publizitätsverpflichtungen für Zweigniederlassungen *branches* ausländischer Gesellschaften vor. Die Anmeldung einer Zweigniederlassung *branch* schließt eine Anmeldung als *established place of business* aus[20c]. Allerdings wird die Unterscheidung zwischen *established place of business* und *branch* angesichts mangelnder Legaldefinitionen zweifelsohne mit Schwierigkeiten verbunden sein[20d].

II. Buchführung und Jahresabschluß

745 Für Einzelkaufleute und Personengesellschaften besteht keine Buchführungspflicht, auch nicht nach steuerrechtlichen Vorschriften[21]. Hingegen müssen *companies* über Einnahmen und Ausgaben, über Warenumsätze und -einkäufe sowie über Vermögen und Verbindlichkeiten Bücher führen. Das Gesetz präzisiert auch, was es unter ordnungsmäßiger Buchführung versteht: Bücher müssen ein wahres und angemessenes Bild *a true and fair view of the affairs of the company* von den Verhältnissen der *company* geben und ihre Geschäfte erklären[22]. Das *true and fair view*-Konzept ist ein traditionell englisches. Die deutsche Übersetzung kann die Bedeutung nur eingeschränkt wiedergeben. Im Kern läuft es darauf hinaus, daß alle Detailregelungen unter dem Vorbehalt stehen, daß die „zutreffende" Gesamtschau nicht beeinträchtigt werden darf. Dieser Gedanke ist über die EU in Gestalt des Bilanzrichtliniengesetzes heute auch in § 264 Abs. 2 HGB enthalten. Das deutsche Recht hat große Schwierigkeiten, das Verhältnis dieses Prinzips mit den Grundsätzen ordnungsmäßiger Buchführung in Einklang zu bringen. Werden die Bücher außerhalb Großbritanniens geführt, müssen Konten in regelmäßigen Abständen von nicht weniger als sechs Monaten nach Großbritannien geschickt werden, die Einblick in die Finanzlage geben und zur Erstellung des Jahresabschlusses ausreichen[23].

746 Auch Gewinn- und Verlustrechnung *profit and loss account* und Bilanz *balance sheet* müssen *a true and fair view* abgeben, also den Grundsätzen der Bilanzwahrheit und -klarheit entsprechen und binnen 18 Monaten nach Gründung und danach in jedem Kalenderjahr der Hauptversammlung vorgelegt werden. Eine *public company* muß eine Kopie des Jahresabschlusses binnen sieben Monaten und eine *private company* binnen zehn Monaten nach Ende der zu erstellenden Periode beim Registrator einreichen[24].

20b SI 1992/3179, die die elfte Richtlinie (Offenlegung von Zweigniederlassungen) umsetzte; vgl. auch section 690A CA 1985.
20c Section 690B CA 1985.
20d Vgl. Re Oriel [1989] B.C.L.C. 343.
21 Vgl. Pinson, Revenue Law, 17. Auf. London 1986, para. 2-19.
22 Section 221 CA 1985.
23 Section 222 (2) und (3) CA 1985.
24 Section 244 CA 1985.

Erstellung, Form und Inhalt des Jahresabschlusses ist durch die Konzernbilanzrichtlinie und deren Umsetzung ins englische Recht radikal geändert worden. Nach *sections 226 und 227 CA 1985* sind die Direktoren verpflichtet, nicht nur eine Bilanz und eine Gewinn-und Verlustrechnung für jede *company* aufzustellen. Sie müssen bei Konzernen auch einen konsolidierten Abschluß aufstellen, in den alle Tochtergesellschaften sowie verbundene Unternehmen *subsidiary undertakings* einbezogen werden müssen. *Subsidiary undertakings* sind Beteiligungsunternehmen, auf die ein herrschender Einfluß ausgeübt wird, obwohl nur eine Kapitalbeteiligung zwischen 20% und 50% vorliegt[25]. Die Konsolidierungsbestimmungen der Richtlinie folgen weitgehend internationalen Grundsätzen. Form und Inhalt der Bilanz und der Gewinn- und Verlustrechnung müssen im Falle individueller Abschlüsse mit Schedule 4 und im Falle von Konzernabschlüssen mit Schedule 4A CA 1985 übereinstimmen; von diesen Grundsätzen muß unter besonderen Umständen abgewichen werden, wenn dadurch *a true and fair view* nicht wiedergegeben werden könnte.

747

Die für den Abschluß vorgeschriebenen Mindestvoraussetzungen sind sehr detailliert[26]: Eine *company* muß sich für eine von zwei möglichen Formaten für die Bilanz und eine von vier möglichen Formaten für die Gewinn- und Verlustrechnung entscheiden. Maßgebend für den Inhalt und die Bewertung der Abschlüsse sind auch die *Statements of Standard Accounting Practice* (unter dem Kürzel *SSAP* bekannt), die bis 1990 von dem *Accounting Standards Committee* und nun von dem *Accounting Standards Board Limited* erlassen werden. Abweichungen von den betreffenden *Statements of Standard Accounting Practice* sowie Abweichungen von *Schedules* 4 oder *4A CA 1985* aufgrund des *true and fair view* müssen im Anhang *notes to the accounts* erwähnt werden[27].

748

Eine *public company*, deren Aktien an der Börse notiert sind, kann statt vollen Jahresabschlüsse abgekürzte Jahresabschlüsse *summary financial statements* an die Aktionäre verschicken[28]. Eine *private company* kann durch Wahlbeschluß *elective resolution* auf die Einberufung der Hauptversammlung und auf die Vorlage des Jahresabschlusses verzichten[29]; der Jahresabschluß muß trotzdem an alle Aktionäre verschickt werden. Kleine und mittelgroße *companies* werden von der Pflicht, den Jahresabschluß gemäß *Schedule 4 CA 1985* zu erstellen, befreit. Solche *small* und *medium-sized companies* dürfen modifizierte Jahresabschlüsse vorlegen. Die Zuordnung einer *company* als klein oder mittelgroß setzt voraus, daß am Abschlußstichtag mindestens zwei von drei aufgeführten Kriterien erfüllt sind. Bei kleinen *companies* sind dies: Der Umsatz darf nicht mehr als £ 2 Millionen, die Bilanzsumme nicht mehr als £ 975 000 und die Zahl der Arbeitnehmer nicht mehr als 50 überschreiten. Bei

749

---

25 Siehe oben Rdnr. 759.
26 Vgl. im einzelnen sections 226 und 227 und Schedules 4 und 4A CA 1985.
27 Vgl. para 36A Schedule 4 CA 1985.
28 Section 251(1) CA 1985.
29 Sections 252 (1), 379A CA 1985.

VI. Die Gesellschaften

mittelgroßen *companies* darf der Umsatz nicht größer als £ 8 Millionen, die Bilanzsumme nicht größer als £ 3.9 Millionen und die Arbeiterzahl nicht größer als 250 sein. Diese Bestimmungen gelten nicht für *public companies*.

750 Bestimmte Bilanzposten müssen aufgegliedert und erläutert werden, so vor allem Markt- und Buchwert des Anlagevermögens. Ferner muß die Gesamtsumme der Bezüge, Pensionen und Abfindungen aller Direktoren ausgewiesen werden, desgleichen die Bezüge des *chairman* und einzelner Direktoren[30]. Früher brauchten stille Reserven in der Bilanz nicht aufgedeckt zu werden, da die Verhältnisse der *company* dadurch nicht schlechter dargestellt wurden, als sie wirklich waren. Dies ist allerdings mit dem *true und fair view* nicht zu vereinbaren[31]. Die Bilanz und die Gewinn- und Verlustrechnung müssen vom *board of directors* gebilligt und von einem einzigen Direktor unterschrieben und zusammen mit dem Geschäftsbericht der Direktoren *directors' report* und dem des Abschlußprüfers *auditors' report* der Hauptversammlung vorgelegt werden. Abschriften sind an jeden Aktionär und jeden Inhaber von Schuldverschreibungen mindestens 21 Tage vor der Hauptversammlung zu verschicken[32]. Die Direktoren müssen in ihrem Geschäftsbericht *directors' report* behandeln[33]: Verhältnisse der *company* und ihrer Tochtergesellschaften im allgemeinen; wichtige Veränderungen; Einzelheiten über ihre eigene Person und ihre Aktien an der *company*; wesentliche Veränderungen des Anlagevermögens; Höhe und Aufgliederung des Umsatzes; Anzahl und Gesamtlohn der Beschäftigten; Geschenke für politische und wohltätige Zwecke; Fragen der Personalpolitik.

751 Binnen 42 Tagen nach der Jahreshauptversammlung muß die *company* einen entweder von einem Direktor oder von dem Sekretär unterzeichneten Jahresbericht *annual return* beim *Registrar* einreichen[34]. Dieser muß Namen und Adressen der Aktionäre, Adresse des Gesellschaftssitzes *registered office*, Art der *company* und ihren Hauptgeschäftsbereich, Einzelheiten über Direktoren und Sekretäre, über das Gesellschaftskapital, und zwar aufgeschlüsselt nach Nominal-, gezeichnetem und eingezahltem Kapital, und weitere Informationen enthalten. Außerdem müssen Abschriften des Jahresabschlusses, des Geschäfts- und Prüfungsberichts beigefügt werden. Jedermann kann diese Unterlagen beim *Registrar* einsehen.

---

30 Section 232 und Schedule 6 Part I CA 1985, die durch den CA 1989 section 6 und Schedule 4 para. 3 abgeändert worden ist.
31 Vgl. Pennington, a.a.O., S. 702 ff.
32 Section 238 (1) CA 1985, abgesehen von den oben erwähnten Ausnahmen bei public und private companies.
33 Section 234 CA 1985.
34 Sections 363, 364 CA 1985.

III. Prüfung des Jahresabschlusses

In ihrem Prüfungsbericht an die Gesellschafter müssen die Prüfer *auditors* feststellen, ob die Bilanz und Gewinn- und Verlustrechnung ordnungsgemäß nach den Vorschriften des *CA 1985* erstellt wurde und ob die Bilanz und die Gewinn- und Verlustrechnung ein wahres und angemessenes Bild von den Verhältnissen der *company* vom Gewinn und Verlust am Ende des Geschäftsjahres geben[35]. Die Prüfer müssen sich selbst davon überzeugen, daß der Jahresabschluß mit den Geschäftsbüchern übereinstimmt und müssen, sollte dies nicht der Fall sein, dies in ihrem Bericht offenlegen[36].

752

Jede *company*, es sei denn sie tätigt keinerlei Geschäfte bzw. ist *dormant*, muß einen Rechnungsprüfer bestellen[37]. Die Prüfer werden auf der Jahreshauptversammlung ernannt. Wenn kein anderer Beschluß gefaßt wird, wird der *auditor* für das vergangene Jahr wiederbestellt. Die ersten Prüfer werden von den Direktoren bis zur ersten ordentlichen Jahreshauptversammlung bestellt.

753

Unterbleibt die Ernennung, kann der *Secretary of State* einen Prüfer bestellen[38]. Eine *private company* darf durch Beschluß ihrer Gesellschafter *elective resolution* auf die Bestellung eines Rechnungsprüfers verzichten[39].

754

Zum Prüfer kann nur bestellt werden, wer weder ein Amt bei der *company* bekleidet noch bei ihr angestellt noch Partner oder Angestellter eines Direktors, Sekretärs oder Angestellten der *company* ist. Natürliche Personen, aber auch Prüfungsgesellschaften, die oft *partnerships* sind, können als *auditors* bestellt werden. Außerdem müssen sie Mitglied eines im Vereinigten Königreich bestehenden und vom *Secretary of State* anerkannten Berufsverbandes sein, also dem *Institute of Chartered Accountants in England and Wales*, dem *Institute of Chartered Accountants of Scotland*, der *Chartered Association of Certified Accountants*, dem *Institute of Chartered Accountants in Ireland* oder der *Association of Authorised Public Accountants* angehören. Der *Secretary of State* kann auch Personen zulassen, die als Wirtschaftsprüfer im Ausland qualifiziert sind oder ausreichende Kenntnisse und Erfahrungen durch ihre Beschäftigung bei einem Mitglied eines anerkannten Berufsverbandes erlangt haben[40].

755

Der Prüfer wird nur in wenigen Fällen einem *officer* der *company* gleichgestellt[41]. Er hat Zugang zu den Büchern der *company*[42] und kann Direktoren in bezug auf die Erfüllung ihrer Pflichten vernehmen. Er kann im Untersu-

756

---

35 Section 235 (2) CA 1985.
36 Section 235 (3) CA 1985.
37 Section 384 CA 1985.
38 Section 387 CA 1985.
39 Section 386 CA 1985.
40 Section 33 (1) Companies Act 1989.
41 Vgl. Gore-Brown, a.a.O., S. 23.059.
42 Section 389A (1) CA 1985.

VI. Die Gesellschaften

chungsverfahren des *Secretary of State* vernommen werden. Er ist berechtigt, zu jeder Gesellschafterversammlung eingeladen zu werden[43]. Der *company* gegenüber ist er verpflichtet, seinen Bericht mit angemessener Sorgfalt zu erstellen, *with reasonable care and skill*. Er ist Wach-, nicht Bluthund[44]. Müßten ihn (unterlassene) Eintragungen in den Büchern mißtrauisch machen, muß er seine Untersuchung hierauf erstrecken. Er muß sich davon überzeugen, daß Sicherheiten und Bargeldbestand wirklich vorhanden sind. Auf Angaben eines verantwortlichen Angestellten über Waren- und Halbfertigwarenvorräte kann er sich regelmäßig verlassen.

757 Verletzt er seine Pflichten, ist der Prüfer nicht nur der *company* gegenüber schadensersatzpflichtig. Prüfer haben eine Sorgfaltspflicht *duty of care* gegenüber den Gesellschaftern gemeinsam, aber nicht individuell. Um eine Sorgfaltspflicht für sich in Anspruch nehmen zu können, muß der Dritte eine Sonderbeziehung zu den Prüfern nachweisen. Dazu muß der Dritte nicht nur Schaden erlitten haben, sondern muß auch beweisen, daß es dem Prüfer bewußt war, daß der testierte Jahresabschluß dem Dritten in bezug auf eine bestimmte Transaktion bekanntgegeben werden würde und daß der Dritte sich höchstwahrscheinlich auf den Jahresabschluß und den Prüfbericht verlassen würde[45].

---

43 Section 390 CA 1985.
44 Per Lopes L.J. in Re Kingston Cotton Mill Co. (No. 2) [1896] 2 Ch. 279.
45 Caparo Industries plc v. Dickman [1990] 2 A.C. 605 (H.L.); vgl. Georg Müller, Vorvertragliche und vertragliche Informationspflichten nach englischem und deutschem Recht, 1994, S. 41 ff.

§ 9
Änderung der Substanz und Abwicklung der company

I. Konzernrecht

Das formelle englische Konzernrecht ist in den letzten Jahren weitgehend von den Harmonisierungsbestrebungen der EG geprägt und entsprechend modifiziert worden. Hierdurch und auch in Folge einer durch die Gerichte immer ausgedehnteren Durchgriffshaltung *lifting the corporate veil* sind Schritte unternommen worden, ein allgemeines Konzernrecht herauszuarbeiten. Trotzdem ist das englische Konzernrecht nicht so weit entwickelt wie das deutsche, das einmal hergestellte Unternehmensverbindungen besser ordnet[1]. Der neunten Gesellschaftsrichtlinie (Entwurf), die sich mit der Angleichung des Konzernrechtes befaßt, schenkt Großbritannien kaum ernsthafte Beachtung[2].

758

Der *Companies Act 1989* hat zwei verschiedene Konzepte zur Regelung des Verhältnisses zwischen Mutter- und Tochtergesellschaften eingeführt. Für die Erstellung von Konzernabschlüssen muß eine umfangreiche Legaldefinition von Mutter- und Tochterunternehmen *parent and subsidiary undertakings* angewandt werden. Die Ausdehnung dieser Definition hat in jedem praktischen Sinne dazu geführt, daß *off-balance sheet*- Finanzierungen nicht mehr möglich sind. Für alle anderen Zwecke wird, dem *CA 1985* folgend, eine beschränktere Legaldefinition von Mutter- und Tochtergesellschaft *holding and subsidiary company* verwandt. Nach den Begriffsbestimmungen der *sections 736 und 736A CA 1985* handelt es sich um eine Mutter- bzw. Tochtergesellschaft in vier Fällen:

759

a) Eine *company* verfügt — ähnlich dem Mehrheitsbesitz nach § 16 AktG — über mehr als die Hälfte der Stimmrechte *voting rights* der anderen Gesellschaft. Stimmrechte werden näher konkretisiert als Rechte, die an Aktien geknüpft sind, welche den Aktionär berechtigen, bei Gesellschafterversammlungen bei allen oder fast allen Beschlüssen mitzustimmen. Dies schließt bestimmte Gattungen von Aktien mit eingeschränkten Stimmrechten sowie auch viele Arten von Vorzugsaktien aus.

b) Eine *company* ist Gesellschafterin einer anderen und ist berechtigt, die Mehrzahl der Direktoren zu ernennen oder abzuberufen. Auch nur ein *share* an einer anderen *company* kann die Eigenschaft als *holding company* bzw. *subsidiary* begründen, wenn Kontrolle hinzukommt. Diese Kontrolle hat, wer

---
1 Vgl. Lutter, Konzernrecht im Ausland.
2 Vgl. Gower, a.a.O., S. 64.

VI. Die Gesellschaften

die Mehrheit der Direktoren ernennen oder abberufen kann. Trotz weniger Aktien kann diese Kontrolle gesichert sein, wenn diese Aktien mehr Stimmrechte als die übrigen haben oder wenn *memorandum* oder *articles* oder ein Vertrag mit der Tochtergesellschaft Kontrolle ermöglichen. Diese Fallgruppe ist enger als die von herrschenden und abhängigen Unternehmen nach § 17 AktG: Einmal muß Anteilsbesitz vorliegen; zum anderen wird der beherrschende Einfluß auf Bestellung und Abberufung der Mehrheit der Direktoren bezogen.

c) Eine *company* ist Gesellschafterin einer anderen und kontrolliert entweder allein oder aufgrund eines Abkommens mit anderen Gesellschaftern die Mehrheit der Stimmrechte.

d) Hat die *company* eine Tochtergesellschaft, die wiederum eine *subsidiary* hat, dann ist die letztere zugleich Tochtergesellschaft der ersteren.

760   Aktien (bzw Stimmrechte), die treuhänderisch für eine *company* gehalten werden, werden bei der obigen Legaldefinition dieser auch zugerechnet[3].

761   Die Legaldefinition von Mutter- und Tochterunternehmen *parent und subsidiary undertakings* gemäß *section 258 CA 1985*, die die siebte Gesellschaftsrichtlinie bezüglich der Erstellung von Konzernabschlüssen umgesetzt hat, gleicht der Legaldefinition von Mutter- und Tochtergesellschaften nach *section 736 CA 1985*. Erstere umfaßt jedoch drei Punkte mehr: Eine Beziehung Mutter-Tochtergesellschaft besteht, wenn aufgrund der Satzung des Tochterunternehmens oder aufgrund eines Beherrschungsvertrages die Mutter beherrschenden Einfluß *dominant influence* ausübt; gleiches gilt, wenn die Mutter weniger als 50%, aber mehr als 20% der Anteile des Tochterunternehmens hält und auf deren Geschäfte einen beherrschenden Einfluß ausübt oder wenn beide Unternehmen gemeinsam und einheitlich verwaltet werden *managed on a unified basis*. Noch wichtiger ist, daß der Geltungsbereich der Definition von Mutter- und Tochterunternehmen nach *section 258 CA* 1985 nicht nur Kapitalgesellschaften, sondern auch Partnerschaften und nicht rechtsfähige Vereine *unincorporated voluntary associations* einschließt. Die Legaldefinition von Mutter- und Tochtergesellschaften gemäß *section 736 CA 1985* beschränkt sich dagegen auf Kapitalgesellschaften *bodies corporate*.

762   Grundsätzlich sind *holding company* und *subsidiary* trotz ihrer wirtschaftlichen Verflechtung rechtlich voneinander unabhängige juristische Personen. Es gibt einige Rechtsfolgen, die an ihre Legaldefinition anknüpfen. Eine Tochtergesellschaft darf keine Anteile an ihrer Muttergesellschaft halten, weil sonst das von der *holding company* ausgegebene Kapital ausgehöhlt würde[4]. Aus demselben Grund darf die Mutter- die Tochtergesellschaft beim Kauf von Aktien der Muttergesellschaft nur unter sehr eingeschränkten Umständen finan-

---

3 Section 736A (6) CA 1985.
4 Section 23 CA 1985; vgl. oben Rdnr. 643.

ziell unterstützen⁵. Die *holding company* muß in ihrem eigenen Jahresabschluß den Gesamtwert der Anteile an der *subsidiary* gesondert von ihrem sonstigen Vermögen ausweisen; Mutter- und Tochtergesellschaft müssen die beiderseitigen Forderungen getrennt aufführen.

Da auch juristische Personen Direktoren sein können, kann die Muttergesellschaft Direktor ihrer Tochtergesellschaft sein und umgekehrt. In einigen Fällen fingiert das Gesetz mittels des Konzepts von Schattendirektoren *shadow directors* die Stellung der Muttergesellschaft als Direktor der Tochtergesellschaft, um die *holding company* zur Erstellung des Jahresabschlusses der Tochtergesellschaft anzuhalten⁶, um ihr den Optionshandel mit Anteilen der *subsidiary* zu verbieten⁷ oder um den Besitz der Direktoren der Muttergesellschaft von Anteilen und Schuldverschreibungen der Tochtergesellschaft offenlegen zu können⁸. 763

Eine 100%ige Beteiligung ist für *private companies* seit der Einführung der *Companies (Single Member Private Limited Companies) Regulations 1992* möglich. Doch konnte auch früher schon die Einmanngesellschaft faktisch über Treuhänder erreicht werden⁹. 764

Viel weiter als die Definition von Mutter- und Tochtergesellschaft ist der steuerrechtliche Begriff der *close company*. Darunter fällt jede *company* mit Sitz *residence* im Vereinigten Königreich, die von fünf oder weniger Beteiligten oder von den Direktoren, wie vielen auch immer, die aber zugleich Beteiligte sind, kontrolliert wird. Auch „Kontrolle" wird weitergehend definiert: Kontrolle hat, wer die Angelegenheiten einer *company* kontrolliert oder dazu in der Lage ist oder sie zu erwerben berechtigt ist, gleichgültig, ob aufgrund von Stimmrechten oder einer größeren finanziellen Beteiligung¹⁰. Die Klassifizierung als *close company* führt erstens dazu, daß viele Vergünstigungen zugunsten der Beteiligten als Ausschüttungen *distributions* angesehen und dementsprechend steuerlich behandelt werden¹¹; wenn die *close company* kein Gewerbe betreibt, müssen die Gewinne ausgeschüttet werden, und wenn dies nicht erfolgt, wird es steuerlich fingiert¹². 765

II. Umwandlung, Verschmelzung, Übernahmeangebot

Formändernde Umwandlungen kennt das englische Recht nicht. *Conversion* oder *transformation* haben keine rechtstechnische Bedeutung. Wird eine *private* in eine *public company* „umgewandelt" oder umgekehrt, so bleibt die 766

---

5 Section 151 CA 1985; vgl. oben Rdnr. 643.
6 Section 365 (3) CA 1985.
7 Section 323 CA 1985.
8 Section 324 (1)(b) CA 1985.
9 Vgl. oben Rdnr. 626.
10 Sections 414 und 416(2) Income and Corporation Taxes Act 1988.
11 Sections 418 bis 422 Income and Corporation Taxes Act 1988.
12 Schedule 19 Income and Corporation Taxes Act 1988 betrifft Gewinne vor dem 31. März 1989.

VI. Die Gesellschaften

Rechtsform gewahrt. *Conversion* geschieht durch bloße Satzungsänderung. Eine Personen- kann nicht in eine Kapitalgesellschaft umgewandelt werden und umgekehrt. Abwicklung der alten und Gründung der neuen Gesellschaft sind unumgänglich.

767 Dagegen ist die formwahrende Umwandlung *reconstruction*[13] bekannt, wenn auch heute selten: Auf eine neu gegründete *company* wird das Vermögen der alten übertragen und die Anteile an der neuen den Gesellschaftern der alten eingeräumt. Vermögen, Gesellschafter und häufig auch Inhaber der Schuldverschreibungen bleiben identisch. Die alte *company* muß abgewickelt werden. Wollte früher die *company* eine nicht von der Gegenstandsklausel gedeckte Tätigkeit ausüben, mußte sie den Umweg über die *reconstruction* gehen. Heute bietet das *company law* eine einfachere Lösung an: Die Gegenstandsklausel im *memorandum* kann geändert werden[14].

768 Für Verschmelzung durch Vermögensübertragung finden sich in der englischen Geschäftssprache die Worte *amalgamation* und *merger*: Entweder kauft eine *company* das Vermögen oder die Anteile einer anderen auf, oder zwei *companies* gründen eine gemeinsame *holding company*. In der englischen Handels- und Rechtspraxis werden Verschmelzungen *mergers* am häufigsten als Folge von Übernahmeangeboten getätigt. Anders als bei der deutschen Verschmelzung durch Aufnahme und Neugründung findet eine Vermögensübertragung kraft Gesetzes nur bei gerichtlicher Anordnung statt; nur das Gericht kann von dem Abwicklungsverfahren der *company*, deren Anteile übertragen werden, befreien.

769 Nach *sections 110, 111 Insolvency Act 1986* kann im Rahmen einer freiwilligen Abwicklung eine Umwandlung oder Verschmelzung stattfinden, wenn der Liquidator hierzu durch außerordentlichen Beschluß ermächtigt wird. Er kann dann Unternehmen oder Eigentum der *company* gegen die Neuausgabe von Anteilen des anderen Unternehmens, die *in specie* an die Gesellschafter der abzuwickelnden *company* zu verteilen sind, ganz oder teilweise auf ein anderes Unternehmen übertragen. Dieses bindet alle Gesellschafter und Gläubiger. Nicht zustimmende Gesellschafter können aber binnen sieben Tagen nach dem außerordentlichen Beschluß widersprechen. Dann hat der Liquidator die Wahl: Er kann von der Übertragung absehen, oder er muß die Anteile des Widersprechenden aufkaufen. Fühlen sich die Gläubiger der übertragenden *company* in ihren Rechten beeinträchtigt, können sie bei Gericht die Zwangsabwicklung beantragen. Auch außerhalb eines Abwicklungsverfahrens kann der *company* im *memorandum* die Befugnis eingeräumt sein, ihr Unternehmen für Anteile an einer anderen *company* zu veräußern. Aber auch dann haben widersprechende Gesellschafter die Rechte nach *sections 110, 111 Insolvency Act 1986*.

---

13 Vgl. Gore-Brown, a.a.O., S. 30.027.
14 Section 4 CA 1985; vgl. auch oben Rdnr. 606.

Auch im Rahmen eines Vergleiches *compromise, arrangement* mit Gläubigern **770** oder Gesellschaftern nach *sections 425-427A CA 1985* ist Umwandlung und Verschmelzung mit gerichtlicher Zustimmung möglich. Diese Form der Übertragung von Vermögen und Eigentum von einer auf eine andere *company* hat den Vorteil, daß widersprechende Gläubiger und Gesellschafter, wenn die erforderliche Mehrheit einen solchen Verschmelzungsplan einmal gebilligt hat, keine Rechte wie nach *sections 110, 111 Insolvency Act 1986* geltend machen können. Folgendes Verfahren ist einzuhalten: Die *company*, Gläubiger, Gesellschafter oder – bei Abwicklung – der Liquidator beantragen bei Gericht die Einberufung von Versammlungen von Gläubigern und Gesellschaftern. Nach *section 426 CA 1985* muß die Einladung zur Versammlung mit einem Rundschreiben verschickt werden, in dem die Direktoren zum Verschmelzungsplan Stellung nehmen und in dem eventuelle erhebliche Interessen der Direktoren am Plan offenbart werden müssen. Stimmt die Mehrheit beider *companies*, die drei Viertel der Rechte der abstimmenden Gesellschafter und Gläubiger repräsentieren muß, einem Plan zu und wird dieser vom Gericht genehmigt, so bindet er alle Betroffenen. Die Anordnung des Gerichts wird erst wirksam, wenn sie beim Registrator eingereicht worden ist. Um die Umwandlung oder Verschmelzung zu erleichtern, kann das Gericht die Übertragung des Unternehmens der veräußernden auf die erwerbende *company*, Zuteilung von Anteilen und Schuldverschreibungen, Auflösung der übertragenden *company* ohne Abwicklungsverfahren und Schutzmaßnahmen für Widersprechende anordnen.

Verschmelzungen nach *sections 110-111 Insolvency Act 1986* und *sections* **771** *425-427A CA 1985* werden durch Übertragung des Unternehmens oder einzelner Vermögensteile erreicht. Diese Vorschriften betreffen nicht Verschmelzungen durch Erwerb von Anteilen. Diese kommen aber besonders häufig vor. So, wenn eine *company* Gesellschaftern einer anderen anbietet, ihre Aktien aufzukaufen, sei es gegen Barzahlung oder im Austausch gegen eigene Aktien. Das Angebot wird *take-over bid* genannt. Der *Companies Act 1985* enthält – von *sections 314-316, 428-430F* abgesehen – relativ wenig Vorschriften über solche *take-over bids*. Hingegen müssen solche Kaufangebote einer Reihe anderer gesetzlicher Vorschriften und auch außerrechtlichen Regeln entsprechen. Der *City Code on Take- overs and Mergers*, dessen Regelungen nicht gesetzlich verankert sind, regelt das Verhalten, welches bei einem Übernahmeangebot einzuhalten ist[15]. Dieses Werk sowie auch die Regeln über den Erwerb eines wesentlichen Aktienpakets *The Rules Governing Substantial Acquisitions of Shares (SARs)* werden vom Ausschuß für Übernahmen und Fusionen *The Panel on Takeovers and Mergers* erlassen. Die Bestimmungen der *SARs* setzen die Geschwindigkeit fest, mit der eine Person den Besitz von Aktien und anderer Rechte auf Aktien vermehren darf.

---

15 Zur Zeit in der abgeänderten Fassung vom 26. Januar 1988; vgl. A Practitioner's Guide To The City Code on Take-overs and Mergers, 1992 Edition.

VI. Die Gesellschaften

772 Der *Code*, aber nicht die Bestimmungen der *SARs*, sind in allen Fällen anwendbar, wenn jemand die feste Absicht erklärt hat, ein bedingungsloses Angebot für die Übernahme einer Zielgesellschaft zu unterbreiten. Hauptanliegen des *City Code* ist es, eine faire Behandlung der Angebotsempfänger sicherzustellen und diese vollständig zu informieren. Der *City Code* selbst besteht aus zehn allgemeinen Grundsätzen und einer Vielzahl von Regeln, die nicht nach den Regeln der normalen engen Wortlautinterpretation auszulegen sind, sondern deren Sinn und Zweck auch über den genauen Wortlaut hinaus beachtet werden muß. So müssen alle Aktionäre der gleichen Gattung vom Anbieter gleichbehandelt werden. Ebenso müssen ausreichende Informationen an alle Aktionäre gleichermaßen verteilt werden. Die finanziellen Berater des Anbieters tragen die Verantwortung dafür, daß der Bieter erst nach äußerst sorgfältiger und verantwortungsbewußter Vorbereitung das Übernahmeangebot unterbreitet und daß er in der Lage ist, das Angebot in die Tat umzusetzen. Alle Unterlagen an die Aktionäre und darin enthaltene Informationen über den Bieter, die Zielgesellschaft oder deren jeweilige finanzielle Berater müssen mit dem höchsten Grad an Sorgfalt und Genauigkeit erstellt werden. Verstöße gegen den *City Code* sind weder strafbar noch stellen sie eine unerlaubte Handlung dar, die zivilrechtliche Folgen nach sich zieht. Die außerrechtlichen Sanktionen des Ausschusses bei Verstößen gegen den *City Code* können jedoch sehr nachhaltig sein: Sie reichen von der Suspendierung der Aktien und Schuldverschreibungen an der Londoner Börse bis zum Ausschluß der zuwiderhandelnden Partei von der weiteren Berufstätigkeit auf dem Gebiet der Unternehmensübernahmen.

773 Bei Übernahmeangeboten sind drei Hauptgesetze anwendbar: *Financial Services Act 198*6, *Criminal Justice Act 1993* sowie der *Companies Act 1985*. Der *Financial Services Act 1986* enthält zwei wichtige Vorschriften, nämlich *sections 47* und *57*. *Section 47* macht gewisse irreführende Aussagen und Praktiken zu strafbaren Handlungen. *Section 57* besagt, daß für Kapitalanlagen grundsätzlich nur dafür zugelassene Personen werben dürfen. Dies bedeutet, daß während einer Übernahme alle Mitteilungen mit der Genehmigung eines dazu ermächtigten Finanzberaters oder vom Finanzberater selbst veröffentlicht werden müssen. *Part V Criminal Justice Act 1993* bekämpft den Insiderhandel und muß bei Übernahmen ebenfalls berücksichtigt werden[16]. Er vereitelt, daß Personen aufgrund von noch nicht öffentlich bekanntgewordener preisempfindlicher Information zu ihren Gunsten in Wertpapieren einer *company* handeln.

774 *Sections 428–430 CA 1985*, für die es keine Entsprechung im deutschen Recht gibt, erleichtert Verschmelzungen im Rahmen eines Übernahmeangebotes *take-over offer* durch den Zwangserwerb von Aktien oder von bestimmten Gattungen von Aktien (aber nicht Schuldverschreibungen). Diese Vorschrift

---

16 Siehe auch oben Rdnr. 680.

gewährt der erwerbenden *company* bisweilen ein Kaufrecht gegenüber verkaufsunwilligen Gesellschaftern, begründet bisweilen aber auch eine Kaufpflicht gegenüber der verkaufswilligen Minderheit. Liegt eine Übertragungsvereinbarung vor und haben neun Zehntel der Anteilsinhaber oder Inhaber der jeweiligen Gattungen der anderen *company* das Kaufangebot binnen vier Monaten angenommen, kann die erwerbende *company* den verkaufsunwilligen restlichen Gesellschaftern den Kauf ihrer Aktien binnen zwei weiterer Monate anzeigen. Dies berechtigt und verpflichtet die erwerbende *company*, die Aktien der Minderheit zu erwerben, und zwar zu den mit der Mehrheit ausgehandelten Konditionen. Das Gericht kann auf Antrag binnen sechs Wochen entweder anordnen, daß die erwerbende *company* nicht zum Zwangserwerb berechtigt ist oder daß der Zwangserwerb zu abgeänderten Bedingungen erfolgen muß, dies allerdings nur, wenn die Übernahmevereinbarung *unfair* ist. Die verkaufsunwilligen Gesellschafter müssen schon überzeugende Gründe gegen die Übernahme vortragen. Sind hingegen die erwerbende *company* und die verkaufswilligen Gesellschafter wirtschaftlich identisch, so wird das Gericht eher bereit sein, den Erwerb zu untersagen oder die Konditionen zu ändern. Dies gilt vor allem, wenn nur unzureichende Informationen an die verkaufsunwilligen Gesellschafter weitergeleitet worden sind[17].

Und umgekehrt: Wer im Rahmen eines Übernahmeangebotes neun Zehntel der Anteile oder Gattungen von Anteilen an einer anderen *company* aufgrund einer Vereinbarung erwirbt, muß dies binnen eines Monats den übrigen Gesellschaftern anzeigen, die dann innerhalb von drei Monaten von der übernehmenden *company* den Kauf ihrer Aktien zu gleichen Konditionen verlangen können. Erwerbs- oder Veräußerungsrechte entstehen nur im Rahmen eines Übernahmeangebotes *take-over offer* und nicht, wenn Aktien über die Wertpapierbörse oder von natürlichen Personen erworben werden.

Neben der *London Stock Exchange* und dem *Panel on Takeovers and Mergers* können auch Ministerien und andere inländische sowie europäische Behörden an der Überwachung von Übernahmen beteiligt sein. Beispiele hierfür sind das Handels- und Industrieministerium *Department of Trade and Industry*, welches für das finanzielle Dienstleistungswesen sowie auch für Fragen des Gesellschaftsrechts zuständig ist, und die englischen Kartellbehörden, die im Vereinigten Königreich in das *Office of Fair Trading* (*OFT* genannt) und die *Monopolies and Mergers Commission* (*MMC* genannt) untergliedert sind. Die Übernahme eines britischen Unternehmens kann in die ausschließliche Zuständigkeit der Europäischen Kommission fallen. Sie überwacht alle Wettbewerbsprobleme und verbundene Fragen, die durch Zusammenschlüsse mit gemeinschaftsweiter Bedeutung aufkommen, wenn der weltweite Gesamtumsatz aller beteiligten Unternehmen sich auf mindestens 5 Milliarden ECU beläuft, der gemeinschaftsweite Umsatz von mindestens zwei der Beteiligten Unterneh-

---

17 Re Chez Nico (Restaurants) Ltd [1992] B.C.L.C. 192.

VI. Die Gesellschaften

men mindestens 250 Millionen ECU beträgt und keines der beteiligten Unternehmen mehr als zwei Drittel seines gemeinschaftsweiten Gesamtumsatzes in einem und demselben Mitgliedstaat erzielt.

III. Abwicklung und Auflösung

777 Nach deutscher Rechtsterminologie geht die Auflösung *dissolution* der Abwicklung *liquidation* voraus. Umgekehrt nach englischem Verständnis: Eine *company* kann nur aufgelöst werden, wenn sie zuvor das Abwicklungsverfahren, *winding up* oder *liquidation* genannt, durchlaufen hat. Ein Liquidationsverfahren entfällt nur in zwei Fällen: entweder wenn das Gericht bei Umwandlung oder Verschmelzung nach *section 425 CA 1985* die Auflösung anordnet oder wenn der Registrator eine faktisch erloschene *company* aus dem Register streicht [18].

778 Der gravierendste Unterschied zum deutschen Recht ist jedoch: Über eine insolvente *company* wird – abgesehen vom neuen Insolvenzverfahren *administration* – kein Konkurs-, sondern nur ein Abwicklungsverfahren eröffnet. Die Vorschriften über Zwangsabwicklung finden sich im *Insolvency Act 1986*, der durch die detaillierten *Insolvency Rules 1986* ausführlich ergänzt wird.

779 Für ein *winding up* oder eine *liquidation* gibt es nach englischem Recht nur zwei Möglichkeiten: entweder die einer Zwangsabwicklung oder die einer freiwilligen Abwicklung.

780 Zwangsabwicklung [19] wird vom Gericht beschlossen *winding up by the court*; freiwillige Abwicklung [20] setzt einen Mehrheitsbeschluß von drei Vierteln der Gesellschafter voraus, wenn nicht einer der seltenen Gründe vorliegt, wonach die *company* durch Zeitablauf oder Bedingungseintritt beendet werden soll. Kann erwartet werden, daß die *company* ihre Verbindlichkeiten erfüllt, geben die Direktoren dem Registrator eine Erklärung hierüber *declaration of solvency* ab. Danach können die Gesellschafter selbst einen Liquidator bestellen. Die Abwicklung wird dann als *members' voluntary winding up* bezeichnet [21]. Geben die Direktoren hingegen keine Solvenzerklärung ab, muß unmittelbar nach dem Gesellschafterbeschluß über die Auflösung eine Gläubigerversammlung einberufen werden. Dann ist es Sache der Gläubiger, einen Liquidator nach ihrer Wahl zu bestellen. Die Abwicklung wird in diesem Fall *creditors' voluntary winding up* genannt [22]. Beim *members' voluntary winding up* wird das Liquidationsverfahren hauptsächlich von den Gesellschaftern selbst

---

18 Section 652 CA 1985.
19 Diese wird vom Gesetz winding up by the Court genannt, vgl. sections 124 und 129 Insolvency Act 1986.
20 Section 84 Insolvency Act 1986.
21 Section 90 Insolvency Act 1986.
22 Sections 90 und 96 Insolvency Act 1986.

bestimmt; beim *creditors' voluntary winding up* hingegen von den Gläubigern. Die Gläubiger – und danach auch die Gesellschafter – können eine Prüfungskommission bestellen, bestehend aus drei bis fünf Gläubigern[23]. Der Liquidator muß, je nachdem, ob er von Gesellschaftern oder Gläubigern bestellt wurde, diese jährlich einberufen, ihnen Bücher und Unterlagen vorlegen und über den Fortgang des Abwicklungsverfahrens berichten. Hat er seine Aufgaben erfüllt, muß er dies in einer abschließenden Versammlung kundtun. Stellt er im Rahmen eines *members' voluntary winding up* fest, daß nicht alle Schulden beglichen werden können, muß er sofort die Gläubiger einberufen. Die Abwicklung wird dann zu einem *creditors' winding up*. Ist die Abwicklung abgeschlossen, benachrichtigt er hiervon den Registrator.

Häufigster Grund für eine gerichtlich angeordnete Zwangsabwicklung ist die Zahlungsunfähigkeit[24]: Diese liegt unter anderem vor, wenn ein Gläubiger eine gesetzliche Mahnung in vorgeschriebener Form *statutory demand* über mehr als £ 750[25] zustellt und die *company* nicht – auch nicht ratenweise – binnen drei Wochen zahlt, wenn die Zwangsvollstreckung zugunsten eines Gläubigers fruchtlos verlaufen ist oder wenn dem Gericht bewiesen wird, daß die *company* unter Berücksichtigung bedingter und künftiger Verbindlichkeiten ihre Schulden nicht bezahlen kann. Bloße Überschuldung bedeutet noch nicht Zahlungsunfähigkeit.

781

Das Gericht kann eine Zwangsabwicklung aber auch anordnen, wenn es dies für gerecht und billig *just and equitable* hält[26]. Allerdings hat *section 125 (2) Insolvency Act 1986* den Anspruch auf Zwangsabwicklung aus dem letzten Grund erheblich eingeschränkt. Die Rechtsprechung hat diese Generalklausel in Fallgruppen zerlegt: Der Hauptzweck der *company* kann nicht erreicht werden; die *company* ist so personenbezogen ausgerichtet wie eine *partnership*, im Management ist es zu einem Stillstand gekommen, oder die „Partner"[27] haben das Vertrauen zueinander verloren; die *company* wird von den Direktoren, Angehörigen eines Familienunternehmens mit überwiegender Stimmenmehrheit schlecht geführt[28]. Auf diese Generalklausel stützen sich insbesondere *contributories*. Das sind diejenigen, die bei Abwicklung zu Zahlungen herangezogen werden können, also gegenwärtige und frühere Gesellschafter[29]. Antragsberechtigt ist aber auch, wer seine Aktien voll einbezahlt hat[30]. Ferner ist der *Secretary of State*

782

---

23 Vgl. auch Insolvency Rules, rule 4. 152 (3).
24 Sections 122 und 123 Insolvency Act 1986.
25 Der Insolvency Act 1986 hat den früheren Betrag von £ 300 auf £ 750 erhöht.
26 Section 122 (1)(g) Insolvency Act 1986.
27 Section 122 (1)(g) ist nicht nur im Falle einer quasi-partnership anwendbar; vgl. Re Ringtower Holdings plc (1989) B.C.L.C. 282.
28 Vgl. Re Westbourne Galleries [1973] A.C. 730 und Tay Bok Choon v. Tahansan Sdh. Bhd. [1987] B.C.L.C. 472.
29 Sections 74 und 124 Insolvency Act 1986.
30 Re National Savings Bank Association (1866) L.R. 1 Ch. App. 547; Re Phoenix Oil and Transport Co [1958] 1 Ch. 560.

VI. Die Gesellschaften

legitimiert, den Antrag auf Zwangsabwicklung zu stellen, insbesondere, wenn er aufgrund eines Berichtes gemäß *Part XIV CA 1985* zur Überzeugung gelangt ist, daß eine Zwangsabwicklung im öffentlichen Interesse ist[31].

783 Ist Zwangsabwicklung vom Gericht angeordnet, kann das Gericht gegen die *company* anhängige Verfahren zum Ruhen bringen[32]. Schon von diesem Zeitpunkt an ist grundsätzlich jede Verfügung über und jede Zwangsvollstreckungsmaßnahme in das Gesellschaftsvermögen unwirksam[33]. Nach Eröffnung des Zwangsabwicklungsverfahrens kann ohne gerichtliche Zustimmung kein Gerichtsverfahren gegen die *company* eingeleitet werden[34]. Arbeitnehmer der *company* gelten *ipso iure* als entlassen[35]. Mit Eröffnung einer Zwangsabwicklung, nicht aber einer freiwilligen Abwicklung, wird der *Official Receiver* zum vorläufigen Liquidator der *company*[36]. Der *Official Receiver* ist ein Beamter des *Insolvency Service*, einer Abteilung des Handels- und Industrieministeriums *Department of Trade and Industry*. Er wird vom Gericht bestellt, wenn immer dies „wünschenswert" ist, um das Abwicklungsverfahren einfacher und wirtschaftlicher durchzuführen[37]. Der *Official Receiver* kann die Zwangsabwicklung beantragen, auch wenn schon ein freiwilliges Abwicklungsverfahren läuft, wenn dies zum Schutz der Gläubiger oder Gesellschafter geboten ist. Spätestens 21 Tage nach Aufforderung des *Official Receiver* müssen die *directors* ihm einen Bericht über die Verhältnisse der *company* vorlegen[38]. So bald wie möglich muß er dann dem Gericht über Vermögen, Verbindlichkeiten und Gründe des wirtschaftlichen Zusammenbruchs der *company* berichten[39]. Spätestens binnen zwölf Wochen muß er Gläubiger und *contributories* zusammenrufen, die auch darüber beschließen, ob sie die Bestellung eines Liquidators an seiner Stelle beantragen und für diesen Fall einen Ausschuß zur Überwachung der Tätigkeit des Liquidators einsetzen wollen[40].

784 Der *Official Receiver* ist vom *receiver* im außergerichtlichen Verwertungsverfahren streng zu unterscheiden[41]. Beide werden häufig gleichzeitig tätig.

785 Erst wenn die *company* abgewickelt ist, wird sie vom Registrator aufgelöst: Sie wird dann im Register gelöscht[42]. Werden danach Vermögensgegenstände der *company* aufgefunden, gehen sie an die Krone *Crown* als *bona vacantia* über[43].

---

31 Section 124A Insolvency Act 1986.
32 Section 126 (1), (2) Insolvency Act 1986; Insolvency Rules r 7.56.
33 Sections 127 und 128 Insolvency Act 1986.
34 Section 130 (2) Insolvency Act 1986.
35 Chapman's Case (1866) L.R. 1 Eq. 346.
36 Section 135 Insolvency Act 1986.
37 Section 135 Insolvency Act 1986.
38 Section 131 und auch sections 235 und 236 Insolvency Act.
39 Section 132 Insolvency Act 1986.
40 Section 136 (4) und (5) Insolvency Act 1986.
41 Vgl. unten Rdnr. 847 ff.
42 Sections 201 ff. Insolvency Act 1986.
43 Section 654 CA 1985.

§ 10
Partnership

I. Begriff und Errichtung der partnership

Der *Partnership Act 1890* ist — anders als die *Companies Acts* — der Versuch einer Kodifizierung im kontinentalen Sinne[1]. Aber trotzdem bestimmt auch dieses Gesetz ausdrücklich, daß das 1890 bestehende Fallrecht, soweit es mit dem *Partnership Act* nicht unvereinbar ist, weiter gelten soll[2]. 786

Ein Anlaß für linguistische Verwirrung: Eine *partnership* wird *firm* genannt, ihre Firma *firm name*[3]. Weil das englische Recht keine Sondernormen für den kaufmännischen Bereich kennt, erfüllt die *partnership* die Funktionen der deutschen oHG und Gesellschaft bürgerlichen Rechts[4]. Da sich eine *partnership* aber von beiden deutschen Gesellschaftsformen unterscheidet, wird dieser englische Begriff im folgenden nicht übersetzt. 787

Der *Partnership Act 1890* beginnt mit folgender Legaldefinition: Eine *partnership* ist die Rechtsbeziehung zwischen Personen, die ein Geschäft gemeinsam führen, um Gewinn zu erzielen[5]. Dieser Begriff geht weiter als der einer oHG, denn er schließt weder Minderkaufleute noch Angehörige freier Berufe, wie zum Beispiel Rechtsanwälte und Ärzte, als Gesellschafter aus. Unter „Geschäft" fällt nämlich jedes Gewerbe, jede Beschäftigung, jeder Beruf und sogar ein einzelnes Geschäft oder Projekt, alles eben, was in den Augen von Geschäftsleuten als kommerzielles und professionelles Geschäft angesehen wird[6]. Dabei werden unter Personen auch Kapitalgesellschaften sowie nichtrechtsfähige Vereine verstanden[7]. Nicht vorausgesetzt wird Führung der Geschäfte unter gemeinschaftlicher Firma. 788

Die Legaldefinition ist demgegenüber enger als die einer Gesellschaft bürgerlichen Rechts, weil sie die Absicht der Gewinnerzielung fordert. Weil Gewinnbeteiligung entscheidend ist, reicht bloße Beteiligung am Umsatz allein nicht aus[8]. Wird Gewinn geteilt, wird eine *partnership* vermutet, doch steht der Gegenbeweis frei[9]. 789

---

1 Vgl. oben Rdnr. 35.
2 Section 46 Partnership Act 1890.
3 Section 4 Partnership Act 1890.
4 In Schottland hat die partnership eigene Rechtspersönlichkeit. Vgl. section 4 Partnership Act 1890.
5 Section 1 Partnership Act 1890.
6 Vgl. section 45 Partnership Act 1890; Lindley & Banks on Partnership a.a.O. S. 9; Smith v. Anderson (1880) 15 Ch. D. 247; Newstead v. Frost [1980] 1 W.L.R. 135 (H.L.).
7 Section 5 Schedule 1 Interpretation Act 1978.
8 Section 2 (2) Partnership Act 1890.
9 Section 2 (3) Partnership Act 1890.

VI. Die Gesellschaften

790 Die *partnership* unterscheidet sich vom partiarischen Darlehen durch Mitbestimmungsrechte bei der Geschäftsführung. Die bloße Existenz eines partiarischen Darlehens begründet nicht allein die Vermutung einer *partnership*; dies gilt auch, wenn der Darlehensvertrag schriftlich abgefaßt und von allen Parteien unterschrieben wurde[10]. Forderungen aus einem partiarischen Darlehen werden im Falle der Insolvenz einer *partnership* den Forderungen anderer Gläubiger nachgestellt[11].

791 Der Gesellschaftervertrag, *partnership articles* genannt, braucht weder schriftlich abgefaßt noch bei einem Register angemeldet zu werden. Das Gesetz läßt – von rechtswidrigen Gesellschaftszwecken abgesehen – den Partnern Freiheit, ihre Beziehungen zu regeln. Jedoch verdient eine Beschränkung Beachtung: Eine *partnership* darf regelmäßig nur 20 Gesellschafter haben[12]. Diese Höchstgrenzen gelten nicht mehr für bestimmte Berufsgruppen wie *Solicitors*, Wirtschaftsprüfer, Grundstücksmakler, Börsenmakler, Patentanwälte etc.[13]. Hat eine *partnership* mehr Gesellschafter als die zulässige Höchstzahl, ist sie rechtswidrig und nichtig.

792 Grundsätzlich können die Partner frei wählen, unter welcher Firma *firm name* die *partnership* im Geschäftsverkehr auftreten soll. Wenn die Firma nicht aus den Zunamen aller Gesellschafter besteht oder wenn ein Partner seinen Zunamen geändert hat, unterliegt die Firma den Bestimmungen des *Business Names Act 1985*. In einem solchen Falle muß die *partnership* auf allen Geschäftsbriefen und schriftlichen Zahlungsforderungen die Namen aller Gesellschafter und eine Zustellungsadresse angeben. Ausgenommen von dieser Vorschrift sind *partnerships*, die über 20 Gesellschafter haben, wenn deren Geschäftsbriefe und Zahlungsforderungen auf ein Verzeichnis aller Partner beim Hauptgeschäftssitz *principal place of business* verweisen.

793 Konkurrenten können nach Deliktsrecht den Gebrauch einer Firma verbieten, wenn beabsichtigt oder wahrscheinlich ist, daß die Öffentlichkeit über die wahre Identität getäuscht wird[14]. Bei einer reinen Personenfirma muß betrügerische Absicht der Partner oder Verwechslungsgefahr in bezug auf bestimmte Waren hinzukommen, bevor ein Unterlassungsanspruch gerechtfertigt ist[15].

---

10 Section 2 (3)(d) Partnership Act 1890.
11 Section 3 Partnership Act 1890.
12 Section 716 CA 1985.
13 Section 716 (2) CA 1985; vgl. auch Partnership (Unrestricted Size) Regulations No. 1 of 1968 to No. 10 of 1992, S. 377 Butterworths Company Law Handbook.
14 Anspruchsgrundlage ist die passing-off action; vgl. Erven Warnink B.V. v. J. Townend & Sons (Hull) Ltd. [1979] A.C. 731 Reckitt & Colman Products Ltd. v. Borden In [1990] 1 W.L.R. 491; vgl. unten Rdnr. 976.
15 Croft v. Day (1843) 7 Beav. 84; Valentine Meat Juice Co. v. Valentine Extract Co. Ltd. (1900) 83 L.T. 259.

II. Innenverhältnis

Der Gesellschaftsvertrag einer *partnership* ist ein Vertrag *uberrimae fidei*: Nach Eingehung der *partnership* – und u. U. auch schon während der Verhandlungen – müssen die Gesellschafter einander über alle wesentlichen Tatsachen unterrichten. Sonst können ahnungslose Partner – entgegen der Grundregel des *common law* – den Gesellschaftsvertrag anfechten[16]. Aus der Treuepflicht folgt auch, daß Partner rechenschaftspflichtig sind für Geschäfte, die sie in Zusammenhang mit der *partnership*, unter ihrer Firma oder mit Mitteln des Gesellschaftsvermögens abschließen. Das Wettbewerbsverbot der Partner ist enger als nach § 112 HGB: Die Geschäfte müssen nicht nur demselben Handelszweig unterfallen, sondern auch denselben potentiellen Kundenstamm betreffen[17].

794

Mangels anderer Vorschriften im Gesellschaftsvertrag ist jeder Partner berechtigt, nicht aber verpflichtet (!), an der Geschäftsführung teilzunehmen[18]. Über alle Geschäfte im gewöhnlichen Betrieb entscheidet die einfache Mehrheit der Partner; Einstimmigkeit wird bei Aufnahme und Ausschluß von Partnern, Änderungen des Gesellschaftsvertrages und bei außergewöhnlichen Geschäften gefordert[19].

795

Mangels anderer Bestimmungen ist die Gewinnverteilung und das Recht zur Nutzung des Gesellschaftskapitals wie auch die Verpflichtung zum Ausgleich von Verlusten unabhängig von der Kapitalbeteiligung: Jeder Partner ist gleichermaßen berechtigt und verpflichtet. Im Zweifel kann ein Partner für seine Dienste keine Vergütung beanspruchen. Wenn nichts anderes bestimmt ist, wird sein Kapitalanteil weder verzinst, noch hat er Anspruch auf Vorzugsdividende[20].

796

Zum Gesellschaftsvermögen gehört, was die Partner bei Gründung ausdrücklich oder stillschweigend hierzu bestimmen; ferner, was nach Gründung für Rechnung der Gesellschaft, für Gesellschaftszwecke, im Rahmen von Geschäften der Gesellschaft oder mit Gesellschaftsmitteln erworben wird. Die Partner können aber auch nur die Nutzung von Gegenständen einbringen, ja selbst der *goodwill* kann von einem Gesellschafter nur zu Nutzen eingebracht werden und der Substanz nach bei ihm verbleiben[21].

797

---

16 Section 28 Partnership Act 1890; Floydd v. Cheney [1970] 2 W.L.R. 314; vgl. weiter Georg Müller, Vorvertragliche und vertragliche Informationspflichten nach englischem und deutschem Recht, 1994, S. 107ff., 2. Teil B VII.2.
17 Section 30 Partnership Act 1890.
18 Section 24 (5) Partnership Act 1890. Dies kann aber zur Auflösung der partnership führen. Ferner kann das Gericht den „faulen Partner" verpflichten, den fleißigen zu entschädigen. Vgl. Underhill/Hesketh, a.a.O., S. 85.
19 Section 24 (8),(19), (25) Partnership Act 1890.
20 Section 24 (1),(6) Partnership Act 1890.
21 Sections 20ff. Partnership Act 1890.

VI. Die Gesellschaften

798 Ohne Zustimmung aller kann ein Partner nicht ausscheiden und einen neuen an seine Stelle berufen[22]. Er kann aber seine Vermögensrechte, sowohl am Gewinn als auch am Gesellschaftskapital, abtreten oder verpfänden. Der Zedent scheidet nicht aus. Die Abtretung oder Verpfändung berechtigt im Zweifelsfall nicht zur Auflösung der *partnership*. Der Zessionar wird nicht Partner, sondern hat nur nach Treuhandrecht als *equitable owner* der abgetretenen Vermögensrechte Anspruch auf Gewinn und auf Auseinandersetzungsguthaben bei Auflösung. Die Partner können diesen Anspruch des Gläubigers nicht ohne seine Zustimmung schmälern. Auch aufgrund titulierter Forderung kann der Gesellschaftsanteil eines Partners, nicht aber der ideelle Anteil an den Gegenständen des Gesellschaftsvermögens gepfändet werden. Die anderen Partner können in einem solchen Fall den Gläubiger befriedigen oder mit gerichtlicher Sanktion den gepfändeten Anteil erwerben oder die *partnership* auflösen[23]. Der Privatgläubiger selbst hat aber — anders als nach § 135 HGB — kein Kündigungsrecht.

III. Außenverhältnis

799 Wie der Gesellschafter einer oHG ist auch der Partner einer *partnership* alleinvertretungsberechtigt[24]. Im Gegensatz zu § 126 HGB ist der Umfang der Vertretungsmacht des Partners auf Handlungen im gewöhnlichen Geschäftsbetrieb seiner *partnership* beschränkt. Die Partner können aber auch diese stillschweigende Vollmacht einschränken. Dies führt zu Unsicherheiten im Rechtsverkehr, die die Anscheinsvollmacht *ostensible* oder *apparent authority* zwar mindern, aber nicht beseitigen kann[25].

800 Das englische Fallrecht grenzt die Vertretungsmacht der Partner kasuistisch ab und unterscheidet dabei zwischen *trading partnerships*, die Waren kaufen und verkaufen, und *non-trading partnerships*. Nur der Partner einer *trading partnership* gilt regelmäßig als bevollmächtigt, für die *partnership* Geld aufzunehmen und hierfür Sicherheiten einzuräumen, wie Besitzpfand und *equitable mortgage*[26] an Grundstücken; er kann für die *partnership* Wechsel ausstellen und annehmen[27]. Aber auch der Partner einer *trading partnership* hat keine Anscheinsvollmacht, für die *partnership* an einem *deed*[28] mitzuwirken, eine Bürgschaftserklärung abzugeben oder einen Schiedsvertrag abzuschließen.

---

22 Section 24 (7) Partnership Act 1890.
23 Sections 31, 23 Partnership Act 1890.
24 Vgl. section 5 Partnership Act 1890.
25 Im einzelnen Underhill/Hesketh, a.a.O., S. 53 ff.; ferner Klein, AWD 1971, 505 ff.
26 Diese Hypothek ist im englischen Billigkeitsrecht verwurzelt und steht im Gegensatz zur legal mortgage des common law, vgl. auch oben Rdnr. 306 ff.
27 Die partnership wird aus einem Wechsel nur verpflichtet, wenn entweder alle Partner unterschreiben oder die Firma der partnership auf dem Wechsel erscheint; vgl. section 23 Bills of Exchange Act 1882; section 6 Partnership Act 1890.
28 Für einen deed gibt es im deutschen Recht keine Entsprechung. Es handelt sich um eine Urkunde, die unterschrieben, gesiegelt und übergeben werden muß, vgl. oben Rdnr. 82.

Auf eine Anscheinsvollmacht kann sich nicht berufen, wer die Beschränkung der Vollmacht kannte oder gar nicht wußte, daß er mit einem Partner verhandelte. Deshalb wird der unbekannte stille Gesellschafter, *sleeping* oder *dormant partner* genannt, nicht gebunden. Das englische Gesetzesrecht kennt keine Vorschriften über die stille Gesellschaft. **801**

Das englische Stellvertretungsrecht ist nicht auf die vertragliche Haftung beschränkt, sondern wirkt sich auch im deliktischen Bereich aus[29]. Da ein Partner zugleich Stellvertreter der anderen ist, sind diese für seine unerlaubten Handlungen gesamtschuldnerisch *jointly and severally* verantwortlich, wenn sie im gewöhnlichen Geschäftsbetrieb der *partnership* oder mit ihrer Zustimmung begangen werden[30]. Unschuldige Partner können sich nicht entlasten. Unterschlägt ein Partner Geld oder andere Sachen, die er selbst im Rahmen seiner Anscheinsvollmacht erhalten hat, haften auch die anderen hierfür[31]. Hat die *partnership* die Sachen erhalten und veruntreut sie danach ein Partner, so haften die anderen nur, wenn sie bei der Unterschlagung noch im Gewahrsam der *partnership* waren. Ist ein Partner Treuhänder, so haften die anderen Partner nicht weiter als nach den Grundsätzen des Treuhandrechts. **802**

Ein Partner haftet grundsätzlich nur für solche Verbindlichkeiten der Gesellschaft, die während seiner Zugehörigkeit zur *partnership* entstanden sind. Für solche Schulden gibt es nach englischem Recht keine kurze Verjährungsvorschrift wie nach § 159 HGB. Wer als Partner in das Geschäft eines Einzelkaufmanns oder in eine bestehende *partnership* eintritt, haftet — im Gegensatz zu §§ 128, 130 HGB — nicht für zuvor entstandene Verbindlichkeiten. Wer ausscheidet, haftet für Neuschulden nur solchen Gläubigern, die schon zuvor Geschäftsbeziehungen zur *partnership* unterhielten, von seiner Stellung als Gesellschafter, nicht aber von seinem Ausscheiden wußten. Deshalb sollte ein Partner alle Kunden der *partnership* von seinem Ausscheiden unterrichten. Um Haftung gegenüber Neugläubigern auszuschließen, genügt die Veröffentlichung in der *London Gazette*. Unterbleibt dies, kann ein Neugläubiger den ausgeschiedenen Partner in Anspruch nehmen, wenn er vor Ausscheiden von der Existenz des Partners erfahren hat. Gibt sich ein ehemaliger Partner oder Dritter als Partner aus oder zerstört er einen solchen Rechtsschein nicht, obwohl er hiervon weiß, haftet er Dritten gegenüber, die auf diesen Schein vertrauen, wie ein Partner[32]. Die Erben eines Partners haften grundsätzlich nicht für Neuschulden, wenn die Firma unverändert fortgeführt wird. **803**

Bei Ansprüchen aus unerlaubter Handlung kann der Gläubiger die Partner gemeinsam oder einzeln verklagen[33]. Bei vertraglichen Ansprüchen ist auf eine **804**

---

29 Vgl. oben Rdnr. 400 ff.
30 Sections 10–13 Partnership Act 1890.
31 Sections 17, 36 Partnership Act 1890.
32 Section 14 Partnership Act 1890.
33 Sections 1, 12 Partnership Act 1890.

VI. Die Gesellschaften

prozessuale Besonderheit zu achten: Ein Urteil gegen einen Partner schließt Klagen gegen andere aus, auch wenn die Vollstreckung aus dem Urteil fruchtlos geblieben ist. Prozessual sind die Partner aus Vertrag nämlich nur gemeinsam *jointly*, nicht aber individuell *severally* verantwortlich[34]. Deshalb sollten alle Partner gemeinsam verklagt werden. Oder noch einfacher: Die Klage sollte — wie dies auch § 124 HGB ermöglicht — gegen die *partnership* gerichtet sein. Aus einem solchen Urteil kann in das Vermögen der einzelnen Partner vollstreckt werden[35].

IV. Auflösung

805 Die Auflösungsgründe unterscheiden sich nur wenig von denen einer oHG[36]. Ohne gerichtliche Entscheidung wird die *partnership* aufgelöst: bei Zeitablauf, wenn sie für eine bestimmte Zeit eingegangen ist; bei Erreichung des Gesellschaftszwecks, wenn die *partnership* für ein bestimmtes Vorhaben gegründet wurde (Gelegenheitsgesellschaft, die dann häufig auch *syndicate* genannt wird); bei Tod oder Konkurs eines Gesellschafters, wenn nicht der Gesellschaftsvertrag etwas anderes bestimmt; bei nachträglicher Rechtswidrigkeit des Gesellschaftszwecks; bei Eintritt einer im Gesellschaftervertrag vorgesehenen Bedingung; durch Kündigung. Ist die *partnership* für unbestimmte Zeit eingegangen, kann jeder Partner ohne Kündigungsfrist jederzeit kündigen. Ein Privatgläubiger kann jedoch — anders als nach § 135 HGB — die *partnership* nicht aufkündigen. Pfändung berechtigt nur die anderen Partner zur Auflösung.

806 Das Gericht kann die Auflösung aus wichtigem Grunde beschließen, nämlich: wenn ein Partner wegen Geisteskrankheit seine Angelegenheiten nicht führen kann; wenn ein Partner aus irgendeinem Grunde seine Aufgaben aus dem Gesellschaftsvertrag nicht erfüllen kann; wenn das Verhalten eines Partners sich nachteilig auf die Geschäfte der *partnership* auswirkt; wenn ein Partner vorsätzlich oder dauerhaft den Gesellschaftsvertrag verletzt; wenn die *partnership* nur mit Verlust fortgeführt werden kann oder wenn immer das Gericht die Auflösung als gerechte und billige *just and equitable* Lösung betrachtet.

807 Von Auflösung ist Anfechtung des Gesellschaftsvertrages wegen Täuschung durch andere Partner zu unterscheiden[37]. Zwar hat das englische Recht nicht ein besonderes Rechtsinstitut einer faktischen Gesellschaft entwickelt. Doch kann sich auch in England der getäuschte Partner durch eine solche Anfechtung nicht seinen Verpflichtungen gegenüber gutgläubigen Gläubigern entziehen[38].

808 Nach Auflösung ist die *partnership* abzuwickeln. Die Partner sind bevollmächtigt, die laufenden Geschäfte zu Ende zu führen und alle zur Abwicklung nöti-

---
34 Section 9 Partnership Act 1890.; Kendall v. Hamilton (1879) 4 App. Cas. 504.
35 Vgl. Order 81 der Rules of the Supreme Court.
36 Sections 32–35 Partnership Act 1890.
37 Vgl. im einzelnen Misrepresentation Act 1967; dazu Georg Müller, a.a.O., 1. Teil.
38 Über Ansprüche des getäuschten gegen den täuschenden Partner vgl. a.a.O.

gen Handlungen vorzunehmen[39]. Besteht ein positives Kapitalkonto, werden zuerst Gläubigerforderungen, dann Nachschüsse der Partner ausgeglichen, bevor Einlagen zurückerstattet werden. Der Überschuß steht den Partnern im Verhältnis ihrer Gewinnbeteiligung zu. Reicht das Kapitalkonto nicht aus, um Gläubiger zu befriedigen und Nachschüsse und Einlagen zurückzuzahlen, müssen die Partner den Verlust im Verhältnis ihrer Gewinnbeteiligung ausgleichen[40].

V. Limited partnership

Limited partnerships, unseren Kommanditgesellschaften vergleichbar, sollen nur der Vollständigkeit halber erwähnt werden; in der Praxis kommen sie kaum vor. Diese Gesellschaftsform wurde mit dem *Limited Partnership Act 1907* eingeführt.   **809**

Die *limited partnership* ist eine *partnership* mit mindestens einem persönlich unbeschränkt haftenden *general partner* und mindestens einem *limited partner*, dessen Haftung auf seine Vermögenseinlage beschränkt ist[41]. Auf diese Gesellschaft finden die Regeln über *partnerships* Anwendung. Anders als die *partnership* muß die Kommanditgesellschaft beim *Registrar of Companies* registriert werden. In dem Anmeldeformular müssen angegeben werden: Firma, Geschäftsgegenstand, Hauptgeschäftssitz, Name aller *general* und *limited partners* sowie Höhe der Vermögenseinlage letzterer, Beginn der Gesellschaft und Einzelheiten über den Gesellschaftsvertrag[42].   **810**

Der Kommanditist kann die Gesellschaft grundsätzlich nicht vertreten und ist von der Geschäftsführung ausgeschlossen, kann sich aber mit den *general partners* beraten[43]. Nimmt er an der Geschäftsführung teil, haftet er während dieses Zeitraums wie ein *general partner*. Fragen des gewöhnlichen Geschäftsbetriebs werden von den Komplementären alleine beschlossen.   **811**

Seinen Kommanditanteil kann der *limited partner* mit Zustimmung der Komplementäre abtreten.   **812**

Tod, Konkurs oder Geisteskrankheit des *limited partner* führen nicht zur Auflösung der Gesellschaft. Er kann nicht kündigen. Will er ausscheiden, braucht er die Zustimmung der Komplementäre, oder er muß seinen Anteil abtreten oder bei Gericht die Auflösung der Gesellschaft beantragen.   **813**

Im Gesellschaftsvertrag einer *limited partnership* können die Rechtsverhältnisse der Partner anders geregelt werden.   **814**

---

39 Sections 38, 39 Partnership Act 1890.
40 Section 44 Partnership Act 1890.
41 Section 4 Limited Partnership Act 1907.
42 Sections 8, 9 Limited Partnership Act 1907.
43 Section 6 Limited Partnership Act 1907.

VII. Kapitel
Insolvenzrecht

§ 1
Allgemeines

815 Eine allgemein gültige Legaldefinition des Begriffes „Insolvenz" gibt es im englischen Insolvenzrecht nicht[1]. Hauptgrund der Insolvenz, die zur Abwicklung einer *company* führen kann, ist Zahlungsunfähigkeit *inability to pay debts*. Eine *company* gilt unter anderem als zahlungsunfähig, wenn sie ihre fälligen Schulden nicht mehr begleichen kann[2]. Zahlungsunfähigkeit wird auch vermutet, wenn die Verbindlichkeiten ihr Vermögen übersteigt[3], in deutscher Rechtsterminologie also Überschuldung gegeben ist. Zahlungsunfähigkeit stellt auf den *cash-flow*, Überschuldung auf einen bilanziellen Maßstab ab. Andere Definitionen der Insolvenz, die je nach Tatbestand oder Konkursstraftat unterschiedlich sind, finden sich in *sections 89 (1)* (Insolvenzerklärung), 213 (betrügerisches Handeln *fraudulent trading*), *section 214 (2)* (unredliches Handeln *wrongful trading*) *Insolvency Act 1986* sowie in *section 6 (2) Company Directors Disqualification Act 1986*[4].

816 Seit 1542[5] hat sich über die Jahrhunderte hinweg das englische Insolvenzrecht der natürlichen Personen und Kapitalgesellschaften sehr unsystematisch, aber pragmatisch entwickelt. Das bis 1985 geltende Insolvenzrecht der natürlichen Personen wurde hauptsächlich vom *Bankruptcy Act 1914*, das Insolvenzrecht der *companies* von den *Companies Acts* geregelt. In beiden Fällen wurden die Gesetze in wesentlichen Punkten vom Fallrecht *common law* und vom Billigkeitsrecht *equity* beeinflußt. Bei Kapitalgesellschaften verwies der damalige *CA 1985* auf zahlreiche Bestimmungen des *Bankruptcy Act 1914* (Rechte der gesicherten und ungesicherten Gläubiger, Forderungsanmeldung und Forderungsbewertung).

817 Im Jahre 1977 wurde ein Ausschuß *The Insolvency Law Review Committee* (nach ihrem Vorsitzenden *"Cork Committee"* genannt) bestellt, der 1982

---

1 Vgl. zusammenfassend Bailey, Corporate Insolvency – Law and Practice, 1993; Goode, Principles of Corporate Insolvency Law, 1990; Pennington, Corporate Insolvency Law, 1991; Sealy/Mailman, Annotated Guide to 1986 Insolvency Legislation, 3. Aufl. 1991, Tolley's Insolvency Service, Caseblatt-Sammlung.
2 Section 123 (1)(e) Insolvency Act 1986.
3 Section 123 (2) Insolvency Act 1986.
4 Vgl. auch sections 238, 239, 245, 240 (2), 245 (4) und 247 Insolvency Act 1986.
5 Bankruptcy Act 1542.

einen Bericht[6] zur Reformierung des Insolvenzrechts vorlegte. Darin wurden weitreichende Änderungen des Insolvenzrechts im Rahmen eines umfangreichen und einheitlichen Insolvenzverfahrens für natürliche Personen und Kapitalgesellschaften vorgeschlagen.

Die Grundzüge des vom *CA 1985* geregelten Insolvenzrechts der Kapitalgesellschaften wurden im neuen Insolvenzrecht grundsätzlich beibehalten, obwohl das Gesetz durch zwei neue, wichtige Insolvenzverfahren ergänzt wurde: ein freiwilliger außergerichtlicher Vergleich *voluntary arrangement* zwischen *company*, Gesellschaftern und Gläubigern sowie Moratorium *administration*, das entweder die Wiederbelebung einer *company* oder eine effizientere Verwertung des Vermögens bezwecken soll. **818**

Das vom *Bankruptcy Act 1914* geregelte Insolvenzrecht der natürlichen Personen wurde im Zuge der Neuregelung des Insolvenzrechtes aufgehoben[7] und durch ein neues, vereinfachtes System ersetzt. Der neue *Insolvency Act 1986*, der die wichtigste Quelle des gegenwärtigen Insolvenzrechts bildet, ist in mehrere Teile aufgegliedert. Die Parts I–VII befassen sich mit der Insolvenz und Abwicklung von Gesellschaften *company insolvency* und *companies winding up*. Parts VIII–XI behandeln die Insolvenz und den Konkurs von natürlichen Personen *insolvency of individuals* und *bankruptcy*. Der *Insolvency Act* gilt für *companies*, die nach dem *Companies Act* in England und Wales wie auch, abgesehen von bestimmten Ausnahmen, in Schottland[8] gegründet worden sind. **819**

---

6 The Report of the Review Committee on Insolvency Law and Practice (1982) Cmnd. 8558; vgl. auch Government White Paper: „A Revised Framework for Insolvency Law" (1982) (Cmnd. 9174).
7 Allerdings gilt der Bankruptcy Act 1914 immer noch, wenn der Konkurseröffnungsbeschluß vor dem 29. Dezember 1986 erlassen wurde. Vgl. die Übergangsregelungen in Schedule 11 Insolvency Act 1986.
8 Section 440 Insolvency Act 1986; vgl. auch den Bankruptcy (Scotland) Act 1985, abgeändert durch den Bankruptcy (Scotland) Act 1993.

VII. Insolvenzrecht

§ 2
Insolvenz der natürlichen Personen und Konkurs

820 Dem Insolvenzverfahren für natürliche Personen unterliegen Kaufleute wie Nichtkaufleute, Minderjährige und Geisteskranke sowie der Nachlaß Verstorbener und Kommanditgesellschaften, nicht aber *partnerships*[9]. Zuständige Gerichte für das Konkursverfahren sind der *High Court* in London und außerhalb von London bestimmte *County Courts*. Das englische Gericht ist zuständig, wenn der Gemeinschuldner sein Domizil *domicile* in England oder Wales hat, sich dort zur Zeit der Stellung des Antrages *bankruptcy petition* aufhält, er seinen Wohnsitz *residence* in England oder Wales hat oder wenn er seine Geschäftstätigkeit in den letzten drei Jahren vor Eröffnung des Verfahrens in England oder Wales ausgeübt hat.

821 Bei Zahlungsschwierigkeiten eines Schuldners gibt es vier verschiedene Verfahren:

I. Freiwilliger außergerichtlicher Vergleich – individual voluntary arrangement nach Part VIII Insolvency Act 1986

822 Mit einer solchen Vereinbarung kann der Schuldner den formellen Konkurs *bankruptcy* vermeiden, wenn er einen bindenden Vergleich *compromise* oder Plan *scheme of arrangement*[10] mit seinen Gläubigern abschließt. Das Verfahren kann vom Schuldner oder vom *Official Receiver* eröffnet werden, und zwar normalerweise durch den Erlaß einer einstweiligen Anordnung *interim order*[11] durch das Gericht. Die einstweilige Anordnung ist auf 14 Tage befristet, kann aber auf Antrag verlängert werden. Auf Anordnung des Gerichtes können anhängige Gerichtsverfahren gegen den Schuldner, deren Urteilssprüche die Konkursmasse schmälern könnten, ausgesetzt werden. Kein neues Konkursverfahren darf gegen den Schuldner eingeleitet werden, und ohne Zustimmung des Gerichtes dürfen gesicherte Gläubiger verpfändete Gegenstände nicht veräußern.

823 Die Aufsicht über die *individual voluntary arrangements* übt ein Treuhänder oder *nominee* des Schuldners aus, der als Konkursverwalter *insolvency practitioner* zugelassen sein muß. Er muß einen Bericht über die Vergleichsvorschläge des Schuldners vorbereiten und sie der Gläubigerversammlung vorle-

---

9 Es gelten Sonderregelungen für partnerships; vgl. Insolvency Partnerships Order 1993. Zum Zweck der Abwicklung wird eine Partnership als eine unregistered company gemäß Part V Insolvency Act 1986 behandelt.
10 Section 260 Insolvency Act 1986.
11 Section 252 Insolvency Act 1986.

gen. Der Schuldner selbst muß einen Bericht über seine Verhältnisse *statement of affairs* anfertigen[12]. Die Vergleichsvorschläge des Gemeinschuldners müssen mit drei Vierteln der Gesamtsumme der stimmberechtigten Forderungen genehmigt werden. Der Vorsitzende der Gläubigerversammlung muß dem Gericht binnen vier Tagen über die Ergebnisse der jeweilgen Versammlung berichten. Bei Genehmigung treten die Vergleichsvorschläge in Kraft; allerdings können nicht zustimmende Gläubiger den Vergleich binnen 28 Tagen nach der Vorlage des Berichtes bei Gericht anfechten. Der *nominee* (der später im Verfahren auch *supervisor* genannt wird) führt die Vergleichsvorschläge unter der Aufsicht des Gerichtes durch. Ein nach dem *Insolvency Act 1986* genehmigter Vergleich bindet alle stimmberechtigten Gläubiger, die zur Versammlung eingeladen wurden[13].

II. Außergerichtliches Moratorium – scheme of arrangement nach dem Deeds of Arrangement Act 1914[14]

Ein außergerichtlicher Vergleichsvorschlag nach dem *Deeds of Arrangement Act 1914* ist bisher selten unterbreitet worden. Der Grund hierfür war, daß unter dem alten *Bankruptcy Act* ein solcher Vergleichsvorschlag zugunsten aller Gläubiger nachteilige Folgen haben konnte. Unter anderem stellte der Vergleichsvorschlag selbst einen Konkursgrund dar. Obwohl dies heute nicht mehr der Fall ist, ist es unwahrscheinlich, daß das Verfahren nach dem *Deeds of Arrangement Act 1914* nun öfter genutzt wird. Ein Schuldner, der einen Vergleich anstrebt, wird eher den freiwilligen Vergleich nach *Part VIII Insolvency Act 1986* anstreben. Nur in seltenen Fällen wird der Schuldner ein außergerichtliches Moratorium unter dem *Deeds of Arrangement Act 1914* mit seinen Gläubigern eingehen. Ein solches Verfahren bedeutet: Bei Verzicht oder Teilverzicht der Gläubiger auf ihre Forderungen überträgt der Schuldner sein gesamtes Vermögen auf einen Treuhänder der Gläubiger und zu deren Gunsten. Dieser Verzicht bindet nur die Gläubiger, die schriftlich oder auf sonstige Weise zugestimmt haben. Ein solcher Vergleich ist unwirksam, wenn er nicht binnen sieben Tagen bei dem vom *Board of Trade* bestellten Registrator angemeldet wird[15] und er nicht binnen 21 Tagen seit Anmeldung von der Mehrheit der Gläubiger mit der Mehrheit der Gesamtsumme der stimmberechtigten Forderungen angenommen worden ist.

824

---

12 Section 256 (2) Insolvency Act 1986.
13 Section 260 (2) Insolvency Act 1986.
14 Vgl. Butterworths Insolvency Law Handbook, 2. Aufl. London 1990.
15 Section 2 Deeds of Arrangement Act 1914.

VII. Insolvenzrecht

III. Konkursverfahren – administration order auf Anordnung des Gerichtes

825 Nach dem *County Courts Act 1984* kann der *County Court* die Zwangsverwaltung des Vermögens eines Schuldners anordnen, wenn ein Gläubiger in der Zwangsvollstreckung ausgefallen ist[16]. Dieser *administration order* wird als „*mini- bankruptcy*" bezeichnet. Der Schuldner kann zugunsten seiner Gläubiger regelmäßige Zahlungen an das Gericht leisten; die Gläubiger dürfen ihre Forderungen ohne gerichtliche Zustimmung nicht geltend machen. Die Vorteile der *administration order* auf Anordnung des Gerichtes: sie bedarf nicht der Zustimmung von drei Vierteln der Gesamtsumme der stimmberechtigten Forderungen; die Bestellung – und damit auch die Kosten eines Konkursverwalters – können vermieden werden.

IV. Konkursverfahren – Bankruptcy

826 Das Konkursverfahren unter dem *Bankruptcy Act 1914* war äußerst umständlich. Der *Bankruptcy Act 1914* zählte insgesamt acht Konkursgründe auf. Davon waren in der Praxis nur wenige relevant. Das Verfahren selbst war in zwei gerichtliche Entscheidungen unterteilt: *receiving order* und *adjudication*. Auf den Konkursantrag erging zunächst die *receiving order*; damit erfolgte die Bestellung des *Official Receiver* als *receiver* zur Überwachung der Konkursmasse; danach fand die erste Gläubigerversammlung statt, und erst dann erfolgte durch *adjudication* die Übertragung des Eigentums des Schuldners im Wege der Gesamtrechtsnachfolge auf den *trustee*. Das neue Verfahren unter dem *Insolvency Act 1986* hat das alte Verfahren wesentlich vereinfacht: Die acht Konkursgründe sind abgeschafft worden; ebenso die Lehren der Rückwirkung auf den Konkursgrund *doctrine of relation back* sowie des fingierten Eigentums *doctrine of reputed ownership* (die Konkursmasse wurde durch Waren, die mit Zustimmung des Eigentümers im Besitze des Gemeinschuldners waren, vergrößert).

827 Nach dem *Insolvency Act 1986* kann heute das Konkursverfahren durch den Antrag *bankruptcy petition* aufgrund einer gegenwärtigen oder zu erwartenden Zahlungsunfähigkeit des Gemeinschuldners eröffnet werden, und zwar von einem Gläubiger oder vom Gemeinschuldner selbst[17]. Wenn ein Gläubiger einem Vergleich *voluntary arrangement* schon zugestimmt hat, kann er, von Ausnahmen abgesehen, keinen Konkursantrag mehr stellen.

---

16 Vgl. Die ehemalige Wertobergrenze von £ 5000 wurde von section 4 Courts and Legal Services Act 1990, die am 1. Oktober 1991 (SI 1991/1883) in Kraft trat, aufgehoben.

17 Section 264 (1) Insolvency Act 1986; zur Stellung des Antrages bankruptcy petition ist auch ein Treuhänder (supervisor) oder ein an einem Vergleich voluntary arrangement beteiligter Gläubiger befugt.

Der Konkursantrag *bankruptcy petition* setzt unter anderem voraus: Die Forderung muß sich auf mindestens £ 750 belaufen; es muß sich um eine *liquidated sum* handeln, deren Höhe also nicht vom richterlichen Ermessen abhängt[18]; ist die Forderung des Gläubigers gesichert, muß der Gläubiger wählen: die Sicherheit aufgeben oder ihren Wert bezeichnen; der Gemeinschuldner muß entweder sein Domizil *domicile* in England and Wales haben oder in den vorangegangenen drei Jahren in England and Wales entweder seinen Wohnsitz *residence* gehabt haben oder geschäftstätig gewesen sein oder sich am Tage der Antragstellung in England and Wales befunden haben[19]. Ein Gläubiger kann das Konkursverfahren wegen der Zahlungsunfähigkeit des Schuldners *inability to pay debts* einleiten, wenn der Schuldner entweder drei Wochen nach Zustellung einer gesetzlichen Mahnung *statutory demand*, eine Forderung weder beglichen noch Sicherheit geboten oder ein Vergleichsvorschlag unterbreitet wurde, oder wenn die Zwangsvollstreckung aus einem Urteil ganz oder teilweise gescheitert ist[20]. Der Antrag eines Gläubigers soll zusammen mit einer eidesstattlichen Versicherung *affidavit* erst drei Wochen nach dem Tag der Zustellung der gesetzlichen Mahnung bei Gericht eingereicht werden, es sei denn, es besteht die ernsthafte Gefahr, daß der Wert der Konkursmasse geschmälert wird. Der Antrag muß dem Gemeinschuldner persönlich zugestellt werden.

828

Der Konkurs wird mit der Bestätigung des Gerichts *commencement of bankruptcy* eröffnet und dauert an bis zum Tage des Erlöschens nach dem *Insolvency Act*[21]. Mit der Konkurseröffnung wird der Schuldner gegen Klagen seiner Gläubiger geschützt. Alle Gläubiger hingegen werden, soweit sie nicht durch Sicherheiten Vorrang haben, gleichbehandelt. Nachdem der Antrag gestellt worden ist, kann das Gericht zum Schutze der Konkursmasse einen vorläufigen Konkursverwalter bestellen, der die Konkursmasse überwacht und sie dem Zugriff des Gemeinschuldners wie der Gläubiger entzieht: Veräußerungen des Gemeinschuldners zwischen dem Zeitpunkt der Antragstellung und der Bestellung des *trustee in bankruptcy* sind ohne Zustimmung des Gerichtes unwirksam, wenn der Konkursantrag bestätigt worden ist[22]. Wirksam sind Veräußerungen nur, wenn sie von dem Gemeinschuldner in Unkenntnis des Antrages geleistet wurden und er eine rechtswirksame Gegenleistung *valid consideration* erhalten hat[23]. Solange das Konkursverfahren anhängig ist, kann das Gericht andere Gerichtsverfahren oder Zwangsvollstreckungen gegen den Gemeinschuldner aussetzen[24]. Wird der Antrag vom Gericht bestätigt, wird der *Official Receiver* als Konkursverwalter *receiver and manager* bis zur Berufung des Treuhänders *trustee in bankruptcy* bestellt. Der Gemeinschuldner ist nun-

829

---

[18] Sections 267 (2) (b), 382 (2) Insolvency Act 1986, Insolvency Rules r. 12.3(1).
[19] Section 265 (1) Insolvency Act 1986.
[20] Section 268 Insolvency Act 1986.
[21] Sections 278-282 Insolvency Act 1986.
[22] Section 284 Insolvency Act 1986.
[23] Section 284 (4) Insolvency Act 1986.
[24] Section 285 (1) Insolvency Act 1986.

VII. Insolvenzrecht

noch **829** mehr ein *undischarged bankrupt* und sein Eigentum geht im Wege der Gesamtrechtsnachfolge zum Zeitpunkt seiner Bestellung an den Treuhänder *trustee in bankruptcy* über[25]. Der Gemeinschuldner muß einen Bericht über seine Verhältnisse *statement of affairs* anfertigen[26]. Der *Official Receiver* ist verpflichtet, einen Bericht über das Verfahren und die Verhältnisse des Schuldners an alle Gläubiger zu versenden. Er kann jederzeit vor Aufhebung des Konkurses eine öffentliche Untersuchung des Schuldners bei Gericht beantragen. Diesen Antrag muß er auf Ersuchen eines Gläubigers im Einvernehmen mit der einfachen Mehrheit der Gesamtsumme der Gläubiger stellen. Das Gericht ist ermächtigt, nach Konkurseröffnung eine private Untersuchung anzuordnen. Nach der Konkurseröffnung *bankruptcy order* darf kein Gläubiger ein Gerichtsverfahren gegen den Schuldner ohne die Zustimmung des Gerichtes einleiten. Nach der Aufhebung des Konkurses erlischt jede weitere Verpflichtung des Schuldners hinsichtlich seiner Konkursforderungen; es kommt nicht darauf an, ob sie angemeldet waren oder nicht.

---

25 Section 306 Insolvency Act 1986.
26 Section 288 Insolvency Act 1986.

§ 3
Materielles Konkursrecht

Die Konkursmasse umfaßt grundsätzlich das gesamte Vermögen des Schuldners in dem Zeitpunkt, an dem der Konkursbeschluß *bankruptcy order* bestätigt wird. In die Masse fallen auch solche Leistungen des Schuldners, die einen Gläubiger anderen gegenüber betrügerisch bevorteilen *fraudulent preferences*, wenn diese sechs Monate vor Konkurseröffnung liegen; dies gilt bei Transaktionen zu einem zu niedrigen Wert *transactions at an undervalue* und Veräußerungen, die nach der Konkurseröffnung durchgeführt wurden. Zur Konkursmasse gehören außerdem alle Gegenstände, die der Gemeinschuldner bis zur Aufhebung des Konkurses erwirbt *after-acquired property*, wenn der Treuhänder *trustee in bankruptcy* seinen Anspruch innerhalb von 42 Tagen nach Kenntniserlangung beim Schuldner schriftlich geltend macht[27]. Nicht zur Konkursmasse gehören Gegenstände, die der Schuldner zur Ausübung seines Gewerbes oder seines Geschäftes benötigt[28], sowie persönliche Gegenstände des täglichen Lebens des Schuldners und seiner Familie[29]. Waren, die unter Eigentumsvorbehalt an den Schuldner geliefert worden sind, gehören nach der Lehre vom fingierten Eigentum *doctrine of reputed ownership* nicht mehr *ipso jure* zur Konkurmasse[30].

830

Bei ungünstigen Verträgen hat der Konkursverwalter die Wahl, sie zu erfüllen oder nicht[31]. Sollte er sie nicht erfüllen, hat der Gläubiger einen Schadensersatzanspruch, den er als ungesicherte Konkursforderung anmelden kann.

831

Konkursforderungen *bankruptcy debts*[32] müssen angemeldet werden. *Proof of debts* werden auf einem vorgeschriebenen Formular angegeben und erfordern nur dann noch eine eidesstattliche Versicherung des Gläubigers[33], wenn der Konkursverwalter darauf besteht. Die Forderung muß genau bezeichnet, Unterlagen müssen vorgelegt und es muß angezeigt werden, ob die Forderung gesichert ist[34]. Im letzten Falle hat der Gläubiger drei Möglichkeiten: Er kann

832

---

27 Section 307 Insolvency Act 1986.
28 Section 283 (2) (b) Insolvency Act 1986.
29 Section 308 (1) Insolvency Act 1986.
30 Vgl. auch Personal Insolvency Law and Practice, 2. Aufl. 1993, S. 581. Vgl. außerdem Aluminium Industrie Vaassen B.V. v. Romalpa Aluminium Ltd. [1976] 2 All E.R. 552. Die Lehre vom fingierten Eigentum besagte, daß Waren, die bei Konkursbeginn mit Zustimmung des Eigentümers im Besitz oder in der Verfügungsbefugnis des Gemeinschuldners in seinem Gewerbe oder Geschäft waren, in die Masse fallen, wenn der Gemeinschuldner den Umständen nach für den Eigentümer gehalten werden konnte.
31 Section 315 Insolvency Act 1986.
32 Section 382 Insolvency Act 1986.
33 Insolvency Rules r. 6.99.
34 Insolvency Rules r. 6.98.

VII. Insolvenzrecht

die Sicherheit verwerten und den Differenzbetrag im Konkursverfahren geltend machen, die Sicherheit aufgeben und die ganze Forderung anmelden oder die Sicherheit bewerten. In dieser zuletzt genannten Konstellation kann der Konkursverwalter sie dem Gläubiger belassen oder deren Verkauf verlangen. Nicht angemeldet werden können unter anderem rückständige Unterhaltsansprüche, Geldbußen und Verpflichtungen aufgrund einer Beschlagnahmeanordnung nach *section 1 Drug Trafficking Offences Act 1986*.

833 Nachdem gesicherte Gläubiger befriedigt worden sind, richtet sich die Verteilung der Konkursmasse nach folgender Rangfolge[35]: Zunächst werden die Kosten des Konkursverfahrens einschließlich der Kosten der Forderungsanmeldung und der Gebühren des *trustee* aus der Masse beglichen. Dann folgen: im Jahr vor dem *relevant date* bzw. dem Datums des Erlasses der *bankruptcy order* fällige Abgaben einschließlich der Einkommenssteuer; Mehrwertsteuer für vier Monate vor diesem Zeitpunkt; Lohnforderungen von Arbeitnehmern bis zu vier Monaten vor diesem Zeitpunkt, höchstens jedoch £ 800; fälliges Urlaubsgeld.

834 Englisches Konkursrecht kennt auch nachrangige Forderungen, die erst nach Ausgleichung der „normalen" Forderungen befriedigt werden, so der Anspruch des Gläubigers aufgrund eines partiarischen Darlehens, des Verkäufers des *goodwill* eines Geschäftes gegen Gewinnbeteiligung, eines Ehegatten aus Darlehen für den Geschäftsbetrieb des anderen Partners sowie Zinsen aus einem Darlehen[36].

835 Bei beiderseits nicht voll erfüllten Geschäften *mutual dealings* hat der Konkursverwalter kein Wahlrecht wie nach § 17 KO: Die beiden Leistungen werden saldiert, und nur der Überschuß ist dem *trustee* geschuldet bzw. kann umgekehrt als Forderung angemeldet werden[37]. Der Begriff *mutual dealings* setzt nicht voraus, daß die Leistungen synallagmatisch verknüpft sind. So kann ein selbständiger Handelsvertreter wegen offener Provisionsforderungen Waren des Gemeinschuldners zurückhalten, wenn er bei der Entstehung seines Anspruchs nicht vom Konkursgrund wußte. Die Verpflichtung zur automatischen Verrechnung *mutual credit and set off* kann nicht vertraglich ausgeschlossen werden[38].

836 Bei Konkurs einer *partnership* und einer *limited partnership* gibt es Sonderregeln[39]. Vor der Einführung des *Insolvency Act 1986* unterlagen *partnerships* dem Insolvenzrecht für natürliche Personen im *Bankruptcy Act 1914*. Unter dem *Insolvency Act 1986* wird die Insolvenz der *partnerships* im Rahmen der

---

35 Sections 328, 329 Insolvency Act 1986, Insolvency Rules r. 6.46A, 6.224, 10.4, 12.2.
36 Sections 328 (4), 329 Insolvency Act 1986; section 2 (3) (d) Partnership Act 1890.
37 Section 323 (2) Insolvency Act 1986; vgl. auch Insolvency Rules r. 4.90.
38 National Westminster Bank Ltd. v. Halesowen Presswork and Assemblies Ltd. [1972] A.C. 785. Section 323 (1) Insolvency Act 1986.
39 Lindley & Banks on Partnership, a.a.O., S. 673.

Insolvenz der juristischen Personen besonders geregelt, und zwar durch den *Insolvent Partnerships Order 1993*[40]. Danach können auch *partnerships* einen freiwilligen außergerichtlichen Vergleich *voluntary arrangement* gemäß *Part 1 Insolvency Act 1986* mit ihren Gläubigern vereinbaren. Die Rechte der Gläubiger der *partnership joint creditors* sind von den Gläubigern der Gesellschafter *separate creditors* zu trennen. *Joint creditors* müssen zuerst aus dem Gesellschaftsvermögen befriedigt werden. *Separate creditors* haben erst dann Anspruch, aus dem Gesellschaftsvermögen befriedigt zu werden, nachdem alle *joint creditors* ausgezahlt worden sind.

noch
836

---

40 Section 420 Insolvency Act 1986.

VII. Insolvenzrecht

§ 4
Insolvenz der companies

837 Das Insolvenzrecht der *companies*, das hauptsächlich im *Insolvency Act 1986* geregelt ist, wird durch die sehr detaillierten *Insolvency Rules 1986* ergänzt[41]. Zusätzliche Bestimmungen für die Insolvenz finden sich im *Company Directors Disqualification Act 1986* und im *Companies Act 1985*[42], abgeändert durch den *Companies Act 1989*. Die weitreichenden Änderungen des Insolvenzrechts durch den *Insolvency Act 1986* haben ein Sonderverfahren zur Sanierung zahlungsunfähiger *companies* unter der Bezeichnung *administration* eingeführt, das eine Alternative zur Zwangsabwicklung darstellt.

838 Zuständiges Gericht für die Abwicklung einer in England und Wales eingetragenen *company* ist der *High Court*. Wenn das Kapital einer *company* £ 120000 nicht übersteigt, ist auch der *County Court* am Sitz der *company* zuständig[43].

839 Bei Zahlungsschwierigkeiten einer *company* bieten sich, neben der Abwicklung *winding up*[44], vier verschiedene Verfahren an:

I. Freiwilliger außergerichtlicher Vergleich

840 Freiwillige außergerichtliche Vergleiche *company voluntary arrangements* geben Gesellschaften und Gläubigern die Möglichkeit, durch Beschluß der Gesellschafter- und Gläubiger-Versammlungen eine Vereinbarung zum Zwecke des Vergleichs zu genehmigen, ohne daß das Gericht in erheblicher Weise eingeschaltet werden muß. Dieses Verfahren ist für kleine und mittelgroße *companies* besonders nützlich, weil es unkompliziert und kurzfristig ist. Solche freiwilligen außergerichtlichen Vergleiche sind entweder nach *sections 1–7 Insolvency Act 1986* oder nach dem *Companies Act 1985* im Rahmen eines *scheme of arrangement* durchführbar[45]. Beschlüsse der Gesellschafter und Gläubiger, die eine Mehrheit von drei Vierteln der Gesamtsumme der stimmberechtigten anwesenden Forderungen bedürfen, binden alle stimmberechtigten Gesellschafter und Gläubiger, gleichgültig, ob sie an der Versammlung teilgenommen haben oder nicht. Stimmberechtigte Gesellschafter oder Gläubiger können das Gericht anrufen, wenn die *arrangements* sie *unfairly* benachteiligen. Be-

---

41 Insolvency Rules 1986 (SI 1986/1925), abgeändert durch die Insolvency Amendment Rules 1987 (SI 1987/1919), 1989 (SI 1989/397), 1991 (SI 1991/495) und 1993 (SI 1993/602). Für schottische companies vgl. the Insolvency (Scotland) Rules 1986 (SI 1986/1915) und die Insolvency (Scotland) Amendment Rules 1987 (SI 1987/1921).
42 Sections 405, 462–466 CA 1985.
43 Section 117 Insolvency Act 1986.
44 Siehe Rdnr. 777 ff.
45 Sections 425–427A Companies Act 1985.

schlüsse können auch angefochten werden, wenn mehr als die Hälfte der Gesamtsumme der stimmberechtigten anwesenden Forderungen dagegen stimmen[46]. Der Vergleichsvorschlag kann von den Direktoren, die dem Gericht einen ausführlichen Bericht hierüber vorlegen müssen, unterbreitet werden, aber auch von einem *administrator* oder *liquidator* in einer Zwangsabwicklung. Der Vorsitzende der Versammlung muß dem Gericht binnen vier Tagen einen Bericht über die Beschlüsse der Versammlung vorlegen. Die Aufsicht und Durchführung der *voluntary arrangements* muß einem Treuhänder oder *nominee* anvertraut werden, der als *insolvency practitioner* zugelassen sein muß.

II. Compromise or Scheme of Arrangement

Im Rahmen eines Einzelvergleichs *compromise* oder eines Gesamtvergleichs *scheme of arrangement* gemäß *sections 425–427A CA 1985* kann eine *company*, ein Gläubiger, ein Gesellschafter, ein *administrator* oder ein *liquidator* bei Gericht die Einberufung der Gläubiger und Gesellschafter beantragen, um einen Vergleich zwischen Gläubigern und Gesellschaftern herbeizuführen. Stimmen die Gesellschafter und Gläubiger mit einer Mehrheit, die drei Viertel der Rechte der abstimmenden Gesellschafter und Gläubiger repräsentieren muß, einem Vergleichsvorschlag zu, und genehmigt diesen das Gericht, bindet der Vergleich alle Betroffenen. 841

III. Administration

Das neue Verfahren der *administration* wurde durch den *Insolvency Act 1986* und die *Insolvency Rules 1986* eingeführt. Mit diesem Verfahren kann einer *company*, die eine grundsätzlich stabile Geschäftsbasis hat, aber unter vorübergehenden finanziellen Schwierigkeiten leidet, Zeit gegeben werden, sich zu restrukturieren. 842

Zunächst ist ein Antrag *petition* auf Anordnung der *administration* zusammen mit einer eidesstattlichen Versicherung über die Verhältnisse der *company* bei Gericht einzureichen. Es tritt dann ein vorläufiges Moratorium in Kraft: Ohne gerichtliche Zustimmung kann die *company* nicht zwangsabgewickelt werden; verpfändete Gegenstände dürfen nicht verwertet werden; es darf kein Gerichtsverfahren gegen die *company* eingeleitet werden. Der Antrag auf Anordnung der *administration* wird nur zugelassen, wenn das Gericht zu der Meinung gelangt, daß die *company* zahlungsunfähig ist gemäß *section 123 Insolvency Act 1986*[47], und daß eine solche Anordnung einem von vier im einzelnen genann- 843

---

[46] Vgl. r. 1.19 Insolvency Rules 1986.
[47] Section 8 Insolvency Act 1986; Re Business Properties Ltd. (1988) 4 B.C.C. 684; Re Imperial Motors (UK) Ltd. (1989) 5 B.C.C. 214.

VII. Insolvenzrecht

ten Zielen dienen würde[48]. Damit soll der Fortbestand der *company* als werbende Gesellschaft oder eine günstigere Verwertung der Vermögenswerte der *company* ermöglicht werden. Dem Antrag wird nur unter besonderen Umständen stattgegeben, wenn schon zum Zeitpunkt der Antragstellung ein *receiver* bestellt worden war.

844 Ab Eröffnung des *administration*-Verfahrens durch *administration order* werden die Geschäfte, die Angelegenheiten und das Vermögen der *company* vom *administrator* verwaltet[49]. Der *administrator* muß nach *Part XIII* des *Insolvency Act* ein zugelassener Konkursverwalter *insolvency practitioner* sein und vom Gericht bestellt werden. Der *administrator* ist vom *administrative receiver* zu unterscheiden. Ersterer wird vom Gericht zugunsten aller Gläubiger bestellt; letzterer nur zugunsten des Inhabers einer Schuldverschreibung. Mit Erlaß der *administration order* wird jeder Antrag zur Zwangsabwicklung der *company* abgelehnt; jeder schon bestellte *administrative receiver* muß sein Amt niederlegen[50]. Das vorläufige Moratorium wird weitergeführt: Während der *administration* kann die *company* nicht zwangsabgewickelt werden; ein *administrative receiver* kann nicht bestellt werden; keine Schritte dürfen unternommen werden, um gepfändetes Vermögen zu verwerten, und kein Gerichtsverfahren darf gegen die *company* eingeleitet werden.

845 Der *administrator* ist mit allen Befugnissen ausgestattet, um die Geschäfte, die sonstigen Angelegenheiten und das Vermögen der *company* zu führen und zu verwalten[51]. Damit sind die Befugnisse des Vorstandes auf ihn übertragen, auch wenn die Direktoren selbst nicht automatisch entlassen werden und sogar in vielen Fällen weiterhin tätig sind — allerdings unter der Aufsicht des *administrator*. Der *administrator* kann mit Zustimmung des Gerichtes verpfändete oder unter Vorbehalt gelieferte Gegenstände veräußern, wenn die Erlöse eines solchen Verkaufes an die gesicherten und vorrangigen Gläubiger ausgezahlt werden. Durch eine *floating charge* verpfändete Gegenstände kann er allerdings nicht ohne Zustimmung des Gerichtes veräußern. In der Ausübung seiner Pflichten kann der *administrator* sich vom Gericht beraten lassen. Jeder Geschäftsbrief und jede Bestellung muß mit dem Vermerk versehen werden, daß die Geschäfte der *company* vom *administrator* verwaltet werden.

846 Sofort nach seiner Bestellung muß der *administrator* die Direktoren oder Angestellten der *company* veranlassen, einen Bericht über die Verhältnisse vorzubereiten[52], der durch eine eidesstattliche Versicherung bekräftigt werden muß. Binnen drei Monaten seit der Zulassung des Antrages muß der *administrator* dem Registrator, den Gläubigern und den Gesellschaftern einen Bericht über

---

48 Section 8 (3) Insolvency Act 1986; Re Consumer and Industrial Press Ltd. [1988] B.C.L.C. 177; Harris Simons Construction Ltd. [1989] 1 W.L.R. 368.
49 Section 14 Insolvency Act 1986.
50 Section 11 Insolvency Act 1986.
51 Section 14 (1) Insolvency Act 1986.
52 Section 22 Insolvency Act 1986.

die von ihm vorzunehmenden Maßnahmen vorlegen und von einer Gläubigerversammlung genehmigen lassen. Der *administrator* muß dem Registrator und dem Gericht über die Ergebnisse der Versammlung berichten. Werden die vom *administrator* vorgeschlagenen Maßnahmen von der Gläubigerversammlung abgelehnt, bleibt dem Gericht normalerweise nichts anderes übrig, als die Zwangsabwicklung der *company* anzuordnen.

IV. Administrative Receivership und Receivership

Von großer praktischer Bedeutung bei Insolvenz von *companies* sind heute *receivers*[53]. Ein *receiver* wird außergerichtlich und aufgrund einer privatrechtlichen Ermächtigung zugunsten von Gläubigern bestellt, um deren Sicherheiten zu verwerten. Häufig behalten sich die Inhaber von Schuldverschreibungen *debentures*, die durch *floating charges* gesichert sind, dieses Recht vor[54]. Die allgemeine Bezeichnung *receiver* schließt den *administrative receiver* und den einfachen *receiver* ein. Der Unterschied zwischen beiden ist folgender: Ein *administrative receiver* wird aufgrund einer *floating charge* für die Verwertung eines ganzen Unternehmens oder eines Großteils davon bestellt; der einfache *receiver* verwertet dagegen einzelne verpfändete Gegenstände und wird oft als *Law of Property Act receiver (LPA receiver)* oder als *ordinary receiver* bezeichnet.

847

Oft lesen deutsche Geschäftspartner einer englischen *company* auf Rechnungen, Bestellungen und anderer Korrespondenz, daß ein *receiver* (ob *administrative* oder einfach) bestellt wurde. Diese Offenlegung ist zwingend vorgeschrieben[55]. Ein solcher Vermerk erweckt allerdings die – falsche – Vorstellung, es handele sich um ein gerichtliches Abwicklungs- oder Konkursverfahren. In Wirklichkeit geht es jedoch um ein außergerichtliches Verwertungsverfahren zugunsten der Inhaber von Schuldverschreibungen *debenture holders* oder der Inhaber von dinglichen Belastungen. Ebenso wie für *floating charges* gibt es für dieses Rechtsinstitut im deutschen Recht keine Entsprechung. Rechtshistorisch ist *receivership* ein Rechtsbehelf, den das fruchtbare englische Billigkeitsrecht *equity* hervorgebracht hat.

848

Aufgabe des *administrative receiver* ist es, die aufgrund des *debenture deed* verpfändeten Gegenstände in Besitz zu nehmen und sie für die Gläubiger *holders* zu verwerten. Dabei müssen vorrangige Gläubiger zuerst befriedigt werden. Aufgabe des einfachen oder *LPA receiver* ist es, verpfändete Gegenstände zu verwerten. Seine Befugnisse sind eingeschränkter als die eines *administrative receiver*. Wird ein *administrative receiver* für das ganze Unternehmen

849

---
53 Über receivers vgl. Tolley's, a.a.O.; S. I 5101 ff.
54 Vgl. oben Rdnr. 693; vgl. Meadrealm Ltd. & Another v. Transcontinental Golf Construction Ltd. & Others Ch. D. 29. November 1991.
55 Section 39 Insolvency Act 1986.

VII. Insolvenzrecht

bestellt, bleibt für die Direktoren der *company* kein Raum mehr. Ihre Befugnisse ruhen. Für ihre Dienste nach Bestellung des *receiver* können sie kein Honorar mehr beanspruchen, wenn nicht der *receiver* einen neuen Anstellungsvertrag mit ihnen abschließt[56]. Wenn ein *administration* Verfahren schon in Kraft getreten ist, kann kein *receiver* mehr bestellt werden; Umgekehrtes gilt bei einer Liquidation.

850 Der *administrative receiver* muß sofort nach seiner Bestellung von den zuständigen Direktoren oder Angestellten einen Bericht über die Verhältnisse der *company* vorbereiten lassen. Binnen drei Monaten nach seiner Bestellung muß er einen Bericht über das Verfahren an den Registrator und alle Gläubiger[57] schicken, diesen einer Versammlung der ungesicherten Gläubiger vorlegen und von ihnen genehmigen lassen.

851 Vom *receiver* ist der *liquidator* zu unterscheiden: Letzterer wickelt die *company* ab; der *administrative receiver* hingegen will nur die *debenture holders* und der einfache *receiver* nur die *fixed charge holders* befriedigen und beendet seine Tätigkeit, wenn er dies getan hat. Sollte die *company* dann noch lebensfähig sein, kann sie ihre normale Geschäftstätigkeit fortsetzen. Sollen bei Ernennung des *receiver* auch die Geschäfte der *company* fortgeführt werden, muß zusätzlich ein *manager* bestellt werden. Freilich sind *receiver* und *manager* dann häufig eine und dieselbe Person.

852 Unabhängig von der Urkunde kann auch das Gericht einen *receiver* ernennen, wenn die *company* mit Zahlungen (Hauptsumme oder Zinsen) in Rückstand geraten ist, sie abgewickelt wird oder die Sicherheiten der Gläubiger gefährdet sind. Letzteres ist der Fall, wenn Dritte, deren Forderungen keinen Vorrang vor denen der *debenture holders* haben, verpfändete Gegenstände in Besitz nehmen oder pfänden[58], wenn aufgrund eines Antrages von Gläubigern die Abwicklung der *company* bevorsteht[59] oder wenn sie beabsichtigt, ihre Reserven – ihren einzigen Vermögenswert – unter die Gesellschafter zu verteilen[60].

853 Die Rechtsstellung des *receiver* ist unterschiedlich, je nachdem, ob er aufgrund einer privatschriftlichen Urkunde oder auf Antrag vom Gericht ernannt wird. Wird er vom Gericht ernannt, ist er weder Vertreter der *company* noch des *debenture holder*, sondern eine Gerichtsperson und kann ohne Zustimmung des Gerichts weder klagen noch verklagt werden. Sein Honorar wird vom Gericht bestimmt. Andererseits wird in einem *debenture deed* meist geregelt[61], daß der *receiver* die Stellung eines Vertreters der *company* (!) hat. Dies liegt im wohlverstandenen Interesse der Gläubiger bzw. ihrer Treuhänder: So trifft sie

---

56 Re South Western of Venezuela Rly. [1902] 1 Ch. 701.
57 Section 48 Insolvency Act 1986.
58 Edwards v. Standard Rolling Stock Syndicate [1893] 1 Ch. 574.
59 Re Victoria Steamboats [1897] 1 Ch. 158.
60 Re Tilt Cove Copper Co. [1913] 2 Ch. 588.
61 Siehe aber section 44 Insolvency Act 1986.

keine Verantwortung für Handlungen des *receiver*. Der aufgrund Urkunde ernannte *receiver* kann aber seinerseits bei Gericht um Anweisungen nachsuchen, wie er sich in Zweifelsfällen zu verhalten hat[62], und so die Gefahr eigener zivilrechtlicher Verantwortung reduzieren. Der *receiver*, sei er vom Gericht oder aufgrund Urkunde ernannt, ist persönlich aus allen Verträgen verantwortlich, die er selbst abschließt. Er ist allerdings berechtigt, aus den Vermögenswerten der *company* freigestellt zu werden[63].

Die Bestellung eines *receiver* beendet laufende Verträge der *company* nicht[64]. **854** Obwohl der *receiver* mit Zustimmung des Gerichtes die Erfüllung solcher Verträge verweigern kann, bleiben diese Verträge der *company* gegenüber wirksam, und der Vertragspartner kann die *company* auf Schadensersatz verklagen. Allerdings muß der *receiver* laufende Verträge der *company* übernehmen, wenn bei Nichtübernahme ihr geschäftliches Ansehen oder ihr *goodwill* gefährdet wurde; diese Pflicht steht unter einem Vorbehalt: Er braucht dies nicht zu tun, wenn er zur Erfüllung dieser Verträge Geld aufnehmen müßte oder die Geschäfte nicht gewinnversprechend sind[65]. Anstellungs- und Arbeitsverträge der *company* werden bei Bestellung eines *receiver* durch das Gericht – nicht aber aufgrund Urkunde – unwirksam[66]. Dogmatisch wird dies mit der *doctrine of frustration* begründet[67].

---

62 Section 35 Insolvency Act 1986.
63 Section 37 Insolvency Act 1986; Burt v. Bull [1895] 1 Q.B. 276.
64 Parsons v. Sovereign Bank of Canada [1913] A.C. 160 (P.C.).
65 Re Thames Ironworks Co. Ltd. (1912) 106 L.T. 674.
66 Reid v. Explosives Co. (1887) 19 Q.B.D. 264.
67 Vgl. oben Rdnr. 150 ff.

VIII. Kapitel
Gewerblicher Rechtsschutz und Urheberrecht

§ 1
Patentrecht

I. Einführung

1. Geschichtliche Grundlagen und Rechtsquellen des englischen Patentrechts

855 Patentrecht[1] entspringt dem Hoheitsrecht der Krone, einem Untertan ein Handelsmonopol einzuräumen. Der *Statute of Monopolies 1623/1624* hat dieses allgemeine Privileg beschnitten, Patentrechte aber ausdrücklich ausgenommen. Der *Statute of Monopolies* definierte als patentierbare Erfindung *any manner of new manufacture*[2]. Diese Definition hat die Patentgesetze aus den Jahren 1852, 1882, 1907 und 1949 überdauert. Das geltende Patentgesetz, der *Patents Act 1977*, hat diese Definition abgeschafft. Der *Patents Act 1977* verzichtet auf eine Definition der patentierbaren Erfindung. Statt dessen schließt er in einer Negativdefinition mehrere Gegenstände vom Patentschutz aus[3].

856 Der *Patents Act 1977* ist ein Produkt europäischer Rechtsangleichung. Er unterscheidet sich nur noch wenig vom deutschen Patentgesetz. Neben dem *Patents Act 1977* und Entscheidungen englischer Gerichte haben internationale Abkommen[4] sowie Entscheidungen des Europäischen Patentamtes und des Europäischen Gerichtshofes entscheidenden Einfluß auf die Auslegung des englischen Patentrechts.

857 Rechtsschutz für Erfindungen kann in England nur über das Patentrecht erlangt werden. Gebrauchsmuster gibt es in England nicht.

---

[1] Zum englischen Patentrecht vgl. vor allem das führende Buch von Blanco White, Patents for Inventions and the Protection of Industrial Designs, 5. Aufl., London 1983; Cornish, Intellectual Property: Patents, Copyright, Trade Marks and Allied Rights, 2. Aufl., London 1989.
[2] Cornish, a.a.O. Rz 5–039 m.w.N.
[3] Vgl. Section 1(2), 1(3) Patents Act 1977.
[4] Siehe unten, Rdnr. 1197ff.

2. Die Verwaltung des englischen Patentsystems

Es gibt in England zwei Möglichkeiten, ein Patent zu bekommen[5]: durch das Patentamt *Patent Office*, genauer dessen Präsident, dem *Comptroller of Patents, Designs and Trade Marks* in London, und durch das Europäische Patentamt in München. Beide Wege können nach dem Patentzusammenarbeitsvertrag auch durch eine internationale Anmeldung bei der *World Intellectual Property Organization (WIPO)* in Genf beschritten werden[6]. Wird die Anmeldung durch das Patentamt des Vereinigten Königreiches zurückgewiesen, kann sich der Anmelder an die Beschwerdeabteilung im Patentamt wenden, das *Patent Appeal Tribunal*[7]. Gegen die Entscheidungen dieses Gremiums kann er Rechtsbeschwerde zum *High Court* einlegen. Die Verhandlungen mit dem Patentamt führt zumeist ein vom Anmelder beauftragter Patentanwalt, ein *Patent Agent*. Wird die Anmeldung durch das Europäische Patentamt zurückgewiesen, kann der Anmelder Beschwerde bei der Beschwerdekammer des Europäischen Patentamtes einlegen. Gegen die Entscheidungen der Beschwerdekammer gibt es kein Rechtsmittel. Die Verhandlungen mit dem europäischen Patentamt führt häufig ein europäischer Patentanwalt *European Patent Attorney*.

858

II. Patentfähigkeit

Der *Patents Act 1977* bestimmt[8], daß eine Erfindung nur patentfähig ist, wenn sie die folgenden vier Anforderungen erfüllt: Es muß sich um eine Erfindung handeln, die nicht durch den *Patents Act* ausgeschlossen ist[9]; die Erfindung muß neu sein[10]; es muß eine erfinderische Tätigkeit vorliegen[11]; die Erfindung muß gewerblich anwendbar sein[12].

859

1. Erfindung

Vor Inkrafttreten des *Patents Acts 1977* war der Begriff der Erfindung[13] durch den *Statute of Monopolies 1623/1624* und die Patentgesetze von 1852, 1882, 1907 und 1949 als *new manner of manufacture* definiert worden[14]. Das

860

---

5 Vgl. Cornish, a.a.O., Kapitel 4.
6 Siehe unten, Rdnr. 1199.
7 Das Patent Appeal Tribunal besteht häufig aus einem Richter des High Court.
8 Section 1(1) Patents Act 1977.
9 Section 1(2) und 1(3) Patents Act 1977
10 Section 2 Patents Act 1977.
11 Section 3 Patents Act 1977.
12 Section 4 Patents Act 1977.
13 Siehe Cornish, a.a.O., Rz 5-039-057; Beier, Future Problems of Patent Law (1972) 3 I.I.C. 423.
14 Für die Rechtsprechung siehe insbesondere High Court of Australia in NRDC [1961] R.P.C. 134 sowie aus der Literatur Cornish, a.a.O., Rz 5-039 und Blanco White, a.a.O., § 11.

VIII. Gewerblicher Rechtsschutz und Urheberrecht

englische *manufacture* hat mehrere Bedeutungen: Erzeugnis und Herstellung. Dies symbolisiert die Entwicklung des englischen Patentrechts. Zunächst war nur ein neuer Gegenstand, dann auch ein neues Herstellungsverfahren, billigere und bessere Methoden, patentierbar. *New manner of manufacture* wurde angenommen bei „Herstellung, Verbesserung oder Reparatur eines verkäuflichen Produktes"[15].

861 Der *Patents Act 1977* übernahm die Definition der Erfindung als *new manner of manufacture* nicht. Er verzichtet auf eine Definition der Erfindung. Statt dessen werden vom Patentschutz ausgeschlossen[16]: Entdeckungen, wissenschaftliche Theorien und mathematische Methoden; literarische, dramaturgische, musische oder künstlerische Werke oder andere ästhetische Schöpfungen; Pläne, Regeln und Verfahren für gedankliche Tätigkeiten, für Spiele oder für geschäftliche Tätigkeiten sowie Programme für Datenverarbeitungsanlagen; die Wiedergabe von Informationen. Dies gilt jedoch nur insoweit, als das Patent für diese Gegenstände oder Tätigkeiten als solche *as such* beantragt ist[17]. Die ausgeschlossenen Gegenstände sollen entweder unbeschränkt jedermann zugänglich sein (z. B. wissenschaftliche Theorien) oder sie sind anderweitig geschützt (z. B. Urheberschutz für Computerprogramme und literarische, dramaturgische, musische oder künstlerische Werke). Der *Patents Act 1977* will durch die *as such* Einschränkung nur verhindern, daß für die ausgeschlossenen Gegenstände oder Tätigkeiten isoliert Patentschutz gewährt wird. Er will nicht verhindern, daß die ausgeschlossenen Gegenstände oder Tätigkeiten als Grundlage oder Hilfsmittel für Erfindungen benutzt werden. Diese Erfindungen sollen patentierbar sein, auch wenn sie z. B. in Bezug zu ausgeschlossenen Gegenständen wie Computerprogrammen oder wissenschaftlichen Theorien stehen. Das wirft die schwierige Frage auf, wann Patentschutz für die ausgeschlossenen Gegenstände „als solche" beantragt ist und wann dies nicht der Fall ist. Die englischen Gerichte[18] sind zur Beantwortung dieser Frage dem *whole contents approach* des Europäischen Patentamtes[19] gefolgt. Diese Theorie verlangt eine Untersuchung der Erfindung als Ganzes. Wenn die Erfindung als Ganzes nicht ausgeschlossen ist, fallen alle Teile in den Schutzbereich des Patentes, auch wenn sie „als solche" ausgeschlossen wären, wenn sie allein den Gegenstand der Patentanmeldung bildeten. Für die Frage, ob eine Erfindung als Ganzes ein ausgeschlossener Gegenstand „als solches" ist oder nicht, stellt das Europäische Patentamt auf die Frage ab, ob die Erfindung technischen Charakter hat. Dies soll dann der Fall sein, wenn die Erfindung zu einer physikalischen Veränderung führt[20]. Die Gerichte des Vereinigten

---
15 Vgl. NRDC-Fall, a.a.O.
16 Section 1(2) und 1(3) Patents Act 1977.
17 Section 1(2) Patents Act 1977.
18 Genentech v. Wellcome [1987] R.P.C. 553 und [1989] R.P.C. 147 (Court of Appeal) sowie Merrill Lynch's Application [1988] R.P.C. 1 und R.P.C. 561 (CA).
19 Vicom's Application [1987] OJ EPO 14.
20 Vicom's Application a.a.O.

Königreiches sind dem insoweit gefolgt, als auch sie einen technischen Charakter verlangen. Unklar ist bislang aber, ob auch die Definition für technischen Charakter als physikalische Veränderung übernommen wird[21].

Vom Patentschutz ausgeschlossen sind Erfindungen, die verletzendes, unmoralisches oder unsoziales Verhalten fördern, Patente für Pflanzensorten oder Tierarten sowie für im wesentlichen biologische Verfahren zur Züchtung von Pflanzen oder Tieren, sofern es sich nicht um ein mikrobiologisches Verfahren oder das Produkt eines solchen Verfahrens handelt[22]. Das Vereinigte Königreich ist, wie seine EG-Partner, hinsichtlich der Patentierbarkeit biologischer Erfindungen zurückhaltender[23] als beispielsweise die USA[24]. Die Einschränkungen der Patentierbarkeit biologischer Erfindungen[25] führt zu Wettbewerbsnachteilen der europäischen Industrie in der Bio- und Gentechnologie. Daher hat die Europäische Gemeinschaft eine Biotechnologie-Richtlinie entworfen, die Anfang 1994 vom Rat angenommen wurde[26].

862

2. Neuheit

Ein Patent kann nur erteilt werden[27], wenn die Erfindung neu *new* ist[28]. Eine Erfindung ist neu, wenn sie nicht zum Stand der Technik *state of the art* gehört[29]. Dies ist der Fall, wenn der Inhalt des Patentanspruches nicht bereits früher veröffentlicht worden ist. Manche Entscheidungen stellen die Frage auch anders herum und fragen, ob der früher bekannt gewordene Gegenstand eine Patentverletzung des später angemeldeten Gegenstandes darstellen würde, d. h. ob die spätere Erfindung von einer früheren Veröffentlichung vorweggenommen *anticipated* wurde. Es reicht nicht aus, daß die neue Erfindung aus den Angaben der Vorveröffentlichung entstanden sein kann. Entscheidend ist, ob die neue Erfindung notwendigerweise daraus entstanden ist, daß der Erfinder die Anleitung einer Vorveröffentlichung befolgt hat[30]. Vorwegnahme kann aber nur vorliegen, wenn die frühere Veröffentlichung klare und unmiß-

863

---

21 Genentech v. Wellcome, a.a.O. und Merrill Lynch's Application, a.a.O.
22 Section 1(3) Patents Act 1977.
23 Vgl. Harvard Onco Mouse, Europäisches Patentamt (Prüfungsabteilung) OJ EPO 11, 1989, 451; Harvard Onco Mouse, Europäisches Patentamt (Beschwerdekammer), 22 I.I.C. 1991, 74, GRUR Int. 1990, 978 sowie die erneute Entscheidung der Prüfungsabteilung GRUR Int. 1993, 240 und den Bericht über die laufenden Einspruchsverfahren von Jaenicken/Schrell, GRUR Int. 1993, 451.
24 Vgl. Diamond v Chakrabarty, 447 US 303 (1980), GRUR Int. 1980, 627.
25 Vgl. auch Vossius, Patent Protection for Animals [1990] 12 E.I.P.R. 250.
26 Vgl. Draft Directive on Biotechnology, Com (88) 496, OJ C10, 13.1, [1989] 3 sowie „Europe" vom 12. Februar 1994, Seite 9.
27 Vgl. Cornish, a.a.O., Rz 5-003-021, sowie Cornish, The Essential Criteria for Patentability of European Invention: Novelty and Inventive Step [1983] 14 I.I.C. 765.
28 Section 1 (1) (a) Patents Act 1977.
29 Section 2 (1) Patents Act 1977.
30 Formento v. Mentmore [1956] R.P.C. 87.

VIII. Gewerblicher Rechtsschutz und Urheberrecht

verständliche Anweisungen gibt, das zu tun, was der spätere Patentanmelder vorgibt, erfunden zu haben. Der fachkundige Leser muß in die Lage versetzt werden, die Erfindung sofort zu verstehen und praktisch anzuwenden, ohne weitere Experimente machen zu müssen[31]. Selbst klare Hinweise in der früheren Veröffentlichung reichen nicht aus, wenn es ebenso wahrscheinlich ist, daß die Erfindung unabhängig von der Vorveröffentlichung gemacht worden ist[32]. In diesen Fällen wird ein Patentschutz aber häufig scheitern, weil keine erfinderische Tätigkeit *inventive step* vorliegt[33].

864 Der Stand der Technik *state of the art* umfaßt alles, was vor dem Prioritätsdatum der Erfindung der Öffentlichkeit im Vereinigten Königreich oder sonstwo durch schriftliche oder mündliche Beschreibung, durch Gebrauch oder auf andere Weise zugänglich gemacht worden ist[34]. Diese Definition stellt eine erhebliche Veränderung gegenüber dem alten *Patents Act 1949* dar. Der *Patents Act 1949* stellte für den Stand der Technik nur auf das Territorium des Vereinigten Königreiches ab, nicht aber auf das Ausland. Wer eine Erfindung aus dem Ausland einführte und dem ausländischen Erfinder zuvorkam, konnte in England um Patentschutz nachsuchen[35]. Dieses Konzept war starker Kritik ausgesetzt, weil es auf der veralteten Vorstellung beruhte, ein Unternehmer solle mit einem Patent belohnt werden, wenn er eine Erfindung von einer Reise mitbringe. Zum Stand der Technik kann auch Material einer zeitgleichen oder späteren Patentveröffentlichung gehören[36]. Voraussetzung ist, daß das später veröffentlichte Patent ein früheres Prioritätsdatum hat als das in Frage stehende Patent, und daß das Material sowohl in der eingereichten als auch in der veröffentlichten Patentanmeldung des späteren Patents enthalten ist[37]. Eine Veröffentlichung innerhalb von sechs Monaten vor der Einreichung der Patentanmeldung ist unschädlich, wenn die Veröffentlichung auf einem Vertrauensbruch gegenüber dem Erfinder beruht oder der Erfinder die Erfindung auf einer internationalen Ausstellung gezeigt hat[38].

3. Erfinderische Tätigkeit

865 Eine Erfindung muß eine erfinderische Tätigkeit *inventive step* beinhalten[39]. Eine erfinderische Tätigkeit[40] liegt vor, wenn die Erfindung unter Berücksich-

---

31 van der Lely v. Bamfords [1963] R.P.C. 61.
32 General Tyre v. Firestone [1972] R.P.C. 457.
33 Section 1 (1) und section 3 Patents Act 1977.
34 Section 2 (2) Patents Act 1977.
35 Section 32(1) Patents Act 1949.
36 Section 2(3) Patents Act 1977.
37 Vgl. zu Section 2(3) Asahi (Court of Appeal) 1990 F.S.R. 546 und Asahi (House of Lords) 1991 R.P.C. 485.
38 Section 2(4) Patents Act 1977 und Cornish, a.a.O., Rz 5-013.
39 Section 1(1) Patents Act 1977.
40 Vgl. Cornish, a.a.O., Rz 5-022-037; Sherman, Patent Law in a Time of Change: Non Obviousness and Biotechnology, 10 Oxford Journal of Legal Studies 1990, 278; Sherman, Genentech v. Wellcome: A lost opportunity, (1990) 21 I.I.C. 76.

Patentrecht § 1

tigung des Standes der Technik für einen Fachmann nicht naheliegend *obvious* ist[41]. Es wird auf den Kenntnisstand eines Durchschnittsfachmanns abgestellt, der aber nicht einfallsreich oder erfinderisch zu sein braucht. Die Kenntnis dieses fiktiven Durchschnittsfachmanns soll irgendwo zwischen der Kenntnis eines gewöhnlichen Technikers und der eines hochqualifizierten Forschers angesiedelt sein. Für den Stand der Technik wird auf die gesamten Kenntnisse weltweit abgestellt, nicht nur wie im alten *Patents Act 1949* auf die Kenntnisse im Vereinigten Königreich. Die Erfindung ist für einen Durchschnittsfachmann dann naheliegend, wenn er bereits ein konkretes Problem im Kopf hat und seine Forschungen nur das erwartete Resultat bestätigen[42]. Wenn der Durchschnittsfachmann dagegen kein bestimmtes Problem oder Bedürfnis im Kopf hat, so ist die Auswahl bestimmter Forschungen, die unerwartete Ergebnisse bringen, erfinderisch, denn der Durchschnittsfachmann führt nicht nur Versuche durch, sondern er befindet sich auf einer Entdeckungsreise *voyage of discovery*[43].

Die neuere Rechtsprechung geht davon aus, daß bei Erfindungen aus neuen, hochkomplizierten Wissenschaften wie der Gentechnologie der Durchschnittsfachmann auch ein Fachteam sein kann und daß dieses Fachteam auch ein gewisses Maß an Genialität besitzen darf[44]. Dies widerspricht früheren Entscheidungen, nach denen der Durchschnittsfachmann nicht erfindungsreich sein durfte. Durch diese Änderung der Rechtsprechung wird die Möglichkeit des Patentschutzes im Bereich neuer Technologien eingeschränkt. Nur was selbst für ein hochqualifiziertes und erfindungsreiches Forschungsteam nicht naheliegend war, weist eine erfinderische Tätigkeit auf und ist damit patentierbar.

866

4. Gewerbliche Anwendbarkeit

Eine Erfindung muß gewerblich anwendbar[45] *capable of industrial application* sein[46]. Das ist dann der Fall, wenn sie in einer beliebigen Industrie, einschließlich der Landwirtschaft, benutzt werden kann[47]. Medizinische Behandlungsmethoden *methods of medical treatment* sind von der gewerblichen Anwendbarkeit und damit vom Patentschutz ausgeschlossen[48]. Es besteht ein

867

---

41 Section 3 Patents Act 1977; Beecham Group's (Amoxycillan) Application [1980] R.P.C. 261; Windsurfing International v. Tabur Marine [1985] R.P.C. 59; Procter & Gamble v. Peancdore [1989] 1 F.S.R. 180 (CA); Claydon, The Question of Obviousness in the Windsurfing Decision [1985] E.I.P.R. 218.
42 Beecham Group's, a.a.O.
43 Beecham Group's, a.a.O.
44 Vgl. Genentech v. Wellcome [1987] R.P.C. 553 (High Court) und [1989] R.P.C. 147 (Court of Appeal); zu diesen Entscheidungen siehe auch Sherman, Genentech v. Wellcome: A lost opportunity (1990) 21 I.I.C. 76.
45 Cornish, a.a.O., Rz 5-038.
46 Section 1(1) Patents Act 1977.
47 Section 4(1) Patents Act 1977.
48 Section 4(2) Patents Act 1977; Up John's Application [1977] R.P.C. 94; Oral Health Products [1977] R.P.C. 612; Siemens Flow Measurement 20 I.I.C. 28.

VIII. Gewerblicher Rechtsschutz und Urheberrecht

öffentliches Interesse, daß neue Behandlungsmethoden frei verbreitet werden dürfen. Außerdem will das Patentsystem nicht in einen führenden freien Beruf eingreifen, in dem andere Ziele die Norm sind, als eine Monopolstellung zu erlangen. Dieser Grundsatz ist jedoch eingeschränkt, denn das Gesetz definiert Arzneien *products for medical treatment* als gewerblich anwendbar[49].

5. Patentschutz für Arzneimittel

868 Außerhalb des Arzneimittelbereiches gilt grundsätzlich: Entdeckt jemand eine neue Verwendungsmöglichkeit für einen bereits bekannten Stoff, so kann er Rechtsschutz für die neue Verwendung, nicht aber für den Stoff selbst erlangen. Es fehlt an der Neuheit. Anders ist es im medizinischen Bereich. Der Grundsatz, daß es keinen Patentschutz für bereits bekannte Stoffe gibt, würde zu einem weitgehenden Ausschluß des Patentschutzes führen, denn patentierbar wären nur neu entdeckte Stoffe, nicht aber neu entdeckte Wirkungen bereits bekannter Stoffe. Deshalb werden im medizinischen Bereich auch bekannte Stoffe als neu angesehen, wenn für sie *erstmals* eine medizinische Wirkung entdeckt wird[50]. Es häuften sich Patentanmeldungen für eine *zweite (oder weitere)* medizinische Indikation. Nach dem Gesetzeswortlaut wäre ein Patentschutz ausgeschlossen, da keine erstmalige medizinische Indikation vorliegt[51]. Ein Patentschutz der Behandlungsmethode, den Stoff in der neuen Art und Weise anzuwenden, würde am Ausschluß des Patentschutzes für medizinische Behandlungsmethoden scheitern[52]. Die große Beschwerdekammer des Europäischen Patentamtes gewährt aber in dieser Situation Patentschutz für zweite (und weitere) medizinische Indikationen[53], wenn die Ansprüche in der Form sogenannter „*Swiss Claims*"[54] abgefaßt sind. In einem „*Swiss Claim*" wird das Patent nicht für die „Anwendung des Stoffes für die neue Behandlungsmethode" beantragt, sondern für die „Anwendung des Stoffes zur Herstellung eines Medikamentes für die neue Behandlungsmethode"[55]. Das englische Patentgericht ist der großen Beschwerdekammer des Europäischen Patentamtes gefolgt[56] und hat ebenfalls Patentschutz für zweite (und weitere) medizinische Indikationen gewährt.

---

49 Section 4(3) Patents Act 1977.
50 Section 2(6) Patents Act 1977.
51 Section 2(6) Patents Act 1977.
52 Section 4(2) Patents Act 1977.
53 Eisa's Application 16 I.I.C. 83, [1987] OJ EPO 147.
54 Die Ansprüche werden „Swiss Claims" genannt, weil das Schweizer Patentamt die Ansprüche zum ersten Mal anerkannte.
55 Vgl. auch Utermann, Der zweckgebundene Verfahrensanspruch für Arzneimittel – Zwei Lösungen für die zweite Indikation, GRUR 1985, 813.
56 Schering AG und Wyeth RE [1985] R.P.C. 545.

6. Deutliche und vollständige Offenbarung

Die Patentschrift muß die Erfindung deutlich und vollständig genug beschreiben[57], so daß sie von einem Durchschnittsfachmann ausgeführt werden kann[58]. Geschieht das nicht, so kann das Gericht oder der *Comptroller* das Patent widerrufen[59]. Ferner muß der Patentanspruch[60] den Gegenstand definieren, für den der Antragsteller Schutz beansprucht, deutlich und präzise sein, auf der Patentbeschreibung beruhen und zu einer Erfindung gehören oder zu einer Gruppe von Erfindungen, die derart verbunden sind, daß sie eine einzige allgemeine erfinderische Idee verwirklichen. Ein Verstoß gegen diese Bestimmung führt jedoch nicht zum Widerruf des Patentes.

869

III. Erteilung und Widerruf von Patenten[61]

1. Die Anmeldung

Patente werden nur auf Antrag *application* erteilt. Der Antragsteller muß den Antrag selbst unterschreiben. Der Antrag kann sowohl beim Britischen Patentamt, genauer dessen Präsidenten, dem *Comptroller of Patents, Designs and Trade Marks*, eingereicht werden als auch beim Europäischen Patentamt. Beide Wege können auch gemäß dem Patentzusammenarbeitsvertrag durch Einreichung eines Antrags bei der WIPO in Genf beschritten werden. Ein Patent kann erteilt werden für ein Produkt *product patent*, ein Herstellungsverfahren *process patent* oder für ein Produkt, hergestellt in einem bestimmten Herstellungsverfahren *product by process patent*. Nach der Anmeldung wird diese bekanntgemacht, und jedermann kann schriftlich Einspruch gegen die Anmeldung erheben[62].

870

Ein Patent wird in erster Linie dem Erfinder erteilt[63], außer wenn andere Personen durch Abtretung, durch Gesetz (z. B. Arbeitgeber)[64] oder durch Rechtsnachfolge berechtigt sind (z. B. bei Tod des Erfinders). Nationalität, Wohnsitz oder Status des Anmelders spielen keine Rolle. Daher kann auch eine deutsche Kommanditgesellschaft Antragstellerin sein[65].

871

Das entscheidende Dokument ist die Patentschrift[66]. Sie hat zwei wesentliche Teile: Die Patentbeschreibung und die Patentansprüche. Der Patentbeschrei-

872

---

57 Cornish, a.a.O. Rz 5-058-067.
58 Section 14(3) Patents Act 1977.
59 Section 72(1)(c) Patents Act 1977.
60 Section 14(5) Patents Act 1977.
61 Vgl. Cornish, a.a.O., Kapitel 4.
62 Section 16 Patents Act 1977.
63 Sections 7-13 Patents Act 1977.
64 Section 39 Patents Act 1977.
65 Schwartzkopf's Application [1965] R.P.C. 387.
66 Cornish, a.a.O. Rz 4-007.

VIII. Gewerblicher Rechtsschutz und Urheberrecht

bung können Diagramme und Zeichnungen beigefügt werden. Sie muß die Erfindung ausreichend offenbaren, so daß sie von einem Durchschnittsfachmann ohne weiteres ausgeführt werden kann. Die Patentansprüche legen den Schutzumfang des Patentes und damit die Monopolstellung des Patentinhabers fest[67]. Die angemeldete Patentschrift kann jederzeit vor Erteilung des Patentes vom Anmelder geändert werden. Er kann aber nichts zu der ursprünglichen Offenbarung in der Patentbeschreibung hinzufügen. Die Patentansprüche können erweitert werden, solange sie weiterhin von der Patentbeschreibung gestützt werden.

2. Recherche und Prüfung

873   Im Gegensatz zu dem alten britischen System des *Patents Acts 1949* mit einer nur eingeschränkten Prüfung durch das Patentamt sieht der *Patents Act 1977* eine umfassende Prüfung durch das Patentamt vor[68]. Zweck der Prüfung ist es festzustellen, ob die Anmeldung alle Kriterien für die Erteilung eines Patents erfüllt. Insbesondere wird geprüft, ob es sich um einen patentierbaren Gegenstand handelt, ob aufgrund des Rechercheberichtes die Erfindung neu ist und eine erfinderische Tätigkeit beinhaltet und ob Patentbeschreibung und Patentanspruch den gesetzlichen Vorschriften entsprechen.

874   Die Recherche kann durch eine Recherchebehörde nach dem Patentzusammenarbeitsvertrag, durch das Europäische Patentamt oder durch das britische Patentamt durchgeführt werden. Die jeweilige Behörde versucht, Veröffentlichungen aufzuspüren, die für die Beurteilung der Patentierbarkeit von Bedeutung sind. Eine Recherche durch internationale Behörden umfaßt die Suche in einer Reihe von Industriestaaten. Eine Recherche durch das britische Patentamt dagegen umfaßt nur Veröffentlichungen im Vereinigten Königreich, auch wenn nach dem neuen *Patents Act 1977* die Erfindung am Stand der Technik weltweit gemessen wird.

3. Priorität, Schutzdauer und Widerruf

875   Das Patentsystem des Vereinigten Königreiches stellt wie die meisten Patentsysteme für die Priorität nicht auf den Zeitpunkt der Patenterteilung ab, sondern auf den Zeitpunkt der Anmeldung: *first to file basis*. Prioritätsdatum ist das Datum der Anmeldung[69]. Der Anmelder kann sich mit einer vorläufigen Anmeldung begnügen[70]. Dann muß binnen zwölf Monaten die endgültige Patentbeschreibung folgen. Die Offenbarung in der vorläufigen Anmeldung muß die spätere endgültige Anmeldung stützen: *supportive disclosure*. Anhand des

---

67 Section 125 (1) Patents Act 1977.
68 Sections 17–21 Patents Act 1977.
69 Section 5(2) Patents Act 1977.
70 Sections 5(2), 6,15, Patents Act 1977.

Standes der Technik am Prioritätstag entscheidet sich auch, ob die Erfindung neu ist.

Im *Patents Act 1977* wurde die Schutzdauer britischer Patente von sechzehn auf zwanzig Jahre erhöht[71]. Nach Ablauf von fünf Jahren wird eine jährliche Erneuerungsgebühr fällig. Die Schutzdauer läuft ab Antragseinreichung. 876

Patente können widerrufen werden: *revocation*[72]. Es gelten folgende Widerrufsgründe[73]: Die Erfindung war nicht patentfähig; der Anmelder war nicht Berechtigter; die Patentschrift hat die Erfindung nicht so deutlich und vollständig offenbart, daß ein Fachmann sie ausführen kann; der Gegenstand des Patents wurde durch eine Änderung unzulässig erweitert. 877

IV. Patentverletzung[74]

1. Die Patentansprüche

Der Schutzumfang des Patentes wird durch die Patentansprüche bestimmt[75]. Daher ist ihre Auslegung von besonderer Bedeutung. Die Auslegung nach englischem Recht unterschied sich lange von der Auslegung nach deutschem Recht. In Deutschland bevorzugte man die teleologische Auslegung, von den Engländern *guide post approach* genannt. Der Umfang des Monopols wurde durch die Bedeutung der Patentansprüche bestimmt. Der Wortlaut gab nur Anhaltspunkte für den Schutzumfang. In England bevorzugte man die wörtliche Auslegung, genannt *fence post approach*[76]. Nach ihr wurde der Umfang des Monopols durch den Wortlaut der Patentansprüche bestimmt. Das *Europäische Patentübereinkommen von 1973*[77] und der neue britische *Patents Act 1977*[78] schreiben vor, daß der Schutzumfang durch den Inhalt terms der Ansprüche bestimmt wird. Die verschiedenen Staaten, insbesondere aber England und Deutschland, interpretierten dies aber gemäß ihrer gefestigten Rechtsprechung jeweils völlig entgegengesetzt: England wörtlich und Deutschland teleologisch. Da das Ziel der Rechtsvereinheitlichung nicht erreicht worden war, wurde in einem *Protokoll zur Interpretation von Artikel 69* festgelegt, daß die beiden extremen Positionen Deutschlands und Englands abzulehnen seien. Statt dessen sei ein Mittelweg anzustreben. Dies ist zwar nicht vollständig ge- 878

---

71 Section 25 Patents Act 1977.
72 Sections 72-76, 117 Patents Act 1977.
73 Section 72(1) Patents Act 1977.
74 Vgl. Cornish, a.a.O., 6. Kapitel.
75 Section 125 Patents Act 1977, Art. 69 Europäisches Patentübereinkommen.
76 House of Lords in Electrical and Musical Industries Ltd v. Lissen [1939] 56 R.P.C. 23: „what is not claimed, is disclaimed"; vgl. weiter Van de Lely v. Bamfords [1963] R.P.C. 61 und Rodi & Wienenberger v. Showell [1969] R.P.C. 367.
77 Art. 69 Europäisches Patentübereinkommen.
78 Section 125(1) Patents Act 1977.

VIII. Gewerblicher Rechtsschutz und Urheberrecht

lungen. Die beiden Systeme haben sich aber angenähert. In Deutschland tendieren die Gerichte zunehmend dahin, dem Wortlaut der Patentansprüche eine größere Bedeutung als früher zuzumessen[79]. Umgekehrt erkennt inzwischen auch die englische Rechtsprechung an, daß grundsätzlich die Patentschrift nicht wörtlich, sondern zweckgerichtet auszulegen ist[80]. Trotz dieser grundsätzlichen Annäherung wird der Schutzumfang der Patentansprüche in England und Deutschland aber weiterhin oft unterschiedlich interpretiert. Dies zeigen Parallelverfahren, die von englischen und deutschen Gerichten unterschiedlich entschieden wurden[81].

2. Die Verletzungshandlung

879 Die Patentverletzung ist ein Delikt *tort*. Ein Patent für ein Produkt *product patent* wird verletzt durch Herstellung, Veräußerung, Angebot der Veräußerung, Gebrauch, Einfuhr oder Lagerung zu Veräußerungs- oder anderen Zwecken[82]. Ein Patent für ein Verfahren *process patent* wird verletzt durch Anwendung des Verfahrens oder ein Angebot, es im Vereinigten Königreich anzuwenden, sowie durch Veräußerung, Veräußerungsangebote, Gebrauch oder Einfuhr von Produkten, die direkt mit Hilfe des Verfahrens hergestellt wurden oder durch Lagerung solcher Produkte zu Veräußerungs- oder anderen Zwecken[83]. Keine Verletzungshandlung stellen dar: Handlungen zu nichtgewerblichen Zwecken, Handlungen zu Forschungszwecken hinsichtlich der Grundlagen des Patents, Handlungen mit Zustimmung des Patentinhabers sowie Handlungen außerhalb des Vereinigten Königreiches[84]. Es ist keine Patentverletzung, patentierte Produkte zu reparieren, solange nicht das ganze Produkt neu hergestellt wird.

3. Einwendungen

880 Jemand, der eine unveröffentlichte Erfindung in gutem Glauben vor dem Prioritätsdatum benutzt, darf die Benutzung fortsetzen: *defence of prior use*[85]. Er darf jedoch keine Lizenzen erteilen. Jemand, der zum Zeitpunkt der Verlet-

---

79 Vgl. etwa BGH, GRUR 1992, 40 – Beheizbarer Atemluftschlauch und BGH, GRUR 1992, 305 – Helium Einspeisung.
80 Catnic Components v. Hill and Smith [1982] RPC 183 (House of Lords): „... a purposive construction rather than a purely literal one."
81 Vgl. die bekannten „Epilady" Entscheidungen in England und Deutschland Improver Corp. v. Remington Products Ltd [1990] F.S.R. 181 (High Court); [1990] 21 I.I.C. 561 (Court of Appeal); Improver Corp. v. Remington Products Ltd II [1990] 21 I.I.C. 860 (Patents Court) mit Anmerkung Sherman; Improver Corp & Sicommerce AG v. Remington Products Ltd [1990] 21 I.I.C. 572 (OLG Düsseldorf). Improver Corp. v. Remington Ltd, [1993] 24 I.I.C. 838, GRUR Int. 1993, 242 (OLG Düsseldorf).
82 Section 60 Patents Act 1977.
83 Section 60 Patents Act 1977.
84 Kalmann v. PCL Packaging [1982] F.S.R. 406; BASF v. Johnson [1897] 14 R.P.C. 919.
85 Section 64 Patents Act 1977.

zung nicht gewußt hat, noch vernünftigerweise wissen mußte, daß ein Patent existierte, muß weder Schadensersatz leisten noch seine Gewinne offenlegen *defence of innocent infringement*[86].

4. Patentverletzungsprozeß[87]

Patentrechtsstreitigkeiten werden in manchen Fällen vom *Comptroller*, ansonsten vom *Patent Court*[88] oder vom *Patent County Court* entschieden. Der *Patent Court* wurde durch den *Patents Act 1977* geschaffen. Er ist Teil der *Chancery Division* des *High Court*. Berufung ist möglich zum *Court of Appeal*, Revision zum *House of Lords*. Wegen der hohen Kosten von Patentrechtsstreitigkeiten wurde im Jahre 1990 der *Patents County Court* geschaffen[89], der über kleinere Fälle entscheidet. 881

Patentrechtsstreitigkeiten sind langwierig und kostspielig. *Blanco White* schätzte 1974 die Kosten einer gewöhnlichen Patentverletzungsklage in erster Instanz auf £ 40000, weil die mündliche Verhandlung *trial* sich regelmäßig über mindestens drei Wochen erstreckt[90]. Heute dürften die Kosten wesentlich höher liegen. Ein Grund hierfür mag sein, daß in den meisten Fällen nicht nur über die Patentverletzung, sondern auch über die Rechtsbeständigkeit des Patents (*validity*) entschieden werden muß. Hierdurch unterscheidet sich das englische System deutlich vom deutschen. In Deutschland werden Verletzungsstreitigkeiten vor den Zivilgerichten, Nichtigkeitsverfahren dagegen vor dem Bundespatentgericht ausgetragen. Klagt der Patentinhaber, ist es üblich, daß ein ausschließlicher Lizenznehmer auf der Klägerseite als Streitgenosse beitritt. Auch für Patentverletzungen gilt in England die normale sechsjährige Verjährungsfrist. 882

Die Klage kann auf Unterlassung *prohibitory injunction*, Herausgabe der das Patent verletzenden Produkte *delivery-up of infringing articles* und Schadensersatz *damages* gerichtet sein. Im letzteren Fall kann der Kläger entweder Feststellung des Schadens *inquiry as to damages* oder Rechnungslegung über den vom Beklagten erzielten Gewinn *account of profits* verlangen. 883

Bei der Bemessung des Schadensersatzes sind drei Fallgruppen zu unterscheiden. Ist der Patentinhaber alleiniger Hersteller des patentierten Produktes oder Verfahrens, kann er seinen entgangenen Gewinn ersetzt verlangen. Vergibt er Lizenzen, hat er Anspruch auf die entgangene Lizenzgebühr; auf die übliche Lizenzgebühr aber nur bei Nachweis üblicher Umstände. Kann er weder nor- 884

---

86 Section 62 Patents Act 1977.
87 Cornish, a.a.O., Rz 6-017; vgl. auch die rechtsvergleichende Darstellung (Deutschland, Frankreich, Italien, England) von Stauder (1983) 14 I.I.C. 793.
88 Section 96 Patents Act 1977.
89 Sections 288-291 Copyright Designs und Patents Act 1988.
90 Blanco White, Patents for Inventions and for the Protection of Industrial Design, 4. Aufl., London 1974, S. 9.

male Gewinnquote noch übliche Lizenzgebühren nachweisen, muß er sich auf die Erfahrungen aus einer benachbarten Branche stützen[91]. Wie im Vertragsrecht setzen Ansprüche aus Patentverletzung kein Verschulden des Verletzers voraus. Kann dieser aber nachweisen, daß er vom Patent weder wußte noch vernünftigen Anlaß hatte, seine Existenz anzunehmen, entfallen Schadensersatzansprüche[92].

885 Wer mit einer unbegründeten Patentverletzungsklage droht, kann großen Schaden anrichten. Der englische Gesetzgeber hat deshalb dem Adressaten solcher Drohungen drei Rechtsmittel gegeben[93]: Er kann auf Feststellung klagen, daß die Drohungen ungerechtfertigt sind, ferner auf Unterlassung und Schadensersatz. Dies bezieht sich aber nur auf im Vereinigten Königreich geschützte Patente, nicht auf ausländische. Wer aber Verletzungsklage wegen eines britischen Patents in England androht, kann in England verklagt werden, auch wenn er sich im Ausland aufhält[94].

V. Arbeitnehmererfindungen[95]

886 Vor dem *Patents Act 1977* war das Recht der Arbeitnehmererfindungen nicht kodifiziert. Es herrschte Vertragsfreiheit[96]. Das *common law* stellte die Vermutung auf, daß eine Erfindung eines Arbeitnehmers in zwei Fällen dem Arbeitgeber gehörte: erstens, wenn der Arbeitnehmer angestellt war, um seine Fertigkeiten und seine Kreativität zur Lösung eines technischen Problems einzusetzen, also um etwas zu erfinden: *employed to invent*; zweitens, wenn der Arbeitnehmer eine herausgehobene Führungsposition und damit eine besondere Treuepflicht seinem Arbeitgeber gegenüber hatte[97]. Diese Vermutungen konnten durch ausdrücklichen Vertrag entkräftet werden. Es war nicht ungewöhnlich, daß Arbeitgeber von ihren Arbeitnehmern die Abtretung aller Erfindungen verlangten, die während der Dauer des Arbeitsverhältnisses gemacht wurden *during the time of employment*, und nicht nur solcher, die während der Arbeitszeit gemacht wurden *in the course of employment*[98].

887 Im *Patents Act 1977* wurde das Recht der Arbeitnehmererfindungen kodifiziert. Die Erfindung steht dem Arbeitgeber zu[99]: Wenn der Arbeitnehmer die

---

91 General Tyre and Rubber Co v. Firestone Tyre and Rubber Co [1975] 2 All E.R. 1973.
92 Section 62 Patents Act 1977.
93 Section 70 Patents Act 1977.
94 British Oxygen Co. v. Industriegasverwertung GmbH (1931) 48 R.P.C. 130.
95 Cornish, a.a.O., Rz 7-003-7-015.
96 Vgl. zum alten Recht Blanco White, Patents for Inventions and for the Protection of Industrial Designs, 4. Aufl., London 1974.
97 Worthington Pumping v. Moore [1903] R.P.C. 41; British Syphon v. Homeward [1956] R.P.C. 330.
98 Electrolux v. Hudson [1977] F.S.R. 312.
99 Section 39 Patents Act 1977.

Erfindung im Rahmen seiner normalen oder ihm gesondert zugewiesenen Pflichten gemacht hat, wenn eine Erfindung vernünftigerweise bei Ausführung der Pflichten erwartet werden kann oder wenn der Arbeitnehmer aufgrund der Natur seiner Pflichten und der daraus resultierenden besonderen Verantwortung eine besondere Verpflichtung hat, die Interessen des Unternehmens seines Arbeitgebers zu fördern. Alle anderen Erfindungen stehen dem Arbeitnehmer zu[100].

Der Arbeitnehmer hat einen Entschädigungsanspruch *compensation*, wenn die Erfindung dem Arbeitgeber zusteht[101]. Voraussetzung ist, daß die Erfindung von herausragendem Nutzen *outstanding benefit* für den Arbeitgeber ist und es gerecht ist, daß eine Entschädigung gewährt wird. Jede vertragliche Abweichung zuungunsten des Arbeitnehmers ist unwirksam[102]. **888**

VI. Patentlizenzen und Wettbewerbskontrolle

1. Patentlizenzen[103]

Durch Vergabe von Lizenzen *licences* kann der Patentinhaber ohne Kapitalaufwand Gewinne aus der Benutzung seiner Erfindung ziehen. Durch eine Exklusivlizenz *exclusive licence* gewährt der Patentinhaber dem Lizenznehmer auf einem bestimmten Gebiet die ausschließlichen Rechte an der Erfindung. Der Patentinhaber ist in diesem Fall nicht nur gehindert, weitere Lizenzen für dieses Gebiet zu erteilen, sondern er darf die Erfindung im Vertragsgebiet auch nicht selbst benutzen[104]. Der Lizenznehmer einer Exklusivlizenz kann aus eigenem Recht gegen Verletzer vorgehen[105]. Verspricht der Lizenzgeber, keinen weiteren Personen eine Lizenz für das Vertragsgebiet zu erteilen, behält sich aber die Rechte für das Vertragsgebiet selbst vor, liegt keine Exklusivlizenz, sondern eine Alleinlizenz *sole licence* vor. Liegt weder eine Exklusiv- noch eine Alleinlizenz vor, so kann der Lizenzgeber beliebig vielen Personen eine Lizenz für das gleiche Vertragsgebiet erteilen. **889**

Ein Patent gewährt dem Inhaber eine Monopolstellung. Ein Monopolist, der auf Gewinnmaximierung bedacht ist, produziert weniger als nachgefragt wird. Dies führt zu höheren Preisen und zu einem Monopolgewinn. Obwohl der durch diesen Monopolgewinn geschaffene Anreiz Grundlage eines jeden Patentsystems bildet, beschränken viele Länder die Monopolstellung aus politischen Gründen. In England wird das Benutzungsmonopol des Patentinhabers **890**

---

100 Section 39(2) Patents Act 1977 sowie Harris Patent [1985] R.P.C. 19.
101 Section 40 Patents Act 1977.
102 Section 42(1) Patents Act 1977.
103 Cornish, a.a.O., Rz 7-019.
104 Section 130(1) Patents Act 1977.
105 Section 67 Patents Act 1977.

VIII. Gewerblicher Rechtsschutz und Urheberrecht

beschränkt durch: Zwangslizenzen *compulsory licences*[106], Benutzung im Dienste der Krone *crown use*[107] und Nichtigkeitsbestimmungen in bezug auf Vertragsklauseln, die über notwendigen Patentschutz hinausgehen[108].

891 Jedermann kann drei Jahre nach Patenterteilung eine Zwangslizenz beim Patentamt beantragen[109], wenn das Patent im Vereinigten Königreich überhaupt nicht oder nicht in angemessenem Umfang genutzt wird; die Nachfrage für das patentierte Produkt im Vereinigten Königreich nicht zu vernünftigen Bedingungen oder in erheblichem Umfange durch Importe befriedigt wird; die Benutzung im Vereinigten Königreich durch Importe erschwert oder verhindert wird; die Verweigerung einer Lizenz zu vernünftigen Bedingungen es verhindert, daß ein Exportmarkt mit Produkten des Vereinigten Königreiches beliefert wird; oder der Aufbau oder die Entwicklung der Industrie des Vereinigten Königreiches negativ beeinflußt wird. Der *Comptroller* kann in diesen Fällen Zwangslizenzen zu Bedingungen gewähren, die er für angemessen hält. In der Praxis werden jedoch nur wenige Zwangslizenzen beantragt.

892 Die Krone hat das Recht, eine patentierte Erfindung ohne vorherige Lizenz zu benutzen oder ihre Benutzung zu gestatten *crown use*[110].

893 Ein Patentinhaber kann die Käufer oder Lizenznehmer nicht zur Abnahme anderer als der patentierten Artikel zwingen. Solche Koppelungsklauseln sind nichtig[111].

2. Wettbewerbskontrolle nach englischem Recht[112]

894 Auch die wettbewerbsrechtlichen Vorschriften des Vereinigten Königreiches schützen vor Patentmißbrauch. Wettbewerbsbeschränkende Vereinbarungen werden durch den *Restrictive Trade Practices Act 1976* kontrolliert, Mißbrauch der Monopolstellung durch den *Fair Trading Act 1973* und wettbewerbswidrige Praktiken außerhalb dieser beiden Gesetze durch den *Competition Act 1980*[113].

3. Wettbewerbskontrolle nach EU-Recht[114]

895 Verboten nach EU-Recht sind mengenmäßige Einfuhrbeschränkungen sowie alle Maßnahmen gleicher Wirkung[115]. Einfuhrbeschränkungen zum Schutze

---

106 Sections 46–54 Patents Act 1977.
107 Sections 55–59 Patents Act 1977.
108 Sections 44, 45, 47 Patents Act 1977.
109 Section 48 Patents Act 1977.
110 Sections 55–59 Patents Act 1977.
111 Section 44 Patents Act 1977 .
112 Vgl. Cornish, a.a.O., Appendix 1.
113 Vgl. unten IX. Kapitel, § 2 Wettbewerbsbeschränkungen, Rdnr. 994 ff.
114 Cornish, a.a.O., Rz 7-041-054; Korah, An Introductory Guide to EEC Competition Law and Practice. 4. Aufl., Oxford 1990; Hawk, United States, Common Market and International Antitrust, Volume II, 2. Aufl., looseleaf, 1990 Supplement.
115 Art. 30 EWG-Vertrag.

des gewerblichen und kommerziellen Eigentums sind jedoch nur verboten, wenn sie ein Mittel zur willkürlichen Diskriminierung oder eine verschleierte Beschränkung des Handels zwischen den Mitgliedsstaaten darstellen[116]. Aufgrund eines nationalen Patentes kann die Einfuhr jedes verletzenden Produktes verhindert werden. Durch ein Patent kann der Patentinhaber die Einfuhr von Produkten verhindern, die unter das Patent fallen. Die Gewährung des Patentrechtes ist daher gleichbedeutend mit einer mengenmäßigen Einfuhrbeschränkung auf Null.

Der Europäische Gerichtshof löst dieses Problem durch die sogenannte Erschöpfungslehre *doctrine of exhaustion*[117]. Sie besagt, daß die Rechte an einem Patent erschöpft sind, sobald das patentierte Produkt zum ersten Mal in der Europäischen Gemeinschaft von dem Patentinhaber oder mit seiner Genehmigung vertrieben worden ist. Wer ein Produkt in einem EU-Land kauft, darf es in andere EU-Länder exportieren und dort verkaufen, ohne daß der Patentinhaber, der das Produkt in den Verkehr gebracht hat, ihn daran hindern kann[118]. Das Patentrecht ist selbst dann erschöpft, wenn der Patentinhaber in dem Land des Erstverkaufes kein Patent hatte[119]. Durch die Zustimmung *consent* zu dem Verkauf in einem anderen EU-Land ist das Patentrecht in der gesamten EU erschöpft. Dies gilt jedoch nicht, wenn der Patentinhaber sein Produkt aufgrund einer Zwangslizenz verkaufen mußte[120].

896

Für Patentlizenzen spielen neben den Vorschriften über den freien Warenverkehr das Verbot wettbewerbsbeschränkender Vereinbarungen[121] und das Verbot der Ausnützung einer Monopolstellung[122] eine Rolle[123]. Die Wettbewerbskontrolle der EU obliegt in erster Linie der Kommission. Sie ist der Ansicht, daß jede bedeutende Patentlizenz, außer einer nichtexklusiven für die gesamte EU, den Wettbewerb beschränkt[124]. Sie gewährt jedoch Einzelfreistellungen und hat in der *Patent-Gruppenfreistellungsverordnung* von 1984[125] und der *Know-how-Gruppenfreistellungsverordnung* von 1989[126] bestimmte Patentlizenzen grundsätzlich genehmigt. Die Patent-Gruppenfreistellungsverordnung findet nur selten Anwendung, da sie nur gilt, wenn Patentschutz in allen EU-Mitgliedsstaaten besteht und ein eventuell mitlizenziertes Know-how nicht dominierend ist[127]. Heute werden die meisten Patentlizenzen nach der Know-

897

---

116 Art. 36 EWG-Vertrag.
117 Centrafarm BV v Sterling Drug Inc. [1974] E.C.R. 1147, 1183.
118 Centrafarm BV v. Sterling Drug Inc., a.a.O.
119 Merck v Stephar [1981] E.C.R. 2063.
120 Pharmon v. Hoechst [1985] E.C.R. 2281.
121 Art. 85 EWG-Vertrag.
122 Art. 86 EWG-Vertrag.
123 Vgl. Korah, a.a.O., Kapitel 10 m.w.N.
124 Davidson Rubber Company (Kommissionsentscheidung) [1972] C.M.L.R. D69; Moosehead/Whitbread (Kommissionsentscheidung) OJ 1990, L100/32.
125 Abgedruckt in OJ 1984, L219/15; Änderung OJ 1985, L113/34.
126 Abgedruckt in OJ 1989, L61/1.
127 Bousois/Interpane (Kommissionsentscheidung) [1988] 4 C.M.L.R. 124; [1986] 3 C.M.L.R. 222.

VIII. Gewerblicher Rechtsschutz und Urheberrecht

how-Gruppenfreistellungsverordnung beurteilt, da sie auch für gemischte Patent-/Know-how-Lizenzen gilt und bei den meisten Patentlizenzen auch Know-how mitlizenziert ist.

898 Beide Gruppenfreistellungsverordnungen erlauben es, dem Lizenznehmer ein gewisses Maß an Exklusivität zu geben. Sie sind ähnlich aufgebaut. Artikel 1 gibt jeweils den Umfang des erlaubten Schutzes für Lizenzgeber und Lizenznehmer an. Artikel 2 enthält eine Liste erlaubter Klauseln: *white list*. Erlaubt sind zum Beispiel Geheimhaltungsverpflichtungen, Anwendungsbeschränkungen, Qualitätsstandards, technisch notwendige Koppelungsklauseln, Mindestlizenzgebühren etc. Artikel 3 enthält jeweils eine Liste von verbotenen Klauseln: *black list*. Verboten sind zum Beispiel technisch nicht notwendige Koppelungsklauseln, Kundenbeschränkungen, Höchstmengen, Preisfestsetzungen, Wettbewerbsklauseln, übermäßiger Gebietsschutz und Erschwerung von Parallelimporten.

899 Für Lizenzverträge, die nicht nach einer dieser Gruppenfreistellungsverordnungen zulässig sind, kann eine Einzelfreistellung[128] bei der Kommission beantragt werden. Gewährt die Kommission keine Freistellung oder beanstandet sie einen Lizenzvertrag, so kann diese Entscheidung vor dem europäischen Gerichtshof angegriffen werden. Der Europäische Gerichtshof sieht in exklusiven Lizenzverträgen seltener eine Wettbewerbsbeschränkung als die Kommission[129].

900 Die *Patent-Gruppenfreistellungsverordnung* wird am 31. Dezember 1994 auslaufen, die *Know-how-Gruppenfreistellungsverordnung* am 31. Dezember 1999. Die Kommission plant aber, beide Gruppenfreistellungsverordnungen durch eine einzige *Technologietransfer-Gruppenfreistellungsverordnung* zu ersetzen. In dieser neuen Verordnung soll insbesondere die *black list* gekürzt werden. Die *Technologietransfer-Gruppenfreistellungsverordnung* wird wahrscheinlich im Laufe des Jahres 1995 in Kraft treten.

---

128 Art 85III EWG-Vertrag.
129 Nungesser KG and Kurt Eisele v. Commission [1983] 1 C.M.L.R. 278.

§ 2
Geschmacksmusterrecht

I. Einführung

Historisch ist in England das Geschmacksmusterrecht[1] an das Patentrecht angelehnt. Erst der *Registered Designs Act 1949* trennte gesetzestechnisch diese beiden Rechtsmaterien. Das eingetragene Geschmacksmuster folgt noch heute patentrechtlichen Grundsätzen. Durch den *Copyright Act 1956* in der Fassung des *Design Copyright Act 1968* wurde als Ergänzung zu dem registrierten Geschmacksmuster ein starker Geschmacksmusterschutz auf urheberrechtlicher Grundlage geschaffen. 901

Die im einzelnen sehr komplizierten Details des Zusammenspiels zwischen Geschmacksmusterrecht und Urheberrecht wurden vielfach kritisiert. Hauptkritikpunkt war, daß es nach dem alten Recht möglich war, über den Umweg des Urheberrechtsschutzes von Zeichnungen Schutz für Produkte zu erlangen, die mangels Neuheit weder patent- noch geschmacksmusterschutzfähig waren. Zeichnungen sind nämlich urheberrechtsgeschützte Werke, unabhängig von ihrer künstlerischen Qualität. Baute jemand einen fremden Artikel nach und gab es Konstruktionszeichnungen zu dem Artikel, so wurde das Urheberrecht an den zweidimensionalen Zeichnungen durch Nachbau des dreidimensionalen Artikels verletzt. Auf diese Weise gelangten selbst triviale Artikel in den Genuß eines nicht gerechtfertigten Schutzes. Mehr noch: Dieser Urheberrechtsschutz dauerte, solange der Autor lebte plus fünfzig Jahre, während Patentschutz nur für sechzehn und Geschmacksmusterschutz nur für fünfzehn Jahre zu bekommen war. Diese Rechtsentwicklung wurde für unerträglich gehalten. Daher versuchten die Gerichte, den Schutz einzuschränken. In einer grundlegenden Entscheidung aus dem Jahre 1986 wurde beispielsweise Geschmacksmusterurheberschutz für Autoersatzteile abgelehnt, da dies das dem Autokäufer gewährte Gebrauchsrecht unbillig beeinträchtigen würde: *derogation from grant*[2]. 902

Im Jahre 1988 wurde aufgrund der vielfältigen Kritik das Geschmacksmusterrecht durch den *Copyright, Designs and Patents Act 1988* neu geordnet. Heute basiert der Geschmacksmusterschutz auf drei Ebenen: Eingetragenes Geschmacksmuster; nicht eingetragenes Geschmacksmuster; Urheberrechtsschutz von Geschmacksmustern. Das neue Recht wird im folgenden kurz dargestellt. 903

---

1 Vgl. Cornish, Intellectual Property: Patents, Copyright, Trade Marks and Allied Rights, 2. Aufl., London 1989, Kapitel 14; Dworkin and Taylor, Copyright, Designs and Patents Act 1988, London 1989, Kapitel 12; Groves, Copyright and Designs Law, London 1991.
2 British Leyland v. Armstrong Patents [1986] F.S.R. 221, siehe ferner Interlego v. Tyco Industries [1988] 3 All E.R. 949.

VIII. Gewerblicher Rechtsschutz und Urheberrecht

II. Eingetragenes Geschmacksmuster

904 Das Recht der eingetragenen Geschmacksmuster[3] ist jetzt in Anhang 4 des *Copyright, Designs and Patents Act 1988* enthalten. Es entspricht weitgehend dem alten Recht unter dem *Registered Designs Act 1949*. Geschmacksmuster werden definiert als Merkmale der Form, Gestaltung, Musterung oder Verzierung, die gewerblich für Erzeugnisse verwendet werden, am fertigen Gegenstand das Auge ansprechen und allein von diesem beurteilt werden[4]. Ausgenommen vom Geschmacksmusterschutz sind aber Konstruktionsprinzipien und solche Merkmale der Form und Gestaltung, die ausschließlich funktionsbedingt sind oder die nach dem Willen des Schöpfers des Geschmacksmusters einen integrierten Bestandteil eines anderen Artikels bilden und deshalb von seiner Erscheinung abhängig sind[5].

905 Das Geschmacksmuster muß neu sein[6]. Seine Neuheit wird durch Vergleich mit früheren im Vereinigten Königreich veröffentlichten Mustern ermittelt[7].

906 Das Geschmacksmusterrecht entsteht erst mit seiner Eintragung[8]. Die Eintragung wird beim *Comptroller of Patents, Designs and Trade Marks* angemeldet. Die Eintragung gibt dem Inhaber das ausschließliche Recht, einen Artikel mit dem eingetragenen oder einem ähnlichen Geschmacksmuster herzustellen oder einzuführen, um ihn zu verkaufen, zu vermieten oder zu Handels- oder Geschäftszwecken zu benutzen oder den Artikel zu verkaufen, zu vermieten oder zum Kauf oder zur Miete anzubieten[9].

907 Die Schutzdauer beträgt zunächst fünf Jahre ab dem Datum der Eintragung[10]. Sie kann jeweils um fünf Jahre bis zu einer maximalen Schutzdauer von 25 Jahren verlängert werden[11].

908 Jedermann kann jederzeit beim Registrar eine Zwangslizenz hinsichtlich des Geschmacksmusters beantragen mit der Begründung, daß das Geschmacksmuster im Vereinigten Königreich in bezug auf den Artikel, für den es eingetragen ist, nicht in vernünftigem Maße gewerblich angewandt wird[12].

---

3 Cornish a.a.O., Rz 14-008 ff.
4 Vgl. Section 1(1) des Anhang 4 des Copyright Designs and Patents Act 1988 (im folgenden CDPA 1988 abgekürzt).
5 Section 1(1) Anhang 4 CDPA 1988.
6 Section 1(2) Anhang 4 CDPA 1988.
7 Section 1(4) Anhang 4 CDPA 1988.
8 Section 7(1) Anhang 4 CDPA 1988.
9 Section 7(1) Anhang 4 CDPA 1988.
10 Section 8(1) Anhang 4 CDPA 1988.
11 Section 8(2) Anhang 4 CDPA 1988.
12 Section 10(1) Anhang 4 CDPA 1988.

III. Nichteingetragenes Geschmacksmuster

Der *Copyright, Designs and Patents Act 1988* beschränkt den Urheberrechtsschutz für Geschmacksmuster erheblich. Statt dessen wurde ein neues, nichteingetragenes Geschmacksmusterrecht[13] für individuelle Geschmacksmuster *original designs* geschaffen[14]. Es entsteht automatisch mit der Schöpfung des Artikels und gewährt Schutz gegen gewerbliche Nachahmung von Artikeln mit dem geschützten oder einem ähnlichen Geschmacksmuster. 909

Das nichteingetragene Geschmacksmuster wird definiert als jedes Merkmal der Form oder Gestaltung (sowohl der inneren als auch der äußeren) eines ganzen Gegenstandes oder eines Teils eines Gegenstandes[15]. Konstruktionsprinzipien sind ebenso ausgeschlossen wie bestimmte Geschmacksmuster, die vom Zusammenpassen mit anderen Gegenständen abhängen (sogenannte *must fit designs* und *must match designs*)[16]. Anders als beim eingetragenen Geschmacksmuster ist es nicht notwendig, daß der Gegenstand das Auge anspricht (*eye appeal*). Auch funktionelle Geschmacksmuster sind schutzfähig. 910

Das Geschmacksmuster muß individuell sein: *original design*. Ein Geschmacksmuster ist nicht individuell, wenn es zum Zeitpunkt der Schöpfung in der entsprechenden Branche allgemein üblich ist[17]. Die Anforderungen an die Schöpfungshöhe des individuellen Geschmacksmusters sind größer als die Individualität, die für Urheberrechtsschutz gefordert wird, aber deutlich geringer als die Anforderungen an eine erfinderische Tätigkeit im Patentrecht. Die Schutzdauer beträgt zehn Jahre ab dem Zeitpunkt der ersten Vermarktung, jedoch nicht länger als 15 Jahre nach der Schöpfung[18]. In den letzten fünf Jahren der Schutzdauer ist jedermann berechtigt, eine Lizenz zu bekommen: *licence of right*. Das nichteingetragene Geschmacksmuster steht Bürgern des Vereinigten Königreiches, Bürgern anderer EG-Staaten und Bürgern aus Staaten zu, bei denen die Gegenseitigkeit verbürgt ist[19]. 911

IV. Urheberrechtsschutz an Geschmacksmustern

Hinsichtlich eines Urheberrechts an Geschmacksmustern[20] ist insbesondere das Urheberrecht für Kunstwerke *artistic works* von Bedeutung. Kunstwerke sind unter anderem Zeichnungen *drawings*, Skulpturen *sculptures*, Werke der 912

---

13 Cornish, a.a.O., Rz 14-026 ff.
14 Sections 213-264 CDPA 1988.
15 Section 213(2) CDPA 1988.
16 Section 213(3) CDPA 1988.
17 Section 213(4) CDPA 1988.
18 Section 216 CDPA 1988.
19 Section 217 CDPA 1988.
20 Cornish, a.a.O., Rz 14-021 ff.

VIII. Gewerblicher Rechtsschutz und Urheberrecht

Architektur *works of architecture* und Werke der angewandten Kunst *works of artistic craftsmanship*[21]. Werden zum Beispiel Skulpturen oder Werke der Architektur gewerblich in größeren Mengen hergestellt, so kann ihre Form und Gestaltung urheberrechtlich geschützt sein. Den größten Anwendungsbereich für Geschmacksmuster könnte der urheberrechtliche Schutz von Werken der angewandten Kunst erschließen. Der Begriff der angewandten Kunst wurde aber von der Rechtsprechung eng interpretiert. So wurden beispielsweise weder attraktive Möbelstücke[22] noch ein besonders gestaltetes Regencape für Babies[23] als Werke angewandter Kunst angesehen.

913 Der bis zum *Copyright, Designs and Patents Act 1988* ausgeuferte Schutz von Zeichnungen wurde bereits dargestellt[24]. Im *Copyright, Designs und Patents Act 1968* hat der urheberrechtliche Schutz von Geschmacksmustern zwei entscheidende Einschränkungen erfahren: Erstens ist Geschmacksmusterschutz durch Zeichnungen nicht mehr möglich, außer wenn der kopierte dreidimensionale Gegenstand selbst ein Kunstwerk ist[25]; zweitens beträgt die Schutzdauer nicht das Leben des Urhebers plus 50 Jahre, sondern 25 Jahre vom Ende des Kalenderjahres der ersten Vermarktung[26] an, wenn ein Kunstwerk durch den Urheberrechtsinhaber oder mit seiner Genehmigung gewerblich verwertet wird (d.h. wenigstens 50 Exemplare).

---

21 Section 4 CDPA 1988.
22 Hensher v Restawhile [1975] R.P.C. 31 (Court of Appeal); [1976] A.C. 64 (House of Lords).
23 Merlet v. Mothercare [1986] R.P.C. 115.
24 Vgl. auch Dworkin and Taylor, a.a.O., S. 140ff.
25 Section 51 CDPA 1988.
26 Section 52 CDPA 1988.

§ 3
Urheberrecht

I. Einführung

Das Urheberrecht *copyright* gehört nicht zum gewerblichen Rechtsschutz im engeren Sinne, denn es schützt nicht in erster Linie gewerbliches Eigentum, sondern persönliche geistige Schöpfungen wie Kunstwerke und Werke der Literatur. Das Urheberrecht spielt heute aber für bestimmte Industriezweige eine bedeutende Rolle. Man denke etwa an die Film- und Musikindustrie, Fernsehen, Rundfunk, Zeitungs- und Buchverlage, die Softwareindustrie und die Merchandising-Industrie. Daher soll wenigstens ein kurzer Überblick über die Grundzüge des Urheberrechts des Vereinigten Königreiches gegeben werden[1]. 914

II. Gegenstand des Urheberrechts

Grundlage britischen Urheberrechts ist der *Copyright, Design and Patents Act 1988*, der den *Copyright Act 1956* ablöste. Urheberrechtlich geschützt sind unter anderem Werke der Literatur, Dramaturgie, Musik und Kunst sowie Musikaufnahmen, Filme und Rundfunksendungen[2]. 915

Wichtig ist, daß der Begriff „Werke der Literatur" auch Computerprogramme umfaßt[3]. Damit ist der jahrelange Streit geklärt, ob Computerprogramme Patentrechtsschutz oder Urheberrechtsschutz genießen. 916

Als Kunstwerke werden unter anderem definiert: Gemälde, Zeichnungen, Karten, Pläne, Radierungen, Holzschnitte, Fotografien, Skulpturen, Collagen, Werke der Architektur und Werke der angewandten Kunst[4]. Neben den genannten Werken schützt der *Copyright, Designs and Patents Act 1988* auch Aufführungen[5]. Spielt zum Beispiel eine Band ein Musikstück, so besteht neben dem Urheberrecht des Komponisten ein Recht der Band an ihrer Liveaufführung. Nimmt jemand ohne Genehmigung die Aufführung auf Tonband auf, verletzt er neben dem Urheberrecht des Komponisten auch das Recht der Band an ihrer Aufführung. 917

---

[1] Vgl. Cornish, Intellectual Property: Patents, Copyright, Trade Marks and Allied Rights, 2. Aufl., London 1989, Kapitel 9–13,; Dworkin and Taylor, Copyright, Designs and Patents Act 1988, London 1989; Groves, Copyright and Designs Law, London 1991.
[2] Die Aufzählung ist nicht vollständig; Einzelheiten siehe S. 1(1) CDPA 1988.
[3] Section 3(1) CDPA 1988.
[4] Vollständige Aufzählung siehe section 4 CDPA 1988.
[5] Sections 180 ff. CDPA 1988.

VIII. Gewerblicher Rechtsschutz und Urheberrecht

918 Urheberrecht besteht grundsätzlich nur für individuelle Werke (*originality*). Individualität bedeutet jedoch keine erfinderische Tätigkeit wie im Patentrecht, sondern nur, daß das Werk von dem Autor stammt (d. h. nicht kopiert wurde) und daß seine Schöpfung etwas Arbeit erfordert hat. Die Anforderungen an die Individualität sind nicht hoch, jedenfalls sind sie geringer als nach deutschem Recht. Es besteht kein Urheberrecht, bis das Werk schriftlich oder in anderer Form (z. B. auf Tonband) festgehalten ist, unabhängig davon, ob dies mit oder ohne Zustimmung des Urhebers geschieht[6].

919 An den Urheberrechtsschutz sind keine Förmlichkeiten geknüpft. Das Urheberrecht wird automatisch erworben, sobald das Werk festgehalten ist.

920 Das Urheberrecht an einem Werk muß strikt unterschieden werden von dem Eigentum an dem Gegenstand, der das Werk bildet oder enthält. So erwirbt beispielsweise der Käufer einer Schallplatte das Eigentum an der Platte, nicht aber das Urheberrecht an der Musik. Er darf die Platte abspielen oder sie zerstören; er darf sie aber nicht auf Kassette aufnehmen. Das Urheberrecht schützt nur die Form, in der ein Werk ausgedrückt ist, nicht jedoch die zugrundeliegende Idee oder Information. Schutzdauer des englischen Urheberrechts ist das Leben der Urhebers plus 50 Jahre[7]. Die Schutzdauer ist damit kürzer als im deutschen Recht, das einen Schutz für die Lebensdauer des Urhebers plus 70 Jahre gewährt.

III. Urheberrechtsverletzung

921 Der Urheber hat ausschließliche Verwertungsrechte[8] und Urheberpersönlichkeitsrechte *moral rights*[9]. Zu den Verwertungsrechten gehören unter anderem das Recht, das Werk zu vervielfältigen, Vervielfältigungsstücke zu verbreiten, das Werk in der Öffentlichkeit aufzuführen, zu zeigen oder zu spielen, im Rundfunk zu senden, es zu bearbeiten, zu übersetzen etc.[10]. Das Urheberrecht verletzt in erster Linie *primary infringement*, wer ohne Lizenz des Urhebers eine der dem Urheber vorbehaltenen Handlungen vornimmt oder einen anderen dazu ermächtigt, eine solche Handlung vorzunehmen[11]. Außerdem verletzt das Urheberrecht *secondary infringement*, wer vorsätzlich oder fahrlässig ohne Lizenz des Urhebers verletzende Vervielfältigungsstücke des geschützten Werkes zu anderen als privaten und häuslichen Zwecken in das Vereinigte Königreich einführt[12]. Das gleiche gilt für Personen, die verletzende Vervielfälti-

---

6 Sections 3(2),(3), 178 CDPA 1988.
7 Sections 12–15 CDPA 1988.
8 Section 16 ff. CDPA 1988.
9 Section 16(1) CDPA 1988.
10 Section 16(1) CDPA 1988.
11 Section 16(2) CDPA 1988.
12 Section 22 CDPA 1988.

gungsstücke im geschäftlichen Verkehr besitzen oder mit ihnen handeln[13], Gerätschaften zur Herstellung verletzender Vervielfältigungsstücke zur Verfügung stellen[14], die Benutzung von Grundeigentum für verletzende Aufführungen gestatten[15] oder Gerätschaften für verletzende Aufführungen zur Verfügung stellen[16].

Neben den Verwertungsrechten gibt es vier Urheberpersönlichkeitsrechte. Die beiden wichtigsten sind[17]: Das Recht, als Urheber genannt zu werden: *right of paternity*[18]; das Recht, Entstellungen des Werkes zu widersprechen: *right of integrity*[19]. 922

Inhaber des Urheberrechts ist der Schöpfer des Werkes[20]. Werden aber literarische, dramaturgische, musikalische oder künstlerische Werke von einem Angestellten im Rahmen seiner Anstellung geschaffen, ist der Arbeitgeber Inhaber der Urheberrechte, außer wenn eine gegenteilige Vereinbarung vorliegt[21]. Ob ein Werk „im Rahmen" der Anstellung geschaffen wurde, hängt davon ab, zu welchem Zweck der Arbeitnehmer beschäftigt wurde. 923

Es gibt eine Anzahl von Einwendungen[22], die ein angeblicher Verletzer erheben kann. Erlaubt sind unter anderem Vervielfältigungen zu Forschungszwecken oder privatem Gebrauch[23], zu Zwecken der Kritik oder Besprechung[24], zum Zwecke der Berichterstattung[25], zufälliger Einschluß von Urheberrechtsmaterial[26] und öffentliches Interesse[27]. 924

---

13 Section 23 CDPA 1988.
14 Section 24 CDPA 1988.
15 Section 25 CDPA 1988.
16 Section 26 CDPA 1988.
17 Vgl. auch die beiden anderen Urheberpersönlichkeitsrechte: das Recht, falschen Urheberbenennungen zu widersprechen (False Attribution of Work, S. 84 CDPA 1988) und das Recht auf Nichtveröffentlichung in Auftrag gegebener privater Fotografien (Right to privacy of certain photographs, S. 85 CDPA 1988).
18 Sections 77-99 CDPA 1988.
19 Sections 80-83 CDPA 1988.
20 Section 11(1) CDPA 1988.
21 Section 11(2) CDPA 1988.
22 Sections 28-76 und section 17(3) CDPA 1988.
23 Section 29 CDPA 1988.
24 Section 30(1) CDPA 1988.
25 Section 30(2) CDPA 1988.
26 Section 31 CDPA 1988.
27 Section 171(3) CDPA 1988.

VIII. Gewerblicher Rechtsschutz und Urheberrecht

§ 4
Warenzeichenrecht

I. Einführung

1. Das englische Warenzeichensystem[1]

925 Englisches Warenzeichenrecht hat sich nach Abschluß des Manuskriptes dieses Buches grundlegend geändert. Am 31. Oktober 1994 ist ein neues Warenzeichengesetz in Kraft getreten, das den alten *Trade Marks Act 1938* abgelöst hat. Das neue Gesetz beruht auf der EG-Warenzeichenrichtlinie von 1988. Es wird daher dem neuen deutschen Markengesetz, das am 1. Januar 1995 in Kraft treten wird, viel ähnlicher sein, als es der alte englische *Trade Marks Act 1938* und das alte deutsche Warenzeichengesetz waren. Leider konnte das neue englische Warenzeichengesetz nicht mehr für diese Auflage berücksichtigt werden. Im folgenden wird daher der alte englische *Trade Marks Act 1938* sowie die zu ihm ergangene Rechtsprechung dargestellt. Diese Rechtsprechung wird jedoch in Einzelfällen weiterhin von Bedeutung sein. Am Ende des Kapitels folgt ein gesondertes Unterkapitel, in dem die wichtigsten Änderungen aufgrund der Warenzeichenreform zusammengestellt sind, soweit sie bei Abschluß des Manuskripts bekannt waren.

926 Die Warenzeichenrechte der Welt lassen sich in drei Systeme einteilen: Das ausschließliche Recht, das Zeichen zu benutzen, kann auf früherer Benutzung, früherer Eintragung oder unbestrittener Eintragung während eines bestimmten Zeitraums beruhen. Das Deutsche Warenzeichengesetz folgt — ebenso wie die meisten kontinental-europäischen und südamerikanischen Rechte — dem zweiten, der englische *Trade Marks Act 1938* — ebenso wie die *common law* Länder — dem dritten System[2].

927 Nach englischem Warenzeichenrecht entsteht mit Eintragung des Zeichens in der Rolle nur ein anfechtbarer Rechtstitel. Nur bei besonders unterscheidungskräftigen Zeichen wird das Warenzeichenrecht sieben Jahre nach seiner Eintragung unwiderleglich vermutet[3]. Solange ein Zeichen nicht eingetragen ist, kann der prioritätsältere Benutzer den Verletzer nur deliktsrechtlich im Wege der *passing off* Klage[4] in Anspruch nehmen[5]. Erst von der Eintragung an kann er Warenzeichenverletzungsklage *action for infringement* erheben.

---

1 Vgl. Cornish, Intellectual Property: Patents, Copyright, Trade Marks and Allied Rights, 2. Aufl., London 1989, Kapitel 17, 18; Kerly on Trade Marks by T.A. Blanco White and R. Jacob, 12. Aufl. 1986.
2 Vgl. vor allem Kerly, a.a.O.; ferner Reimer, in Festschrift für Eugen Ulmer, München 1963, Seiten 304–349.
3 Section 13 Trade Marks Act 1938.
4 Vgl. unten Rdnr. 976 ff.
5 Section 2 Trade Marks Act 1938.

Die Prüfung vor Eintragung eines Warenzeichens ist umfangreicher als in vielen anderen Ländern. Der *Registrar* prüft nicht nur die Unterscheidungskraft, sondern auch, ob frühere Eintragungen für dieselben Waren oder Dienstleistungen vorliegen. Im Gegensatz hierzu überläßt es das deutsche Recht dem Inhaber verwechselbarer Warenzeichen, Widerspruch zu erheben. 928

2. Bedeutung der Eintragung

Obwohl auch ohne Eintragung des Warenzeichens Schutz durch die *passing off* Klage besteht, ist eine Eintragung zweckmäßig. Der Schutz nach dem Warenzeichengesetz unterscheidet sich in einigen Punkten von dem Schutz nach dem *common law*. Die *passing off* Klage setzt bestehenden *goodwill* voraus. Eine Eintragung nach Warenzeichengesetz kann dagegen erfolgen, bevor die Marke durch tatsächliche Benutzung *goodwill* erworben hat. Es reicht aus, daß die Marke unterscheidungskräftig *distinctive* ist und ernsthafte Benutzungsabsicht *bona fide intention to use* besteht. Bei einer registrierten Marke braucht der Eigentümer nicht jedesmal den *goodwill* zu beweisen; er wird vermutet. 929

Warenzeichenschutz besteht nur bei Warengleichartigkeit. Die Benutzung eines bekannten Warenzeichens für völlig verschiedene Waren kann nur durch die *passing off* Klage nach *common law* verhindert werden. 930

Eingetragene Warenzeichen können grundsätzlich unabhängig von dem *goodwill* des Geschäftsbetriebes übertragen und Lizenzen vergeben werden. Diese Möglichkeit besteht bei *common law* Rechten in der Regel nicht. Ihr Schutz beruht auf dem Handelsruf, der Teil des *goodwills* des Geschäftsbetriebes ist. 931

Das Warenzeichengesetz stellt Schutz gegen einige Formen des unlauteren Wettbewerbs zur Verfügung, den die *passing off* Klage nicht bietet, nämlich Defensivmarken *defensive marks* für nicht benutzte Warengruppen[6], Verletzung durch Bezugnahme *importing a reference* bei der vergleichenden Werbung[7], Garantiezeichen *certification marks*, die angeben, daß Waren eine bestimmte Qualität oder Zusammensetzung haben. 932

II. Eintragungsfähigkeit

1. Zeichenarten

Warenzeichen *trade mark* im Sinne des *Trade Marks Act* 1938 ist ein Zeichen[8], das benutzt wird oder benutzt werden soll, um im Handelsverkehr eine Beziehung zwischen Waren und einer Person anzuzeigen, die als Inhaber oder als eingetragener Benutzer das Benutzungsrecht hat[9]. Die Dienstleistungs- 933

---

6 Section 27 Trade Marks Act 1938.
7 Section 4(1)(b) Trade Marks Act 1938.
8 Section 68(1) Trade Marks Act 1938 definiert Zeichen als device, brand, heading, label, ticket, name, signature, word, letter, numeral or any combination thereof.
9 Section 68(1) Trade Marks Act 1938.

VIII. Gewerblicher Rechtsschutz und Urheberrecht

marke *service mark* ist ähnlich definiert[10]. Benutzung *use* eines Warenzeichens ist nur die Benutzung in gedruckter oder anderer sichtbarer Form auf Waren oder in körperlicher oder anderer Beziehung zu den Waren. Das bedeutet, daß es keine Benutzung eines Warenzeichens ist, wenn jemand das Zeichen in der Rundfunkwerbung erwähnt.

934 Besonders umstritten und noch nicht endgültig geklärt ist die Frage, inwieweit unterscheidungskräftige Ausstattungen *get-ups* als Warenzeichen eingetragen werden können. Unterscheidungskräftige Farbkombinationen von Medikamenten wurden als eintragungsfähig angesehen[11], die bekannte Form der Coca-Cola Flasche jedoch nicht, da ein Warenzeichen nur etwas sein könne, was die Waren unterscheidet, nicht jedoch die Ware selbst[12]. Aus dem gleichen Grund wurde abgelehnt, die roten und weißen Streifen der Zahnpasta „Signal" als Warenzeichen einzutragen, da die Farben nicht als Herkunftszeichen verwendet wurden, sondern ein Teil der Zahnpasta selbst waren[13].

935 Bis zum Jahre 1986 konnten Dienstleistungsmarken nicht eingetragen werden. Dies wurde durch den *Trade Mark Amendment Act 1984* geändert.

936 Das englische Recht kennt zwei weitere Markenformen, die Defensivmarke *defensive mark* und die Garantiemarke *certification mark*. Bekannte Warenzeichen können als Defensivmarke auch für Warengruppen eingetragen werden, für die das Zeichen weder benutzt wird noch benutzt werden soll[14]. Grund hierfür ist, daß es keinen Schutz gegen die Benutzung eines Warenzeichens für Waren gibt, für die das Warenzeichen nicht eingetragen ist. Daher könnte – von der Möglichkeit einer *passing off* Klage abgesehen – ein Unternehmen ein fremdes berühmtes Warenzeichen für Waren verwenden, für die das Warenzeichen nicht eingetragen ist. Dem Inhaber des Warenzeichens geht kein Geschäft verloren, da kein Wettbewerbsverhältnis besteht. Dennoch kann sein Ruf geschädigt werden, da seine Kunden vermuten würden, daß er seinen Geschäftsbetrieb auf die neuen Warengruppen erweitert hat. Deshalb ist für die Eintragung einer Defensivmarke erforderlich, daß tatsächlich der Anschein entsteht, daß der Inhaber des Warenzeichens seinen Geschäftsumfang erweitert hat. Die Gerichte haben diese Anforderung strikt interpretiert. Defensivmarken haben daher keine große praktische Bedeutung. Auch gelten sie nicht für Dienstleistungsmarken.

937 Garantiemarken *certification marks*[15] zeigen keine Handelsbeziehung an, sondern bestätigen, daß die Waren nach Ansicht des Verwenders bestimmten Anforderungen entsprechen. Garantiemarken ähneln den deutschen Verbands-

---

10 Vgl. zu Dienstleistungsmarken Morcom, Service Marks (1987).
11 Smith Kline & French v. Sterling-Winthrop [1976] R.P.C. 511.
12 Coca-Cola Co's Application [1986] 1 W.L.R. 695.
13 Unilever Ltd (Striped Toothpast No. 2) [1987] R.P.C. 13.
14 Section 27 Trade Marks Act 1938.
15 Section 37 Trade Marks Act 1938.

zeichen *collective marks*. Sie können nur eingetragen werden, wenn sie die strengen Voraussetzungen der Eintragung in Teil A der Warenzeichenrolle erfüllen. Der Antragsteller darf keine Beziehungen zu Waren oder Warenklassen haben, die ihn selbst zur Eintragung eines Warenzeichens berechtigten. Bekanntestes Beispiel für eine Garantiemarke ist das *Lloyds Register* für Schiffbauteile. Für Dienstleistungen kann keine Garantiemarke eingetragen werden.

2. Voraussetzungen für die Eintragung

Englisches Warenzeichenrecht kennt zwei verschiedene Arten von Warenzeichen, die sich in Voraussetzungen und Wirkungen unterscheiden[16]. Die englische Zeichenrolle besteht aus zwei Abteilungen, Teil A und Teil B. Die Voraussetzungen an die Unterscheidungskraft der Zeichen in Teil A sind höher als die in Teil B. Müssen die in Teil A eingetragenen Zeichen *adapted to distinguish* sein, genügt für Teil B, daß Unterscheidungskraft die Zeichen *capable of distinguishing* sind[17]. Dieses feine Wortspiel des Gesetzgebers haben Gerichte ausgelegt und für Teil A Unterscheidungskraft des Zeichens selbst gefordert; für Teil B soll hingegen ausreichen, daß Unterscheidungskraft erst durch spätere Zeichenbenutzung erlangt wird. Darüber hinaus kann ein Zeichen nur dann in Teil A eingetragen werden, wenn es mindestens einen der folgenden Bestandteile enthält: den wirklichen Namen einer natürlichen Person oder die wirkliche Firma einer Gesellschaft; die Unterschrift des Antragstellers oder seines Geschäftsvorgängers; erfundene Worte, die weder der englischen Sprache entstammen noch dem Durchschnitts-Engländer bekannt sind[18]; Worte, die sich direkt weder auf Eigenschaften noch auf die Qualität der Ware beziehen und weder geographische Bezeichnungen noch Zunamen sind; letztlich jedes andere unterscheidungskräftige Zeichen[19].

938

Eintragungshindernisse, und zwar sowohl für Teil A wie für Teil B, sind vor allem Täuschungs- und Verwechslungsgefahr mit eingetragenen Zeichen bei Warengleichartigkeit *goods of the same description*. Je nachdem, ob eine Marke nur in Teil B oder (auch) in Teil A der Rolle eingetragen ist, unterscheiden sich die Rechte des Warenzeicheninhabers. Zeichen in Teil A geben ihm ein ausschließliches Benutzungsrecht in bezug auf die eingetragenen Waren oder Warenklassen. Hingegen versagen Zeichen in Teil B ihren Schutz, wenn der angebliche Verletzer nachweisen kann, daß seine Benutzung nicht geeignet ist, Täuschung oder Verwirrung zu erzeugen und im geschäftlichen Verkehr nicht als Hinweis auf einen Zusammenhang mit Waren des Zeicheninhabers aufgefaßt werden kann. Nur Zeichen in Teil A der Rolle erstarken nach sieben Jahren seit Eintragung zum unanfechtbaren Recht, das nur bei Nachweis von

939

---

16 Vgl. sections 4,5,9,10 Trade Marks Act 1938.
17 „Weldmesh" T.M. [1965] R.P.C. 590, 595.
18 Vgl. Kerly, a.a.O.
19 Section 9(1) Trade Marks Act 1938.

VIII. Gewerblicher Rechtsschutz und Urheberrecht

Betrug oder Täuschungsgefahr vernichtet werden kann. Zeichen in Rolle B geben dem Inhaber nur einen anfechtbaren Rechtstitel und Beweisvorteile.

III. Das Eintragungsverfahren

940 Die Zeichenrolle *Register of Trade Marks* wird im Patentamt in der *Chancery Lane* in London geführt. Sie untersteht der Aufsicht des *Comptroller of Patents, Designs and Trade Marks*, auch *Registrar* genannt. Die Rolle kann von jedermann gegen Entgelt eingesehen werden. Es empfiehlt sich, vor Anmeldung des Warenzeichens eine amtliche Prüfung über eingetragene und angemeldete Zeichen der in Frage kommenden Warenklasse zu beantragen und anzufragen, ob die Marke genügend Unterscheidungskraft besitzt[20].

941 Zur Anmeldung des Zeichens ist nur befugt, wer das Zeichen schon benutzt oder dies ernsthaft beabsichtigt[21]. Von diesem Grundsatz gibt es zwei Ausnahmen. Das Zeichen kann angemeldet werden, wenn die beabsichtigte Nutzung für eine erst zu gründende Gesellschaft erfolgen soll oder der Eigentümer dem Eintragungsantrag einen Antrag beifügt, eine andere Person als Benutzer zuzulassen: *registered user agreement*[22].

942 Grundsätzlich gibt es keine Eintragung ohne eine ernsthafte Benutzungsabsicht: *bona fide intention to use*. Eine Benutzungsabsicht unter bestimmten Bedingungen reicht nicht aus[23]. Der Grundsatz, daß wenigstens ernsthafte Benutzungsabsicht vorliegen muß, bereitet Schwierigkeiten bei der Vermarktung von Phantasiefiguren *merchandising fictional characters* mittels eingetragener Warenzeichen. Der Erfinder solcher Phantasiefiguren, wie z. B. Mickey Mouse, will Warenzeichenlizenzen für Warengruppen wie Spielzeug, Geschenkartikel oder Bekleidung vergeben, nicht aber das Warenzeichen selbst für solche Waren benutzen. Daher liegt keine ernsthafte Benutzungsabsicht vor[24]. Zwar gibt es die Möglichkeit, bei fehlender Benutzungsabsicht jemand anderen als Benutzer eintragen zu lassen: *registered user agreement*[25]. Dies darf aber nicht zu einem Handel mit Warenzeichen führen *trafficking in a trade mark*[26]. Das *House of Lords* entschied in einer grundlegenden Entscheidung[27], daß bei der Vermarktung von Phantasiefiguren mittels eines Lizenzsystems ein unerlaubter Handel mit Warenzeichen vorliegt. Da die Vermarktung erfolgreicher Phantasiefiguren für eine Reihe von Produkten jedoch inzwischen international üblich ist, wendet der *Comptroller* diese Entscheidung

---

20 Section 42 Trade Marks Act 1938.
21 Section 17 Trade Marks Act 1938.
22 Section 29 Trade Marks Act 1938.
23 „Rawhide" TM [1962] R.P.C. 133.
24 „Pussy Galore" TM [1967] R.P.C. 265.
25 Section 29 Trade Marks Act 1938.
26 Section 28(6) Trade Marks Act 1938.
27 American Greetings Corp's Application [1984] 1 All E.R. 426.

nicht immer strikt an und läßt eine Warenzeicheneintragung in Fällen zu, in denen der Lizenzgeber weiterhin eine effektive Qualitätskontrolle über die Waren ausüben kann, die das Warenzeichen tragen.

Ein Warenzeichen kann nur für bestimmte Waren oder Warenklassen angemeldet werden[28]. Der *Comptroller* kann der Anmeldung voll oder mit Auflagen entsprechen oder sie zurückweisen; so z.B., wenn das Zeichen nicht unterscheidungskräftig ist oder einem anderen ähnelt. Für die Ähnlichkeit wird grundsätzlich nur auf das Vereinigte Königreich abgestellt. Wenn eine Unternehmung sich mit einem Zeichen im Ausland einen guten Ruf erworben hat, kann jemand, dem es gelingt, das Zeichen im Vereinigten Königreich eintragen zu lassen, im Prinzip dem ausländischen Benutzer den Zutritt zum britischen Markt versperren. Die Rechtsprechung hat dies jedoch insoweit eingeschränkt, als der Anmelder im Vereinigten Königreich das Zeichen selbst erfunden haben muß[29]. Hat er einfach ein ausländisches Zeichen kopiert, kann er das Zeichen nicht im Vereinigten Königreich anmelden[30]. 943

Gegen Entscheidungen des *Comptroller* kann entweder der *Board of Trade* oder der *High Court* angerufen werden. Hat der *Comptroller* den Eintragungsantrag angenommen, veröffentlicht er ihn. Binnen eines Monats können Dritte Widerspruch erheben[31]. Der Widerspruch kann auf jedes Eintragungshindernis gestützt werden, z.B. darauf, daß das beantragte Zeichen einem anderen zu ähnlich oder nicht unterscheidungskräftig ist. Widerspruchsführer brauchen nicht darzutun, daß ihre Rechte oder Warenzeichen beeinträchtigt werden[32]. Über den Widerspruch entscheidet der *Comptroller*, gegen dessen Entscheidung Rechtsmittel bei Gericht zulässig sind. Wird kein Einspruch erhoben oder dieser zurückgewiesen, wird das Warenzeichen mit dem Datum des Eintragungsantrages in die Rolle eingetragen[33]. Das Warenzeichen besteht dann sieben Jahre lang, kann aber gegen Entrichtung einer Gebühr beliebig oft erneuert werden[34]. 944

Eine besondere Rolle im englischen Warenzeichenrecht spielt der *disclaimer*, eine Art Schutzrechtsverzicht[35]. Oft enthält ein Zeichen nicht eintragungsfähige, aber auch nicht abtrennbare Bestandteile oder im Handel übliche oder aus anderen Gründen nicht unterscheidungskräftige Zusätze. Dann kann der 945

---

28 Section 3 Trade Marks Act 1938.
29 „Genette" TM [1968] R.P.C. 148.
30 Vitamin Ltd's Application [1956] R.P.C. 1; Brown Shoe's Application [1959] R.P.C. 29; grundsätzlich anders ist die Rechtslage beispielsweise in Australien, wo ein ausländisches Zeichen ohne Beschränkung auch von Dritten angemeldet werden kann, siehe hierzu Cornish, a.a.O., S. 457 Fußnote 33 m.w.N. sowie unten XI. Kapitel: Die weltweite Geltung englischen Handels- und Wirtschaftsrechts, § 3 Australien, Rdnr. 1236ff.
31 Section 18 Trade Marks Act 1938.
32 Vgl. Kerly, a.a.O., S. 61 f.
33 Section 19 Trade Marks Act 1938.
34 Section 20 Trade Marks Act 1938.
35 Section 14 Trade Marks Act 1938; Kerly, a.a.O., 166ff; Mittendorfer, GRUR Int. 1971, 377ff.

VIII.   Gewerblicher Rechtsschutz und Urheberrecht

Anmelder durch Verzicht auf diese nicht eintragungsfähigen Teile seines Zeichens Eintragung in die Rolle verlangen. Oft verzichtet er erst auf die Aufforderung des *Comptrollers* hin, der eine Eintragung von einem Verzicht abhängig macht oder Löschung androht. Auch nach Eintragung des Warenzeichens kann die Rolle berichtigt werden, vom *Comptroller* oder vom Gericht, sei es auf Antrag des Warenzeicheninhabers oder eines beschwerten Dritten *aggrieved person*[36].

IV. Warenzeichenverletzung

1. Wirkung der Eintragung

946   Der Inhaber des Warenzeichens hat das ausschließliche Recht, das Zeichen für die Waren zu benutzen, für die es eingetragen ist[37]. Das ausschließliche Recht des Warenzeicheninhabers wird beschränkt: durch eingetragene Bedingungen und Einschränkungen[38]; wenn der Inhaber das Zeichen selbst angebracht oder einer Benutzung des Zeichens ausdrücklich oder stillschweigend zugestimmt hat[39]; in bezug auf Waren, die einen Teil von oder einen Zusatz zu Waren bilden, für die das Zeichen benutzt werden darf[40]; bei lauterer Benutzung des eigenen Namens[41]; bei lauterer Beschreibung der Art oder Qualität der eigenen Waren[42]; durch prioritätsjüngere, trotzdem aber eingetragene Warenzeichen[43]; bei gutgläubiger Vorbenutzung[44].

947   Ein in Teil A der Rolle eingetragenes Zeichen erstarkt nach sieben Jahren seit Eintragung zum unanfechtbaren Recht[45]. Es kann nur unter besonderen Voraussetzungen (zum Beispiel Betrug, Täuschungsgefahr, Rechts- und Sittenwidrigkeit) vernichtet werden. Zeichen in Rolle B geben dem Inhaber nur einen anfechtbaren Rechtstitel und Beweisvorteile. Die Tatsache, daß jemand als Inhaber eines Waren- oder Dienstleistungszeichens eingetragen ist, begründet eine rechtliche Vermutung, daß die Eintragung und alle nachfolgenden Übertragungen gültig sind[46].

2. Die Verletzungshandlung

948   Es gibt zwei Verletzungsformen: Benutzung des Warenzeichens (oder eines verwechselbaren) für die Waren, für die es eingetragen ist[47] sowie Bezugnahme

---

36 Sections 32–34 Trade Marks Act 1938.
37 Section 4(1) Trade Marks Act 1938.
38 Section 4(2) Trade Marks Act 1938.
39 Section 4(3)(a) Trade Marks Act 1938.
40 Section 4(3)(b) Trade Marks Act 1938.
41 Section 8(a) Trade Marks Act 1938.
42 Section 8(b) Trade Marks Act 1938.
43 Section 4(4) Trade Marks Act 1938.
44 Section 7 Trade Marks Act 1938.
45 Section 13 Trade Marks Act 1938.
46 Section 46 Trade Marks Act 1938.
47 Section 4(1)(a) Trade Marks Act 1938.

auf das eingetragene Zeichen, insbesondere in der vergleichenden Werbung *importing a reference*[48]. Die Definitionen der Verletzungshandlung für Warenzeichen in Teil A und solche in Teil B sind identisch, außer daß sich der Beklagte bei der Verletzung eines in Teil B eingetragenen Zeichens damit verteidigen kann, das Zeichen werde weder täuschend noch verwechselbar noch in einer Weise benutzt, die eine Handelsbeziehung vermuten läßt[49]. Der Beklagte, dem Verletzung eines Zeichens in Teil A vorgeworfen wird, kann nicht einwenden, er habe durch Zusätze hinreichend deutlich gemacht, daß die von ihm gekennzeichneten Waren nicht aus dem Betrieb des Klägers stammen. Die Benutzung als Warenzeichen für gleiche Produkte reicht in diesem Fall aus[50].

Die zweite Verletzungsart, Bezugnahme *importing a reference*, ist gegeben, wenn jemand auf das Zeichen (oder ein verwechslungsfähiges) Bezug nimmt[51], zum Beispiel durch die Angabe „genausogut wie XY". Die Bezugnahme muß hinsichtlich der Waren, für die das Zeichen eingetragen ist, erfolgen und das bezugnehmende Zeichen muß auf den Waren oder in körperlicher Verbindung mit ihnen oder in der Werbung benutzt werden. Auf diese Weise wird vergleichende Werbung im Vereinigten Königreich weitgehend verhindert[52]. Noch nicht endgültig geklärt ist die Frage, ob man diese Vorschrift umgehen kann, indem man nicht auf ein Warenzeichen des Wettbewerbers Bezug nimmt („so gut wie XY"), sondern auf seine Firma („so gut wie die Produkte von XY Ltd.")[53]. Die vergleichende Werbung muß visuell sichtbar sein[54], z. B. als Zeitungs- oder Fernsehwerbung. Vergleichende Rundfunkwerbung fällt nicht unter das Verbot. 949

3. Benutzung an Originalwaren und Zustimmung[55]

Diese Einschränkungen des ausschließlichen Rechtes des Warenzeicheninhabers haben in den letzten Jahren zu Diskussionen und Gerichtsentscheidungen geführt. Wenn der Inhaber des Warenzeichens das Warenzeichen auf Waren angebracht oder der Benutzung des Warenzeichens zugestimmt hat, liegt keine Verletzung vor, wenn andere Personen mit diesen Waren handeln. Daher kann ein Supermarkt Waren anpreisen und verkaufen, auf denen sich Warenzeichen 950

---

48 Section 4(1)(b) Trade Marks Act 1938.
49 Section 5(2) Trade Marks Act 1938.
50 Saville Perfumery Ltd v. June Perfect Ltd (1941) R.P.C. 147; zur Verletzung durch Benutzung vgl. außerdem Bali TM (1969), R.P.C. 472; Broad & Co Ltd v. Graham Building Supplies Ltd (1969) R.P.C. 147; Rolls Royce v. Dodd (1981) F.S.R. 517; Levi Strauss v. Shah (1985) R.P.C. 371 und Unidoor v. Marks and Spencer (1988) R.P.C. 275.
51 Section 4(1)(b) Trade Marks Act 1938; siehe auch Chanel Ltd v. Triton Packaging Ltd (Court of Appeal), GRUR Int. 1993, 780; Compay Computer Corporation et al. v. Dell Computer Corporation Ltd et al., (High Court), GRUR Int. 1993, 782.
52 Cornish, a.a.O., Rz 17-076f.
53 Bejahend Pompadour Laboratories v. Frazer (1966) R.P.C. 7; verneinend Autodrom TM (1969) R.P.C. 564; Kerly a.a.O., § 14-27; siehe auch Ohly, Die vergleichende Werbung im britischen Recht, GRUR Int. 1993, 730.
54 Section 68(2) Trade Marks Act 1938.
55 Section 4(3)(a) Trade Marks Act 1938.

VIII. Gewerblicher Rechtsschutz und Urheberrecht

befinden. Er darf nur nicht diese Markenprodukte mit seinen eigenen Produkten (z. B. sogenannte *no-name*-Produkte) vergleichen, denn dann liegt eine Warenzeichenverletzung durch bezugnehmende Werbung vor.

951 Das Prinzip, welches dieser Einschränkung des ausschließlichen Rechtes des Warenzeicheninhabers zugrunde liegt, nennt man „Erschöpfungslehre" *doctrine of exhaustion*. Die Erschöpfungslehre wird damit begründet, daß das vom Inhaber oder mit seiner Zustimmung angebrachte Warenzeichen nicht aufhört, die tatsächliche Herkunft der Ware anzugeben. Daher besteht, auch wenn die Ware durch mehrere Hände geht, kein Bedürfnis, dem Warenzeicheninhaber das Recht zu geben, die weitere Benutzung des Warenzeichens zu verhindern.

952 Probleme ergeben sich jedoch im internationalen Handel. Viele Unternehmen vergeben nationale Lizenzen für verschiedene Länder an verschiedene Lizenznehmer oder vermarkten in verschiedenen Ländern unter dem gleichen Warenzeichen Produkte unterschiedlicher Beschaffenheit und Qualität. Diese Unternehmen haben ein Interesse, den Import ihrer Produkte an nationalen Grenzen zu stoppen, und sie versuchen dies mit dem jeweiligen nationalen Warenzeichenrecht. Nach deutschem Recht ist eine solche Aufteilung der Märkte nicht möglich, da durch erstmalige Verbreitung durch den Warenzeicheninhaber sein Recht international erschöpft ist[56]. Im englischen Recht ist zu unterscheiden: Importe aus EG-Staaten, deren erster Verbreitung der Inhaber zugestimmt hat, können nach der Rechtsprechung des Europäischen Gerichtshofes nicht verhindert werden[57]. Importe aus Nicht-EG-Staaten können in zwei Fällen aufgrund des britischen Warenzeichens verhindert werden: wenn der ausländische Warenzeicheninhaber einem Export nach Großbritannien ausdrücklich widersprochen hat[58]; wenn die Einfuhrprodukte unter dem gleichen Warenzeichen von schlechterer Qualität sind als die entsprechenden britischen Produkte[59]. Dies ermöglicht es multinationalen Unternehmen bis zu einem gewissen Grad, Märkte aufzuteilen und in Entwicklungsländern Waren minderer Qualität unter berühmten Warenzeichen zu vertreiben[60].

V. Übertragung, Lizenz und Benutzung von Warenzeichen

953 Ein Warenzeichen kann mit und ohne den Geschäftsbetrieb, zu dem das Warenzeichen gehört, übertragen werden[61]. Eine Ausnahme besteht für die Fälle, in denen nach der Übertragung mehr als eine Person Rechte an gleichen oder

---

56 Vgl. Althammer, Warenzeichengesetz, 4. Aufl. 1989, §15 Rdnr. 11.
57 Centrafarm v. Winthrop [1974] C.M.L.R. 480.
58 Revlon v. Cripps (1980) F.S.R. 196; Castrol Ltd v. Automative Oil Supplies Ltd (1983) R.P.C. 315.
59 Colgate-Palmolive Ltd v Markwell (1988) R.P.C. 283.
60 Colgate-Palmolive Ltd v. Markwell, a. a. O., in diesem Fall hatte Colgate in Nigeria Zahnpaste von deutlich schlechterer Qualität als in Großbritannien verkauft und konnte den Import nach Großbritannien verhindern.
61 Section 22(1) Trade Marks Act 1938.

ähnlichen Marken für die gleichen Waren haben und dadurch eine Verwechslungsgefahr begründet würde[62].

Der Warenzeicheninhaber kann anstelle einer Übertragung des Warenzeichens eine Lizenz erteilen. Das englische Recht erlaubt ferner die Eintragung einer Warenzeichenlizenz als Benutzungsvereinbarung *registered user agreement*[63]. Die Benutzung durch den Lizenznehmer gilt dann als Benutzung des Warenzeicheninhabers. Das ist zum Beispiel von Bedeutung, wenn der Warenzeicheninhaber das Zeichen nicht selbst benutzt, da ein Zeichen ohne Benutzungsabsicht nicht eingetragen wird bzw. nach fünf Jahren gelöscht werden kann, wenn es nicht benutzt wird[64]. Der eingetragene Benutzer kann selbst einen Verletzer verklagen, wenn der Warenzeicheninhaber nicht dazu bereit ist[65]. Die Möglichkeit einer Benutzungsvereinbarung ist vor allem für solche Warenzeicheninhaber von Bedeutung, die einen Gewinn aus der Lizenzierung ihres berühmten Zeichens ziehen möchten, ohne selber im Vereinigten Königreich das Zeichen benutzen zu wollen. Der *Comptroller* muß aber die Eintragung einer Benutzungsvereinbarung ablehnen, wenn sie zu einem Handel mit Warenzeichen führt: *trafficking in a trade mark*[66]. Der *Comptroller* wendet diese Vorschrift in der Praxis aber nur dann an, wenn der Lizenzgeber keine Kontrolle über die Qualität der Waren des Lizenznehmers ausübt[67].

954

VI. Wettbewerbskontrolle nach EU-Recht

Das Recht der Europäischen Union[68] hat großen Einfluß auch auf das englische Warenzeichenrecht. Von besonderer Bedeutung sind die Wettbewerbsvorschriften des EWG-Vertrages. Verboten sind unter anderem alle Vereinbarungen zwischen Unternehmen und aufeinander abgestimmte Verhaltensweisen, welche den Handel zwischen den Mitgliedsstaaten zu beeinträchtigen geeignet sind und eine Verhinderung, Einschränkung oder Verfälschung des Wettbewerbs innerhalb des gemeinsamen Marktes bezwecken oder bewirken[69].

955

Ein Beispiel für eine solche Verhaltensweise kann die Aufteilung von Märkten durch die Benutzung verschiedener nationaler Warenzeichen sein[70]. Ebenfalls verboten sind mengenmäßige Einfuhrbeschränkungen sowie alle Maßnahmen gleicher Wirkung[71]. Einfuhrbeschränkungen zum Schutze des gewerblichen

956

---

62 Section 22(4) Trade Marks Act 1938.
63 Section 28 Trade Marks Act 1938.
64 Section 26 Trade Marks Act 1938.
65 Section 28(3) Trade Marks Act 1938.
66 Section 28(6) Trade Marks Act 1938 and American Greetings Corp's Application [1984] 1 All E.R. 426.
67 Vgl. auch Cornish, a.a.O., Rz 17-044.
68 Vgl. Kerly, a.a.O., Kapitel 12; Cornish, a.a.O., Kapitel 18.
69 Art 85(1) EWG-Vertrag.
70 Art. 85(1)(c) EWG-Vertrag.
71 Art. 30 EWG-Vertrag.

VIII. Gewerblicher Rechtsschutz und Urheberrecht

und kommerziellen Eigentums sind jedoch nur verboten, wenn sie ein Mittel zur willkürlichen Diskriminierung oder eine verschleierte Beschränkung des Handels zwischen den Mitgliedsstaaten darstellen[72]. Durch Berufung auf ein nationales Warenzeichen kann grundsätzlich die Einfuhr eines Produktes unter diesem Warenzeichen verhindert werden. Dies steht einer mengenmäßigen Einfuhrbeschränkung auf Null gleich, die gegen EU-Wettbewerbsrecht verstoßen kann.

957 Der Europäische Gerichtshof hat in einigen grundlegenden Entscheidungen den Anwendungsbereich der Wettbewerbsvorschriften des EWG-Vertrages auf Warenzeichen geklärt. Der Gerichtshof unterscheidet grundsätzlich zwischen dem Bestand *existence* und der Ausübung *exercise* des Warenzeichenrechtes[73]. Der Bestand des Warenzeichenrechtes darf nicht angetastet werden; die Ausübung des Warenzeichenrechtes ist dagegen durch die EU-Wettbewerbsvorschriften beschränkt[74]. Daher wurde es als wettbewerbswidrig angesehen, daß ein deutsches Unternehmen seinem französischen Alleinvertriebshändler die Eintragung eines Warenzeichens zu dem Zweck gestattete, Parallelimporte abzublocken[75]. Später hat der EuGH die Erschöpfungslehre *doctrine of exhaustion* geschaffen[76]. Das Warenzeichenrecht ist erschöpft, sobald die Waren mit Einverständnis *consent* des Warenzeicheninhabers in einem anderen EU-Land vertrieben werden. Daher konnte ein niederländischer Warenzeicheninhaber trotz seines niederländischen Warenzeichens nicht verhindern, daß ein Parallelimporteur Waren mit dem gleichen Warenzeichen im Vereinigten Königreich wesentlich billiger einkaufte und sie dann in die Niederlande exportierte. Ein Unternehmen des gleichen Konzerns hatte die Waren im Vereinigten Königreich verkauft, und das Warenzeichen war daher erschöpft[77]. Voraussetzung ist jedoch stets das Einverständnis des Warenzeicheninhabers zum Vertrieb der gekennzeichneten Importwaren. Gibt es keine Verbindung zwischen dem nationalen Zeichen und dem Zeichen auf der Importware[78] oder bricht eine ursprünglich bestehende Verbindung unfreiwillig dadurch ab, daß ein Zeichen enteignet wird[79], tritt keine Erschöpfung ein, denn der Vertrieb der Importware erfolgte nicht mit Einverständnis des nationalen Warenzeicheninhabers. Gleiches gilt nach einer neuen Entscheidung des Europäischen Gerichtshofes vom 22. Juni 1994 im Falle einer freiwilligen Aufspaltung der Warenzeichenrechte in verschiedenen Ländern[80].

---

72 Art. 36 EWG-Vertrag.
73 Consten and Grundig v. Commission [1966] C.M.L.R. 418.
74 Consten and Grundig, a.a.O.
75 Consten and Grundig, a.a.O.
76 Centrafarm v. Winthrop [1974] C.M.L.R. 480.
77 Centrafarm v. Winthrop, a.a.O.
78 Terrapin v. Terranova [1976] F.S.R. 557.
79 Vgl. Hag GF AG v. SA CNL-Sucal NV (Hag II), 23 I.I.C. (1992) 92, Joliet 22 I.I.C. (1991) 303; Kunze 22 I.I.C. (1991) 31; anders noch Hag I, [1974] C.M.L.R. 127.
80 EuGH in seinem Urteil vom 22. Juni 1994 in der Rechtssache C-9/93 (Ideal Standard II), GRUR Int. 1994, 614, auf Vorlage des Oberlandesgerichtes Düsseldorf vom 15. Dezember 1992, GRUR Int. 1993, 550.

Grundsätzlich kann ein Warenzeicheninhaber verbieten, daß ein Importeur die 958
Verpackung der Waren ändert und dann das Warenzeichen des Herstellers auf
den neuen Verpackungen für den Exportmarkt wieder anbringt[81]. In den meisten Fällen wird ein solches Verbot aber eine verschleierte Beschränkung des
Handels zwischen den Mitgliedsstaaten darstellen und daher wettbewerbswidrig sein[82]. Zulässig ist es, wenn ein Importeur die Waren nur mit einer neuen
äußeren Verpackung versieht, durch die das Originalwarenzeichen des Herstellers sichtbar bleibt[83]. Manche Unternehmen haben versucht, Parallelimporte
dadurch zu erschweren, daß sie ihre Produkte in verschiedenen Ländern unter
verschiedenen Warenzeichen vertreiben. Vertrieb der Importeur das Produkt
unter seinem ursprünglichen Warenzeichen, kannte keiner das Produkt im Importland. Benutzte er das im Importland übliche Warenzeichen, verletzte er
das nationale Warenzeichen. Der EuGH hat diese Praxis aber nur zugelassen,
wenn besondere Gründe verschiedene Warenzeichen rechtfertigen (z. B. Eintragungsunfähigkeit des ursprünglichen Zeichens im Importland). Werden verschiedene Zeichen gewählt, um Parallelimporte zu erschweren, wird dies als
wettbewerbswidrig beanstandet mit der Folge, daß das nationale Warenzeichenrecht nicht benutzt werden kann, um Parallelimporte zu verhindern[84].

VII. Warenzeichenreform

Aufgrund der EG-Warenzeichenrichtlinie von 1988 wurde im Jahre 1990 ein 959
Weißbuch zur Neufassung des *Trade Mark Acts 1938* im Vereinigten Königreich veröffentlicht. Aufgrund des Weißbuches wurde ein Gesetzentwurf vorgelegt, der im Juli 1994 bereits zwei Lesungen des Unterhauses erfolgreich passiert hatte. Er enthält zahlreiche entscheidende Änderungen des britischen Warenzeichenrechtes. Das neue Gesetz ist am 31. Oktober 1994 in Kraft getreten[85]. Leider konnte diese Änderung, die nach Abschluß des Manuskripts erfolgte, nicht mehr berücksichtigt werden. Es folgt jedoch ein kurzer Überblick
über die wichtigsten Änderungsvorschläge aus dem Gesetzentwurf.

1. Eintragungsvoraussetzungen

Die Eintragungsfähigkeit wird erweitert werden. Jedes Zeichen, das grafisch 960
dargestellt werden und unterscheidungskräftig sein kann, kann künftig eingetragen werden. Es werden daher auch Farben und Formen von Waren eintragungsfähig sein. Das war bisher im Vereinigten Königreich nicht der Fall[86].

---

[81] Hoffman La Roche v. Centrafarm [1978] F.S.R. 598.
[82] Hoffman La Roche, a.a.O.
[83] Pfizer v Eurim Pharm [1982] F.S.R. 269; Hebeis, GRUR 1992, 15.
[84] American Home Products v. Centrafarm [1979] 1 C.M.L.R. 326.
[85] Vgl. GRUR Int. 1994, 874.
[86] Coca Cola Co's Application [1986] 1 W.L.R. 695.

VIII. Gewerblicher Rechtsschutz und Urheberrecht

Ausgeschlossen sind jedoch Formen, die durch die Art der Waren selbst oder technisch bedingt sind oder die den Waren einen wesentlichen Wert verleihen.

961 Warenzeichen *trade marks* und Dienstleistungszeichen *service marks* werden in dem neuen Gesetz unter dem Obergriff *trade mark* zusammengefaßt werden. Die Unterteilung in die Klassen A und B wird entfallen. Jedes Zeichen, das sich im Verkehr durchgesetzt hat, wird künftig eintragungsfähig sein. Nach geltendem Recht wird die Eintragungsfähigkeit bestimmter klar beschreibender[87] oder geographischer Angaben[88] trotz Verkehrsdurchsetzung verneint.

962 Defensivmarken werden künftig nicht mehr eingetragen werden können. An ihre Stelle treten Vorschriften zum Schutze berühmter Marken vor Verwässerung durch Benutzung gleicher oder ähnlicher Zeichen für andere Warengruppen. Garantiemarken werden beibehalten, Kollektivmarken neu geschaffen.

2. Eintragungshindernisse

963 Auch die Eintragungshindernisse werden neugefaßt werden. Künftig werden auch prioritätsältere internationale Marken und europäische Gemeinschaftsmarken einer Eintragung entgegenstehen. Nach geltendem Recht verhindert nur ein älteres Warenzeichen in der gleichen Warengruppe die Eintragung; künftig können bei Verwechslungsgefahr auch Zeichen für verwandte Warengruppen entgegenstehen.

964 Berühmte Marken werden vor Verwässerung dadurch geschützt, daß gleiche oder ähnliche Marken auch für völlig fremde Warengruppen nicht eingetragen werden können, wenn die Benutzung für diese Waren dem Ruf der berühmten Marke oder ihrer Unterscheidungskraft schaden oder der gute Ruf der berühmten Marke auf unfaire Weise ausgenützt würde.

3. Eintragungsverfahren

965 Nach geltendem Recht hat der *Comptroller* ein Ermessen, ob er ein Warenzeichen einträgt. Dieses Ermessen wird abgeschafft werden. Es wird ersetzt durch zusätzliche Versagungsgründe wie die Verwendung von Staatsflaggen etc.

966 Auch eine Aufforderung zum Schutzrechtsverzicht *disclaimer* auf eintragungsunfähige Bestandteile wird es künftig nicht mehr geben. Statt dessen wird eine Vorschrift eingefügt werden, die klarstellt, daß eine Eintragung keine ausschließlichen Rechte an Teilen des eingetragenen Zeichens begründet. Die siebenjährige Schutzdauer mit jeweils vierzehnjähriger Verlängerung wird geändert werden auf eine zehnjährige Schutzdauer mit jeweils zehnjähriger Verlängerung.

---

87 Crossfield's Application [1910] 1 Ch. 130; Electrix Application [1959] R.P.C. 283.
88 Yorkshire Copper Works Application (1954) 70 R.P.C.1; York Trailer Holdings Ltd v. Reg. of Trade Marks [1982] 1 All E.R. 257; Waterford TM [1984] F.S.R. 390.

4. Verletzung

Die Definition möglicher Verletzungshandlungen wird im neuen *Trade Marks Act* erweitert werden. Verwechslungsfähige Benutzung in bezug auf ähnliche Waren und Dienstleistungen und Verwässerung berühmter Marken werden künftig unter die Verletzungsdefinition fallen. Nach geltendem Recht zulässige Marken dürfen aber weiter benutzt werden. Benutzung eines fremden Warenzeichens als Firma sowie bestimmte weitere Formen nicht zeichenmäßiger Benutzung werden künftig Warenzeichenrechte verletzen können; derzeit kann ein Warenzeichen nur durch zeichenmäßige Benutzung verletzt werden.

967

Die Vorschrift der Warenzeichenverletzung durch Bezugnahme[89] wird abgeschafft werden. Sie wird durch eine Vorschrift ersetzt werden, nach der die nichtgenehmigte Benutzung eines fremden Warenzeichens in der Werbung das Warenzeichen verletzt, wenn die Benutzung gegen die guten Geschäftssitten verstößt und entweder nachteilig für den guten Ruf oder die Unterscheidungskraft des Zeichens ist oder den guten Ruf des Zeichens unfair ausnutzt.

968

Künftig wird ein Warenzeichen nicht nur durch sichtbare, sondern auch durch hörbare Benutzung verletzt werden können, so daß auch die Benutzung eines fremden Warenzeichens in der Rundfunkwerbung verboten werden kann.

969

Das neue Warenzeichengesetz wird, ähnlich dem *Patents Act 1977*, eine Vorschrift enthalten, die Ansprüche für Personen vorsieht, die durch die grundlose Androhung von gerichtlichen Schritten wegen angeblicher Warenzeichenverletzung beschwert sind.

970

Die Erschöpfungslehre des EuGH[90] wird kodifiziert werden, so daß das neue britische Warenzeichengesetz klarstellen wird, daß Warenzeichenrechte erschöpft sind, sobald die Waren mit Zustimmung des Warenzeicheninhabers im gemeinsamen europäischen Markt vertrieben worden sind.

971

5. Benutzung

Nach geltendem Recht ist nur die Benutzung durch einen eingetragenen Benutzer *registered user* einer Benutzung durch den Warenzeicheninhaber gleichwertig[91]. Künftig wird jede Benutzung mit Einverständnis des Inhabers der Benutzung durch den Inhaber gleichgestellt sein, unabhängig davon, ob der Benutzer eingetragen ist oder nicht. Die Eintragung eines Benutzers wird aber dadurch gefördert, daß nur ein eingetragener Lizenznehmer selbst gegen einen Verletzer klagen kann. Außerdem hat eine nichteingetragene Lizenz keine Drittwirkung, so daß bei Übertragung des Warenzeichens ein nichteingetragener Lizenznehmer seine Rechte verlieren kann, wenn der Rechtsnachfolger des

972

---

89 Section 4(1)(b) Trade Marks Act 1938.
90 Centrafarm v. Winthrop [1974] C.M.L.R. 480.
91 Section 28(2) Trade Marks Act 1938.

VIII. Gewerblicher Rechtsschutz und Urheberrecht

Lizenzgebers keine Kenntnis von der Lizenz hatte. Die Vorschrift, nach der die Eintragung eines Warenzeichens abgelehnt werden kann, wenn der Handel mit Warenzeichen durch die Eintragung gefördert werden kann[92], wird abgeschafft werden. Die Beweislast bei dem Löschungsantrag wegen fünfjähriger Nichtbenutzung des Warenzeichens wird geändert. Künftig kann jeder, der durch den Bestand des Warenzeichens beschwert ist, den Inhaber auffordern, die Benutzung zu beweisen. Kommt der Inhaber dieser Aufforderung nicht nach, wird die Nichtbenutzung vermutet.

6. Internationale Aspekte

973 Das Vereinigte Königreich wird das *Protokoll zum Madrider Markenschutzabkommen* ratifizieren, so daß künftig internationale Marken bei der *World Intellectual Property Organization WIPO* auch mit Schutz für das Vereinigte Königreich eingetragen werden können. Das neue englische Warenzeichengesetz wird darüber hinaus Vorschriften über die künftige europäische Gemeinschaftsmarke *community trade mark* enthalten. Gemeinschaftsmarken beruhen auf der EG-Verordnung Nr. 40/94 des Rates vom 20. Dezember 1993, die im Frühjahr 1994 in Kraft trat. Mit dieser Verordnung wurde eine Gemeinschaftsmarke geschaffen, die künftig in der gesamten Europäischen Union Schutz genießen wird. Zur Verwaltung der Gemeinschaftsmarken wird ein Europäisches Markenamt in Alicante in Spanien geschaffen werden, das seine Arbeit wahrscheinlich im Jahre 1996 aufnehmen wird.

---

92 Section 28(6) Trade Marks Act 1938.

IX. Kapitel
Wettbewerbs- und Kartellrecht

§ 1
Unlauterer Wettbewerb

I. Einführung

Eine dem deutschen Gesetz gegen den unlauteren Wettbewerb entsprechende Kodifizierung gibt es in England nicht[1]. Wer nach dieser Rechtsmaterie sucht, findet keinen systematisch geordneten Normenkomplex vor. Deshalb hat das englische Recht auch keinen Rechtsbegriff der *unfair competition* entwickelt. Obwohl sich dieser Begriff in den USA und Kanada eingebürgert hat, wird er in Gerichtsentscheidungen und in der englischen Literatur nur selten gebraucht. Hauptsächlicher Ansatzpunkt für Wettbewerbsrecht ist das Recht der unerlaubten Handlungen, das *law of torts*, und hier wiederum die beiden Anspruchsgrundlagen des *passing off* und der *injurious falsehood*[2]. Ferner spielt das Recht des Geheimnisschutzes *confidential information* eine Rolle. Einzelne Tatbestände des unlauteren Wettbewerbs sind auch sondergesetzlich geregelt.

974

Was dem deutschen Juristen als unterentwickeltes Rechtsgebiet erscheint, ist Ausdruck einer liberalen Geisteshaltung. Es ist letztlich eine rechtspolitische Frage, ob ein Rechtssystem — wie das deutsche — Wettbewerbsverhalten durch detaillierte Verbote und Normen beschränken will oder ob es — wie in England — Wettbewerbs- und Geschäftsgebahren grundsätzlich den Kaufleuten selbst überläßt. So steht das englische Recht heute noch der Einmischung der Gerichte in die freie Handelstätigkeit feindlich gegenüber. Vergleichende Werbung ist zulässig, solange sie nicht falsch oder irreführend ist und keine Warenzeichenverletzung vorliegt. Es gibt keine Zugabeverordnung oder eine andere Rechtsnorm, die kostenlose Abgabe von Waren verbietet. Kein Rabattgesetz schränkt die Freiheit des Verkäufers ein, durch Preisnachlässe Wettbewerb zu betreiben. Auch Vorschriften über Konkurswaren-, Saisonschluß- und Räumungsverkauf wie nach §§ 6–8 UWG fehlen. Englisches Recht gewährt insoweit ein Höchstmaß an wirtschaftlicher Betätigungsfreiheit.

975

---

[1] Vgl. Die rechtspolitischen Überlegungen von Cornish, Intellectual Property: Patents, Copyright, Trade Marks and Allied Rights, 2. Aufl., London 1989, Rz 1-005 ff.

[2] Vgl. Kerly/Blanco White, Trade Marks and Trade Names, 12. Aufl., London 1986.

IX. Wettbewerbs- und Kartellrecht

II. Passing Off

1. Grundlagen

976 Wer seine Waren, Dienstleistungen oder sein Geschäft in der Öffentlichkeit als diejenigen oder dasjenige eines anderen ausgibt, wer also Verwechslungsgefahr herbeiführt, kann den Deliktstatbestand des *passing off* erfüllen[3]. Diese Anspruchsgrundlage wurde durch Richterrecht entwickelt und hat besondere Bedeutung, weil es keinen selbständigen Firmenschutz in England gibt. Sie setzt weder Vorsatz noch Täuschungsabsicht des Beklagten voraus, wenn nur Handel oder Öffentlichkeit über die Herkunft getäuscht werden können. Häufigste Begehungsform des *tort of pasing off* im Rechtsalltag sind: Imitation der Verpackung, Aufmachung, Ausstattung der Waren eines anderen, Gebrauch desselben oder eines verwechslungsfähigen Namens. Voraussetzung ist aber immer, daß die Zeichen des Klägers eine gewisse Verkehrsgeltung erlangt haben. In einem der ersten grundlegenden Fälle zum *passing off*[4] verurteilte das *House of Lords* im Jahr 1896 einen ehemaligen Angestellten des Klägers. Der Angestellte hatte Kamelhaargürtel unter der Bezeichnung „Kamelhaar" auf den Markt gebracht, obwohl diese Bezeichnung fast identisch mit der Bezeichnung „Kamelhaargürtel" war, die sich für die Produkte seines Arbeitgebers im Verkehr durchgesetzt hatte. Das Gericht entschied, daß niemand seine Waren als diejenigen eines anderen anbieten dürfe und es deshalb nicht erlaubt sei, Namen, Marken oder Zeichen zu verwenden, die einen potentiellen Kunden dazu verleiten können anzunehmen, die Waren stammten von jemand anderem. Das Wort „Kamelhaargürtel" war zwar zunächst beschreibend und daher freihaltebedürftig gewesen. Durch langjährigen Gebrauch durch den Kläger hatte es jedoch Verkehrsgeltung erlangt und war unterscheidungskräftig und schutzfähig geworden.

2. Anspruchsvoraussetzungen

977 Die Anspruchsvoraussetzungen einer *passing off* Klage werden heute allgemein aus dem Urteilsspruch von *Lord Diplock* in dem berühmten *"Advokaat"*-Fall[5] entnommen. In dieser Entscheidung aus dem Jahr 1979 definierte das *House of Lords* das *passing off* Delikt neu und erweiterte seine Anwendungsmöglichkeiten beträchtlich. Demnach müssen für eine *passing off*-Klage folgende Mindestvoraussetzungen vorliegen[6]:

978 Eine irreführende Angabe (1) durch einen Gewerbetreibenden (2) im Rahmen seines Geschäftsverkehrs gegenüber potentiellen Kunden oder von ihm

---

[3] Vgl. grundlegend Cornish, a.a.O., Rz 16-001 ff; Kerly/Blanco White, a.a.O.; Ulmer/ Graf v. Westerholt, Unlauterer Wettbewerb, Band VI, Vereinigtes Königreich von Großbritannien und Nordirland, München 1981, S. 91 ff.
[4] Reddaway v. Banham [1896] 13 R.P.C. 218.
[5] Erven Warnink BV v. J. Townsend and Sons (Hull) Ltd. [1980] R.P.C. 31; GRUR Int. 1980, 120ff.
[6] Warnink v. Townsend, a.a.O., S. 93.

belieferten Endverbrauchern von Waren oder Dienstleistungen (3), welche darauf abzielt, das Geschäft oder den *goodwill* eines anderen Gewerbetreibenden zu beeinträchtigen (in dem Sinne, daß dies eine vernünftigerweise vorhersehbare Folge ist) (4) und welche dem Gewerbetreibenden, der klagt, einen konkreten Schaden zufügt oder (im Falle einer einstweiligen Verfügung) einen solchen Schaden wahrscheinlich zufügen wird (5).

Fehlt eine dieser Voraussetzungen, liegt kein *passing off* Delikt vor. Sind alle fünf Voraussetzungen gegeben, besteht eine Vermutung für ein *passing off* Delikt, die nur durch außergewöhnliche Umstände widerlegt werden kann[7]. Aufgrund einiger Bemerkungen des Gerichts in dem *Advokaat*-Fall wurde angenommen, daß das englische Recht nunmehr ein Delikt des unlauteren Wettbewerbs *tort of unfair competition* entwickeln würde. Diese Hoffnung wurde jedoch schon kurz darauf zunichte gemacht, als das *House of Lords* in einer Revisionsentscheidung[8] eines australischen Falles die Nachahmung fremder Werbung zuließ und ausdrücklich erklärte, es gebe kein Delikt des unlauteren Wettbewerbs.

979

3. Einzelheiten

Der Kläger einer *passing off* Klage muß existierenden *goodwill* im Vereinigten Königreich nachweisen. *Goodwill* ist *the attractive force that brings in custom*[9]. Das bedeutet, daß ein guter Ruf nicht ausreicht, sondern daß die Waren oder Dienstleistungen des Klägers tatsächlich, wenn auch in nur geringem Umfange, der allgemeinen Öffentlichkeit im Vereinigten Königreich zugänglich sein müssen. Das wird deutlich an dem bekannten *"Budweiser"*-Fall[10] aus dem Jahre 1984. Die amerikanische Brauerei Anheuser Busch hatte einen guten Ruf für ihr Budweiser Bier im Vereinigten Königreich. Dieser Ruf basierte aber ausschließlich auf Berichten von Amerikareisenden, amerikanischen Kino- und Fernsehfilmen sowie auf dem Verkauf von Budweiser Bier in amerikanischen Militäreinrichtungen in Großbritannien. Das Bier war nicht allgemein erhältlich. Als Anheuser Busch den allgemeinen Vertrieb im Vereinigten Königreich aufnahm, konnten sie die tschechische Brauerei Budejovichj Budvar nicht durch eine *passing off* Klage daran hindern, ihr Bier (wie bisher) ebenfalls unter dem Namen „Budweiser" zu vertreiben. Bis zur Aufnahme des allgemeinen Vertriebes im Vereinigten Königreich hatte Anheuser Busch zwar einen guten Ruf, aber keinen *goodwill*. Es ist umstritten, ob es zur Begründung von *goodwill* ausreicht, daß die Produkte vor ihrer Markteinführung durch eine Werbekampagne bekannt gemacht wurden *pre-launch activity*[11]. Als zur

980

---

7 Lord Diplock in Warnink v. Townsend, a. a. O.
8 Cadbury Schweppes v. Pub Squash [1981] R.P.C. 429 (J.C.).
9 CIR v. Muller and Co.'s Margarine Ltd. [1901] A.C. 217.
10 Anheuser Busch Inc. v. Budejovichj Budvar [1984] F.S.R. 413.
11 Vgl. Athletes Food v. Cobra Sports [1980] R.P.C. 343 einerseits und BBC v. Talbot [1981] F.S.R. 228 andererseits.

IX. Wettbewerbs- und Kartellrecht

Begründung von *goodwill* ausreichend wird es aber angesehen, wenn die Werbekampagne durch Testverkäufe unterstützt wird[12]. Auch nach Aufgabe des Geschäftsbetriebes kann *goodwill* fortbestehen, vorausgesetzt, es besteht die Absicht oder Möglichkeit einer Wiederaufnahme des Geschäftes[13].

981 Der Beklagte muß eine irreführende Angabe gemacht haben *misrepresentation*. Diese Angabe kann sich zum Beispiel auf Namen, Warenzeichen, Aufmachung, Ausstattung[14] oder eine Warenbeschreibung[15] beziehen. Auch geographische Herkunftsbezeichnungen, wie Scotch Whisky[16] oder Champagne[17], können Ursprungsbedeutung haben und den Benutzer irreführender Angaben zivilrechtlich verantwortlich machen. Auch sklavische Nachahmung kann unter dem Gesichtspunkt des *passing off* unzulässig sein, wenn die Ware aufgrund ihrer Aufmachung, Gestaltung oder Kennzeichnung Verkehrsgeltung erworben hat und so die Gefahr der Herkunftstäuschung besteht[18]. So hat es das *House of Lords* beispielsweise im Jahre 1990 einem Beklagten untersagt, Zitronensaft in gelben zitronenförmigen Flaschen anzubieten, da diese Ausstattung *get up* oder *trade dress* sich im Verkehr als Kennzeichen eines Konkurrenten durchgesetzt hatte[19]. Das Gericht hob hervor, eine Marktverwirrung sei nicht ausreichend, sondern es müsse eine Irreführung vorliegen. Bisweilen wird das *tort of passing off* so weit ausgedehnt, daß ein Kaufmann im geschäftlichen Verkehr seinen eigenen Namen nicht benutzen darf, wenn ein anderer mit demselben oder verwechslungsfähigen Namen vor ihm in der Öffentlichkeit bekannt geworden ist.

982 Zur Begründung eines Anspruchs aus *passing off* muß ein konkreter Schaden für den Verletzten eingetreten oder wahrscheinlich sein. Das setzt im allgemeinen ein Wettbewerbsverhältnis *common field of activity* voraus. Der Begriff des Wettbewerbsverhältnisses ist weit zu verstehen. Es genügt, wenn der Verletzte aufgrund der Irreführung in Gefahr gerät, in einen Rechtsstreit mit einem Dritten hineingezogen zu werden[20] oder der Handelsruf des Klägers geschädigt wird, weil Dritte annehmen, der Kläger habe seinen Geschäftsbetrieb auf die von dem Beklagten vorgenommenen Geschäftsbereiche erweitert (zum Beispiel das Nobelkaufhaus Harrods sei auch im Kreditgeschäft tätig)[21].

---

12 Vgl. den „Red Rock Cider" Fall (unveröffentlicht), zitiert bei Llewelyn, Practical Law for Companies – In House, 1991, S. 33.
13 Ad Lib Club v. Granville [1972] R.P.C. 673; Star Industrial v. Yap [1976] F.S.R. 256.
14 Reckitt & Colman Products Ltd. v. Borden Inc. (No. 3) [1990] 1 W.L.R. 491.
15 Vgl. den „Advocaat"-Fall, Warnink v. Townsend [1980] R.P.C. 31.
16 John Walker & Sons v. Ost [1970] R.P.C. 489.
17 Bollinger v. Costa Brava Wine Co. [1960] R.P.C. 16; [1961] R.P.C. 116.
18 John Haig & Co. Ltd. v. Forth Blending Co. Ltd. (Dimple) [1953] 70 R.P.C. 259; vgl. auch Ott, GRUR Int. 1961, S. 325ff.
19 Reckitt & Colman v. Borden Inc. (No. 3) [1990] 1 W.L.R. 491.
20 Walter v. Ashton [1902] 2 Ch 282.
21 Harrods v. Harrod [1924] 41 R.P.C. 74.

Wegen der Voraussetzung eines Wettbewerbsverhältnisses bestehen erhebliche **983**
Schwierigkeiten bei dem Schutz der Vermarktung von Image und Persönlichkeit *character merchandising*[22]. Daher konnte der Kinderfernsehunterhalter „Uncle Mac" nicht verhindern, daß ein Frühstücksmüsli seinen Namen trug[23], noch konnte die Popgruppe Abba es untersagen, daß jemand T-Shirts und Anstecker mit ihren Bildern verkaufte[24]. Aber nicht nur reale Persönlichkeiten, sondern auch die Inhaber von Rechten an Phantasiefiguren sind schutzlos gegen Namensmißbrauch. Die Inhaber der Rechte an der Fernsehsendung „Kojak" mußten hinnehmen, daß „Kojak Lolly Pops" ohne Lizenz verkauft wurden[25] und die Inhaber der Rechte an den berühmten „Wombles" Figuren konnten nicht verhindern, daß ein Hersteller von Müllkontainern diesen den Namen „Wombles Skips" gab[26]. In all diesen Fällen scheiterte eine *passing off* Klage daran, daß kein Wettbewerbsverhältnis vorlag. Ein wirksamer Schutz der *merchandising industry* in England scheitert daran, daß es weder ein hinreichend flexibles Recht des unlauteren Wettbewerbs noch einen allgemeinen Persönlichkeitsschutz gibt. Dies steht in krassem Gegensatz zu der Rechtsentwicklung[27] in anderen Ländern wie Deutschland[28], den USA[29] oder Australien[30], die die Vermarktung von Image und Persönlichkeit wirksam schützen. Auch im englischen Recht scheint sich aber eine Änderung anzubahnen. Neuere Gerichtsentscheidungen[31] erkennen an, daß die Lizenzierung von Vermarktungsrechten *licensing of merchandising rights* längst zu einer beachtlichen Industrie geworden ist, die des Schutzes gegen Schmarotzer bedarf. Bis zum Vorliegen einer höchstrichterlichen Entscheidung bleibt die Rechtslage aber unklar.

---

22 Vgl. zu Character Merchandising, Adams, Merchandising Intellectual Property, London 1987 sowie Cornish, Intellectual Property, a. a. O., Rz 16-035 f m. w. N.
23 McCulloch v. May [1948] 65 R.P.C. 58.
24 Lyngstad v. Anabas [1977] F.S.R. 62.
25 Tavener Rutledge Ltd. v. Trexapalm Ltd. [1977] R.P.C. 275.
26 Wombles v. Womble Skips [1977] R.P.C. 99.
27 Vgl. rechtsvergleichend van Caenegem, Different Approaches to the Protection of Celebreties against unauthorised Use of their Image in Advertising in Australia, the United States and the Federal Republic of Germany, [1990] E.I.P.R. 452.
28 Vgl. statt aller v. Gamm, Wettbewerbsrecht, 5. Auflage, 1987, S. 412 ff. zu anlehnender bezugnehmender Werbung und S. 439 ff. zu der Vermarktung von Name, Bild und Ruf bekannter Persönlichkeiten, jeweils mit ausführlicher Darstellung der Rechtsprechung.
29 Vgl. Mc Carthy, The Rights of Publicity and Privacy (1988); Larson v. Here's Johnny Portable Toilets 698 F 2d 831,835 (6th Circuit 1983).
30 Henderson v. Radio Corp. [1969] R.P.C. 218; Hogan v. Pacific Dunlop (1989) 12 IPR 225; Honey v. Australian Airlines [1991] I.I.C. 268.
31 Stringfellow v. Mc Cain Foods [1984] R.P.C. 501 (Court of Appeal); Mirage Studios v. Counter Feat Clothing Company Ltd. [1990] F.S.R. 147 = GRUR Int. 1991, 917.

III. Anschwärzung

984 Dem Tatbestand der Anschwärzung in § 14 UWG entspricht der englische Deliktstatbestand *injurious falsehood*[32]. Die Terminologie ist nicht einheitlich; synonym werden auch *trade libel, slander of goods, malicious falsehood* und *disparagement* verwandt. Wer — mündlich oder schriftlich — fremde Waren, Leistungen oder das Geschäft eines anderen herabsetzt, kann diesen Deliktstatbestand erfüllen. Der Kläger muß im einzelnen nachweisen: Unrichtigkeit der Behauptung; daß der Beklagte böswillig *maliciously* — also ohne Rechtfertigung oder Entschuldigung — gehandelt hat; einen dadurch verursachten konkreten Schaden. Das letzte Erfordernis entfällt, wenn die Äußerung in dauerhafter Form, im Radio oder Fernsehen verbreitet wurde und geeignet ist, einen Vermögensschaden in Beruf, Gewerbe oder Geschäftsbetrieb des anderen herbeizuführen. Für die Frage der Böswilligkeit sind nicht objektive, sondern subjektive Kriterien entscheidend. Der Beklagte haftet, wenn er bewußt eine falsche Behauptung aufstellt, die einen Schaden hervorrufen kann, auch wenn er keine Schädigungsabsicht hatte[33]. Hatte er Schädigungsabsicht, haftet er selbst dann, wenn er an seine falsche Behauptung glaubt[34]. Nur dann, wenn er seine falsche Behauptung glaubt und keine Schädigungsabsicht hatte, ist er von einer Haftung befreit[35]. Auch die falsche Behauptung, der andere habe seinen Geschäftsbetrieb eingestellt, kann eine Anschwärzung sein[36].

985 Bloße Anpreisungen, sog. *puffs*, erfüllen diesen Deliktstatbestand nicht. Dies wurde sogar in einem Fall angenommen, in dem ein Händler auf die Dosen mit Babynahrung seines Konkurrenten Aufkleber angebracht hatte, die besagten, daß die eigene Marke des Händlers weitaus gesünder und nahrhafter sei als jede andere Zubereitung[37]. Das Gericht nahm an, es liege eine bloße Anpreisung, ein *puff*, vor. Die Abgrenzung zur deliktsrechtlich relevanten Herabsetzung ist schwierig: Wer sich nur darauf beschränkt, die Vorzüge seiner Ware über die der Konkurrenz zu betonen, ohne letztere wahrheitswidrig schlecht zu machen, ist deliktsrechtlich nicht verantwortlich. An diesem Maßstab wird auch vergleichende Werbung gemessen[38].

986 Auch im Wirtschaftsleben spielen in England zivilrechtliche Beleidigungsverfahren eine weitaus größere Rolle als in Deutschland. Wichtig ist für die Abgrenzung zum Deliktstatbestand der Anschwärzung: Richtet sich die Äußerung gegen den Ruf des Gewerbetreibenden, kann das *tort of libel* oder

---

32 Kerly/Blanco White/Jacob, a.a.O., S. 484ff.
33 Wilts United Dairy v. Robinson [1957] R.P.C. 220.
34 Wilts United Dairy v. Robinson, a.a.O.
35 Wilts United Dairy v. Robinson, a.a.O.
36 Ratcliffe v. Evans [1892] 2 Q.B. 524; Joyce v. Motor Surveys Ltd. [1948] Ch. 252.
37 White v. Millin [1895] A.C. 154.
38 De Beers Abrasive Products Ltd. v. International General Electric Co. of New York Ltd. [1975] F.S.R. 323.

slander erfüllt sein, je nachdem, ob die Äußerung in verkörperter oder nicht verkörperter Form erfolgt. Setzt die Äußerung hingegen nicht die Person, sondern nur sein Gewerbe, seine Ware und Leistungen herab, müssen die strengeren Voraussetzungen des *tort of injurious falsehood* nachgewiesen werden.

IV. Geheimnisschutz

Das englische Recht des Geheimnisschutzes *confidential information*[39] entspricht dem deutschen Tatbestand des Ausbeutungs- und Behinderungswettbewerbs durch Ausspähen und Verrat von Betriebs- und Geschäftsgeheimnissen (vgl. §§ 1, 17, 18 UWG). Überwiegend wird angenommen, daß das Recht der *confidential information* nicht auf vertrags- oder eigentumsrechtlichen Grundlagen beruht, sondern aus dem englischen Billigkeitsrecht *equity* abgeleitet ist[40]. Für einen Anspruch wegen Geheimnisverrat müssen drei Voraussetzungen erfüllt sein[41]: Erstens muß das Geheimnis schutzwürdig sein *quality of confidence*; zweitens muß eine Verpflichtung des Beklagten bestehen, das Geheimnis zu wahren *obligation of confidence*; drittens muß der Beklagte das Geheimnis ohne Genehmigung zum Schaden desjenigen benutzt haben, der ihm das Geheimnis anvertraut hat *unauthorised use of that information to the detriment of the party communicating it*.

Schutzwürdig sind grundsätzlich alle Arten von Informationen mit Ausnahme von Klatsch, Trivialitäten sowie skandalösen und unmoralischen Informationen. Im Gegensatz zum Urheberrecht können sogar bloße Ideen schutzfähig sein, vorausgesetzt sie sind hinreichend konkretisiert und ausführbar[42]. Keinen Schutz genießen bereits veröffentlichte Informationen, es sei denn, die Veröffentlichung erfolgte durch den Beklagten. Doch selbst wenn die Informationen veröffentlicht worden sind, kann ein Anspruch nach der sogenannten „Sprungbretttheorie" *springboard doctrine* bestehen[43]. Nach dieser Lehre darf jemand, der Informationen im Vertrauen erhalten hat, diese (zumindest für eine gewisse Zeit) nicht als Sprungbrett zum Schaden desjenigen verwenden, der ihm diese Informationen im Vertrauen offenbart hat; dies gilt selbst dann, wenn die Informationen veröffentlicht oder öffentlich zugänglich waren. Aus Gründen des öffentlichen Interesses gibt es keinen Geheimnisschutz an Informationen über kriminelles oder ungesetzliches Handeln. Aber auch in anderen Fällen kann das öffentliche Interesse eine Veröffentlichung vertraulicher Informationen rechtfertigen. Dies wurde zum Beispiel in einem Fall angenom-

---

39 Cornish, a.a.O., Rz 8-001 ff.
40 Saltman Engineering Ltd. v. Campbell Engineering Ltd. (1948) 65 R.P.C. 203.
41 Coco v. A.N. Clark (Engineering) Ltd. [1969] R.P.C. 41.
42 Fraser v. Thames TV [1983] 2 All E.R. 101; General TV v. Talbot [1981] R.P.C. 1; vgl. aber als Gegensatz Nicotherm v. Percy [1957] R.P.C. 207.
43 Terrapin Ltd. v. Builders Supply Co. [1967] R.P.C. 375; [1960] R.P.C. 128 (Court of Appeal); Seager v. Copydex Ltd. (No. 1) [1967] 2 All E.R. 415.

IX. Wettbewerbs- und Kartellrecht

men, in dem eine Zeitung aufdeckte, daß Alkoholtestgeräte der Polizei unzuverlässige Anzeigen lieferten[44].

989 Eine Pflicht zur Wahrung von Geschäftsgeheimnissen kann vor allem auf Vertrag, vorvertraglichen Verhandlungen oder einem besonderen Vertrauensverhältnis beruhen. Voraussetzung ist, daß derjenige, dem das Geheimnis anvertraut wird, die Pflicht zur Wahrung des Geheimnisses anerkennt; hierzu reicht es aber, daß jeder vernünftige Mensch die Verpflichtung zur Geheimniswahrung erkannt hätte[45]. Es ist umstritten, ob jemand, der mittelbar von einem Geheimnis erfährt, verpflichtet ist, das Geheimnis zu wahren. Eine Haftung wird allgemein bejaht bei Bösgläubigkeit sowie bei Gutgläubigen von dem Zeitpunkt an, in dem der Gutgläubige von dem Verrat des Geheimnisses erfährt[46].

990 Für die Pflicht von Arbeitnehmern, Geschäftsgeheimnisse ihres Arbeitgebers zu wahren, gilt folgendes: Während der Dauer des Arbeitsverhältnisses ist der Arbeitnehmer zur Vertraulichkeit verpflichtet. Nach Beendigung des Arbeitsverhältnisses kann der Arbeitnehmer grundsätzlich all sein Wissen zu eigenen Zwecken verwerten. Geschäftsgeheimnisse im engeren Sinne (zum Beispiel chemische Formeln) muß er aber weiterhin geheimhalten. Für die Frage, ob lediglich eine nach Beendigung des Vertragsverhältnisses nicht schutzfähige Information oder ein schutzfähiges Geschäftsgeheimnis im engeren Sinne vorliegt, sind die folgenden Faktoren zu berücksichtigen[47]: Die Art des Arbeitsverhältnisses (zum Beispiel, ob regelmäßig Zugang zu Geschäftsgeheimnissen bestand); die Art der Informationen oder Geheimnisse; die Ansicht des Arbeitgebers über die Art der Informationen; ob die Geschäftsgeheimnisse leicht von anderem, nicht schutzfähigen Material getrennt werden können. Vereinbarungen zwischen Arbeitgeber und Arbeitnehmer, daß der Arbeitnehmer auch nach Vertragsbeendigung verpflichtet ist, vertrauliche Informationen nicht weiterzugeben, sind nur wirksam, wenn sie vernünftigerweise notwendig sind, um den Arbeitgeber zu schützen. Ansonsten sind sie als ungerechtfertigte Handelsbeschränkung *undue restraint of trade* unwirksam.

991 Die Preisgabe des Geheimnisses muß ungerechtfertigt sein und den Kläger schädigen. Die Preisgabe kann weder durch einen Irrtum über die Vertraulichkeit gerechtfertigt werden noch durch gutgläubige Motive oder durch die Behauptung, die Quelle der Information vergessen zu haben[48]. Als Schaden soll neben einem tatsächlichen Vermögensschaden in Anlehnung an die Beleidigungsdelikte auch eine Ansehensminderung des Klägers ausreichen[49]. Im

---

44 Lion Laboratories v. Evans [1984] 2 All E.R. 417; siehe zur Frage des öffentlichen Interesses auch den berühmten „Spycatcher"-Fall: Attorney General v. Guardian Newspapers (No. 2) [1988] 3 All E.R. 545.
45 Coco v. Clark, a.a.O.
46 Fraser v. Evans [1969] 1 All E.R. 8; Wheatley v. Bell [1984] F.S.R. 169.
47 Fowler v. Faccenda Chicken [1986] 1 All E.R. 617.
48 Seager v. Copydex, a.a.O.
49 Cornish, a.a.O., Rz 8-035 und Rz 8-042.

Falle eines Vermögensschadens wird der Schadensersatz auf zwei Arten berechnet[50]: Wenn die Information durch Beauftragung eines geeigneten Beraters hätte erlangt werden können, gilt dessen fiktives Honorar als Schadensersatzsumme für ersparte Aufwendungen; war die Information nicht durch Beauftragung eines Beraters zu erlangen (zum Beispiel, weil sie erfinderisch war), so gilt in Analogie zu dem *tort of conversion* der fiktive Marktpreis bei Verkauf der Information als der Schaden, der zu ersetzen ist.

V. Sonstige Regelungen des unlauteren Wettbewerbs

Der Gesetzgeber hat das im Wettbewerbsrecht lückenhafte *common law* durch vereinzelte Vorschriften ergänzt. Der *Trade Descriptions Act 1968* hält strafrechtliche Sanktionen bereit, wenn im Geschäftsverkehr Waren falsch beschriftet oder bezeichnet werden[51]. Zivilrechtliche Ansprüche können nicht auf dieses Gesetz gestützt werden, weder von Wettbewerbern noch von Verbrauchern. Als Warenkennzeichnung werden auch Angaben über Menge, Größe, Gewicht, Herstellungsverfahren, Material, Eigenschaften, Prüfung angesehen. Auch falsche oder irreführende Preisangaben sowie Täuschungen über vom Königshaus verliehene Auszeichnungen fallen darunter. Auch Dienstleistungen und Raummiete werden vom Geltungsbereich des Gesetzes eingeschlossen. Die Einfuhr von Gütern mit falscher Ursprungsbezeichnung oder unter Verletzung von Warenzeichen ist verboten. Ein Gesetz aus dem Jahre 1972 fordert darüber hinaus, daß das ausländische Herkunftsland auf importierten Waren deutlich angebracht werden muß, doch kann der *Secretary of State* von dieser – diskriminierenden – Vorschrift befreien[52]. Der *Weights and Measures Act 1985*, Nachfolger der Gesetze aus den Jahren 1963 und 1976, ermächtigt das Wirtschaftsministerium, Vorschriften über die Angabe von Gewichten und Maßen zu erlassen. Auch Ladenschlußzeiten sind gesetzlich geregelt[53]. Nur in beschränktem Umfang kann damit geworben werden, daß Blinde oder Behinderte die Ware herstellen oder der Gewinn ihnen zugute kommt[54]. Wer Zahlung für Zusendung unbestellter Waren fordert, macht sich strafbar[55]. Die Ausgabe von Rabattmarken ist durch ein Sondergesetz beschränkt worden[56].

992

Der *Fair Trading Act 1973* hat versucht, mit Hilfe von Generalklauseln gegen unlautere Wettbewerbshandlungen *unfair or fraudulent trading* vorzugehen[57].

993

---

50 Vgl. Seager v. Copydex, a.a.O.
51 Vgl. im einzelnen O'Keefe, Trade Descriptions Act 1968, London 1976.
52 Vgl. den Trade Descriptions Act 1972.
53 Vgl. den Shops Act 1950 in der Fassung des Shops (Early Closing Days) Act 1965.
54 Vgl. die Trading Representation (Disabled Persons) Acts 1958 und 1972.
55 Vgl. den Unsolicited Goods and Services Act 1971, insbesondere sections 2–4, sowie den Unsolicited Goods and Services (Amendment) Act 1975.
56 Vgl. den Trading Stamps Act 1964.
57 Vgl. Parts II und III des Fair Trading Act 1973; vgl. auch Bierling WuW 1973 S. 261 ff; WuW 1974, S. 247 ff. Das Gesetz verbietet auch bestimmte Vertriebsformen, so das nach dem Schnellballsystem aufgezogene pyramid selling.

IX. Wettbewerbs- und Kartellrecht

noch
993

Doch hatte der Gesetzgeber hierbei nicht den Schutz des Wettbewerbers, sondern des Verbrauchers im Sinn. Drei Verfahren sind zu unterscheiden. Einmal kann der Minister oder der *Director General of Fair Trading* bestimmte Verhaltensweisen gegenüber Verbrauchern im Zusammenhang mit dem Verkauf von Waren, dem Angebot von gewerblichen Leistungen, die sich auf Preise und Vertragsbedingungen, Werbung, Verkaufsförderung, Verpackung, Zahlung, Inkasso und Sicherung der Kaufpreisforderungen beziehen, dem Beratenden Ausschuß für Fragen des Verbraucherschutzes, dem *Consumer Protection Advisory Committee*, vorlegen. Dieses Gremium besteht aus zehn bis zwölf Mitgliedern, die der *Secretary of State* ernennt. Mit der Vorlage kann der Minister oder *Director General* Empfehlungen aussprechen. Dann muß das Gremium – nach Anhörung der betroffenen Parteien – entscheiden, ob das angegriffene Verhalten wirtschaftlich die Interessen der Verbraucher beeinträchtigt. Ist dies der Fall, kann der *Secretary of State* durch Rechtsverordnung die Handelsgepflogenheiten verbieten oder einschränken oder andere Maßnahmen anordnen. Hierzu ist aber die Zustimmung des Unter- und Oberhauses nötig. Wer solchen Rechtsverordnungen zuwiderhandelt, macht sich strafbar, doch wird die zivilrechtliche Wirksamkeit davon berührter Verträge nicht in Frage gestellt. Der *Director General* kann sich auch darauf beschränken, einen Bericht des Ausschusses für Fragen des Verbraucherschutzes zu beantragen. Außerdem gibt das Gesetz ihm ein Verfahren an die Hand, um gegen unlautere Praktiken vorzugehen: Er kann vor dem *Restrictive Trade Practices Court* oder dem *County Court* Verfahren gegen Personen anstrengen, die durch Geschäftsverhalten die wirtschaftlichen Interessen oder die Gesundheit der Verbraucher oder andere Verbraucherinteressen beeinträchtigen. Voraussetzung ist aber, daß dieses Verhalten unfair ist, d.h. wenn strafrechtliche Vorschriften, vertragliche oder andere Verpflichtungen verletzt werden und der Betroffene sich weigert, eine Unterlassungserklärung abzugeben. Wenn das Gericht ein solches Verhalten feststellt und keine Unterlassungserklärung abgegeben wird, andererseits aber die Fortsetzung des Verhaltens zu erwarten ist, kann es ein Verbot aussprechen. Wer gegen eine solche gerichtliche Verfügung verstößt, macht sich strafbar wegen *contempt of court* und kann mit Geldstrafe oder Freiheitsentzug bestraft werden.

§ 2
Wettbewerbsbeschränkungen

I. Common Law und Gesetzesrecht

Das *common law* stand Wettbewerbsbeschränkungen schon immer feindlich gegenüber. Seit den Tagen des schwarzen Todes, als im Mittelalter die Pest zur Verknappung der Arbeitskräfte führte, gibt es die *doctrine of restraint of trade*: Unangemessene Beschränkungen der wirtschaftlichen Betätigungsfreiheit, sei es auf dem Arbeitsmarkt oder im Handel, sind unwirksam[1]. Dritte, die durch solch unwirksame Vereinbarungen wirtschaftlichen Schaden erleiden, haben nur selten eine Anspruchsgrundlage. Auch das weitgefächerte Recht der unerlaubten Handlungen, und auch *civil conspiracy* und andere *economic torts*[2], helfen dem geschädigten Dritten nicht. Das stellte das *House of Lords* in einem berühmten Fall über Schiffahrtskonferenzen klar[3].

994

Nach dem Zweiten Weltkrieg überließ der englische Gesetzgeber die Regelung der Wettbewerbsordnung nicht mehr dem Richterrecht. Durch Verstaatlichung der Kohlen- und Stahlproduktion und Festlegung von Höchstpreisen durch den *National Board for Prices and Income* beeinflußte der Staat die englische Wettbewerbsstruktur. Darüber hinaus gibt es auch eine typische *anti-trust* Gesetzgebung, die in folgenden Gesetzen ihren Niederschlag gefunden hat[4]: Die *Restrictive Trade Practices Acts* von *1976* und *1977* (Nachfolger der Gesetze von 1956 und 1968), der *Resale Prices Act* von *1976* (Nachfolger des Gesetzes von 1964), der *Fair Trading Act 1973* und der *Competition Act 1980*. Diese Gesetze folgen weder amerikanischem noch kontinental-europäischem Vorbild. Sie lassen sich in zwei Kategorien einteilen[5]: Die *Restrictive Trade Practices Acts 1976* und *1977* und der *Resale Prices Act 1976* befassen sich mit bestimm-

995

---

1 Zur doctrine of restraint of trade vgl. Lever, in: Chitty on Contracts, 26. Aufl., London 1989, Kapitel 11; Heydon, The Restraint of Trade Doctrine, London 1971; Anson/Guest, Law of Contract, 26. Aufl., London 1984, S. 346ff.; vgl. insbesondere Nordenfelt v. Maxim Nordenfeld Guns and Ammunition Co. Ltd. [1894] A.C. 535.
2 Vgl. oben Rndr. 984ff.
3 Mogul S.S. Co. Ltd. v. McGregor, Gow & Co. [1892] A.C. 25.
4 Über das Recht der Wettbewerbsbeschränkungen, im Englischen häufig restrictive trade practices law genannt, vgl. Korah, Competition Law of Britain and the Common Market, 3. Aufl., London 1982; Wilberforce/Campbell/Elles, The Law of Restrictive Trade Practices, London 1966; Cunningham, The Fair Trading Act 1973, London 1974; Honig, GRUR Int. 1957 S. 8ff.; Bierling, WuW 1973 S. 261 ff.; WuW 1974 S. 247; Meinhardt, AWD 1968 S. 225ff.; Glaser, AWD 1973 S. 199ff.; Markert, AWD 1968 S. 175ff.; Meinard, Wettbewerbsbeschränkungen Großbritannien – EWG, München 1972; Norkus, Die Kontrolle marktbeherrschender Oligopole nach englischem Kartellrecht, Heidelberg 1975.
5 Vgl. Schmitthoff's Export Trade: The Law & Practice of International Trade, 9. Aufl. 1990, Kapitel 20.

IX. Wettbewerbs- und Kartellrecht

ten Arten von Geschäftspraktiken, die generell als wettbewerbswidrig angesehen werden *forms legislation*; der Fair *Trading Act 1973* und der *Competition Act 1980* beziehen sich dagegen auf bestimmte wettbewerbswidrige Auswirkungen von Geschäftspraktiken *effects legislation*. Interessant ist der Wechsel in der gesetzgeberischen Zielsetzung: Sollten die Kartellgesetze nach dem Zweiten Weltkrieg vor allem die Leistungsfähigkeit der englischen Industrie fördern, betont der *Fair Trading Act 1973* das Verbraucherinteresse. Ausführliche gesetzliche Vorschriften finden sich über wettbewerbsbeschränkende Vereinbarungen *restrictive trading agreements*, vertikale Preisbindung *resale price maintenance*, Marktbeherrschung *monopoly situations* und Unternehmenszusammenschlüsse *merger situations*.

996 Nach dem Beitritt Großbritanniens zur EG ist – entsprechend der Zweischrankentheorie[6] – nicht nur nationales, sondern auch europäisches Kartellrecht zu beachten. Es können gleichzeitig Verfahren vor den nationalen Kartellbehörden und vor der Kommission der EG (jetzt EU) laufen[7]. Bei einem Widerspruch zwischen nationalem und EU-Kartellrecht hat aber das Gemeinschaftsrecht Vorrang[8]. Der *Restrictive Trade Pratices Act 1976* enthält eine Kollisionsregel[9]. Zwar ist dieses Gesetz unabhängig davon anwendbar, ob eine Vereinbarung gemäß einer direkt anwendbaren EU-Vorschrift nichtig oder zulässig ist. Das Kartellgericht kann aber in diesen Fällen das Verfahren beenden oder aussetzen und der Präsident der Kartellbehörde *Director General of Fair Trading* kann von der Einleitung eines Gerichtsverfahrens absehen. Ferner müssen Parteien aus dem Vereinigten Königreich dem *Director General of Fair Trading* mitteilen, wenn sie der EU-Kommission eine Vereinbarung anzeigen oder ein Negativattest beantragen[10].

II. Wettbewerbsbeschränkende Vereinbarungen

997 Wettbewerbsbeschränkende Vereinbarungen *restrictive trading agreements* werden definiert[11] als Vereinbarungen mit bestimmten Wettbewerbsbeschränkungen zwischen zwei oder mehreren Personen, die im Vereinigten Königreich Waren herstellen oder vertreiben. Es gibt keinen allgemeinen Begriff, sondern nur eine Aufzählung bestimmter Arten von Wettbewerbsbeschränkungen, nämlich in bezug auf Preise, Preisempfehlungen, Vertragsbedingungen, Warenmengen, Beschreibung von Waren, Herstellungsverfahren, räumliche und personelle

---

6 Vgl. Adrienne M. Page, „The Double Barrier" [1973] J.B.L. 332.
7 Wilhelm v. Bundeskartellamt [1969] C.M.L.R. 100; Boehringer Mannheim GmbH v. Commission [1973] C.M.L.R. 864.
8 Vgl. Schmitthoff's Export Trade, a. a. O.
9 Section 5 (1) Restrictive Trade Practices Act 1976.
10 Vgl. Registration of Restrictive Trading Agreements (EEC Documents) Regulations 1973.
11 Sections 6 ff. des Restrictives Trade Practices Act 1976 (eine Übersetzung des alten Gesetzes von 1956 findet sich in WuW 1964 S. 818 ff.).

Marktaufteilung. Eine Kartellvereinbarung liegt auch vor, wenn bestimmte Arten von Marktinformationen ausgetauscht werden sollen. Der Minister kann die Gesetzesdefinition mit Zustimmung des Parlaments durch Verordnung auf gewerbliche Leistungen ausdehnen. Dienstleistungen höherer Art, wie zum Beispiel die der Rechtsanwälte, fallen jedoch nicht in seinen Kompetenzbereich. Bei einem Vergleich zu § 1 des deutschen Gesetzes gegen Wettbewerbsbeschränkungen fällt auf: Die Kartellvereinbarung setzt nicht rechtlichen Bindungswillen voraus; sie umfaßt nicht nur horizontale, sondern auch vertikale Abreden.

Der *Restrictive Trade Practices Act 1976* enthält auch einen Katalog von Ausnahmetatbeständen. So zum Beispiel Vereinbarungen über einheitliche Anwendung von Normen, über Qualität, Leistung etc., Ausschließlichkeitsvereinbarungen zwischen zwei Parteien über Belieferung und Erwerb von Waren, bestimmte Patent-, Know-how- und Warenzeichenlizenzverträge, Exportkartelle, die nur den Export von Waren oder Erwerb und Lieferung von Waren zu Exportzwecken zum Gegenstand haben. Exportkartelle müssen jedoch angemeldet werden. Ferner kann der *Secretary of State* immer dann Ausnahmen zulassen, wenn dies im nationalen Interesse geboten ist[12].

998

Kartellvereinbarungen sind – im Gegensatz zu § 1 GWB – nicht *ipso jure* unwirksam. Englisches Kartellrecht folgt nicht dem Verbots-, sondern dem Mißbrauchsprinzip. Kartelle sind so lange wirksam, wie sie nicht verboten werden. Das Verfahren ist zweistufig: Zunächst müssen Kartelle angemeldet werden; dann wird vom Gericht entschieden, ob Wettbewerbsbeschränkungen für unwirksam erklärt werden. Jeder an einem Kartell Beteiligte ist verpflichtet, die gesamte Vereinbarung, einschließlich aller – auch mündlicher Nebenabreden – vor Inkrafttreten, spätestens drei Monate nach dem Abschluß beim *Director General of Fair Trading* (früher *Registrar of Restrictive Trade Practices* genannt) anzumelden. Diese werden dann in ein Register in der *Chancery Lane, London*, eingetragen. Nur wenn Vereinbarungen nicht angemeldet werden, sind die darin enthaltenen Wettbewerbsbeschränkungen unwirksam. Wer als Folge nichtangemeldeter Vereinbarungen Schaden erleidet, kann diesen zivilrechtlich geltend machen. Der *Director General of Fair Trading* kann Personen befragen, ob sie an einer solchen Vereinbarung beteiligt sind. Er kann ihre eidliche Vernehmung vor dem Kartellgericht *Restrictive Trade Practices Court* beantragen; zu Durchsuchungen ist er nicht befugt.

999

Der englische Gesetzgeber lehnt die grundsätzliche Unwirksamkeit von Kartellen ab. Die Entscheidung über ihre Wirksamkeit legt er nicht in die Hände einer Kartellbehörde, sondern in die eines Gerichts, des *Restrictive Trade Practices Court*. Sobald eine Vereinbarung registriert ist, muß grundsätzlich der *Director General*[13] das Kartellgericht anrufen. Er kann davon absehen, wenn

1000

---

12 Vgl. sections 29 ff. des Restrictive Trade Practices Act 1976.
13 Das Gesetz von 1973 hat mit dem Director General of Fair Trading eine neue Behörde, bestehend zur Zeit aus dem Director General und 175 Mitarbeitern, geschaffen; vgl. auch Bierling, WuW 1973 S. 262 ff.

IX. Wettbewerbs- und Kartellrecht

dies angesichts der EG-Kartellvorschriften angemessen erscheint oder die Vereinbarung nicht mehr praktiziert wird. Darüber hinaus kann ihn der *Secretary of State* von dieser Verpflichtung befreien, wenn die Vereinbarung den Wettbewerb nicht wesentlich beeinflußt. Das Kartellgericht, das aus Richtern des *High Court*[14] und Laienrichtern besteht, prüft: Liegt eine Kartellvereinbarung vor? Wenn ja: Verletzt diese öffentliches Interesse? Dieses *public interest*, das an die amerikanische *Rule of Reason* erinnert, ist der Zentralbegriff des englischen Kartellrechts. Der englische Gesetzgeber hat diesen unbestimmten Rechtsbegriff nicht definiert. Für die Verletzung öffentlichen Interesses spricht die Vermutung[15]. Wer an der Vereinbarung festhalten will, trägt eine doppelte Beweislast: Zum einen muß er bestimmte – kasuistisch umschriebene – Rechtfertigungsgründe, sogenannte *gateways*, beweisen; zum anderen muß er den Nachweis führen, daß diese Rechtfertigungsgründe die Nachteile der Wettbewerbsbeschränkung überwiegen. So zum Beispiel, daß die Wettbewerbsbeschränkung nötig sei, um die Allgemeinheit vor Körper- oder Sachschaden zu schützen[16], um mit einem marktmächtigen Verkäufer oder Käufer angemessene Vertragsbedingungen auszuhandeln[17], daß ihre Aufhebung die Arbeitslosigkeit in einem bestimmten Gebiet ernsthaft und nachhaltig verschlimmerte oder den Export wesentlich beeinträchtigte[18], daß die Beschränkung weder direkt noch indirekt den Wettbewerb auf einem bestimmten Markt beeinflusse oder der Allgemeinheit, Käufern oder Verbrauchern, wesentliche Vorteile bringe (zum Beispiel Qualitätsverbesserung, Kostensenkung)[19]. Auch Bagatellkartelle, die den Wettbewerb nicht wesentlich beschränken oder entmutigen, sind gerechtfertigt[20]. Liegt eine Kartellvereinbarung vor, und kann die gesetzliche Vermutung nicht entkräftet werden, stellt das Gericht fest, daß die Vereinbarung ganz oder teilweise nichtig ist; es kann auch verbieten, die Vereinbarung auszuführen oder neue Vereinbarungen mit ähnlicher Wirkung abzuschließen[21].

III. Preisbindung

1001 Preisbindung *resale price maintenance* ist unzulässig. Kollektiv vereinbarte Preisbindung *collective resale price maintenance* war schon nach dem *Restric-*

---

14 Die Verfassung des Kartellgerichts wird jetzt vom Restrictive Practices Court Act 1976 geregelt.
15 Vgl. auch Tirpitz, AWD 1966 S. 294ff.
16 Re Chemists' Federation Agreement (No. 2) [1958] 3 All E.R. 448.
17 Re Locked Coil Ropemakers' Association's Agreement [1965] 1 All E.R. 382; vgl. auch Lipps, AWD 1965 S. 330ff.
18 Re Water-Tube Boilermakers' Agreement [1959] 3 All E.R. 257.
19 Re Black Bolt and Nut Association's Agreement (No. 1) [1960] 3 All E.R. 122.
20 Section 10 des Restrictive Trade Practices Act 1976; vgl. auch Hollmann, AWD 1973 S. 196ff.
21 Re Black Bolts and Nut Association's Agreement (No. 2) [1962] 1 All E.R. 139; Re Mileage Conference Group of Tyre Manufacturer's Conference Ltd.'s Agreement [1966] 2 All E.R. 849; Re Association Transformer Manufacturer's Agreement [1971] 1 All E.R. 409.

tive Trade Practices Act 1956 verboten[22]. Sie kommt einer horizontalen Preisbindung nahe. Darunter fallen alle Versuche von Herstellern und Lieferanten, auch Verbänden, einen bestimmten Weiterverkaufspreis durchzusetzen. Das Gesetz aus dem Jahr 1956 nahm individuell vereinbarte Preisbindung aus. Auch Preisbindung, die nur im Ausland wirksam sein soll, war und ist zulässig. Denn nur wer Geschäfte im Vereinigten Königreich betreibt − und darunter fällt nicht schon der Vertreter eines ausländischen Unternehmens − wird vom Gesetz erfaßt[23].

Nach dem *Resale Prices Act 1976*[24] ist auch die individuell vereinbarte Preisbindung *individual resale price maintenance* verboten. Diese ist mit der vertikalen Preisbindung vergleichbar. So wenn dem Zwischenhändler eine vertragliche Verpflichtung, nur zu einem Mindestpreis weiterzuverkaufen, auferlegt wird oder ihm keine Waren verkauft werden, wenn er sich nicht daran hält. Darunter fällt aber auch die einseitige Bekanntgabe oder Veröffentlichung eines Mindestweiterverkaufspreises. Solche Vereinbarungen sind nichtig, solche Praktiken verpflichten zu Schadensersatz. Das Kartellgericht kann vertikale Preisbindung für einzelne Waren oder Warenklassen zulassen, wenn sich sonst − zum Schaden der Allgemeinheit als Verbraucher oder Benutzer − Qualität oder Auswahl der zum Verkauf stehenden Waren verminderten, Anzahl der Verkaufsstellen für solche Waren verringerte, Anstieg der Einzelhandelspreise zu erwarten, fehlerhafter Gebrauch und Gesundheitsschaden der Verbraucher zu befürchten wäre oder nötige Serviceleistungen wegfielen. Der *Director General of Fair Trading* gibt eine Liste über die Warenklassen heraus, für die eine Ausnahme nach dem Gesetz genehmigt oder verweigert wurde[25]. **1002**

IV. Marktbeherrschung

Seit 1948 wendet sich der englische Gesetzgeber gegen marktbeherrschende Unternehmen[26]. Für die Abgrenzung der Marktbeherrschung verwendet er formale Kriterien[27]. Marktbeherrschung *monopoly situation* liegt vor, wenn sich mindestens ein Viertel des Angebots oder der Nachfrage der Waren einer bestimmten Gattung oder gewerblicher Leistungen in der Hand einer Person oder einer Gruppe von Gesellschaften *pool of companies* befindet. Auch Oligopole, nach englischer Rechtsterminologie *complex monopoly situations*, werden erfaßt: Wenn zwei oder mehrere Personen ein Viertel des Angebots **1003**

---

22 Section 24 des Restrictive Trade Practices Act 1956; vgl. jetzt sections 1 ff. des Resale Prices Act 1976; vgl. auch Holland, AWD 1964 S. 325 f.
23 Section 8 para. 3 des Resale Prices Act 1976.
24 Sections 9 ff.; vgl. auch Sauter, WuW 1966 S. 817 ff.
25 Section 22 des Resale Prices Act 1976.
26 Vgl. Monopolies and Restrictive Practices (Inquiry and Control) Act 1948; jetzt hat der Fair Trading Act 1973 die Monopolgesetze aus den Jahren 1948 und 1965 abgelöst und verschärft.
27 Vgl. sections 6−11 des Fair Trading Act 1973.

IX. Wettbewerbs- und Kartellrecht

oder der Nachfrage vereinen und sie aufgrund Vereinbarung oder aus anderen Gründen so zusammenwirken, daß sie den Wettbewerb einschränken oder verzerren[28]. Auch in bezug auf Warenexport ist eine *monopoly situation* anzunehmen, wenn ein Viertel der Produktion der Waren einer bestimmten Gattung im Vereinigten Königreich nicht in den Händen einer oder – beim Oligopol – mehrerer Personen ist. Auch Liefersperren fallen unter den Monopolbegriff: Wenn aufgrund einer Vereinbarung *arrangement* bestimmte Waren oder gewerbliche Leistungen im Vereinigten Königreich oder einem Teil hiervon nicht geliefert werden.

1004 Die Monopolkommission *Monopolies and Mergers Commission* kann nicht von sich aus tätig werden, sondern nur auf Antrag des zuständigen Ministers oder des *Director General.* Sie muß feststellen, ob Marktbeherrschung vorliegt; ferner: ob das beherrschende Unternehmen Schritte unternommen hat, um die *monopoly situation* auszunutzen oder zu erhalten, und welche Schritte und welches Verhalten auf die marktbeherrschende Stellung zurückzuführen sind. Marktbeherrschung allein reicht also nicht aus; hinzukommen muß Ausnutzung dieser Stellung. Die Kommission prüft auch, ob die durch die Monopolsituation bedingten Schritte öffentlichem Interesse zuwiderlaufen oder dies zu erwarten ist. Die bisherige Praxis der Kommission hat die Generalklausel des öffentlichen Interesses konkretisiert: Praktiken von Marktbeherrschung, die darauf ausgerichtet sind, *newcomers* vom Markt fernzuhalten, übermäßige Werbeetats von Marktführern, langfristige Ausschließlichkeitsverträge, Aufzwingen von Koppelungsverträgen, ja auch exzessive Preise können diesen Begriff ausfüllen[29].

1005 Hat die Monopolkommission ihre Untersuchung beendet, berichtet sie dem zuständigen Minister. Dieser Bericht wird dem Parlament vorgelegt und veröffentlicht. Ist der Monopoltatbestand und die Verletzung öffentlichen Interesses festgestellt, kann der Minister eine Rechtsverordnung erlassen. Darin kann er einen Monopolvertrag für nichtig erklären, Warenlieferungen und Versorgung mit Dienstleistungen anordnen, Kundendiskriminierungen untersagen, Veröffentlichung von Preislisten anordnen, Preise festsetzen, Preisempfehlungen, Übernahme von Betrieben und Geschäften verbieten. Er kann auch die Unternehmenssubstanz angreifen: Betriebe und Konzerne aufteilen *divesture*, Gesellschaftsanteile einziehen oder eine Gesellschaft auflösen.

V. Unternehmenszusammenschlüsse

1006 Auch Unternehmenszusammenschlüsse *merger situations*[30] unterliegen der Kontrolle des Ministers, der zur Vorlage *reference* an die *Monopoly and Mergers Commission* befugt ist. Das Gesetz faßt den Tatbestand des Zusammen-

---

28 Über Aufgreifkriterien bei oligopolistischen Märkten vgl. Bierling, WuW 1974 S. 680f.
29 Vgl. Korah, a. a. O.; über die Kellog-Untersuchung vgl. auch Bierling, WuW 1973 S. 472ff.
30 Vgl. sections 62–68 des Fair Trading Act 1973; vgl. auch Eckstein, AWD 1970 S. 1ff.

schlusses sehr weit: Wenn zwei oder mehrere Unternehmen aufhören, selbständig zu sein, weil sie einem gemeinsamen Eigentümer unterstellt werden oder unter gemeinsame Kontrolle kommen oder eines aufgrund einer Vereinbarung zur Ausschaltung des Wettbewerbs nicht fortgeführt wird; außerdem muß durch den Zusammenschluß Marktbeherrschung *simple monopoly situation* entstehen oder verstärkt werden oder das beim Zusammenschluß übernommene Vermögen £ 5 Millionen übersteigen. Die Kommission hat dann darüber zu befinden, ob ein Zusammenschluß vorliegt und ob dadurch öffentliche Interessen beeinträchtigt werden oder dies zu erwarten ist. Die bisherige Praxis der Kommission zeigt, daß es ihr — sowohl bei horizontalen als auch bei vertikalen Zusammenschlüssen — weniger auf Erhaltung der Wettbewerbsstruktur auf einem Markt ankommt, als vielmehr auf Kostensenkung und wirtschaftliche Leistungsfähigkeit der betroffenen Unternehmen[31]. Sondervorschriften gibt es für Zeitungsfusionen, um der Konzentration der Informationsquellen vorzubeugen. In diesem Bereich wird Zusammenschluß schon angenommen, wenn die beteiligten Verlage während der letzten sechs Monate eine Durchschnittsauflage von täglich 500 000 Exemplaren hatten. Banken unterliegen der allgemeinen Fusionskontrolle; ein Zusammenschluß muß aber zusätzlich von der *Bank of England* genehmigt werden.

VI. Wettbewerbswidrige Praktiken

Der *Competition Act 1980* führte ein informelles Verfahren ein, um wettbewerbswidrige Praktiken *anti-competitive practices* leichter verfolgen zu können[32]. Es bestand ein Bedürfnis für ein solch informelles Verfahren, weil ein formelles Verfahren vor der *Monopolies and Mergers Commission* oft langwierig und teuer ist. Der *Competition Act 1980* definiert als wettbewerbswidrige Praktiken alle Handlungen, die eine Einschränkung, Verfälschung oder Verhinderung des Wettbewerbs in bezug auf Herstellung, Lieferung oder Erwerb von Waren im Vereinigten Königreich oder Teilen davon bewirken, bezwecken oder wahrscheinlich bewirken werden[33]. Vereinbarungen, die nach dem *Restrictive Trade Practices Act 1976* angemeldet werden müssen, fallen nicht unter den *Competition Act 1980*[34]. Nicht erfaßt werden außerdem Praktiken von Firmen mit weniger als £ 5 Millionen Jahresumsatz und weniger als 25 Prozent Marktanteil[35]. Dies gilt jedoch nur, wenn diese Firmen nicht Teil einer Unternehmensgruppe sind, die einen höheren Umsatz oder Marktanteil hat. Folgende Handlungen sind keine wettbewerbswidrigen Praktiken nach

1007

---

31 Korah, a.a.O.
32 Schmitthoff's Export Trade, a.a.O.
33 Section 2 (1) Competition Act 1980.
34 Section 2 (2) Competition Act 1980.
35 Vgl. Anti-competitive Practices (Exclusions) Order 1980.

IX. Wettbewerbs- und Kartellrecht

dem *Competition Act 1980*[36]: Handlungen hinsichtlich der Lieferung oder Nichtlieferung von Waren außerhalb des Vereinigten Königreichs, bestimmte Handlungen international tätiger See- und Lufttransportfirmen sowie Handlungen von Land-, Forst- und Fischereiwirtschaftsverbänden, die nach dem *Restrictive Trade Pratices Act 1976* beurteilt werden.

1008 Bei Verdacht wettbewerbsbeschränkender Praktiken führt der *Director General of Fair Trading* zunächst vorläufige Ermittlungen durch[37]. Sieht er aufgrund seiner Ermittlungen eine Handlungsweise als wettbewerbsbeschränkend an, kann er von den betroffenen Firmen Zusicherungen verlangen oder die wettbewerbsbeschränkenden Praktiken der *Monopolies and Mergers Commission* anzeigen[38].

---

36 Vgl. Art. 1 und Schedule 1 der Anti-competitive Practices (Exclusions) Order 1980.
37 Schmitthoff's Export Trade, a.a.O.
38 Section 4 Competition Act 1980.

X. Kapitel
Internationales Privat- und Verfahrensrecht

§ 1
Internationales Prozeßrecht

I. Rechtsgrundlagen

Englisches internationales Prozeßrecht[1] unterscheidet sich grundlegend vom deutschen. Im Verhältnis des Vereinigten Königreiches zu Deutschland und den meisten europäischen Staaten werden diese Unterschiede im Bereich der internationalen Zuständigkeit und der Anerkennung und Vollstreckbarerklärung ausländischer Entscheidungen aber durch europäische Übereinkommen überbrückt[2].

1009

1. EuGVÜ und LuganoÜ

Im Verhältnis zu den EU-Mitgliedstaaten gilt das „Brüsseler EWG-Übereinkommen über die gerichtliche Zuständigkeit und die Vollstreckung gerichtlicher Entscheidungen in Zivil- und Handelssachen" vom 27. September 1968 (EuGVÜ)[3]. Das Zusatzprotokoll vom 27. September 1968[4] und das Auslegungsprotokoll vom 3. Juni 1971[5] ergänzen das EuGVÜ. Das Vereinigte Kö-

1010

---

1 Zum englischen Prozeßrecht vgl. O'Hare & Hill, Civil Litigation, 6. Auflage, London 1993.
2 Rechtsvergleichend siehe Albrecht, Das EuGVÜ und der einstweilige Rechtsschutz in England und in der Bundesrepublik Deutschland, Heidelberg 1991.
3 Amtsblatt der EG 1978, Nr. L 304, S. 77; vgl. für das englische Recht auch Cheshire/North, International Private Law, 12. Aufl., London 1992, Kapitel 14; Collins, The Civil Jurisdiction and Judgments Act 1982, London 1983; Dashwood/Hacon/White, A Guide to the Civil Jurisdiction and Judgments Convention, 1987; Hartley, Civil Jurisdiction and Judgments, London 1984; Kaye, Civil Jurisdiction and Enforcement of Foreign Judgments, Abingdon 1987; O'Malley/Layton, European Civil Practice, London 1989; für das schottische Recht: Anton, Civil Jurisdiction in Schottland, 1984, Supplement 1987; für das irische Recht: Bryne, The EEC Convention on Jurisdiction and the Enforcement of Judgments, Dublin 1990; Moloney/Robinson (Hrsg.), The Brussels Convention on Jurisdiction and Enforcement of Foreign Judgments, 1989 sowie aus der deutschen Literatur rechtsvergleichend Albrecht, Das EuGVÜ und der einstweilige Rechtsschutz in England und in der Bundesrepublik Deutschland, Heidelberg 1991; Mennie, in: Jayme (Hrsg.): Ein internationales Zivilverfahrensrecht für Gesamteuropa, 1992, S. 395ff.
4 Protokoll vom 27. September 1968, Abl. der EG Nr. L 304, S. 93; BGBl. 1972 II, S. 808, 1983 II, S. 818; für das Vereinigte Königreich nunmehr in der Fassung des 3.Beitrittsübereinkommens vom 26.Mai 1989 in Kraft (Amtsblatt der EG 1989 Nr. L 285).
5 Protokoll betreffend die Auslegung des Übereinkommens durch den Gerichtshof vom 3. Juni 1971, Amtsblatt der EG 1978 Nr. L 304, S. 97; BGBl. 1972 II, S. 846; 1983 II, S. 819; für das Vereinigte Königreich nunmehr in der Fassung des 3. Beitrittsübereinkommens vom 26. Mai 1989 in Kraft (Amtsblatt der EG 1989 Nr. L 285).

X. Internationales Privat- und Verfahrensrecht

nigreich ist dem EuGVÜ am 9. Oktober 1978 beigetreten[6] und hat es durch den *Civil Jurisdiction and Judgments Act 1982 (CJJA 1982)* in das englische Recht übernommen[7]. Das EuGVÜ trat im Vereinigten Königreich am 1. Januar 1987 in der Fassung des 1. Beitrittsübereinkommens von 1978 in Kraft (EuGVÜ 1978). Seit dem 1. Dezember 1991 gilt das EuGVÜ im Vereinigten Königreich in der Fassung des 3. Beitrittsübereinkommens mit Spanien und Portugal (*EuGVÜ 1989*[8]) (vgl. den *Civil Jurisdiction and Judgments Act 1991*[9]). Über den Beitritt Spaniens und Portugals hinaus ändert das EuGVÜ 1989 teilweise Vorschriften der älteren Fassungen des EuGVÜ ab. Bei der Prüfung eines internationalen Prozeßrechtsfalles ist daher immer zu prüfen, welche Fassung des EuGVÜ im Verhältnis des Vereinigten Königreichs zu dem jeweils anderen Land anwendbar ist. Da die verschiedenen Fassungen aber in den meisten Vorschriften identisch sind, wird im folgenden allgemein von EuGVÜ gesprochen, wenn keine Unterschiede bestehen; ansonsten wird auf die verschiedenen Fassungen durch Nennung der Jahreszahl hingewiesen. Das EuGVÜ 1989 war im März 1994 für das Vereinigte Königreich im Verhältnis zu folgenden Staaten in Kraft: Spanien, Frankreich, Niederlande, Luxembourg, Italien, Griechenland, Portugal, Irland. Im Verhältnis des Vereinigten Königreiches zu Deutschland hingegen gilt noch das EuGVÜ in der Fassung des 2. Beitrittsübereinkommens vom 25. Oktober 1982 (EuGVÜ 1982)[10].

1011 Somit gilt im Anwendungsbereich des EuGVÜ eine nahezu einheitliche Zuständigkeitsordnung, die von den staatlichen Gerichten aller Vertragsstaaten anzuwenden ist. Durch das Auslegungsprotokoll soll gewährleistet werden, daß das EuGVÜ in allen Vertragsstaaten einheitlich ausgelegt wird. Deswegen spielen die Entscheidungen des Europäischen Gerichtshofes auch für englische Gerichte eine entscheidende Rolle. Englische Gerichte sind an diese Entscheidungen gebunden[11].

---

6 Zu den Problemen, die sich im Zusammenhang mit dem Beitritt des Vereinigten Königreichs ergeben, lies: Kaye IPRax 1989, 403 ff.

7 Civil Jurisdiction and Judgments Act von 1982; (CJJA 1982); siehe auch die Rules of the Supreme Court, Order 71, Part III; beide abgedruckt bei Collins, The Civil Jurisdiction and Judgments Act 1982, 1983; und bei Hartley, Civil Jurisdiction and Judgments, 1984; auszugsweise abgedruckt bei: Geimer/Schütze, Internationale Urteilsanerkennung, Band 1, 1. Halbband, 1983, S. 1287 ff.

8 Amtsblatt der EG 1990 Nr. C 189, S. 1; vgl. für Einzelheiten Trunk, Die Erweiterung des EuGVÜ-Systems am Vorabend des Europäischen Binnenmarktes, München 1991, S. 95–133. Für die Bundesrepublik war das EuGVÜ im März 1994 in der Fassung des 2. Beitrittsübereinkommens vom 25.10.1982 (EuGVÜ 1982) im Verhältnis zu Belgien, Frankreich, Italien, den Niederlanden, Luxemburg, Dänemark, dem Vereinigten Königreich, Irland und Griechenland in Kraft (BGBl. 1989 II, S. 752).

9 Vgl. Civil Jurisdiction and Judgments Act 1991 (Commencement) Order 1992, SI 1992 No. 745, ergänzt durch die am 1. April 1993 in Kraft getretenen Civil Jurisdiction and Judgments (Authentic Instruments and Court Settlements) Order 1993.

10 Vgl. BGBl 1989 II, S. 752.

11 Vgl. Section 3(1) und (2) des Civil Jurisdiction and Judgments Acts 1982.

Die Mitgliedsstaaten der EU (damals EG) haben am 16. September 1988 mit den EFTA-Staaten (Finnland, Island, Norwegen, Österreich, Schweden, Schweiz) in Lugano ein „Übereinkommen über die gerichtliche Zuständigkeit und die Vollstreckung gerichtlicher Entscheidungen in Zivil- und Handelssachen" abgeschlosssen (sog. Parallelübereinkommen von Lugano, im folgenden *LuganoÜ*)[12]. Das LuganoÜ folgt in seinen Kernbereichen, welche die Zuständigkeit sowie die Anerkennung und Vollstreckbarerklärung betreffen, hinsichtlich seines Aufbaues, Wortlauts und der Artikelfolge dem EuGVÜ in seiner Fassung vom 25. 6. 1989 (EuGVÜ 1989) nahezu vollständig. Die bis zum Tage der Unterzeichnung ergangene Auslegung des EuGVÜ soll nach der Präambel des Protokolls Nr. 2 über die einheitliche Auslegung des Übereinkommens[13] auch für das LuganoÜ gelten. Zwar steht für das LuganoÜ eine supranationale Auslegungsinstanz, wie es der EuGH im Anwendungsbereich des EuGVÜ ist, nicht zur Verfügung. Protokoll Nr. 2 über die einheitliche Auslegung des Übereinkommens versucht dennoch, zusammen mit zwei einseitigen Erklärungen die Auslegungseinheit über einen institutionalisierten Informationsaustausch sowie die Berücksichtigung der Auslegungspraxis der jeweils anderen Seite (EuGVÜ-Vertragsstaaten einerseits, EFTA-Staaten andererseits) zu wahren[14]. Deshalb kann allgemein vorläufig noch auf die bisher zum EuGVÜ entwickelten Grundsätze verwiesen werden. Das Vereinigte Königreich hat das LuganoÜ am 1. Mai 1992 in Kraft gesetzt[15].

1012

2. Bilaterale und internationale Abkommen

Soweit die Anerkennung und Vollstreckung gerichtlicher Entscheidungen nicht durch das EuGVÜ geregelt ist, gilt im Verhältnis des Vereinigten Königreiches zur Bundesrepublik Deutschland das bilaterale Abkommen zwischen der Bundesrepublik Deutschland und dem Vereinigten Königreich von Großbritanien und Nordirland über die gegenseitige Anerkennung und Vollstreckung von gerichtlichen Entscheidungen in Zivil- und Handelssachen vom 14. Juli 1960[16].

1013

Außerdem gilt im Verhältnis des Vereinigten Königreiches zur Bundesrepublik Deutschland das deutsch-britische Abkommen über den Rechtsverkehr vom

1014

---

12 Amtsblatt der EG 1988, Nr. L 319, S. 9; vgl. zu Einzelheiten: Trunk, Die Erweiterung des EuGVÜ Systems am Vorabend des europäischen Binnenmarktes, München 1991, S. 27–93; Jenard/Möller, Bericht zum Luganer Übereinkommen über die gerichtliche Zuständigkeit und die Vollstreckung gerichtlicher Entscheidungen vom 16.9.1988, Amtsblatt der EG vom 28.7.1990 Nr. C 189, S. 57 ff.
13 Amtsblatt der EG 1988 Nr. L 319, S. 29 ff.
14 Vgl. dazu: Beraudo, Juris Classeur, Fasc. 3100, 635-3, 52-2, p. 3; Jenard, Journal des Tribunaux 1989, 173 (177).
15 Für die Bundesrepublik Deutschland war das LuganoÜ im März 1994 noch nicht in Kraft.
16 Vgl. BGBl. 1961 II, S. 302; abgedruckt in Bülow/Böckstiegel/Geimer/Schütze, Internationaler Rechtsverkehr in Zivil- und Handelssachen, Loseblattsammlung, München, Nr. 702; Münchener Kommentar zur ZPO, Band III, S. 1842 ff.; vgl. auch Gauske, AWD, 1961, S. 172 ff.

X. Internationales Privat- und Verfahrensrecht

20. März 1928[17], das am 1. Januar 1953 wieder in Kraft trat[18]. Es regelt Fragen der Sicherheitsleistung, der Zustellung, der Beweisaufnahme und des Armenrechts. Danach sind deutsche Staatsangehörige von der Sicherheitsleistung für Prozeßkosten in England nur befreit, wenn sie ihren Wohnsitz in England haben und umgekehrt[19]. Die Gerichte sehen aber häufig von einer Sicherheitsleistung bei Personen ab, die ihren Wohnsitz im Geltungsbereich des EuGVÜ haben, da gegen solche Personen eine gerichtlich anerkannte Kostenforderung nach dem EuGVÜ vollstreckt werden kann[20]. Eine andere Handhabung würde überdies gegen das Diskriminierungsverbot von Art. 7 EWG Vertrag verstoßen[21].

1015 Ferner spielen folgende internationale Abkommen für den Rechtsverkehr zwischen dem Vereinigten Königreich und der Bundesrepublik Deutschland eine Rolle: Das Haager Übereinkommen vom 15. November 1965 über die Zustellung gerichtlicher und außergerichtlicher Schriftstücke im Ausland in Zivil- oder Handelssachen[22]; das Haager Übereinkommen vom 18. März 1970 über die Beweisaufnahme im Ausland in Zivil- und Handelssachen[23].

3. Common Law

1016 Zwar treten im Anwendungsbereich von EuGVÜ, LuganoÜ, bilateralen oder internationalen Abkommen deren Regelungen für die internationale Zuständigkeit und die Anerkennung und Vollstreckung an die Stelle des traditionellen *common law*. Das traditionelle internationale Prozeßrecht Englands ist damit aber nicht obsolet geworden. Es gilt weiterhin für Altfälle, im Verhältnis zu Staaten außerhalb der EU und der EFTA und in denjenigen Fällen, in denen insbesondere EuGVÜ oder LuganoÜ sachlich oder zeitlich nicht anwendbar sind. Außerdem gelten die traditionellen englischen Regeln noch in vielen außereuropäischen Staaten, deren Rechtssystem auf englischem Recht beruht[24].

II. Internationale Zuständigkeit nach EuGVÜ und LuganoÜ

1017 EuGVÜ und LuganoÜ regeln in ihrem Anwendungsbereich — systematisch getrennt — einerseits die internationale Zuständigkeit der Gerichte in den Vertragsstaaten einheitlich (Art. 2–24), andererseits die Voraussetzungen, unter

---

17 Vgl. RGBl. 1928 II, S. 623; 1929 II, S. 133; abgedruckt in Bülow/Böckstiegel/Geimer/Schütze, a.a.O., Nr. 520.
18 Vgl. BGBl. 1953 II, S. 116.
19 Vgl. Art. 14, abgedruckt in Bülow/Böckstiegel/Geimer/Schütze, a.a.O., Nr. 520.
20 Vgl. Van der Lely NV v. Watveare Overseas Ltd. [1982], F.S.R. 122; Porzelack KG v. Porzelack (UK) Ltd. [1987] 1 All E.R. 1074.
21 Vgl. dazu für das deutsche Recht BGH, Beschluß vom 17.11.1992, EWS 1993, 42f.
22 Vgl. BGBl. 1977 II, S. 1453; abgedruckt in Bülow/Böckstiegel/Geimer/Schütze, a.a.O., Nr. 350; Münchener Kommentar zur ZPO, Band I, S. 1156ff.
23 Vgl. BGBl. 1970 II, S. 1472; abgedruckt in Bülow/Böckstiegel/Geimer/Schütze, a.a.O., Nr. 370.
24 Vgl. unten Kapitel XI: Weltweite Geltung des englischen Handels- und Wirtschaftsrechts, Rdnr. 1210ff.

denen die gerichtlichen Entscheidungen eines Vertragsstaates in einem anderen Vertragsstaat anerkannt und für vollstreckbar erklärt werden können (Art. 25 ff.). EuGVÜ und LuganoÜ gehen dem nationalen Recht vor. In diesem Abschnitt wird die internationale Zuständigkeit nach EuGVÜ/LuganoÜ dargestellt[25].

1. Sachlicher Anwendungsbereich von EuGVÜ und LuganoÜ (Art 1)

EuGVÜ und LuganoÜ gelten nach deren Artikeln 1 nur für Zivil- und Handelssachen, ohne daß es auf die Art der Gerichtsbarkeit ankommt. Ausgenommen sind nach Art. 1 Abs. 2 EuGVÜ/LuganoÜ jedoch Konkurs- und Vergleichssachen, die Schiedsgerichtsbarkeit[26], Angelegenheiten der sozialen Sicherheit (die nach deutschem Verständnis ohnehin keine Zivil- und Handelssachen sind)[27], erbrechtliche und die meisten familienrechtlichen Streitigkeiten. Unterhaltssachen hingegen fallen in den Anwendungsbereich der Übereinkommen. Überdies gehen gemäß Art. 57 EuGVÜ/LuganoÜ bestimmte Spezialübereinkommen dem EuGVÜ und dem LuganoÜ vor[28].

1018

2. Allgemeiner Gerichtsstand (Art 2)

Für die internationale Gerichtszuständigkeit gilt als Grundregel: Eine Person ist vor den Gerichten desjenigen Staates zu verklagen, in dem sie ihren Wohnsitz hat[29]. Die Frage, wo eine Person ihren Wohnsitz hat, richtet sich nach nationalem Recht des jeweiligen Gerichtsstaates[30], obwohl das EuGVÜ ansonsten grundsätzlich einheitlich auszulegen ist. Die englische Version des EuGVÜ verwendet für den Begriff „Wohnsitz" das Wort „*domiciled*". Man darf aber nicht deswegen den deutschen Begriff „Wohnsitz" mit dem englischen „*domicile*" gleichsetzen. Das englische „*domicile*" läßt sich nicht exakt in die deutsche Sprache übersetzen. Für die Zwecke des EuGVÜ/LuganoÜ gilt: Eine Person hat ihr *domicile* im Vereinigten Königreich, wenn sie ihren Wohnsitz *resi*-

1019

---

25 Vgl. zur Anerkennung und Vollstreckung ausländischer Entscheidungen unten Rdnr. 1094 ff.
26 Vgl. dazu: EuGH, Urteil vom 25.70.1991-190/89, Marc Rich/Società Italiana Impianti, EuGH-Slg. 1991 I, S. 3855 = IPRax 1992, 312 = NJW 1993, 189.
27 Vgl. auch M. J. Schmidt, Die internationale Durchsetzung von Rechtsanwaltshonoraren, Heidelberg 1991, S. 81 f.
28 Zum EuGVÜ: Almeida Cruz/Desantes Real/Jenard, Bericht zum EuGVÜ vom 26.5.1989, Amtsblatt der EG vom 28.7.1990, Nr. C 189, S. 35 ff.; ausführlich: Geimer, in: Geimer/Schütze, Internationale Urteilsanerkennung, Band I, 1. Halbband, 1983, 3. Kapitel. Eine Liste der Übereinkommen, welche dem EuGVÜ vorgehen, findet sich auch bei Gottwald, in Münchener Kommentar – Zivilprozeßordnung, Band 3, 1992, IZPR Rdnr. 2 zu Art. 57 EuGVÜ sowie bei Kropholler (Europäisches Zivilprozeßrecht, 4. Auflage Heidelberg 1993) in der Kommentierung zu Art. 57 EuGVÜ; für das LuganoÜ vgl. Jenard/Möller, Bericht zum Luganer Übereinkommen über die gerichtliche Zuständigkeit und die Vollstreckung gerichtlicher Entscheidungen vom 16.9.1988, Amtsblatt der EG vom 28.7.1990 Nr. C 189, S. 57 ff.
29 Art. 2 EuGVÜ.
30 Art. 52 EuGVÜ.

dence dort hat und die Natur und die Umstände ihres Wohnsitzes *residence* anzeigen, daß die Person eine wesentliche Beziehung zum Vereinigten Königreich hat[31]. Hat eine Person seit mindestens drei Monaten ihren Wohnsitz *residence* im Vereinigten Königreich, besteht eine widerlegliche Vermutung, daß die Person ihr *domicile* dort hat[32].

1020 Diese Definition von *domicile* für Zwecke des EuGVÜ/LuganoÜ weicht nicht nur von der deutschen Vorstellung des Wohnsitzes in der deutschen Fassung des EuVGÜ ab, sondern interessanterweise auch von der Definition von *domicile* nach *common law*. *Domicile* nach *common law* bedeutet *permanent home*[33]. Mit der Geburt erwirbt eine Person das *domicile* seiner Eltern *domicile of origin*. Entscheidet sich die Person später, sich an einem anderen Ort niederzulassen und dort für immer zu bleiben, wechselt sie das *domicile*. Die englische Rechtsterminologie spricht vom *domicile of choice*.

1021 Für Gesellschaften entspricht (für Zwecke des EuGVÜ/LuganoÜ) der Sitz der Gesellschaft dem Wohnsitz[34] (deutsche Fassung) bzw. *domicile* (englische Fassung). Zur Entscheidung der Frage, wo eine Gesellschaft ihren Sitz hat, haben nationale Gerichte zunächst durch ihr eigenes internationales Privatrecht das anwendbare nationale Recht zu bestimmen[35]. Dieses Recht entscheidet dann, wo der Sitz der Gesellschaft ist. Für das Vereinigte Königreich gilt bei Anwendung des EuGVÜ: Eine Gesellschaft hat ihren Sitz im Vereinigten Königreich, wenn sie im Vereinigten Königreich eingetragen ist und ihren eingetragenen Sitz oder eine andere offizielle Adresse im Vereinigte Königreich hat. Wenn die Gesellschaft nicht im Vereinigten Königreich eingetragen ist, hat sie ihren Sitz dennoch im Vereinigten Königreich, wenn sich die Hauptverwaltung und Leitung der Gesellschaft im Vereinigten Königreich befindet[36].

3. Besondere Gerichtsstände (Art 5)

1022 Neben dem allgemeinen Gerichtsstand am Wohnsitz des Beklagten gibt es besondere Gerichtsstände, die der Kläger statt des allgemeinen Gerichtsstandes wählen kann, vorausgesetzt, der Beklagte hat seinen Wohnsitz in dem Hoheitsgebiet eines Vertragsstaates[37].

1023 Bei Klagen aus Verträgen ist das Gericht des Erfüllungsortes zuständig[38]. Zur Bestimmung des Erfüllungsortes hat das angerufene Gericht mittels seines eigenen internationalen Privatrechtes das auf den Vertrag anwendbare nationale Recht zu bestimmen *lex causae*. Dieses Recht entscheidet die Frage, wo

---

31 Section 41 Civil Jurisdiction and Judgments Act 1982.
32 Section 41(6) Civil Jurisdiction and Judgments Act 1982.
33 Whicker v. Hume, 7 H.L. Cas. 124.
34 Art. 53 EuGVÜ.
35 Art. 53 EuGVÜ.
36 Section 42 Civil Jurisdiction and Judgments Act 1982.
37 Art. 5 EuGVÜ.
38 Art. 5 Nr. 1 EuGVÜ.

der Erfüllungsort liegt³⁹. Maßgebend ist grundsätzlich der Erfüllungsort derjenigen Vertragspflicht, die eingeklagt wird oder aus der Sekundäransprüche abgeleitet werden⁴⁰.

Die Frage des Erfüllungsortes beurteilt sich nach englischem Recht oftmals anders als nach deutschem Recht. So ist Erfüllungsort für Geldschulden nach §§ 269 Abs. 1, 270 Abs. 4 BGB im Zweifel der Wohnsitz des Schuldners. Nach englischem Recht ist Erfüllungsort für Geldschulden dagegen der Geschäftssitz bzw. Wohnsitz des Gläubigers⁴¹. Bei Sachleistungsverpflichtungen gilt gemäß § 269 Abs. 1 BGB nach deutschem Recht im Zweifel ebenfalls der Wohnsitz des Schuldners (Verkäufers) als Erfüllungsort. Im englischen Recht gilt für den Warenkauf *section* 29 des *Sale of Goods Act 1979*. Demnach ist bei Speziesschulden *specific goods* im Zweifel der Lagerort der Waren Erfüllungsort, bei Gattungsschulden dagegen der Geschäftssitz *place of business* bzw. Wohnsitz *residence* des Verkäufers⁴². Abweichende ausdrückliche oder stillschweigende Vereinbarungen der Parteien gehen aber vor⁴³. **1024**

Der Erfüllungsort bleibt auch dann Anknüpfungspunkt, wenn streitig ist, ob überhaupt ein gültiger Vertrag vorliegt⁴⁴. **1025**

Eine Ausnahme besteht für Arbeitsverträge im Anwendungsbereich von EuGVÜ/LuganoÜ. Bei ihnen richtet sich der Erfüllungsort nicht nach der eingeklagten Leistung. Maßgebend ist vielmehr derjenige Ort, an dem der Arbeitnehmer gewöhnlich seine Arbeit verrichtet. Dieser Grundsatz, den der Europäische Gerichtshof entwickelt hat⁴⁵, wurde mittlerweile auch in Art 5 des EuGVÜ 1989 und das LuganoÜ übernommen. Diese Ausnahme dient dem Arbeitnehmerschutz, denn sie gestattet es dem Arbeitnehmer, den Arbeitgeber an dem Ort der Arbeitsleistung zu verklagen, selbst in den Fällen, in denen der Arbeitnehmer nach den allgemeinen Grundsätzen an dem Geschäftssitz des Arbeitgebers hätte klagen müssen. **1026**

Im Falle einer unerlaubten Handlung besteht ein besonderer Gerichtsstand vor dem Gericht des Ortes, an dem das schädigende Ereignis eingetreten ist⁴⁶. Dies ist sowohl der Handlungs- als auch der Erfolgsort⁴⁷. **1027**

Bei Streitigkeiten aus dem Betrieb einer Zweigniederlassung, einer Agentur oder einer sonstigen Niederlassung besteht ein besonderer Gerichtsstand vor **1028**

---

39 EuGH in Tessili v. Dunlop, Fall 12/76, [1976] E.C.R. 1473.
40 EuGH in Shenavai v. Kreischer, Fall 266/85 [1987] 3 C.M.L.R. 782.
41 Kaye, Civil Jurisdiction and Enforcement of Foreign Judgments, Oxford 1987, S. 516; Geimer/Schütze, Internationale Urteilsanerkennung, Band I, 1. Halbband, München 1983, S. 598.
42 Section 29(2) Sale of Goods Act 1979; Atiyah, The Sale of Goods, London 1991, S. 97.
43 Section 29(1) Sale of Goods Act 1979; Atiyah, a.a.O., S. 98.
44 EuGH in Effer v. Kantner, Fall 38/81 [1982] E.C.R. 825.
45 EuGH in Ivenel v. Schwab, Fall 133/81 [1982] E.C.R. 1891.
46 Art. 5 Nr. 3 EuGVÜ.
47 EuGH in Bier v. Mines de Potasse d'Alsace SA [1976] E.C.R. 1735.

X. Internationales Privat- und Verfahrensrecht

dem Gericht des Ortes, an dem sich diese befindet[48]. Im Gegensatz zu der Frage des Erfüllungsortes bei Vertragsklagen wird die Frage, wo sich eine Zweigniederlassung, Agentur oder sonstige Niederlassung befindet, nicht durch nationales, sondern durch Gemeinschaftsrecht bestimmt. Eine Zweigniederlassung, Agentur oder sonstige Niederlassung muß folgende Merkmale aufweisen[49]: Die Niederlassung muß auf Dauer als Außenstelle eines Stammhauses auftreten; sie muß eine eigene Geschäftsführung haben; sie muß sachlich so ausgestattet sein, daß sie direkt Geschäfte mit Kunden abschließen kann, auch wenn der Vertrag möglicherweise mit dem im Ausland ansässigen Stammhaus begründet wird.

1029 Weitere besondere Gerichtsstände bestehen für Schadensersatzklagen im Zusammenhang mit Strafverfahren[50], für *trusts*[51], bei Streitigkeiten wegen der Zahlung von Berge- und Hilfslohn[52] sowie bei subjektiver Klagehäufung, Gewährleistungs- und Interventionsklagen und Widerklagen[53].

4. Versicherungs- und Verbrauchergerichtsstände (Art 7-15)

1030 Gesonderte Zuständigkeitsvorschriften bestehen für Versicherungs-[54] und Verbrauchersachen[55]. Bei bestimmten Verbraucherverträgen[56] kann der Verbraucher sowohl vor den Gerichten des Wohnsitzes seines Vertragspartners als auch vor den Gerichten seines eigenen Wohnsitzes klagen, während der Vertragspartner den Verbraucher nur an dessen Wohnsitz verklagen kann[57]. Von diesen Vorschriften kann zum Nachteil des Verbrauchers nur in gesondert geregelten Fällen abgewichen werden[58].

5. Ausschließliche Gerichsstände

a) Art. 16 EuGVÜ/LuganoÜ

1031 Art. 16 EuGVÜ/LuganoÜ nennt ausschließliche Gerichtsstände, die ohne Rücksicht auf den Wohnsitz bestehen, bei Klagen betreffend[59]: Rechte an unbeweglichen Sachen, bestimmte gesellschaftsrechtliche Streitigkeiten, Eintragungen in öffentliche Register, Eintragung oder Gültigkeit gewerblicher Schutzrechte, Zwangsvollstreckung.

---

48 Art. 5 Nr. 5 EuGVÜ.
49 EuGH in Somafer v. Saar Ferngas [1978] E.C.R. 2183.
50 Art. 5 Nr. 4 EuGVÜ.
51 Art. 5 Nr. 6 EuGVÜ.
52 Art. 5 Nr. 7 EuGVÜ.
53 Art. 6 EuGVÜ.
54 Art. 7-12a EuGVÜ.
55 Art. 13-15 EuGVÜ.
56 Art. 13 EuGVÜ.
57 Art. 14 EuGVÜ.
58 Art. 15 EuGVÜ.
59 Art. 16 EuGVÜ.

b) Gerichtsstandsvereinbarungen (Art 17, 18)

aa) Grundzüge

Gemäß Art. 17 EuGVÜ/LuganoÜ kann ein ausschließlicher Gerichtsstand ferner von den Parteien durch eine Gerichtsstandsvereinbarung begründet werden. Die Parteien können die Zuständigkeit des oder der Gerichte eines Vertragsstaates über eine bereits entstandene Rechtsstreitigkeit oder über eine künftige, aus einem bestimmten Rechtsverhältnis entspringende Rechtsstreitigkeit vereinbaren, sofern mindestens eine Partei ihren Wohnsitz in dem Hoheitsgebiet eines Vertragsstaates hat. **1032**

Art. 17 erfaßt nur Vereinbarungen über die internationale Zuständigkeit. Demnach sind Vereinbarungen über die örtliche Zuständigkeit, die keinen Auslandsbezug haben, vom Anwendungsbereich des Art. 17 ausgeschlossen[60]. Auf solche Fälle findet nur das jeweilige nationale Recht der einzelnen Vertragsstaaten Anwendung. In diesem Zusammenhang kommt es nicht auf die Formulierung als Vereinbarung über die „örtliche Zuständigkeit" an („das Gericht der Stadt X" anstelle von „die Gerichte des Landes Y"). Eine Vereinbarung über die internationale Zuständigkeit liegt vielmehr schon dann vor, wenn durch die Vereinbarung ein sonst bestehender ausländischer Gerichtsstand abbedungen wird. **1033**

Dies gilt auch dann, wenn beide Parteien ihren Wohnsitz im Inland haben[61]. Unter dem Begriff „international" ist jedweder Auslandsbezug und nicht nur derjenige zu Vertragsstaaten zu verstehen[62]. Erforderlich ist aber stets, daß mindestens eine Vertragspartei ihren Wohnsitz – unabhängig von ihrer Staatsangehörigkeit – im Hoheitsgebiet eines Vertragsstaates hat. Für Unternehmen heißt dies gemäß Art. 53: mindestens ein Unternehmen – klagendes oder beklagtes – muß seinen Sitz in einem Vertragsstaat haben. Der Sitz eines Unternehmens wird durch das Internationale Privatrecht des mit der Klage konkret befaßten Gerichts ermittelt (Art. 53 Abs. 1 S. 2). **1034**

Gemäß Art. 17 Abs. 3 EuGVÜ/LuganoÜ haben Gerichtsstandsvereinbarungen keine rechtliche Wirkungen, wenn sie den Vorschriften der Art. 12–15 – diese begrenzen Gerichtsstandsvereinbarungen in Versicherungs- und Verbrauchersachen – zuwiderlaufen oder wenn die Gerichte, deren Zuständigkeit abbedungen wird, auf Grund des Artikel 16 ausschließlich zuständig sind. Überdies sind die Übergangsvorschriften für die Zuständigkeit dänischer, griechischer, irischer, isländischer, finnischer und schwedischer Gerichte in Seerechtsstreitigkeiten in Art. 53a des EuGVÜ 1989 und des LuganoÜ zu beachten. **1035**

Darüber hinaus sind gemäß Art. 17 Abs. 5 EuGVÜ 1989/LuganoÜ – diese Bestimmung fand sich nicht im EuGVÜ 1978 und 1982 – Gerichtsstandsver- **1036**

---

60 Müller, in: Bülow/Böckstiegel/Geimer/Schütze, a.a.O. Band 1, 606/143 ff.
61 Kropholler, Europäisches Zivilprozeßrecht, 4. Auflage, Heidelberg 1993, Art. 17 Rdnr. 2.
62 Vgl. dazu Bülow/Böckstiegel/Geimer/Schütze, a.a.O., Nr. 606/20.

einbarungen in individuellen Arbeitsverträgen nur dann wirksam, wenn sie nach Entstehung der Streitigkeit getroffen wurden. Das EuGVÜ 1989 läßt eine vor Entstehung der Streitigkeit getroffene Gerichtsstandsvereinbarung dann gelten, wenn der *Arbeitnehmer* diese geltend macht, um ein anderes als das in Art. 2 oder 5 Nr. 1 bezeichnete Gericht anzurufen. Diese Ausnahme findet sich nicht im LuganoÜ.

1037 Die Gerichtsstandsvereinbarung muß geschlossen werden:

1038 a) schriftlich oder mündlich mit schriftlicher Bestätigung, oder

1039 b) in einer Form, welche den Gepflogenheiten entspricht, die zwischen den Parteien entstanden sind, oder

1040 c) im internationalen Handel in einer Form, die einem Handelsbrauch entspricht, den die Parteien kannten oder kennen mußten und den Parteien von Verträgen dieser Art in dem betreffenden Geschäftszweig allgemein kennen und regelmäßig beachten.

bb) Gerichtsstandsvereinbarungen in allgemeinen Geschäftsbedingungen

1041 Probleme treten im internationalen Handelsverkehr in denjenigen Fällen auf, in denen sich eine Gerichtsstandsklausel in Allgemeinen Geschäftsbedingungen einer Partei findet[63]. Die Rechtsprechung des Europäischen Gerichtshofes (EuGH) zu Gerichtsstandsklauseln in AGB war bisher sehr restriktiv.

1042 Zwar hat der EuGH in seinem ersten Urteil zu Art. 17 EuGVÜ entschieden, dem Schriftformerfordernis könne auch durch eine Bezugnahme auf Allgemeine Geschäftsbedingungen genügt werden[64]. Dann muß aber der von beiden Parteien unterzeichnete Vertragstext selbst ausdrücklich auf die AGB mit der darin enthaltenen Gerichtsstandsklausel Bezug nehmen. Eine Bezugnahme auf ein Angebot, das seinerseits ausdrücklich auf die eine Gerichtsstandsklausel enthaltenen AGB hingewiesen hatte, ist in der Vertragsurkunde möglich. Nicht erforderlich ist eine ausdrückliche Gerichtsstandsklausel selbst. Eine mittelbare oder stillschweigende Verweisung auf einen vorangegangenen Schriftverkehr hingegen soll nicht ausreichen, da sonst keine Gewißheit darüber besteht, ob sich die Einigung der Parteien über den Vertragsinhalt auch auf die Gerichtsstandsklausel erstreckt hat.

1043 Danach war es in der Praxis nur selten möglich, daß eine in AGB enthaltene Gerichtsstandsklausel nach Art. 17 Abs. 1 S. 2 1. Fall EuGVÜ in einen Vertrag einbezogen wurde. Denn im kaufmännischen Verkehr erfolgt selten eine ausdrückliche Bezugnahme.

---

[63] Grundlegend: M. J. Schmidt, RIW 1992, S. 173 ff.; Stöve, Gerichtsstandsvereinbarungen nach Handelsbrauch, Art. 17 EuGVÜ und § 38 ZPO, Heidelberg 1993.

[64] EuGH, Urteil vom 14.12.1976-24/76, Colzani/Rüwa, Slg. 1976, 1831 f., 1835. Diesem Urteil war ein Vorlagebeschluß des BGH vorausgegangen, RIW 1976, 295 = WM 1976, 401 = IPRspr 1976 Nr. 132; die Abschlußentscheidung des BGH: RIW 1977, 469 = WM 1977, 795 = IPRspr 1977 Nr. 125.

Ähnlich sah es für die zweite Formvariante des Art. 17 Abs. 1 S. 2 EuGVÜ aus (schriftliche Bestätigung einer mündlichen Vereinbarung). Zwar genügt hier im Text des Bestätigungsschreibens eine ausdrückliche Verweisung auf die AGB, ohne daß auf die Gerichtsstandsklausel selbst Bezug genommen werden müßte[65]. Da in der Praxis die von der Gerichtsstandsklausel benachteiligte Partei aber stets bestreiten wird, sich mündlich auf eine solche Klausel geeinigt zu haben, dürfte die mündliche Einigung auf eine Gerichtsstandsklausel in AGB nur schwer zu beweisen sein[66]. Dies gilt um so mehr, als es nach Auffassung des EuGH nicht ausreicht, daß eine Partei während der Vertragsverhandlungen zwar darauf hingewiesen hatte, sie wolle zu ihren AGB abschließen, den Wortlaut der AGB mit der darin enthaltenen Gerichtsstandsklausel aber erst später der schriftlichen Bestätigung des Vertragsschlusses beigefügt hatte. Dies heißt nämlich nichts anderes, als daß die Partei, der die Auftragsbestätigung zugeht, die AGB erneut schriftlich bestätigen muß[67]. Die deutschen Grundsätze zum Schweigen auf ein kaufmännisches Bestätigungsschreiben können im Rahmen der ersten und zweiten Formvariante in Art. 17 Abs. 1 S. 2 EuGVÜ nicht angewandt werden.

1044

Eine Ausnahme sah der EuGH lediglich für den Fall vor, in dem ein Vertrag im Rahmen laufender Geschäftsbeziehungen zwischen den Parteien mündlich geschlossen wird und feststeht, daß diese Beziehungen in ihrer Gesamtheit bestimmten Allgemeinen Geschäftsbedingungen unterliegen, die eine Gerichtsstandsklausel enthalten[68]. Der Nachweis, daß die Geschäftsbeziehungen den AGB tatsächlich unterworfen waren, ist aber — wie oben bereits ausgeführt — nur selten zu erbringen.

1045

Diese restriktive Rechtsprechung zu Art. 17 EuGVÜ in seiner Ursprungsfassung (EuGVÜ 1968) ist in der Literatur heftig kritisiert worden, und auch die Unterhändler des ersten Beitrittsübereinkommens sahen sie als zu eng an. Das Erfordernis, wonach der Vertragspartner die Gerichtsstandsklausel in AGB schriftlich bestätigen müsse, sei dem internationalen Handel nicht zumutbar. Dieser komme ohne Standardbedingungen mit Gerichtsstandsklauseln nicht aus. Der Vertragsschluß müsse aus Gründen der momentan gegebenen Marktpreise rasch durch Auftragsbestätigung unter Einbeziehung allgemeiner Geschäftsbedingungen möglich sein[69]. Aus diesem Grunde wurde 1978 die

1046

---
65 EuGH, Urteil vom 14.12.1976-25/76, Segoura/Bonakdarian, Slg. 1976, 1851 f. 1862 f.
66 Nach Ebenroth, ZVglRWiss. 1978, 164 (182), soll dies nur im nichtkaufmännischen Verkehr gelten. Im kaufmännischen Verkehr hingegen bewirke Art. 17 eine Beweislastumkehr, wenn sich die Partner in laufenden Geschäftsbeziehungen befunden haben, die jeweils Allgemeinen Geschäftsbedingungen unterworfen waren. Daß dies der Fall war, wird in der Praxis ebensowenig zu beweisen sein. Die Frage, ob laufende Geschäftsbeziehungen tatsächlich den AGB einer bestimmten Partei unterworfen waren, stellt sich i.d.R. ja erstmalig in einem Rechtsstreit. Vorab dürfte die Frage selten beweiskräftig geklärt worden sein.
67 Schlosser, Bericht zum EuGVÜ, Amtsblatt der EG vom 5.3.1979, Nr. C 59 Rdnr. 179.
68 EuGH, Urteil vom 14.12.1976-25/76, Segoura/Bonakdarian, Slg. 1976, 1851 f. 1862 f.
69 Schlosser, Bericht zum EuGVÜ, Amtsblatt der EG vom 5.3.1979, Nr. C 59 Rdnr. 179.

X. Internationales Privat- und Verfahrensrecht

dritte Formvariante in Art. 17 Abs. 1 S. 2 EuGVÜ eingefügt, nach der ein Gerichtsstand in einer Form vereinbart werden kann, die den internationalen Handelsbräuchen entspricht, die den Parteien bekannt sind oder als ihnen bekannt angesehen werden müssen. Diese Fassung entspricht im wesentlichen der Formulierung in Art. 17 Abs. 1 S. 2 lit. c) EuGVÜ 1989/LuganoÜ.

1047 Zu Art. 17 Abs. 1 S. 2 lit. c) EuGVÜ 1989/LuganoÜ liegt noch keine Rechtsprechung vor. Diejenige Rechtsprechung, die bereits zur dritten Formvariante des Art. 17 Abs. 1 S. 2 EuGVÜ 1978/1982 ergangen ist, läßt keine einheitliche Linie erkennen[70]. Die herrschende Meinung in der Literatur vertrat und vertritt mit verschiedenen Begründungen die Ansicht, eine Gerichtsstandsklausel könne durch ein Schweigen auf ein kaufmännisches Bestätigungsschreiben nach Art. 17 Abs. 1 EuGVÜ wirksam Bestandteil der Hauptvertrages werden, zumindest aber einen internationalen Handelsbrauch i.S.d. 3. Falls des S. 2 darstellen[71].

1048 Allerdings muß derjenigen Partei, der die Zuständigkeitsvereinbarung entgegengehalten werden soll, der internationale Handelsbrauch bekannt sein oder er muß als bekannt anzusehen sein. Die Partei, der die Zuständigkeitsvereinbarung entgegengehalten werden soll, wird jedoch in der Regel bestreiten, den internationalen Handelsbrauch zu kennen. *Kropholler* schlägt daher vor, an das Wohnsitzrecht der betreffenden Partei anzuknüpfen: Mußte eine Partei nach ihrem Wohnsitzrecht damit rechnen, daß ihr Verhalten als Willenserklärung gewertet wird, so ist der internationale Handelsbrauch als ihr bekannt zu unterstellen[72].

1049 Dem Schweigen auf ein kaufmännisches Bestätigungsschreiben wird unter bestimmten Voraussetzungen in Frankreich[73], Belgien[74], Luxemburg[75], den Niederlanden[76] und in Dänemark[77] rechtsgeschäftliche Bedeutung beigemessen. Für das Vereinigte Königreich wurde dies in der Vergangenheit jedoch überwiegend abgelehnt[78]. In einer grundlegenden Untersuchung hat *Stöve* jedoch

---

70 Nachweise bei M. J. Schmidt, RIW 1992, S. 173 176 f.
71 Vgl. z. B.: Collins, The Civil Jurisdiction and Judgments Act 1982, London 1983, S. 86; Geimer, in: Geimer/Schütze (o. Fn. 7), §§ 75 III. 1. b), 96 XXVI. 6.; Hausmann, in: Reithmann/Martiny, Internationales Vertragsrecht, 4. Auflage Köln 1988, Rdnr. 1203; Jung (o. Fn. 13), S. 170; Kropholler (a. a. O.), Art. 17 Rdnr 42; Schütze, Deutsches Internationales Zivilprozeßrecht, Berlin/New York 1985, S. 56. Ablehnend dagegen wohl Kohler, IPRax 1983, 270; Rosenberg-Schwab, Zivilprozeßrecht, 14. Auflage München 1986, § 20 VI. 3.
72 Kropholler (a. a. O.), Art. 17 Rdnr. 42 a. E.; ebenso M. J. Schmidt, RIW 1992, S. 173 (177 f.).
73 Ebenroth (o. Fn. 66), S. 173 ff.; Beckmann/Sandrock, in: Sandrock, Handbuch der Internationalen Vertragsgestaltung (s. o. FN 13), Band 1, B Rdnr. 83 ff.
74 Ebenroth a. a. O., S. 176 f.; Beckmann/Sandrock, a. a. O. Rdnr. 87.
75 A. a. O.. Rdnr. 93.
76 A. a. O.. Rdnr. 119.
77 A. a. O.. Rdnr. 144.
78 Sandrock/Jung, in: Sandrock, Handbuch der Internationalen Vertragsgestaltung, Heidelberg 1980, Band 2, E Rdnr. 135 f.; M. J. Schmidt, RIW 1992, S. 173 (177).

nachgewiesen, daß auch nach englischem Recht ein Gerichtsstand durch Abdruck einer Gerichtsstandsklausel auf einem kaufmännischen Bestätigungsschreiben und widerspruchslose Hinnahme wirksam vereinbart werden kann, obwohl das englische *common law* grundsätzlich dem Schweigen auf ein kaufmännisches Bestätigungsschreiben keine rechtliche Bedeutung zumißt[79]. Zwar gelten grundsätzlich nach englischem *common law* strenge Anforderungen für einen Vertragsschluß. Ausnahmsweise kann ein Vertrag aber auch durch bloßes Schweigen zustande kommen, wenn die Parteien in ständiger Geschäftsbeziehung *course of dealing* stehen[80]. Wenn eine allgemeine Übung *custom* oder *usage* hinsichtlich der stillschweigenden Einbeziehung von Standardklauseln besteht, kann eine solche Klausel, zu der auch eine Gerichtsstandsvereinbarung gehören kann, sogar dann Vertragsbestandteil werden, wenn die Parteien zuvor noch nicht in Geschäftsverbindung standen[81]. Da ein Gerichtsstand nach englischem Recht auch stillschweigend vereinbart werden kann[82], kann auch die widerspruchslose Entgegennahme allgemeiner Lieferbedingungen, die eine Gerichtsstandklausel enthalten, zu einer wirksamen Vereinbarung über den Gerichtsstand führen[83]. Wegen dieser relativ großzügigen Praxis befürwortete das Vereinigte Königreich eine Lockerung der strengen Rechtsprechung des EuGH zu den Wirksamkeitsvoraussetzungen einer Gerichtsstandsvereinbarung nach Art 17 EuGVÜ[84].

cc) Weitere Einzelheiten zu Art 17, 18 EuGVÜ

Artikel 17 EuGVÜ legt die Formerfordernisse abschließend fest. Daher kann sich keine Vertragspartei darauf berufen, die Gerichtsstandsvereinbarung sei unwirksam, da zwingende Formerfordernisse nach nationalem Recht nicht beachtet worden seien[85]. Das gleiche gilt für materielle Anforderungen nationalen Rechts. Art. 17 Abs. 2 enthält besondere Vorschriften für Trustbedingungen. Ist eine Gerichtsstandsvereinbarung nur zugunsten einer der Parteien getroffen worden, behält diese das Recht, jedes andere Gericht anzurufen, das aufgrund des EuGVÜ zuständig ist, Art. 17 Abs. 4. Eine Vereinbarung nur zugunsten einer Partei liegt nicht schon dann vor, wenn der Vorteil einer Partei darin liegt, vor ihren Heimatgerichten klagen zu können[86]. Beispiele für eine einseitige Vereinbarung sind: Nur eine Partei darf in einem bestimmten Vertragsstaat klagen[87], eine Partei hat weitergehende Wahlmöglichkeiten als die

1050

---

79 Stöve, Gerichtsstandsvereinbarungen nach Handelsbrauch, Art. 17 EuGVÜ und § 38 ZPO, Heidelberg 1993, S. 136 ff.
80 Stöve, a.a.O., S. 137 mit weiteren Nachweisen.
81 Stöve, a.a.O. mit weiteren Nachweisen.
82 Stöve, a.a.O.; Büchner, RIW 1984, 186.
83 Stöve, a.a.O.
84 Stöve, a.a.O.
85 EuGH in Elefanten Schuh GmbH v. Jacqmain [1981] E.C.R. 1671.
86 EuGH in Anterist v. Crédit Lyonnais [1987] 1 C.M.L.R. 333.
87 Hartley, Civil Jurisdiction and Judgments, 1984, S. 69.

andere[88], die Klausel gibt ausdrücklich an, daß sie dem Vorteil einer Partei dienen soll[89].

1051 Die Zuständigkeit eines an sich unzuständigen Gerichts kann schließlich auch dadurch begründet werden, daß sich der Beklagte vor ihm auf das Verfahren einläßt[90]. Dies gilt nicht, wenn sich der Beklagte nur einläßt, um den Mangel der Zuständigkeit geltend zu machen oder wenn ein anderes Gericht ausschließlich zuständig ist[91].

III. Zuständigkeit nach traditionellem englischem Recht

1. Grundzüge

1052 In den Fällen, in denen das EuGVÜ sachlich, räumlich oder zeitlich nicht anwendbar ist, richtet sich die Zuständigkeit englischer Gerichte weiterhin nach den traditionellen Regeln englischen Rechts. Das englische internationale Verfahrensrecht wird in englischen Lehrbüchern über internationales Privatrecht behandelt, und zwar zumeist vor den eigentlichen Kollisionsnormen[92].

1053 Das autonome deutsche Prozeßrecht knüpft für die internationale Zuständigkeit häufig an die örtliche Zuständigkeit an. Die internationale Zuständigkeit deutscher Gerichte wird mangels anderer ausdrücklicher Regelung[93] durch die örtliche Zuständigkeit indiziert[94]: Ist ein Gericht örtlich zuständig, so ist es auch international zuständig, sog. *Doppelfunktionalität*[95]. Dies ist im englischem Recht nicht möglich. Denn der *High Court* ist allumfassend zuständig. Anknüpfungspunkt nach englischem Recht ist die technische Frage der Zustellung *service*. Internationale Zuständigkeit *jurisdiction* ist immer dann gegeben, wenn die Klage dem Beklagten zugestellt werden kann, solange dies nicht schikanös ist. Dies muß der Beklagte dartun und beweisen[96]. Die ursprüngliche Regel, daß Klagen grundsätzlich persönlich zugestellt werden mußten[97],

---

88 Anterist v. Crédit Lyonnais, a.a.O.
89 Anterist v. Crédit Lyonnais, a.a.O.
90 Art. 18 EuGVÜ.
91 Art. 18 EuGVÜ.
92 Vgl. Cheshire & North, Private International Law, 12. Aufl., London 1992; Dicey and Morris, The Conflict of Laws, 12. Aufl., London 1993.
93 Es gibt nur wenige Vorschriften, welche die internationale Zuständigkeit ausdrücklich regeln. Diese betreffen indes lediglich das Familienrecht (§§ 606 a, 640 a Abs. 2 ZPO, §§ 43 a Abs. 1, 43 b Abs. 2 FGG). Einige Vorschriften der ZPO enthalten eine indirekte Regelung für bestimmte Sachverhalte mit Auslandsbezug (§§ 23, 23 a, 38 Abs. 2 ZPO). In allen anderen Fällen ist die internationale Zuständigkeit deutscher Gerichte in analoger Anwendung der Regeln über die örtliche Zuständigkeit zu bestimmen (§§ 12 ff. ZPO, HaustürwiderrufsG, FernUG etc.).
94 Ständige Rechsprechung, vgl. BGHZ 94, 156 = NJW 1985, 2090.
95 Linke, Internationales Zivilprozeßrecht, 1990, Rdnr. 115; Kropholler, in: Handbuch des Internationalen Zivilverfahrensrechts, Band 1, 1982, Kap. III, Rdnr. 31.
96 The Atlantic Star [1974] A.C. 436; MacShannon v. Rockware Glass Ltd. [1977] 2 All E.R. 449.
97 Vgl. Vorauflage, S. 223.

ist inzwischen geändert worden. Heute werden die meisten Klagen per Post zugestellt[98]. Anders als nach deutschem Recht werden die Klagen vor dem *High Court* nicht durch das Gericht, sondern durch den Rechtsanwalt *solicitor* des Klägers zugestellt.

2. Internationale Zuständigkeit für Klagen gegen Privatpersonen

Nach *common law* ist internationale Zuständigkeit immer anzunehmen, wenn der Beklagte in England anwesend ist *presence* und ihm die Klage dort zugestellt wird *service*. Selbst eine nur kurze Anwesenheit (zum Beispiel bei einer Hotelübernachtung[99] oder beim Besuch des Pferderennens in Ascot[100]) reichen aus. 1054

Ferner kann die internationale Zuständigkeit englischer Gericht dadurch begründet werden, daß sich der Beklagte der englischen Gerichtsbarkeit unterwirft *submission*. Dies kann auch durch eine Gerichtsstandsvereinbarung geschehen, *forum selection clause* oder *jurisdiction clause* genannt. Es liegt allerdings im Ermessen des Gerichts, ob es eine solche Klausel akzeptiert[101], da nach englischer Auffassung die Zuständigkeit englischer Gerichte nicht durch eine Vereinbarung privater Parteien für das Gericht bindend ausgeschlossen werden kann: *forum non conveniens rule*[102]. Bei der Ausübung seines Ermessens hat das Gericht alle Umstände zu berücksichtigen; es wird die Gerichtsstandsvereinbarung aber aufrechterhalten, wenn nicht die Gegenpartei eine überzeugende Begründung vorbringt, warum die Klausel nicht beachtet werden soll[103]. 1055

3. Internationale Zuständigkeit für Klagen gegen Gesellschaften

Eine Gesellschaft kann in England verklagt werden, wenn sie dort registriert ist[104], auch wenn sie ihre Geschäfte außerhalb Englands führt. Eine im Ausland eingetragene Gesellschaft *oversea company*, die Geschäfte in England betreibt, muß dem *Registrar of Companies* einen oder mehrere Zustellungsbevollmächtigte in England angeben[105]. Solange der Zustellungsbevollmächtigte nicht von der Liste des *Registrar* gestrichen ist, kann die Gesellschaft in England verklagt werden, selbst wenn sie keine Geschäfte in England mehr be- 1056

---

98 Vgl. O'Hare & Hill, Civil Litigation, 6. Auflage, London 1993.
99 Colt Industries Inc. v. Sarlie [1966], 1 All E.R. 673; [1966] 1 W.L.R. 440 (Court of Appeal).
100 HRH Maharanee of Baroda v. Wildenstein [1972] 2 QB 283; [1972] 2 All E.R. 689 (Court of Appeal).
101 The Elephteria [1969] 2 All E.R. 641.
102 The Fehmarn [1957] All E.R. 707; Unterweser Reederei GmbH v. Zapata Off Shore Co., The Chapparal [1968] 2 Lloyd's Rep. 158 (Court of Appeal).
103 The Elephteria, a.a.O.
104 S. 725 (1) Companies Act 1985.
105 S. 691 Companies Act 1985.

X. Internationales Privat- und Verfahrensrecht

treibt[106]. Wenn die Gesellschaft ihrer Verpflichtung, einen Zustellungsbevollmächtigten zu benennen, nicht nachkommt oder der Zustellungsbevollmächtigte tot oder verzogen ist, kann eine Klage der Gesellschaft an jedem Ort in Großbritannien zugestellt werden, an dem sie eine bestehende[107] Geschäftsniederlassung *place of business* hat[108]. Eine ausländische Gesellschaft hat dann eine Geschäftsniederlassung in Großbritannien, wenn sie dort einen Vertreter hat, der von einem ausreichend lange festen Ort *fixed place of business for a definite period of time*[109] mit bindender Wirkung[110] Geschäfte für die Gesellschaft abschließt. Ein Messestand für wenige Tage kann bereits genügen, um an dem Stand als „Geschäftsniederlassung" verklagt zu werden[111]. Ein Vertrieb durch einen unabhängigen Handelsvertreter, der nicht befugt ist, die Gesellschaft zu binden, begründet keine Geschäftsniederlassung in Großbritannien[112].

4. Internationale Zuständigkeit durch Auslandszustellung

1057 Außerdem kann nach *Order 11* der *Rules of the Supreme Court* in zahlreichen anderen Fällen teils mit, teils ohne gerichtliche Zustimmung dem Beklagten außerhalb Englands oder Wales zugestellt und so englische Gerichtsbarkeit begründet werden. *Order 11* wurde durch den *Civil Jurisdiction and Judgments Act 1982* mit Wirkung vom 1. Januar 1987 erheblich verändert.

1058 Die neue *Order 11* erlaubt Zustellung außerhalb Englands und Wales mit Zustimmung des Gerichts unter anderem in folgenden Fällen: Wenn der Beklagte, obwohl nicht anwesend in England oder Wales, dort sein *domicile*[113] hat; wenn bei Unterlassungsklagen ein Verhalten in England oder Wales verboten werden soll; bei notwendiger oder angemessener subjektiver Klagehäufung, wenn einem Beklagten in England oder Wales schon zugestellt wurde.

1059 Geht es um vertragsrechtliche Anspruchsgrundlagen, kann Zustellung im Ausland in vier weiteren Fällen genehmigt werden: wenn der Vertrag in England oder Wales zustandegekommen ist; er von oder über einen Vertreter, der dort handelt oder sich aufhält, für den ausländischen Geschäftsherrn abgeschlossen wurde; der Vertrag materiell englischem Recht unterliegt oder der Vertrag in England gebrochen wurde. Diese Fälle internationaler Zuständigkeit sind

---

106 Sabatier v. Trading Co. [1927] 1 Ch 495; vgl. auch Rome v. Punjab National Bank [1989] 1 W.L.R. 1211.
107 Deverall v. Grant Advertising Inc. [1954] 3 All E.R. 389 (Court of Appeal).
108 S. 695 Companies Act 1985.
109 Okura & Co. Ltd. v. Forsbacka Jernvers Aktiebolag [1914] 1 K.B. 715 (Court of Appeal).
110 Saccharin Corp. Ltd. v. Chemische Fabrik von Heyden [1911] 2 K.B. 516 (Court of Appeal).
111 Dunlop Pneumatique Co. v. Aktiengesellschaft für Motor- und Motorfahrzeugbau, Ludell & Co. [1902] 1 K.B. 342 (Court of Appeal) für einen neuntägigen Messestand.
112 Vgl. Okura v. Forsbacka, a.a.O.
113 Domicile nach common law bedeutet permanent home, vgl. Whicker v. Hume, 7. H. L. Cas. 124.

deutschem Recht fremd. So kann englische Gerichtsbarkeit bestehen, wenn die Annahmeerklärung in England zur Post gegeben[114], ein Abschluß- oder auch nur ein Vermittlungsvertreter in England tätig wird, nach englischen internationalen privatrechtlichen Grundsätzen englisches Recht anwendbar ist oder bei Nichtleistung der Erfüllungsort in England liegt.

Gerichtsstandsklauseln können ebenfalls die Zuständigkeit englischer Gerichte nach *Order 11* begründen. Allerdings reicht nach englischem Vertragsrecht ein einseitiges Bestätigungsschreiben mit einer solchen Klausel nicht aus[115]. **1060**

Bei deliktischer Anspruchsgrundlage kommt es nach der Änderung von *Order 11* darauf an, ob die unerlaubte Handlung in England begangen wurde. Bis zur Änderung von *Order 11* war dies bei fahrlässiger Rechtsverletzung, dem *tort of negligence*, nur am Handlungs-, nicht aber am Erfolgsort gegeben[116]. Nach der Änderung von *Order 11* gelten jetzt sowohl der Handlungs- als auch der Erfolgsort als Ort der unerlaubten Handlung. **1061**

Einen Gerichtsstand des Vermögens – ähnlich § 23 ZPO – gibt es nicht. Nur bei Eigentumsklagen in bezug auf Grundstücke, bei Nachlaßsachen, wenn der Erblasser seinen Wohnsitz in England hatte, und bei Rechtsverhältnissen aus *trusts* in bezug auf in England befindliches Vermögen sind englische Gerichte zuständig. In Schiffahrtssachen gibt es eine Zuständigkeit *in rem*. **1062**

Nach der neuen *Order 11* können Klagen ohne Genehmigung des Gerichts in folgenden Fällen im Ausland zugestellt werden: wenn das Gericht nach dem *Civil Jurisdiction and Judgments Act 1982*, der das EuGVÜ in englisches Recht transformiert, zuständig ist; wenn die englische Gerichtsbarkeit nach anderen Gesetzen gegeben ist, auch wenn der Beklagte weder in England anwesend ist noch eine rechtswidrige Handlung in England begangen hat. Beispiele sind Streitigkeiten im internationalen Luft-[117] oder Straßenverkehr[118] sowie Klagen aufgrund des *Protection of Trading Interests Act 1980* wegen der extraterritorialen Anwendung ausländischen Kartellrechts. **1063**

IV. Vergleich der internationalen Zuständigkeit nach EuGVÜ/LuganoÜ und common law

Vergleicht man die internationale Zuständigkeit nach dem *common law* und nach dem EuGVÜ/LuganoÜ, fällt auf, daß die Zuständigkeit bei deliktsrechtlichen Ansprüchen ähnlich ausgestaltet ist, da sowohl das EuGVÜ/LuganoÜ als **1064**

---

114 Nach englischer Rechtsauffassung kommt ein Vertrag unter Abwesenden grundsätzlich dort zustande, wo das Angebotschreiben zur Post gegeben wird; vgl. Entores Ltd. v. Miles Far East Corp. [1955] 2 Q.B. 327.
115 Vgl. auch LG Mainz, AWD 1972, S. 298 mit Anmerkung von Ebsen/Jayme; John, AWD 1972, S. 601 f.
116 George Monro Ltd. v. American Cyanamid Corporation [1944] KB 432.
117 Vgl. Carriage by Air Act 1969; Carriage by Air (Supplementary Provisions) Act 1982.
118 Vgl. Carriage of Goods by Road Act 1965.

auch die neuer *Order 11* alternativ den Handlungs- und den Erfolgsort als zuständigkeitsbegründend ansehen.

1065 In anderen Bereichen ist die Zuständigkeit englischer Gerichte nach dem *common law* jedoch erheblich weiter als ihre Zuständigkeit nach dem EuGVÜ/LuganoÜ. So verlangt das EuGVÜ/LuganoÜ generell einen Wohnsitz (deutsche Fassung) bzw. *domicile* (englische Fassung) des Beklagten im Zuständigkeitsbereich des Gerichtes, während es nach dem *common law* ausreicht, daß der Beklagte, wenn auch nur kuzrfristig, in dem Zuständigkeitsbereich anwesend ist und ihm die Klage dort zugestellt wird *presence and service*.

1066 Bei Gesellschaften verlangt das englische Recht im Falle des EuGVÜ/LuganoÜ, daß die Gesellschaft im Vereinigten Königreich eingetragen ist oder ihre Hauptverwaltung und Leitung dort hat. Das englische *common law* läßt dagegen ausreichen, daß die Gesellschaft eine Niederlassung im Vereinigten Königreich hat, sei es auch nur durch einen Vertreter.

1067 Bei Vertragsklagen ist nach dem EuGVÜ/LuganoÜ ein besonderer Gerichtsstand am Erfüllungsort begründet, während die Zuständigkeit nach *Order 11* auch durch Vertragsabschluß oder Vertragsbruch in England oder die Anwendbarkeit englischen Rechts begründet wird.

1068 Die Einführung des EuGVÜ/LuganoÜ stellt daher eine erhebliche Einschränkung der Zuständigkeit englischer Gerichte dar.

V. Konkurrierende Gerichtsbarkeit

1. Wahl des günstigsten Gerichtsstandes – forum shopping

1069 Häufig hat der Kläger die Wahl zwischen englischer und deutscher Gerichtsbarkeit. Er sollte sich über Vor- und Nachteile in beiden Jurisdiktionen vergewissern, bevor er sich für das ihm günstigere Gericht entscheidet. Der Begriff *forum shopping* hat sich eingebürgert, wenn der Kläger unter mehreren Gerichtsständen den ihm günstigsten auswählt.

1070 Vorrang für die Entscheidung für einen Gerichtsstand haben Fragen des materiellen Rechts. Welches Recht anwendbar ist, entscheiden englische Gerichte nach englischem und deutsche Gerichte nach deutschem internationalem Privatrecht.

1071 Aber auch das Verfahrensrecht in beiden Rechtsordnungen sollte beachtet werden. Englische Gerichte wenden – ebenso wie deutsche – nur ihr eigenes Verfahrensrecht als *lex fori* an. Der englische Zivilprozeß bietet dem deutschen Kläger manche Vorteile: Parteien und ihre gesetzlichen Vertreter können – im Gegensatz zu § 455 ZPO – als Zeugen vernommen werden; sie können in einem vorbereitenden Beweisverfahren *discovery* zur Vorlage von Urkunden gezwungen werden. Andererseits gilt in England nicht der Grundsatz der freien

Beweiswürdigung, und häufig muß zunächst ein Gutachten über die Beweislage nach zum Teil starren Beweisregeln eingeholt werden: *advice on evidence*. Der englische Zivilprozeß folgt einem genauen Zeitplan, der Vertagungen grundsätzlich nur mit Zustimmung des Gegners zuläßt. Der Richter steht den Parteien nicht unterstützend zur Seite, sondern überläßt Sachvortrag, Beweisangebote und Beweisaufnahme den Parteien.

Auch wenn nach englischem und deutschem internationalem Privatrecht dasselbe materielle Recht anwendbar ist, kann es zu unterschiedlichen Ergebnissen kommen. Denn englisches internationales Privatrecht qualifiziert bisweilen anders als deutsches und ordnet dem Prozeßrecht zu, was nach deutschem Recht zu materiellem Recht gehört. So ist Verjährung nach § 194 ff. BGB eine Frage materiellen Rechts, während dies in England eine Frage des Prozeßrechts ist[119]. Bisher konnte ein nach deutschem Recht verjährter Anspruch erfolgreich vor einem englischen Gericht erhoben werden, wenn die in der Regel sechsjährige Frist für die Verjährung des Klagerechts noch nicht abgelaufen war[120]. Jetzt aber verbietet der Foreign Limitation Periods Act 1984 das *forum shopping* wegen abgelaufener Verjährung.

1072

Im Schadensersatzrecht trennt englisches internationales Privatrecht zwei scheinbar zusammengehörende Fragen: Die Kausalität *remoteness of damage* von der Bemessung des Schadensersatzes *calculation of damages*; ersteres wird als Frage des materiellen Rechts, letzteres als prozeßrechtliches Problem angesehen[121]. Auch die Frage, ob auf eine Geldschuld Zinsen zu zahlen sind, wird nach deutschem und englischem Recht unterschiedlich qualifiziert: nach deutschem Recht materiell, nach englischem Recht in den meisten Fällen (aber nicht immer) prozessual[122].

1073

2. Exkurs: Die Zweiteilung der englischen Rechtsanwaltschaft in Barristers und Solictors

Der ausländische Mandant, der rechtliche Schritte gegen seinen englischen Geschäftspartner in England erwägt, muß zunächst die Zweiteilung der englischen Rechtsanwaltschaft in *Barristers* und *Solicitors* beachten. *Barristers* sind Advokaten, die vor Gericht plädieren. *Solicitors* sind unumgängliche Geschäftsanwälte zwischen Mandant und *Barrister*. Sie beraten, ermitteln Informationen, bereiten den Prozeß vor und suchen den *Barrister* aus. Nach neuerem Standesrecht braucht ein ausländischer Mandant nicht mehr den Umweg über einen *Solicitor* zu gehen, wenn er Rechtsrat benötigt. Er kann sich auch

1074

---
119 Vgl. Limitation Act 1980.
120 Huber v. Steiner (1835) 2 Bing. N.C. 202; Harris v. Quine (1869) L.R. 4 Q.B. 653; Black-Clawson International Ltd. v. Papierwerke Waldhof-Aschaffenburg AG [1974] 2 W.L.R. 789.
121 Vgl. D'Almaida Aranjo Lda. v. Sir Frederick Becker & Co. Ltd. [1953] 2 Q.B. 329; Chaplin v. Boys [1969] 3 W.L.R. 322.
122 Vgl. ausführlich Rdnr. 1112 ff.

X. Internationales Privat- und Verfahrensrecht

direkt an einen *Barrister* wenden. Kommt es allerdings zu einem gerichtlichen Verfahren, ist die Hilfe eines *Solicitors,* der auch den Status einer Gerichtsperson, eines *officer of the Supreme Court,* hat, unerläßlich.

1075 Seit Anfang 1994 ist allerdings der größte Unterschied zwischen *Barristers* und *Solicitors* beseitigt worden, nämlich das ausschließliche Recht der *Barristers* vor den höheren Gerichten, insbesondere vor dem *High Court,* aufzutreten: *right of audience.* Durch den *Courts and Legal Services Act* 1990, der Anfang 1994 in Kraft trat, können jetzt auch *Solicitors,* die die notwendige Praxiserfahrung vor Untergerichten haben, das Recht erwerben, vor den höheren Gerichten aufzutreten und dadurch zum *Solicitor advocate* werden. Im Gegenzug wird diskutiert, den *Barristern,* die bisher vorwiegend Advokaten vor den höheren Gerichten und hochqualifizierte Rechtsgutachter waren, weitere Rechte der allgemeinen Prozeßführung und vor allem den direkten Zugang zum Mandanten zu gewähren. Die beiden Berufszweige der englischen Rechtsanwaltschaft werden sich daher wahrscheinlich in Zukunft noch weiter annähern.

1076 Andere grundlegende Unterschiede zwischen *Barristers* und *Solicitors* bestehen jedoch fort. Nur der *Solicitor* kann seinen Honoraranspruch gegen den Mandanten einklagen, nicht aber der *Barrister*; hingegen ist ein *Barrister* aus schlechter Prozeßführung nicht verantwortlich, ein *Solicitor* hingegen erfreut sich keiner solchen Immunität. Ein *Barrister* ist standesrechtlich verpflichtet, jeden Fall anzunehmen, wenn er zeitlich und von seiner Spezialisierung her dazu in der Lage ist und der Mandant das geforderte Honorar bezahlt. Diese Standesregel wird *cab rank rule* genannt (weil auch ein Taxi, das an vorderster Stelle steht, jeden Fahrgast mitnehmen muß, der den geforderten Fahrpreis bezahlt). Ein *Solicitor* unterliegt keiner solchen Beschränkung; er kann daher auch Mandate ablehnen.

1077 *Barristers* sind stets Einzelanwälte. Die Bildung von Sozietäten ist ihnen untersagt. *Barristers* arbeiten jedoch üblicherweise in Bürogemeinschaften *chambers* von 20–30 Anwälten und teilen sich die anfallenden Bürokosten. *Solicitors* können Einzelanwälte sein oder in Sozietäten arbeiten. Große Londoner Rechtsanwaltssozietäten *city firms of Solicitors* haben oft mehrere hundert Anwälte und Büros in den meisten wichtigen Wirtschaftszentren der Welt. Die größte englische Anwaltskanzlei hatte Anfang 1994 fast 1000 Juristen, von denen mehr als 200 Partner waren. Insgesamt gab es in England Anfang 1994 etwas 6500 *Barristers* und etwa 60 000 *Solicitors.*

3. Prozeßkosten und Verfahrensdauer

1078 Schließlich hat ein Kläger bei der Entscheidung, ob er vor einem deutschen oder einem englischen Gericht klagen will, auch die außerordentlich hohen Kosten und den großen Zeitaufwand eines Prozesses in England zu berücksichtigen.

1079 Bei Prozessen von einiger Bedeutung benötigt jede Partei in der Regel nicht nur einen, sondern mindestens drei Rechtsanwälte: einen erfahrenen Prozeßanwalt *Queen's Counsel*, einen jüngeren Prozeßanwalt *junior Barrister* als Assistenten sowie einen Geschäftsanwalt *Solicitor*. Der *Solicitor* wird in der Regel ebenfalls mehrere Mitarbeiter haben. Ob sich durch die Annäherung der Berufszweige der *Barristers* und *Solicitors* in der Praxis eine Reduzierung der Anzahl der an einem Verfahren beteiligten Rechtsanwälte und damit auch der Kosten ergeben wird, bleibt abzuwarten.

Englische Rechtsanwälte arbeiten nicht nach einer Gebührenordnung, sondern werden in der Regel nach Zeitaufwand bezahlt. Die Stundensätze eines *Queen's Counsel* oder eines *senior partner* einer großen *firm of Solicitors* können bis zu £ 400 betragen, die Stundensätze jüngerer Anwälte sind entsprechend niedriger. **1080**

Es kommt hinzu, daß Prozesse in England sehr zeitaufwendig sind. Die Gerichtsverhandlung *trial* dauert in der Regel mehrere Tage oder sogar Wochen. In Deutschland dauert die mündliche Verhandllung dagegen höchstens eine oder zwei Stunden; in vielen Fällen ist sie sogar deutlich kürzer. Darüber hinaus ist auch die Vorbereitungszeit für die Gerichtsverhandlung in England erheblich länger als in Deutschland. Dies liegt unter anderem an dem Verfahrensstadium der *discovery*. Im Rahmen der *discovery* ist jede Partei verpflichtet, der Gegenseite nach genau festgelegten Regeln Einsicht in die eigenen Unterlagen und Beweismittel zu gewähren. Dies kann mit erheblichem Zeitaufwand verbunden sein. **1081**

Bei einem größeren Gerichtsverfahren in England arbeiten daher normalerweise zunächst mehrere *Solicitors* für einige Wochen an der Vorbereitung des Verfahrens und dann an der *discovery*. Weitere Zeit wird benötigt, um den *Barrister*, der grundsätzlich die gesamte Vorgeschichte nicht kennt, einzuweisen. Schließlich dauert auch die Gerichtsverhandlung einschließlich Beweisaufnahme nochmals mehrere Tage oder Wochen. Während dieser ganzen Zeit arbeiten gleichzeitig mehrere hochbezahlte Anwälte an dem Fall. Gerichtsverfahren in England können daher leicht mehrere hunderttausend Pfund kosten und sich über einen langen Zeitraum hinziehen. **1082**

4. Doppelzuständigkeit und forum non conveniens doctrine

Wegen konkurrierender Gerichtsbarkeit kann es vorkommen, daß in bezug auf denselben Streitgegenstand sowohl in England als auch vor einem ausländischen Gericht ein Verfahren eingeleitet wird. In Deutschland muß, wenn das ausländische Gericht zuerst angerufen wurde, die Klage abgewiesen werden[123]. Gleiches gilt in England nur dann, wenn das EuGVÜ anwendbar ist[124]. **1083**

Nach traditionellem englischem Verfahrensrecht hingegen führt die Einrede der Rechtshängigkeit nicht zwingend zur Klageabweisung; vielmehr steht es im **1084**

---

123 Entsprechend § 261 Abs. 3 Nr. 1 ZPO.
124 Art. 21 EuGVÜ.

X. Internationales Privat- und Verfahrensrecht

Ermessen des Gerichts, ob es den Rechtsstreit aussetzt[125] *stay of proceedings*. Aufgrund einer Änderung der Rechtsprechung im letzten Jahrzehnt ist es heutzutage darüber hinaus anerkannt, daß englische Gerichte bei konkurrierender Gerichtsbarkeit die Ausübung ihrer Gerichtsbarkeit ablehnen können, auch wenn (noch) keine Rechtshängigkeit bei einem anderen Gericht besteht: *forum non conveniens doctrine*[126]. Voraussetzung ist, daß der konkurrierende Gerichtsstand geeigneter ist, das heißt der natürlichere Gerichtsstand *natural forum* ist, und der Streit der Parteien dort gerecht entschieden werden kann[127].

1085 Das gibt englischen Gerichten ein großes Ermessen, ihre Zuständigkeit nicht auszuüben. Bisweilen setzen sich englische Gerichte aufgrund der *forum non conveniens doctrine* sogar über die zwingenden Zuständigkeitsvorschriften hinweg. So lehnte zum Beispiel der *Court of Appeal* im Jahre 1991[128] seine Zuständigkeit ab, obwohl die beklagte Gesellschaft ihren Sitz in England hatte. Dies widerspricht der zwingenden Zuständigkeitsbestimmung des Art 2 EuGVÜ, wonach eine Gesellschaft, die ihren Sitz in einem Vertragsstaat des EuGVÜ hat, dort verklagt werden kann.

1086 Diese Rechtsentwicklung steht in deutlichem Gegensatz zu der Rechtslage in Deutschland. Ein zuständiges deutsches Gericht darf die Ausübung seiner Gerichtsbarkeit nicht ablehnen.

5. Anti-suit injunctions

1087 Englische Gerichte gehen bisweilen sogar so weit, dem Kläger die Klageerhebung oder Fortsetzung des Verfahrens vor einem ausländischen Gericht zu untersagen: *anti-suit injunctions*[129]. Vorbild für solche *anti-suit injunctions* war die Rechtslage in den USA. Voraussetzung ist, daß England der natürlichere Gerichtsstand *natural forum* ist und dem Kläger durch das Verbot, das ausländische Verfahren einzuleiten oder fortzuführen, kein anerkennenswerter Vorteil entzogen wird[130].

VI. Zustellung

1088 Sowohl bei einer Zuständigkeit englischer Gerichte nach *Order 11* der *Rules of the Supreme Court* als auch bei einer Zuständigkeit nach dem EuGVÜ ist zu

---

125 Cohen v. Rothfield [1919] 1 K.B. 410.
126 The Spiliada [1986] 3 All E.R. 843 (House of Lords).
127 The Spiliada, a.a.O.
128 Re Harrods (Buenos Aires) Ltd. (No.2), [1991] 4 All E.R. 348; vgl. auch Huber, Forum non conveniens und EuGVÜ, RIW 1993, 977.
129 Castanho v. Brown and Root (UK) Ltd. [1981] 1 All E.R. 143 (House of Lords); British Airways Board v. Laker Airways Ltd. [1983] 3 All E.R. 375, [1984] 3 All E.R. 39.
130 Vgl. Société Nationale Industrielle Aérospatiale v. Lee Kui Jak, The Times, June 1, 1987 (House of Lords).

beachten, daß die englische Klage im Ausland ordnungsgemäß zugestellt werden muß.

Für die Zustellung englischer Klagen in Deutschland gilt das Haager Übereinkommen vom 15. November 1965 über die Zustellung gerichtlicher und außergerichtlicher Schriftstücke im Ausland in Zivil- und Handelssachen sowie alternativ das Deutsch-britische Abkommen über den Rechtsverkehr vom 20. März 1928. **1089**

Nach dem Haager Zustellungsübereinkommen hat die Zustellung entweder auf dem konsularischen Weg oder über die zentralen deutschen Landesbehörden zu erfolgen (in der Regel die Landesjustizministerien, in Nordrhein-Westfalen seit kurzem jedoch die Präsidenten der Oberlandesgerichte). Den zuzustellenden Urkunden ist insbesondere auch eine deutsche Übersetzung beizufügen. **1090**

Einfachere Möglichkeiten der Zustellung bietet jedoch das Deutsch-britische Abkommen über den Rechtsverkehr vom 20. März 1928. Insbesondere sieht das Abkommen eine direkte Beauftragung eines deutschen Gerichtsvollziehers durch eine englische Partei vor. Auch eine direkte Zustellung per Post ist möglich, allerdings nicht für Klagen. Die Einzelheiten des Auslandszustellung sind jedoch kompliziert. Ene sorgfältige Prüfung im Einzelfall ist daher dringend zu empfehlen. **1091**

VII. Beweiserhebung

Beweise im Ausland können aufgrund des *Evidence (proceedings in other jurisdictions) Act 1975* erhoben werden. Dieses Gesetz setzt das Haager Übereinkommen vom 18. März 1970 über die Beweisaufnahme im Ausland in Zivil- oder Handelssachen[131] in englisches Recht um, geht jedoch teilweise über das Übereinkommen hinaus. Die Beweisaufnahme erfolgt dadurch, daß ein Gericht ein ausländisches Gericht durch ein Rechtshilfeersuchen *letter of request* bittet, die gewünschten Beweise zu erheben. Werden englische Gerichte von ausländischen Gerichten um Rechtshilfe gebeten, so lehnen sie ein solches Ersuchen dann ab, wenn es sich um einen sogenannten Ausforschungsbeweis *fishing expedition* oder um eine prozeßvorbereitende Beweisaufnahme *pre-trial discovery* handelt. Dies ist aufgrund des unterschiedlichen Prozeßrechts häufig der Fall bei Rechtshilfeersuchen amerikanischer Gerichte[132]. **1092**

Wie in jedem Rechtssystem ist die Anwendung ausländischen Rechts auch in England schwierig und zeitraubend. Nach englischem Recht wird ausländisches Recht wie eine Tatsache behandelt. Wer seine Anwendung behauptet, muß dies vortragen und beweisen[133]. Als Beweismittel sind grundsätzlich nur **1093**

---
131 Abgedruckt in Bülow/Böckstiegel, Internationaler Rechtsverkehr in Zivil- und Handelssachen, Nr. 370.
132 Asbestos Insurance Coverage Cases [1985] 1 All E.R. 716.
133 Lazard Brothers v. Midland Bank [1933] A.C. 289; Nova Knit Ltd. v. Kammgarn Spinnerei GmbH [1977] 2 All E.R. 463 (House of Lords).

X. Internationales Privat- und Verfahrensrecht

Sachverständige zulässig, die – um englische Richter zu beeindrucken – praktizierende Juristen im fremden Recht sein sollten. Anders als nach § 293 ZPO erforscht der englische Richter ausländisches Recht nicht von sich aus.

VIII. Anerkennung und Vollstreckung ausländischer Urteile

1. Grundzüge

1094 Hat der englische Beklagte in Deutschland kein Vermögen, sollte, bevor Klage vor einem deutschen Gericht erhoben wird, die Vollstreckung eines deutschen Urteils in England geprüft werden. Anerkennung und Vollstreckung deutscher Urteile in England richten sich in erster Linie nach dem EuGVÜ[134]. Wenn das EuGVÜ nicht anwendbar ist, gilt das bilaterale Abkommen zwischen der Bundesrepublik Deutschland und dem Vereinigten Königreich von Großbritanien und Nordirland über die gegenseitige Anerkennung und Vollstreckung von gerichtlichen Entscheidungen in Zivil- und Handelssachen vom 14. Juli 1960 (bilaterales Abkommen von 1960)[135].

2. Anerkennung von Urteilen nach dem EuGVÜ

1095 Nach dem EuGVÜ werden Urteile deutscher Gerichte in England anerkannt, ohne daß es hierfür eines besonderen Verfahrens bedarf[136]. Der Begriff „Entscheidung" wird weit verstanden und umfaßt insbesondere auch Entscheidungen im Arrest- und einstweiligen Verfügungsverfahren. Eine Entscheidung wird nicht anerkannt: wenn die Anerkennung der öffentlichen Ordnung in England widerspricht; dem Beklagten das verfahrenseinleitende Schriftstück nicht ordnungsgemäß oder nicht rechtzeitig zugestellt wurde; das deutsche Urteil mit einem englischen Urteil zwischen denselben Parteien oder einem früheren anerkennungsfähigen Urteil des Gerichts eines Drittstaates zwischen denselben Parteien unvereinbar ist; bei näher bestimmten Vorfrageentscheidungen deutscher Gerichte (zum Beispiel im ehelichen Güterstands- und im Erbrecht), wenn sie englischem internationalem Privatrecht widersprechen[137]. Ein Urteil wird ferner nicht anerkannt bei Verletzung der Zuständigkeitsvorschriften des EuGVÜ für Versicherungssachen, Verbraucherschutzsachen sowie ausschließlicher Zuständigkeit[138].

---

134 Vgl. Art. 25–49 EuGVÜ.
135 BGBl., 1961 II, S. 302; abgedruckt in Bülow/Böckstiegel/Geimer/Schütze, Internationaler Rechtsverkehr in Zivil- und Handelssachen, Loseblattsammlung, München, Nr. 702; Münchener Kommentar zur ZPO, Band III, S. 1842ff.; vgl. auch Gauske, AWD, 1961, S. 172ff.
136 Art. 26 EuGVÜ.
137 Art. 27 EuGVÜ.
138 Art. 28 (1) EuGVÜ.

Ansonsten darf ein englisches Gericht weder die Zuständigkeit des deutschen Gerichts[139] noch die Gesetzmäßigkeit des deutschen Urteils nachprüfen[140]. Wird vor einem englischen Gericht das Urteil eines deutschen Gerichts geltend gemacht, kann das englische Gericht das Verfahren aussetzen, wenn gegen das deutsche Urteil ein ordentlicher Rechtsbehelf eingelegt worden ist[141].

3. Vollstreckung von Urteilen nach dem EuGVÜ

Soll ein deutsches Urteil in England oder Wales vollstreckt werden, so wird nicht wie in Deutschland eine Vollstreckungsklausel erteilt, sondern das Urteil ist gemäß Art. 31 Abs. 2 EuGVÜ durch den *High Court* in London zur Vollstreckung zu registrieren[142]. Die Entscheidung wird durch einen Rechtspfleger *Master* der *Queen's Bench Division* des *High Court* getroffen[143]. Der *High Court* darf das deutsche Urteil nicht auf seine Gesetzmäßigkeit hin überprüfen und eine Vollstreckung nur in den oben genannten Gründen ablehnen, in denen ein deutsches Urteil nicht anerkannt wird[144]. Gegen Zulassung oder Ablehnung der Zwangsvollstreckung durch den *High Court* kann binnen eines Monats nach Zustellung Beschwerde wiederum zum *High Court* und gegen dessen Entscheidung Rechtsbeschwerde zum *Court of Appeal* bzw. in bestimmten Fällen Sprungrevision zum *House of Lords* eingelegt werden[145].

4. Anerkennung und Vollstreckung nach dem bilateralen Akommen von 1960

Ist das EuGVÜ nicht anwendbar, gilt das bilaterale Abkommen aus dem Jahre 1960. Dieses folgt weitgehend dem englischen *Foreign Judgments (Reciprocal Enforcement) Act 1933*. Danach muß der Gläubiger das Urteil binnen sechs Jahren seit Erlaß beim *High Court* in London registrieren, wenn er gegen den englischen Schuldner in England vollstrecken will. Wie bei einer Vollstreckung nach dem EuGVÜ ist auch bei einer Vollstreckung nach dem bilateralen Abkommen das deutsche Urteil für den englischen Schuldner grundsätzlich unumstößlich. Dies allerdings nur, wenn das ausländische Urteil endgültig ist, das heißt den materiellen Anspruch vernichtet hat.

Das bilaterale Abkommen von 1960 erfaßt nur Urteile der Landgerichte bzw. des *High Court*, nicht aber solche der niederen Gerichte, der Amtsgerichte in

---

139 Art. 28 (3) EuGVÜ.
140 Art. 29 EuGVÜ.
141 Art. 30 EuGVÜ.
142 Art. 31, 32 EuGVÜ; Anträge für Vollstreckung in Schottland sind an den Court of Session in Edinburgh, für Vollstreckung in Nordirland an den dortigen High Court of Justice zu stellen.
143 Order 71 Rule 26 der Rules of the Supreme Court.
144 Art. 34 EuGVÜ.
145 Art. 36, 37, 40 EuGVÜ; Order 71 Rule 33 der Rules of the Supreme Court.

X. Internationales Privat- und Verfahrensrecht

Deutschland und der *county courts* in England. Auch deutsche Vorbehaltsurteile und Entscheidungen im Arrest- und einstweiligen Verfügungsverfahren fallen, anders als nach dem EuGVÜ, nicht hierunter. Soll ein amtsgerichtliches Urteil in England vollstreckt werden, kann der Kläger den materiellen Anspruch nochmals – da er vom ausländischen Richterspruch nicht beeinträchtigt wird – gerichtlich geltend machen oder aber die Klage mit dem ausländischen Urteil begründen, und zwar unabhängig vom zugrundeliegenden Anspruch. Häufig empfiehlt sich dann das summarische Verfahren nach *Order 14* der *Rules of the Supreme Court*.

IX. Arrest

1100 Arrestverfahren zur Sicherung von Zahlungsansprüchen waren in England bis vor etwa 15 Jahren unbekannt. Ein Gläubiger konnte vor Urteilsverkündung das Schuldnervermögen nicht sicherstellen lassen, auch wenn die Gefahr der Vereitelung späterer Zwangsvollstreckung bestand, selbst wenn der Schuldner sein Vermögen außer Landes brachte.

1. Dinglicher Arrest Mareva Injunction

1101 Ab Mitte der 70er Jahre gab der *Court of Appeal*, bestätigt vom *House of Lords*, Gläubigern die Möglichkeit, durch dinglichen Arrest die spätere Zwangsvollstreckung aus dem Urteil zu sichern und berief sich zur Begründung auf rechtsgeschichtliche Entwicklung wie auch auf kontinentaleuropäisches Vorbild. Ein berühmter Fall aus dem Jahre 1975 gab diesem Rechtsbehelf seinen Namen: *Mareva injunction*[146]. Im Jahre 1981 wurde diese Regelung durch *section 37* des *Supreme Court Act 1981* kodifiziert[147]. Diese Vorschrift gibt dem *High Court* die Möglichkeit, dinglichen Arrest in allen Fällen anzuordnen, in denen es dem Gericht als gerecht und zweckdienlich *just and convenient* erscheint.

1102 Durch einen solchen Arrest kann es dem Schuldner verbieten, Vermögensgegenstände aus England oder Wales fortzuschaffen oder über sie zu verfügen. Dies gilt unabhängig vom Wohn- oder Aufenthaltsort des Schuldners. Für eine *Mareva injunction* müssen nach einer Entscheidung des *House of Lords* grundsätzlich zwei Voraussetzungen vorliegen[148]: Es muß die internationale Zuständigkeit englischer Gerichte gegeben sein; es muß eine Klage vor einem englischen Gericht anhängig sein oder unmittelbar bevorstehen.

---

[146] Nach dem Fall Mareva Compania Naviera SA v. International Bulk Carriers Ltd. [1975] 2 Lloyd's Rep. 509.
[147] Für County Courts wurde eine ähnliche Regelung durch S. 38 County Court Act 1984 geschaffen.
[148] Siskina (Cargo Owners) v. Distos Cia Naviera SA [1977] 3 All E.R. 803.

Zu diesem Grundsatz wurde durch *section 25 Civil Jurisdiction and Judgments Act 1982*, der Artikel 24 EuGVÜ mit Wirkung vom 1.1.1987 in englisches Recht transformiert hat, eine wichtige Ausnahme zugelassen. Nach dieser Vorschrift können englische Gerichte Maßnahmen des einstweiligen Rechtsschutzes, unter anderem auch dinglichen Arrest in Form einer *Mareva injunction*, erlassen, wenn ein Verfahren vor dem Gericht eines Mitgliedstaates des EuGVÜ oder eines anderen Teils des Vereinigten Königreichs anhängig ist oder unmittelbar bevorsteht. Daher kann auch bei einer Klage in Deutschland ein dinglicher Arrest in Vermögen des Schuldners in England durch eine *Mareva injunction* eines englischen Gerichts erlangt werden.

1103

Für den umgekehrten Fall, d.h., daß der Schuldner bei einer Klage in England Vermögen im Ausland besitzt, galt bis etwa 1988 der Grundsatz, daß ein dinglicher Arrest in Form einer *Mareva injunction* auf Vermögen in England beschränkt ist und nicht hinsichtlich ausländischen Vermögens verhängt werden kann[149]. Dann erkannte der *Court of Appeal* in mehreren Entscheidungen, die kurz aufeinanderfolgten, an, daß unter bestimmten Voraussetzungen auch ein dinglicher Arrest in Auslandsvermögen möglich ist. Mit jedem Fall wurden die Anforderungen an einen dinglichen Arrest in Auslandsvermögen weniger streng.

1104

Zunächst entschied der *Court of Appeal*, daß ein dinglicher Arrest auch über Auslandsvermögen verhängt werden kann, wenn der Arrestbeschluß eine Klausel enthält, daß nur der Schuldner, nicht aber Dritte (z.B. Banken), an den Beschluß gebunden sind[150]. In der nächsten Entscheidung wurden die Anforderungen an die Klausel weiter gelockert. Nur juristische Personen (vor allem Banken) sollten nicht an den Arrestbeschluß hinsichtlich des Auslandsvermögens gebunden sein, wohl aber dritte natürliche Personen[151]. Schon kurze Zeit später gab der *Court of Appeal* aber die Unterscheidung zwischen Gesellschaften und natürlichen Personen auf und entschied, daß jeder Dritte von einem exterritorialen Arrestbeschluß gebunden ist, wenn er englischer Gerichtsbarkeit unterliegt und in der Lage ist, Handlungen oder Unterlassungen im Ausland zu verhindern, die zu einer Verletzung des Arrestbeschlusses führen[152]. Diese Entscheidung wurde vielfach kritisiert, da sie englischen Banken größere Verpflichtungen auferlegt als ausländischen Banken. Beispielsweise ist eine englische Bank in der Lage, Zahlungen durch ihre ausländischen Zweigstellen zu verhindern, während die Londoner Zweigstelle einer Auslandsbank kaum die Möglichkeit hat, Zahlungen durch die Hauptniederlassung im Ausland zu verhindern.

1105

Den vorläufigen Höhepunkt dieser Entwicklung bildet eine Entscheidung des *Court of Appeal* aus dem Jahre 1990. Das Gericht entschied, daß es in geeig-

1106

---

149 Ashtiani v. Kashi [1986] 2 All E.R. 970.
150 Babanaft International v. Bassatne [1989] 2 W.L.R. 232.
151 Republic of Haiti v. Duvalier [1989] 2 W.L.R. 261.
152 Derby & Co. v. Weldon (No. 3 and 4) [1989] 2 W.L.R. 412.

X. Internationales Privat- und Verfahrensrecht

neten Fällen mittels einer *Mareva injunction* einen Beklagten sogar zwingen könne, Vermögen von einem Land in ein anderes zu transferieren, wenn der Arrestbeschluß in dem Land, wo sich das Vermögen befindet, nicht anerkannt würde, und die einzige Beziehung der Sache zu diesem Land finanzieller Natur ist[153].

1107 Diese Entwicklung zeigt in den letzten Jahren eine dramatische exterritoriale Ausweitung englischer Gerichtsbarkeit. Es bleibt abzuwarten, ob künftige Entscheidungen diesen Trend bestätigen oder die Anwendung von Arrestbeschlüssen auf Auslandsvermögen wieder einschränken.

2. Persönlicher Arrest

1108 Persönlicher Arrest ist nach wie vor ein Fremdkörper in England; in Einzelfällen wird er aber zur Sicherung einer *Mareva injunction* als *writ ne exeat regno* verhängt, um den Schuldner daran zu hindern, das Land zu verlassen. Nachdem jahrzehntelang ein solcher persönlicher Arrest in England praktisch unbekannt war, entdeckte ihn im Jahre 1986 ein Gericht wieder, indem es eine Analogie zu der alten Vorschrift der *section 6* des *Debtors Act 1869* zog[154]. Voraussetzung für einen persönlichen Arrest ist demnach, daß der Schuldner mindestens £ 50 schuldet, glaubhaft gemacht ist, daß er im Begriff ist, das Land zu verlassen und die Durchsetzung der Ansprüche des Klägers dadurch erheblich gefährdet ist. In seiner Begründung erwähnte das Gericht sogar ausdrücklich den deutschen § 918 ZPO als zusätzliches Argument zur Rechtfertigung des Arrestes. Allerdings wird auch in Deutschland der persönliche Arrest in der Praxis nur noch selten verhängt.

3. Exkurs: Anton Piller Order

1109 Eine Besonderheit englischen Prozeßrechts, und unbekannt im Rest Europas oder in den USA, ist die sogenannte *Anton Piller Order*[155]. Es handelt sich um eine einstweilige Verfügung durch den *High Court*, die den Beklagten verpflichtet zuzulassen, daß der Kläger oder sein Vertreter die Wohn- oder Geschäftsräume des Beklagten betritt, um nach Beweismaterial zu suchen oder es sicherzustellen. Die *Anton Piller Order* ist ein häufiger Rechtsbehelf in Fällen von Produktpiraterie, in denen die Gefahr besteht, daß der Beklagte die Beweismittel fortschafft und vernichtet. Sie wird in der Regel vor dem Hauptprozeß im Wege der einstweiligen Verfügung ohne mündliche Verhandlung *ex parte and in camera* erlassen, da sie nur wirksam sein kann, wenn sie überraschend kommt.

1110 Eine *Anton Piller Order* wird nur erlassen, wenn der Kläger eine Verletzungshandlung glaubhaft macht, nachweist, daß der tatsächliche oder mögliche

---
153 Derby & Co. v. Weldon (No. 6) [1990] 3 All E.R. 263.
154 Al Nahkel Trading Ltd. v. Lowe [1986] 2 W.L.R. 317.
155 Nach dem Fall Anton Piller KG v. Manufacturing Processes Ltd. [1976] Ch 55.

Schaden sehr schwerwiegend ist und klare Beweise vorlegt, daß der Beklagte belastendes Beweismaterial in Besitz hat und die tatsächliche Möglichkeit besteht, daß dieses Beweismaterial zerstört oder weggeschafft würde, wenn das Gericht die Verfügung nicht ohne mündliche Verhandlung erläßt.

Wenn der Kläger mit der erlassenen *Anton Piller Order* bei dem Beklagten erscheint, muß er dem Beklagten eine gewisse Bedenkzeit gewähren und ihm die Möglichkeit geben, seinen Rechtsanwalt *Solicitor* um Rat zu fragen. Lehnt der Beklagte es ab, die *Anton Piller Order* zu befolgen und den Kläger oder seinen Vertreter einzulassen, darf der Eintritt nicht mit Gewalt erzwungen werden. Die Weigerung des Beklagten stellt aber eine Mißachtung des Gerichts *contempt of court* dar, die verfolgt werden kann. Außerdem kann das Gericht die Weigerung des Beklagten als Beweis gegen ihn zulassen und einer späteren Klage aufgrund dieses Beweises stattgeben. 1111

XI. Zinsen

Im deutsch-englischen Rechtsverkehr stellt sich häufig die Frage, ob und welche Zinsen nach englischem Recht zu zahlen sind. In der Praxis kommt folgender Fall häufig vor: Ein englisches Unternehmen liefert Ware an ein Unternehmen in Deutschland; das deutsche Unternehmen zahlt die Ware nicht. Das englische Unternehmen hat die Wahl, die Schuld gemäß Artikel 2 EuGVÜ[156] in Deutschland am Geschäftssitz des Schuldners einzuklagen oder aber gemäß Artikel 5 Nr. 1 EuGVÜ[157] in England, da Geldschulden nach materiellem englischem Recht am Geschäftssitz des Gläubigers zu erfüllen sind[158]. Häufig wird sich das englische Unternehmen für den deutschen Gerichtsstand entscheiden. Bei einer Klage in England müßten die Klageschrift, die Ladung und das Urteil international zugestellt werden. Außerdem müßte ein Anerkenntnis- und Vollstreckungsverfahren nach Artikel 25–49 EuGVÜ für das englische Urteil in Deutschland durchgeführt werden. Daher erscheint es englischen Unternehmen vielfach einfacher, die Klage in Deutschland zu erheben. 1112

Wenn die Parteien das anwendbare Recht oder den Erfüllungsort nicht anderweitig bestimmt haben, unterliegt die Klage gemäß Artikel 28 Abs. 2 EGBGB materiellem englischem Recht. Da auch nach englischem Recht gelieferte Waren bezahlt werden müssen, bereitet die Anwendung englischen Rechts dem deutschen Gericht bei entsprechender Aufbereitung in der Regel keine Schwierigkeiten. 1113

Problematisch ist dagegen die Frage, ob auf die Schuld oder den Urteilsbetrag Zinsen zu zahlen sind. Das Problem besteht darin, daß Zinsen nach engli- 1114

---

156 Vgl. oben Rdnr. 1019 ff.
157 Vgl. oben Rdnr. 1022 ff.
158 Vgl. oben Rdnr. 1024 sowie EuGH in Shenavai v. Kreischer, Fall 266/85, [1987] 3 C.M.L.R. 782.

schem Recht in den meisten Fällen nicht wie nach deutschem Recht materiell, sondern prozessual angeknüpft werden. Das internationale Privatrecht aber verweist grundsätzlich nur auf ausländisches materielles Recht, nicht aber auf ausländisches Prozeßrecht. Wegen der unterschiedlichen Qualifikation von Zinsen im deutschen und im englischen Recht beruft das deutsche internationale Privatrecht in diesem Sonderfall indes nicht nur die materiellen englischen Normen oder Rechtsgrundsätze, sondern im Wege einer funktionalen Qualifikation sämtliche englischen Rechtsgrundsätze, aus denen ein Zinsanspruch abgeleitet werden kann. Es kommt nicht darauf an, ob es sich um materiellrechtliche oder prozeßrechtliche Normen oder Rechtsgrundsätze handelt. Im folgenden werden einige Hinweise zu Zinsen nach englischem Recht gegeben.

1115 Grundsätzlich sind nach *common law* auf eine Schuld keine Zinsen zu zahlen. Etwas anderes gilt nur dann, wenn der Zinsanspruch zwischen den Parteien ausdrücklich[159] oder stillschweigend[160] vereinbart worden ist sowie bei Schadensersatzansprüchen aus Vertragsbruch, wenn bei korrekter Durchführung des Vertrages ein Zinsanspruch entstanden wäre und die Parteien dies auch wußten[161]. Nach englischem Billigkeitsrecht *equity* entsteht ein Zinsanspruch in bestimmten Fällen, in denen eine besondere Beziehung zwischen Schuldner und Gläubiger besteht, z. B. zwischen Hypothekenschuldner und Hypothekengläubiger, Geschäftsherr und Handelsvertreter, Rechtsanwalt und Mandant, Grundstückskäufer und Grundstücksverkäufer, bei Trust-Verhältnissen sowie bei Geld, welches durch Betrug erlangt wurde[162].

1116 Nach materiellem englischem Recht besteht daher kein Zinsanspruch bei einer normalen Geldschuld eines Warenkäufers oder bei Schadensersatzansprüchen. Die Gerichte können aber aufgrund prozessualer Vorschriften Zinsen auf Geldschulden gewähren. Es ist zu unterscheiden: Ein Gericht kann für den Zeitraum zwischen Entstehen eines Geldanspruches und dem Tag des Urteils Zinsen aufgrund von *Section 35 A Supreme Court Act 1981* gewähren; für den Zeitraum ab dem Tag des Urteils kann das Gericht Zinsen aufgrund von *Section 17 Judgments Act 1838* gewähren.

1117 Die Zinshöhe für *Section 17 Judgments Act 1838* und *Section 35 A Supreme Court Act 1981*, dessen Absatz 5 auf *Section 17 Judgments Act 1938* verweist, wird in England jeweils durch Dekret des Lordkanzlers festgesetzt. Durch Dekret vom 12. März 1985 *Judgment Debts Order 1985* wurde der Zinssatz für die Zeit ab dem 16. April 1985 auf 15% festgesetzt. Dieses Dekret wurde geän-

---

159 Page v Newman (1829) 9 B & C 378; London, Chatham and Dover Rly Co v South Eastern Rly Co [1893] A.C. 429, House of Lords; Velchand v Atherton (1917) 33 TRL 232 (Court of Appeal).
160 Re Marquis of Anglesey, Willmont v Gardner [1901] 2 Ch 548 (Court of Appeal); Re W.W. Duncan & Co [1905] I Ch 307.
161 London, Chatham and Dover Rly Co v South Eastern Rly Co [1892] I Ch 120 at 142 (Court of Appeal).
162 Halsbury's Laws of England, 4. Auflage, London 1980, Band 32, Rdnr. 109.

dert durch das Zinsdekret betreffend die Zinshöhe von Schulden vom 8. März 1993, die *Judgment Debts (rate of interest) Order 1993*. Dieses Dekret setzt die Zinshöhe mit Wirkung vom 1. April 1993 von 15% auf 8% herunter. Nach englischem Recht sind daher derzeit auf Geldschulden 8% Zinsen zu zahlen, und zwar ab dem Tag der Fälligkeit. Einer besonderen Mahnung bedarf es nicht. Ein deutsches Gericht, welches über eine Zahlungsklage nach englischem Recht zu entscheiden hat, kann daher dem Gläubiger 8% Zinsen auf die Schuld ab Fälligkeit zusprechen.

§ 2
Internationales Schiedsverfahrensrecht

I. Grundzüge

1118 Das nationale englische Schiedsverfahrensrecht[1] ist zu unterscheiden von internationalen Schiedsordnungen, die die Parteien wählen können, sei es die Schiedsordnung der *United Nations Commission on International Trade Law (UNCITRAL)*, der *International Chamber of Commerce (ICC)* in Paris, der *American Arbitration Association (AAA)* in New York oder des *London Court of International Arbitration (LCIA)*. Wie überall sind auch in England in bezug auf das anwendbare Recht drei Fragen zu trennen: Welches Recht ist auf die materiell-rechtlichen Beziehungen zwischen den Parteien anwendbar, welches auf die Schiedsabrede und welches auf das Schiedsverfahren? Für alle drei gilt der Grundsatz der Privatautonomie. So können die Parteien bestimmen, daß der zwischen ihnen abgeschlossene Vertrag französischem, die Schiedsabrede schweizer Recht und das Verfahren einer Schiedsordnung unterliegen soll.

1119 Oft versäumen die Parteien, sich über das anwendbare Recht ausdrücklich zu einigen. Haben sie es übersehen, das auf das Schiedsverfahren anwendbare Recht zu bestimmen, so wird meist das am Ort des Schiedsgerichts geltende Recht angewandt[2]. Schiedsverfahrensrecht gilt in England erst, wenn das Schiedsverfahren schon eingeleitet ist. Wird ein Anspruch nicht fristgerecht geltend gemacht, kann daher das englische Gericht die Frist verlängern, wenn nur der zugrundeliegende Vertrag englischem Recht untersteht, auch wenn sich das Verfahren nach dem Recht von Kuwait richtet[3]. Haben die Parteien sich nur auf das Verfahren geeinigt, so gibt dies oft, aber nicht zwingend, bei der Bestimmung des auf das Rechtsverhältnis der Parteien und die Schiedsabrede anwendbare Recht den Ausschlag[4]. Bestimmt die Schiedsvereinbarung, daß gesellschaftsrechtliche Streitigkeiten vom Schiedsgericht entschieden werden sollen, fallen damit zusammenhängende Wechselansprüche nicht darunter[5].

---

1 Vgl. zum englischen wie zum internationalen Recht, Schmitthoff's Export Trade, 9. Aufl. 1990, Kapitel 31; Mustill/Boyd, Commercial Arbitration, 2. Aufl. 1989 sowie Triebel/Lange, Reform des englischen Schiedsgerichtsrechts, RIW 1980, S. 616 ff.
2 Miller and Partners Ltd. v. Whitworth Street Estates Ltd., 2. Aufl. 1990 [1970] A.C. 583; Bank Mellat v. Helliniki Techniki SA [1984] Q.B. 291.
3 International Tank and Pipe S.A.K. v. Kuwait Aviation Fuelling Co. K.S.C. [1974] 3 W.L.R. 721.
4 Compagnie d'Armement Maritime S.A. v. Compagnie Tunisienne de Navigation S.A. [1970] 3 W.L.R. 389.
5 Vgl. auch Nova (Jersey) Knit Ltd. v. Kammgarn Spinnerei GmbH [1977] 2 All E.R. 463 (House of Lords).

II. Auswirkung einer Schiedsabrede auf einen Prozeß vor englischen Gerichten

Nach dem Genfer Protokoll von 1923 und der New Yorker Konvention vom 10. Juni 1958 führt eine Schiedsabrede notwendig zur Klageabweisung, wenn der Beklagte sich darauf beruft. Nach englischem Prozeßrecht wird die Klage jedoch nicht abgewiesen *dismissal*, sondern das Verfahren wird ausgesetzt: *stay of proceedings*.

1120

Diese Wirkung einer Schiedsabrede wurde durch den *Arbitration Act 1975* in England für internationale Schiedsgerichtsvereinbarungen übernommen[6], es sei denn, daß die Schiedsgerichtsvereinbarung nichtig oder nicht ausführbar ist oder in der Tat kein Streit der Parteien hinsichtlich der Punkte vorliegt, für die die Vereinbarung gilt. Bei rein nationalen Schiedsgerichtsvereinbarungen, das heißt, wenn ausschließlich englische Parteien ein englisches Schiedsgericht vereinbart haben[7], begründet eine Schiedsklausel nach englischem Verfahrensrecht dagegen keine zwingende Einrede, mit der der Beklagte die Aussetzung des vor dem staatlichen Gericht erhobenen Verfahrens erzwingen kann. Vielmehr steht dies im richterlichen Ermessen[8].

1121

III. Kontrolle von Schiedssprüchen durch englische Gerichte

Bis zum Inkrafttreten des *Arbitration Act 1979*[9] konnten nach nationalem englischem Recht Schiedssprüche in großem Umfang von staatlichen Gerichten kontrolliert werden. Dies führte dazu, daß Schiedsverfahren oft sehr lange dauerten, weil jede Partei durch Vorlage von Rechtsfragen *case stated* an ein staatliches Gericht eine Aussetzung *stay of proceedings* des Schiedsverfahrens erreichen und auch den Schiedsspruch mit rechtlichen Argumenten vor einem staatlichen Gericht angreifen konnte. Außerdem konnte das staatliche Gericht einen Schiedsspruch bei einem offenkundigen Rechts- oder Tatsachenfehler bei einem *error on the face of the award*, aufheben. Um London als Platz internationaler Schiedsgerichtsbarkeit attraktiver zu machen, wurden diese Möglichkeiten durch den *Arbitration Act 1979* entscheidend beschränkt.

1122

Heute gilt folgendes: Tatsachen entscheidet das Schiedsgericht abschließend. Rechtsfragen in Schiedssprüchen können von staatlichen Gerichten nur nachgeprüft werden *judicial review*, wenn alle Parteien zustimmen oder wenn das Gericht sie zuläßt. Das Gericht darf eine Kontrolle aber nur zulassen, wenn die Entscheidung der Rechtsfrage die Rechte einer oder mehrerer Parteien der

1123

---

6 Section 1 (1) Arbitration Act 1975.
7 Section 3 (7) Arbitration Act 1979.
8 Section 4 (1) Arbitration Act 1975.
9 Vgl. Triebel/Lange, Reform des englischen Schiedsgerichtsrechts, RIW 1980, S. 616 ff.

X. Internationales Privat- und Verfahrensrecht

Schiedsgerichtsvereinbarung entscheidend beeinträchtigen kann[10]. Das Gericht hat ein Ermessen, ob es die Kontrolle zuläßt. Das *House of Lords* hat in den sogenannten „Nema Richtlinien"[11] zu erkennen gegeben, daß nur in Ausnahmefällen eine Kontrolle erfolgen und der Schiedsspruch in der Regel endgültig sein soll. Das *House of Lords* unterschied zwischen Einzelfallverträgen *one off contracts* und Verträgen mit Klauseln von genereller Bedeutung (zum Beispiel AGB-Klauseln). Einzelfallverträge sollten nur nachgeprüft werden, wenn das staatliche Gericht der Überzeugung ist, daß eine Rechtsfrage von dem Schiedsgericht offensichtlich falsch entschieden wurde. Bei Verträgen mit Klauseln von genereller Bedeutung soll eine Kontrolle dagegen schon möglich sein, wenn eine starke Vermutung besteht, daß das Schiedsgericht falsch ausgelegt hat.

1124 Auch während des Schiedsverfahrens kann jede Partei dem *High Court* eine vorläufige Rechtsfrage zur Entscheidung vorlegen. Der *High Court* nimmt die Rechtsfrage jedoch nur zur Entscheidung an[12], wenn die Entscheidung erheblich zur Kostenersparnis beiträgt und entweder alle Parteien zustimmen oder die Entscheidung der Rechtsfrage die Rechte einer oder mehrerer Parteien entscheidend beeinträchtigen kann. Gegen die Entscheidung des *High Court*, sei es, daß er einen Schiedsspruch überprüft oder eine vorläufige Rechtsfrage entscheidet, ist in bestimmten Fällen Berufung zum *Court of Appeal* zulässig[13].

1125 Besonders wichtig ist, daß die Parteien bei internationalen Schiedsverfahren eine Kontrolle durch staatliche Gerichte sowohl vor als auch nach Beginn des Schiedsverfahrens ausschließen können[14]. Bei Seerechtsstreitigkeiten, die in die Seegerichtsbarkeit *admiralty jurisdiction* des *High Court* fallen, bei Streitigkeiten aus einem Versicherungsvertrag sowie bei Streitigkeiten aus einem Rohstoffkontrakt *commodity contract* gilt dies jedoch nur, wenn der Ausschluß nach Beginn des Schiedsverfahrens erfolgt oder der Vertrag nicht englischem Recht unterliegt[15]. Bei rein nationalen Schiedsverfahren kann ein Ausschluß nur nach Beginn des Schiedsverfahrens erfolgen[16]. Vereinbaren die Parteien eines Vertrages, daß Streitigkeiten durch ein Schiedsgericht nach der Schiedsordnung der Internationalen Handelskammer (ICC) in Paris entschieden werden sollen, gilt dies als wirksamer Ausschluß einer Kontrolle durch staatliche Gerichte, da Art. 24 der ICC Schiedsregeln festlegt, daß die Parteien den Schiedsspruch als endgültig anerkennen[17]. Das gleiche dürfte für die mei-

---

10 Section 1 (3), (4) Arbitration Act 1979.
11 Nach dem Fall Pioneer Shipping Ltd. v. B.T.P. Tioxide Ltd., The Nema [1982] A.C. 724; vgl. auch Anataios Compania Naviera S.A. v. Salen Rederierna B.A. [1985] A.C. 191.
12 Section 2 (2) Arbitration Act 1979.
13 Sections 1 (6A), 1 (7), 2 (2A), 2 (3) Arbitration Act 1979.
14 Section 3 (6) Arbitration Act 1979.
15 Section 4 (1) Arbitration Act 1979.
16 Section 3 (6) Arbitration Act 1979.
17 Marine Contractors Inc. v. Shell Petroleum Development Co. of Nigeria Ltd. [1984] 2 Lloyd's Report 77.

sten anderen internationalen Schiedsordnungen gelten, da sie ähnliche Bestimmungen wie Art. 24 der ICC Schiedsregeln enthalten.

Ausländische Schiedssprüche sind in England vollstreckbar; dies schon nach *common law*, wenn Schiedsvereinbarung nach dem hierauf anwendbaren Recht rechtswirksam ist, das Schiedsverfahrensrecht eingehalten wurde und der Schiedsspruch danach endgültig ist[18]. Nach englischem Recht ist allerdings ein vollstreckbarer Titel nötig. Der Kläger hat die Wahl: Er kann, gestützt auf den ausländischen Schiedsspruch, vor dem englischen Gericht klagen oder – wie bei englischen Schiedssprüchen – um Vollstreckbarkeitserklärung nachsuchen[19]. Dies setzt nicht voraus, daß der Schiedsspruch im Ausland schon für vollstreckbar erklärt wurde. Dies entspricht auch der New Yorker Konvention von 1958, die Großbritannien durch den *Arbitration Act 1975* in nationales Recht umgesetzt hat.

1126

---

[18] Vgl. Dicey/Morris, a.a.O., Rule 176.
[19] Section 26 Arbitration Act 1950.

X. Internationales Privat- und Verfahrensrecht

§ 3
Internationales Konkursrecht

I. Einführung

1127 Englisches Konkursrecht hat sich seit der Vorauflage stark verändert[1]. Noch immer gilt aber: Nach englischem Recht kann nur über natürliche Personen und Personengesellschaften Konkurs eröffnet werden. Rechtsfähige Gesellschaften hingegen unterliegen der Zwangsabwicklung *winding up*[2]. Daneben gibt es nach neuem Recht für Gesellschaften in Zahlungsschwierigkeiten folgende Verfahren: freiwillige außergerichtliche Vergleiche, gerichtlich genehmigte Vergleichspläne, Zwangsverwaltung und freiwillige außergerichtliche Verwaltung[3]. Entsprechend der Unterscheidung zwischen natürlichen Personen und Personengesellschaften einerseits und rechtsfähigen Gesellschaften andererseits gelten unterschiedliche Normen des englischen internationalen Verfahrensrechts. Da das EuGVÜ weder auf die Abwicklung insolventer Gesellschaften noch auf Konkursverfahren allgemein Anwendung findet[4], richtet sich die Zuständigkeit englischer Gerichte in beiden Fällen ausschließlich nach englischem Recht.

II. Englisches Konkursverfahren

1. Zuständigkeit englischer Gerichte

1128 Die Zuständigkeit englischer Gerichte im Konkursverfahren richtet sich nach folgender Regel: Für Konkursverfahren, die vor dem 29. Dezember 1986 beantragt oder eingeleitet wurden, gilt weiterhin der *Bankruptcy Act 1914*[5]. Für Konkursverfahren, die seit dem 29. Dezember 1986 beantragt wurden oder werden, gilt der *Insolvency Act 1986*. Nach dem *Insolvency Act 1986* gilt für die Zuständigkeit englischer Gerichte im Konkursverfahren folgendes: Englische Gerichte sind zuständig[6], wenn der Gemeinschuldner:

1129 (1) sein *domicile* in England hat; oder

1130 (2) am Tage des Konkursantrages persönlich in England anwesend ist; oder

1131 (3) innerhalb von 3 Jahren vor dem Tag des Konkursantrages

---

1 Vgl. oben Rdnr. 815 ff.
2 Vgl. oben Rdnr. 777 ff.
3 Vgl. oben Rdnr. 837 ff.
4 Vgl. Art. 1(2) EuGVÜ; section 18(3)(c) Civil Jurisdiction and Judgments Act 1982.
5 Vgl. zu Einzelheiten Vorauflage Rdnr. 105.
6 Vgl. S. 265 Insolvency Act 1986 und Dicey & Morris, The Conflict of Laws, 12. Auflage 1993, Rule 159(3).

a) seinen gewöhnlichen Aufenthalt *(ordinary residence)* oder einen Aufenthaltsort *(place of residence)* in England hatte; oder
b) persönlich oder durch einen Vertreter oder Geschäftsführer in England geschäftlich tätig war; oder
c) Mitglied oder Partner einer Gesellschaft war, die selbst oder durch einen Vertreter oder Geschäftsführer in England tätig war.

Anders als unter dem *Bankruptcy Act 1914* ist es nach dem *Insolvency Act 1986* für die Zuständigkeit englischer Gerichte nicht mehr erforderlich, daß der Gemeinschuldner einen oder mehrere Konkursgründe erfüllt[7]. Es genügt, daß der Schuldner einen der oben dargestellten Bezüge zu England aufweist, selbst wenn er in dem Zeitpunkt, in dem dieser Bezug vorlag, keinen Konkursgrund verwirklicht hat (sondern erst später). Doch selbst wenn englische Gerichte zuständig sind und auch ein Konkursgrund gegeben ist, liegt es im Ermessen des Gerichtes, ob es das Konkursverfahren eröffnet oder nicht[8].   1132

Das Konkursverfahren kann sowohl von dem Gemeinschuldner als auch von einem Gläubiger beantragt werden. Die Konkursgründe wurden im materiellrechtlichen Teil dargestellt[9]. Wenn englische Gerichte nach den dargestellten Regeln zuständig sind, der Gemeinschuldner sich aber nicht in England aufhält, kann das Gericht eine Auslandszustellung zulassen[10]. Ist das Gericht überzeugt davon, daß der Gemeinschuldner die Möglichkeit einer Zustellung in England absichtlich vereitelt hat, kann es auch eine Ersatzzustellung anordnen[11].   1133

Die Zuständigkeit englischer Gerichte entfällt auch nicht deshalb, weil gegen den Gemeinschuldner bereits ein Konkursverfahren vor einem ausländischen Gericht anhängig ist[12]. Das Gericht wird aber in diesem Fall unter Umständen sein Ermessen dahingehend ausüben, kein zweites Konkursverfahren in England zu eröffnen. Dies kommt vor allem dann in Betracht, wenn der Gemeinschuldner kein Vermögen in England hat.   1134

2. Wirkung der Eröffnung des Konkursverfahrens

Die Eröffnung eines englischen Konkursverfahrens bewirkt, daß das gesamte Vermögen des Gemeinschuldners auf den Konkursverwalter *trustee in bankruptcy* übergeht. Dies gilt unabhängig davon, ob sich das Vermögen in England oder im Ausland befindet[13]. Rechte am Auslandsvermögen des Gemeinschuldners kann der Konkursverwalter aber in der Regel im Ausland nicht   1135

---

7 Vgl. section 1(1)(a) – (h) Bankruptcy Act 1914.
8 Section 266(3) Insolvency Act 1986.
9 Vgl. oben Rdnr. 830 ff.
10 Insolvency Rules 1986, Rule 12.12.(2).
11 Insolvency Rules 1986, Rule 6.14(2).
12 Dicey & Morris, a.a.O., Rule 160.
13 Dicey & Morris, a.a.O., Rule 161.

X. Internationales Privat- und Verfahrensrecht

durchsetzen, da das internationale Privatrecht nahezu aller Länder für den Eigentumsübergang auf den Ort der belegenen Sache, *lex rei sitae*, abstellt. Deshalb kann der Gläubiger trotz Konkursverfahrens in England gegen den Gemeinschuldner im Ausland gerichtliche Verfahren einleiten und in das ausländische Vermögen vollstrecken. Dies versuchen englische Gerichte zu verhindern. Sie untersagen Gläubigern mit Aufenthalt in England, vor ausländischen Gerichten gegen den Gemeinschuldner vorzugehen oder in sein Auslandsvermögen zu vollstrecken[14]. Hat der Gläubiger schon vollstreckt, kann er seine Forderung im englischen Konkursverfahren nur anmelden, wenn er gleichzeitig alle im Ausland erworbenen Vermögenswerte einbringt[15]. In drei Fällen, die zwischen 1791 und 1795[16] entschieden wurden, mußte der in England ansässige Gläubiger sogar die durch Zwangsvollstreckung im Ausland erworbenen Gelder an den englischen Konkursverwalter aushändigen, und zwar unabhängig von seiner Teilnahme am englischen Konkursverfahren.

3. Zwingende Anwendung englischen Rechts

1136 Das Konkursverfahren und die Verwaltung des Vermögens des Gesamtschuldners durch den Konkursverwalter unterliegen immer englischem Recht[17]. Dies beruht darauf, daß es sich um Verfahrensrecht handelt, welches sich immer nach dem Gerichtsort richtet *lex fori*.

1137 Die Befreiung von einer Schuld *discharge* aufgrund eines englischen Konkursverfahrens gilt als Erlaß in England, unabhängig davon, welchem materiellen Recht der zugrundeliegende Vertrag oder die Schuld unterliegt[18]. Dies hat im deutsch-englischen Rechtsverkehr erhebliche Bedeutung, da das deutsche Recht eine Befreiung von der Schuld durch ein Konkursverfahren anders als das englische Recht nicht kennt. Schuldet der Gemeinschuldner beispielsweise Geld aus einem Vertrag, der deutschem Recht unterliegt, und wird er durch eine Verfügung eines englischen Konkursgerichtes *order of discharge* von seiner Verbindlichkeit befreit, so kann der Gesamtschuldner gegen eine Zahlungsklage in England die Befreiung von der Schuld einwenden, auch wenn nach dem anwendbaren deutschen Vertragsrecht keine Befreiung eingetreten ist. Dies ist eine Ausnahme von dem Grundsatz, daß sich die Befreiung von einem Vertragsanspruch nach dem auf den Vertrag anwendbaren Recht richtet.

---

14 Re Distin, ex p. Ormiston (1871) 24 L.T. 197; Re Chapman (1873) L.R. 15 Eq. 75.
15 Ex p. Wilson, Re Douglas (1872) L.R. 7 Ch. App. 490.
16 Sill v. Worswick (1791) 1 H.Bl. 665; Hunter v. Potts (1791) 4 T.R. 182; Phillips v. Hunter (1795) 2 H.Bl. 402.
17 Dicey & Morris, a.a.O., Rule 162.
18 Dicey & Morris, a.a.O., Rule 163.

III. Ausländische Konkursverfahren

Englische Gerichte erkennen die Zuständigkeit schottischer und nordirischer Gerichte in Konkurssachen an. Die Zuständigkeit anderer ausländischer Gerichte erkennen sie an, wenn der Gemeinschuldner zur Zeit des Konkursantrages seinen Wohnsitz in dem entsprechenden Land hatte[19] oder sich freiwillig der Gerichtsbarkeit des ausländischen Gerichtes unterworfen hat[20]. **1138**

Dies ist der Fall, wenn er selbst den Konkursantrag gestellt[21] oder sich sonstwie auf das Verfahren eingelassen hat[22]. Bei schottischen und nordirischen Konkursverfahren geht das gesamte in England belegene bewegliche und unbewegliche Vermögen des Gemeinschuldners auch nach englischem Recht auf den Konkursverwalter über[23]. Bei anderen ausländischen Konkursverfahren gilt dies nur für das bewegliche Vermögen und nur sofern das englische Gericht die Zuständigkeit des ausländischen Gerichts nach den oben dargestellten Regeln anerkennt[24]. Das in England belegene unbewegliche Vermögen, vor allem Immobilien, geht bei einem Auslandskonkurs außerhalb von Schottland oder Nordirland nicht auf den ausländischen Konkursverwalter über[25]. Das englische Gericht kann aber in geeigneten Fällen einen Zwangsverwalter hinsichtlich der Einnahmen aus einem in England belegenen Grundstück bestimmen[26]. Haben Konkursverfahren in verschiedenen Ländern stattgefunden, und würde in England belegenes Vermögen auf jeden der ausländischen Konkursverwalter übergehen, gilt das Prioritätsprinzip. Nur der erste Übergang ist wirksam[27]. Anders als bei einer Befreiung von der Schuld durch ein englisches Konkursverfahren[28] führt eine Befreiung durch ein Konkursverfahren außerhalb Englands, Schottlands und Nordirlands zu einer Befreiung von der Schuld in England nur dann, wenn auch nach dem auf den Vertrag oder die Schuld anwendbaren Recht eine Befreiung von der Schuld eintritt[29]. **1139**

---

19 Blithman (1866) L.R. 2 Eq. 23; Re Hayward [1897] 1 Ch. 905.
20 Dicey & Morris, a.a.O., Rule 164.
21 Re Davidson's Settlement (1873) L.R. 15 Eq. 383; Re Lawson's Trusts [1896] 1 Ch. 175; Re Burke (1919) 54 L.J. 430.
22 Re Anderson [1911] 1 K.B. 896, 900, 902; Re Craig (1917) 86 L.J. Ch. 62; Bergerem v. Marsh (1921) 6 B. C.R. 195.
23 Dicey & Morris, a.a.O., Rule 165.
24 Dicey & Morris, a.a.O., Rule 166; Solomons v. Ross (1764) 1 H. Bl. 131 n.; Jollet v. Deponthieu (1769) 1 H. Bl. 132 n.; Re Lawson's Trusts [1896] 1 Ch. 175; Re Anderson [1911] 1 K.B. 896.
25 Dicey & Morris, a.a.O., Rule 167; Waite v. Bingley (1882) 21 Ch. D. 674, 682; Re Levy's Trusts (1885) 30 Ch. D. 119, 123.
26 Dicey & Morris, a.a.O.; Re Levy's Trusts, a.a.O.
27 Dicey & Morris, a.a.O., Rule 168; Re Anderson [1911] 1 K.B. 896; Re Temple [1947] Ch. 345.
28 Siehe oben Rdnr. 1137.
29 Dicey & Morris, a.a.O., Rule 169 und 170.

IV. Die Abwicklung insolventer Gesellschaften

1140 Englische Gerichte sind zur Abwicklung einer insolventen Gesellschaft zuständig, wenn die Gesellschaft in England eingetragen[30] ist. Dies gilt selbst dann, wenn die Gesellschaft ausschließlich im Ausland tätig ist oder die Hauptverwaltung im Ausland liegt. Entscheidend ist, daß nach der englisch-rechtlichen Gründungstheorie der Sitz der Gesellschaft dort ist, wo die Gesellschaft eingetragen ist, und daß deswegen für alle in England eingetragenen Gesellschaften ausschließlich englisches Recht gilt. Ausländische Gesellschaften ohne Sitz in England, Wales, Schottland oder Nordirland können in England abgewickelt werden, wenn sie in England Vermögen haben und Personen von der Abwicklung profitieren würden, die der englischen Gerichtsbarkeit unterworfen sind[31].

1141 Während im Konkursverfahren das gesamte Vermögen des Gemeinschuldners auf den Konkursverwalter übergeht, berührt das gerichtliche Abwicklungsverfahren die formale Rechtsstellung der Gesellschaft als Eigentümerin nicht. Das Gesellschaftsvermögen wird dann aber nicht mehr für die Gesellschaft gehalten, sondern treuhänderisch für die Begünstigten des Abwicklungsverfahrens[32]. Ausländische Gesellschaften werden von englischen Gerichten abgewickelt, wenn diese im Gründungsland aufgelöst wurden, in England und Wales keine Geschäftstätigkeit mehr entfalten oder dies nur zum Zwecke der Abwicklung noch tun, die Gesellschaft ihre Verbindlichkeiten nicht bezahlen kann oder es in den Augen des Gerichts „gerecht und billig" ist, sie abzuwickeln[33]. Die Abwicklung betrifft nur das im Vereinigten Königreich belegene Gesellschaftsvermögen.

1142 Englisches Recht erkennt die Auflösung einer Gesellschaft in ihrem Gründungsland an[34]. Aber auch eine aufgelöste und daher nicht mehr existente Gesellschaft kann dem englischen Abwicklungsverfahren unterliegen. Diese Fiktion des Fortbestandes der Rechtspersönlichkeit ausländischer Gesellschaften trotz Auflösung wurde in zahlreichen Fällen russischer Gesellschaften nach 1917 angewandt[35].

---

30 Section 117(1) Insolvency Act 1986; Dicey & Morris, a.a.O., Rule 175(1).
31 Dicey & Morris, a.a.O., Rule 179(2) mit weiteren Nachweisen.
32 Sections 73–200 Insolvency Act 1986; Dicey & Morris a.a.O., Rule 177 (1); Ayerst v. C. & K. (Construction) Ltd. [1976] A.C. 167.
33 Section 221(5) Insolvency Act 1986.
34 Dicey & Morris, a.a.O., Rule 178.
35 Mann (1955) 18 M.L.R. 8.

§ 4
Internationales Privatrecht

I. Einführung

Der Begriff Handelskollisionsrecht ist in England unbekannt. Im folgenden sollen darunter die Normen des englischen internationalen Privatrechts verstanden werden, die im grenzüberschreitenden Verkehr Bedeutung haben und Antwort auf die Frage geben: Welches materielle Recht ist anwendbar?

1143

Jedes Rechtssystem hat sein eigenes internationales Privatrecht, auch das englische. Bisweilen beurteilen englisches und deutsches internationales Privatrecht denselben Sachverhalt unterschiedlich, so daß englische und deutsche Gerichte, weil sie unterschiedliche nationale Rechte anwenden, zu unterschiedlichen Urteilen gelangen können. Deshalb ist auch Kenntnis und Vergleich des englischen internationalen Privatrechts nötig, um dem Kläger das ihm günstigere Recht aufzuzeigen.

1144

Private international law, auch *conflict of laws* genannt, war bis vor kurzem weniger das Werk des Gesetzgebers, sondern vielmehr das der Gerichte. Die zahlreichen Entscheidungen spiegeln die Bedeutung Englands als Handelsmacht, mehr noch die Beliebtheit englischen Rechts, englischer Gerichts- und Schiedsgerichtsbarkeit in den Augen ausländischer Parteien wieder. Übersehen werden darf auch nicht: International privatrechtliche Rechtsanwendungsfragen stellen sich auch im Verhältnis von England und Wales einerseits und Schottland andererseits. Doch darf auch nicht verkannt werden: Die Bedeutung — auch englischen — internationalen Privatrechts wird gemindert durch internationale Konventionen, so im Luft- und Landfrachtrecht, im internationalen Kaufrecht, nicht zuletzt aber auch durch detaillierte vertragliche Vereinbarungen, die einen eigenen geschlossenen Code darstellen und die Bedeutung des anwendbaren Rechts weitgehend verdrängen.

1145

Im Jahre 1991 trat eine wichtige Änderung des englischen internationalen Privatrechts ein. Durch den *Contracts (Applicable Law) Act 1990* wurde das EG-Schuldvertragsübereinkommen[1] vom 19. Juni 1980 mit Wirkung vom 1. April 1991 in englisches Recht transformiert. In seinem Anwendungsbereich ersetzt es die Regeln des *common law.* Diese sind aber nicht bedeutungslos geworden. Sie gelten weiter für Altverträge, für Verträge, die von dem Übereinkommen ausgenommen sind (zum Beispiel Wechselansprüche) sowie für Ansprüche außerhalb des Schuldrechts.

1146

---

1 Abgedruckt im Bundesgesetzblatt 1986 II, 809.

X. Internationales Privat- und Verfahrensrecht

1147 Vom internationalen Privatrecht als Kollisionsrecht ist das Fremdenrecht zu unterscheiden: Das auf Ausländer oder ausländische Gesellschaften anwendbare materielle Recht, so vor allem im Bereich des Devisenrechts[2].

1148 Es ist nicht beabsichtigt, die Grundzüge des englischen internationalen Privatrechts darzustellen[3]. Interessante Probleme der Vorfrage und die eigenwillige englische Rechtsprechung zur Frage des *renvoi* sind für Familien- und Erbrecht von größerer Bedeutung als für Vertrags- und Handelsrecht. Allerdings ist die Klassifikation häufig wichtig; etwa für Verjährung oder Schadensersatzrecht. Englische Gerichte schwanken, ob sie bei der Qualifikation der *lex fori*[4] oder der *lex causae*[5] folgen sollen. Geht es um den Begriff des *domicile*, wird immer das englische rechtliche Konzept angewandt[6]. Die Unterscheidung zwischen beweglichen und unbeweglichen Sachen richtet sich nach der *lex rei sitae*[7].

1149 Im folgenden sollen einige im internationalen Handelsverkehr wesentliche Themen erörtert werden, nämlich der Handels-, Kauf-, Arbeitsverträge, des Gesellschafts-, Delikts- und Wettbewerbsrechts sowie des gewerblichen Rechtsschutzes.

II. Verträge (allgemein)

1. EG-Schuldvertragsübereinkunft

1150 Die EG-Schuldvertragsübereinkunft (EGSVÜ) vom 19. Juni 1980 wurde durch den *Contracts (Applicable Law) Act 1990* in englisches Recht transformiert und gilt in England seit dem 1. April 1991. Die EGSVÜ ist auf vertragliche Schuldverhältnisse anzuwenden, die eine Verbindung zum Recht verschiedener Staaten aufweisen[8]. Ausdrücklich ausgenommen sind zum Beispiel Personenstandssachen, vertragliche Schuldverhältnisse aus Familien- und Erbrecht, Verpflichtungen aus Wechseln und Schecks, Schieds- und Gerichtsstandsvereinbarungen, Gesellschaftsrecht, *trusts*, Beweis- und Verfahrensrecht sowie die Frage, ob ein Vertreter die Person, für deren Rechnung er zu handeln vorgibt, Dritten gegenüber verpflichten kann oder ob das Organ einer Gesellschaft diese Gesellschaft gegenüber Dritten verpflichten kann[9]. Die EGSVÜ gilt auch nicht für Versicherungsverträge, die Risiken innerhalb der EG ab-

---

2 Vgl. oben Rdnr. 302f.
3 Vgl. Cheshire & North, Private International Law, 12. Aufl., London 1992; Dicey & Morris, The Conflict of Laws, 12. Aufl., London 1993.
4 Odgen v. Odgen [1908] S. 46.
5 Re Maldonaldo [1954] S. 223.
6 Vgl. Dicey/Morris, a.a.O., Rule 15 sowie oben Rdnr. 1020.
7 Re Hoyles [1911] 1 Ch. 179; Re Berchthold [1923] 1 Ch. 192, 199.
8 Art. 1(1) EGSVÜ
9 Siehe im einzelnen und zu weiteren Ausnahmen Art. 1 (2) EGSVÜ.

decken[10]. Das nach der EGSVÜ anzuwendende Recht ist auch dann anzuwenden, wenn es das Recht eines Nichtvertragsstaates ist[11].

1151 Grundsätzlich gilt: Die Parteien können das anwendbare Recht frei wählen[12]. Die Rechtswahl muß ausdrücklich sein oder sich mit hinreichender Sicherheit aus den Bestimmungen des Vertrages oder aus den Umständen des Falles ergeben[13]. Die Parteien können die Rechtswahl für ihren gesamten Vertrag oder nur für einen Teil treffen[14] und die Rechtswahl jederzeit ändern[15]. Sind alle anderen Teile des Sachverhalts im Zeitpunkt der Rechtswahl in ein und demselben Staat belegen, so kann durch Wahl eines ausdrücklichen Rechts nicht von zwingenden Bestimmungen dieses Staates abgewichen werden[16].

1152 Wenn die Parteien kein bestimmtes Recht gewählt haben, gilt das Recht des Staates, mit dem der Vertrag die engsten Verbindungen aufweist[17]. Läßt sich jedoch ein Teil des Vertrages von dem Rest des Vertrages trennen und weist dieser Teil eine engere Verbindung mit einem anderen Staat auf, so kann auf ihn ausnahmsweise das Recht dieses anderen Staates angewandt werden[18]. Läßt sich eine charakteristische Leistung für den Vertrag bestimmen, so wird vermutet, daß der Vertrag die engsten Verbindungen mit dem Staat aufweist, in dem die Partei, welche die charakteristische Leistung zu erbringen hat, im Zeitpunkt des Vertragsabschlusses ihren gewöhnlichen Aufenthalt *habitual residence* hat[19].

1153 Bei einer Gesellschaft, einem Verein oder einer juristischen Person ist der Sitz der Hauptverwaltung, bei beruflicher oder gewerblicher Tätigkeit die Hauptniederlassung der Person entscheidend, die die charakteristische Leistung zu erbringen hat[20].

1154 Bei Verträgen, die ein dingliches Recht an einem Grundstück oder ein Recht zur Nutzung eines Grundstücks zum Gegenstand haben, wird vermutet, daß der Vertrag die engsten Verbindungen zu dem Staat aufweist, in dem das Grundstück belegen ist[21]. Bei Güterbeförderungsverträgen und Charterverträgen wird vermutet, daß sie mit dem Staat die engsten Verbindungen aufweisen, in dem der Beförderer im Zeitpunkt des Vertragsabschlusses seine Hauptniederlassung hat, sofern sich in diesem Staat auch der Verladeort oder der Entla-

---

10 Art. 1 (3) EGSVÜ.
11 Art. 2 EGSVÜ
12 Art. 3 (1) S. 1 EGSVÜ.
13 Art. 3 (1) S. 2 EGSVÜ.
14 Art. 3 (1) S. 3 EGSVÜ.
15 Art. 3 (2) EGSVÜ.
16 Art. 3 (3) EGSVÜ.
17 Art. 4 (1) EGSVÜ.
18 Art. 4 (1) S. 2 EGSVÜ.
19 Art. 4 (2) und 4 (5) S. 1 EGSVÜ.
20 Art. 4 (2) S. 2 EGSVÜ.
21 Art. 4 (3) EGSVÜ.

deort oder die Hauptniederlassung des Absenders befindet[22]. Diese Vermutungen gelten nicht, wenn sich aus der Gesamtheit der Umstände ergibt, daß der Vertrag engere Verbindungen zu einem anderen Staat aufweist[23].

2. Common Law

1155 Das auf Verträge anwendbare Recht wird kurz *proper law of contract* genannt. Seit dem 19. Jahrhundert haben englische Richter den Parteien auch Privatautonomie bei der Wahl des Rechts zugestanden, das auf den von ihnen geschlossenen Vertrag anwendbar sein soll[24]. Die Parteien können dies ausdrücklich tun und im Vertrag eine *express choice of law clause* aufnehmen. Bislang ist kein Fall berichtet worden, in dem die Richter einer solchen ausdrücklichen Rechtswahl die Gültigkeit versagt hätten. Sachlicher Bezug des Vertragsgegenstandes zum gewählten Rechtssytem fordern sie nicht[25]. Andererseits ist klar: Die Parteien können nicht durch Wahl fremden Rechts zwingende Vorschriften englischen oder des am Erfüllungsort geltenden Rechts ausschließen oder umgehen[26]. Die Parteien können auch nachträglich die Anwendung fremden Rechts vereinbaren, allerdings nicht einseitig durch Bestätigungsschreiben[27]. Wird die Geltung fremden Rechts im Prozeß nicht vorgetragen oder – wenn bestritten – nicht bewiesen, gehen englische Richter von ihrem eigenen Recht aus[28].

1156 Oft versäumen die Parteien, das auf den Vertrag anwendbare Recht ausdrücklich zu bestimmen. Englisches Recht hält für diesen Fall keine Rangfolge für die Bestimmung des anwendbaren Rechts bereit. Englische Gerichte stellen subjektiv auf den Parteiwillen ab[29]. Anzuwenden ist das Recht, welches dem mutmaßlichen Parteiwillen entspricht: *implied choice of law*. Ein mutmaßlicher Parteiwille zugunsten englischen Rechts wird zum Beispiel häufig angenommen, wenn die Parteien einen englischen Gerichtsstand oder ein Schiedsverfahren in England vereinbart haben, aber auch bei Verwendung einer englischen Seeversicherungspolice[30]. Noch häufiger aber wenden sie einen objektiven Test an: Mit welchem Rechtssystem war das Rechtsgeschäft am engsten verbunden[31]? Es kommt auf die *closest and most real connection* an[32].

---

22 Art. 4 (4) EGSVÜ.
23 Art. 4 (5) S. 2 EGSVÜ.
24 Vita Food Products Inc. v. Unus Shipping Co. [1939] A.C. 277; vgl. auch Dicey/Morris, a.a.O., Rule 127.
25 Vita Food Products Inc. v. Unus Shipping Co., a.a.O., 190f. per Lord Wright.
26 Cheshire & North, a.a.O., 18. Kapitel.
27 Vgl. Oben Rdnr. 1049.
28 Lloyd v. Guibert [1865] L.R. 1 Q.B. 115, 129; Dynamit A.G. v. Rio Tinto Co. [1918] A.C. 260.
29 Vgl. Cheshire & North, a.a.O.
30 Amin Rasheed Shipping Corporation v. Kuwait Insurance Co. [1984] A.C. 50.
31 Cheshire & North, a.a.O.
32 So per Lord Simonds in Bonython v. Commonwealth of Australia [1951] A.C. 201, 219.

Nach der älteren Rechtsprechung gab es Vermutungen für die Anwendung 1157
eines bestimmten Rechts; neuere Praxis wägt alle Indizien gegeneinander ab,
keinem Faktor wird unbedingt Vorrang eingeräumt[33]. In Betracht kommen
vor allem bei ausschließlicher Gerichtsbarkeit oder Schiedsgerichtsklausel das
am Gerichtsort geltende Recht[34]; ferner werden berücksichtigt: Erfüllungsort[35], Abschlußort[36], Währung, Schiffsflagge[37], rechtstechnische Begriffe, bei Grundstücksgeschäften die Belegenheit, Wohnsitz und Nationalität
der Parteien, ferner ob der Vertrag nach einem Recht gültig, nach dem anderen
ungültig wäre. Auch die Vertragssprache läßt Rückschlüsse zu; doch ist zu beachten, daß Englisch die in internationalen Transaktionen häufigste Sprache
ist und somit hinter anderen Indizien zurücktreten sollte[38].

Das Vertragsstatut regelt Inhalt und Wirksamkeit des Rechtsgeschäfts; ferner 1158
ob der Schuldner von seiner Leistung befreit ist, ob er sich auf nicht zu vertretende Unmöglichkeit und Wegfall der Geschäftsgrundlage nach deutschem
Recht berufen kann oder die strengen Voraussetzungen der *frustration* nach
englischem Recht beweisen muß[39]. Vertragsschluß wird nach überwiegender
Meinung nicht gesondert angeknüpft: Ob ein Vertrag Gegenleistung *consideration* voraussetzt[40], ob die Aufgabe der Vertragsannahme bei der Post ausreicht, auch wenn sie dem anderen Vertragsteil nicht zugeht[41], unterliegt dem
Vertragsstatut. Auch Willensmängel, Zwang und Drohungen werden vom *proper law of contract* geregelt[42]. Für Formvorschriften reicht aus, wenn die am
Abschlußort oder die nach dem anwendbaren Recht nötigen Regeln beachtet
werden. Allerdings wird dem Erfordernis schriftlichen Beweismaterials bei
Bürgschaften und Grundstücksgeschäften prozessuale Bedeutung beigemessen
mit der Folge: Diese müssen vorliegen, damit Ansprüche aus solchen Verträgen vor englischen Gerichten durchgesetzt werden können[43]. Ob sich Geschäftsfähigkeit der Vertragsparteien nach dem auf den Vertrag anwendbaren
Recht, nach dem des Wohnsitzes oder Vertragsabschlusses richtet, ist immer
noch eine offene Frage[44]. Bei Nichtigkeit wegen Gesetzesverstoßes oder Sittenwidrigkeit kommt es wahrscheinlich weniger auf den Abschluß, als vielmehr
auf den am Erfüllungsort und dem nach englischem Recht als *lex fori* gelten-

---

33 Cheshire & North, a.a.O.
34 Compagnie d'Armement Maritime S.A. v. Compagnie Tunisienne de Navigation S.A. [1970] 3 W.L.R. 389.
35 So Lord Wilberforce in Miller and Partners Ltd. v. Whitworth Street Estates, a.a.O., S. 615.
36 Jacobs v. Credit Lyonnais (1884) 12 Q.B.D. 589.
37 Lloyd v. Guibert (1865) L.R. 1 Q.B. 115.
38 Sayers v. International Drilling Co. [1971] 1 W.L.R. 1176, 1183.
39 Jacobs v. Credit Lyonnais (1884) 12 Q.B.D. 589.
40 Re Bonacina [1912] 2 Ch. 394.
41 Albeko Schuhmaschinen v. Kamborian Shoe Machine Co. Ltd. (1961) 111 L.J. 519.
42 Mackender v. Feldia [1967] 2 Q.B. 590.
43 Cheshire & North, a.a.O.
44 Cheshire & North, a.a.O.

den Rechtszustand an[45]. Das Vertragsstatut bestimmt auch die Währung, nach der sich die Höhe einer Geldschuld bemißt. Im Gegensatz zu diesem *money of account* richtet sich die Frage, in welcher Währung die Schuld tatsächlich — und nicht nur rechnerisch — zu begleichen ist: *money of payment* nach der *lex loci solutionis*[46]. Das Verjährungsstatut wird — im Gegensatz zu § 194 ff. BGB — nicht dem Vertrags-, sondern dem Prozeßrecht zugerechnet[47].

1159 Englisches Recht erkennt Verträge zugunsten Dritter nicht an. Anders jedoch, wenn der Vertrag einem Recht unterliegt, das vertragliche Rechte Dritter kennt. Dann sind auch diese Rechte Dritter in England durchsetzbar[48].

1160 Abtretung von Forderungen und Rechten behandelt englisches internationales Privatrecht nicht im Zusammenhang mit Vertrags-, sondern mit Eigentumsrecht. Dabei sind folgende Fragen zu unterscheiden: Ob Abtretung überhaupt möglich ist, richtet sich nach dem *proper law of contract*, dem die Forderung oder das Recht entspringt[49]. Für die Form der Abtretung genügt es, wenn die Vorschriften des Abschlußortes oder des auf den Abtretungsvertrag anwenbaren Rechts beachtet wurden. Die Rechtswirksamkeit der Abtretung richtet sich nach dem Abtretungsstatut[50]. Danach richtet sich auch, ob ein einfacher Vertrag über die Abtretung gemäß § 398 BGB genügt, oder ob — wie dies englisches Recht fordert — eine Gegenleistung *consideration* hinzukommen muß. Bei der Frage des Vorrangs bei mehreren Abtretungen über dieselbe Forderung kommt es wahrscheinlich auf das Forderungs- und nicht auf das Abtretungsstatut an[51].

III. Kaufverträge

1161 Großbritannien ist dem Haager Kollisionsrechtsabkommen vom 15. Juni 1955 nicht beigetreten. Doch hat es die beiden Haager Kaufrechtskonventionen aus dem Jahre 1964, die über den internationalen Kauf beweglicher Sachen und die über den Abschluß von internationalen Kaufverträgen über bewegliche Sachen ratifiziert und durch den *Uniform Laws on International Sales Act 1967*, der 1972 in Kraft trat, in nationales Recht umgesetzt.

1162 Trotz der beiden Haager Kaufrechtskonventionen bleiben genügend Probleme, die nur das internationale Privatrecht lösen kann: einmal, weil die internatio-

---

45 Ralli Brothers v. Compania Naviera Sota y Aznar [1920] 2 K.B. 287; Kahler v. Midland Bank [1950] A.C. 24; Kleinwort v. Ungarische Baumwolle Industrie AG [1939] 2 K.B. 678.
46 Mount Alberta Borough Council v. Australian Assurance Society Ltd. [1938] A.C. 224; Bonython v. Commonwealth of Australia [1951] A.C. 201; Alan & Co. Ltd. v. El Nasr [1972] 2 Q.B. 189.
47 Vgl. oben Rdnr. 1072.
48 Scott v. Pilkington (1862) 6 L.T. 21.
49 Re Fry [1946] Ch. 312; Campbell Conelly & Co. v. Noblen [1963] 1 W.L.R. 252.
50 Cheshire & North, a. a. O., 31. Kapitel.
51 Le Feuvre v. Sullivan (1855) 10 Moo. P.C. 1; Kelly v. Selwyn [1905] 2 Ch. 117.

nalen Abkommen viele mit internationalem Kaufrecht zusammenhängende Fragen, wie zum Beispiel Eigentumsübergang, nicht regeln; zum anderen, weil die Abkommen nach dem britischen Einbeziehungsgesetz nur gelten, wenn die Parteien dies festlegen[52]. Dies heißt in der Praxis des Rechtsalltags: Da selten internationales Kaufrecht vereinbart wird, sind die englischen Gerichte gezwungen, über die englischen Regeln des internationalen Privatrechts (einschließlich der EGSVÜ) das nationale materielle Kaufrecht anzuwenden. Schwierigkeiten gibt es, wenn eine Partei des Kaufvertrages in England, die andere in einem Vertragsstaat des Wiener UN-Kaufrechtsübereinkommens oder der Haager Abkommen ohne Einschränkung der Geltung des internationalen Kaufrechts ansässig ist. Dann muß zunächst anhand des internationalen Privatrechts bestimmt werden, an welches nationale Recht anzuknüpfen ist: Unterliegt danach der Kaufvertrag englischem Recht, ist materielles englisches Kaufrecht maßgeblich; sonst internationales Kaufrecht, wenn dies die Parteien nicht ausgeschlossen haben[53]. Daher gilt in der Regel (wenn die Parteien nichts anderes vereinbart haben) bei Lieferungen englischer Unternehmen nach Deutschland materielles englisches Recht, bei Lieferungen deutscher Unternehmen nach England dagegen das Wiener UN-Kaufrechtsübereinkommen.

1163 Wenn die EGSVÜ anwendbar ist, gelten deren Regelungen. Auch für Kaufverträge ist in erster Linie das von den Parteien vereinbarte Recht maßgebend[54]. Mangels Rechtswahl gilt das Recht des Staates, mit dem der Vertrag die engsten Verbindungen aufweist, wobei wiederum die obigen Vermutungen gelten[55]. Bei Verbraucherverträgen[56] darf in bestimmten Fällen die Rechtswahl nicht dazu führen, daß dem Verbraucher der durch die zwingenden Bestimmungen des Rechts des Staates, in dem er seinen gewöhnlichen Aufenthalt hat, gewährte Schutz entzogen wird[57].

1164 Privatautonomie gilt auch im internationalen Kaufrecht, doch können sich die Parteien durch Wahl ausländischen Kaufrechts nicht zwingend der Vorschriften des *Supply of Goods (Implied Terms) Act 1973* entziehen. Der *Unfair Contract Terms Act* beschränkt bestimmte Haftungsbeschränkungsklauseln. Zwar gilt er nicht für die meisten internationalen Kaufverträge[58], ferner nicht, wenn englisches Recht nur aufgrund von Parteivereinbarung Anwendung findet[59]. Der *Unfair Contract Terms Act* ist aber gleichwohl anwendbar bei Verbraucherverträgen sowie dann, wenn eine Rechtswahl getroffen wurde, um das Gesetz zu umgehen[60].

---

52 Section 1 (3) Uniform Laws on International Sales Act 1967.
53 Vgl. im einzelnen Schmitthoff's Export Trade, 9. Auflage 1990, 3. Kapitel.
54 Art. 3 EGSVÜ.
55 Art. 4 EGSVÜ.
56 Art. 5 EGSVÜ.
57 Weitere Einzelheiten vgl. Art. 5 EGSVÜ.
58 Section 26 Unfair Contracts Terms Act 1977.
59 Section 27(1) Unfair Contract Terms Act 1977.
60 Section 27(2) Unfair Contract Terms Act 1977.

X. Internationales Privat- und Verfahrensrecht

1165 Englisches Recht kennt nicht das Abstraktionsprinzip: Es trennt grundsätzlich nicht zwischen schuldrechtlichem Kaufvertrag und dinglichem Erfüllungsgeschäft. Andererseits schränkt englisches internationales Privatrecht das Kaufstatut ein: Denn die Eigentumsverhältnisse an der Kaufsache unterliegen dem Recht des Belegenheitsortes[61]. Dies gilt gleichermaßen für unbewegliche wie bewegliche Sachen. Dies hat große praktische Auswirkungen: Der Eigentumsübergang von Waren, die sich in Deutschland befinden, richtet sich nach deutschem Recht, auch wenn der Kaufvertrag englischem Recht unterliegt. Ist nach englischem Recht der Eigentumsübergang grundsätzlich an den Abschluß des Kaufvertrages geknüpft, kann dieses Prinzip durchbrochen werden, wenn die ausländische Rechtsordnung des Belegenheitsortes zusätzliche Voraussetzungen für den Eigentumsübergang fordert. Dies kann sich auch beim Eigentumsvorbehalt auswirken, wenn die ausländische *lex rei sitae* dessen Wirkungen einschränkt. Im Verhältnis Deutschlands zu England scheint es keine Konflikte zu geben, da der Vorbehalt des Eigentums in beiden Rechtsordnungen vom Parteiwillen abhängt. Zwar wurde gelegentlich vertreten, ein Eigentumsvorbehalt stelle eine dingliche Belastung des Unternehmens dar, die gegenüber dem Konkursverwalter und den Gläubigern unwirksam sei[62]; dies wurde aber letztlich vom *House of Lords* im Jahre 1990 abgelehnt[63].

1166 Englisches Recht lehnt gutgläubigen Erwerb grundsätzlich ab[64]. Indem es aber für Rechtsverhältnisse auch an beweglichen Sachen auf das Belegenheitsstatut abstellt, erkennt es gutgläubigen Erwerb nach der *lex rei sitae* an. Wer also in Deutschland von einem Nichtberechtigten Ware gutgläubig gemäß § 932ff. BGB oder § 366 HGB erwirbt, kann diesen Titel in England durchsetzen, auch wenn der ursprüngliche englische Eigentümer nach englischem Sachenrecht seine Rechte nicht verloren hätte.

1167 Der Gefahrübergang ist nach englischem Kaufrecht grundsätzlich an den Eigentumsübergang geknüpft[65]. Damit ist der Gefahrübergang, wenn sich die Ware im Ausland befindet, nicht mehr dem Kauf-, sondern dem Belegenheitsstatut unterstellt. Dem Parteiwillen ist aber häufig etwas anderes zu entnehmen, so bei Vereinbarung von c.i.f.- oder f.o.b.-Klauseln. Soweit das Haager Abkommen über das auf den internationalen Kauf beweglicher Sachen anwendbare Recht in Frage kommt, entscheidet die Übergabe der Ware und nicht der Eigentumsübergang nach einem fremden Recht.

1168 Aus dem Grundsatz der *lex rei sitae* folgt: Auch wenn der Vertrag ausländischem Recht unterliegt, können in bezug auf Waren in England nur solche Rechte begründet werden, die das englische Sachenrecht kennt und zuläßt.

---

61 Cammell v. Sewell (1860) 5 H.Q.N. 728.
62 Armour v. Thyssen Edelstahlwerke AG 1986 S.L.T. 452.
63 Armour v. Thyssen Edelstahlwerke AG [1990] 3 All E.R. 481, vgl. oben Rdnr. 357.
64 Vgl. oben Rdnr. 218ff.
65 Vgl. oben Rdnr. 212ff.

Dies führt zu Einschränkungen, insbesondere bei der Sicherungsübereignung: Diese ist nach englischem Recht bei natürlichen Personen nur unter den Voraussetzungen der *Bills of Sale Acts 1878* und *1882*, bei rechtsfähigen Gesellschaften des *Companies Act 1985* möglich[66].

IV. Wirtschaftsrechtliche Aspekte des internationalen Deliktsrechts, unlauterer Wettbewerb

Nach deutschem Recht ist der Tatort einer unerlaubten Handlung wichtig für internationale Zuständigkeit, Gerichtsstand und anwendbares Recht. Auch englische Gerichte sind international zuständig, wenn die Handlung in England oder Wales begangen wurde[67]. 1169

Auf eine im Ausland verübte unerlaubte Handlung wenden sie jedoch nicht das Recht des Tatortes an. Es gilt nicht der Grundsatz der *lex loci delicti*, sondern immer noch der Fall *Philipps v. Eyre*[68] aus dem letzten Jahrhundert. Danach kann eine im Ausland begangene unerlaubte Handlung eine auf Delikt gestützte Klage in England nur rechtfertigen, wenn zwei Bedingungen vorliegen: Einmal muß das Verhalten den Tatbestand einer unerlaubten Handlung nach englischem Recht erfüllen; zum anderen darf das Verhalten nach der *lex loci delicti* zivilrechtlich[69] nicht gerechtfertigt sein. Nicht nötig ist hingegen, daß auch nach dem Recht des Tatortes eine unerlaubte Handlung anzunehmen ist; es genügt, wenn der Beklagte danach überhaupt zivilrechtlich verantwortlich ist, sei es aufgrund vertraglicher, quasi-vertraglicher, quasi-deliktischer oder einer sonstigen Anspruchsgrundlage. Die deliktsrechtliche Kollisionsregel ist heftiger Kritik ausgesetzt; das *House of Lords* hat sie aber noch 1969 bestätigt[70]. Sie gilt daher auch heute noch. 1170

Die erste Voraussetzung der Regel in *Philips v. Eyre* zwingt, die im Ausland begangene Handlung zunächst unter englisches Deliktsrecht zu subsumieren. Dieses kennt keine allgemeinen deliktsrechtlichen Grundsätze, sondern nur Spezialtatbestände; jeder Deliktstatbestand hat eigene anspruchsgründende und anspruchsvernichtende Merkmale entwickelt, zum Teil mit unterschiedlichen Schadensersatzfolgen. Im Bereich des Wirtschaftsrechts spielen die *economic torts* eine große Rolle, die zum Teil deliktsrechtliche Verantwortlichkeit begründen, wo dies nach §§ 823 ff. BGB nicht gerechtfertigt wäre. Zu erwähnen sind Verschwörung *conspiracy*, Einschüchterung *intimidation*, Verleitung zum Vertragsbruch *inducement of breach of contract*[71]. Der in der Praxis 1171

---

66 Vgl. zur Registrierung von Sicherheiten auch oben Rdnr. 342 ff.
67 Order 11 Rule 1 (1) (h) der Rules of the Supreme Court.
68 (1870) L.R. 6 Q.B. 1, 28–29.
69 Auf strafrechtliche Verantwortlichkeit kommt es nicht an; vgl. Chaplin v. Boys [1969] 3 W.L.R. 322.
70 Chaplin v. Boys, a. a. O.
71 Vgl. zum breach of contract oben Rdnr. 136 f.

X. Internationales Privat- und Verfahrensrecht

wichtigste Deliktstatbestand *negligence*[72] setzt Bestehen einer Pflicht des Klägers gegenüber dem Beklagten, Verletzung dieser Pflicht und einen dadurch verursachten Schaden voraus. Diese Anspruchsgrundlage fordert nicht – wie § 823 Abs. 1 BGB – Verletzung eines absoluten Rechts, sondern gleicht auch einen Vermögensschaden aus, der auf falsche Auskunft zurückzuführen ist[73].

1172 Das englische Deliktsrecht deckt also bisweilen einen weiteren Bereich ab als das deutsche. Andererseits sind seine Grenzen enger: Dies zeigt sich insbesondere im Wettbewerbsrecht. Generalklauseln, wie in § 826 BGB oder § 1 UWG, sind unbekannt. Eine im Ausland begangene unerlaubte Wettbewerbshandlung kann in England nur verfolgt werden, wenn die strengen Voraussetzungen der *passing off* oder *injurious falsehood* Klage erfüllt sind[74].

1173 Soweit gesetzliche Vorschriften das Marktverhalten regeln, gelten diese – gemäß dem Territorialitätsprinzip – nur im Inland, das heißt, soweit sie sich auf dem inländischen Markt auswirken. Art. 10bis der Pariser Verbandsübereinkunft (PVÜ) von 1883 verpflichtet die Verbandsländer, für wirksamen Wettbewerb Sorge zu tragen. Das Vereinigte Königreich ist zwar Mitglied der Verbandsübereinkunft. Internationale Verträge binden englische Gerichte aber nur, wenn sie durch einen Gesetzgebungsakt in nationales Recht umgewandelt wurden. Der englische Gesetzgeber ist bislang untätig geblieben. Deshalb kann sich niemand, sei er In- oder Ausländer, vor englischen Gerichten zu seinem Schutz auf diese Konventionen berufen[75].

V. Arbeitsrecht, kaufmännische Hilfs- und Mittelspersonen

1174 Auch im Arbeitsrecht gilt der Grundsatz der freien Rechtswahl: Die Parteien können vereinbaren, welcher Rechtsordnung der Vertrag unterstehen soll. Sachlicher Bezug des vereinbarten Rechts zum Arbeitsverhältnis oder Arbeitsort wird nicht gefordert. Auch Tarifverträge stehen dem Recht der Parteien, ihr Rechtssystem zu wählen, nicht entgegen; denn sie sind in England nicht allgemein verbindlich.

1175 Haben die Parteien nicht ausdrücklich über die Geltung des auf den Arbeitsvertrag anwendbaren Rechts bestimmt, kommt es – wie bei Handelsverträgen – auf den mutmaßlichen Parteiwillen und auf das Recht an, mit dem der Arbeitsvertrag am engsten verbunden ist[76]. Hier spricht die Vermutung für das am Arbeitsort geltende Recht. Ältere Entscheidungen wenden das Recht des

---

72 Donoghue v. Stevenson [1932] A.C. 562.
73 Hedley Byrne v. Heller [1964] A.C. 456; Esso Petroleum Co. v. Mardon [1976] 2 All E.R. 5; Mutual Life and Citizens Assurance Ltd. v. Evatt [1971] A.C. 793.
74 Vgl. oben Rdnr. 974ff.
75 Kerly/Blanco White/Jacob, Trade Marks and Trade Names, 12. Aufl., London 1986, S. 501.
76 Sayers v. International Drilling Company N.V. [1971] 3 All E.R. 163; vgl. auch Kovats, J.B.L. 1973 S. 15ff.

Ortes an, wo das Auftrags- oder Arbeitsverhältnis begründet wurde, und dies ist zumeist das Recht am Sitz des Arbeitgebers[77].

Auch englisches Arbeitsrecht wird mehr und mehr von gesetzlichen Vorschriften durchdrungen, die Richterrecht und allgemeine Regeln des internationalen Privatrechts verdrängen. Beispielsweise gelten der *Employment Protection (Consolidation) Act 1978* sowie einige andere arbeitsrechtliche Gesetze unabhängig von einer Rechtswahl. Dies gilt jedoch nur, wenn der Arbeitsort innerhalb Großbritanniens liegt. Der *Employment Protection (Consolidation) Act 1978* bestimmt, daß Test für Anwendung dieses Gesetzes sei, ob die Beschäftigung im In-oder Ausland erfolge. Auch wenn der Arbeitnehmer im Ausland tätig wird, gilt danach englisches Recht, wenn er gewöhnlich in England arbeitet und im Ausland für denselben Arbeitgeber tätig wird[78]. — 1176

Komplizierter ist die Regelung über Ansprüche wegen betriebsbedingter Kündigung *redundancy*[79]. Zahlungsansprüche des Arbeitnehmers bei Beendigung des Arbeitsvertrages nach englischem Recht hängen davon ab, ob der Arbeitsplatz in Großbritannien liegt, teilweise auch, ob sich der Arbeitnehmer bei Vertragsbeendigung dort aufhielt. Ein nach dem alten *Truck Act 1831* verbotener Lohnabzug ist — unabhängig vom anwendbaren Recht — unzulässig, wenn sich dies im Vereinigten Königreich auswirkt[80]. — 1177

Im Sozialversicherungsrecht ist das Abkommen vom 20. April 1960 zwischen der Bundesrepublik Deutschland und dem Vereinigten Königreich über soziale Sicherheit zu beachten: Danach hat ein Angehöriger einer Vertragspartei im gleichen Umfang Rechte im anderen Land wie Staatsangehörige dieses Landes. Wird ein deutscher Arbeitnehmer in Großbritannien beschäftigt, besteht die deutsche Sozialversicherungspflicht für diesen Zeitraum fort, und umgekehrt[81]. — 1178

Im Anwendungsbereich der EGSVÜ gilt[82]: Mangels Rechtswahl ist auf Arbeitsverträge und Arbeitsverhältnisse das Recht des Staates anzuwenden, in dem der Arbeitnehmer in Erfüllung des Vertrages gewöhnlich seine Arbeit verrichtet, selbst wenn er vorübergehend in einen anderen Staat entsandt ist. Verrichtet der Arbeitnehmer seine Arbeit gewöhnlich nicht in ein und demselben Staat, ist das Recht des Staates anzuwenden, in dem sich die Niederlassung befindet, die den Arbeitnehmer eingestellt hat. Diese Regelungen gelten jedoch nicht, wenn sich aus der Gesamtheit der Umstände ergibt, daß der Arbeitsvertrag oder das Arbeitsverhältnis engere Verbindungen zu einem anderen Staat — 1179

---

77 Dicey/Morris, a.a.O., Rule 147.
78 Vgl. section 141 Employment Protection (Consolidation) Act 1978.
79 Vgl. section 141 Employment Protection (Consolidation) Act 1978; vgl. auch Mann, L.Q.R. 83 (1967), S. 316ff.; Hughes, L.Q.R. 83 (1967), S. 180ff.; Unger, L.Q.R. 83 (1967), S. 428ff.; vgl. auch oben Rdnr. 510ff.
80 Duncan v. Motherwell Bridge and Engineering Co. [1952] S.C. 179; Morris, a.a.O., S. 236.
81 Vgl. auch Benner, AWD 1962, S. 35f.
82 Art. 6 EGSVÜ.

aufweisen; in diesem Fall ist das Recht dieses anderen Staates anzuwenden. Haben die Parteien eine Rechtswahl getroffen, darf sie nicht dazu führen, daß dem Arbeitnehmer der Schutz entzogen wird, der ihm durch die zwingenden Bestimmungen des Rechts gewährt wird, das nach den vorstehend beschriebenen Grundsätzen mangels einer Rechtswahl anzuwenden wäre.

1180 Für die einzelnen Arten der kaufmännischen Hilfs- und Mittelspersonen hat das englische internationale Privatrecht keine Sonderregeln entwickelt. Hier wird auf das Stellvertretungsrecht zurückgegriffen. Da englisches Recht nicht zwischen Auftrag und Stellvertretung, nicht zwischen Außen- und Innenverhältnis unterscheidet[83], gibt es auch international privatrechtlich im Ausgangspunkt nur eine einheitliche Anknüpfung. Nach der älteren Rechtsprechung soll — mangels ausdrücklicher Vereinbarung — das am Sitz des Geschäftsherrn geltende Recht den Ausschlag bei der Bestimmung des anwendbaren Rechts geben. Das Recht am Tätigkeitsort des *agent* wird als weniger vertragstypisch angesehen. Das trifft auf den Vertragshändler ebenso zu wie auf den Handelsvertreter[84].

1181 Nur in wenigen Fällen gibt es Ausnahmen von diesem Rechtsgrundsatz: Regelmäßig entscheidet das Recht am Kanzleiort des Rechtsanwalts über das im Verhältnis zum Mandanten anwendbare Recht; bei Grundstücksmaklern kommt es auf das Recht der belegenen Sache an.

1182 Im Vertretungsrecht richtet sich auch das Außenverhältnis, das Verhältnis des Vertreters zum Dritten zunächst nach dem auf die Beziehung des Geschäftsherrn zum Vertreter anwendbaren Recht. Die Vertretungsmacht bestimmt sich also zunächst nach dem für das Innenverhältnis geltenden Recht. Allerdings wird die auf Rechtsschein beruhende Vollmacht unabhängig vom Innenverhältnis angeknüpft: Sie hängt von dem auf das Geschäft mit dem Dritten anwendbaren Recht ab[85]. Schließt also der Vertreter eines englischen Geschäftsherrn in Deutschland mit einem deutschen Kaufmann ein Geschäft ab, so bestimmt sich Art und Umfang seiner tatsächlichen oder stillschweigenden Vertretungsmacht nach englischem Recht, wenn das Innenverhältnis des Vertreters zu seinem Geschäftsherrn englischem Recht unterliegt. Hat der Vertreter hingegen keine (ausreichende) Vollmacht, können deutsche Grundsätze über Anscheinsvollmacht anwendbar sein, wenn das Rechtsgeschäft mit dem Dritten von deutschem Recht beherrscht wird.

1183 Die Anwendbarkeit der EGSVÜ ist für die Frage, ob ein Vertreter die Person, für deren Rechnung er zu handeln vorgibt, Dritten gegenüber verpflichten kann, also das Außenverhältnis, ausdrücklich ausgeschlossen[86]. Für das In-

---

83 Vgl. oben Rdnr. 400 ff.
84 Dicey/Morris, a.a.O., Rule 147; vgl. auch Graupner, AWD 1970 S. 54; Sandberger/Teubner, RIW/AWD 1975 S. 260.
85 Dicey/Morris, a.a.O., Rule 148.
86 Art. 1f. EGSVÜ.

nenverhältnis gelten die allgemeinen Regeln, das heißt es entscheidet in erster Linie die Rechtswahl[87]. Mangels Rechtswahl ist das Recht des Staates anzuwenden, mit dem der Vertrag die engsten Verbindungen aufweist[88]. Dies ist das Recht des Geschäftssitzes des Vertreters, da er die charakteristische Leistung zu erbringen hat[89]. Insoweit unterscheidet sich also die EGSVÜ von dem bislang geltenden *common law*, das auf das am Geschäftssitz des Geschäftsherrn geltende Recht abstellt. Die EGSVÜ gilt jedoch nur bei vertraglicher Vollmacht, nicht bei lediglich einseitiger Bevollmächtigung.

VI. Gesellschaftsrecht

1184 Das Gesellschaftsstatut regelt, welcher Rechtsordnung die Gesellschaft in gesellschaftsrechtlicher Hinsicht unterliegt. Englisches internationales Gesellschaftsrecht stellt weder auf den Sitz noch auf die Kontrolle der Gesellschaft ab, sondern knüpft an ihren Gründungsort an[90]. Historisch war für diese Theorie die Analogie zu natürlichen Personen entscheidend; in neuerer Zeit wird diese Analogie in Frage gestellt[91]. Wie eine natürliche Person bei ihrer Geburt kraft Gesetzes ihr *domicile of origin* erwirbt, das ihren persönlichen Status bestimmt, wird eine Gesellschaft bei ihrer Gründung an das Recht ihres Gründungsortes, auch *domicile* genannt, gebunden. Dieser Gründungsort muß bei einer englischen *limited company* in der Satzung, und zwar im sogenannten *memorandum of association* verankert sein und kann nicht geändert werden[92].

1185 Der Gründungsort einer Gesellschaft regelt alle Statusfragen der Gesellschaft: ihre Rechtsfähigkeit, ihre Parteifähigkeit, die Vertretungsmacht ihrer Organe, ihre innere Organisation. Auch Auflösung und Abwicklung richten sich nach dem Gründungsstatut[93], doch haben englische Gerichte in diesen Fragen eigene internationale Zuständigkeit, unabhängig von den Gerichten des Gründungsortes[94].

1186 Für Fragen der Gerichtsbarkeit wurde durch den *Civil Jurisdiction and Judgments Act 1982* ein neuer Begriff des *domicile* einer Gesellschaft eingeführt[95]. *Domicile* in diesem Sinne ist der Sitz *seat* der Gesellschaft. Der Sitz liegt dort, wo die Gesellschaft ihre eingetragene Niederlassung oder eine andere offizielle

---

87 Art. 3 EGSVÜ.
88 Art. 4 (1) EGSVÜ.
89 Art. 4 (2) EGSVÜ.
90 Bank of Ethiopia v. National Bank of Egypt [1937] Ch. 513; Banco di Bilbao v. Sancha [1938] 2 K.B. 176.
91 Carl Zeiss Stiftung v. Rayner & Keeler Ltd. (No. 3) [1970] Ch. 506, 544.
92 Gasque v. I.R.C. [1940] 2 K.B. 40; vgl. auch oben Rdnr. 602 ff.
93 Lazard Brothers v. Midland Bank [1933] A.C. 289, 297.
94 Vgl. zum Sitz von Gesellschaften oben Rdnr. 614 ff.
95 Section 42 (1) Civil Jurisdiction and Judgments Act 1982.

Adresse hat oder wo sich die Hauptverwaltung und Kontrolle befindet. Diese Definitionen von *domicile* und *seat*, die im Zuge der europäischen Rechtsvereinheitlichung eingeführt wurden, weichen erheblich von der traditionellen englischen Auffassung ab und gelten nur für die Zwecke des EuGVÜ bzw. des *Civil Jurisdiction and Judgments Act 1982*.

1187 Englisches Steuerrecht knüpft nicht an das *domicile*, sondern an die *residence* einer Gesellschaft an[96]. Es folgt der Kontrolltheorie. Denn *residence* liegt in dem Land, in dem die Direktoren der Gesellschaft zu ihren Sitzungen zusammentreten. Der Gründungsort ist hier ein Anhaltspunkt für *residence* der Gesellschaft. Im Gegensatz zum *domicile* kann eine Gesellschaft zwei *residences* haben[97].

1188 Von nur untergeordneter Bedeutung ist die Frage der Nationalität einer Gesellschaft. Diese hängt weder von der Nationalität ihrer Direktoren noch ihrer Gesellschafter ab, sondern richtet sich nach dem Gründungsort der Gesellschaft. Das Vermögen einer Gesellschaft kann aber im Kriege als Feindvermögen auch konfisziert werden, wenn die Gesellschaft von Personen kontrolliert wird, die Staatsangehörige eines kriegsführenden feindlichen Landes sind. Die Nationalität der Gesellschafter hingegen ist unerheblich[98].

1189 Englisches internationales Gesellschaftsrecht erkennt alle ausländischen Gesellschaften an, die nach dem Recht ihres Gründungsortes wirksam gegründet wurden[99]. Dies gilt auch für Zusammenschlüsse und daraus folgende Rechtsnachfolge von Gesellschaften, wenn dies nach dem Gesellschaftsstatut rechtswirksam ist. Angesichts der liberalen Haltung des englischen internationalen Gesellschaftsrechts hat das EG-Übereinkommen über die gegenseitige Anerkennung von Gesellschaften und juristischen Personen aus dem Jahre 1968 wenig Bedeutung. Es fällt auch nicht ins Gewicht, daß das Vereinigte Königreich das Haager Abkommen über die Anerkennung juristischer Personen aus dem Jahre 1965 noch nicht ratifiziert hat.

1190 In den Bereich des Fremdenrechts gehört, daß eine nicht in England, Wales oder Schottland gegründete rechtsfähige Gesellschaft, eine *oversea company*, die einen Geschäftssitz *established place of business* in Großbritannien errichtet, bestimmte Unterlagen beim *Registrar* anmelden muß[100]. Auch wer in Großbritannien nur Anteile übertragen läßt oder ein Büro mit einem Anteilsregister führt, hat einen solchen *place of business*[101]. Hat eine ausländische Gesellschaft aber nur Vertreter in Großbritannien und unterhält selbst kein Büro, fällt sie nicht unter den Begriff[102]. Binnen eines Monats nach der Einrichtung

---

96 Cesena Sulphur Co. v. Nicholson (1876) 1 Ex. D. 428.
97 Swedish Central Ry. v. Thompson [1925] A.C. 495.
98 Bank voor Handel v. Slatford [1953] 1 Q.B. 248.
99 Graveson, a.a.O., S. 222 ff.; Morris, a.a.O.
100 Section 691(1) Companies Act 1985.
101 Section 744 Companies Act 1985.
102 Lord Advocate v. Huron and Erie Loan Co. [1911] S.C. 612.

des Geschäftssitzes muß die *oversea company* beim *Registrar* vorlegen[103]: Beglaubigte Satzung mit beglaubigter Übersetzung, Verzeichnis der Geschäftsführer oder Vorstandsmitglieder. Sie muß einen Bevollmächtigten für gerichtliche Zustellungen und Mitteilungen mit Anschrift in Großbritannien benennen. Ferner muß sie jährlich ihren Jahresabschluß dem *Registrar* vorlegen. Das Gründungsland muß sie auf allen Prospekten, in ihrem Geschäftslokal sowie auf allen Rechnungen und Geschäftsbriefen deutlich anbringen.

Die *overseas company* kann gezwungen werden, ihre Firma zu ändern, wenn diese nicht „wünschenswert" ist[104]. Auch eine auf den Kanalinseln oder auf Man gegründete Gesellschaft ist eine *oversea company*. Die Abwicklung einer *oversea company* bestimmt sich nach section 225 *Insolvency Act 1986*. 1191

VII. Wettbewerbsbeschränkungen

Vor dem Beitritt Großbritanniens zur EWG gab es Kollisionsfragen zwischen englischem und EFTA-Kartellrecht. Heute bestimmt die Zweischrankentheorie das Verhältnis zum EU-Wettbewerbsrecht. Der *Restrictive Trade Practices Act 1976* bestätigt ausdrücklich, daß englisches neben EU-Kartellrecht anwendbar ist. Drei Ausnahmen werden vorgesehen: Der *Director General of Fair Trading* braucht eine Kartellvereinbarung nicht dem Gericht vorzulegen, wenn EU-Recht eingreift; auch dem Kartellgericht wird ein solcher Ermessensspielraum eingeräumt; ist eine Vereinbarung nach Art. 85 Abs. 3 EWG-Vertrag freigestellt, entfällt die Registrierungspflicht nach englischem Kartellrecht[105]. 1192

Im folgenden soll nur die Anwendbarkeit englischen Kartellrechts behandelt werden. Da Kartellrecht Gesetzesrecht ist, spricht die Vermutung für das Territorialitätsprinzip[106]: Englisches Kartellrecht gilt grundsätzlich nur in den Grenzen des Vereinigten Königreichs, also nur, wenn sich die Wettbewerbsbeschränkungen auf diesem Markt auswirken. Der englische Gesetzgeber hatte diesen Grundsatz ursprünglich nicht – ähnlich § 98 Abs. 2 GWB – kodifiziert. Im *Competition Act 1980* wurde dann aber hinsichtlich wettbewerbswidriger Praktiken festgeschrieben, daß eine Auswirkung im Vereinigten Königreich erforderlich sei. 1193

An einer Kartellvereinbarung müssen *ex definitione* zwei oder mehrere Personen, die im Vereinigten Königreich Geschäfte betreiben, beteiligt sein. Wenn sich zum Beispiel ein im Inland tätiger Geschäftsmann an einem internationalen Kartell mit Ausländern beteiligt und so den Import in das Vereinigte König- 1194

---

103 Section 691(1), 693, 695, 700–703 Companies Act 1985 und section 145 Companies Act 1989; section 212(3) Financial Services Act 1986.
104 Sections 694 und 26 Companies Act 1985.
105 Sections 5, 21 und 34 Restrictive Trade Practices Act 1976.
106 Maxwell, Interpretation of Statutes, 12. Aufl., S. 171.

X. Internationales Privat- und Verfahrensrecht

reich beschränkt, unterliegt er nicht dem *Restrictive Trade Practices Act*[107]. Schließen zwei inländische Unternehmen mit ausländischen eine Kartellvereinbarung ohne Inlandsauswirkung, ist die Legaldefinition zwar erfüllt, doch ist dann meist der weit gefaßte Begriff des Exportkartells gegeben. Exportkartelle müssen dem *Director General* nur mitgeteilt werden; Registrierung ist nicht nötig. Ausfuhrkartelle sind also der Öffentlichkeit nicht zugänglich und unterliegen nicht der Jurisdiktion des Kartellgerichts[108]. Ein Exportkartell liegt nicht nur vor, wenn es sich ausschließlich auf den Export von Waren aus dem Vereinigten Königreich, sondern auch wenn es sich auf die Produktion, Zusammensetzung oder Veredelung von Waren im Ausland, den Erwerb von Waren im Ausland, die nicht zum Import bestimmt sind oder die Versorgung mit Waren, die im Ausland geliefert werden sollen und nicht unter Export fallen, bezieht. Wenn ein Ausfuhrkartell auch den inländischen Markt berührt, muß es registriert werden; der *Director General* muß es dem Kartellgericht vorlegen.

1195 Bei Marktbeherrschung ist der Geltungsbereich englischer Gesetze weiter als bei Kartellvereinbarungen. Auch ein Verhalten im Ausland kann das Einschreiten des Ministers oder des *Director General* rechtfertigen. Freilich darf sich eine solche Verfügung nur gegen einen britischen Staatsangehörigen, eine nach dem Gesellschaftsrecht des Vereinigten Königreichs gegründete Gesellschaft oder eine Person, die eine Geschäftstätigkeit im Vereinigten Königreich entfaltet, richten[109].

1196 Auch die Zusammenschlußkontrolle geht über die Grenzen britischen Territoriums hinaus. Denn Zusammenschluß setzt nur voraus, daß eines von mehreren Unternehmen Geschäfte im Vereinigten Königreich betreibt und aufhört, selbständig zu sein[110]. Bei Zusammenschlüssen braucht also ein Unternehmen nur Verbindung zum Inlandsmarkt zu haben. Der Erwerb eines ausländischen Unternehmens durch eine englische Gesellschaft kann also der englischen Fusionskontrolle unterliegen. Wahrscheinlicher ist allerdings der umgekehrte Fall. Auch wenn zwei ausländische Unternehmen eine gemeinsame Gesellschaft nach dem Recht von England, Schottland oder Nordirland gründen, sind die Vorschriften über Fusionskontrolle anwendbar, auch wenn die Gründer erstmals auf englischem Markt Fuß fassen[111].

VIII. Gewerblicher Rechtsschutz

1197 Das Vereinigte Königreich ist wie viele andere Länder Mitglied internationaler Abkommen zum gewerblichen Rechtsschutz. Durch derartige Abkommen wird bezweckt, der einheimischen Industrie Schutz in Exportmärkten zu vermitteln

---

107 Vgl. Korah, a.a.O.; ferner Lipps, AWD 1964 S. 14ff.
108 Section 6f. (8), Schedule 3 Restrictive Trade Practices Act 1976.
109 Section 90 Fair Trading Act 1973.
110 Vgl. oben Rdnr. 1006.
111 Vgl. Korah, a.a.O.

und ausländische Technologie ins Land zu locken. Neben den internationalen Abkommen zum gewerblichen Rechtsschutz spielen auch EG-Richtlinien und Verordnungen im gewerblichen Rechtsschutz eine entscheidende Rolle. Dies gilt vor allem für das EU-Kartellrecht.

Das Vereinigte Königreich ist der Pariser Verbandsübereinkunft (PVÜ) vom 20. März 1883 beigetreten und hat auch die Fassungen von London aus dem Jahre 1958 und Stockholm aus dem Jahre 1967 ratifiziert. Nach englischem Staatsrecht gelten internationale Konventionen im Inland nicht schon mit Ratifizierung; zur Umwandlung in nationales Recht ist ein eigenes Gesetz nötig. Deshalb können sich die Parteien weder vor dem Patentamt noch vor Gerichten auf internationale Vereinbarungen berufen. Nur einzelne Teile der Pariser Verbandsübereinkunft mit ihren verschiedenen Revisionen sind durch nationale Gesetze in geltendes Recht umgewandelt worden[112]. Die PVÜ gewährt in Art. 2 Angehörigen der Verbandsländer die gleiche Behandlung wie den eigenen Staatsangehörigen der jeweiligen Länder. Dies ist im Vereinigten Königreich gewährleistet, da in den entsprechenden nationalen Gesetzen Ausländer und Inländer grundsätzlich gleich behandelt werden. Die PVÜ sieht ein Prioritätssystem vor, welches durch entsprechende inländische Gesetzesbestimmungen umgesetzt worden ist. Im Patentrecht gibt es beispielsweise eine zwölfmonatige Prioritätsfrist für Anmeldungen aus anderen Verbandsländern. Für Warenzeichenanmeldungen gilt eine sechsmonatige Prioritätsfrist, wenn ein Warenzeichenantrag in einem der Mitgliedsländer gestellt worden ist. Doch nicht alle Artikel der PVÜ wurden umgesetzt. Beispielsweise gab es bis zum *Trade Mark Amendment Act 1984* im Vereinigten Königreich keinen Schutz für Dienstleistungszeichen, es sei denn, die strengen Voraussetzungen einer *passing off* Klage nach *common law* waren erfüllt. Der Grundsatz des *telle quelle* Schutzes, also des Schutzes ausländischer eingetragener Warenzeichen auch dann, wenn sie den Anforderungen des Einfuhrlandes nicht entsprechen, ist, obwohl in Artikel 6 PVÜ vorgesehen, auch heute noch nicht anerkannt.

Der Patentzusammenarbeitsvertrag *Patent Cooperation Treaty (PCT)* wurde 1970 in Washington unterzeichnet und trat am 1. Juni 1978 im Vereinigten Königreich in Kraft. Er wird von der *World Intellectual Property Organization (WIPO)* in Genf verwaltet. Der PCT schaffte eine internationale Recherche, die von bestimmten internationalen Recherche-Behörden durchgeführt wird, sowie die Möglichkeit einer internationalen vorläufigen Prüfung. Vor allem aber gibt er die Möglichkeit, durch einen einzigen Antrag bei der WIPO Patentschutz in mehreren Ländern zu erhalten. Der PCT schafft allerdings kein internationales Patent. Er verringert nur den Verwaltungsaufwand bei der Anmeldung, da nicht in jedem Land ein gesonderter Antrag gestellt werden muß. Die Prüfung der Anträge bleibt auch unter dem PCT den Patentämtern der Mitgliedstaaten oder dem Europäischen Patentamt vorbehalten.

---

112 Vgl. Schmitthoff, a.a.O., S. 354ff.

X. Internationales Privat- und Verfahrensrecht

1200 Das Europäische Patentübereinkommen (EPÜ) *European Patent Convention* wurde 1973 in München unterzeichnet und trat am 1. Juni 1978 in Kraft. Mitgliedstaaten sind dreizehn westeuropäische Länder, darunter alle EU-Staaten mit Ausnahme von Irland und Dänemark. Aufgrund des EPÜ wurden die Patentgesetze der Mitgliedstaaten vereinheitlicht. Es ist Grundlage des englischen *Patents Act 1977* und des Deutschen Patentgesetzes von 1981. Außerdem sieht das EPÜ als Alternative zu Anmeldungen in verschiedenen Staaten eine einzige Anmeldung bei dem Europäischen Patentamt in München vor. Der Anmelder bekommt jedoch nicht ein einheitliches europäisches Patent, sondern verschiedene nationale Patente für die beantragten Länder.

1201 Das Gemeinschaftspatentübereinkommen (GPÜ) *Community Patent Convention* wurde 1975 in Luxemburg unterzeichnet. Es ist noch nicht in Kraft. Das GPÜ wird ein europäisches Gemeinschaftspatent schaffen, nationale Gemeinschaftspatentgerichte erster und zweiter Instanz sowie ein gemeinsames Berufungsgericht. Dieses wird sowohl bei Verletzungsklagen als auch bei Nichtigkeitsklagen hinsichtlich von Gemeinschaftspatenten als Vorlagegericht im Rahmen eines anhängigen Berufungsrechtsstreites oder im Wege der Vorabentscheidung entscheiden. Außerdem ist es noch Beschwerdeinstanz des Europäischen Patentamtes. Das GPÜ ist wegen politischer Schwierigkeiten in Irland und Dänemark noch nicht ratifiziert. Es ist aber möglich, daß es innerhalb der nächsten Jahre in Kraft tritt.

1202 Der *Patents Act 1977* schreibt vor[113], daß bestimmte, besonders wichtige Vorschriften des *Patents Act 1977* im Licht der entsprechenden Vorschriften des Europäischen Patentübereinkommens, des Gemeinschaftspatentübereinkommens und des Patentzusammenarbeitsvertrages interpretiert werden sollen[114]. Die Vorschrift dient der Rechtsvereinheitlichung in den Mitgliedstaaten der oben genannten Abkommen, denn vereinheitlichte Vorschriften machen nur dann einen Sinn, wenn sie auch einheitlich interpretiert werden.

1203 Auch im britischen Patentrecht gilt das Territorialprinzip. Patentrechte gelten nur im Hoheitsgebiet der Krone, also nur im Vereinigten Königreich und auf der Insel Man[115], nicht hingegen im Britischen *Commonwealth* oder gar in anderen Rechtssystemen. Allerdings gewähren einige Länder des *Commonwealth* und die Kanalinseln Rechtsschutz, wenn britische Patente und Muster registriert werden. Ein britisches Schutzrecht ist nur verletzt, wenn die Verletzungshandlung im Vereinigten Königreich vorgenommen wird. Der bloße Vertragsschluß in England über Lieferungen patentierter Waren ins Ausland reicht nur aus, wenn Waren nach England eingeführt und danach wieder ausgeführt werden. Umgekehrt können ausländische Patente und Muster im Vereinigten Königreich grundsätzlich keine Geltung beanspruchen[116]. Da die Patent-

---

113 Section 130 (7) Patents Act 1977.
114 Einzelheiten siehe Cornish, a.a.O., Rdnr. 3-039f.
115 Badische Anilin Fbk. v. Hickson /1906) 23 R.P.C. 433.
116 Vgl. zu internationalen Aspekten des Patentschutzes aber Cornish, a.a.O., Rdnr. 3-010ff.

rechtssysteme in den einzelnen Ländern verschieden sind, kommt es vor, daß ein Produkt oder Verfahren in einem Land schutzfähig ist, nicht dagegen in einem anderen. Das Problem ist aber in Europa durch das EPÜ teilweise beseitigt worden, da die Patentgesetze aufgrund des EPÜ vereinheitlicht wurden. Dennoch gibt es aufgrund unterschiedlicher Auslegung des EPÜ immer wieder Fälle, in denen ein Produkt bei gleichem Sachverhalt in Deutschland Schutz genießt, nicht aber in England oder umgekehrt[117].

Auch im Warenzeichenrecht gilt das Territorialitätsprinzip. Für die Beurteilung der Unterscheidungskraft einer Marke wird nur auf das Vereinigte Königreich abgestellt, auch wenn das Zeichen in Verbandsländern der Pariser Verbandsübereinkunft unterscheidungskräftig ist[118]. Verletzung inländischer Zeichen im Ausland kann vor englischen Gerichten nicht geltend gemacht werden. Eine Werbeanzeige in einer ausländischen Zeitschrift kann ein britisches Warenzeichen verletzen, auch wenn nur wenige Exemplare auf britisches Territorium gelangen[119]. Section 31 des Trade Marks Act 1938 läßt die Beschränkung eines Warenzeichens für Waren zum Export aus dem Vereinigten Königreich zu. Die Benutzung der Marke für Exportzwecke wird als Benutzung nach dem Trade Marks Act 1938 und nach common law behandelt. Wird der Eintragung eines Zeichens für den Export allgemein widersprochen, kann die Anmeldung auf solche Exportländer beschränkt werden, in denen das Zeichen unterscheidungskräftig ist[120]. Auch Ausländer, die sich nicht im Vereinigten Königreich aufhalten und hier auch nicht ein Geschäft führen, können ein Warenzeichen nach dem Trade Marks Act 1938 anmelden. Auf Verlangen müssen sie eine Zustellungsadresse im Vereinigten Königreich angeben[121]. 1204

Das Vereinigte Königreich ist noch nicht Mitglied des Madrider Markenabkommens von 1891. Dieses Abkommen gewährt durch einen Antrag bei der World Intellectual Property Organisation (WIPO) in Genf Warenzeichenschutz in mehreren Ländern, wenn das Warenzeichen im Heimatland eingetragen ist. Das Vereinigte Königreich ist diesem Abkommen deshalb nicht beigetreten, weil Ausländer sonst die umfangreichere britische Prüfung durch einen solchen Antrag umgehen könnten. Das Vereinigte Königreich hat aber beschlossen, dem Madrider Markenabkommen in Kürze beizutreten. 1205

Im Jahr 1973 wurde von vierzehn Staaten (einschließlich Vereinigtes Königreich, Vereinigte Staaten von Amerika und Deutschland) der Warenzeicheneintragungsvertrag Trade Mark Registration Treaty geschlossen. Dieser Vertrag 1206

---

117 Vgl. Improver Corp. v. Remington Products Ltd. [1990] F.S.R. 181 (High Court); [1990] 21 I.I.C. 561 (Court of Appeal); Improver Corp. v. Remington Products Ltd. II [1990] 21 I.I.C. 860 mit Anmerkung Sherman; Improver Corp. Sicommerce AG v. Remington Products Ltd. [1990] 21 I.I.C. 572 (OLG Düsseldorf).
118 Ford-Werke Appn. (1955) 72 R.P.C. 191.
119 Reuters Co. Ltd. v. Muhlens (1953) 70 R.P.C. 235, 250.
120 Vgl. Schmitthoff, a.a.O.
121 Vgl. Rule 13 der Trade Marks Rules 1938.

X. Internationales Privat- und Verfahrensrecht

sah eine internationale Eintragung von Warenzeichen vor, ohne daß eine Eintragung im Heimatland notwendig war. Die Prüfung sollte jedoch nach nationalem Recht erfolgen. Der Vertrag ist jedoch bis heute nicht in Kraft getreten.

1207 Den größten Einfluß auf das britische Warenzeichenrecht wird in Zukunft das Recht der Europäischen Union haben. Am 21. Dezember 1988 wurde die EG-Warenzeichenrichtlinie erlassen. Sie bezweckt, die Warenzeichenrechte der EU-Staaten anzugleichen, und ihre Umsetzung wird große Änderungen im Warenzeichenrecht des Vereinigten Königreichs mit sich bringen[122].

1208 Darüber hinaus gibt es seit Anfang 1994 auch ein System für europäische Gemeinschaftsmarken. Gemeinschaftsmarken sind Marken, die mit Schutzwirkung für die gesamte Europäische Union geschützt sind. Sie beruhen auf der EG-Verordnung Nr. 40/94 des Rates vom 20. Dezember 1993 über die Gemeinschaftsmarke. Die Verordnung ist im März 1994 in Kraft getreten. Gemeinschaftsmarken werden von dem Europäischen Markenamt verwaltet. Dieses Markenamt soll seinen Sitz in Alicante in Spanien haben. Zum Zeitpunkt der Fertigstellung dieses Kapitels war das Europäische Markenamt noch nicht errichtet. Das System steht daher erst am Anfang.

1209 Das englische internationale Privatrecht hat für Patent-, Warenzeichen- und Geschmacksmusterlizenzen keine eigenen Regeln entwickelt. Haben die Parteien im grenzüberschreitenden Lizenzverkehr keine ausdrückliche Rechtswahl getroffen, wird das anwendbare Recht nach den allgemeinen Prinzipien des Vertragsrechts einschließlich der EGSVÜ ermittelt[123]. Sachenrechtliche Anknüpfung scheidet aus. Denn nach englischem Recht entfalten Lizenzverträge nur obligatorische, nicht auch dingliche Rechtswirkungen. Bei der Übertragung gewerblicher Schutzrechte gilt dagegen das Belegenheitsstatut *lex rei sitae*, also das am Ort der Eintragung des Schutzrechts maßgebliche Recht.

---

122 Vgl. oben Rdnr. 959 ff.
123 Vgl. oben Rdnr. 1150 ff.; vgl. auch Pfaff, GRUR Int. 1974, S. 249 f.

XI. Kapitel
Weltweite Geltung des englischen Handels- und Wirtschaftsrechts

§ 1
Allgemeines

Mit der Kolonialisierung und der Ausweitung ihrer Handelsbeziehungen haben die Engländer nicht nur ihre Sprache in alle Kontinente getragen. Sie haben auch ihr Recht in alle Erdteile verpflanzt, besonders ihr Handels- und Wirtschaftsrecht. Heute lebt fast ein Drittel der Weltbevölkerung unter dem Einfluß englischen Rechts[1]. **1210**

Bei der Ausdehnung des englischen Rechts sind historisch zu unterscheiden[2]: **1211**

a) *settled colonies*: herrenlose Gebiete oder solche mit Ureinwohnern auf niedriger Kulturstufe wie Australien, Neuseeland, Nordamerika; **1212**

b) *conquered or ceded colonies*: Gebiete, die von der englischen Krone erobert oder an sie abgetreten wurden wie Indien, afrikanische Kolonien und weite Teile Kanadas; **1213**

c) *protectorates*: Gebiete, die nicht unter der Herrschaft der englischen Krone standen, für deren internationale Beziehungen aber die Regierung in Westminster verantwortlich ist. Dies galt zum Beispiel früher für Ägypten. Heute gibt es keine *protectorates* mehr. **1214**

In den *settled colonies* galt automatisch englisches Recht: das englische *common law*[3], die *doctrines of equity* und das Gesetzesrecht im Zeitpunkt der Eingliederung. Spätere englische Gesetze galten nur, wenn dies ausdrücklich angeordnet wurde. Meistens haben örtliche Gesetze den Zeitpunkt, der für das eingeführte englische Recht maßgeblich sein sollte, fixiert[4]. Das Recht im englischen Mutterland und in den *settled colonies* konnte sich nach diesem Zeitpunkt also unterschiedlich entwickeln. **1215**

In den *conquered or ceded colonies* ließen die Engländer grundsätzlich das einheimische Recht unangetastet *doctrine of continuance*[5]. Sie ergänzten es **1216**

---
1 Zweigert/Kötz, Einführung in die Rechtsvergleichung, Tübingen 1971, Teil I, S. 254 ff.
2 Halsbury's Laws of England, 4. Aufl., London 1974, 1991, Band 6, para. 801 ff.
3 Vgl. oben Rdnr. 24 ff.
4 So z. B. British Columbia, den 19.11.1858, Ontario, den 15.10.1979, vgl. Halsbury, a.a.O., Band 6, para. 1196, Fn. 23.
5 Zweigert/Kötz, a.a.O., S. 255.

XI. Weltweite Geltung

aber in den Bereichen, in denen sie englisches Recht für moderner oder vorteilhafter hielten oder wo dies zur Vereinfachung des Handels mit dem Mutterland angebracht erschien. Dies galt in der Regel für das gesamte Handels- und Wirtschaftsrecht. Unangetastet blieb meistens das einheimische Familien-, Erb- und Grundstücksrecht.

1217 Auch in den *protectorates*[6] wurde die *doctrine of continuance* beachtet: Das heimische Recht galt fort, wenn es schon entwickelt war.

1218 Wie verwandt noch heute viele Rechtssysteme trotz individueller Entwicklung sind, zeigt das Beispiel Australien: Die Enzyklopädie australischen Rechts — selbst gegliedert in die einzelnen Rechte der australischen Bundesstaaten — begnügt sich damit, die Abweichungen vom englischen Recht getrennt darzustellen und im übrigen auf das grundsätzliche englische Werk *Halsbury's Laws of England* generell zu verweisen[7].

1219 Um die Bedeutung des englischen Rechts in der Welt zu erahnen, soll nachfolgend das Handels- und Wirtschaftsrecht einiger Länder skizziert werden. Dabei wird deutlich: Englisches Recht gilt nicht nur in den Ländern des *Commonwealth*. Einige Staaten haben den *Commonwealth* verlassen, so zum Beispiel die Republik Irland und Pakistan, andere sind nicht Mitglieder des *Commonwealth*, sondern mit dem Vereinigten Königreich direkt verbundene oder von ihm abhängige Länder wie zum Beispiel Gibraltar, Bermuda, die Cayman und die Falkland Inseln und Hong Kong. Die Verbundenheit mit dem englischen Rechtssystem zeigt sich besonders deutlich in den Ländern, die den Londoner *Privy Council* als oberste Rechtsmittelinstanz noch anerkennen[8].

1220 Trotz gemeinsamer Wurzeln, Rechtstradition und bisweilen offensichtlicher Identität der handelsrechtlichen Normen in allen Erdteilen dieser Welt sei gewarnt: Der gemeinsame Nenner im englischen Recht darf nicht zur vorbehaltlosen Gleichsetzung verführen; immer ist der Rechtsrat eines örtlichen Anwalts *local counsel* einzuholen, um vor versteckten Abweichungen gefeit zu sein.

1221 Im folgenden wird daher auch nur ein Überblick über die Weltgeltung englischen Handels- und Wirtschaftsrechts gegeben. Die Aufzählung erhebt keinen Anspruch auf Vollständigkeit. Es ist weder beabsichtigt noch möglich, das Recht der einzelnen Länder auch nur in Ansätzen zu beschreiben. Es sollen lediglich einige allgemeine Hinweise gegeben werden, inwieweit englisches Handels- und Wirtschaftsrecht die Rechtsentwicklung der entsprechenden Länder beeinflußt hat. Die Ausführungen sind nur als erster Einstieg gedacht.

---

6 Halsbury, a.a.O., Band 6, para. 806.
7 Vgl. The Australian Digest.
8 Über den Privy Council im Vergleich mit dem House of Lords, vgl. oben Rdnr. 32.

§ 2
England und Wales

Diese Schrift behandelt nur das Handelsrecht von England und Wales. Englisches Recht hat sich dort von 1066 an entwickelt. Streng genommen gilt es nur dort. In diesem Buch wird vereinfachend nur von England und englischem Handels- und Wirtschaftsrecht gesprochen.

1222

England, insbesondere seine Hauptstadt London, ist immer noch ein bedeutender Finanz-, Versicherungs- und Welthandelsmarkt. Viele internationale Finanztransaktionen tragen den Stempel englischen Rechts. Die englischen Versicherungsgesellschaften, voran Lloyds, versichern alle Risiken der Welt, zumeist auf der Grundlage englischen Rechts. Die Londoner Warenbörsen, für Metalle wie für Nichtmetalle gleichermaßen, unterwerfen Kaufgeschäfte englischem Recht. Auch im internationalen Seehandel wird häufig englisches Recht vereinbart.

1223

London ist auch ein Zentrum internationaler Gerichts- und Schiedsgerichtsbarkeit. Der *High Court* in London, und hier wiederum die schon 1895 gebildete Abteilung des *Commercial Court* — etwa den deutschen Kammern für Handelssachen vergleichbar — entscheidet viele internationale Streitigkeiten: Mindestens 60% aller Rechtsstreite vor diesem staatlichen Gericht werden von nichtenglischen Prozeßparteien geführt. Nach der Statistik scheint London auch die Weltrangliste als Schiedsgerichtszentrum anzuführen: Hier werden jährlich etwa 10000 Schiedsfälle entschieden, davon allein 75% bis 80% mit internationalem Charakter[9].

1224

Dies macht deutlich: Die Bedeutung englischen Rechts erschöpft sich nicht in seiner Vorbildfunktion für viele Rechtssysteme der Erde. Englisches Recht sowie englische Gerichte oder Schiedsgerichte werden auch häufig von ausländischen Parteien freiwillig für ihre Verträge und Transaktionen gewählt. Dies geschieht zum einen wegen der weltweit anerkannten Qualität englischen Vertrags-, Handels-, und Wirtschaftsrechts. Doch auch wenn sich Vertragsparteien aus unterschiedlichen Ländern (z. B. bei einem Vertrag zwischen einer indischen und einer australischen Gesellschaft) nicht auf das Recht einer der Parteien einigen können, wählen sie häufig englisches Recht als neutrales Recht. Dies wird dadurch erleichtert, daß das Rechtssystem zahlreicher Länder auf englischem *common law* beruht, so daß sich beispielsweise auch ein indischer, australischer oder kanadischer Geschäftsmann oder Jurist bei Anwendung englischen Rechts einigermaßen sicher fühlen wird. Aber auch für den deutschen Geschäftsmann ist englisches Handels-, und Wirtschaftsrecht von großer Bedeutung, und zwar nicht nur bei Geschäften mit England. Der afri-

1225

---

9 Vgl. Triebel/Lange, Reform des englischen Schiedsgerichtsrechts, RIW/AWD 1980, S. 616ff.

XI. Weltweite Geltung

noch 1225 kanische, indische, kanadische oder australische Geschäftspartner wird sich häufig auf deutsches Recht nicht einlassen, einer Wahl englischen Rechts aber kaum widersprechen. Aber auch dem deutschen Geschäftsmann wird ein Schiedsverfahren in London unter Anwendung englischen Rechts lieber sein, als später in Karachi oder Nairobi klagen zu müssen.

§ 3
Australien

Im Jahre 1770 landete James Cook an der Ostküste Australiens und nahm es **1226** für die britische Krone in Besitz. Zuerst wurden vorwiegend Sträflinge nach Australien deportiert, später zogen zahlreiche Goldfunde weitere Einwanderer an. Von Beginn an galt in Australien[10] englisches *common law*. Durch Gesetz des britischen Parlaments aus dem Jahre 1828 wurde festgelegt, daß in allen damals bestehenden britischen Kolonien in Australien englisches *common law* und alle englischen Gesetze bis zum 25. Juli 1828 gelten sollten.

Heute ist Australien ein Bundesstaat, bestehend aus den sechs Staaten: *New* **1227** *South Wales, Victoria, South Australia, Queensland, Tasmania* und *Western Australia*. Darüber hinaus gehören zu Australien einige selbstverwaltete Gebiete wie das *Northern Territory,* die *Jervis Bay* und der Regierungsbezirk um die Hauptstadt *Canberra (Australian Capital Territory).* Der *Commonwealth of Australia Constitution Act* von 1900 schuf diese Federation, gab ihr den Namen *Commonwealth of Australia*, eine Verfassung und Unabhängigkeit.

Das gesamte Zivil- und Handelsrecht fällt grundsätzlich in die Gesetzgebungs- **1228** kompetenz der Länderparlamente. Streng genommen gibt es in Australien sechs verschiedene Zivilrechtsordnungen. So unterscheiden sich die Verjährungsvorschriften in den einzelnen Staaten. Freilich sind die Unterschiede im Handelsrecht gering. Denn alle sechs Staaten waren einst *settled colonies.* In die Bundeskompetenz[11] fällt Bank-[12], Währungs-, Konkurs-[13], Wechsel-[14] und Scheck-, Schlichtungs- und Schiedsgerichtsrecht sowie der gewerbliche Rechtsschutz.

Das Handelsrecht der Länder folgt auch heute noch englischem Vorbild. Dies **1229** gilt besonders für Vertragsrecht mit der *consideration* Lehre[15]. Der alte *Statute of Frauds 1677*[16] gilt heute noch in weiteren Bereichen als im englischen Mutterland: Kaufverträge mit einem höheren Kaufpreis als 20 Australische Dollar (im Northern Territory 50 Australische Dollar) sind nur rechtsverbindlich, wenn sie in einer schriftlichen Urkunde aufgenommen werden, es sei

---

10 Vgl. zu australischem Recht Halsbury's Laws of Australia, 1993; Greig/Davis, Law of Contract, 1986; Howard, Law of Commercial Companies, 1987; Ricketson, Law of Intellectual Property, 1984, sowie Halsbury's Laws of England, a.a.O., Band 6, para 862ff; Zweigert/Kötz, a.a.O., Band 1, S. 256ff.
11 Commonwealth of Australia Constitution Act 1900, section 9 und Constitution, section 51.
12 Vgl. Banking Act 1959, Commonwealth Banks Act 1959.
13 Vgl. Bankruptcy Act 1966.
14 Vgl. den Bills of Exchange Act von 1909, der eng an den englischen von 1882 angelehnt ist, der jedoch in wichtigen Punkten durch den Bills of Exchange Act 1971 geändert wurde.
15 Vgl. oben Rdnr. 71 ff.
16 Vgl. oben Rdnr. 86.

XI. Weltweite Geltung

denn, der Käufer erhält einen Teil der Ware oder zahlt einen Teil des Kaufpreises. Das Treuhand- und Stellvertretungsrecht ist weitgehend dem englischen Vorbild treu geblieben. Das englische Kaufgesetz von 1893[17] wurde grundsätzlich in allen australischen Staaten in Kraft gesetzt.

1230 Ähnlich dem englischen Recht[18] sehen verschiedene Ländergesetze für Kaufverträge ungeschriebene Vertragsbedingungen *implied terms*[19] vor. Diese *implied terms* gelten automatisch und unabhängig davon, ob sie ausdrücklich vereinbart worden sind. Zum Teil lassen sie sich jedoch durch ausdrückliche Vereinbarung ausschließen. Beispiele für *implied terms* aus australischen Ländergesetzen sind: die Bedingung, daß Waren von handelsüblicher Qualität sind; die Bedingung, daß Waren für die Zwecke des Käufers tauglich sind, wenn der Käufer dem Verkäufer zu erkennen gegeben hatte, daß er die Waren für einen bestimmten Zweck benötigt; die Bedingung, daß Massenware, die anhand eines Musters verkauft wird, die gleiche Qualität wie das Muster hat; die Bedingung, daß, wenn der Verkäufer eine bestimmte Eigenschaft zusichert, die Waren diese Eigenschaft haben.

1231 Das australische Recht der handelsrechtlichen Stellvertretung ist Länderrecht. Es folgt im wesentlichen englischen Grundsätzen[20]. Die Vertretungsmacht kann auf ausdrücklicher Vollmacht *express authority* oder aber auf einer Duldungsvollmacht *agency by estoppel* beruhen, wenn der Geschäftsherr Dritten gegenüber den Eindruck erweckt, als sei der Vertreter bevollmächtigt. Handelt der Vertreter ohne Vertretungsmacht, kommt der Vertrag dennoch zustande, wenn der Geschäftsherr den Vertragsschluß nachträglich genehmigt *doctrine of ratification*. Schließlich kann eine Vertretungsmacht auch darauf beruhen, daß eine nicht bevollmächtigte Person in dringenden Fällen im vermuteten Einverständnis des Geschäftsherrn handelt *doctrine of necessity*. Für bestimmte Geschäfte, z. B. Grundstücksgeschäfte, ist eine registrierte Vollmacht *registered power of attorney* notwendig. Der Vertreter ist dem Geschäftsherrn gegenüber verpflichtet, aufgrund der Vollmacht tätig zu werden *duty to perform*. Außerdem schuldet er seinem Geschäftsherrn bestimmte Treuepflichten, insbesondere die Pflicht, über die abgeschlossenen Geschäfte Rechnung zu legen.

1232 Das Recht der Kapitalgesellschaften fällt grundsätzlich in die Gesetzgebungskompetenz der Einzelstaaten. Traditionell beruht es auf englischem Vorbild. Ein Versuch des Bundesstaates, das australische Recht der Kapitalgesellschaften zu vereinheitlichen, scheiterte, als der *High Court of Australia* im Jahre 1990 entschied, daß dem Bundesstaat die Gesetzgebungskompetenz hierfür fehlt[21]. Allerdings haben sich die Einzelstaaten und der Bundesstaat im Anschluß an diese Entscheidung geeinigt, den *Corporations Act 1989*, der für das

---

17 Vgl. oben Rdnr. 200ff.
18 Vgl. oben Rdnr. 105ff.
19 Vgl. oben Rdnr. 105ff.
20 Vgl. oben Rdnr. 400ff.
21 New South Wales v. Commonwealth [1990] 90 A.L.R. 355.

Australian Capital Territory erlassen worden war, zu übernehmen und einstweilen als Grundlage des Rechts der Kapitalgesellschaften anzuerkennen. Dieses nunmehr vereinheitlichte Recht der Kapitalgesellschaften wird gemeinhin als *Australian Corporations Law* bezeichnet.

Im australischen Recht unterscheidet man zwischen *private companies* und *public companies*. *Private companies*, auch *proprietary companies* genannt, dürfen sich – anders als *public companies* – zur Kapitalaufbringung durch Ausgabe von Gesellschaftsanteilen nicht an die Öffentlichkeit wenden. Es gibt Gesellschaften mit unbeschränkter Haftung *unlimited companies* und Gesellschaften mit beschränkter Haftung *limited companies*. Die Haftung kann auf das Anteilskapital beschränkt werden *company limited by shares* oder aber auf eine bestimmte Garantiesumme *company limited by guarantee*. Es gibt auch eine Mischform, die jedoch äußerst selten vorkommt *company limited by shares and guarantee*. Die am meisten benutzten Formen im australischen Gesellschaftsrecht sind die *proprietary limited (pty Ltd.)* und die *public company (plc)*. 1233

Australische Kapitalgesellschaften müssen im Bundesstaat registriert sein, und zwar durch die *Australian Securities Commission (ASC)*. Vor der Gesellschaftsgründung muß, wie auch im englischen Gesellschaftsrecht, das *Memorandum* und die *Articles of Association* sowie eine Liste der Direktoren und Anteilseigner der *Australian Securities Commission* vorgelegt werden. Ausländische Gesellschaften können in Australien registriert werden, wenn sie bestimmte Dokumente bei der *Australian Securities Commission* vorlegen und einen Zustellungsbevollmächtigten in Australien benennen. 1234

Gewerblicher Rechtsschutz fällt in die Gesetzgebungskompetenz des Bundesstaates. Das Patentrecht ist in dem *Patents Act 1990* geregelt. Dieses Gesetz beruht eher auf älterem englischen Patentrecht als auf dem englischen *Patents Act 1977*, der europarechtlichem Vorbild folgt. Voraussetzung für Patentschutz ist, daß es sich um eine Art der Herstellung *manner of manufacture* handelt, die neu und erfinderisch ist *novel and inventive*, die nützlich ist *useful* und die nicht bereits vor dem Prioritätszeitpunkt geheim von dem Patentinhaber oder mit seiner Erlaubnis benutzt worden ist. Patentschutz besteht grundsätzlich für 16 Jahre. Anders als nach englischem Recht gibt es darüber hinaus ein *petty patent*, welches dem deutschen Gebrauchsmuster vergleichbar ist. Dieses „kleine Patent" ist schneller und billiger zu bekommen als ein normales Patent und hat eine maximale Schutzdauer von sechs Jahren. Australien ist Mitglied des *Patent Cooperation Treaty* aus dem Jahre 1970, der eine Antragstellung in verschiedenen Ländern erleichtert[22]. 1235

Das australische Warenzeichenrecht beruht auf dem *Trade Marks Act 1955*, der im wesentlichen dem englischen *Trade Marks Act 1938* ähnlich ist[23]. Da das 1236

---

22 Vgl. oben Rdnr. 1199.
23 Vgl. oben Rdnr. 925 ff.

XI. Weltweite Geltung

englische Warenzeichenrecht vor kurzem erheblich geändert worden ist[24], besteht, wie auch im Patentrecht, die interessante Besonderheit: Nicht das australische Recht bewegt sich langsam von dem englischen weg, sondern vielmehr das englische Recht verändert sich aufgrund der europäischen Integration. In Zukunft werden daher alte englische Gerichtsentscheidungen weiterhin große Auswirkung auf das australische Warenzeichenrecht, weniger aber auf das neue englische Warenzeichenrecht haben. Die Übertragung von Warenzeichen kann mit oder ohne den Geschäftsbetrieb erfolgen. Anders als beispielsweise im deutschen Recht ist jedoch, wie auch im australischen Patentrecht, Schriftform erforderlich.

1237 Neben eingetragenen Warenzeichen gibt es in Australien auch nichteingetragene Warenzeichen *unregistered trade marks*. Sie stehen demjenigen zu, der die entsprechende Marke als erster in Australien benutzt. Dies gilt selbst dann, wenn es sich um bekannte oder berühmte ausländische Warenzeichen handelt. Anders als im englischen Recht[25] ist es auch nicht nach Treu und Glauben ausgeschlossen, ein berühmtes ausländisches Warenzeichen in Australien zu benutzen oder zur Eintragung anzumelden. Dies hat zu einer staatlich sanktionierten Markenpiraterie geführt. Inhaber ausländischer Warenzeichen sind daher gut beraten, so früh wie möglich ihre Zeichen auch in Australien anzumelden oder zu benutzen. Ansonsten laufen sie Gefahr, später von Markenpiraten erpreßt zu werden, die die Zeichen ausschließlich zu diesem Zweck prioritätsbegründend in Australien benutzt oder angemeldet haben.

1238 Auch das Geschmacksmusterrecht *design right* folgt englischem Vorbild. Es beruht auf dem *Design Act 1906* in der Fassung des *Design Amendment Act 1981*. Ein Geschmacksmuster kann für Merkmale der Form, Gestaltung, Musterung oder Verzierung eingetragen werden, die am fertigen Gegenstand das Auge ansprechen und die nicht funktionsbedingt sind. Dies ist sehr ähnlich der englischen Definition aus dem *Registered Designs Act 1949*[26].

1239 Das australische Urheberrecht beruht auf dem *Copyright Act 1968* sowie den *Copyright Amendment Acts* von *1984, 1986* und *1989*. Es ähnelt in vielem englischem Urheberrecht[27]. Die Schutzdauer beträgt wie im englischen Recht grundsätzlich 50 Jahre ab dem Ende des Jahres, in dem der Urheber stirbt.

1240 Das australische internationale Privatrecht, oder besser dasjenige der Einzelstaaten, folgt dem traditionellen englischen internationalen Privatrecht[28]. Wenn die Parteien nicht ein bestimmtes Recht gewählt haben, gilt das Recht, zu dem der Vertrag die größte Verbindung aufweist: *most real connection*. Allerdings setzen die Gerichte, wie im englischen Recht, auch einen wirksamen

---

24 Vgl. oben Rdnr. 959 ff.
25 Vgl. oben Rdnr. 943.
26 Vgl. oben Rdnr. 904 ff.
27 Vgl. oben Rdnr. 914 ff.
28 Vgl. oben Rdnr. 1155 ff.

Vertrag nicht durch, wenn die Erfüllung nach dem Recht am Erfüllungsort nicht erlaubt ist. Wenn die Parteien ausdrücklich ein bestimmtes Recht vereinbaren, wird dieses Recht angewandt. Dies gilt jedoch nur, wenn die Wahl nicht gegen Treu und Glauben oder die öffentliche Ordnung verstößt. Dies ist zum Beispiel dann der Fall, wenn durch die Rechtswahl die Anwendung des Rechts eines bestimmten australischen Bundesstaates umgangen werden soll. Anders als England haben alle australischen Bundesstaaten das UN-Kaufrechtsübereinkommen übernommen. Das Abkommen trat in Australien am 1. April 1989 in Kraft.

Der Gerichtsaufbau in Australien folgt eher amerikanischem als englischem Vorbild. Wegen der Aufteilung der Gesetzgebungskompetenz gibt es sowohl Ländergerichte als auch Bundesgerichte. Höchstes Gericht eines jeden Landes ist der jeweilige *Supreme Court*. Oberstes Bundesgericht und damit höchstes Gericht in Australien ist der *High Court of Australia* in Canberra. Die enge Verbundenheit Australiens mit England zeigte sich aber bis in die jüngste Vergangenheit daran, daß es in Zivilsachen von den höchsten Ländergerichten das Rechtsmittel zum *Privy Council* in London gab, soweit nicht Bundesrecht betroffen war. Dies wurde jedoch durch den *Australia Act 1986* abgeschafft. Seitdem ist das oberste Bundesgericht, der *High Court of Australia*, auch für Revisionen gegen Urteile der jeweiligen *State Supreme Courts*, der höchsten Ländergerichte zuständig. Die Revisionen zum *Privy Council* gegen Urteile des *High Court of Australia* wurde bereits im Jahre 1975 abgeschafft. 1241

Die Zweiteilung des Anwaltsstandes in *Solicitors and Barristers* wurde in den wichtigsten und bevölkerungsreichsten Staaten New South Wales, Victoria und Queensland übernommen, während in den anderen Staaten jeder Anwalt zugleich *Solicitor* und *Barrister* ist. 1242

Zusammenfassend läßt sich feststellen, daß australisches Zivil- und Handelsrecht auch heute noch in seinen Verfahren und Methoden, den juristischen Grundbegriffen, im Stil der Rechtsanwendung, Gesetzestechnik und Gesetzesauslegung weitgehend mit englischem Recht übereinstimmt. Von allen Rechtssystemen außerhalb Englands kommt australisches Recht dem englischen wahrscheinlich am nächsten[29]. 1243

---

29 Zweigert/Kötz, a.a.O., Band 1, S. 259.

XI. Weltweite Geltung

§ 4
Bahamas

1244 Die Bahama-Inseln wurden schon im 17. Jahrhundert von den Engländern besiedelt und waren also ehemals eine *settled colony*. Sie wurden 1973 souverän, blieben aber Mitglied des *Commonwealth*.

1245 Nach § 2 des *Declaratory Act (Bahamas)* gilt englisches Recht auf den Inseln weiter, soweit es nicht durch eigene Gesetze geändert wurde. So verwundert es nicht, daß englisches Vertragsrecht fast uneingeschränkt angewendet wird. Auf den Bahamas gilt in erster Linie das englische *common law*. Wichtig ist daneben der *Hire Purchase Act 1974*. Er enthält insbesondere Vorschriften zum Mietkauf, zu finanzierten Käufen und zu Bedingungen in Kaufverträgen. Das Konkursgesetz, *The Bankruptcy Act (Bahamas)*, ist eine getreue Nachbildung des alten englischen Gesetzes aus dem Jahre 1861. Das englische Wechselgesetz, *Bills of Exchange Act 1882*, wurde im Jahre 1892 auf den Bahamas eingeführt. Das englische Kaufgesetz, *Sale of Goods Act 1893*[30], gilt unverändert.

1246 Als Steueroase verführen die Bahamas zu vielen Gesellschaftsgründungen. Das Recht der Kapitalgesellschaften der Bahamas folgt altem englischen Vorbild, dessen gesellschaftsrechtliche Grundsätze – wie die alte *ultra vires*[31] Lehre – unverdorben von englischen Gesetzesneuerungen fortbestehen. *Limited Companies* werden auf den Bahamas eingetragen, wenn bei dem Handelsregister *Registrar General* das *memorandum of association*, welches die Außenbeziehungen der Gesellschaft regelt, eingereicht wird. Anders als im englischen Recht ist es nicht erforderlich, den Teil der Satzung, der das Innenverhältnis regelt *articles of association* beim Handelsregister einzureichen. Eine *limited company* nach dem Recht der Bahamas muß mindestens fünf Gesellschafter haben. Gesellschafter oder Geschäftsführer können auch Ausländer sein. Die Gesellschaft muß aber ihren Sitz *registered office* auf den Bahamas haben. Eine Gesellschaft kann jeder erlaubten Tätigkeit nachgehen. Für Bank-, Versicherungs- oder Treuhandgeschäfte ist jedoch eine staatliche Lizenz notwendig. Außerdem kann eine Gesellschaft auf den Bahamas, die von Ausländern kontrolliert wird, nicht Eigentümer von Grundbesitz auf den Bahamas sein. Außer einer geringen jährlichen Gebühr bezahlen Gesellschaften auf den Bahamas keine Steuern. Besondere Vorschriften bestehen für ausländische Gesellschaften, die sich auf den Bahamas registrieren lassen wollen nach dem *The Foreign Companies Act* oder die lediglich ihre Geschäfte von den Bahamas aus betreiben wollen, ohne jedoch mit Einheimischen Geschäfte zu betreiben oder Grundbesitz auf den Bahamas zu erwerben nach dem *The International Business Companies Act 1989*.

---
30 Vgl. oben Rdnr. 200ff.
31 Vgl. oben Rdnr. 618ff.

Wer sich über das Handelsrecht der Bahamas vergewissern will, sollte sich die heimischen Gesetze ansehen, gesammelt in *Statute Law of the Bahamas Islands 1965* mit jährlichen Ergänzungen. Wer nach der wichtigsten Rechtsquelle, dem Richterrecht, sucht, hat es viel schwerer: Es gibt auf den Inseln keine Fallsammlungen. Man ist auf die englischen *Law Reports* angewiesen. Englische Entscheidungen binden grundsätzlich auf den Bahamas.

1247

XI. Weltweite Geltung

§ 5
Bermudas

1248 Die Bermudas — früher *Somers Islands* — wurden schon 1612 von Engländern besiedelt, sind also eine *settled colony*. Die Bermudas genießen seit langem eine sehr weitgehende Selbstverwaltung. Die Bezeichnung Kolonie ist schon lange nicht mehr angemessen und durch *dependency* ersetzt worden.

1249 Die Inselgruppe hat *off-shore* Banken und vor allem *off-shore* Versicherungen angezogen. Das Zivil- und Handelsrecht ist weitgehend identisch mit englischem. Doch ist Vorsicht geboten: Zum Teil gelten alte, im Mutterland schon längst geänderte Gesetze; zum Teil sind neue und vom englischen Vorbild abweichende Gesetze erlassen worden. Generell gilt sowohl das englische *common law* als auch die englischen *doctrines of equity* sowie englische Gesetze bis zum Jahre 1612. Hiervon gibt es drei Ausnahmen:

1250 (a) wenn neuere englische Gesetze ausdrücklich auf die Bermudas erstreckt werden, gelten sie auch auf den Bermudas;

1251 (b) englisches Recht kann durch Gesetze der Bermudas abgeändert werden;

1252 (c) Änderungen des *common law* seit 1612 gelten auch auf den Bermudas, es sei denn, daß das *common law* durch ein englisches Gesetz geändert wurde und dieses Gesetz nicht auf die Bermudas erstreckt wurde.

1253 Wer sich einen Überblick über die Anwendung englischer Gesetze auf den Bermudas verschaffen möchte, findet eine Zusammenstellung zu Beginn des Abschnitts 8 der Gesetzessammlung *Bermuda Laws*.

1254 Das vom Richterrecht beherrschte Vertragsrecht ist nach wie vor englisch. Es gilt das *common law*. Dies gilt beispielsweise für den Grundsatz, daß nur eine Vertragspartei Rechte aus dem Vertrag herleiten kann, nicht aber ein Dritter: *privity of contract*[32]. Wie auch nach englischem Recht kann aber bei der handelsrechtlichen Stellvertretung der Geschäftsherr direkt Leistung oder Zahlung von einem Dritten verlangen, mit dem sein Vertreter *agent* einen Vertrag für ihn abgeschlossen hat[33]. Wie auch in England wird zwischen offener Stellvertretung *disclosed agency* und nicht offengelegter Stellvertretung *undisclosed agency*[34] unterschieden. Auch ansonsten gelten für das Verhältnis zwischen Vertreter und Vertretenem die englisch-rechtlichen Regeln. Beim Warenkauf gilt der *Sale of Goods Act 1978* der Bermudas. Dieses Gesetz spiegelt ebenfalls die englischen Grundsätze wider.

---

32 Vgl. oben Rdnr. 76 ff.
33 Vgl. oben Rdnr. 400 ff.
34 Vgl. oben Rdnr. 413 ff.

Die Bermudas haben aber nicht nur das englische *common law* und die englischen *doctrines of equity* weitgehend übernommen. Sie haben sich auch bei eigenen Gesetzen oftmals am englischen Vorbild orientiert. So folgt beispielsweise das Konkursgesetz, der *Bankruptcy Act 1876*, altem englischen Vorbild. Das gleiche gilt für das Wechselgesetz, den *Bills of Exchange Act 1934*. Das alte Urheberrechtsgesetz des Vereinigten Königreichs, der *Copyright Act 1956*, gilt mit Abänderungen auch auf den Bermudas. Das Warenzeichengesetz, *Trade Mark Act 1974*, folgt dem englischen Gesetz von 1938[35]. **1255**

Das Recht der Kapitalgesellschaften der Bermudas ist in dem *Companies Act 1981* zusammengefaßt. *Limited liability companies* entstehen entweder durch Eintragung *registered company* oder durch Gesetzgebungsakt *statutory company*. Gesellschaften können entweder heimische Gesellschaften *local companies* oder zugelassene Gesellschaften *exempted companies* sein. Eine *exempted company* ist als Gesellschaftsform vorgesehen, die von Ausländern kontrolliert wird. Diese Gesellschaftsform unterliegt keinen Devisenbestimmungen. Sie darf aber keine Geschäfte innerhalb der Bermudas betreiben, keinen Grundbesitz auf den Bermudas halten und sich auch nicht an einheimischen Gesellschaften beteiligen. *Exempted companies* müssen ein Mindeststammkapital in Höhe von 12 000 Bermuda-Dollars haben. **1256**

Auch der Gerichtsaufbau erinnert an England. Für Familiensachen sowie kleinere Strafrechts- und Zivilrechtsfälle (bis zu einem Streitwert von 5000 Bermuda-Dollars) sind die *Magistrates Courts* zuständig. Ansonsten ist erste Instanz der *Supreme Court*. Berufungen werden vom *Court of Appeal* entschieden. Über Revisionen gegen Entscheidungen des *Court of Appeal* entscheidet der *Privy Council*[36] in London. Auch hierdurch ist gewährleistet, daß sich das Recht der Bermudas nicht weit von dem englischen Recht entfernen kann. Auch das Verfahrensrecht der Gerichte der Bermudas orientiert sich am englischen Recht. Es ähnelt den Verfahrensregeln des *High Court of Justice* in England[37]. Die Entscheidungen der heimischen Gerichte werden nicht mehr veröffentlicht. Wer nach ihnen sucht, muß die Abschriften der Urteile, die im Gericht gesammelt werden, durchsehen. Die Verlockung, die englischen Entscheidungssammlungen zuerst zu Rate zu ziehen, ist unwiderstehlich. **1257**

---

35 Vgl. oben Rdnr. 925 ff.
36 Vgl. oben Rdnr. 32.
37 Vgl. O'Hare/Hill, Civil Litigation, 6. Auflage 1993.

XI. Weltweite Geltung

§ 6
Die Cayman-Inseln

1258 Diese Steueroase verspricht – vielleicht wegen der weißen Mehrheit – zugleich politische Stabilität. Deshalb verwundert es nicht: Neben Schildkrötenzucht ist die Verwaltung von *Cayman Islands Limited* sowie *off-shore banking* wichtigste Einnahmequelle.

1259 Ende des 17. Jahrhunderts besiedelten die Engländer die Inselgruppe und machten sie zur *settled colony.* 1863 wurden die Inseln der Verwaltung, Gesetzgebung und Jurisdiktion von Jamaica unterstellt. Die Inselgruppe als *dependency* von Jamaica schloß sich 1959 der Westindischen Föderation an. Seit der Verfassung von 1972 sind die Inseln weitgehend selbstständig, staatsrechtlich aber immer noch eine *dependency* der Krone.

1260 Es gilt weitgehend englisches Gesetzes- und Richterrecht. Die Gerichtshierarchie verläuft vom *Grand Court* auf den Inseln zum *Court of Appeal* auf Jamaica und von dort zum *Privy Council*[38] in London.

---

38 Vgl. oben Rdnr. 32.

§ 7
Commonwealth und Dependencies

Das *Commonwealth*, auch *Commonwealth of Nations*, früher *British Commonwealth of Nations* genannt, ist der freiwillige Zusammenschluß unabhängiger souveräner Staaten, die sich in ihrem Zusammenschluß gegenseitig anerkennen, um einander zu beraten und miteinander zusammenzuarbeiten und die die Königin von England als Symbol ihres freien Zusammenschlusses und als Oberhaupt des *Commonwealth* haben[39].   1261

Generell kann man sagen: In den Ländern des *Commonwealth* gilt weitgehend englisches Recht, insbesondere englisches Handels- und Wirtschaftsrecht. Die wichtigsten Länder des *Commonwealth* werden in diesem Buch in eigenen Unterkapiteln behandelt. Um jedoch einen eindrucksvollen Überblick über die Weltgeltung englischen Handels- und Wirtschaftsrechts zu geben, werden nachfolgend die Mitgliedstaaten des *Commonwealth* aufgelistet, und zwar mit ihrer original englischen Bezeichnung. Mitglieder des *Commonwealth* und damit Teil des *common law* Rechtskreises sind[40]:   1262

> Antigua and Barbuda, The Commonwealth of Australia, The Bahamas, Bangladesh, Barbados, Belize, Botswana, Brunei, Canada, The Republic of Cyprus, Dominica, The Gambia, Ghana, Grenada, Guyana, India, Jamaica, Kenya, Kiribati, Lesotho, Malawi, Malaysia, Maledives, Malta, Mauritius, Namibia, Nauru, New Zealand, Nigeria, Pakistan, Papua New Guinea, St. Christopher and Nevis, St. Lucia, St. Vincent and the Grenadines, Seychelles, Sierra Leone, Singapore, Solomon Islands, Sri Lanka, Swaziland, Tanzania, Tonga, Trinidad and Tobago, Tuvalu, Uganda, Vanuatu, Western Samoa, Zambia, Zimbabwe.   1263

Darüber hinaus gibt es zahlreiche Länder oder Gebiete, die nicht Mitglieder des *Commonwealth* sind, die aber mit dem Vereinigten Königreich direkt verbunden oder von ihm abhängig sind. Diese Länder werden staatsrechtlich als *United Kingdom Dependencies* bezeichnet. Auch in diesen Ländern gilt weitgehend englisches Recht. *United Kingdom Dependencies* sind[41]:   1264

> Anguilla, Bermuda, British Antarctic Territory, Cayman Islands, Falkland Islands, Gibraltar, Hong Kong, Montserrat, Pitcairn, Henderson, Ducie and Oeno, St. Helena and its Dependencies, South Georgia and South Sandwich Islands, Sovereign Base Areas of Akrotiri and Dhekalia, Turks and Caicos Islands, Virgin Islands.   1265

Schließlich sind diejenigen Länder zu nennen, die irgendwann in ihrer Geschichte unter englischem Einfluß standen, mittlerweile aber selbständig und auch nicht Mitglied des *Commonwealth* sind. Zwar kann man nicht generell   1266

---

39 Halsbury, a.a.O., Band 6, para 801 ff.
40 Halsbury, a.a.O., Band 6, para 801 ff.
41 Halsbury, a.a.O., Band 6, para 861 ff.

XI. Weltweite Geltung

sagen, daß in diesen Ländern englisches Recht gilt. Zumindest aber hat englisches Recht die Rechtsentwicklung dieser Länder beeinflußt. Teilweise gelten einige ältere englische handels- und wirtschaftsrechtliche Gesetze in diesen Ländern sogar heute noch. Es handelt sich hierbei um folgende Länder[42]:

1267 Burma, Fiji, Ireland, Israel, Persian Gulf States, Somaliland, South Africa, South Arabia (South Yemen), Southern Cameroons, The Sudan.

1268 Diese Zusammenstellung zeigt die ganze Bedeutung englischen Rechts. Englisches Recht hat die Rechtsentwicklung in mehr als 70 Länder dieser Erde beeinflußt bzw. gilt dort auch heute noch. Das Verständnis englischen Rechts ist daher für den Welthandel unverzichtbar.

---

42 Halsbury, a.a.O., Band 6, para 851 ff.

§ 8
Hong Kong

Schon 1842 mit dem Vertrag von Nanking erwarb die englische Krone die Kolonie Hong Kong. Dieser Vertrag bezog sich nur auf die Insel, nicht auf das Festland. 1860 wurde die Kolonie um das angrenzende Festland Kowloon erweitert. 1898 wurde ein weiterer Teil auf dem Festland hinzugepachtet, die *New Territories*. Der Pachtvertrag mit der Krone wurde auf 99 Jahre abgeschlossen. Hong Kong wird daher bis zum 30. Juni 1997 britische Kolonie bleiben. Vom 1. Juli 1997 an fällt Hong Kong an China, wird aber selbstverwaltete Region werden: *special administrative region*. Im Jahre 1990 erließ China ein Grundgesetz *basic law*. Gemäß diesem *basic law* wird Hong Kong noch weitere 50 Jahre bis zum 30. Juni 2047 kapitalistisch und weithin autonom bleiben. Artikel 8 des *basic law* legt außerdem fest, daß grundsätzlich auch das auf englischem Recht beruhende Rechtssystem Hong Kongs erhalten bleibt, soweit es nicht durch spezielle Gesetze abgeändert wird. Es bleibt abzuwarten, inwieweit diese Absichtserklärung in die Tat umgesetzt wird. Vielleicht wird englisches Recht in Zukunft sogar das chinesische Recht beeinflussen.   **1269**

Das Recht von Hong Kong folgt weitgehend englischem Recht. Es gilt das englische *common law* und die englischen *doctrines of equity*. Außerdem sind alle vor dem 5. April 1843 gültigen englischen Gesetze in Hong Kong anwendbar. Darüber hinaus hat Hong Kong die meisten englischen handelsrechtlichen Gesetze übernommen. Das Zivil- und Handelsrecht von Hong Kong ist daher nahezu identisch mit klassischem englischem Recht. Allerdings ergeben sich in letzter Zeit immer häufiger Abweichungen, weil England seine Gesetze europarechtlichen Vorgaben anpassen muß.   **1270**

Das Vertragsrecht von Hong Kong ist weitgehend identisch mit englischem Vertragsrecht. Es beruht auf englischem *common law* und den *doctrines of equity*. Auch spätere Gesetze zur Regelung von Vertragsstreitigkeiten folgen englischem Vorbild. Dies gilt beispielsweise für die *Control of Exemption Clauses Ordinance 1989*, die bis auf einige Ausnahmen dem englischen *Unfair Contract Terms Act 1977*[43] folgt. Die *Sale of Goods Ordinance*, die Einzelheiten des Kaufrechts von Hong Kong regelt, entspricht im wesentlichen dem englischen *Sale of Goods Act 1893*.   **1271**

Das Recht der Kapitalgesellschaften von Hong Kong ist in der *Companies Ordinance* geregelt, die im wesentlichen auf dem alten englischen *Companies Act 1948* beruht. Eine *limited company* erfordert mindestens zwei Gesellschafter. Es gibt kein Mindeststammkapital. Man unterscheidet zwischen *private companies* und *public companies*. *Private companies* dürfen nicht mehr als 50 Ge-   **1272**

---

43 Vgl. oben Rdnr. 97 ff.

XI. Weltweite Geltung

sellschafter haben und dürfen sich zur Kapitalaufbringung durch Ausgabe von Gesellschaftsanteilen nicht an die Öffentlichkeit wenden. *Public companies* unterliegen diesen Beschränkungen nicht. *Public companies* können auch an die Börse, die *Hong Kong Stock Exchange*, gehen. Für börsennotierte Gesellschaften gelten strengere Regeln.

1273 Auch der gewerbliche Rechtsschutz folgt im wesentlichen englischem Vorbild bzw. ist sogar von englischen Gesetzen abhängig. Hong Kong hat kein eigenes Patentrecht. Patentschutz in Hong Kong kann aber nach der *Registration of United Kingdom Patents Ordinance 1979* für englische Patente[44] oder europäische Patente mit Schutzerstreckung auf England erlangt werden. Voraussetzung ist, daß der englische Patentinhaber binnen fünf Jahren nach Erteilung des Patentes die Registrierung in Hong Kong beantragt. Patentschutz besteht dann nach Registrierung in Hong Kong für denselben Zeitraum, wie das britische oder europäische Patent in Kraft ist.

1274 Das Warenzeichengesetz von Hong Kong, die *Trade Marks Ordinance*, ist nahezu identisch mit dem britischen *Trade Marks Act 1938*[45]. Auch das Warenzeichenregister von Hong Kong ist in Teil A und B unterteilt. Warenzeichenschutz besteht zunächst für sieben Jahre. Verlängerung um jeweils weitere 14 Jahre ist möglich. Übertragung von Warenzeichen kann mit oder ohne den Geschäftsbetrieb erfolgen. Bei Übertragungen von Warenzeichen ohne den Geschäftsbetrieb ist jedoch eine Registrierung binnen sechs Monaten seit Übertragung nötig. Seit 1992 sind gemäß der *Enactment of Trade Marks (Amendment) Ordinance 1991* auch Dienstleistungsmarken eintragungsfähig. Neben den gesetzlichen Rechten aus dem Warenzeichengesetz von Hong Kong gibt es auch in Hong Kong Kennzeichenschutz nach den englischen *common law* Regeln des *tort of passing off*[46].

1275 Urheberrechtsschutz besteht in Hong Kong aufgrund des alten englischen *Copyright Act 1956* in der Fassung des *Design Copyright Act 1968*, die durch die *Copyright (Hong Kong) Orders 1972* und *1979* in das Recht von Hong Kong übernommen wurden. Urheberrechtsschutz für Computerprogramme besteht in Hong Kong aufgrund einer Anordnung des Kronrates *Order in Council* von 1987, die den *U.K. Copyright (Computer Software) Amendment Act 1985*, (der später in dem jetzt geltenden *U.K. Copyright Designs and Patents Act 1988* aufging)[47], in das Recht von Hong Kong übernommen hat. Geschmacksmusterschutz besteht in Hong Kong aufgrund der *United Kingdom Designs (Protection) Ordinance 1964* automatisch in allen Fällen, in denen ein eingetragenes Geschmacksmuster in England[48] geschützt ist. Eine gesonderte Registrierung wie beim Patentrecht ist nicht nötig.

---

44 Vgl. oben Rdnr. 855 ff.
45 Vgl. oben Rdnr. 925 ff.
46 Vgl. oben Rdnr. 976 ff.
47 Vgl. oben Rdnr. 914 ff.
48 Vgl. oben Rdnr. 904 ff.

1276 Auch der Gerichtsaufbau in Hong Kong verrät englisches Vorbild: Der *Supreme Court* von Hong Kong besteht aus dem *High Court of Justice* und dem *Court of Appeal*. Erste Instanz ist in zivilrechtlichen Fällen mit einem Streitwert bis zu 15 000 Hong Kong-Dollar ein *Small Claims Tribunal*, bei einem Streitwert zwischen 15 000 und 100 000 Hong Kong-Dollar der *District Court* und bei einem Streitwert über 100 000 Hong Kong-Dollar der *High Court of Justice*. Berufungen gegen Urteile des *High Court* werden vom *Court of Appeal* entschieden. Über Revisionen gegen Entscheidungen des *Court of Appeal* entscheidet der *Privy Council* in London.

1277 Hong Kong ist nicht nur eines der wichtigsten wirtschaftlichen Zentren in Asien. Hong Kong ist auch dabei, führender Schiedsgerichtsort in Fernost zu werden und dabei Kuala Lumpur den Rang abzulaufen.

XI. Weltweite Geltung

§ 9
Indien

1278 Der Einfluß der Engländer begann 1600 mit der *East India Company*. Zunächst wurden in den Hafenstädten Madras, Bombay und Kalkutta, den sog. *Presidency Towns*, englisches Richterrecht und die bis 1726 geltenden Gesetze eingeführt. Nach und nach weitete sich das englische *common law* in ganz Indien aus: im Vertrags-, Delikts- und Handelsrecht, nicht hingegen im heimischen Familien- und Erbrecht, das die Engländer unter der Herrschaft des religiösen islamischen und Hindu-Rechtes beließen. Seit dem 15. August 1947 ist der Vielvölker-, Vielsprachen- und Vielreligionenstaat Indien unabhängig. Doch Indien ist auch heute noch Mitglied des *Commonwealth of Nations*.

1279 Am 26. Januar 1950 trat die Verfassung dieses aus 22 Staaten bestehenden Bundesstaates in Kraft. Seitdem gab es viele Bestrebungen, das englische Erbe zu verdrängen, auch im rechtlichen Bereich. Umsonst: Die Wurzeln des englischen Rechtssystems sind zu stark, Rechtsdenken zu englisch, um verdrängt zu werden[49]. Wenn Inder sich wehrten, daß indischer Tee in London unter Verträgen mit Londoner Schiedsgerichtsklauseln vermarktet wurde, so finden sie sich heute doch damit ab, daß die Kaufverträge nunmehr in Indien geschlossen werden mit indischen Schiedsgerichtsklauseln und dabei indischem Recht unterliegen, obwohl es weitgehend identisch mit englischem Recht ist.

1280 Das indische Zivil- und Handelsrecht beruht weitgehend auf dem englischen *common law*. Der Geist der Kodifizierung in England trug jedoch in Indien noch weitergehende Früchte als in England: Die Ideen des englischen Rechtsphilosophen *Bentham* führten zur Einsetzung einer *Law Commission* in Indien, die das indische Zivilgesetzbuch von 1859, den Vorgänger des indischen *Code of Civil Procedure 1908*, und vor allem den *Indian Contract Act 1872* entwarf. Dieses indische Vertragsgesetz, welches heute noch gilt, faßte das damals geltende englische Richterrecht zusammen. Dieses Gesetzbuch ist gekennzeichnet durch die viktorianische Sprache mit zum Teil vergessenen Rechtsbegriffen ohne abstrakte vor die Klammer gezogene Rechtssätze. Es ist urenglisch und beherrscht noch heute das indische Handelsrecht, wenn auch im Lichte neuerer englischer und immer mehr indischer Gerichtsentscheidungen. Trotz der weitgehenden Übereinstimmung mit dem englischen *common law* ist jedoch Vorsicht geboten. Es gibt manche Abweichungen vom englischen Recht, die es ratsam erscheinen lassen, zunächst einen örtlichen Anwalt um Rat zu fragen. So kann beispielsweise nach indischem Vertragsrecht, anders als nach englischem Vertragsrecht[50], die Gegenleistung *consideration* auch durch einen Dritten oder vor Vertragsschluß *past consideration* erbracht werden. Auch gut-

---

49 Zweigert/Kötz, a.a.O., Band 1, S. 261 ff.
50 Vgl. oben Rdnr. 71 ff.

gläubiger Erwerb ist nach indischem Recht anders als nach englischem Recht möglich. Der *Indian Contract Act 1872* enthält außerdem Vorschriften über das Stellvertretungsrecht: *Law of Principal and Agent*. Dieses ist dem englischen Stellvertretungsrecht[51] sehr ähnlich.

Es gibt eine Reihe weiterer Kodifikationen englischen Richterrechts: Der *Negotiable Instruments Act 1881* regelt das Wechsel- und Scheckrecht; der *Indian Sale of Goods Act III 1930*, aus dem Vertragsgesetz ausgegliedert, folgt dem englischen Kaufgesetz von 1893. Wie auch das englische Recht[52] unterscheidet der *Indian Sale of Goods Act* bei Vertragsbedingungen zwischen *conditions*, bei deren Verletzung ein Rücktritt vom Vertrag möglich ist, und *warranties*, die bei Verletzung nur einen Schadensersatzanspruch zur Folge haben. 1281

Das früher auch im Vertragsgesetz geregelte Recht der nicht rechtsfähigen Gesellschaften wurde im *Indian Partnership Act 1932* zusammengefaßt, der das englische Gesetz von 1890 zum Vorbild hat. Auch das indische Gesetz über Kapitalgesellschaften, der *Companies Act 1956* mit seinen Änderungen (zuletzt im Jahre 1988), lehnt sich an das Gesetz über Kapitalgesellschaften, den *Companies Act 1948*, an, zeigt jedoch in Einzelheiten Abweichungen. Wie in England unterscheidet man grundsätzlich zwischen *private companies* und *public companies*. Eine *private company* muß den Firmenzusatz *private limited* führen. Eine *private company* darf nicht mehr als 50 Gesellschafter haben, sich zur Kapitalaufbringung durch Ausgabe von Gesellschaftsanteilen nicht an die Öffentlichkeit wenden und muß außerdem die freie Übertragbarkeit der Gesellschaftsanteile beschränken. Alle Gesellschaften, die diese Forderungen nicht erfüllen, sind *public companies*. Eine Besonderheit indischen Gesellschaftsrechts ist, daß *private companies*, an der zumindest 25% juristische Personen beteiligt sind oder die eine gewisse Umsatzhöhe (zur Zeit 50 Millionen Rupien) überschreiten oder die durch Anzeigen um Darlehen der Öffentlichkeit werben, automatisch nicht mehr als *private companies*, sondern als *public companies* gelten. Eine *private company* muß mindestens zwei, eine *public company* mindestens sieben Gesellschafter haben. Ausländer können nur mit Genehmigung der *Reserve Bank of India* Gesellschafter einer indischen Gesellschaft werden. 1282

Auch im gewerblichen Rechtsschutz ist englisches Vorbild nicht zu verkennen. Das indische Patentrecht beruht auf dem *Patents Act 1970*, Geschmacksmusterrecht auf dem *Designs Act 1911*. Das indische Urheberrechtsgesetz, der *Copyright Act XIV 1957*, ist weitgehend dem englischen Gesetz von 1956 nachgebildet. Auch das indische Warenzeichenrecht, in dem *Trade and Merchandise Marks Act 1958* geregelt, läßt englische Abstammung nicht verkennen. Es folgt in vielem dem englischen Gesetz von 1938[53]. 1283

---

51 Vgl. oben Rdnr. 400ff.
52 Vgl. oben Rdnr. 200ff.
53 Vgl. oben Rdnr. 925ff.

XI. Weltweite Geltung

1284 Das indische internationale Privatrecht folgt den traditionellen englischen Grundsätzen[54]. Qualifikation von Verträgen richtet sich nach dem *proper law of contract*. Dies ist in erster Linie das von den Parteien gewollte Recht. Haben die Parteien nicht ausdrücklich oder konkludent ein bestimmtes Recht gewählt, ist das Recht desjenigen Landes anwendbar, mit dem der Vertrag die engste Beziehung aufweist.

1285 Trotz aller Ähnlichkeiten des indischen und englischen Rechts sei gewarnt: Indisches Recht geht mehr und mehr eigene Wege. Dies verdeutlicht ein Blick in die Entscheidungssammlungen, die *All Indian Reports* und *Supreme Court Reports* des indischen Bundesgerichts (*Supreme Court*) mit seinen Bindungswirkungen auch für die Ländergerichte und die Sammlungen für Entscheidungen der einzelnen Ländergerichte, wie der *Bombay Law Reporter* und der *Madras Law Reporter*. Das Rechtsmittel zum Londoner *Privy Council*[55] gibt es bereits seit 1949 nicht mehr. Die zunehmende Entfernung des indischen Rechtes vom englischen Recht zeigt sich auch darin, daß die ursprüngliche Trennung der Anwaltschaft in *Solicitors* und *Barristers* zunehmend aufgegeben und durch einen einheitlichen Berufsstand der *Advocates* ersetzt wird. Geblieben ist allerdings das Recht englischer *Barrister*, die bis zum 31. Dezember 1967 an den vier Juristeninnungen in London zugelassen wurden, sich auch heute noch an allen Bundes- und Staatsgerichten Indiens als *Advocate* registrieren zu lassen.

---

54 Vgl. oben Rdnr. 1155 ff.
55 Vgl. oben Rdnr. 32.

§ 10
Irland

Das Recht von Südirland[56] fußt auf dem englischen *common law*. Die englische Rechtstradition mit dem in *Barristers* und *Solicitors* geteilten Anwaltsstand überdauerte den Irischen Freistaat *Irish Free State* von 1921 bis 1937, die irische Verfassung von 1937 *The Constitution of Ireland Act 1937* und das Gesetz über die Republik Irland von 1948 *The Republic of Ireland Act 1948*. *Eire* ist der gälische und offizielle Name für Irland. — 1286

Wichtigste Rechtsquelle des irischen Zivil- und Handelsrechts ist Fallrecht, das in der Vergangenheit mit englischem Richterrecht identisch war. Auch heute noch haben englische Gerichtsentscheidungen in Irland *persuasive authority*: Sie binden irische Gerichte nicht, doch werden sie zitiert und häufig befolgt. So sind irisches Vertrags-, Delikts- und internationales Privatrecht auch heute noch dem englischen sehr verwandt. — 1287

Wichtige englische handelsrechtliche Gesetze gelten auch heute noch in Irland, sei es in ursprünglicher oder veränderter Fassung: So gelten etwa das englische Wechselgesetz von 1882 (*Bills of Exchange Act 1882*) sowie die englischen Kaufgesetze von 1893 und 1980 (*Sale of Goods Acts 1893–1980*) auch in Irland. Das irische Konkursrecht gemäß dem *Irish Bankrupt and Insolvency Act 1857* und dem *Bankruptcy Amendment Act 1872* folgt alten englischen Vorbildern. — 1288

Auch das irische Recht der Kapitalgesellschaften, niedergelegt in den *Companies Acts 1963 und 1990*, folgt englischem Vorbild. Man unterscheidet zwischen *private companies* und *public companies*. Hauptformen sind die *private limited company (Ltd.)* und die *public limited company (plc)*. Allerdings ist es in Irland gestattet, statt der englischen Bezeichnungen die alten gälischen Bezeichnungen zu verwenden. Eine *private company* heißt dann *teoranta*, abgekürzt *teo*; eine *public company* heißt *cuideachta phoibli theuranta*, abgekürzt *c.p.t.* — 1289

Auch der gewerbliche Rechtsschutz in Irland beruht zum Teil auf englischen Vorbildern. Beispielsweise ähnelt der irische *Trade Marks Act 1963* mit seiner Unterteilung in Teil A und B der Warenzeichenrolle sehr stark dem englischen *Trade Marks Act 1938*[56a]. — 1290

Besonders hervorzuheben ist, daß sich irisches Recht in Zukunft aufgrund der europäischen Integration weiterhin parallel zu englischem Recht entwickeln — 1291

---

56 Vgl. zu irischem Recht Irish Current Law Statutes 1994; Clark, Contract Law in Ireland, 3. Auflage 1992; Egan, Companies Acts of Ireland & UK, 2. Auflage 1991; Keane, Company Law in the Republic of Ireland, 2. Auflage 1991; Ussher, Company Law in Ireland, 2. Auflage 1994.
56a Vgl. oben Rdnr. 925 ff.

XI. Weltweite Geltung

noch **1291** wird. Hierdurch unterscheidet sich das Verhältnis des irischen Rechtes zum englischen grundlegend von demjenigen anderer Länder mit englischer Rechtstradition wie Australien, Hong Kong oder Indien. Diese Länder behalten zum Teil alte englische Prinzipien bei, die England selbst aufgrund von EG-Richtlinien aufgeben mußte bzw. in Zukunft aufgeben muß.

§ 11
Israel

Israel gehört nicht zum *common law* Rechtskreis. Israelisches Recht beruht vielmehr traditionell auf ottomanisch-türkischem Recht, insbesondere auf der Mêgelle, einer türkischen Rechtssammlung aus den Jahren 1869–1876. Seit Gründung des Staates Israel im Jahre 1948 entwickelt der Staat Israel sein eigenes Recht. Dies geschieht vielfach dadurch, daß der israelische Gesetzgeber rechtsvergleichend arbeitet und aus Rechtsprinzipien des *common law*, kontinentaleuropäischen Rechtsordnungen und internationalem Einheitsrecht neues Gesetzesrecht für den Staat Israel schafft[57].

1292

Die Erwähnung Israels im Rahmen des Kapitels „Weltweite Geltung des englischen Handels- und Wirtschaftsrechts" beruht daher nicht auf einer unmittelbaren Geltung englischen Rechts in Israel, sondern auf dem Einfluß, den das englische Mandat über Palästina in der Zeit von 1922–1948 gehabt hat. Wie in vielen anderen Ländern ließen die Engländer während ihrer Herrschaft zwar grundsätzlich das geltende Recht unangetastet, führten jedoch viele handels- und wirtschaftsrechtliche Gesetze ein und paßten das Recht — und vor allem das Gerichtssystem — englischem Vorbild an. Hiervon hat sich manches bis heute erhalten. So folgt beispielsweise das israelische Konkursgesetz von 1980 den englischen *Bankruptcy Acts von 1914 und 1926*, das israelische Wechselgesetz von 1957 dem englischen *Bills of Exchange Act 1882*, und Teile des englischen *Merchant Shipping Act 1894* gelten immer noch in Israel. Auch das israelische Recht der Kapitelgesellschaften folgt altem englischem Vorbild; die *ultra-vires* Lehre[58] gilt noch uneingeschränkt. Vor allem aber läßt die Methode der Rechtsfindung israelischer Gerichte, die Bedeutung von Präzedenzfällen und die Art der Urteilsbegründung englisches Vorbild erkennen[59].

1293

---

57 Zweigert/Kötz, a.a.O., S. 274.
58 Vgl. oben Rdnr. 618ff.
59 Zweigert/Kötz, a.a.O., S. 276.

XI. Weltweite Geltung

§ 12
Kanada

1294 Kanada kam unter britische Herrschaft, als Frankreich im Pariser Frieden von 1763 seine gesamten Besitzungen in Nordamerika an England abtreten mußte. Die Bevölkerungsmehrheit war zunächst französisch. Mit Beginn des amerikanischen Unabhängigkeitskrieges flüchteten jedoch zahlreiche englandtreue Einwanderer, die nicht Amerikaner werden wollten, nach Kanada. Dadurch entstand in Kanada etwa ein Gleichgewicht zwischen Franzosen, die im sogenannten Unterkanada *lower Canada* siedelten und Engländern in Oberkanada *upper Canada*. Durch Gesetz des britischen Parlaments aus dem Jahre 1791 wurde Kanada daraufhin in einen französischen und einen englischen Teil getrennt. Beide Teile konnten sich selbst verwalten, unterstanden aber der englischen Krone. Im Jahre 1840 wurden beide Gebiete wieder vereinigt. Da es jedoch zwischen Francokanadiern und Anglokanadiern immer wieder zu Auseinandersetzungen kam, wurde durch den *British North America Act* aus dem Jahre 1867 ein Bundesstaat gegründet, der zunächst aus den vier Staaten *Quebec, Ontario, New Brunswick (Neubraunschweig)* und *Nova Scotia (Neuschottland)* bestand. 1870 folgten *Manitoba*, 1871 *British Columbia* und 1905 *Saskatchewan* und *Alberta*[60].

1295 Heute ist Kanada ein Bundesstaat, bestehend aus folgenden Staaten: *Alberta, British Columbia, Manitoba, New Brunswick, Newfoundland, Nova Scotia, Ontario, Prince Edward Island, Quebec und Saskatchewan*. Das Rechtssystem aller Staaten[61] beruht auf englischem Recht mit einer Ausnahme: der Provinz *Quebec*. Da diese Provinz überwiegend von Franzosen bewohnt wurde, tasteten die Engländer das dort geltende französische Zivilrecht nicht an.

1296 Die Verfassung von Kanada aus dem Jahre 1982 (*Canada Act*), die die alte Verfassung von 1867 ersetzte, gibt dem Bund nur wenig ausschließliche Gesetzgebungskompetenz[62], u.a. zur Regelung des Handels, des Bank- und Geldwesens, Wechsel-, Scheck-, Insolvenz-, Patent- und Urheberrechts. Von diesen – meist durch Bundesgesetz geregelten – Bereichen abgesehen, gilt in den englischen Provinzen das englische Richterrecht und zum Teil auch wichtige englische handelsrechtliche Gesetze.

---

60 Zweigert/Kötz, a.a.O., S. 259ff.
61 Vgl. zu kanadischem Recht Gall, Canadian Legal System, 3. Auflage 1990; Fraser, Handbook on Canadian Company Law, 7. Auflage 1985; Fridman, Law of Contracts, 2. Auflage 1986; Fridman, Sale of Goods in Canada, 3. Auflage 1986 sowie das für das erste Halbjahr 1995 angekündigte deutschsprachige Werk von Impelmann/Borgers, Kanadisches Handels- und Wirtschaftsrecht, Verlag Recht und Wirtschaft, Schriftenreihe Recht der Internationalen Wirtschaft, Band 40.
62 Vgl. Canada Act 1982.

1297 Das Vertragsrecht ist grundsätzlich Ländersache. In den englischen Provinzen beruht es generell auf dem englischen *common law*. Allerdings haben die verschiedenen Einzelstaaten zum Schutz von Verbrauchern und Kreditnehmern unterschiedliche Gesetze, abweichend von dem *common law*, erlassen. Auch die Formvorschriften des englischen *Statute of Frauds* von 1677 gelten nicht in allen Provinzen unverändert. Das englische Kaufgesetz, *Sale of Goods Act* von 1893, wurde in allen englischen Provinzen, zum Teil unverändert, eingeführt. Das gleiche gilt für den englischen *Partnership Act* von 1890, der das Recht der nichtrechtsfähigen Personengesellschaften regelt.

1298 Die Zweiteilung von Bundes- und Landesrecht zeigt sich auch im Recht der rechtsfähigen Kapitalgesellschaften: Gesellschaften, die in mehreren Staaten Kanadas oder im Ausland tätig sind, werden nach Bundesrecht, dem *Canada Business Corporation Act* von 1975, gegründet. Gesellschaften, deren Tätigkeit auf einen Staat Kanadas beschränkt ist, werden nach dem jeweiligen Landesgesellschaftsrecht gegründet. Allerdings haben die Staaten Alberta, British Columbia, Manitoba, New Brunswick, Ontario und Saskatchewan zur Regelung rechtsfähiger Kapitalgesellschaften Gesetze erlassen, die dem *Canada Business Corporation Act* sehr ähnlich sind. Die Gesellschaftsrechtsgesetze der anderen Bundesstaaten weichen stärker von dem Bundesgesetz ab.

1299 Auch ansonsten bestehen zahlreiche Unterschiede zwischen dem Recht der einzelnen Bundesstaaten. Dies zeigt sich auch darin: Rechtsanwälte sind grundsätzlich nur in einer Provinz zugelassen. Nach englischem Vorbild werden sie *Barrister* und *Solicitor* genannt, nicht aber *Attorneys* wie in den USA. Nur in Quebec wird statt dessen der Titel *Advocate* benutzt. Trotz der theoretischen Trennung des Anwaltsstandes in *Barrister* und *Solicitor* ist es in Kanada (anders als in England) möglich, sowohl *Barrister* als auch *Solicitor* zu sein. Daher führen fast alle kanadischen Anwälte den Titel *Barrister and Solicitor*. Obwohl sich Kanada also von dem englischen System abgewandt hat, zeigt die Beibehaltung der Titel *Barrister* und *Solicitor* die Herkunft kanadischen Rechts aus dem englischen Recht. Seit Ende des zweiten Weltkrieges läßt sich aber in den englischen Bundesstaaten Kanadas eine Tendenz nicht verkennen: weg vom Recht des ursprünglichen Mutterlandes und hin zu mehr Eigenständigkeit und Anlehnung an das Recht der USA. Immer weniger kanadische Juristen haben eine englische Juristenausbildung, dafür aber eine amerikanische. Die Rechtsmittel zum *Privy Council* in London wurden schon 1949 durch den *Supreme Court Act* abgeschafft. Wie in Australien und den USA gibt es in Kanada Ländergerichte und ein Bundesgericht, den *Federal Court*. Höchstes Gericht in einem Bundesstaat ist der *Court of Appeal*. Über Rechtsmittel gegen Entscheidungen der verschiedenen *Courts of Appeal* entscheidet zentral das höchste kanadische Gericht, der *Supreme Court of Canada*[63].

---

63 Zweigert/Kötz, a.a.O., S. 261.

XI. Weltweite Geltung

§ 13
Kanalinseln und die Insel Man

1300 Die Kanalinseln Jersey, Guernsey, Alderney und Sark sowie die Insel Man sind weder Teil des Vereinigten Königreiches noch des *Commonwealth* noch sind sie Kolonie. Staatsrechtlich bildet das Vereinigte Königreich zusammen mit der Inselgruppe im Ärmelkanal und der Insel Man die Britischen Inseln *British Islands*[64]. Die Einwohner der Britischen Inseln sind britische Bürger[65].

1301 Die Kanalinseln verdanken ihre eigenartige staatsrechtliche Stellung der Souveränität ihrer Majestät. Die Inseln waren Teil des Normannischen Herzogtums und erkennen die Oberhoheit der Krone als Rechtsinhaberin der normannischen Herzogswürde *in right of the Duchy of Normandy* an. Nur einzelne Bestimmungen des EG-Vertrages sind auf die Inseln anwendbar[66].

1302 Die Inseln haben ihre eigenen Gesetzgebungsorgane und Gerichte. Weder auf den Kanalinseln noch auf der Insel Man gilt englisches Recht. Auf den Kanalinseln ist noch das alte normannische Gewohnheitsrecht in Kraft, das auch römisches Recht noch nicht rezipiert hatte. Die Insel Man hat ihr Gewohnheitsrecht von den skandinavischen Königen ererbt, die die Insel von 912 bis 1270 regierten.

1303 Trotz der dem englischen Recht fremden Rechtssysteme auf den Kanalinseln und der Insel Man gelten einige vom Parlament in Westminster erlassene Gesetze, das Handelsschiffahrtsgesetz von 1894, die Luftfahrtgesetze von 1949, 1967 und 1971, auf der Insel Man ferner das Patentgesetz von 1949, das Geschmacksmustergesetz von 1949, das Warenzeichengesetz von 1938[67].

1304 Die Kanalinseln und die Insel Man sind Steuerparadiese. Dies ist der Grund für die unzähligen Gesellschaftsgründungen auf diesen Inseln. Das Gesellschaftsrecht ist englischen Ursprungs. In Jersey gilt noch heute die fast wörtliche französische Übersetzung des englischen Gesetzes über rechtsfähige Kapitalgesellschaften von 1861[68], deren englische Übersetzung nicht verbindlich ist. Dieses Gesetz wurde ergänzt durch das *Companies Supplementary Provisions (Jersey) Law 1968*, das in englischer Sprache authentisch ist.

1305 Deshalb verwundert es nicht, daß sich Satzungen von *limited companies* auf diesen Inseln wie die echter englischer lesen. Die langatmigen Gegenstandsklauseln *objects clauses* in den *memoranda of association* sind nur verständlich auf dem Hintergrund der *ultra-vires* Lehre, die dort unverfälscht von EG-

---

64 Interpretation Act 1978 Sch, Sch2 para 4.
65 British Nationality Act 1981 ssl, II, 50(1).
66 Act of Accession Arts. 25–27.
67 Vgl. oben Rdnr. 925 ff.
68 Loi (1861) sur les Sociétés à Responsabilité Limitée.

Harmonisierungsbestrebungen fortgilt. Auch das bei der Vermögensverwaltung so wichtige Treuhandrecht *law of trust* wurde getreu vom englischen Mutterland übernommen.

Fast alle auf den Inseln zugelassenen Advokaten wurden an den Juristeninnungen in London als englische *Barrister* ausgebildet. Dies spricht dafür, daß trotz unterschiedlicher rechtshistorischer Wurzeln der Rechtsalltag nicht nur im Gesellschafts-, Treuhand- und Bankrecht, sondern auch im Prozeßrecht und im juristischen Denken dem englischen angeglichen ist.

1306

XI. Weltweite Geltung

§ 14
Kenia, Nigeria und weitere afrikanische Staaten

1307   Zahlreiche inzwischen selbständige Staaten in Afrika waren früher britische Kolonien. Hierzu gehören zum Beispiel in Westafrika Gambia, Ghana, Nigeria und Sierra Leone sowie in Ostafrika Kenia, Tanzania und Uganda. Das englische *common law* hat großen Einfluß auf die Rechtsentwicklung in diesen Staaten genommen[69].

1308   Da es sich bei diesen Kolonien, anders als zum Beispiel bei Australien oder Nordamerika, um kulturell bereits entwickelte Gebiete handelt, ließen die Engländer grundsätzlich sowohl das heimische Recht, vor allem das Familien-, Erb- und Grundstücksrecht, als auch den heimischen Gerichtsaufbau unangetastet. Im Vertrags-, Handels- und Wirtschaftsrecht wurde jedoch stets das englische Recht eingeführt. Grund hierfür war das Bestreben, den Handel mit dem Mutterland zu vereinfachen und nach gewohnten Regeln ausführen zu können. Außerdem war in der Regel das Handels- und Wirtschaftsrecht in dem afrikanischen Stammesrecht unter- bzw. überhaupt nicht entwickelt. Die Einführung des *common law*, der englischen *doctrines of equity* und des englischen Gesetzesrechts bis zu einem Stichtag erfolgte entweder durch Erlaß der Krone *Order in Council* oder durch eine Verordnung *Ordinance* der jeweiligen Kolonialverwaltung.

1309   Auch nach dieser Rezeption des englischen Rechts haben sich die Kolonien bzw. ihre selbständigen Nachfolgestaaten in der Gesetzgebung vielfach an englischen Vorbildern orientiert. So gelten in einigen afrikanischen Staaten weiterhin wichtige englische handels- und wirtschaftsrechtliche Gesetze wie das Kauf- und Wechselgesetz. Ähnliches gilt für das Gesellschaftsrecht. In Nigeria basiert zum Beispiel das Recht der rechtsfähigen Kapitalgesellschaften auf dem *Companies Decree 1968*, der in den meisten Bestimmungen mit dem englischen *Companies Act 1948* identisch ist[70].

1310   Man darf jedoch nicht vergessen: Englisches Recht galt in Afrika niemals isoliert. Stets war neben dem *common law* auch afrikanisches Stammesrecht, teilweise darüber hinaus auch islamisches Recht anwendbar. Dieses einheimische Recht hatte zwar seine größte Bedeutung im Familien- und Erbrecht, spielte auch aber im Vertrags- und Grundstücksrecht eine Rolle[71]. Trotzdem hat das englische *common law* noch immer einen starken Einfluß auf das afrikanische Recht. Dies gilt nicht nur wegen der teilweisen Übernahme des *common law*

---

69 Zweigert/Kötz, Einführung in die Rechtsvergleichung, Band I, S 266 ff.
70 Vgl. Triebel, RIW/AWD 1977, 681 ff.; Ola Orojo, Nigerian Company Law and Practice, 2. Aufl., London 1984.
71 Zweigert/Kötz, a.a.O., S. 267.

und englischer Gesetze. Auch Rechtsterminologie und Gesetzestechnik folgen englischem Vorbild. Dies mag auch daran liegen, daß viele afrikanische Juristen bis vor wenigen Jahren vorwiegend an englischen Universitäten und an den Londoner *Inns of Court* ausgebildet wurden. Mehr und mehr tritt jedoch die Ausbildung an eigenen afrikanischen Rechtsschulen in den Vordergrund. Häufig werden afrikanische Universitäten in den Nachfolgestaaten früherer englischer Kolonien jedoch immer noch von englischen, manchmal auch amerikanischen Rechtslehrern betreut, so daß die Tradition des *common law* in gewisser Weise fortgesetzt wird. Die Abschaffung der Revision zum Londoner *Privy Council*[72] in den meisten ehemaligen britischen Kolonien und die Betonung der heimischen Rechtstradition führen aber mehr und mehr zu einer Verselbstständigung der afrikanischen Rechtssysteme.

noch
1310

---

72 Vgl. oben Rdnr. 32.

XI. Weltweite Geltung

§ 15
Neuseeland

1311 Neuseeland *New Zealand* ist eine konstitutionelle Monarchie mit der englischen Königin als Souverän. Das Territorium von Neuseeland umfaßt außerdem eine ganze Reihe bewohnter oder unbewohnter Inseln. Von diesen Inseln sind die *Cook Islands* and *Niue* selbständig und werden nur nach außen hin von Neuseeland vertreten. Neuseeland ist Mitglied des *Commonwealth of Nations*. Die englische Königin wird in Neuseeland von dem Generalgouverneur *Governor General* vertreten. Die Regierung des Vereinigten Königreiches ist in Neuseeland durch einen Hochkommissar *High Commissioner* repräsentiert.

1312 Neuseeland wurde 1840 englisch. Durch *section 2* des *English Laws Act 1908* wurde englisches Fall- und Gesetzesrecht mit dem Stand vom 14. Januar 1840 in Neuseeland eingeführt. Aber auch die nachfolgende englische Rechtsentwicklung, insbesondere des *common law*, hatte großen Einfluß auf das Vertrags- und Handelsrecht von Neuseeland. Darüber hinaus wurden zahlreiche englische Gesetze übernommen oder neuseeländische Gesetze nach englischen Vorbildern gestaltet. Durch den *Constitution Act* 1986 wurde jedoch festgelegt, daß kein Gesetz des Parlaments des Vereinigten Königreiches, welches nach dem 1. Januar 1986 erlassen wurde, Teil des neuseeländischen Rechtes wird. Durch den *Imperial Laws Application Act 1988* wurde schließlich genau festgeschrieben, in welchem Umfang Gesetze und Verordnungen des Vereinigten Königreiches sowie das englische *common law* Teil des neuseeländischen Rechtes sind.

1313 Das neuseeländische Vertragsrecht ist weitgehend identisch englischem *common law* und älteren englischen Gesetzen. Bisweilen sind englische Gesetze auch abgeändert worden. So ist beispielsweise der berühmte englische *Statute of Frauds 1677*[73] durch den neuseeländischen *Contracts Enforcement Act 1956* ersetzt worden. Nach dem *Contracts Enforcement Act 1956* müssen bestimmte Verträge schriftlich abgeschlossen werden, um durchsetzbar zu sein, so Grundstückskauf-, Hypotheken- und Grundschuld- sowie Schuldübernahmeverträge. Darüber hinaus hat Neuseeland in Abänderung des *common law* einige Verbraucherschutzgesetze erlassen, so den *Door-to-Door Sales Act 1967*, den *Unsolicited Goods and Services Act 1975*, den *Contractual Mistakes Act 1977* und den *Insurance Law Reform Act 1977*.

1314 Andere neuseeländische Gesetze, insbesondere im Handelsrecht, sind häufig nur Reproduktionen der englischen Vorbilder: So folgt der *Bills of Exchange Act 1908* dem englischen Wechselgesetz von 1882, der *Mercantile Law Act 1908* dem englischen *Factors Act 1889* und der *Sale of Goods Act 1908* dem engli-

---

73 Vgl. oben Rdnr. 86.

schen Kaufgesetz von 1893 mit Ausnahme des gutgläubigen Erwerbs auf offenem Markt.

Das neuseeländische Gesellschaftsrecht folgt weitgehend alten englischen Vorbildern. Der *Partnership Act 1908* beruht auf dem englischen Gesetz über nichtrechtsfähige Personengesellschaften von 1890. Das neuseeländische Gesetz über rechtsfähige Kapitalgesellschaften (*Companies Act 1955*) hat das englische Gesellschaftsgesetz von 1948 zum Vorbild, fordert also nicht die sehr weitgehende Publizität entsprechend den nachfolgenden englischen Gesetzen von 1967 bis 1990. Allerdings hat das neuseeländische Gesellschaftsrecht die alte englische *ultra-vires* Lehre[74] abgeschafft. 1315

Auch die neuseeländischen Gesetze zur Regelung des gewerblichen Rechtsschutzes beruhen auf englischem Vorbild. Dies gilt zum Beispiel für das neuseeländische Patentgesetz, den *Patents Act 1953* und die *Patents Regulations 1954*, vor allem aber für das neuseeländische Warenzeichen- und Urheberrecht. Das neuseeländische Warenzeichenrecht ist in dem *Trade Marks Act 1953* und den *Tradmarks Regulations 1954* geregelt. Sie folgen weitgehend dem englischen *Trade Marks Act von 1938*[75]. Das Warenzeichenregister ist demnach in Teil A und Teil B unterteilt, die Schutzdauer beträgt sieben Jahre mit jeweils 14jähriger Verlängerungsmöglichkeit. Wie in England genießen auch in Neuseeland nur eingetragene Warenzeichen Schutz, wenn nicht die *common law* Voraussetzungen des *tort of passing off* erfüllt sind[76]. Neuseeländisches Urheberrecht ist in dem *Copyright Act 1962* geregelt, der weitgehend identisch mit dem englischen *Copyright Act 1956* ist. Neuseeland ist Mitglied der *Berner Union* und der *Universal Copyright Convention*. Geschmacksmusterschutz ist (wie auch nach altem englischem Recht) sowohl nach Urheberrecht als auch durch Eintragung aufgrund des *Designs Act 1953* möglich. 1316

Auch der neuseeländische Gerichtsaufbau verrät englisches Vorbild. Erste Instanz in Zivil- und Handelssachen ist der *High Court of New Zealand*, der wie nach englischem Vorbild an verschiedenen Orten des Landes Verhandlungen abhalten kann. Über Berufungen gegen Urteile des *High Court of New Zealand* entscheidet der *Court of Appeal*. Oberste Rechtsmittelinstanz ist immer noch der *Privy Council*[77] in London. 1317

---

74 Vgl. oben Rdnr. 618 ff.
75 Vgl. oben Rdnr. 925 ff.
76 Vgl. oben Rdnr. 976 ff.
77 Vgl. oben Rdnr. 32.

XI. Weltweite Geltung

§ 16
Nordirland (Ulster)

1318 Nordirland ist Teil des *United Kingdom of Great Britain and Northern Ireland*. Mit dem *Ireland Act* von 2.6.1800 wurde Irland Bestandteil des Vereinigten Königreiches. Durch den *Government of Ireland Act 1920* sollte Irland in Süd- und Nordirland unterteilt werden. Dieses Gesetz wurde jedoch nur in Nordirland in Kraft gesetzt. Schon kurze Zeit später wurde Südirland durch den *Irish Free State (Agreement) Act 1922* und den *Irish Free State (Consequential Provisions) Act 1922* eine selbstverwaltete *Dominion*, die den Namen *Irish Free State* trug. Nordirland sollte das gleiche Recht erhalten, entschied sich jedoch dafür, seinen bisherigen Status beizubehalten. Im Jahre 1949 schied der *Irish Free State* aus dem *British Commonwealth* aus und wurde zur *Republic of Ireland*. Nordirland blieb Teil des *United Kingdom of Great Britain and Northern Ireland* und kann nur mit Zustimmung des nordirischen Parlamentes und einer Mehrheitsentscheidung der nordirischen Bevölkerung aus dem *United Kingdom* ausscheiden. Die Form der Selbstverwaltung von Nordirland hat in den letzten 20 Jahren, bedingt durch die politischen Unruhen, mehrfach gewechselt.

1319 In Nordirland gilt grundsätzlich das englische *common law* sowie die meisten Gesetze, die einheitlich für das gesamte Vereinigte Königreich von dem Parlament in London erlassen wurden. Teilweise ist die nordirische Selbstverwaltung aber auch befugt, eigene Gesetze zu erlassen. Ausschließliche Gesetzgebungskompetenz hat das Londoner Parlament zum Beispiel für Angelegenheiten der Krone und des Parlamentes des Vereinigten Königreiches, für internationale Beziehungen, Militär, Staatsbürgerschaft, Steuern, die Ernennung von Richtern sowie Münz- und Geldwesen. Weitere Bereiche sind auf unbestimmte Zeit der Gesetzgebung des Parlamentes in London vorbehalten. Hierzu gehören beispielsweise das Gerichtswesen und die Regelung der juristischen Berufe, die Aufrechterhaltung der öffentlichen Ordnung, Strafrecht, Strafvollzug, Polizei, die Regelung der nordirischen Selbstverwaltung, Handel mit anderen Ländern mit Ausnahme der Republik Irland, Schiff- und Luftfahrt, das Postwesen sowie der gewerbliche Rechtsschutz. In Bereichen, die nicht ausschließlich in der Gesetzgebungskompetenz des Parlamentes in London liegen oder ihm auf unbestimmte Zeit übertragen worden sind, hat die nordirische Selbstverwaltung grundsätzlich ein eigenes Gesetzgebungsrecht. Voraussetzung für ein Inkrafttreten solcher Gesetze ist jedoch jeweils die Zustimmung der Königin. Ein wichtiges Beispiel für die Gesetzgebungskompetenz der nordirischen Selbstverwaltung ist das Kapitalgesellschaftsrecht. Nordirisches Kapitalgesellschaftsrecht beruht auf der *Companies (Northern Ireland) Order 1986* mit Ergänzungen aus den Jahren 1989 und 1990. Natürlich beruht aber auch das nordirische Gesellschaftsrecht auf englischem Vorbild.

Die weitgehende Identität zwischen englischem und nordirischem Recht spiegelt sich auch im Gerichtsaufbau wieder. Unterste Instanz in Zivilsachen sind in Nordirland die *County Courts* bzw. bei Fällen mit höherem Streitwert *Her Majesty's High Court of Justice in Northern Ireland (High Court)*. Über Berufungen gegen Urteile des *High Court* entscheidet *Her Majesty's High Court of Appeal in Northern Ireland (Court of Appeal)*. Oberste Rechtsmittelinstanz für Nordirland ist jedoch ebenfalls das *House of Lords*[78] in London. Trotz der vielfachen Übereinstimmungen englischen und nordirischen Rechts und trotz des ähnlichen Gerichtsaufbaus ist jedoch zu beachten: Nordirland, Schottland[79] sowie England (richtig: England und Wales) sind drei streng zu trennende, jeweils eigenständige Jurisdiktionen.

---

78 Vgl. oben Rdnr. 28.
79 Vgl. unten Rdnr. 1327 ff.

XI. Weltweite Geltung

§ 17
Pakistan

1321 Pakistan wurde am selben Tag wie Indien, am 15. August 1947, selbständig. Am 23. März 1956 wurde es Republik, blieb aber Mitglied des *Commonwealth*. Am 30. Januar 1972 erklärte es seinen Austritt aus dem *Commonwealth*.

1322 Die Rechtsgeschichte Pakistans ist ähnlich wie die indische[80]: Beide Rechtssysteme wurzeln im englischen Recht und sind — von Familien-, Erb- und Deliktsrecht abgesehen — auch heute noch dem englischen Recht sehr ähnlich. Pakistanisches Vertragsrecht folgt daher auch heute noch grundsätzlich dem englischen *common law*, allerdings nicht als englisches Richterrecht, sondern aufgrund des *Indian Contract Act 1872*[81], der eine weitgehende Kodifikation des englischen *common law* enthält. Die wichtigste Abweichung betrifft die *consideration* Lehre: Nach dem *Indian Contract Act 1872* kann anders als nach englischem *common law*[82] die Gegenleistung auch durch eine dritte Person oder vor Vertragsschluß *past consideration* erfolgen. Auch gutgläubiger Erwerb ist anders als nach englischem Recht möglich. Der *Indian Contract Act 1872* enthält außerdem Vorschriften über das Stellvertretungsrecht: *Law of Principal and Agent*. Er ist dem englischen Stellvertretungsrecht sehr ähnlich. Es gibt eine Reihe weiterer Kodifikationen englischen Richterrechts, die Pakistan von Indien übernommen hat: Der *Negotiable Instruments Act 1881* regelt das Wechsel- und Scheckrecht, der *Sale of Goods Act 1930*, der dem englischen Kaufgesetz von 1893 folgt, wurde aus dem *Indian Contract Act 1872* ausgegliedert und regelt das Kaufrecht.

1323 Auch pakistanisches Kapitalgesellschaftrecht folgt englischem Vorbild. Es beruht auf der *Companies Ordinance 1984*, die den *Companies Act 1913* ersetzt. Englischem Vorbild folgend, wird zwischen *private* und *public companies* unterschieden. Eine Gesellschaft ist *private*, wenn ihre Satzung eine Übertragung der Anteile und die Anzahl der Gesellschafter auf höchstens 50 beschränkt und die Kapitalaufbringung durch Ausgabe von Anteilen an die Öffentlichkeit verbietet. Alle anderen Gesellschaften sind *public*.

1324 Das pakistanische Gesetzesrecht von 1836 bis 1965 basiert weitgehend auf dem englischen *common law*. Es ist in 15 Bänden mit dem Titel *The Pakistan Code* zusammengefaßt. Der Name ist irreführend, da es sich nicht um eine Kodifikation, sondern nur eine Kompilation, eine Zusammenstellung bestehender Gesetze handelt. Nachfolgende Gesetze werden in der offiziellen Gazette von Pakistan sowie in einer privaten Veröffentlichung, den *All Pakistan Legal Decisions*, veröffentlicht.

---

80 Vgl. oben Rdnr. 1278 ff.
81 Vgl. oben Rdnr. 1280.
82 Vgl. oben Rdnr. 24 ff.

Die enge Anlehnung an das englische und die historische Verflechtung mit **1325**
dem indischen Fallrecht zeigen die Präzedenzregeln: Bindende Wirkung haben
alle Entscheidungen des pakistanischen *Supreme Court*, aber auch Entscheidungen des Londoner *Privy Council*[83] bis 1950. Gleiches gilt für alle indischen Gerichtsentscheidungen gleich- oder höherrangiger Gerichte. Alle
nachfolgenden Entscheidungen des *Privy Council* sowie Entscheidungen des
Londoner *House of Lords*, des indischen *Supreme Court* (aber auch des *Supreme Court of the United States)* haben nur noch *persuasive authority*, überzeugen noch, binden aber nicht mehr. Die Entscheidungen pakistanischer Gerichte werden in der offiziellen Entscheidungssammlung des *Law Department of the Ministry of Law and Parliamentary Affairs* und in der privaten Publikation *The All Pakistan Legal Decisions* veröffentlicht.

Neben dem englischen *common law*, welches in der Form indischer und paki- **1326**
stanischer Gesetze das Vertrags-, Handels- und Wirtschaftsrechts Pakistans
beherrscht, gilt in Pakistan strenges islamisches Recht. So wird beispielsweise
Diebstahl mit Amputation der rechten Hand, Alkoholgenuß mit Auspeitschen
und Ehebruch mit Steinigung bestraft. Aber auch über den Bereich des Straf-,
Familien- und Erbrechts hinaus ist islamisches Recht in Pakistan von großer
Bedeutung. Dies hat auch Einfluß auf das Handels- und Wirtschaftsrecht. So
ist beispielsweise die Erhebung von Zinsen nach islamischem Recht grundsätzlich verboten bzw. eingeschränkt. Dies erschwert Bankgeschäfte in Pakistan.
Ein anderes Beispiel ist das auf den englischen *doctrines of equity* beruhende
Rechtsinstitut der *trusts*. Pakistanische *trusts* beruhen auf dem *Trusts Act 1882*
und folgen grundsätzlich englischem Vorbild. Für Familien-*Trusts* sowie religiöse oder gemeinnützige *trusts* gilt dagegen islamisches Recht.

---

83 Vgl. oben Rdnr. 32.

XI. Weltweite Geltung

§ 18
Schottland

1327 Das Vereinigte Königreich von Großbritannien und Nordirland *United Kingdom of Great Britain and Northern Ireland* besteht staatsrechtlich aus vier Teilen: England, Wales, Schottland und Nordirland. England und Wales bilden gemeinsam eine Jurisdiktion, Schottland und Nordirland sind jeweils eigenständige Jurisdiktionen. Anders als in Nordirland, dessen Recht ebenfalls auf dem *common law* beruht, gilt in Schottland englisches Recht nicht. Schottisches Recht ist vielmehr römisch-rechtlichen Ursprungs[84]. Dies gilt vorwiegend für das allgemeine Zivilrecht. Viele neue wirtschaftsrechtliche Gesetze wurden dagegen einheitlich für das gesamte Vereinigte Königreich erlassen.

1328 Ende des 13. Jahrhunderts gelang es den Engländern unter König Edward I., Schottland zu erobern. Schon kurze Zeit später erstritten sich die Schotten in dem großen Unabhängigkeitskrieg ihre Freiheit zurück. Daher blieben in den folgenden Jahrhunderten auch die Rechtssysteme Englands und Schottlands getrennt. Während sich in England das *common law* entwickelte, wurden schottische Juristen auf dem Kontinent und dort vor allem an der holländischen Universität Leiden ausgebildet. Auf diese Weise wurde römisches Recht in Schottland rezipiert und vermischte sich dort mit alt-schottischem Gewohnheitsrecht[85]. So entstand ein eigenständiges schottisches Recht, welches vor allem im Vertragsrecht auf römischen Prinzipien basiert. Im Jahre 1681 faßte der schottische Richter *Stair* das damals geltende schottische Recht in den *Institutions of the Law of Scotland* zusammen. Die *Institutions of the Law of Scotland* sind noch heute eines der grundlegenden Werke über schottisches Recht.

1329 Im Jahre 1707 schloß sich Schottland freiwillig in der Unionsakte *Acts of Union* mit England (und Wales) zum *United Kingdom of Great Britain* zusammen. Schottisches Recht war damals aber schon zu eigenständig, um mit englischem Recht zu verschmelzen. Andererseits übt seit dieser Zeit englisches Recht seinen Einfluß auf das schottische Recht aus und umgekehrt. Außerdem führten die napoleonischen Kriege Anfang des 19. Jahrhunderts dazu, daß der rege Verkehr Schottlands mit dem Kontinent zurückging. Daher wurde Schottland auch nicht durch die wichtigste kontinentale Rechtsentwicklung dieser Zeit beeinflußt, den französischen *Code Civil*. Schottisches Zivilrecht blieb ungeschriebenes Recht auf römischer Grundlage.

---

84 Weber, Einführung in das schottische Recht, Darmstadt 1978; zum schottischen Recht vgl. das Standardwerk Walker, Principles of Scottish Private Law, 3. Aufl., Oxford 1983 sowie das 25bändige Werk The Laws of Scotland, Verlag Butterworths & Co.
85 Zweigert/Kötz, Einführung in die Rechtsvergleichung Band I., S. 235.

1330 Daher verwundert es nicht, daß auch noch heute viele Eigenheiten des englischen *common law* im schottischen Vertragsrecht nicht zu finden sind. So ist *consideration*[86] keine Voraussetzung des Vertragsschlusses; deshalb kennt schottisches Recht – anders als englisches[87] – auch Verträge zugunsten Dritter. Ein weiteres Beispiel sind die Rechtsfolgen bei Nichterfüllung eines Vertrages. Schottisches Recht kennt – wie kontinental-europäisches Recht – einen Erfüllungsanspruch, während englisches Recht den Gläubiger grundsätzlich auf einen Schadensersatzanspruch wegen Nichterfüllung verweist[88].

1331 Im Wirtschaftsrecht dagegen gilt in vielen Fällen in Schottland und England das gleiche Recht, weil die entsprechenden Gesetze von der Regierung in Westminster für das gesamte Vereinigte Königreich erlassen wurden. So gelten beispielsweise in Schottland die *Sale of Goods Acts 1893 und 1979*, der *Bills of Exchange Act 1882*, der *Trade Marks Act 1938*, der *Copyright Act 1956*, der *Patents Act 1977* sowie die meisten handels- und wirtschaftsrechtlichen Gesetze neueren Datums. Allerdings werden die schottischen Besonderheiten in diesen Gesetzen grundsätzlich berücksichtigt und mitgeregelt.

1332 Auch das Kapitalgesellschaftsrecht Schottlands ist weitgehend identisch mit demjenigen Englands. Es beruht auf den *Companies Act 1985* und *1989*.

1333 Da Schottland eine eigene Jurisdiktion bildet, hat es auch eigene Gerichte. Erste Instanz in Zivilsachen sind die *Sherrif Courts*. Über Berufungen entscheidet das höchste schottische Gericht, *The Court of Session* in Edinburgh. Die höchste Instanz ist in England und Schottland jedoch einheitlich. *The House of Lords*[89] in London ist auch für schottische Gerichte oberste Revisionsinstanz. In dem *House of Lords* entscheiden englische und schottische *Law Lords*, die oft nur in ihrem eigenen Recht ausgebildet sind, gemeinsam über englisches und schottisches Recht. Viele Urteile zum schottischen Recht haben englisches Recht beeinflußt. Zu erwähnen ist beispielsweise die für das englische Deliktsrecht, und zwar für den Fahrlässigkeitstatbestand *tort of negligence* grundlegende Entscheidung über Produzentenhaftung in *Donoghue v. Stevenson*[90]. Auch die Anwaltschaft ist in Schottland wie in England zweigeteilt in *Advocates* (nicht wie in England *Barristers*) und *Solicitors*.

---

86 Vgl. oben Rdnr. 71 ff.
87 Vgl. oben Rdnr. 76 ff.
88 Vgl. oben Rdnr. 136 ff.
89 Vgl. oben Rdnr. 28.
90 Vgl. [1932] A.C. 562.

XI. Weltweite Geltung

§ 19
Singapur und Malaysia

1334 Nachdem im 16. und 17. Jahrhundert zunächst die Portugiesen und Holländer Teile des heutigen Singapurs und Malaysias beherrscht hatten, begann der englische Einfluß im Jahre 1786 mit der Gründung einer Niederlassung der *East India Company* in Penang. Im Jahre 1819 wurde eine zweite Niederlassung in Singapur gegründet. Seitdem stand Singapur unter englischer Herrschaft. Im Jahre 1958 wurde Singapur die Selbstverwaltung zugestanden. 1963 schloß es sich mit Malaysia zu einem Bundesstaat zusammen. 1967 trennte sich Singapur wieder von Malaysia und wurde selbständig, blieb aber Mitglied des *Commonwealth*.

1335 Singapur rezipierte englisches Recht offiziell durch die *Civil Law Ordinance* von 1878[91]. Auch heute noch ist durch *Section 5 der Civil Law Ordinance 1956* in der Form des *Civil Law (Amendment No. 2) Act 1977* ausdrücklich schriftlich festgelegt, daß für Personen- und Kapitalgesellschaftsrecht, Bankwesen, handelsrechtliche Stellvertretung, Land-, Luft- und Seetransport, verschiedene Versicherungssachen und insbesondere für das gesamte Handelsrecht in Singapur englisches Recht anzuwenden ist[92]. Dies bedeutet Geltung des englischen *common law*, der *doctrines of equity* und wichtiger englischer handelsrechtlicher Gesetze wie dem *Bills of Lading Act 1855, Factors Act 1889, Partnership Act 1890, Sale of Goods Act 1893* und *1979, Misrepresentation Act 1967, Unfair Contract Terms Act 1977, Patents Act 1977* und zahlreicher weiterer Gesetze[93]. Ausgeschlossen ist eine Geltung englischen Rechts ausdrücklich, wenn das eigene Recht Singapurs entgegensteht sowie in den Fällen, in denen Gesetze in England aufgrund internationaler Verträge gelten[94]. Soweit englische Gesetze daher auf EG-Recht beruhen, gelten sie nicht in Singapur. Auch in Malaysia gilt im Bereich des Handelsrechts grundsätzlich englisches Recht. Während in Singapur aber das jeweils geltende Recht Anwendung findet, gilt dies in Malaysia nur in einigen Provinzen, während andere englisches Recht nur bis zu einem bestimmten Stichtag (z. B. West-Malaysia bis 7. April 1956) rezipiert haben[95].

---

[91] Vgl. zum Recht von Singapur und Malaysia vor allem Schütze, Handels- und Wirtschaftsrecht von Singapur und Malaysia, Verlag Recht und Wirtschaft, Schriftenreihe Recht der Internationalen Wirtschaft, Band 29, Heidelberg 1987; Bartholomew, The Commercial Law of Malaysia, A study in the reception of English Law, 1965; Harding, The Common Law in Singapur and Malaysia, Festschrift zum 25jährigen Bestehen der Malaya Law Review, 1985; Schütze, Vertragsgestaltung und Rechtsverfolgung bei Handelsgeschäften mit Singapur, RIW/AWD 1984, 608 ff.; Woon, Commercial Law of Singapur, 1986.
[92] Schütze, a.a.O., S. 20.
[93] Schütze, a.a.O., S. 22.
[94] Schütze, a.a.O., S. 22.
[95] Schütze, a.a.O., S. 23.

Im Personengesellschaftsrecht gilt in Singapur und Malaysia englisches Recht, nämlich in Singapur der englische *Partnership Act 1890* und in Malaysia der *Partnership Act 1961*, der allerdings auf dem englischen *Partnership Act 1890* beruht[96].

1336

Das Recht der Kapitalgesellschaften beruht in Singapur und Malaysia auf australischem Vorbild[97]. Es ist jeweils geregelt in den *Companies (amendment) Acts 1984* von Singapur und Malaysia. Hinsichtlich der Haftung unterscheidet man zwischen *unlimited companies, companies limited by guarantee* und *companies limited by shares*[98]. Die größte Bedeutung hat die *company limited by shares*, bei der ein Gesellschafter, der seinen Gesellschaftsanteil voll einbezahlt hat, darüber hinaus nicht für Gesellschaftsschulden haftet[99]. Jede Kapitalgesellschaft in Singapur und Malaysia ist entweder eine *private company* oder eine *public company*. Eine *private company* darf höchstens 50 Gesellschafter haben, sie muß die Übertragbarkeit der Gesellschaftsanteile in dem Gesellschaftsvertrag beschränken und darf sich zur Kapitalaufbringung durch Ausgabe von Gesellschaftsanteilen oder Schuldverschreibungen nicht an die Öffentlichkeit wenden[100]. In der Gründung und Verwaltung ist eine *private company* einfacher und flexibler als eine *public company*[101]. Die *private company limited by shares* ist daher die häufigste Gesellschaftsform in Singapur und Malaysia.

1337

Auch der Gerichtsaufbau in Singapur verrät englisches Vorbild[102]. Unterste Gerichtsinstanz in Singapur sind die *District Courts, Magistrates Courts, Corona Courts* und *Juvenile Courts*, zusammen auch *Subordinate Courts* genannt. In Zivilsachen haben die *District Courts* und *Magistrates Courts* die erstinstanzliche Zuständigkeit für Fälle mit kleineren Streitwerten. Über zivilrechtliche Fälle mit größeren Streitwerten entscheidet erstinstanzlich der *High Court*, über Berufungen gegen Entscheidungen des *High Courts* der *Court of Appeal*. *High Court, Court of Appeal* und *Criminal Court of Appeal* bilden den *Supreme Court of Singapur*. Oberste Rechtsmittelinstanz ist in Singapur immer noch der *Privy Council* in London.

1338

In Malaysia[103] gibt es ebenfalls *Subordinate Courts* für kleinere Streitigkeiten. Ansonsten gibt es zwei High Courts als erstinstanzliche Zivilgerichte und Rechtsmittelgerichte für die Entscheidungen der *Subordinate Courts*. Oberstes

1339

---

96 Schütze, a.a.O., S. 77 und 83; Koh Soun Kwang, The Law of Partnership in Singapur and Malaysia, 2. Auflage 1984.
97 Schütze, a.a.O., S. 77; Awther Singh, Company Law of Singapur and Malaysia, 2. Auflage 1978; vgl. zum australischen Recht auch oben Rdnr. 1232 ff.
98 Schütze, a.a.O., S. 79 und 83.
99 Schütze, a.a.O., S. 80 und 83.
100 Schütze, a.a.O., S. 80.
101 Schütze, a.a.O., S. 80.
102 Vgl. zum Gerichtsaufbau in Singapur Schütze, a.a.O., S. 118 ff.
103 Vgl. zum Gerichtsaufbau in Malaysia Schütze, a.a.O., S. 120 ff. m.w.N.

XI. Weltweite Geltung

Gericht in Malaysia ist der *Supreme Court*. Die Möglichkeit, Rechtsmittel zum *Privy Council* in London einzulegen, wurde 1978 eingeschränkt und 1985 völlig abgeschafft.

1340 In Singapur und Malaysia gibt es keine Trennung zwischen Prozeßanwälten, *Barristers* und Geschäftsanwälten *Solicitors*[104]. Jeder Rechtsanwalt ist vielmehr sowohl außergerichtlicher Berater als auch Prozeßvertreter. Vielfach wird jedoch die Doppelbezeichnung *Solicitor and Advocate* benutzt.

---

104 Schütze, a.a.O., Seite 128 ff.

§ 20
Südafrika

Anders als die meisten der bisher beschriebenen Länder wurde Südafrika von den Engländern weder erstbesiedelt, noch eroberten sie Südafrika von Einheimischen. Die Engländer folgten vielmehr den Holländern als Kolonialherren. Daher hat sich in Südafrika eine eigentümliche Mischung aus altem holländisch-römischem Recht *Roman-Dutch law* und englischem *common law* gebildet. Daneben gilt in den vorwiegend von Schwarzen bewohnten Gebieten afrikanisches Gewohnheitsrecht[105]. 1341

Im Jahre 1652 gründeten die Holländer am Kap einen Versorgungsstützpunkt für ihre Handelsschiffe, die nach Indien unterwegs waren. Hieraus entwickelte sich bald eine größere Kolonie. Die Holländer brachten ihr damaliges Rechtssystem, das auf dem römischen Recht basierte, mit. Während der napoleonischen Kriege Ende des 18. bzw. Anfang des 19. Jahrhunderts besetzten die Engländer das Kapland als strategisch wichtigen Punkt der Seeroute zwischen Europa und Indien. Dadurch wurde das heutige Südafrika von der weiteren Entwicklung des holländischen Rechts abgeschnitten. Während in Holland das alte römische Recht im Jahre 1809 von Napoleon durch den französischen *Code Civil* und 1838 durch das Bürgerliche Gesetzbuch ersetzt wurde, galt im heutigen Südafrika weiter das alte römisch-holländische Recht[106]. 1342

Als die Engländer das Kapland in Besitz nahmen, brachten sie ihr Rechtssystem mit. Wie überall in der Welt gingen die Engländer jedoch pragmatisch vor. Sie setzten nicht bereits geltendes Recht außer Kraft, sondern gestalteten es um bzw. ergänzten es, wo ihnen ihr eigenes Rechtssystem vorteilhafter erschien oder die Vereinheitlichung des Handelsverkehrs mit dem Mutterland es erforderte. Daher führten sie zunächst ihr eigenes Verwaltungs- und Gerichtssystem sowie vor allem englisches Beweis- und Prozeßrecht ein[107]. Daraus resultiert bis heute eine enge Verwandtschaft des englischen und des südafrikanischen Gerichtssystems und des Verfahrensrechts. Beispielsweise ist in Südafrika wie in England der Anwaltsstand geteilt. Es gibt Geschäftsanwälte, die in Südafrika *Attorneys* (in England *Solicitors*) heißen und Gerichtsanwälte, die als *Advocates* (in England *Barristers*) bezeichnet werden. 1343

Der zweite wesentliche Bereich, in dem englisches Recht südafrikanisches Recht beeinflußt hat, ist das Handels- und Wirtschaftsrecht. Zum einen war das alte römische Recht zur Regelung des modernen Wirtschaftsverkehrs ungeeignet, zum anderen wollten die Engländer den regen Handel mit dem engli- 1344

---

105 Zweigert/Kötz, a.a.O., S. 269 ff.
106 Zweigert/Kötz, a.a.O., S. 270.
107 Zweigert/Kötz, a.a.O., S. 271.

XI. Weltweite Geltung

schen Mutterland auf ihnen vertraute Art abwickeln. Daher wurden viele englische handels- und wirtschaftsrechtliche Gesetze unverändert in Südafrika übernommen. Dies gilt bis heute. Beispielsweise entspricht das südafrikanische Wechselgesetz weitgehend dem englischen von 1882. Auch südafrikanisches Konkurs-, Seehandels-, Versicherungs-, Gesellschafts-, Warenzeichen-, Patent- und Urheberrecht ist eng am englischen Vorbild orientiert. Teilweise ist es sogar identisch[108].

1345 Im Gegensatz zum Handels- und Wirtschaftsrecht blieb das allgemeine Zivilrecht grundsätzlich römisch. Dennoch übte das englische *common law* auch in diesem Bereich lange Zeit seinen Einfluß aus. Überall dort, wo das römische Recht veraltet, unklar oder ungeeignet erschien, wurde es durch das englische *common law* ergänzt. Dies lag vor allem auch daran, daß südafrikanische Anwälte und Richter bis Anfang dieses Jahrhunderts vornehmlich in England ausgebildet wurden. Am ehesten hätten wohl die Buren, die Nachfahren der holländischen Kolonialherren, für eine Bewahrung der römisch-rechtlichen Tradition sorgen können. Die Buren wandten sich jedoch im letzten Jahrhundert von der englischen Krone ab und versuchten, im Norden Südafrikas unabhängige Burenrepubliken zu bilden. Der allgemeine Trend hin zum *common law* wurde aber nach dem Sieg der Engländer im Burenkrieg Anfang diesen Jahrhunderts und vor allem nach dem Zusammenschluß Kaplands mit den drei ehemaligen Burenrepubliken zur Südafrikanischen Union im Jahre 1910 beendet[109]. Ein neues Nationalbewußtsein erwachte, und bald kam es auch zur Gründung südafrikanischer Universitäten, die die alte römisch-rechtliche Tradition wiederbelebten. Am 31. Mai 1961 wandelte sich die Südafrikanische Union in die Republik Südafrika um und trat aus dem *Commonwealth* aus.

1346 Zusammenfassend kann man festhalten: Südafrikanisches Zivilrecht gehört von seiner Herkunft und Systematik her nicht zum *common law* Rechtskreis, sondern zur Familie derjenigen Rechtsordnungen, die sich aus dem römischen Recht entwickelt haben. So sind beispielsweise die für das *common law* typischen Prinzipien der *consideration* Lehre und des *trusts* unbekannt. Dafür kennt das südafrikanische Recht typisch römisch-rechtlich-kontinentale Rechtsbegriffe wie das Abstraktionsprinzip, das wiederum dem *common law* fremd ist. Wichtiger als diese systematische Einordnung ist in der Praxis aber folgendes: Sowohl südafrikanisches Handels- und Wirtschaftsrecht als auch die tägliche Rechtspraxis beruhen eindeutig auf englischem Vorbild. Daher ist sowohl für das Verständnis südafrikanischen Rechts als auch für den Wirtschaftsverkehr mit Südafrika eine Kenntnis des englischen Rechtssystems unerläßlich.

---

108 Zweigert/Kötz, a.a.O., S. 271.
109 Zweigert/Kötz, a.a.O., S. 272.

§ 21
Vereinigte Staaten von Amerika

Auch die USA[110] gehören zum *common law* Rechtskreis mit einer Ausnahme: Louisiana. Hier gilt französisches Recht. Die Besiedlung Nordamerikas durch die Engländer begann Anfang des 17. Jahrhunderts. Zunächst galt in den verschiedenen englischen Kolonien Nordamerikas englisches Recht. Schon 1776 erfolgte jedoch die Unabhängigkeitserklärung. Anschließend begann amerikanisches Recht, sich eigenständig zu entwickeln. Die Tatsache, daß die Unabhängigkeit 150–200 Jahre früher als in anderen Ländern des ehemaligen britischen Weltreiches (wie Australien oder Indien) erfolgte, die rasante wirtschaftliche und politische Entwicklung der USA, aber auch eine bewußte Abkehr der Amerikaner von der Obrigkeitshörigkeit und dem elitären Klassendenken des englischen Rechtssystems führten dazu, daß amerikanisches Recht heute in vielen Dingen von englischem Recht weit entfernt ist.

1347

Die USA haben (anders als England) eine geschriebene Verfassung und ein System von Grundrechten, an die Legislative, Exekutive und Gerichte gebunden sind. Die Gesetzgebungskompetenz ist zwischen dem Bund und den einzelnen Bundesstaaten verteilt, wobei die Einzelstaaten grundsätzlich für das Zivil- und Handelsrecht zuständig sind. Entsprechend gibt es sowohl Landes- als auch Bundesgerichte mit entsprechenden Instanzenzügen. Das Recht der einzelnen Bundesstaaten weicht zum Teil erheblich voneinander ab. Die Anwaltschaft ist anders als in England nicht in *Solicitors* und *Barristers* geteilt. Alle Rechtsanwälte werden einheitlich als *Attorney at law* bezeichnet. Die Zulassung erfolgt getrennt nach Bundesstaaten.

1348

Ein näheres Eingehen auf US-amerikanisches Recht würde den Rahmen dieses Buches sprengen. Festzuhalten bleibt: US-amerikanisches Recht ist längst zu einem eigenen Rechtssystem geworden, welches mit englischem Recht nur noch den Ursprung gemeinsam hat. Trotzdem gehört es ebenfalls zur Familie des *common law*, was zum Beispiel an einigen allgemeinen Grundsätzen des Vertragsrechtes oder an der präjudizorientierten Methode der Rechtsfindung erkennbar wird. Trotz aller Unterschiede wird hierdurch aber auch die große Bedeutung des klassischen englischen *common law* als eines der ganz großen Rechtssysteme der Geschichte deutlich.

1349

---

110 Vgl. zum Rechtssystem der U.S.A. einführend Zweigert/Kötz, a.a.O., S. 276 ff; siehe auch Bungert, Gesellschaftsrecht in den USA, München 1994; Bungert, Die GmbH im US-amerikanischen Recht; Close Corporation, 1993; Veltins, Das Recht der U.S. partnerships und limited partnership einschließlich ihrer Besteuerung, 1984; Merkt, US-amerikanisches Gesellschaftsrecht, Heidelberg, 1991; Elsing/Ebke, US-amerikanisches Handels- und Wirtschaftsrecht, Verlag Recht und Wirtschaft, Reihe: Recht der Internationalen Wirtschaft, Band 26, 2. neubearbeitete Auflage, angekündigt für das erste Halbjahr 1995.

Gesetzesregister

(Die Zahlen beziehen sich auf die Seiten)

Abkommen zwischen der Bundesrepublik Deutschland und dem Vereinigten Königreich von Großbritannien und Nordirland über die gegenseitige Anerkennung und Vollstreckung von gerichtlichen Entscheidungen in Zivil- und Handelssachen vom 14. Juli 1960 .... 375, 395, 396
Act of Accession 460
Acquired Rights Directive 77/187 ... 187
Administration of Justice Act 1970
   section 44 89
Anti-competitive Practices (Exclusions) Order 1980 ..... 371, 414
Arbitration Act 1950
   section 20 89
   section 26 407
Arbitration Act 1975
   section 1 (1) 405
   section 4 (1) 405
Arbitration Act 1979 .... 38, 405
   section 1 (3), (4) 406
   section 2 (2) 406
   section 3 (6) 406
   section 3 (7) 405
   section 4 (1) 406
Auslegungsprotokoll vom 3. Juni 1971 zum EuGVÜ 373
Australia Constitution Act 1900 437

Bankruptcy Act 1914 .... 300, 301, 304, 409
Bank of England Act 1946 121
Banking Act 1959 (Australien) 437
Banking Act 1979 120
Banking Act 1987 .... 120, 121, 122
   section 1 122
   section 3 (1) 120
   section 16 121
   section 67 .... 121, 230
   section 67 (1) 121
   schedule 3 120

Banking Coordination (Second Council Directive) Regulations 1992 121
Bankruptcy Act (Bahamas) 442
Bankruptcy Act 1542 300
Bankruptcy Act 1876 (Bermudas) ... 445
Bankruptcy Act 1914 .... 408, 457
Bankruptcy Act 1966 (Australien) ... 437
Bankruptcy Amendment Act 1872 (Irland) 455
Bankruptcy (Scotland) Act 1985 301
Bankruptcy (Scotland) Act 1993 301
Bankruptcy Act 1926 (Israel) 457
Basic Law (Hong Kong) 449
Bills of Exchange Act 1882 ..... 39, 52, 58, 59, 442, 457, 471
Bills of Exchange Act 1908 (Neuseeland) 464
Bills of Exchange Act 1909 (Australien) 437
Bills of Exchange Act 1908 (Neuseeland) 464
Bills of Exchange Act 1934 (Bermudas) 445
Bills of Exchange Act 1971 (Australien) 437
Bills of Lading Act 1855 472
Bills of Sale Act 1882
   section 17 128
Bills of Sale Acts 1878 und 1882 ... 128, 130, 131, 134, 135, 136, 139, 421
British Nationality Act 1981 460
British North America Act 1867 458
Brüsseler EWG-Übereinkommen über die gerichtliche Zuständigkeit und die Vollstreckung gerichtlicher Entscheidungen in Zivil- und Handelssachen vom 27. September 1968 (siehe EuGVÜ)
Building Societies Act 1986 .... 120, 230
   section 13 130
   section 34 (1) 120
   section 107 230

Gesetzesregister

Business Names Act 1985 .. 210, 229, 294
   section 2 230
   section 5 230
Business Names (Northern Ireland) Order 1986 211

Canada Act 1982 458
Canada Business Corporation Act 1975 459
Capital Gains Act 1979 27
Carriage by Air Acts 1961 und 1962 153
Carriage by Air Act 1969 369
Carriage by Air (Supplementary Provisions) Act 1982 369
Carriage by Air and Road Act 1979 153
Carriage of Goods by Road Act 1965
   41, 52, 153, 389
Carriage of Goods by Sea Act 1971 . 153
Carriage of Goods by Sea Act 1992
   39, 52, 94
Carrier Act 1830
   section 1 156
Children and Young Persons Act 1933
   194
Civil Jurisdiction and Judgments Act 1982 .... 374, 388
   section 3 (1) und (2) 374
   section 18 (3) (c) 408
   section 25 399
   section 41 378
   section 41 (6) 378
   section 42 425
Civil Jurisdiction and Judgments Act 1991 374
Civil Jurisdiction and Judgments Act 1991 (Commencement) Order 1992
   374
Civil Jurisdiction and Judgments (Authentic Instruments and Court Settlements) Order 1993 374
Civil Law (Amendment No. 2) Act 1977 (Singapur) 472
Civil Law Ordinance 1878 (Singapur) 472
Civil Law Ordinance 1956 (Singapur) 472
Code of Civil Procedure 1908 (Indien) 452
Collective Redundancies Directive .. 187

Commonwealth of Australia Constitution Act 1900 (Australien) 437
Companies Act 1913 (Pakistan)..... 468
Companies Act 1948 225
   sections 108–112 232
   section 210 .... 256, 257
   section 225 .... 256, 257
   sections 222 ff., 225 256
Companies Act 1955 (Neuseeland) .. 465
Companies Act 1956 (Indien) 453
Companies Act 1963 (Irland) 455
Companies Act 1980 .... 219, 239, 241, 246
   section 75 256
Companies Act 1981 .... 228, 239
Companies Act 1981 (Bermudas) ... 445
Companies Act 1985 .... 34, 39, 131, 135, 139
   section 1 (1), 24 .... 221, 234
   section 1 (2) 215
   section 1 (3) 216, 217
   section 2 .... 221, 227, 230, 233
   section 2 (4) 215
   section 2 (5) 237
   section 2 (7) 227
   section 3 221
   section 3 A 232
   section 4 .... 233, 276, 286
   section 7 221
   section 8 235
   section 8 A 235
   section 8 (4) 221, 226
   section 9 236
   section 10 .... 220, 221
   section 10 (2), (6) 220
   section 11 216
   section 12 220
   section 13 215
   section 13 (3) 220
   section 13 (4) 221
   section 13 (7) 220, 222, 229
   section 14 .... 221, 226, 235
   section 17 227
   section 18 276
   section 23 .... 240, 284
   section 25 .... 30, 217
   section 26 427
   section 26 (1) (c) 228
   section 27 217
   section 28 (2) 228

section 30 229	section 182 (2) 243
section 35 . . . . .232, 259	section 183 (1) 251
section 35 A 233, 269	section 183 (5) 251
section 35 B 233	section 184 252
section 36 A 214	section 185 (1) 245
section 36 (A) (3) 214	section 186 245
section 36 (C) (1) 224	section 187 250
section 43 218	section 188 (1) 244
section 53 219	section 188 (2) 244
section 54 219	section 190 . . . . .262, 277
section 56 247	section 193 262
section 64 276	section 195 90
section 80 243	section 198 . . . . .254, 277
section 80 A 243, 246, 266	section 204 254
section 80 (1) 245	section 210 A 254
section 88 . . . . .239, 276	section 211 277
section 89 . . . . .243, 246	section 212 . . . . .218, 254
section 91 246	section 220 277
section 95 . . . . .243, 246	section 221 278
section 97 239	section 222 (2) und (3) 278
section 97 (3) 239	section 226 279
section 100 239	section 227 279
section 101 216	section 234 280
section 108 . . . . .222, 238	section 235 (2) 281
section 111 276	section 235 (3) 281
section 111 A 250	section 238 (1) 280
section 117 . . . . .216, 217, 221, 224	section 241 276
section 117 (3) 221	section 242 276
section 117 (7) 224	section 244 278
section 117 (8) 224	section 251 (1) 279
section 118 216	section 252 279
section 121 238	section 254 215
section 121 (2) (c) 243	section 258 284
section 123 276	section 263 . . . . .218, 241
section 125 . . . . .236, 242	section 264 218
section 127 236	section 282 269
section 130 239	section 283 (1) und (2) 274
section 135 . . . . .238, 241	section 286 274
section 143 (1) 239	section 287 230
section 145 427	section 288 277
section 151 285	section 291 270
section 151 ff. 218, 240, 285	section 292 270
section 153 240	section 293 270
section 155 . . . . .218, 240	section 303 . . . . .269, 270
section 160 244	section 303 (5) 271
section 162 240	section 306 216
section 164 255	section 307 216
section 169 276	section 309 272
section 171 240	section 310 273
section 182 (1), (b) 250	section 310 (3) 273

section 312 273
section 314 287
section 316 287
section 317 ....272, 274
section 318 277
section 319 193
section 323 285
section 324 ....253, 254
section 324 (1) (b) 285
section 325 ....253, 277
section 325 und Sch. 13 Part IV .. 277
section 330 ....218, 274
section 349 229
section 351................230, 277
section 355 245
section 359 245
section 359 (1) 251
section 360 250
section 361 245
section 363 280
section 364 280
section 365 (3) 285
section 366 A 263, 266
section 367 263
section 368 (6) 264
section 369 (3), (4) 264
section 370 (4) 266
section 371 264
section 373 266
section 376 265
section 378............264, 265, 266
section 378 (2) 264
section 379 A 266, 279
section 380 276
section 381 266
section 382 277
section 383 277
section 384 281
section 386 ....266, 281
section 387 281
section 389 A (1) 281
section 390 282
section 395 ..133, 135, 139, 144, 262, 276
section 396 (1) (f) 139
section 396 (2) (e) 139
section 397 128
section 405 310
section 407 277
section 408 277

section 425 291
section 426 287
section 428 287
section 430 287
section 431 257
section 432 (2) 257
section 438 257
section 444 258
section 447 258
section 447 (2), (3) 257
section 459 ....256, 257
section 462 310
section 652 290
section 654 292
section 690 A 278
section 690 B 278
section 691 ....277, 387
section 691 (1) 426, 427
section 693 427
section 694 427
section 695 ....388, 427
section 700 427
section 705 223
section 711 277
section 716 ....209, 294
section 716 (2) 294
section 719 272
section 725 (1) 387
section 727 273
section 736 284
section 736 A (6) 284
section 741 (2) 270
section 744 ....260, 426
section 745 211
Companies Act 1989........34, 39, 131,
    133, 210, 212, 219, 233, 266,
    273, 283
section 33 (1) 281
section 93 133
section 110 (2) 227
section 145 427
section 213 211
sections 92–107 276
sections 108–112 232
Schedules 4 und 4A 279
Companies Act 1990 (Irland) 455
Companies Acts 1980 und 1981 212
Companies (Amendment) Act 1984
    (Malaysia) 473

Companies (Amendment) Act 1984 (Singapur) 473
Companies Consolidation (Consequential Provisions) Act 1985 210
Companies Consolidation (Consequential Provisions) Order 1986 .. 211
Companies Decree 1968 (Nigeria)... 462
Companies (Mergers and Divisions) Regulations 1987 212
Companies (Northern Ireland) Order 1986 .... 211, 466
Companies Ordinance (Hong Kong) 449
Companies Ordinance 1984 (Pakistan) 468
Companies (Tables A to F) Regulations 1985 .... 226, 235
Companies (Single Member Private Limited Companies) Regulations 1992 .... 212, 217, 234, 285
Companies Supplementary Provision Provisions (Jersey) Law 1968 460
Company and Business Names Regulations 1981 228
Company Directors Disqualification Act 1986 .... 210, 270
   section 11 270
   section 22 (4), (5) 270
   section 6 (2) 300
Companies Securities (Insider Dealing) Act 1985............... 210
Company Securities (Insider Dealing) (Northern Ireland) Order 1986 ... 211
Competition Act 1980 .... 72, 183, 330, 365, 366, 371, 372, 427
   section 2 (1) 371
   section 2 (2) 371
   section 4 372
Conduct of Employment Agencies and Employment Business Regulations 1976 198
Constitution of Ireland Act 1937 ... 455
Constitution Act 1986 (Neuseeland) . 464
Consumer Credit Act 1974...... 30, 88, 96, 118, 121, 122, 123
   section 25 121
   sections 43 ff. 59
   sections 56, 75 123
   sections 137–140 123
   section 173 65

section 184 121
section 189 96
Consumer Protection Act 1987 ..... 30, 115 ff.
   section 1 115
   section 2 (3) 116
   section 2 (4) 115
   section 3 115
   section 4 116
   section 5 116
   section 6 (4) 117
   section 45 (1) 115
   section 50 (7) 116
Contracts (Applicable Law) Act 1990 30, 413, 414
Contracts Enforcement Act 1956 (Neuseeland) 464
Contracts of Employment Acts 1963 und 1972 198
Contractual Mistakes Act 1977 (Neuseeland) 464
Control of Exemption Clauses Ordinance 1989 (Hong Kong) 449
Copyright Act XIV 1957 (Indien)... 453
Copyright Act 1956............ 333, 337
Copyright Act 1956 (Bermudas) 445
Copyright Act 1962 (Neuseeland)... 465
Copyright Act 1968 (Australien).... 439
Copyright Amendment Acts 1984, 1986 und 1989 (Australien) 439
Copyright (Computer Software) Amendment Act 1985 450
Copyright, Designs and Patents Act 1988
   section 1 (1) 337
   section 1 (1) Anhang 4 334
   section 1 (2) Anhang 4 334
   section 1 (4) Anhang 4 334
   section 3 (1) 334
   section 3 (2) 338
   section 3 (3) 338
   section 4 .... 335, 337
   section 7 (1) Anhang 4 334
   section 8 (1) Anhang 4 334
   section 8 (2) Anhang 4 334
   section 10 (1) Anhang 4 334
   section 11 (1) 339
   section 11 (2) 339
   section 16 (1) 338
   section 16 (2) 338

section 22 338
section 23 339
section 24 339
section 25 339
section 26 339
section 29 339
section 30 (1) 339
section 30 (2) 339
section 31 339
section 51 336
section 52 336
section 80, 83 339
section 84 339
section 85 339
section 171 (3) 339
section 178 338
sections 180ff. 337
section 213 (2) 335
section 213 (3) 335
section 213 (4) 335
section 216 335
section 217 335
sections 288–291 327
Copyright (Hong Kong) Orders 1972 und 1979 450
Corporations Act 1989 (Australien) 438
County Court Act 1984 .... 304, 398
Courts and Legal Services Act 1990 .... 304, 392
Criminal Justice Act 1993 ..... 210, 288
   section 52 (3) 255
   section 53 254
   section 56 255
   section 57 254

Debtors Act 1869 400
Declaratory Act (Bahamas) 442
Deeds of Arrangement Act 1914
   section 2 303
Design Act 1906 (Australien) 440
Design Act 1911 (Indien) 453
Design Amendment Act 1981 (Australien) 440
Design Copyright Act 1968 .... 333, 450
Designs Act 1953 (Neuseeland) 465
Deutsch-britisches Abkommen über den Rechtsverkehr vom 20. März 1928 .... 375, 395

Door-to-Door Sales Act 1967 (Neuseeland) 464
Drug Trafficking Offences Act 1986
   section 1 308

EG-Schuldvertragsübereinkommen vom 19. Juni 1980
   Art. 1 (1) 414
   Art. 1 (2) 414
   Art. 1 (3) 415
   Art. 2 415
   Art. 3 (1) S. 1 415
   Art. 3 (1) S. 2 415
   Art. 3 (1) S. 3 415
   Art. 3 (2) 415
   Art. 3 (3) 415
   Art. 4 (1) 415, 425
   Art. 4 (2) 415, 425
   Art. 4 (2) S. 2 415
   Art. 4 (3) 415
   Art. 4 (4) 416
   Art. 4 (2) (5) S. 1 415
   Art. 4 (5) S. 1 415
   Art. 4 (5) S. 2 416
   Art. 5 416
   Art. 6 423
EG-Verordnung Nr. 40/94 des Rates vom 20. Dezember 1993 über die Gemeinschaftsmarke 354
EG-Warenzeichenrichtlinie von 1988 .... 351, 432
Employer's Insolvency Directive 80/987 188
Employment Act 1980 .... 187, 199
Employment Act 1988 197
Employment Act 1989 194
Employment Act 1990 197
Employment Acts 1980 und 1982 ... 197
Employment Agencies Act 1973 198
Employment of Women and Young Persons and Children Act 1920 ... 194
Employment Protection Act 1975 ... 187, 194, 195, 204
Employment Protection (Consolidation) Act 1978 ...... 188, 190, 194, 195, 196, 198, 201
   section 4 198
   section 11 (1) 191
   sections 12–18 194
   sections 19–22 195

section 23 (1) 203
sections 29, 31, 31 (A) (1) 196
section 31A 195, 196
section 49 (1) 198
section 59 200
section 60 195
section 72 200
sections 74 und 75 200
section 82 (3) 201
section 141 423
section 142 .... 199, 423
Enactment of Trade Marks (Amendment) Ordinance 1991 (Hong Kong) 450
English Laws Act 1908 (Neuseeland) 464
Equal Pay Act 1970 ...... 188, 192, 196
Equal Pay Directive 75/117 187
Equal Treatment Directive 76/207 .. 187
Equal Treatment in Security Matters Directive 79/7 187
Estate Agents Act 1979 180
EuGVÜ
   Art. 1 377
   Art. 1 (2) 377, 408
   Art. 2 377
   Art. 5 378
   Art. 5 Nr. 1 378
   Art. 5 Nr. 3 379
   Art. 5 Nr. 4 380
   Art. 5 Nr. 5 380
   Art. 5 Nr. 6 380
   Art. 5 Nr. 7 380
   Art. 6 380
   Art. 7–12a 380
   Art. 13 380
   Art. 14 380
   Art. 15 380
   Art. 16 380
   Art. 17 381
   Art. 17 Abs. 1 382
   Art. 17 Abs. 3 381
   Art. 17 Abs. 4 385
   Art. 17 Abs. 5 381
   Art. 17 EuGVÜ 1989/LuganoÜ ... 381
   Art. 18 386
   Art. 21 393
   Art. 24 399
   Art. 26 396
   Art. 27 396

   Art. 28 (1) 396
   Art. 28 (3) 397
   Art. 29 397
   Art. 30 .... 330, 397
   Art. 31, 32 397
   Art. 34 397
   Art. 36, 37, 40 397
   Art. 52 377
   Art. 53 378
EuGVÜ 1978 374
EuGVÜ 1982 374
EuGVÜ 1989 374
Europäisches Patentübereinkommen von 1973 – (EPÜ) European Patent Convention 325, 430
European Communities Act 1972
   section 2 (2) 169
   section 9 .... 212, 232
European Economic Interest Grouping Regulations 1989 213
Evidence (proceedings in other jurisdictions) Act 1975 395
EWG-Vertrag
   Art. 30 .... 330, 350
   Art. 36 .... 331, 350
   Art. 85 331
   Art. 85 (1) (c) 349
   Art. 85 (1) 349
   Art. 85 (3) 332
   Art. 86 331
Exchange Control Act 1947 .... 72, 124, 245
Export Guarantee and Overseas Investment Act 1978 152

Factories Act 1961 194
Factors Act 1889 .. 94, 162, 179, 464, 472
   section 2 .... 101, 179
   section 2 (3), (4) 179
   section 12 179
Fair Trading Act 1973 .... 72, 183, 330, 363, 365, 366, 369, 370, 428
Family Law Reform Act 1969
   sections 1, 9 54
Finance Act 1963
   section 59 (1) 244
Finance Act 1965
   section 19 (3) 27
Finance Act 1972
   section 86 (3)–(5) 27

Finance Act 1988
  section 66 231
  section 141 222
Finance Act 1990
  section 132 244
Financial Services Act 1986 ..... 39, 42,
                                122, 210, 288
  section 47 288
  section 48 65
  section 57 288
  sections 142 ff. 246
  section 142 (6) 248
  section 143 248
  section 144 248
  section 144 (3) 249
  section 144 (6) 249
  section 146 39
  section 149 .... 249, 276
  section 156 42
  section 207 270
Foreign Judgments (Reciprocal
  Enforcement) Act 1933 397
Foreign Companies Act (Bahamas)
                                 442
Foreign Limitation Periods Act 1984
                              91, 391
Friendly Societies Act 1974
  section 57 130

Gemeinschaftspatentübereinkommen
  – (GPÜ) Community Patent
  Convention 430
Genfer Protokoll von 1923 405
Government of Ireland Act 1920 ... 466

Haager Kaufrechtskonvention über
den internationalen Kauf beweglicher Sachen (1964) 418
Haager Kaufrechtskonvention über
  den Abschluß von internationalen
  Kaufverträgen über bewegliche Sachen (1964) 418
Haager Kollisionsrechtsabkommen
  vom 15. Juni 1955 418
Haager Übereinkommen vom 15. November 1965 über die Zustellung
  und außergerichtlicher Schriftstücke im Ausland in Zivil- und
  Handelssachen 376, 395

Haager Übereinkommen vom 18.
  März 1970 über die Beweisaufnahme im Ausland in Zivil- und
  Handelssachen 376, 395
Health and Safety at Work etc. Act
  1974 194
Hire Purchase Act 1974 (Bahamas) .. 442

Imperial Laws Application Act 1988
  (Neuseeland)
  section 126 (1), (2) 464
Income and Corporation Taxes Act
  1988 .... 27, 189
  schedule 19 285
  sections 414 und 416 (2) 285
  sections 418–422 285
  sections 703–709 235
Indian Contract Act 1872 (Indien) .. 52,
                              452, 453, 468
Indian Partnership Act 1932 453
Indian Sale of Goods Act III 1930 . 453
Industrial Relations Act 1971 ... 42, 186,
                                187, 199
Industry Act 1975 124
Insolvency Act 1986 .. 39, 210, 211, 290
  section 8 310
  section 8 (3) 312
  section 11 312
  section 14 312
  section 14 (1) 312
  section 22 312
  section 35 315
  section 37 315
  section 39 313
  section 48 314
  section 84 290
  section 89 (1) 300
  section 90 290
  section 107 .... 142, 310
  sections 110–111 .... 286, 287
  section 117 310
  section 117 (1) 412
  section 122 (1) (g) 290
  section 123 311
  section 123 (1) (e) 300
  section 123 (2) 300
  section 124 A 292
  section 125 (2) 257, 291
  section 126 (1), (2) 292
  section 130 (2) 292

section 131 292
section 132 292
section 135 292
section 136 (4) und (5) 292
sections 201 ff. 292
section 213 300
section 214 300
section 218 (5) 257
section 221 (5) 412
section 225 427
section 235 292
section 236 292
section 239 140
section 245 140
section 251 .... 136, 270
section 252 302
section 253 151
section 256 (2) 303
section 260 302
section 260 (2) 303
section 264 (1) 304
section 265 408
section 265 (1) 305
section 266 (3) 409
section 268 305
sections 278–282 305
section 283 (2) (b) 307
section 284 305
section 284 (4) 305
section 285 (1) 305
section 288 306
section 306 306
section 307 307
section 308 (1) 307
section 315 307
section 323 (1) 309
sections 328, 329 .... 307, 308
section 344 151
section 382 307
section 388 171
section 420 309
section 440 301
Insurance Law Reform Act 1977
 (Neuseeland).................... 464
International Business Companies
 Act 1989 (Bahamas) 442
International Transport Conventions
 Act 1983 153
Interpretation Act 1978 460
 section 5 Schedule 1 293

Ireland Act 1808 466
Irish Bankrupt and Insolvency Act
 1857 455
Irish Free State (Agreement)
 Act 1922 466
Irish Free State (Consequential
 Provisions) Act 1922 466

Judgments Act 1838
 section 17 .... 89, 402
Judgment Debts Order 1985 402
Judgment Debts (rate of interest)
 Order 1993 .... 89, 403
Judgments Act 1883 402
Judgments Act 1938
 section 17 402
Judicature Acts 1873–1875......... 35

Knowhow-Gruppenfreistellungs-
verordnung 331

Law of Property Act 1925
 section 1 125
 section 40 60
 section 41 78
 sections 52, 54 59
 sections 85–87 126
 section 91 129
 section 115 130
 section 136 .... 127, 150
Law of Property (Miscellaneous
 Provisions) Act 1989
 section 1 (2), (3) 59
 section 2 .... 60, 135
 section 2 (8) 60
Law Reform (Contributory Negligence) Act 1945 87
Law Reform (Enforcement of Contracts) Act 1954 60
Law Reform (Frustrated Contracts)
 Acts 1945 .... 53, 81
Law Reform (Miscellaneous Provisions) Act 1934
 section 3 89
Limitation Act 1939 91
Limitation Act 1980........ 53, 91, 391
 sections 5, 8 und 11 .... 91, 1
 section 5 130

section 6 92
section 8 130
section 11 A 117
section 15 130
section 17 130
section 20 130
section 24 91
sections 29 und 30............. 92
section 32 92
section 36 93
Limited Partnership Act 1907 ...39, 210
  section 4 299
  section 6 299
  sections 8, 9 299
Loi (1861) sur les Sociétés à Responsabilité Limitée................. 460
Lugano-Übereinkommen 375

Madrider Markenabkommen von 1891 354
Marine Insurance Act 1906 ......39, 52
  section 22 59
Mental Health Act 1983 54
Mercantile Law Act 1908 (Neuseeland) 464
Merchant Shipping Act 1894 457
Misrepresentation Act 1967 ..53, 62, 94, 472
Monopolies and Restrictive Practices (Inquiry and Control) Act 1948 .. 369

National Savings Bank Act 1971 ... 119
Negotiable Instruments Act 1881 (Indien und Pakistan).......453, 468
New Yorker Konvention vom 10. Juni 1958 405

Overseas Companies and Credit and Financial Institutions (Branch Disclosure) Regulations 1992 ....212, 278

Pariser Verbandsübereinkunft (PVÜ) vom 20. März 1883.........422, 429
Parliamentary Commissioner for Administration Act 1967 41
Partnership Act 1890..39, 210, 211, 293
  section 1 ....209, 293, 297
  section 2 (2) 293

section 2 (3) 293
section 2 (3) (d) 293, 308
section 3 294
section 4 293
section 5 296
section 6 296
section 9 298
sections 10-13 297
section 14 297
sections 20ff. 295
section 24 (1), (6)............... 295
section 24 (5) 295
section 24 (7) 296
section 24 (8), (19), (25) 295
section 28 295
section 30 295
sections 32-35 298
sections 38, 39 299
section 44 299
section 45 293
section 46 293
Partnership Act 1908 (Neuseeland).. 465
Partnership Act 1961 (Malaysia) 473
Partnership (Unrestricted Size) Regulations No. 1 of 1968 294
Patent Act 1970 (Indien) 453
Patent Cooperation Treaty 1970....429, 439
Patentgruppenfreistellungsverordnung........................ 331
Patents Act 1949 ....316, 320, 321, 324
Patents Act 1953 (Neuseeland) 465
Patents Act 1977 ....317ff.
  section 1 (1) 317, 320, 321
  section 1 (1) (a) 319
  section 1 (2)...........316, 317, 318
  section 1 (3) 316, 317, 318, 319
  section 2 317
  section 2 (1) 319
  section 2 (2) 320
  section 2 (3) 320
  section 2 (4) 320
  section 2 (6) 322
  section 3 ....317, 320, 321
  section 4 317
  section 4 (1) 321
  section 4 (2) 321, 322
  section 4 (3) 322
  section 5 (2) 324

section 6 324
sections 7-13 323
section 14 (3) 323
section 14 (5) 323
section 15 324
section 16 323
sections 17-21 324
section 25 325
section 30 127
section 39 .... 323, 328
section 39 (2) 329
section 40 329
section 42 (1) 329
section 44 330
sections 45, 47 330
section 48 330
sections 55-59 330
section 60 326
section 62 .... 327, 328
section 64 326
section 67 329
section 70 328
section 72 (1) (c) 323
sections 72-76 325
section 96 327
section 117 325
section 125 .... 324, 325
section 125 (1) 324, 325
section 130 (1) 329
section 130 (7) 430
Payment of Wages Act 1960 193
Post Office Savings Bank 1969
 section 94 (1) 119
Patents Act 1990 (Australien) 439
Patents Regulations 1954
 (Neuseeland) 465
Powers of Attorney Act 1971 161
Protection of Trading Interests Act
 1980 389
Protokoll betreffend die Auslegung
 des Übereinkommens (EuGVÜ)
 durch den Gerichtshof vom
 3. Juni 1971 373
Protokoll zur Interpretation von
 Artikel 69 des Europäischen Patentübereinkommens von 1973 325

Race Relations Act 1976 .. 188, 189, 196
Redundancy Payments Act 1965 201
Registered Designs Act 1949 ... 333, 334

Registration of Business Names
 Act 1916 30
Registration of Restrictive Trading
 Agreements (EEC Documents)
 Regulations 1973 366
Registration of United Kingdom
 Patents Ordinance 1979 (Hong
 Kong) 450
Resale Prices Act 1976 72
 section 5 .... 183, 365, 369
 section 22 369
Restrictive Practices Court Act 1976 . 368
Restrictive Trade Practices Act 1956
                        366, 368, 369
Restrictive Trade Practices Act 1976
 72, 183, 330, 365, 366, 367, 372, 427,
                                 428
 section 5 .... 366, 427
 sections 6 ff. 366
 section 21 427
 sections 29 ff. 367
 section 34 427
Restrictive Trade Practices Act 1977 . 365
Road Traffic Act 1974 153
Rules of the Supreme Court
 Order 6 92
 Order 11 .... 388, 389, 390, 421
 Order 17 77
 Order 18 90
 Order 71 .... 374, 397

Sale of Goods Act 1893 437,
                442, 449, 459, 471, 472
Sale of Goods Act 1908 (Neuseeland) 464
Sale of Goods Act 1930 (Indien und
 Pakistan) 468
Sale of Goods Act 1978 (Bermudas) 444
Sale of Goods Act 1979 ..... 34, 39, 52,
                     94 ff., 180, 471, 472
 section 2 (1) 95
 section 2 (5) 97
 section 3 (2) 54
 section 6 ....
 section 7 80
 section 8 .... 61, 107
 section 10 102
 section 11 111
 section 12 .... 81, 111
 section 13 .... 81, 104, 111

section 14 .... 81, 104 ff., 111
section 14 (2) (a) und (b) 81, 106
section 15 .... 81, 107, 111
section 15 (1) 81
section 16 97
section 17 .... 97, 143
section 18 .... 98, 143
section 19 .... 99, 143
section 19 (2) und (3) 143
section 20 101
section 20 (2) 101
section 21 .... 99, 100
section 22 100
section 23 100
section 24 101
section 25 .... 101, 144
section 25 (2) 96
section 27 .... 102, 107
section 29 379
section 29 (1) 379
section 29 (2) 379
section 29 (3) 102
section 30 .... 77, 103
section 30 (5) 103
section 34 112
section 38 109
section 38 (2) 181
section 39 109
section 41 .... 109, 134
section 44 .... 109, 134
section 45 .... 109, 134
section 46 .... 109, 134
section 48 (3) 110, 109
section 48 (4) 110
section 49 110
section 50 110
section 51 112
section 52 .... 39, 90, 114
section 53 (1) 113
section 53 (3) 113
section 54 .... 112, 113
section 61 .... 94, 101, 102, 109
section 62 94
Sale of Goods Ordinance (Hong Kong) 449
Sex Discrimination Act 1975 .. 188, 189, 196
section 6 (4) 197
section 7 196
Sex Discrimination Act 1986 196

Shops Act 1950 363
Shops (Early Closing Days) Act 1965 363
Social Security Act 1989 197
Social Security Administration Act 1992 194
Social Security Contributions and Benefits Act 1992
section 167 .... 194, 195
Stamp Act 1891
section 1 244
section 15 (2) 252
Statute of Frauds 1677 ...... 53, 60, 70, 437, 459, 464
Statute of Monopolies 1623/1624 ..316, 317
Statutes of Set-Off 1729 und 1735 .. 82
Statutory Sick Pay (General) Regulations 1982 194
Stock Transfer Act 1963 .... 251, 262
Stock Exchange (Completion of Bargains) Act 1976 251
Supply of Goods and Services Act 1982 .... 94, 95
section 15 61
Supply of Goods (Implied Terms) Act 1973 .... 94, 419
Supreme Court Act 1981
section 35 A 89, 402
section 37 398
section 49 (2) 82

Taxation of Chargeable Gains Act 1992 27
Technologietransfer-Gruppenfreistellungsverordnung (Entwurf) ... 332
The Commerical Agents (Council Directive) Regulations 1993 ..40, 162, 166 ff.
section 1 170
section 2 .... 170, 171, 172, 177
section 3 171
section 4 172
section 5 172
section 6 172
section 7 172
section 8 173
section 9 173
section 10 173
section 11 174

section 13 174
section 14 174
section 15 174
section 16 175
section 17 .... 175, 176, 177, 178
section 18 177
section 19 177
section 20 177
section 23 170
Republic of Ireland Act 1948 455
Town and Country Planning Act
  1981 184
Trade and Merchandise Marks Act
  1958 (Indien) 453
Trade Descriptions Act 1968 363
Trade Descriptions Act 1972 363
Trade Disputes Act 1906 205
Trade Marks Act 1938
  section 2 340
  section 3 345
  section 4 (1) 346
  section 4 (1) (a) 346
  section 4 (1) (b) 341, 347, 353
  section 4 (2) 346
  section 4 (3) (a) 346, 347
  section 4 (3) (b) 346
  section 4 (4) 346
  section 5 343
  section 5 (2) 347
  section 7 346
  section 8 (a) 346
  section 8 (b) 346
  section 9 343
  section 9 (1) 343
  section 10 343
  section 13 .... 340, 346
  section 14 345
  section 17 344
  section 18 345
  section 19 345
  section 20 345
  section 22 (1) 348
  section 22 (4) 349
  section 26 349
  section 27 .... 341, 342
  section 28 349
  section 28 (2) 353
  section 28 (3) 349
  section 28 (6) 344, 349, 354
  section 29 344

section 32 346
section 33 346
section 34 346
section 37 342
section 42 344
section 46 346
section 68 (1) 341
section 68 (2) 347
Trade Marks Act 1994 .... 340, 351
Trade Marks Act 1955 (Australien) . 439
Trade Marks Act 1963 (Irland) 455
Trade Marks Act 1974 (Bermudas).. 445
Trade Marks Act 1953 (Neuseeland) 465
Trade Mark Amendment Act 1984 . 342,
                                    429
Trade Marks Ordinance (Hong
  Kong) 450
Trade Marks Regulations 1954 (Neu-
  seeland) 465
Trade Union and Labour Relations
  Act 1974 .... 42, 187, 197
  section 2 42
  section 30 (1) 197
Trade Union and Labour Relations
  (Amendment) Act 1976 187
Trade Union and Labour Relations
  (Consolidation) Act 1974 .... 203, 204
Trade Union and Labour Relations
  (Consolidation) Act 1992 ... 188, 196,
                              197, 204, 205
  section 22 207
  section 152 200
  sections 168, 170 und 178 196
  section 180 191
  sections 181 und 183 205
  section 213 204
  section 219 .... 205, 206
  section 220 206
  section 224 206
  sections 226, 227, 228, 229 206
  section 244 206
  section 259 205
Trade Union Reform and Employment Rights Act 1993 .. 191, 195, 204,
                                    205
  sections 23 und 25 195
  section 26, Schedule 4 190
  section 33 (4) 196
Trading Representation (Disabled
  Persons) Acts 1958 und 1972 363

Trading Stamps Act 1964 363
Transfer of Undertakings (Protection of Employment Amendment) Regulations 1987 196
Transfer of Undertakings (Protection of Employment) Regulations 1981 .... 187, 196
Transport Acts 1962 und 1969...... 52
Transport Act 1968 153
Transport Act 1982 153
Transport Act 1985 153
Truck Act 1831 .... 193, 423
Trusts Act 1882 (Pakistan) 469

Unfair Contract Terms Act 1977 .... 30, 63, 64, 72, 73, 75, 419, 472
   section 1 (3) 74
   section 3 74
   section 6 74
   section 8 74
   section 11 (2) 73
   section 12 74
   section 13 (1) (b) 84
   section 26 .... 75, 419

section 27 (1) 419
section 27 (2) 419
Uniform Commercial Code
   section 2−715 (1) 85
Uniform Laws on International Sales Act 1967 .... 418, 419
United Kingdom Designs (Protection) Ordinance 1964 (Hong Kong) 450
Unsolicited Goods and Services Act 1971 363
Unsolicited Goods and Services (Amendment) Act 1975.......... 363
Unsolicited Goods and Services Act 1975 (Neuseeland) 464

Wages Act 1986 .... 189, 193, 204
Weights and Measures Act 1985 363
Wiener UN-Kaufrechtsübereinkommen 419, 441

Zusatzprotokoll vom 27. September 1968 zum EuGVÜ 373

Entscheidungsregister

(Die Zahlen beziehen sich auf die Seiten)

Aberdare and Plymouth Co. Ltd. v. Hankey (1887) 3 T.L.R. 493 134
Aberdeen Ry. v. Blaikie (1854) 1 Macq H.L. 461 272
Ad Lib Club v. Granville [1972] R.P.C. 673 358
Adams v. Lindsell (1818) B. & Ald. 681 56
Advocaat-Fall, Warnink v. Townsend [1980] R.P.C. 31 .... 356, 357
Aerators Ltd. v. Tollit [1902] 2 Ch. 319 229
Aforos Shipping v. Pagnan [1983] 1 All E.R. 449 75
Airlight Marine Transport Ltd. v. Vale do Rio Doce Navegacao S.A. (The Leonidas D) [1985] 2 All E.R. 806 103
AJB Finance Hd. v. Bank of Scotland [1994] B.C.C. 184 137
Al Nahkel Trading Ltd. v. Lowe [1986] 2 W.L.R. 317 400
Alan Estates Ltd. v. W. G. Stores Ltd. [1981] 3 W.L.R. 892................ 59
Alan & Co. Ltd. v. El Nasr [1972] 2 Q.B. 189......................... 51, 418
Albeko Schuhmaschinen v. Kamborian Shoe Machine Co. Ltd. (1961) 111 L.J. 519.. 417
Aldrige v. Johnson (1857) 7 E. & B. 885 95
Allen v. Gold Reefs of West Africa Ltd. [1900] 1 Ch. 656.................. 236
Aluminium Industrie Vaassen B.V. v. Romalpa Aluminium Ltd. [1976] 1 W.L.R. 676; [1976] 2 All E.R. 552 .... 99, 143, 307
American Greeting Corp's Application [1984] 1 All E.R. 426 .... 344, 349
American Home Products v. Centrafarm [1979] 1 C.M.L.R. 326 351
Amin Rasheed Shipping Corporation v. Kuwait Insurance Co. [1984] A.C. 50.. 416
Ammonia Soda Co. Ltd. v. Chamberlain [1918] 1 Ch. 266 241
Anataios Compania Naviera S.A. v. Salen Rederierna B.A. [1985] A.C. 191 ... 406
Anderson v. Daniel [1924] 1 K.B. 138..................................... 71
Andrew Millar & Co. Ltd. v. Taylor & Co. Ltd. [1916] 1 K.B. 402 80
Anglia Television Ltd. v. Reed [1972] 1 Q.B. 60 85
Anglo Overseas Agencies Ltd. v. Green [1961] 1 Q.B. 1 232
Anglo-African Merchants Ltd. v. Bayley [1969] 2 All E.R. 421 163
Anheuser Busch Inc. v. Budejovichj Budvar [1984] F.S.R. 413............... 357
Anterist v. Crédit Lyonnais [1987] 1 C.M.L.R. 333.................... 385, 386
Anton Piller KG v. Manufacturing Process Ltd. [1976] Ch. 55 400
Arcos Ltd. v. E.A. Ronaasen & Co. [1933] A.C. 470........................ 104
Armagus Ltd. v. Mundogas S.A. [1986] 2 All E.R. 385 164
Armour v. Thyssen Edelstahl-Werke A.G. [1990] 3 All E.R. 481; [1990] 3 W.L.R. 110 .... 99, 144, 145, 420
Asahi (Court of Appeal) 1990 F.S.R. 546 320
Asahi (House of Lords) 1991 R.P.C. 485 320
Asbestos Insurance Coverage Cases [1985] 1 All E.R. 716 395

Ashbury Railway Carriage and Iron Co. v. Riche (1875) L.R. 5 H.L. 653, 670 .... 226, 231
Ashington Piggeries Ltd. v. Christopher Hedel Ltd. [1971] 1 All E.R. 847; [1972] A.C. 441 .... 105, 106
Ashtiani v. Kashi [1986] 2 All E.R. 970 399
Ashurst v. Mason (1875) L.R. 20 Eq. 255 273
Aswan Engineering Establishment Corp. v. Lupdine [1987] 1 W.L.R. 1 105
Athletes Food v. Cobra Sports [1980] R.P.C. 343 357
Attorney General for Hong Kong v. Reid [1994] 1 All E.R. 1, 11 37
Attorney General v. Guardian Newspapers (No. 2) [1988] 3 All E.R. 545 362
Autodrom T.M. (1969) R.P.C. 564 347
Automatic Self-Cleansing Co. Ltd. v. Cuninghame [1906] 2 Ch. 34 267
Ayerst v. C. & K. (Construction) Ltd. [1976] A.C. 167 412

Babanaft International v. Bassatne [1989] 2 W.L.R. 232 399
Babcock v. Lawson (1880) 5 Q.B.D. 284 132
Badische Anilin Fbk. v. Hickson/1906 23 R.P.C. 433 430
Baillie v. Oriental Telephone Co. Ltd. [1915] Ch. 503 259
Balfour v. Balfour [1919] 2 K.B. 571 53
Bali T.M. (1969) R.P.C. 472 347
Bamford v. Bamford [1970] Ch. 212 267
Banco di Bilbao v. Sancha [1938] 2 K.B. 176 425
Bank Mellat v. Helliniki Techniki S.A. [1984] Q.B. 291 404
Bank of Credit and Commerce International S.A. v. Aboody [1989] 2 W.L.R. 759   70
Bank of Ethiopia v. National Bank of Egypt [1937] Ch. 513 425
Bank of Hindustan, China and Japan Ltd. v. Alison (1871) L.R. 6 C.P. 222 ... 237
Bank voor Handel v. Slatford [1953] 1 Q.B. 248 426
Banque Financière de la Cité S. A. v. Westgate Insurance Co. Ltd. [1991] 2 A.C. 249 66
Barber v. Guardian Royal Exchange Assurance Group [1990] I.C.R. 616 197
Barclays Bank Ltd. v. Commissioners of Custom & Excise [1963] 1 Lloyds Rep. 81 102
Barclays Bank Ltd. v. Thienel and Thienel (1978) 122 Sol. J. 472 67
Barclays Bank plc. v. O'Brien [1992] 4 All E.R. 983 37
Barclays Bank plc. v. O'Brien [1993] 4 All E.R. 417 37
Bartlett v. Sidney Marcus [1965] 1 W.L.R. 1013 105
Bartou v. Armstrong [1976] A.C. 104 70
BASF v. Johnson [1897] 14 R.P.C. 919 326
BBC v. Talbot [1981] F.S.R. 228 357
Beecham Group's (Amoxycillan) Application [1980] R.P.C. 261 321
Behnke v. Bede Shipping Co. Ltd. [1927] 1 K.B. 649 114
Belfast Ropework Co. Ltd. v. Bushell [1918] 1 K.B. 210 155
Bell Houses Ltd. v. City Wall Properties [1966] 2 Q.B. 656 232
Bell v. Lever Brothers Ltd. [1932] A.C. 161 70
Belvoir Finance Co. Ltd. v. Harold Cole Co. Ltd. [1969] 2 All E.R. 904 ... 179
Bennett v. White [1910] 2 K.B. 643 83

Bentall, Horsley and Baldry v. Vicary [1931] 1 K.B. 253 167
Bentley v. Craven (1893) 18 Beav. 75 162
Bergerem v. Marsh (1921) 6 B. C.R. 195 411
Berliner Industriebank AG v. Jost [1971] 1 Q.B. 463 91
Bernstein v. Pamson Motors (Golders Green) Ltd. [1987] 2 All E.R. 220
.... 105, 112, 114
Beswick v. Beswick [1968] A.C. 58 .... 56, 90
Biddel Brothers v. Clements Horst [1912] A.C. 18 102
Bier v. Mines de Potasse d'Alsace SA; [1976] E.C.R. 1735 379
Bigos v. Bousted [1951] 1 All E.R. 92 72
Bilbee v. Hasse & Co. (1889) 5 T.L.R. 677 168
Black-Clawson International Ltd. v. Papierwerke Waldhof-Aschaffenburg AG
[1974] 2 W.L.R. 789 391
Bliss v. South East Thames Regional Health Authority [1985] I.R.L.R. 308;
(1987) I.C.R. 700 .... 86, 114
Blithman (1866) L.R. 2 Eq. 23 410
Bloomenthal v. Ford [1897] A.C. 156 245
Boardman v. Phipps [1967] A.C. 46 .... 163, 272
Boehringer Mannheim GmbH v. Commission [1973] C.M.L.R. 864 366
Bollinger v. Costa Brava Wine Co. [1960] R.P.C. 16; [1961] R.P.C. 116 358
Bonython v. Commonwealth of Australia [1951] A.C. 201 .... 416, 418
Borland's Trustee in Steel Bros. Ltd. [1901] 1 Ch. 279 .... 235, 243, 251
Bousois/Interpane (Kommissionsentscheidung) [1988] 4 C.M.L.R. 124; [1986] 3
C.M.L.R. 222 331
Bowman v. Secular Society Ltd. [1917] A.C. 406, 439 222
Brace v. Calder [1895] 2 Q.B. 253 87
Brady v. Brady [1989] A.C. 755 (H.L.) 240
Branca v. Cobarro [1947] K.B. 854 .... 54, 62
Brandao v. Barnett (1846) 3 C.B. 519 133
Bremer Handelsgesellschaft v. Vanden Avenne-Izegem P.V.B.A. [1978] 2 Lloyd's
Rep. 109 82
Bremer Vulkan Schiffbau und Maschinenfabrik v. South India Shipping Co. Ltd.
[1981] A.C. 909 66
Brinkibon Ltd. v. Stahag Stahl und Stahlwarenhandelsgesellschaft mbH [1982] 1
All E.R. 293 56
British Airways Board v. Laker Airways Ltd. [1983] 3 All E.R. 375; [1984] 3 All
E.R. 39 394
British Broadcasting Corporation v. Heason [1977] I.R.L.R. 273 206
British Eagle International Air Lines Ltd. v. Compagnie Nationale Air France
[1975] 1 W.L.R. 758; [1975] 2 All E.R. 390 84
British Leyland v. Armstrong Patents [1986] F.S.R. 221 333
British Oxygen Co. v. Industriegasverwertung GmbH (1931) 48 R.P.C. 130 328
British Syphon v. Homeward [1956] R.P.C. 330 328
British Westing House v. Underground Electric Railway of London [1912] A.C.
673 87
British & Commonwealth Holdings plc v. Quadrex Holdings Inc. [1989] 3 W.L.R.
723 78

Broad & Co. Ltd. v. Graham Buildings Supplies Ltd. (1969) R.P.C. 147 347
Brown Shoe's Application [1959] R.P.C. 29 345
Buckland v. Farmer & Moody [1979] 1 W.L.R. 221 103
Bunger Corporation v. Tradax S.A. [1981] 1 W.L.R. 711 102
Burt v. Bull [1985] 1 Q.B. 276 315
Burt v. Claude Cousins Ltd. [1971] 2 All E.R. 611 163
Bushell v. Faith [1969] 2 Ch. 438 236
Bushell v. Faith [1970] A.C. 1099 271
Butwick v. Grant [1924] 2 K.B. 483 164
Byng v. London Life Association Ltd. [1990] Ch. 170 264
B.P. Exploration Co. (Libya) Ltd. v. Hunt (No. 2) [1981] 1 W.L.R. 232 81

Cadbury Schweppes v. Pup Squash [1981] R.P.C. 429 (J.C.) 357
Cammell v. Sewell (1860) 5 H. & N. 728 .... 144, 420
Campbell Conelly & Co. v. Noblen [1963] 1 W.L.R. 252 418
Canadian Aero Service v. Malley [1973] 40 D.L.R. 371 (Can. S.C.) 272
Caparo Industries plc. v. Dickman [1990] 2 A.C. 605 .... 57, 62, 92, 282
Carl Zeiss Stiftung v. Rayner & Keeler Ltd. (No. 3) [1970] Ch. 506, 544 425
Carreras Rothmans Ltd. v. Freemens Mathews [1985] Ch. 207 142
Carrol v. Bird [1800] 3 Esp. 201 193
Carruth v. I.C.I. Ltd. [1937] A.C. 707, 765 255
Castanho v. Brown and Root (UK) Ltd. [1981] 1 All E.R. 143 (House of Lords) 394
Castrol Ltd. v. Automative Oil Supplies Ltd. (1983) R.P.C. 315 348
Catnic Components v. Hill and Smith [1982] R.P.C. 183 (House of Lords) 326
CCC Films v. Impact Quadrant Films [1984] 3 W.L.R. 245 86
Centrafarm BV v. Sterling Drug Inc. [1974] E.C.R. 1147, 1183 331
Centrafarm v. Winthrop [1974] C.M.L.R. 480 .... 348, 350, 353
Central London Property Trust Ltd. v. High Trees House Ltd. [1947] K.B. 130. 58
Cesena Sulphur Co. v. Nicholson (1876) 1 Ex. D. 428 426
Chandler v. Webster [1904] 1 K.B. 493 81
Chanel Ltd. v. Triton Packaging Ltd Court of Appeal, GRUR Int. 1993, 780 .. 347
Chaplin v. Boys [1969] 3 W.L.R. 322 .... 391, 421
Chapman Brothers v. Vercu Brothers & Co. Ltd. [1933] 49 C.L.R. 306 95
Chapman's Case (1866) L.R. 1 Eq. 346 292
Chappell v. Nestlé [1960] A.C. 87 55
Charles Rickards Ltd. v. Oppenheim [1950] 1 K.B. 616 103
Chartered Bank v. B.I.S.M.N. Co. Ltd. [1909] A.C. 369 158
Chea Theam Swee v. Equiticorp Finance Group Ltd. [1992] B.C.C. 98 141
China and South Sea Bank Ltd. v. Tan [1990] 1 A.C. 536 129
Churchill and Sim v. Goddard [1936] 1 All E.R. 675 167
CIR v. Muller and Co.'s Margarine Ltd. [1901] A.C. 217 357
Claridge, Holt & Co. Ltd. v. King & Ramsey (1920) 3 Ll.L. Rep. 197 157
Clarkson Booker Ltd. v. Andjel [1964] 3 All E.R. 260 165
Clayton's Case (1816) 1 Mer. 572 147
Clea v. Bulk Oil [1984] 1 All E.R. 129 87
Clough Mill v. Martin [1985] 1 W.L.R. 111 146

Coca Cola Co's Application [1986] 1 W.L.R. 695 .... 342, 351
Cochrane v. Moore [1890] 25 Q.B.D. 47 97
Coco v. A.N. Clark (Engineering) Ltd. [1969] R.P.C. 41 .... 361, 362
Coggs v. Bernard (1703) 2 Ld. Raym. 909 .... 96, 131
Cohen v. Roche [1927] 1 K.B. 169 .... 39, 90
Cohen v. Rothfield [1919] 1 K.B. 410 394
Colgate-Palmolive Ltd. v. Markwell (1988) R.P.C. 283 348
Collier v. Sunday Referee Publishing Co. Ltd. [1940] 4 All E.R. 234 193
Collins v. G. Collins & Sons (1984) 9 A.C.L.R. 58 141
Colt Industries Inc. v. Sarlic [1966] 1 All E.R. 673; [1966] 1 W.L.R. 440 (Court of Appeal) 387
Colzani/Rüwa, Slg. 1976, 183 f., 1835 382
Commercial Bank of Tasmania v. Jones [1893] A.C. 313 148
Compagnie d'Armement Maritime S.A. v. Compagnie Tunisienne de Navigation S.A. [1970] 3 W.L.R. 389 .... 404, 417
Compay Computer Corporation et al. v. Dell Computer Corporation Ltd. et al., (High Court), GRUR Int. 1993, 782 347
Consten and Grundig v. Commission [1966] C.M.L.R. 418 350
Cook v. Deeks [1916] A.C. 554 .... 256, 258
Cooper v. National Provincial Bank Ltd. [1954] 2 All E.R. 641 147
Cotman v. Brougham [1918] A.C. 514 .... 222, 231, 232
Courtney & Fairbairn Ltd. v. Tolaini Bros. Hotels Ltd. [1975] 1 W.L.R. 297 ... 53, 61
Cresswell v. Board of Inland Revenue [1984] I.C.R. 508 191
Croft v. Day (1843) 7 Beav. 84 294
Crossfield's Application [1910] 1 Ch. 130 352
Cullerne v. London and Suburban General Permanent Building Society (1890) 25 Q.B.D. 485 (C.A.) 273
Cullinane v. British "Rema" Manufacturing Co. [1954] 1 Q.B. 292 .... 85, 86
Cundy v. Lindsay (1878) 3 App. Cas. 459 100
Currie v. Misa (1875) L.R. 10 Ex. 153 55
Cutter v. Powell (1795) 6 Term. Rep. 320 78
C.N. Marine Inc. v. Stainer Line [1982] 2 Lloyds Rep. 336 114

Dakin & Co. v. Lee [1916] 1 K.B. 566 78
D'Almaida Aranjo Lda. v. Sir Frederick Becker & Co. Ltd. [1953] 2 Q.B. 329 .. 391
Davidson Rubber Company (Kommissionsentscheidung) [1972] C.M.L.R. D. 69 . 331
Davis Contractors Ltd. v. Fareham U.D.C. [1956] A.C. 696 79
De Beers Abrasive Products Ltd. v. International General Electric Co. of New York Ltd. [1975] F.S.R. 323 360
De Beers Consolidated Mines Ltd. v. Howe [1906] A.C. 455 231
De Lassalle v. Guildford [1901] 2 K.B. 215 57
Dearle v. Hall [1824–34] All E.R. Rep. 28 .... 127, 150
Demby Hamilton & Co. v. Barton [1949] 1 All E.R. 435 101
Denmark Productions Ltd. v. Boscobel Productions Ltd. [1969] 1 Q.B. 699 ... 66, 76
Derby & Co. v. Weldon (No. 3 and 4) [1989] 2 W.L.R. 412 399
Derby & Co. v. Weldon (No. 6) [1990] 3 All E.R. 263 400

Derring v. Earl of Winchelsea (1787) 2 Bos. & Pul. 270 149
Derry v. Peek (1889) 14 App. Cas. 337 62
Deverall v. Grant Advertising Inc. [1954] 3 All E.R. 389 388
Diamond v. Chakrabarty, 447 US 303 (1980), GRUR Int. 1980, 627 319
Dick Bentley Productions Ltd. v. Harold Smith (Motors) Ltd. [1965] 1 W.L.R. 623 61
Dickinson v. Dodds (1876) 2 CH D. 463 55
Dimbula Valley (Ceylon) Tea Co. Ltd. v. Laurie [1961] Ch. 353 241
Dimskal Shipping Co. S.A. v. International Transport Workers Federation (The Evia Luck) [1991] 4 All E.R. 871 70
Dixon v. Kennaway & Co. [1900] 1 Ch. 833 245
Donald v. Suckling (1866) L.R. 1 Q.B. 585 131
Donoghue v. Stevenson [1932] A.C. 562 .... 162, 422, 471
Downsview Nominees Ltd. v. First City Corporation Ltd. [1993] 2 W.L.R. 86.. 129
Drughorn Ltd. v. Rederiakt. Transatlantic [1919] A.C. 203 165
Dublin City Distillery Ltd. v. Doherty [1914] A.C. 823 102
Duncan v. Motherwell Bridge and Engineering Co. [1952] S.C. 179 423
Dunlop Pneumatic Co. v. Aktiengesellschaft für Motor- und Motorfahrzeugbau, Ludell & Co. [1902] 1 K.B. 342 (Court of Appeal) 388
Dunlop Pneumatic Tyre Corporation Ltd. v. Selfridge & Co. Ltd. [1915] A.C. 847 .... 56, 99
Dunlop Pneumatic Tyre Co. Ltd. v. New Garage and Motor Co. Ltd. [1915] A.C. 79 87
Durham Brothers v. Robertson [1898] 1 Q.B. 765 127
Dynamit A.G. v. Rio Tinto Co. [1918] A.C. 260 416

East v. Maurer [1991] 2 All E.R. 733 62
Eastern Distributors Ltd. v. Goldring [1957] 2 Q.B. 600 100
Eastmanco Ltd. v. G.L.C. [1982] 1 W.L.R. 2 258
Easton v. Hitchcock [1912] 1 K.B. 535 66
Eccles v. Bryant & Pollock [1948] Ch. 93 54
Edward Owen Engineering Ltd. v. Barclays Bank International Ltd. [1978] Q.B. 159 149
Edwards v. Halliwell [1950] 2 All E.R. 1064 258
Edwards v. Skyways Ltd. [1964] 1 All E.R. 494; [1964] 1 W.L.R. 349 ... 51, 53, 203
Edwards v. Standard Rolling Stock Syndicate [1893] 1 Ch. 574 314
Edwin Hill v. First National Finance Corporation plc. [1989] 1 W.L.R. 225.... 71
Effer v. Kanter, Fall 38/81, [1982] E.C.R. 825 379
Eisa's Application 16 IIC 83, [1987] OJ EPO 147 322
Electrical and Musical Industries Ltd. v. Lissen [1939] 56 R.P.C. 23 325
Electrix Application [1959] R.P.C. 283 352
Electrolux v. Hudson [1977] F.S.R. 312 328
Elefanten Schuh GmbH v. Jacqmain [1981] E.C.R. 1671 385
Elkington & Co. v. Hürter [1892] 2 Ch. 452 271
Entores Ltd. v. Miles Far East Corp. [1955] 2 Q.B. 327 .... 56, 389
Epilady siehe Improver Corp. v. Remington Products Ltd. S.R.

Erlanger v. New Sombrero Phosphate Co. [1878] 3 App. Cas. 1218 62
Erven Warnink BV v. J. Townsend and sons (Hull) Ltd. [1980] R.P.C. 31; [1979] A.C. 731 .... 294, 356, 357
Esso Petroleum Co. Ltd. v. Harper's Garage (Stourport) Ltd. [1968] A.C. 269 .... 72, 183
Esso Petroleum Co. v. Mardon [1976] 2 All E.R. 5 422
Esso Petroleum v. Commissioners for Customs and Excise [1976] 1 W.L.R. 1078   51
Evening Standard Ltd. v. Henderson [1987] I.R.L.R. 64 (CA) 193
Ewing v. Buttercup Margerine Co. Ltd. [1971] 2 Ch. 1 229
Ex p. Wilson, Re Douglas (1872) L.R. 7 Ch. App. 490 410

Faccenda Chicken Ltd. v. Fowler [1986] I.C.R. 297 192
Federal Commerce & Navigation Co. Ltd. v. Molena Alpha Inc. [1978] Q.B. 927 .... 83, 108
Felthouse v. Bindley (1862) C.B.N.S. 869 56
Feuer Leather Corp. v. Frank Johnstone & Sons [1981] Com. L.R. 251, 253 ... 101
Fibrosa Spolka Akcyjna v. Fairbairn Lawson Combe Barbour Ltd. [1943] A.C. 32 .... 80, 81
First National Securities Ltd. v. Jones [1978] 2 All E.R. 221, 227 59
Flitcroft's Case (1882) 21 Ch. D. 519 .... 241, 258
Floydd v. Cheney [1970] 2 W.L.R. 314 295
Folkes v. King [1923] 1 K.B. 282 179
Forbes v. Jackson (1882) 19 Ch. D. 615 148
Ford Co. v. Armstrong (1915) 31 T.L.R. 267 88
Ford-Werke Appn. (1955) 72 R.P.C. 191 431
Formento v. Mentmore [1956] R.P.C. 87 319
Forsikringsaktieselskapet Vesta v. Butcher [1989] A.C. 852 87
Forsythe International (UK) Ltd. v. Silver Shipping Co. Ltd. (The Saetta) [1994] 1 All E.R. 851 101
Foss v. Harbottle (1843) 2 Ha. 461 .... 227, 256, 258, 259, 264
Fowler v. Faccenda Chicken [1986] 1 All E.R. 617 362
France v. Clark (1883) 22 Ch. D. 830 131
Fraser v. B.N. Furman (Productions) Ltd. [1967] 3 All E.R. 57 162
Fraser v. Evans [1969] 1 All E.R. 8 362
Fraser v. Thames TV [1983] 2 All E.R. 101 361
Fullwood v. Hurley [1927] All E.R. 610 163
F. C. Shepherd & Co. v. Jerrom [1986] 3 All E.R. 589 80

Gaiman v. National Association for Mental Health [1971] 1 Ch. 317 221
Gallagher v. Shilock [1949] 2 K.B. 765 110
Gallear v. I. F. Watson & Son Ltd. [1979] I.R.L.R. 305 193
Gasque v. I.R.C. [1940] 2 K.B. 40 425
Gebrüder Metallmann v. NBR [1984] 1 Lloyd's Rep. 614 87
Geier v. Kuwaja, Weston and Warne Bros. Transport Ltd. [1970] 1 Loyd's Rep. 364 64

General Tyre and Rubber Co. v. Firestone Tyre and Rubber Co. [1975] 2 All E.R. 1973 328
Genentech v. Wellcome [1987] R.P.C. 553 (High Court) und [1989] R.P.C. 147 (Court of Appeal) 318, 319, 321
General TV v. Talbot [1981] R.P.C. 1 361
General Tyre v. Firestone [1972] R.P.C. 457 320
Genette T.M. [1968] R.P.C. 148 345
George Maier v. Hennen [1974] 3 W.L.R. 823 108
George Mitchell v. Finney Lock Seeds [1983] 2 All E.R. 737 74
George Monro Ltd. v. American Cyanamid Corporation [1944] K.B. 432 389
Gill & Duffus S.A. v. Societe pour l'Exportation de Sucre [1986] 1 Lloyds Rep. 322 102
Gillett v. Hill (1834) 2 Cr. & M. 530, 535 98
Gluckstein v. Barnes [1900] A.C. 240. (H.L.) 225
Godley v. Perry [1960] 1 W.L.R. 9 113
Golden Bay Realty Ltd. v. Orchard Twelve Investments Ltd. [1991] 1 W.L.R. 981 ... 87
Goodwin v. Gray (1874) 22 W.R. 312 148
Grant v. Australian Knitting Mills Ltd. [1936] A.C. 85 .... 104, 105, 113
Great Eastern Railway v. Lord's Trustee [1909] A.C. 109 110
Greenhalgh v. Arderne Cinemas Ltd. [1951] Ch. 286 .... 236, 272
Greenwell v. Porter [1902] 1 Ch. 530 255
Griffith v. Brymer [1903] 2 K.B. 434 80
Guild v. Conrad [1894] 2 Q.B. 885 146
Guiness v. Saunders [1990] 2 A.C. 663 (H.L.) 272
G. F. Mound Ltd. v. Jay & Jay (Provisions) Corporations Ltd. [1960] 1 Q.B. 159 ... 102
G. Scammel & Hephew Ltd. v. Ouston [1941] A.C. 251 60

Hadley v. Baxendale (1854) 9 Ex. 341 .... 86, 112, 113
Hag I, [1974] C.M.L.R. 127 350
Hag GF AG v. SACNL – Sucal NV (Hag II), 23 I.I.C. (1992) 92 350
Hail v. Hedges [1951] 1 T.L.R. 512 105
Hamzeh Malas & Sons v. British Imex Industries Ltd. [1958] 2 Q.B. 127 ... 51
Handy Lennox Ltd. v. Grahame Puttick Ltd. [1984] 2 All E.R. 152 98
Harold Holdsworth & Co. Ltd. v. Caddies [1955] 1 All E.R. 725 269
Harris Patent [1985] R.P.C. 19 329
Harris Simons Construction Ltd. [1989] 1 W.L.R. 368 312
Harris v. Quine (1869) L.R. 4 Q.B. 653 391
Harrods (Buenos Aires) Ltd. (No. 2), [1991] 4 All E.R. 348 394
Harrods v. Harrod [1924] 41 R.P.C. 74 358
Harry Parker Ltd. v. Mason [1940] 2 K.B. 590 71
Harvard Onco Mouse, Europäisches Patentamt (Beschwerdekammer), 22 IIC. 1991, 74 319
Harvard Onco Mouse, Europäisches Patentamt (Prüfungsabteilung) OJ EPO 11, 1989 319
Hawks v. McArthur [1951] 1 All E.R. 22 252
Heard v. Pilley (1869) 4 Ch. App. 548 161

Hedley Byrne Co. Ltd. v. Heller & Partners Ltd. [1964] A.C. 465 .... 57, 62, 92, 162, 422
Helps v. Winterbottom (1831) 2 B. & Ad. 431 92
Hely-Hutchinson v. Brayhead Ltd. [1968] 1 Q.B. 549 .... 164, 269, 272
Henderson v. Radio Corp. [1969] R.P.C. 218 359
Henderson & Co. v. Williams [1895] 1 Q.B. 521 .... 99, 100
Hendy Lennox v. Grahame Puttick [1984] 1 W.L.R. 485 145
Henry Kendell & Sons v. William Lillico & Sons Ltd. [1969] 2 A.C. 31 .... 105, 106
Hensher v. Restawhile [1975] R.P.C. 31 (Court of Appeal); [1976] A.C. 64 (House of Lords) 335
Herne Bay Steamboat Co. v. Hutton [1903] 2 K.B. 638 80
Heskell v. Continental Express Ltd. [1950] 1 All E.R. 1033, 1037 .... 157, 180
Hichins, Harrison, Woolston & Co. v. Jackson & Sons [1943] A.C. 266 ... 169, 252
Hickman v. Kent or Romney Marsh Sheep Breeders Assoc. [1915] 1 Ch. 881 ... 235
Hill v. CA Parsons & Co. Ltd. [1972] Ch. 305 198
Hillas & Co. v. Arcos Ltd. (1932) 147 L.T. 503 61
Hindle v. Percival Boats Ltd. [1969] 1 W.L.R. 174 201
Hoffmann La Roche v. Centrafarm [1978] F.S.R. 598 351
Hogan v. Pacific Dunlop (1989) 12 IPR 225 359
Holland v. London Society of Compositors (1942) 40 T.L.R. 440 203
Hollier v. Rambler Motors Ltd. [1972] 1 Q.B. 71 64
Hollins v. Fowler (1875) L.R. 7 H.L. 757 154
Honey v. Australian Airlines [1991] I.I.C. 268. Court of Appeal 359
Hong Kong and China Gas Co. Ltd. v. Glen [1914] 1 Ch. 527 239
Hongkong Banking Corporation v. Kloeckner [1990] 3 W.L.R. 634 83
Hongkong Fir Shipping v. Kawasaki isen Kaisha [1962] 2 Q.B. 26 82
Houldsworth v. City of Glasgow Bank (1880) 5 App. Cas. 317 (H.L.) 250
Howard E. Perry & Co. v. British Railways Board [1980] 1 W.L.R. 1375 90
Howe Richardson Scale Co. Ltd. v. Polimex-Cekop and National Westminster Bank Ltd. [1978] Lloyd's Rep. 161 149
HRH Maharanee of Baroda v. Wildenstein [1972] 2 Q.B. 283; [1972] 2 All E.R. 689 (Court of Appeal) 387
Hubbuck v. Helms (1887) 56 L.J. Ch. 536 137
Huber v. Steiner (1835) 2 Bing N.C. 202 391
Humble v. Hunter (1848) 12 O.B. 310 165
Hunter v. Potts (1791) 4 T.R. 182 410
Hurst v. Picture Theaters Ltd. (1915) 1 K.B. 1 86
Hutton v. Warren (1836) 1 M. & E. 466 106
Hyundai Heavy Industries Co. Ltd. v. Papadopoulos [1980] 2 All E.R. 29 147

Ideal Standard II (EuGH), GRUR Int 1994, 614 350
Illingworth v. Houldsworth [1904] A.C. 355 136
Improver Corp. Sicommerce AG v. Remington Products Ltd. [1990] 21 I.I.C. 572 (OLG Düsseldorf) 326, 431
Improver Corp. v. Remington Ltd. [1993] 24 I.C.C. 838 326

Improver Corp. v. Remington Products Ltd. II [1990] 21 I.I.C. 860 (Patents Court) 326, 431
Improver Corp. v. Remington Products Ltd. [1990] F.S.R. 181 (High Court); [1990] 21 I.I.C. 561 (Court of Appeal) 326, 431
Improver Corp. & Sicommerce AG v. Remington Products Ltd. [1990] 21 I.I.C. 572 (OLG Düsseldorf) 326
Industrial Development Consultants Ltd. v. Cooley [1972] 1 W.L.R. 443 ... 163, 272
Ingram v. Little [1960] 3 All E.R. 332 100
Initial Supplies Limited v. McCall (1992) S.L.T. 67 196
Interfoto Picture Library Ltd. v. Stiletto Visual Programmes Ltd. [1988] 1 All E.R. 348; [1989] Q.B. 433 .... 64, 65, 66
Interlego v. Tyco Industries [1988] 3 All E.R. 949 333
International Tank and Pipe S.A.K. v. Kuwait Aviation Fuelling Co. K.S.C. [1974] 3 W.L.R. 721 404
Introductions Ltd. v. National Provincial Bank Ltd. [1970] Ch. 199 232
Ivenel v. Schwab, Fall 133/81, [1982] E.C.R. 1891 379

Jackson v. Chrysler Acceptances Ltd. [1978] R.T.R. 474 .... 105, 113, 114
Jackson v. Union Marine Insurance (1873) L.R. 10 C.P. 125 80
Jacobs v. Credit Lyonnais (1884) 12 Q.B.D. 589 417
James Buchanan & Co. Ltd. v. Babco Ltd. [1977] 1 All E.R. 518 41
James Shaffer Ltd. v. Findlay Durham & Brodie [1953] 1 W.L.R. 106 183
Jarvis v. Swann Tours Ltd. [1973] Q.B. 223 86
Jean Krau A.G. v. Albany Fabrics [1977] 2 All E.R. 116 108
Jobson v. Johnson [1989] 1 W.L.R. 1026 88
John McCann v. Pow [1975] 1 All E.R. 129 162
John Walker & Sons v. Ost [1970] R.P.C. 489 358
Johnson v. Agnew [1980] A.C. 367 112
Johnstone v. Bloomsbury Health Authority [1991] I.C.R. 269 191
Jollet v. Deponthieu (1769) 1 H. Bl. 132 n 411
Joseph Constantine v. Imperial Smelting [1942] A.C. 154 79
Joyce v. Motor Surveys Ltd. [1948] Ch. 252 360
Jubilee Cotton Mills Ltd. v. Lewis [1924] A.C. 958 222

Kahler v. Midland Bank [1950] A.C. 24 418
Kalmann v. PCL Packaging [1982] FSR 406 326
Karlos Federspiel & Co. S.A. v. Charles Twigg & Co. [1957] 1 Lloyds Rep. 240. 102
Katsikas v. Konstantinidis [1993] I.R.L.R. 179 196
Keech v. Sandford (1726) Sel. Cas. Ch. 61 162
Keith Spicer Ltd. v. Mansell [1970] 1 W.L.R. 333 (C.A.) 225
Kelly v. Selwyn [1905] 2 Ch. 117 418
Kelner v. Baxter (1866) L.R.2 C.P. 174 .... 223, 224
Kemp v. Interson Holidays Ltd. [1987] 2 F.T.L.R. 234 113
Kendall v. Hamilton (1879) 4 App. Cas. 504 298
Kepong Prospecting Ltd. v. Schmidt [1968] A.C. 58 56
Keppel v. Wheeler [1927] 1 K.B. 577 162

Kleinwort Benson Ltd. v. Malaysia Mining Corporation [1989] 1 All E.R. 785 . 53
Kleinwort v. Ungarische Baumwolle Industrie AG [1939] 2 K.B. 678 418
Koufos v. Carnikow Ltd. (The Heron II) [1969] 1 A.C. 350 .... 76, 86, 112
Krell v. Henry [1903] 2 K.B. 740 80
Kvei Tik Chao v. British Traders & Shippers Ltd. [1954] 2 Q.B. 459 112
K. Chellaram & Sons (London) Ltd. v. Butlers Warehousing and Distribution Ltd.
 [1977] 2 Lloyd's Rep. 192 133

Lagunas Nitrate Co. v. Lagunas Syndicate [1899] 2Ch. 392 225
Lamb v. Evans [1893] 1 Ch. 218 163
Lamb & Son v. Goring Brick Co. [1932] 1 K.B. 710 .... 166, 182, 183
Lamb & Sons v. Rider [1948] 2 K.B. 331 91
Lampleigh v. Brathwait (1615) Hob. 105 58
Langston v. A.U.E.W. [1974] 1 All E.R. 98 (CA) 193
Larson v. Here's Johnny Portable Toilets 698 F 2d 831, 835 (6th Circuit 1983) . 359
Lazard Brothers v. Midland Bank [1933] A.C. 289 .... 395, 425
Le Feuvre v. Sullivan (1855) 10 Moo. P.C. 1 418
Lee v. Neuchatel Asphalte Co. (1889) 41 Ch.D. 1 241
L'Estrange v. Graucob Ltd. [1934] 2 K.B. 394 63
Levi Strauss v. Shah (1985) R.P.C. 371 347
Levison v. Patent Steam Carpet Cleaning Co. [1977] 3 All E.R. 498 73
Lewis v. Motorworld Garages Ltd. [1985] I.R.L.R. 465 191
Lickbarrow v. Mason (1787) 2 T.R. 63 100
Lindgren v. L.P. Estates Ltd. [1968] Ch 572 (C.A.) 271
Lion Laboratories v. Evans [1984] 2 All E.R. 417 362
Lipkin Gorman v. Karpnale Ltd. [1991] 2 A.C. 548 52
Liverpool City Council v. Irwin [1977] A.C. 239 .... 65, 191
Lloyd v. Guibert [1865] L.R. 1 Q.B. 115 416
Lloyds and Scottish Finance Ltd. v. Williamson [1965] 1 W.L.R. 404 100
Lombard North Central plc. v. Butterworth [1987] 1 All E.R. 267 82
London, Chatham and Dover Rly Co. v. South Eastern Rly Co. [1892] 1 Ch. 120
 at 142 (Court of Appeal) 402
London, Chatham and Dover Rly Co. v. South Eastern Rly Co. [1893] A.C. 429
 (House of Lords) 88, 402
London Founders Asscn. Ltd. v. Clarke (1888) 20 Q.B. 576 252
London Jewellers Ltd. v. Edinburgh [1934] 2 K.B. 206 98
Longman v. Bath Electric Tramways Ltd. [1905] 1 Ch. 646 252
Lord Advocate v. Huron and Erie Loan Co. [1911] S.C. 612 426
Lubbock v. British Bank of South America [1892] 2 Ch. 198 241
Lyle & Scott v. Scott's Trustees [1959] A.C. 763 251
Lynch v. Thorne [1956] 1 W.L.R. 303, 305 66
Lyngstad v. Anabas [1977] F.S.R. 62 359

MacDougall v. Gardiner (1875) 1 Ch.D. 13 258
Mac-Jordan Construction Ltd. v. Brookmount Erostin Ltd. [1992] B.C.L.C. 350 97
Mackender v. Feldia [1967] 2 Q.B. 590 417

MacShannon v. Rockware Glass Ltd. [1977] 2 All E.R. 449 386
Maddison v. Alderson (1883) 8 App. Cas. 467 60
Maillard v. Argyle (1843) 6 M. & G. 40 108
Malleson v. National Insurance Corporation [1894] 1Ch. 200 236
Manchester Liners Ltd. v. Rea [1922] 2 A.C. 74 106
Manchester, Sheffield and Lincolnshire Railway Co. v. North Central Wagon Co. (1888) 13 App. Cas. 554, 560 128
Marc Rich/Sociata Italiana Impianti, EuGH-Slg. 1991 1, 3855 = 1PRax 1992, 312 = NJW 1993, 189 377
Mareva Compania Naviera SA v. International Bulk Carriers Ltd. [1975] 2 Lloyd's Rep. 509 398
Marine Contractors Inc. v. Shell Petroleum Development Co. of Nigeria ltd. [1984] 2 Lloyd's Report 77 406
Maritime National Fish v. Ocean Trawlers [1935] A.C. 524 79
Market Investigation Ltd. v. Minister of Social Security [1989] 2 Q.B. 173 190
Martin-Baker Aircraft Ltd. v. Murison [1955] 2 All E.R. 722 169
Martineau v. Kitchen (1872) Q.B. 436 101
Massey v. Crown Life Insurance Co. [1978] I.R.L.R. 31, CA 189
Maxim Nordenfelt Guns and Ammunition Co. v. Nordenfelt [1993] 1 Ch. 630, 666 71
May & Butcher v. R. [1934] 2 K.B. 17 60
McCulloch v. May [1948] 65 R.P.C. 58 359
McCutcheon v. David Macbrayne Ltd. [1964] 1 W.L.R. 125 64
McGruther v. Pitcher [1904] 2 Ch. 306 99
McRae v. Commonwealth Disposals (1950) 84 C.L.R. 377 85
Meadrealm Ltd. & Another v. Transcontinental Golf Construction Ltd. & Others Ch. D. 29. November 1991 313
Mears v. Safecar Security Ltd. [1982] 2 All E.R. 865 (CA) 194
Melacalino v. Nickol & Knight [1920] 1 K.B. 693 112
Menier v. Hooper's Telegraph Works (1874) L.R. 9 Ch. App. 350 256
Mercantile Bank of India Ltd. v. Central Bank of India Ltd. [1983] A.C. 287.. 100
Merck v. Stephar [1981] E.C.R. 2063 331
Merlet v. Mothercare [1986] R.P.C. 115 335
Merrill Lynch's Application [1988] R.P.C.l. und R.P.C. 561 (C.A.) 318, 319
Midland Bank & Trust Co. Ltd. v. Green [1981] A.C. 513 55
Miles v. Wakefield Metropolitan D.C. [1987] A.C. 539 82
Miliangos v. George Frank Ltd. [1975] 3 All E.R. 801 108
Miller and Partners Ltd. v. Whitworth Street Estates Ltd. [1970] A.C. 583 ... 404, 417
Miller, Gibb v. Smith and Tyrer Ltd. [1917] 2 K.B. 141 165
Millers Wharf Partnership Ltd. v. Corinthian Column Ltd. (1990) 61 P. & CR. 461 78
Mirage Studios v. Counter Feat Clothing Company Ltd. [1990] F.S.R. 147 = GRUR Int. 1991, 917 359
Mogul S.S. Co. Ltd. v. McGregor, Gow & Co. [1892] A.C. 25 365
Monrovia v. International Transport Workers Federation [1981] 2 W.L.R. 803 .. 70
Mooregate Mercantile Corporation Ltd. v. Twitchings [1977] A.C. 890 100
Moosehead/Whitbread (Kommisssionsentscheidung) OJ 1990, L100/32 331

Morris Angel & Son Ltd. v. Hollande [1993] 3 All E.R. 569 72
Morris v. Gestetner Ltd. [1973] I.C.R. 587 200
Morrison v. Bell [1939] 2 K.B. 187 194
Moseley v. Koffyfontein Mines [1904] 2 Ch. 108 (C.A.) 261
Moshi v. Lep Air Services Ltd. [1973] A.C. 331 147
Mount Alberta Borough Council v. Australian Assurance Society Ltd. [1938]
  A.C. 224 418
Moxham v. Grant [1900] 1 Q.B. 88 241
Murphy v. Brentwood District Council [1990] 2 All E.R. 908 37
Musselwhite v. CH Musselwhite & Son Ltd. [1962] Ch. 964 253
Mutual Life and Citizens Assurance Ltd. v. Evatt [1971] A.C. 793 422
Mutual Life Assurance Society v. Langley (1886) 32 Ch. D. 460 127
Mutual Life Insurance Company of New York v. Rank Organisation Limited
  [1985] B.C.L.C. 11 246

Nagle v. Feilden [1966] 2 Q.B. 633 71
Natal Land Co. Ltd. v. Pauline Syndicate Ltd. [1904] A.C. 120 223
National Coal Board v. Gamble [1959] 1 Q.B. 11 98
National Westminster Bank Ltd. v. Halesowen Presswork and Assemblies Ltd.
  [1972] A.C. 785 .... 142, 308
National Westminster Bank Ltd. v. Riley [1986] B.C.L.C. 268 147
Nayler v. Yearsley (1860) 2 F. & F. 41 168
NCB v. NUM [1986] I.R.L.R. 439 203
Nethermere (St Neots) Ltd. v. Gardiner [1984] I.C.R. 612 190
New South Wales v. Commonwealth [1990] 90 A.L.R. 355 438
New Zealand Shipping Co. Ltd. v. A. M. Satterthwaite & Co. Ltd. [1975] A.C.
  154 57
Newborne v. Sensolid (Great Britain) Ltd. [1954] 1 Q.B. 45 224
Newstead v. Frost [1980] 1 W.L.R. 135 (H.L.) 293
Newtons of Wembley v. Williams [1965] 1 Q.E. 560 179
Nichimen Corporation v. Gatt Oil Overseas Inc. [1987] 2 Lloyds Rep. 46 103
Nicotherm v. Percy [1957] R.P.C. 207 361
Nordenfelt v. Maxim Nordenfeld Guns and Ammunition Co. Ltd.[1894] A.C.
  535 .... 72, 365
North Ocean Shipping Co. Ltd. v. Hyundai Construction Co. Ltd. [1979] Q.B.
  705 70
North West Transportation Co. v. Beatty (1887) 12 App. Cas. 589 271
North Western Bank Ltd. v. Poynter, Son and Macdonalds [1895] A.C. 56 131
Nova (Jersey) Knit Ltd. v. Kammgarn Spinnerei GmbH [1977] 2 All E.R. 463
  (House of Lords) 395, 404
NRDC [1961] R.P.C. 134 (High Court of Australia) 317
Nugent v. Smith [1876] 1 C.P.D. 423 155
Nungesser KG and Kurt Eisele v. Commission [1983] 1 C.M.L.R. 278 332

Occidental Worldwide Investment Corporation v. Skibs A/S Avanti [1976] 1
  Lloyd's Rep. 293 70
Odgen v. Odgen [1908] 46 414

Official Assignee of Madras v. Mercantile Bank of India Ltd. [1935] A.C. 53 .... 102, 131
Okura & Co. Ltd. v. Forsbacka Jernverks Aktiebolag [1914] 1 K.B. 715 (Court of Appeal) 388
Olley v. Marlborough Court Ltd. [1949] 1 K.B. 532 64
Ooregum Gold Mining Co. of India Ltd. v. Roper [1892] A.C. 239
Oral Health Products [1977] R.P.C. 612 321
Oscar Chess Ltd. v. Williams [1957] 1 W.L.R. 370 61

Paal Wilson v. Blumenthal [1983] A.C. 854 79
Page One Records Ltd. v. Britton [1968] 1 W.L.R. 157 66
Page v. Newman (1829) 9 B & C 378 .... 89, 402
Pagnan & Fratelli v. Tradax Overseas S.A. [1980] 1 Lloyds Rep. 665 103
Palk v. Mortage Services Funding plc. [1993] 2 All E.R. 481 129
Panorama Developments Ltd. v. Fidelis Furnishing Fabrics [1971] 2 Q.B. 711 ... 275
Pao On v. Lau Yiu Lang [1980] A.C. 614; [1979] 3 All E.R. 65 .... 55, 70
Paradine v. Jane (1647) Aleyn 26 76
Parker v. South-Eastern Ry [1934] 2 C.P.D. 416 64
Parsons Livestock Ltd. v. Uttley, Ingham & Co. Ltd. [1978] Q.B. 791 113
Parsons v. Sovereign Bank of Canada [1913] A.C. 160 (P.C.) 315
Pearl Mill Co. Ltd. v. Ivy Tannery Co. Ltd. [1919] 1 K.B. 78 103
Peereboom v. World Transport Agency Ltd. (1921) 6 Ll.L. Rep. 170 154
Penrose v. Martyr (1858) 120 E.R. 595 229
Pepper (Inspector of Taxes) v. Hart [1993] 1 All E.R. 42 40
Percival v. Wright [1902] 2 Ch. 421 271
Peter Darlington Partners Ltd. v. Gosho Co. Ltd. [1964] 1 Lloyds Rep. 149 106
Peyman v. Lanjani [1985] Ch. 547 111
Pfeiffer Weinkellerei – Weineinkauf GmbH & Co. v. Arbuthnot Factors Ltd. [1988] 1 W.L.R. 150 127
Pfizer v. Eurim Pharm [1982] F.S.R. 269 351
Pharmon v. Hoechst [1985] E.C.R. 2281 331
Philipps v. Eyre (1870) L.R. 6 Q.B. 1, 28-29 421
Phillips v. Hunter (1795) 2 H.Bl. 402 410
Photo Production Ltd. v. Securicor Transport Ltd. [1980] A.C. 827 81
Pioneer Shipping Ltd. v. B.T.P. Tioxide Ltd., The Nema [1982] A.C. 724 ... 79, 80, 406
Pitt v. PHH Asset Management Ltd. [1993] 4 All E.R. 961 .... 55, 61
Pledge v. Buss (1860) John. 663 148
Polkey v. AE Dayton Services [1988] I.C.R. 142 199
Pompadour Laboratories v. Frazer (1966) R.P.C. 7 347
Poole v. Smith's Car Sales Belham Ltd. [1962] 2 All E.R. 482 98
Porter v. General Guarantee Corporation [1982] R.T.R. 384 112
Porzelack KG v. Porzelack (UK) Ltd. [1987] 1 All E.R. 1074 376
Presentaciones Musica S.A. v. Secunda [1994] 2 All E.R. 737 164
Price v. Gourlay Bros. [1973] I.R.L.R. 11 200
Printers and Finishers v. Holloway [1965] 1 W.L.R. 1 192

Procter & Gamble v. Peanedore [1989] 1 F.S.R. 180 (C.A.) 321
Prudential Assurance Co. Ltd. v. Newman Industries Ltd. (No. 1) [1981] Ch. 229 .... 256, 258
Prudential Assurance Co. Ltd. v. Newman Industries Ltd. (No. 2) [1982] Ch. 204 (C.A.) 256
Public Works Commissioner v. Hills [1906] A.C. 368 88
Pussard v. Spiers & Pond [1876] 1 Q.B.D. 410............................. 194
Pussy Galore T.M. [1967] R.P.C. 265 344

Ralli Brothers v. Compania Naviera Sota y Aznar [1920] 2 K.B. 287 418
Ratcliff v. Evans [1892] 2 Q.B. 524 360
Rawhide T.M. [1962] R.P.C. 133 344
Rawlinson v. Ames [1925] Ch. 96 60
Rawson v. Samuel (1841) Cr. & Ph. 161 83
Re Anderson [1911] 1 K.B. 896 411
Re Andrabell [1984] 3 All E.R. 407 145
Re Association Transformer Manufacturer's Agreement [1971] 1 All E.R. 409.. 368
Re Automatic Bottle Makers Ltd. [1926] Ch. 412............................ 137
Re Bahia and San Francisco Rlwy (1868) L.R.3 O.B. 584 245
Re Bede Steam Shipping Co. Ltd. [1917] 1 Ch. 123 251
Re Benjamin Cope & Sons Ltd. [1914] 1 Ch. 800 137
Re Berchthold [1923] 1 Ch. 192.. 414
Re Birmingham , Savage v. Stannard [1959] Ch. 523 134
Re Black Bolt and Nut Association's Agreement (No. 1) [1960] 3 All E.R. 122. 368
Re Bonacina [1912] 2 Ch. 394 417
Re Bond Worth Ltd. v. Mansanto [1979] 3 All E.R. 919 144
Re Bond Worth Ltd. [1980] Ch. 228... 136
Re Borax Co. [1901] 1 Ch. 326 137
Re Brightlife Ltd. [1987] Ch. 200 138
Re Burke (1919) 54 L.J. 430... 411
Re Business Properties Ltd. (1988) 4 B.C.C. 684........................... 311
Re Casey's Patents [1992] 1 Ch. 104 55
Re Chapman (1873) L.R. 15 Eq. 75 410
Re Charge Card Services Ltd. [1987] Ch. 150; [1988] 3 All E.R. 702 ...... 108, 126
Re Chemists' Federation Agreement (No. 2) [1958] 3 All E.R. 448........... 368
Re Chez Nico (Restaurants) Ltd. [1992] B.C.L.C. 192 289
Re Churchill Consolidated Copper Corporation Ltd. [1978] 5 W.L.R. 652 138
Re City Equitable Fire Insurance Co. Ltd. [1925] Ch. 407, 428 .... 156, 273
Re Coalport China [1895] 2 Ch. 404 251
Re Consumer and Industrial Press Ltd. [1988] B.C.L.C. 177 312
Re Crichtons's Oil Co. [1902] 2 Ch. 86 244
Re Cuthbert Cooper & Sons Ltd. [1937] Ch. 392............................. 256
Re Davidson's Settlement (1873) L.R. 15 Eq. 383 411
Re Distin, ex p. Ormiston (1871) 24 L.T. 197.............................. 410
Re Dunderland Iron Ore Co. Ltd. [1909] 1 Ch. 446 260
Re Eddystone Marine Insurance Co. [1893] 3 Ch. 9 239

Re English and Colonial Produce Co. Ltd. [1906] 2 Ch. 435 223
Re Fairways Magazine Ltd. [1992] B.C.C. 924 140
Re Flavell (1883) 25 Ch.D. 89 57
Re Forest of Dean Mining Co. (1879) 10 Ch.D. 450 273
Re Fry [1946] Ch. 312 418
Re German Date Coffee Co. (1882) 20 Ch.D. 169 256
Re Goldcorp Exchange Ltd. [1994] 2 All E.R. 806 97
Re Hamilton Young & Co. [1905] 2 K.B. 772 134
Re Hayward [1897] 1 Ch. 905 411
Re Hoare & Co. Ltd. [1904] 2 Ch. 208 241
Re Hoyles [1911] 1 Ch. 179 414
Re Imperial Motors (UK) Ltd. (1989) 5 B.C.C. 214 311
Re Kingston Cotton Mill Co. (No. 2) [1896] 2 Ch. 279 282
Re Lawson's Trusts [1896] 1 Ch. 175 411
Re Leeds and Hanley Theatre of Varieties Ltd. [1902] 2Ch. 809 225
Re Levy's Trusts (1885) 30 Ch. D. 119, 123 411
Re Locked Coil Ropemakers' Association's Agreement [1965] 1 All E.R. 382 . . 368
Re London & Globe Finance Corporation [1902] 2 Ch. 416 180
Re Maldonaldo [1954] 223 414
Re Manurewa Transport Ltd. [1971] N.Z.L.R. 909 138
Re Marquis of Anglesey, Willmont v. Gardner [1901] 2 Ch. 548 (Court of Appeal) 402
Re Maxwell Communications Corporation Plc. [1994] 1 All E.R. 737 142
Re Mileage Conference Group of Tyre Manufacturer's Conference Ltd.'s Agreement [1966] 2 All E.R. 849 368
Re Monolithic Building Co. [1915] 1 Ch. 643 262
Re Moorgate Mercantile Holdings Ltd. [1980] 1 W.L.R. 277 265
Re Morris, ex parte Official Receiver (1866) 18 Q.B.D. 222 131
Re M. C. Bacon Ltd. [1990] B.C.L.C. 324 140
Re National Saving Bank Association (1866) L.R. 1 Ch. App. 547 291
Re Oriel [1989] B.C.L.C. 343 278
Re Panama, New Zealand & Australia Royal Mail Co. (1870) R. 5 Ch. App. 318 136
Re Patrick Lyon Ltd. [1933] All E.R. 590 234
Re Peachdart Ltd. [1983] 3 All E.R. 204 98
Re Phoenix Oil and Transport Co. [1958] 1 Ch. 560 291
Re Picadilly Radio plc. [1989] B.C.L.C. 683 253
Re Ringtower Holdings plc. (1989) B.C.L.C. 282 291
Re R. & H. Hall Ltd. v. V. H. Pimm (Junior) & Co's. Arbitration [1928] All E.R. 763 113
Re Sass [1896] 2 Q.B. 12 148
Re Scandinavian Bank Group plc. [1987] 2 All E.R. 70 222
Re Schebsmann [1944] Ch. 83 57
Re Smith & Fawcett Ltd. [1942] Ch. 304 . . . . 250, 272
Re South Western of Venezuela Rly. [1902] 1 Ch. 701 314
Re Swaledale Cleaners Ltd. [1968] 1 W.L.R. 1710 251
Re Temple [1947] Ch. 345 411
Re Thames Ironworks Co. Ltd. (1912) 106 Ltd. 674 315

Re Thomas Edward Brinsmead & Sons [1897] 1 Ch. 45 256
Re Tilt Cove Copper Co. [1913] 2Ch. 588 314
Re Victoria Steamboats [1897] 1 Ch. 158.................................. 314
Re Water-Tube Boilermaker's Agreement [1959] 3 All E.R. 257............. 368
Re Westbourne Galleries Ltd. [1971] 1 All E.R. 561 256
Re Westbourne Galleries Ltd. [1973] A.C. 730 291
Re White Star Line [1938] Ch. 458 237
Re William C. Leitch Brothers Ltd. No. 1 [1932] All E.R. 892 234
Re Woodroffes (Musical Instruments) Ltd. [1986] Ch. 366 .... 136, 138
Re Wragg Ltd. [1897] 1 Ch. 796 239
Re W. W. Duncan & Co. [1905] 1 Ch. 307 402
Re Yorkshire Woolcombers Association Ltd. [1903] 2 Ch. 284 136
Read v. Astoria Garage Ltd. [1952] Ch. 637 269
Ready Mix Concrete Ltd. v. Minister of Pensions [1968] 2 Q.B. 497 190
Reckitt & Colman Products Ltd. v. Borden Inc. (No. 3) [1990] 1 W.L.R. 491 ... 294, 358
Red Rock Cider Fall (unveröffentlicht), zitiert bei Llewelyn, Practical Law for Companies — In House, 1991, S. 33 358
Reddaway v. Banham [1896] 13 R.P.C. 218 356
Reeves v. Butcher [1981] 2 Q.B. 509 92
Regal (Hastings) Ltd. v. Gulliver [1967] 2 A.C. 134 272
Regent OHG Eisenstadt v. Francesco of Jermyn Street [1981] 3 All E.R. 327 .. 103
Reid v. Explosives Co. (1887) 19 Q.B.D. 264 315
Reid v. Rush & Thompkins Group Plc. [1990] 1 W.L.R. 212 66
Republic of Haiti v. Duvalier [1989] 2 W.L.R. 261........................ 399
Reuters Co. Ltd. v. Muhlens (1953) 70 R.P.C. 235 431
Revlon v. Cripps (1980) F.S.R. 196 348
Rex Stewart Jeffries Parker Ginsberg Ltd. v. Parker [1988] I.R.L.R. 388 .. 192
Reynolds v. Shipping Federation Ltd. [1924] 1 Ch. 28................. 71, 197
Richardson, Spence & Co. v. Rowntree (1984) A.C. 217 64
Richardson v. Koefod [1969] 1 W.L.R. 181 198
Rickards Charles v. Oppenheim [1950] 1 K.B. 616 76
Ridler Grain Silos Ltd. v. B.I.C.C. Ltd. [1982] 1 Lloyds Rep. 435 114
Roberts v. Elwells Engineers Ltd. [1972] 2 All E.R. 890 168
Robertson v. British Gas Corporation [1983] I.C.R. 351 190
Robinson v. Graves [1935] 1 K.B. 579..................................... 95
Rodi & Wienenberger v. Showell [1969] R.P.C. 367 325
Rogers v. Parish (Scarborough) Ltd. [1987] Q.B. 933 105
Roland v. Divall [1923] 2 K.B. 500 111
Rolls Royce v. Dodd (1981) F.S.R. 517 347
Rome v. Punjab National Bank [1989] 1 W.L.R. 1211 388
Rose & Frank Co. v. J. R. Crompton & Bros. Ltd. [1925] A.C. 445.......... 53
Rother Iron Works Ltd. v. Canterbury Precision Engineers Ltd. [1974] Q.B. 1 . 137
Rover International Limited v. Cannon Film Sales Ltd. [1987] B.C.L.C. 540 ... 224
Royscott Trust Ltd. v. Rogerson [1991] 2 Q.B. 297........................ 62
Ruben v. Great Fingall Consolidated [1906] A.C. 439 245

Russell v. Northern Bank Development Corporation [1992] 1 W.L.R. 588 236
Rust v. Abbey Life Insurance Co. [1979] 2 Loyd's Rep. 355 56
Ryan v. Pilkington [1959] 1 All E.R. 689 163
R. v. Registrar of Companies, ex parte Bowen [1914] 3 K.B. 1161 221
R. v. Registrar of Companies, ex parte H.M.'s Attorney-General [1991] B.C.L.C. 476 223
R. V. Ward Ltd. v. Bignall [1967] 1 Q.B. 534 110
R. v. Warner [1969] 2 A.C. 256 109
R. & B. Customs Brokers Co. Ltd. v. United Dominions Trust Ltd. [1988] 1 All E.R. 847 74

SA CNL-Sucal NV (Hag II), 23 I.I.C. (1992) 92 350
Sabatier v. Trading co. [1927] 1 Ch. 495 388
Saccharin Corp. Ltd. v. Chemische Fabrik von Heyden [1911] 2 K.B. 516 (Court of Appeal) 388
Safeguard Industrial Investments Ltd. v. National Westminster Bank Ltd. [1982] 1 All E.R. 449 (C.A.) 251
Sagar v. Ridehalgh [1931] 1 Ch. 310 203
Salder v. Imperial Life Assurance Co. of Canada Ltd. [1988] I.R.L.R. 388 192
Salomon v. Brownfield (1896) 12 T.L.R. 239 168
Salomon v. Salomon [1897] A.C. 22 .... 225, 234
Saltman Engineering Co. v. Campbell Engineering Co. [1963] 3 All E.R. 413 .. 192
Saltman Engineering Ltd. v. Campbell Engineering Ltd. (1948) 65 R.P.C. 203 .. 361
Samuel v. Jarrah Timber and Wood Paving Corporation [1904] A.C. 323 126
Saragas Vargas Pina Apezteguir y Cir Saic v. Peter Kramer GmbH [1987] 1 Lloyds Rep. 394 113
Saville Perfumery Ltd. v. June Perfect Ltd. (1941) R.P.C. 147 347
Sayers v. International Drilling Company N.V. [1971] 3 All E.R. 163; [1971] 1 W.L.R. 1176 ..... 417, 422
Scally v. Southern Health and Social Services Board [1991] 4 All E.R. 563; [1991] I.C.R. 771 ..... 65, 191
Scandinavian Trading Tanker Co. v. Flota Petrolera Ecuatoriana [1981] 2 Lloyd's Rep. 425, 432 61
Schering AG und Wyeth RE [1985] R.P.C. 545 322
Scholefield Goodman & Sons v. Zygnier [1986] A.C. 562 149
Schröder Music Publishing Co. Ltd. v. Macaulay [1974] 3 All E.R. 616 72
Schuler AG v. Wickman Machine Tools Sales Ltd. [1974] A.C. 235 82
Schwartzkopf's Application [1965] R.P.C. 387 323
Scott v. Brown & Co. [1892] 1 Q.B. 724 71
Scott v. Pilkington (1862) 6 L.T. 21 418
Seager v. Copydex Ltd. (No. 1) [1967] 2 All E.R. 415 .... 361, 362, 363
Segoura/Bonakdarian, Slg. 1976, 1851 f., 1862 f. 383
Selangor United Rubber Estates Ltd. v. Craddock (No. 3) [1968] 1 W.L.R. 1555 ..... 240, 272
Sellers v. London Counties Newspapers Ltd. [1951] 1 All E.R. 544 168
Shanklin Pier Ltd. v. Detel Products Ltd. [1951] 2 K.B. 854 57
Shaw v. Commissioner of Met Police [1987] 1 W.L.R. 1332 99

Shaw v. Groom [1970] 2 Q.B. 504, 523 71
Shell UK Ltd. v. Lostock Garage Ltd. [1977] 1 All E.R. 481 65
Shenavai v. Kreischer, Fall 266/85, [1987] 3 C.M.L.R. 782 .... 379, 401
Shipton Anderson & Co. Ltd. v. Weil Brothers & Co. Ltd. [1912] 1 K.B. 574 .. 103
Shirlaw v. Southern Foundries [1939] 2 K.B. 206 65
Sidebottom v. Kershaw, Leese & Co. [1920] 1 Ch. 154 236
Siemens Flow Measurement 20 I.I.C. 28 321
Sill v. Worswick (1791) 1 H.Bl. 665 410
Siskina (Cargo Owners) v. Distos Cia Naviera SA [1977] 3 All E.R. 803 398
Skinner v. Upshaw (1702) 2 Lord Raymond 752 156
Sky Petroleum v. VIP Petroleum Ltd. [1974] 1 W.L.R. 576; [1974] 1 All E.R. 954   90
Slater v. Hoyle & Smith [1920] 2 K.B. 11 113
Slavenburg's Bank N.V. v. Intercontinental Natural Resources Ltd. [1980] 1 All
    E.R. 955 .... 128, 135
Smith, Hogg & Co. v. Black C. Insurance [1940] A.C. 997 86
Smith Kline & French v. Sterling-Winthrop [1976] R.P.C. 511 342
Smith v. Anderson (1880) 15 Ch.D. 247 293
Smith v. Croft (No. 1) [1986] 1 W.L.R. 580 258
Smith v. Eric S. Bush [1989] 2 All E.R. 514 74
Snelgrove v. Ellringham Colliery Co. (1881) 45 J.P. 408 167
Snelling v. John G. Snelling Ltd. [1973] 1 Q.B. 87 53
Sobell Industries Ltd., v. Cory, Bros. Co. Ltd. [1955] 2 Lloyd's Rep. 82 181
Societe des Industries Mettalurgiques S.A. v. Bronx Engineering Co. Ltd. [1975]
    1 Lloyds Rep. 465 114
Société Nationale Industrielle Aérospatiale v. Lee Kui Jak The Times, June 1, 1987
    (House of Lords) 394
Solomons v. Ross (1764) 1 H. Bl. 131 n. 411
Somafer v. Saar Ferngas [1978] E.C.R. 2183 380
Soolaiman v. Shahsavari [1989] 2 All E.R. 460 112
Southern Foundries v. Shirlaw [1940] A.C. 701 269
Spencer v. Ashworth, Partington & Co. [1925] 1 K.B. 589 253
Spurling v. Bradshaw [1956] 1 W.L.R. 461 64
Spycatcher-Fall: Attorney General v. Guardian Newspapers (No. 2) [1988] 3 All
    E.R. 545 362
Stag Line Ltd. v. Tyne Shiprepair Group Ltd. [1984] 2 Lloyd's Rep. 211 74
Standard Chartered Bank Ltd. v. Walker [1982] 3 All E.R. 938 148
Star Industrial v. Yap [1976] F.S.R. 256 358
State Trading Corporation of India v. M. Golodek Ltd. [1989] 2 Lloyd's Rep. 277 81
Steels & Busks Ltd. v. Bleecker Bik & Co. Ltd. [1956] 1 Lloyd's Rep. 228 104
Steen v. Law [1964] A.C. 287 240
Stevenson, Jordan and Harrison Ltd. v. MacDonald and Evans [1952] I.T.L.R. 101 190
Stevenson v. Wilson [1907] S.C. 445 252
Stewart Gill Ltd. v. Horatio Myer & Co. Ltd. [1992] 2 All E.R. 257 84
Stockloser v. Johnson [1954] 1 Q.B. 476 88
Stringfellow v. McCain Foods [1984] R.P.C. 501 (Court of Appeal) 359
St. John's Shipping v. Joseph Rank Ltd. [1957] 1 Q.B. 267 71

Suisse Atlantique Société d'Armament Maritime v. Rotterdamsche Kolen Centrale
  [1967] 1 A.C. 361 82
Swedish Central Ry. v. Thompson [1925] A.C. 495 426
Syrett v. Egerton [1957] 3 All E.R. 331 127
Systems Floors (UK) Ltd. v. Daniels [1982] I.C.R. 54 190
Systems Reliability Holdings plc. v. Smith [1990] I.R.L.R. 377 192

Tate and Lyle Food and Distribution Ltd. v. Greater London Council [1982] 1
  W.L.R. 149 89
Tatung (UK) Ltd. v. Galex Telesure Ltd. [1989] 5 B.C.C. 325 146
Taubenberg v. Davies Turner & Co. Ltd. [1951] 2 Lloyd's Rep. 462 158
Tavener Rutledge Ltd. v. Trexapalm Ltd. [1977] R.P.C. 275 359
Tay Bok Choon v. Tahansan [1987] B.C.L.C. 472........................... 291
Taylor v. Caldwell (1863) 3 B. & S. 826 .... 79, 80
Teheran-Europa Ltd. v. Belton (Tractors) Ltd. [1968] 2 All E.R. 886; [1968]
  2 Q.B. 454 .... 165, 181
Terrapin Ltd. v. Builders Supply Co. [1967] R.P.C. 375; [1960] R.P.C. 128 (Court
  of Appeal).. 361
Terrapin v. Terranova [1976] F.S.R. 557 350
Tessili v. Dunlop, Fall 12/76, [1976] E.C.R. 1473 379
Tett v. Phoenix Property and Investment Co. Ltd. [1984] B.C.L.C. 599 251
Thai Hing Cotton Mill Ltd. v. Kamsing Knitting Factory [1979] A.C. 91 112
The Arpad [1934] P. 189.. 85
The Atlantic Star [1974] A.C. 436 386
The Baleares [1990] 2 Lloyd's Rep. 130 85
The Elephteria [1969] 2 All E.R. 641 387
The Fehmarn [1957] All E.R. 707 387
The Goring [1988] A.C. 831 164
The Heron II [1969] 1 A.C. 350 86
The Katingaki [1976] 2 Lloyd's Rep. 372 133
The Monarch S.S. Co. [1949] A.C. 196.. 87
The Moorcock (1889) 14 PD 64, 68 65
The Shinjitsu Maru (No. 5) [1985] 1 W.L.R. 1270 87
The Spiliada [1986] 3 All E.R. 843 (House of Lords) 394
The Super Servant Two [1990] 1 Lloyd's Rep. 1 80
The Winston [1982] A.C. 936.. 164
Theakston v. London Trust plc. [1984] B.C.L.C. 390 250
Theno-Impex v. Gebr. Van Weeld Scheepvaartkantoor [1981] 2 W.L.R. 821 89
Thomas Borthwick (Glasgow) Ltd. v. Bunger & Co. Ltd. [1969] 1 Lloyds Rep. 17 102
Thomas Gabriel & Sons v. Churchill and Sim [1914] 3 K.B. 1272............. 167
Thomas Marshall (Exporters) Ltd. v. Guinle [1978] 3 W.L.R. 116............. 273
Thompson v. L. M. & S. Ry. Co. [1930] 1 K.B. 41 64
Tintin Exploration Syndicate v. Sandys (1947) L.T. 412....................... 237
Tradax International S.A. v. Goldschmidt S.A. [1977] 2 Lloyd's Rep. 228...... 104
Transvaal Lands Co. v. New Belgium Co. [1914] 2 Ch. 488 272
Trendtex Trading Corporation v. Crédit Suisse [1982] A.C. 679............... 72

Trevor. Whitworth (1887) 12 App. Cas. 409 .... 238, 239, 240
Tricontinental Corporation Ltd. v. FCT (1987) 5 A.C.L.C. 555 136
Tsakiroglou & Co. Ltd. v. Noblee Thorl GmbH [1962] A.C. 93 80
Turpin v. Bilton (1843) 5 Man. & Cl. 455 162
Turquand's Case (1856) 6 EI Q.B.I. 327 269
Turriff Construction Ltd. v. Regalia Knitting Mills (1971) 222 E.G. 169 53
Tweddle v. Atkinson (1861) 1 B. & S. 393 56

Unidoor v. Marks and Spencer (1988) R.P.C. 275 347
Unilever Ltd. (Striped Toothpast No. 2) TU [1987] R.P.C. 590, 595 342
Unit Construction Co. Ltd. v. Bullock [1960] A.C. 351 231
United States Stell Products Co. v. Great Western Railway Co. [1916] 1 A.C. 189. 133
United Trading Corporation S.A. v. Allied Arab Bank Ltd. [1985] 2 Lloyd's
    Rep. 554 149
Unterweser Reederei GmbH v. Zapata Off Shore Co., The Chapparal [1968] 2
    Lloyd's Rep. 158 (Court of Appeal) 387
Up John's Application [1977] R.P.C. 94 321

Valentine Meat Juice Co. v. Valentine Extract Co. Ltd. (1900) 83 L.T. 259 294
Van der Lely NV v. Watveare Overseas Ltd. [1982] F.S.R. 122 376
Van der Lely v. Bamfords [1963] R.P.C. 61 .... 320, 325
Van Lynn Developments v. Pelais Construction Ltd. [1969] 1 Q.B. 607 150
Varley v. Waipp [1900] 1 Q.B. 513 104
Velchand v. Atherton (1917) 33 T.R.L. 232 (Court of Appeal) 402
Vicom's Application [1987] OJ EPO 14 318
Victoria Laundry Ltd. v. Newman Industries Ltd. [1949] 2 K.B. 528 .... 76, 86
Vita Food Products Inc. v. Unus Shipping Co. [1939] A.C. 277 416
Vitamin Ltd's Application [1956] R.P.C. 1 345
Von Hatzfeldt-Wildenburg v. Alexander [1912] 1 Ch. 284 61

Wadsworth v. Lydell [1981] 1 W.L.R. 598 89
Waite v. Bingley (1882) 21 Ch. D. 674, 682 411
Wakeham v. Mackenzie [1968] 1 W.L.R. 1175 60
Walford v. Miles [1992] 1 All E.R. 453 .... 61, 67
Walker v. London Tramways Co. (1879) 12 Ch.D. 705 236
Walter v. Ashton [1902] 2 Ch. 282 358
Warnink BV v. Townsend and Sons (Hull) Ltd. [1980] R.P.C. 31 .... 356, 357
Waterford T.M. [1984] F.S.R. 390 352
Watteau v. Fenwick [1893] 1 Q.B. 346 164
Watts, Watt & Co. v. Mitsui [1917] A.C. 227 85
Waugh v. Clifford & Sons [1982] 1 All E.R. 1095 164
Webb v. Earle (1875) L.R. 20 Eq. 556 244
Weldmesh T.M. [1965] R.P.C. 590, 595 343
Wertheim v. Chicoutimi Pulp Co. Ltd. [1911] A.C. 301 .... 85, 112
Westminster Bank Ltd. v. Cond (1940) 46 Com. Cas. 60 147
Wheatley v. Bell [1984] F.S.R. 169 362

Wheatley v. Silkstone & Haigh Moor Coal Co. (1885) 29. Ch. D. 715 137
Whicker v. Hume, 7 H.L. Cas. 124 .... 378, 388
Whitbread & Co. Ltd. v. Watt [1902] 1 Ch. 835 134
White and Carter (Councils) Ltd. v. McGregor [1962] A.C. 413 76
White v. Millin [1895] A.C. 154 360
Whittingstall v. King (1882) 46 L.T. 520 127
Wilensko Slaski Towarzystwo Drewno v. Fenwick & Co. Ltd. [1938] 3 All E.R. 429 103
Wilhelm v. Bundeskartellamt [1969] C.M.L.R. 100 366
Williams v. Watsons Luxury Coaches Ltd. [1990] I.C.R. 536 194
Wilson v. Best Travel Ltd. [1993] All E.R. 353 65
Wilson v. Harper, Son & Co. [1908] 2 Ch. 370 168
Wilts United Dairy v. Robinson [1957] R.P.C. 220 360
Windsurfing International v. Tabur Marine [1985] R.P.C. 59 321
Winn v. Bull (1877) 7 CH.D. 29 .... 54, 62
Wombles v. Womble Skips [1977] R.P.C. 99 359
Wood v. Roberts (1818) 2 Stark. 417 58
Workman Clarke & Co. Ltd. v. Lloyd Brazileno [1908] 1 K.B. 968 110
Worthington Pumping v. Moore [1903] R.P.C. 41 328
Wulff v. Jay (1872) L.R. 7 Q.B. 14 148
Wynes v. Southrepps Hall Broiler Farm Ltd. [1968] I.T.R. 407 201
W. E. Marshall & Co. v. Peat (Rubber) Ltd. [1963] 1 Lloyds Rep. 562 111
W. J. Alan & Co. Ltd. v. El Nasr Export & Import Co. [1972] 2 Q.B. 179; [1972] 2 All E.R. 127 .... 107, 108
W.L.R. Traders Ltd. v. B & N Shipping Agency Ltd. [1955] 1 Lloyd's Rep. 554   158

Yewens v. Noakes [1880] Q.B.D. 530 190
York Trailer Holdings Ltd. v. Reg. of Trade Marks [1982] 1 All E.R. 257 352
Yorkshire Copper Works Application (1954) 70 R.P.C. 1 352
Young v. Ladies' Imperial Club [1920] 2 K.B. 523 265
Young v. Lambert (1870) L.R. 3 P.C. 142 131
Young & Woods Ltd. v. West [1980] I.R.L.R. 201 189
Yungmann v. Briesemann (1892) 67 L.T. 642 131

Sachregister

(Die Zahlen beziehen sich auf die Randnummern)

Abtretung von Forderungen 375 ff.
- equitable assignment 376
- legal assignment 376
- im internationalen Privatrecht 1160

Abwicklung von companies 777 ff.
  s. a. Insolvenz
- Arbeitnehmer 783
- bona vacantia 785
- contributories 782, 783
- creditors' voluntary winding up 780
- declaration of solvency 780
- freiwillige 779 f.
- gesetzliche Mahnung 781
- Gläubigerversammlung 780
- just and equitable 782
- liquidation 777
- members' voluntary winding up 780
- official receiver 783 f.
- Prüfungskommission 780
- statutory demand 781
- Überschuldung 781
- winding up 777
- winding up by the court 780
- Zahlungsunfähigkeit 781
- Zwangsabwicklung 779 f.
- Zwangsabwicklung, Folgen 783
- Zwangsvollstreckung 781

Accounts 745 ff.
- annual return 751
- audit committee 716
- auditors 752, 755 ff.
- auditors' report 750
- balance sheet 746
- Bezüge der Direktoren 750
- Bilanzposten 750
- Buchführung 745
- dormant companies 753
- Geschäftsbericht der Direktoren 750
- Hauptversammlung 746
- Inhalt 747
- Jahresabschluß 747

- Jahresabschluß, Prüfung 752 ff.
- konsolidierter Abschluß 747
- Konsolidierungsbestimmungen 747
- Konzernabschlüsse 759, 761
- medium-sized companies 749
- Mindestvoraussetzungen 748
- profit and loss account 746
- Registrator 746, 751
- small companies 749
- statements of standard accounting practice 748
- stille Reserven 750
- subsidiary undertakings 747, 759
- summary financial statements 749
- true and fair view 745, 747

Advisory, Conciliation and Arbitration Service (ACAS) 524, 538

Agency 400 ff.
- actual authority 410
- agency agreement 404
- Außenverhältnis 410 ff.
- estate agent 408, 468
- express authority 410
- general agent 410
- Innenverhältnis 406 ff.
- Interessenkonflikt 409
- Pflichten des agents 406 ff.
- undisclosed agency 413 ff.

Agreement in principle only 69

Agreement to negotiate 88

Agricultural Wages Board 537

Ägypten 1214

Alderney 1300

Allgemeine Geschäftsbedingungen 95, 1041
- Auslegung 97, 101
- Einbeziehung 97
- FIDIC-Bedingungen 96
- general terms and conditions 96
- Gerichtsstandsvereinbarungen 1041
- Inhaltskontrolle 97
- standard form contracts 96

515

Sachregister

- standard forms of building contracts 96

Altersversorgung 513, 518, 519

Anerkennung und Vollstreckung ausländischer Urteile 1094
- Anerkennung von Urteilen nach dem EuGVÜ 1095
- nach dem bilateralen Abkommen von 1960 1098
- Vollstreckung von Urteilen nach dem EuGVÜ 1097

Anfechtung von Verträgen 119
- Beeinflussung, unangemessene 119
- Betrug 119
- Täuschung 119

Annual General Meeting s. Hauptversammlung

Anschwärzung 984
- Anpreisungen 985
- disparagement 984
- injurious falsehood 984, 986
- libel 986
- malicious falsehood 984
- puffs 985
- Schädigungsabsicht 985
- slander 986
- slander of goods 984
- trade libel 984
- Werbung, vergleichende 985

Anteile 641 ff., 650 ff.
- at a discount 641
- at a premium 642
- Ausgabe 658
- bearer shares 656
- Bezugsrecht 659
- Börsenhandel 664
- choses in action 651
- classes of shares 653
- deferred shares 655
- equitable mortgage 308
- forfeiture 651
- Gattungen 650, 653
- legal mortgage 308
- Mehrfachstimmrechte 653
- Nachschußpflicht 651
- non-cumulative shares 654
- Optionsscheine 658
- ordinary shares 654, 656
- preference shares 654

- private companies 577, 579, 661
- public companies 650, 660, 661
- Rechtsnatur 650
- redeemable preference shares 655
- registered shares 657
- relevant securities 658
- rights issue 658
- share certificate 657
- share premium account 642
- share warrant 656
- Stempelsteuer 656, 673
- stock 652
- transfer s. Übertragung von Anteilen
- Vorzugsanteile 654
- Wandelschuldverschreibungen 658
- Zwangserwerb von Aktien 774

Anti-suit injunctions 1087

Anton Piller Order 1109

Apparent authority
- agency 410
- directors 719
- partners 799

Arbeitnehmererfindungen 886
- Abtretung 886
- Entschädigungsanspruch 888
- Führungsposition 886
- Treuepflicht 886
- Vermutung 886
- Vertragsfreiheit 886

Arbeitnehmermitbestimmung 549 ff., 737 ff.
- Bullock-Report 552, 738
- fünfte Richtlinie 552, 739
- shop stewards 550, 737

Arbeitnehmerschutz 491, 503 ff.
- Abzüge vom Gehalt 504
- Altersversorgung 513
- Arbeitszeit 505
- Benachteiligung 512
- closed shop 514 ff.
- Diskriminierungsverbote 512
- Gesundheit 505
- Gewerkschaftsfunktionäre 510
- Gleichbehandlung von Männern und Frauen 512, 513
- Krankengeld, gesetzliches 508
- Lohnfortzahlung bei Krankheit 507
- Lohngarantie 506
- Mutterschaftsgeld 509

- Mutterschaftsurlaub 509
- Mutterschutz 509
- pre-entry closed shop 516
- Sozialversicherung 508, 519
- statutory sick pay 507
- unfair dismissal s. Kündigungsschutz

Arbeitsgerichte s. Industrial Tribunals

Arbeitskampfmaßnahmen 542
- Anspruchsgrundlagen, deliktische 542
- economic torts 542
- Geschichte 542
- Haftung, deliktische 543
- Immunität 487, 488, 542, 544
- secondary actions 545
- secret postal ballot 544
- Streikposten 546
- Streikrecht 542
- trade dispute 543
- Trade Disputes Act 1906 542

Arbeitsrecht 480 ff.
- closed shop 488
- Geschichte 482 f.
- Immunitäten der Gewerkschaften 487, 488, 542, 544
- Individualarbeitsrecht 491 ff.
- kollektives 534 ff.
- Quellen 480, 490
- Richtlinien der Europäischen Union 489
- secondary picketing 488
- Tarifverträge 484, 534 ff.
- und Politik 486 ff.

Arbeitsvermittlung 517

Arbeitsvertrag 491 ff.
- Abgrenzungsmerkmale 492
- Auslegung 492
- Begriff 491
- collective agreements 496
- contract of employment 491
- contract of service 491
- control test 493
- doctrine of implied terms 496
- employee 491
- Form 494
- Garden-leave-Klauseln 501
- Geschäftsgeheimnisse 498 f.
- independent contractor 491

- Inhalt 495
- multiple test 493
- organisation test 493
- restraint of trade clauses 500
- Schedule D 491
- Schedule E 491
- trade secrets 498 f., 990
- Treuepflicht des Arbeitnehmers 496
- Vergütung 502
- Verpflichtung des Arbeitgebers 497
- Vertragsfreiheit 495, 501
- Voraussetzungen 492
- Werkvertrag 491
- Wirksamkeit 494
- Zeugnis 502

Arrest 1100 ff.
- Anton Piller Order 1109
- Arrest, dinglicher 1101
- Arrest, persönlicher 1108
- Mareva Injunction 1101 ff., 1108
- writ ne exeat regno 1108

Articles of Association 589, 603, 630 ff.
- accounting 603
- Änderung 632
- appointment, rights and obligations of directors and secretary 603
- Auslegung 603
- board meetings 603
- classes of shares 603, 632
- dissolution 603
- dividends 603
- increases and reductions of capital 603
- Innenverhältnis 603
- Mustersatzung 603, 630
- procedure of AGMs 603
- proxies 603
- public company 603
- reserves 603
- share capital 603
- Table A 589, 630
- transfer of shares 603
- Vertrag, bindender 604, 630
- voting rights 603

Auditors s. Rechnungsprüfer

Auflösung von companies 777
- bona vacantia 785

Sachregister

- dissolution 777
- Register 785

Aufrechnung 162 ff.
- Aufrechnungsausschlüsse 164
- Aufrechnungsverträge 165
- Insolvenz 165
- liquidated claims 163
- Prozeßrechnung 165
- unliquidated claims 163

Auslegung 36, 110 ff.
- Beweisrecht 111
- contra proferentem rule 115
- ejusdem generis rule 115
- extrinsic evidence 111
- geschichtliche 114
- grammatikalische 37
- Lücken 38
- Materialien 37
- parol evidence 111
- plain meaning rule 113
- wörtliche 37
- Zweck 38

Australien 1226 ff.
- Barrister 1242
- Gerichtsaufbau 1241
- Geschmacksmusterrecht 1238
- Gewerblicher Rechtsschutz 1235
- internationales Privatrecht 1240
- Kapitalgesellschaften 1232
- Patentrecht 1235
- Solicitor 1242
- Stellvertretung, handelsrechtliche 1231
- Urheberrecht 1239
- Warenzeichenrecht 1236
- Zivil- und Handelsrecht 1228

Bahamas 1244 f.
- Kapitalgesellschaften 1246
- Vertragsrecht 1245

Bankenaufsicht 290 f.
- authorised institutions 290
- Bank of England 291, 293 f.
- Eigenkapital 291
- Liquidität 291
- Statement of Principles 291
- Zulassung von Banken 290

Bankenorganisation 284 ff.
- Baufinanzierungskredite 285
- building societies 285, 288
- clearing banks 285
- commercial und retail banking 284
- deposit takers 284
- Depositenbanken 184, 284, 285
- Einlagengeschäft 285
- investment banks 284
- Kreditinstitute, ausländische 284
- merchant banks 286
- retail banks 285

Bermudas 1248 ff.
- Gerichtsaufbau 1257
- Kapitalgesellschaften 1256
- Stellvertretung 1254
- Vertragsrecht 1254
- Warenkauf 1254
- Zivil- und Handelsrecht 1249

Barristers 1074 ff.

Best endeavours 88

Beweiserhebung 1092
- Anwendung ausländischen Rechts 1093
- letter of request 1092
- pre-trial discovery 1092

Big Bang 288, 663

Bindungskraft 30

Bindungswillen 59

Breach of contract 136 f.

Broker 465 f.
- estate agent 468
- Makler 465
- Vertreter 465
- Warenbörse 467
- Wertpapierbörse 467

Bürgschaft 73, 364 ff., 1158
- akzessorisch 366
- Anfordern, erstes (schriftliches) 374
- Ausfallbürge 372
- Begriff 365
- continuing guarantee 367
- Freistellungsanspruch 369
- Höchstbetrag 368
- Inhalt 366
- Mitbürge 372
- performance bonds 373
- performance guarantees 373
- Schutzklauseln 371
- subrogation 369

- Teil der Forderung 368
- Urkunde 365
- Verwertung 370

Cadbury Report 715 f.
Case law 25
Cayman-Inseln 1258
Chamber of Commerce 43
Chattel Mortgage 306 ff.
- Begriff 306
- Bestellung 307
- bewegliche Sachen 307
- charge 308
- equitable mortgage 308
- Gegenstände, nichtkörperliche 307
- legal mortgage 308
- Registrierung 311
- right of redemption 306
- Rückübertragung 316

City Code on Takeovers and Mergers 43, 561, 582, 771
Civil law 27
Close company 765
Codifying statutes 35
Collateral contracts 78
Commercial Court 17, 1224
Common law 24, 36, 45, 71, 84, 102, 104, 109
Commonwealth 1261
- Antigua and Barbuda 1263
- Australia 1263
- Bahamas 1263
- Bangladesh 1263
- Barbados 1263
- Belize 1263
- Botswana 1263
- Brunei 1263
- Canada 1263
- Cyprus 1263
- Dominica 1263
- Gambia 1263
- Ghana 1263
- Grenada 1263
- Guyana 1263
- India 1263
- Jamaica 1263
- Kenya 1263
- Kiribati 1263
- Lesotho 1263
- Malawi 1263
- Malaysia 1263
- Maledives 1263
- Malta 1263
- Mauritius 1263
- Namibia 1263
- Nauru 1263
- New Zealand 1263
- Nigeria 1263
- Pakistan 1263
- Papua New Guinea 1263
- Seychelles 1263
- Sierra Leone 1263
- Singapore 1263
- Solomon Islands 1263
- Sri Lanka 1263
- St. Christopher and Nevis 1263
- St. Lucia 1263
- St. Vincent and the Grenadines 1263
- Swaziland 1263
- Tanzania 1263
- Tonga 1263
- Trinidad and Tobago 1263
- Tuvalu 1263
- Uganda 1263
- Vanuatu 1263
- Western Samoa 1263
- Zambia 1263
- Zimbabwe 1263

Company charges 312, 342
- fixed charge 692
- floating charge 331 ff., 692
- Rangfolge 344
- Registrierung 343

Company limited by guarantee 572
- Sportvereine 572
- Unternehmens-Unfallversicherungen 572
- Versicherungsvereine 572

Company limited by shares 572

Confirming Houses 469 f.
- export houses 472
- Haftung 470
- Pflichten 471
- Stellvertretungsvertrag 470
- undisclosed principal 471
- Zurückbehaltungsrecht 471

Sachregister

Conquered or ceded colonies 1213
Consideration 71, 80, 600, 641, 829, 1158, 1160, 1229, 1330, 1346
s. a. Gegenleistung
Contempt of court 1111
Contract 60
Contract of employment s. Arbeitsvertrag
Counter claim 162
Court of Appeal 28
Corporation tax 571, 573
Credit brokers 283
Credit reference agencies 283
Cross examination 93

Damages s. Schadensersatz
Debentures s. Schuldverschreibungen
Debt collectors 283
Debt counsellors 283
Deliktsrecht 61
Dependencies 1264
- Anguilla 1265
- Bermuda 1265
- British Antarctic Territory 1265
- Cayman Islands 1265
- Ducie and Oeno 1265
- Falkland Islands 1265
- Gibraltar 1265
- Henderson 1265
- Hong Kong 1265
- Montserrat 1265
- Pitcairn 1265
- South Georgia and South Sandwich Islands 1265
- Sovereign Base Areas of Akrotiri and Dhekalia 1265
- St Helena and its Dependencies 1265
- Turks and Caicos Islands 1265
- Virgin Islands 1265
Devisenkontrolle 302
Dienstvertrag 207
Directors 712 ff.
- Abberufung 720, 724
- agents 558, 726
- Altersbegrenzung 578, 720
- Anstellungsvertrag 732
- audit committee 716
- Befugnisse 712
- Bezüge 732
- board of directors 212, 712 f.
- Cadbury Report 715 f.
- Code of Best Practice 715
- Darlehen 733
- Disqualifizierung 721
- Entlastung 731
- Ernennung 720, 722
- Ersatzansprüche 731
- Ersatzpflichten 730
- executive directors 714
- fiduciary duty 728
- fraudulent trading 721
- Freistellung 730
- Gesamtvertretung 719
- geschäftsführender Direktor 714
- golden handshakes 732
- Haftung 731
- honoriges Handeln 733
- Interessenkonflikt 728
- juristische Personen 763
- managing director 714, 718, 725
- minimum number 720
- Musterkodex über den Handel mit Wertpapieren 677
- non-executive directors 714
- Offenbarungspflichten 733
- Offenlegung von Interessen 728
- professional indemnity insurance 730
- quasi-trustee 726
- Quorum 717
- Rechtsstellung 558, 725
- Rechtsstellung des board 717, 719
- remuneration committee 716
- Schadensersatzansprüche 718
- shadow director 722, 763
- share qualification 723
- Sorgfaltspflicht 725, 730
- Transactions with related parties 734
- Treuepflicht 644, 728 f.
- Treuhänder 726
- trustees 558, 726
- Turquand-Fall 719
- undischarged bankrupt 721
- unitary system 564, 714

- Verantwortlichkeit 725
- Verantwortung 730
- Verhaltenskodex 715
- Vertreter 726
- Vertretung 717
- Vorstandsmitglied 725
- Vorstand/Aufsichtsrat 714
- Wettbewerbsverbot 729
- written resolution 717
- wrongful trading 721

Discharge of contract 141
Discovery of documents 26, 1081
Diskontgeschäft 300
Dissenting opinion 28
Distinguishing 29
Dividende 646f.
- aus Gewinnen 646
- Bestimmungen 647
- bonus shares 646
- Gewinne, kumulative und realisierte 647
- Gewinne, thesaurierte 646
- profits available for distribution 647

Doctrine of continuance 1216
Doctrine of part performance 86, 149
Doctrine of stare decisis 30
Dokumentenakkreditive 301
- advising bank 301
- correspondent bank 301
- irrevocable letter of credit 301
- issuing bank 301

Eigenhändler 473ff.
- Alleinvertriebsvereinbarungen 475
- Ausgleichsanspruch 477
- dealer 473
- distributor 473
- kartellrechtliche Kontrollen 475
- Preisbindungen der zweiten Hand 475
- Rahmenvertrag 474
- restraint of trade 475

Eigentumsübertragung 212ff., 1167
Eigentumsvorbehalt 353ff.
- einfacher 354
- erweiterter 360
- Hintergrund 353
- Konzernvorbehalt 360

- Verarbeitungsvorbehalt 363
- verlängerter 361

Eisenbahnfrachtvertrag 389
- Monopol 389
- Railway Board's Conditions of Carriage 389

England 1222ff.
Enzyklopädien 56
Equity 26, 36, 77, 109, 128, 162
Erfüllung 146
- Erfüllungsort 146, 1113, 1158
- Erfüllungszeit 146
- Teilleistung 149

Erfüllungsverlangen 189
- Gattungssachen 190
- richterliches Ermessen 190

Erlöschen 141
- Aufrechnung 144
- discharge by breach 142
- Erfüllung 142
- frustration 142
- Hinterlegung 145

Erwerb eigener Aktien 643
- capital redemption reserve 643
- Market-Erwerb 643
- Off-market-Erwerb 643
- private company 643

Erwerb, gutgläubiger 218f., 1166
Estoppel 81, 109, 657, 1231
- promissory 81
- proprietary 81

EuGVÜ 1010, 1917
- allgemeine Geschäftsbedingungen 1041
- Anwendungsbereich, sachlicher 1018
- Arbeitnehmer 1036
- Arbeitsverträge 1026, 1036
- Bestätigungsschreiben, kaufmännisches 1044
- domicile 1019
- domicile nach common law 1020
- domicile nach EuGVÜ für Gesellschaften 1021
- domicile nach EuGVÜ für natürliche Personen 1019
- domicile of choice 1020
- domicile of origin 1020
- Erfüllungsort 1023ff.

Sachregister

- Formerfordernisse 1050
- Gerichtsstand, allgemeiner (Art 2) 1019
- Gerichtsstände, ausschließliche 1031
- Gerichtsstände, besondere (Art 5) 1022
- Gerichtsstandsvereinbarungen (Art 17, 18) 1032
- Gewährleistungs- und Interventionsklagen 1029
- Handelsbrauch 1040
- Klagehäufung, subjektive 1029
- residence 1019
- Schadensersatzklagen im Zusammenhang mit Strafverfahren 1029
- Trustbedingungen 1050
- trusts 1029
- unerlaubte Handlung 1027
- Versicherungs- und Verbrauchergerichtsstände (Art 7–15) 1030
- Versicherungs- und Verbrauchersachen 1035
- Widerklagen 1029
- Wohnsitz 1019
- Zahlung von Berge- und Hilfslohn 1029
- Zweigniederlassung 1028

Europäische wirtschaftliche Interessenvereinigung (EWIV) 566

Exchange control 302

Export credit guarantees 381

Export houses 283

Factor 283, 402, 461
- Gutglaubensschutz 462
- Handelsvertreter mit Abschlußvollmacht oder mit Konsignationslager 461
- Handelsvertreterrecht, neues 463
- Vorentwurf 459

Factoring 379

Fallrecht 6, 24

Financial assistance s. Finanzielle Unterstützung

Finanzielle Unterstützung 580, 644
- Arbeitnehmerbeteiligung 644
- bonus shares 645
- Darlehen 644
- Dividendenausschüttung 645

- nebensächliche 644
- private company 644
- reduction of capital 645
- statutory declaration 644
- whitewash procedure 644

Firma 607 ff.
- Änderung 608 f.
- business names 612
- certificate of incorporation on change of name 609
- Firmenbriefköpfe 608
- Geschäftsbriefe 611
- limited 608
- Namensregister 608
- Offenlegungspflichten 611 f.
- passing-off 609, 793, 981
- private company 610
- private company limited by guarantee 610
- public limited company 608, 610
- Rechnungen 611
- Register 607
- special resolution 609
- unerwünschte 607
- unzulässige Bezeichnungen 607
- walisische companies 610

Fixed charge 339, 692

Floating charge 331 ff., 346, 571, 692, 845, 847
- automatic crystallisation clauses 340
- Befriedigung 341
- Begriff 331
- Bestellung 331
- defeasance clauses 338
- Durchsetzbarkeit 343
- equitable charges 333
- Haftungsfond 331
- Konkretisierung 339
- negative pledge 337
- Rangfolge 344
- Registrierung 342
- Rückfallklauseln 338
- Verfügungsbefugnis 335
- Vorzugsrecht 345

Forderungsabtretung 375 f.
- equitable assignment 376
- legal assignment 376

Frachtgeschäft 385
- Lizenzsystem 385

(Floating charge)
- Qualifikationen des Frachtführers 385
- Sondergenehmigung 385

Frachtvertrag 389 f.

Franchising 478
- Anweisungen des Franchisegebers 478
- Gewerbliche Schutzrechte 478
- Gruppenimage, einheitliches 478
- Vertriebssystem 478

Frustration 150 f., 854, 1158
- Alles-oder-Nichts-Haltung 156
- Anpassung der gegenseitigen Leistungen 156
- Leistung, verzögerte 155
- Unmöglichkeit, rechtliche 150
- Unmöglichkeit, tatsächliche 150
- Wegfall der Geschäftsgrundlage 150

Fundstellen 46

Gambia 1307

Gebrauchsmuster 857

Gefahrübergang 227, 1167

Gegenleistung 71, 80, 600, 641, 829, 1158, 1160, 1229, 1322
  s. a. consideration
- executed consideration 73
- moral consideration 72
- past consideration 72, 80, 600, 641, 1322
- symbolische Leistungen 72
- under seal 71
- Unterbewertungen 72
- variation 80
- Verzicht 81
- waiver 81

Gegenstand 618
- main objects rule 619
- Schutz Dritter 618
- ultra vires 618 ff.

Geheimnisschutz 987
- Ansehensminderung 991
- Arbeitgeber 498 f., 990
- Arbeitnehmer 498 f., 990
- Ausbeutungs- und Behinderungswettbewerb 987
- Ausspähen und Verrat von Betriebs- und Geschäftsgeheimnissen 987
- confidential information 987
- Geheimnisverrat 987
- Geschäftsgeheimnisse 989
- Geschäftsgeheimnisse im engeren Sinne 990
- Ideen 988
- Irrtum über die Vertraulichkeit 991
- obligation of confidence 987
- quality of confidence 987
- Schaden 991
- Sprungbretttheorie (springboard doctrine) 988

Geisteskrankheit 70

Gentlemen's agreement 67

Gerichtsbarkeit, konkurrierende 1069
- advice on evidence 1071
- discovery 1071
- Doppelzuständigkeit 1083
- Einrede der Rechtshängigkeit 1084
- forum non conveniens doctrine 1083 ff.
- forum shopping 1069
- materielles Recht 1070
- natural forum 1084
- Prozeßkosten 1078
- stay of proceedings 1084
- Verfahrensdauer 1078
- Verfahrensrecht 1071
- Wahl des günstigsten Gerichtsstandes 1069

Geschäftsführung ohne Auftrag 412

Geschmacksmuster 901
- Comptroller of patents, designs and Trade Marks 906
- derogation from grant 902
- eingetragenes 901, 903 f.
- eye appeal 910
- funktionelle 910
- Geschmacksmusterurheberschutz für Autoersatzteile 902
- individuelle 909
- Konstruktionsprinzipien 904
- licence of right 911
- Lizenz 911
- must fit designs 910
- must match designs 910
- Neuheit 905
- nicht eingetragenes 903, 909

Sachregister

- original design 909, 911
- Schöpfungshöhe 911
- Schutzdauer 907, 911
- Urheberrechtsschutz 903, 912
- Zeichnung 902
- Zwangslizenz 908

Gesellschaftsrecht 7, 554 ff.
- europäische Richtlinien 563 f.
- Insel Man 559, 1304
- internationales 1184
- Kanalinseln 559, 1304
- Nordirland 559, 1319
- Quellen 557, 561 f.
- Schottland 559, 1333

Gesetzessammlungen 51

Gesetzgebung 35 ff.

Gewerblicher Rechtsschutz 855 ff.

Gewohnheitsrecht 45

Ghana 1307

Gründung einer company 588 ff.
- Bareinlagen 592
- Bekanntmachung 590 f.
- certificate of incorporation 588
- company formation agents 596
- Dauer 595
- Eintragungsnummer 595
- faktische Gesellschaft 594
- Gesellschaftssiegel 569, 592
- Gewerbebescheinigung 591, 597
- Gründer 590
- Gründungsbescheinigung 588
- Gründungsdatum 593
- Gründungsgebühr 589
- Gründungsvoraussetzungen 589
- Kapital, gezeichnetes 591
- Mindestkapital 576, 591, 596, 638, 639
- preliminary expenses 591, 592
- private company 591
- promoters 589, 599, 600
- public company 591
- registrar of companies 590
- Registrierungskosten 592
- Sacheinlagen 592
- Schnellverfahren 595
- Schubladengesellschaft 596
- shelf company 596
- statutory declaration 591
- subscribers 599, 658

- Unterlagen 589
- unwirksame 594

Guarantee 364 ff.; s. a. Bürgschaft

Guernsey 1300

Haftungsausschluß 247

Haftungsbeschränkungen 127
- absolutes Klauselverbot 131
- Angemessenheit 127
- companies
- - Durchgriffshaftung 626 ff.
- - fraudulent trading 627
- - für Gesellschafter 625
- - lifting the veil of incorporation 625, 626
- Geltungsbereich 134
- geschäftlicher Bereich 131
- Inhaltskontrolle 128
- Klauselverbot, relatives 131
- Personenschaden 131
- Sach- und Vermögensschaden 131
- Verbraucher 131

Handels- und Wirtschaftsrecht 24
- Quellen 24

Handelsbrauch 44, 520
- Beweismittel 44
- Incoterms 44

Handelsfirma 14

Handelsgeschäfte 58

Handelsgesetzbuch 14

Handelskollisionsrecht 9

Handelsrecht 7, 13 ff., 200
- Begriff 13
- Commercial Law 13
- Law Merchant 13
- lex mercatoria 13
- Mercantile Law 13
- Sonderrecht für Kaufleute 13, 58, 200
- Sonderregelung, kaufmännische 59

Handelsregister 14

Handelssachen 17

Handelsvertreter 33, 418 ff., 438, 1115
- Abrechnung 445
- Anspruchskonkurrenz 450
- Aufwendungsersatz 426
- Ausgleich 425
- Ausgleichsanspruch 421, 428 ff.
- Ausschließlichkeit 422

- Beendigung des Vertragsverhältnisses 425
- Begriffe 435
- Berufsbild 420
- Bezirk 440
- Delkredere-Haftung 423
- Dienstleistungsvertreter 434
- Doppelzahlungen 442
- Eigenhändler 420
- Entschädigung 425, 448, 451, 452
- Form 446
- Geltungsbereich 431
- Handelsvertreterrecht, Gesamtentwurf 457
- Kundenkreis 440
- Kündigung 447
- Laufzeit des Vertrages 440, 447
- Mindestkündigungsfristen 421
- Mischvertreter 434
- nebenberuflicher 433
- Pflichten 436
- Provisionsanspruch 424, 439, 443, 444
- Rangfolge 449
- Recht, neues 431
- Recht, zwingendes 438
- Rückwirkung 432
- Schadensersatz 448 ff.
- Schadensminderungspflichten 451
- Tod 455
- Übergangsvorschriften für Altverträge 432
- Unternehmerpflichten 437
- Vertretungsmacht 423
- Warenvertreter 434
- Wettbewerbsabreden 456
- Zurückbehaltungsrecht 427

Hauptversammlung 698
- Abhaltung 702
- annual general meeting 700
- Berichte der Direktoren 705
- Beschlußfähigkeit 707
- Bevollmächtigte 708
- Bilanzen 705
- Buchführung 705
- Direktoren 699
- Dividendenzahlungen 705
- Einberufung 700, 702
- Einberufungsfrist 703
- Einladung 705
- elective resolution 700
- extraordinary general meeting 701
- extraordinary resolution 709
- Hilfsmittel, audiovisuelle 704
- Kompetenzabgrenzung zum board of directors 699
- Ladungsfrist 703
- ordinary business 705
- ordinary resolution 709
- poll 708
- Protokolle 710
- proxy 708
- public companies 705
- Rechnungsprüfer 699
- show of hands 708
- special business 705
- special resolution 703
- Wirtschaftsprüfer 705
- written resolutions 711
- Zuständigkeit 699
- Zustellungsadresse 704

Heads of agreement 68
High Court 17, 28
Holding company s. Mutter- und Tochtergesellschaft
Hong Kong 1269
- Gerichtsaufbau 1276
- Gewerblicher Rechtsschutz 1273
- Kapitalgesellschaften 1272
- Urheberrecht 1275
- Vertragsrecht 1271
- Warenzeichen 1274
- Zivil- und Handelsrecht 1270
House of Lords 28
Hypothecation 329

Illegality 121 ff.
Implied terms 105 f., 151, 496, 507, 536, 1230
- business efficacy 105
- bystander-Test 105
- course of dealings 107
- terms implied in fact or in law 105
- trade usages 107
Indien 1278 ff.
- Geschmacksmusterrecht 1283
- Gewerblicher Rechtsschutz 1283
- internationales Privatrecht 1284

Sachregister

- Kapitalgesellschaften 1282
- Patentrecht 1283
- Urheberrecht 1283
- Warenzeichenrecht 1283
- Zivil- und Handelsrecht 1280

Industrial Tribunals 531
- Anwaltszwang 531
- Berufung 531
- Employment Appeal Tribunal 531
- Kosten 533
- Rechtsmittelinstanzen 532
- Zuständigkeit 531

Industrie- und Handelskammer 43

Insel Man 1300 ff.

Insidergeschäfte 676 ff.
- acting in concert 679
- dealing offence 680
- debentures 677
- Insiderinformation 680 f.
- Mitteilungspflicht 679
- Offenbarungspflichten 676, 679
- Optionsrecht 677
- Part V Criminal Justice Act 1993 680
- price-affected 680
- public company 679
- Register 677
- regulated market 680 f.
- securities 676
- strafrechtliche Maßnahmen 676
- tipping offence 680
- Unrechtstatbestände 680
- Vermögensvorteil 681

Insolvenz 815 ff.
- administration 818, 842 f.
- administrative receiver 849, 851
- administrative receivership 847 f.
- after-acquired property 830
- bankruptcy order 830
- Cork Committee 817
- debentures 847
- der companies 837 ff., 1140
- - Abwicklung 839
- - administration 837, 842 f.
- - administration order 844
- - administrative receiver 844
- - administrator 841, 844 f.
- - ausländische 1142
- - company voluntary arrangements 840
- - Direktoren 845 f.
- - floating charge 845
- - Gerichte, zuständige 838, 1140
- - insolvency practitioner 840, 844
- - liquidator 841
- - official receiver 783, 784
- - petition 843
- - preferences 345
- - Quellen 837
- - receiver 843
- - scheme of arrangement 840 f.
- - winding up 839
- der natürlichen Personen 820
- - adjudication 826
- - administration order 825
- - bankruptcy order 829
- - bankruptcy petition 827 f.
- - commencement of bankruptcy 829
- - compromise 822
- - Deeds of Arrangement Act 1914 824
- - doctrine of relation back 826
- - doctrine of reputed ownership 826
- - Geisteskranke 820
- - Gerichte, zuständige 820
- - Gläubigerversammlung 823
- - individual voluntary arrangements 822
- - insolvency practitioner 823
- - Kaufleute 820
- - Konkursgründe 826
- - Mahnung, gesetzliche 828
- - Minderjährige 820
- - official receiver 822, 829
- - partnerships 820
- - receiving order 826
- - scheme of arrangement 822
- - statement of affairs 823, 829
- - statutory demand 828
- - supervisor 823
- - trustee in bankruptcy 829
- - undischarged bankrupt 829
- - voluntary arrangement 827
- - Zahlungsunfähigkeit 827
- doctrine of reputed ownership 830
- Eigentumsvorbehalt 830
- floating charges 847 f.
- Forderungen, nachrangige 834

Sachregister

- fraudulent preferences 830
- fraudulent trading 815
- inability to pay debts 815
- Konkursmasse 830
- Legaldefinition 815
- limited partnership 836
- liquidator 851
- LPA receiver 847
- mutual dealings 835
- partnership 836
- proof of debts 832
- Quellen 819
- Rangfolge 833
- receiver, Rechtsstellung 853
- set off 162, 835
- transactions at an undervalue 830
- Überschuldung 815
- Verrechnung 835
- voluntary arrangement 818
- wrongful trading 815
- Zahlungsunfähigkeit 815

Internationales englisches Prozeßrecht 1016

Internationales Konkursrecht 1127 ff.
- Abwicklung insolventer Gesellschaften 1140
- Anwendung englischen Rechts 1136
- Auslandsvermögen 1135
- Befreiung von einer Schuld 1137
- discharge 1137
- Konkursverfahren, ausländische 1138
- Konkursverwalter 1135
- Wirkung der Eröffnung des Konkursverfahrens 1135
- Zuständigkeit englischer Gerichte 1128

Internationales Privatrecht 1143 ff.
- Abschlußort 1157
- Abtretung 1160
- agent 1180
- Arbeitsort 1174
- Arbeitsrecht 1174
- Belegenheit 1157
- Belegenheitsort 1165
- Bestätigungsschreiben 1155
- charakteristische Leistung 1152
- Charterverträge 1154
- closest and most real connection 1156
- common law 1155
- conflict of laws 1145
- conspiracy 1171
- domicile, companies 1184, 1186
- economic torts 1171
- EG-Schuldvertragsübereinkunft 1150
- Eigentumsverhältnisse 1165
- Eigentumsvorbehalt 1165
- Einschüchterung 1171
- Erfüllungsort 1157
- express choice of law clause 1155
- Formvorschriften 1158
- Fremdenrecht 1147, 1190
- Gefahrübergang 1167
- Geschäftssitz 1190
- Gesellschaftstatut 1184
- Gewerblicher Rechtsschutz 1197
- Grundstück 1154
- Gründungsort 1184
- Güterbeförderungsverträge 1154
- gutgläubiger Erwerb 1166
- Handelsvertreter 1180
- implied choice of law 1156
- inducement of breach of contract 1171
- injurious falsehood 1172
- internationales Deliktsrecht, wirtschaftsrechtliche Aspekte 1169
- intimidation 1171
- Kartellrecht 1192 f.
- Kartellvereinbarung 1194
- kaufmännische Hilfs- und Mittelsperson 1174, 1180
- Kaufverträge 1161
- lex causae 1148
- lex fori 1148, 1158
- lex loci delicti 1170
- lex rei sitae 1148, 1165 f., 1168
- Lizenzverträge 1209
- Marktbeherrschung 1195
- money of account 1158
- money of payment 1158
- Nationalität 1157
- negligence 1171
- oversea company 1190
- Parteiwillen 1156
- Parteiwillen, mutmaßlicher 1156
- passing off 1172
- Patentrecht 1203
- place of business 1190

527

Sachregister

- private international law 1145
- proper law of contract 1155, 1160
- Publizitätsvorschriften 1190
- Rechtswahl 1151, 1155
- renvoi 1148
- residence 1187
- Schiffsflagge 1157
- seat 1186
- Steuerrecht 1187
- Tarifverträge 1174
- Tatort 1169
- Telle-quelle-Schutz 1198
- unerlaubte Handlung 1169
- unlauterer Wettbewerb 1169
- Verbindungen, engste 1152
- Verjährungsstatut 1158
- Verleitung zum Vertragsbruch 1171
- Verschwörung 1171
- Vertragsstatut 1158
- Verträge 1150
- Vertragshändler 1180
- Vertragssprache 1157
- Währung 1157
- Warenzeichenrecht 1204
- Wettbewerbsbeschränkungen 1192
- Wettbewerbsrecht 1172
- Wohnsitz 1157
- Zusammenschlußkontrolle 1196

Internationales Prozeßrecht 1009 ff. (siehe auch EuGVÜ)

Investitionskontrolle 303

Investmentgeschäfte 295
- Aufsicht, staatliche 296
- authorised persons 295, 296
- exempted persons 295
- Financial Intermediaries, Managers and Brokers Regulatory Association (FIMBRA) 296
- Investment Management Regulatory Organisation (IMRO) 296
- Life Assurance and Unit Trusts Regulatory Organisation (LAUTRO) 296
- Securities and Futures Authority (SFA) 296
- Securities and Investment Board (SIB) 296
- self regulating organisations (SROs) 296

Irland, Republik 1286
- Gewerblicher Rechtsschutz 1290
- Kapitalgesellschaften 1289
- Rechtsquelle 1287

Israel 1292

Jersey 1300

Judgment 28
- dissenting 28
- distinguishing 30
- obiter dictum 29
- ratio decidendi 30
- res judicata 30
- stare decisis 30

Judicial Committee of the Privy Council 32

Junior Barrister 1079

Kanada 1294 f.
- Kapitalgesellschaften 1298
- Vertragsrecht 1297

Kanalinseln 1300

Kapital einer company 633 f., 651
- authorised share capital 633 f., 637 f.
- capital redemption reserve 643
- Dienstleistungen 641
- Einlage 651
- Einlagepflicht 635
- Erwerb eigener Aktien 643
- Haftungssubstanz 640
- in fremder Währung 591, 633
- issued share capital 634, 640
- Kapitalerhöhung 634, 636
- Mindestkapital 576, 591, 596, 638 f.
- nominal capital 633
- paid-up capital 635
- partly paid shares 635
- private companies 638
- public companies 639
- redeemable preference shares 643
- reserve capital 635
- Rücklagen, gesetzliche 648
- Sacheinlagen 636
- share capital 633
- uncalled capital 635
- unissued share capital 634
- unpaid capital 635
- Zinsen 648

Kapitalherabsetzung 649
- Gläubiger 649
- Öffentlichkeit 649
- special resolution 649
Kauf nach Beschreibung 235
Kauf nach Muster 245
Kaufmann 14
Kaufmännische Hilfspersonen 400 ff.
Kaufmännische Mittelspersonen 400 ff.
Kaufpreiszahlung 248
- Fremdwährungsklauseln 251
- Währung 250
- Zahlungsort 250
Kaufrecht, internationales 1162
Kaufvertrag 203
Kenia 1307
Kollektives Arbeitsrecht 534 ff.
Konkursrecht s. Insolvenz
Konzernrecht 758 ff.
- close company 765
- Einmanngesellschaft 764
- financial assistance 762
- holding company 762
- subsidiary 762
Körperschaftsteuer 571
- Anrechnungsverfahren 571
- imputation system 571
Kreditsicherungsgeschäfte 304 ff.
- equitable rights 305
- legal rights 305
- Liegenschaftsrecht 304
- Sachenrecht 304
- Vertragsrecht 304
Kreuzverhör 93
Kündigungsschutz 520 ff.
- Abfindung bei unfair dismissal 526
- Abfindung bei redundancy 528, 530
- Aufhebung des Schutzrechtes 523
- basic award 527
- compensatory award 527
- constructive dismissal 522
- eines streikenden Arbeitnehmers 523
- Kündigung, ungerechtfertigte 521 ff.
- Kündigungsfrist 520
- Kündigungsgründe 521, 524
- Kurzarbeit 529
- lay-off 529
- Mindestkündigungsfristen 520
- Mindestbeschäftigungszeit 523

- redundancy 528 f.
- redundancy payment 530
- unfair dismissal 521 ff.
- Verhaltenskodex von ACAS 524
- Wiederbeschäftigung 526
- Wiedereinstellung 521, 526
- wrongful dismissal 521, 526

Law Commission 79
Law of contract 58 ff.
Law of tort 61
Law of trust 26
Leasing 209
Legal und equitable rights, allgemein 26
Letters of intent 68
Lien 324 ff.
- Begriff 324
- equitable lien 328
- general lien 325
- legal lien 325
- particular lien 325
- Zurückbehaltungsrecht, gesetzliches 327
- Zurückbehaltungsrecht, vertragliches 326
Limitation of action 192 f., s.a. Verjährung
Limited partnership 809
- Eintragung im Register 810
- general partner 810
- limited partner 810
- Vergleich zur Kommanditgesellschaft 809
Lock out agreement 88
Luganoübereinkommen 1010, 1017
- Anerkennung und Vollstreckung ausländischer Urteile 1017
- internationale Zuständigkeit 1017
- 1. Beitrittsabkommen von 1978 1010
- 3. Beitrittsabkommen mit Spanien und Portugal 1010

Marken 8, s.a. Warenzeichen
Master agreement 73
Mehrheitsregel, companies 689
- actio pro socio 689
- derivative action 690
- Manipulation, betrügerische 690

Sachregister

- personal action 690
- representative action 690
- rule in Foss v. Harbottle 689

Members, companies s. Mitglieder

Memorandum of association 602
- Änderungen 606
- Außenverhältnis 602
- compulsory clauses 605
- Firma 602, 607 ff.
- Gegenstand 602, 618 ff.
- Haftungsbeschränkung 602, 625 ff.
- Mindestinhalt 605
- Nominalkapital, Höhe und Stückelung 602
- Sitz 602, 614 ff.

Mietkauf 208

Minderheitenschutz, companies 682 ff.
- controllers 683
- fraud on the minority 683 f., 686
- just and equitable 684, 686
- petition 685
- rule in Foss v. Harbottle, Ausnahmen 684
- Secretary of State 687
- section 459 CA 1985 685
- Sonderprüfer 687
- Unterdrückung der Minderheit, vergewaltigende 684
- Zwangsabwicklung 684, 687
- section 210 Companies Act 1948 684

Minderjähriger 70

Mischief rule 37

Misrepresentation 91, 669, 981

Mitbestimmung der Arbeitnehmer 549, 737 ff., s. a. Arbeitnehmermitbestimmung
- Bullock Committee 552, 738 ff.
- fünfte gesellschaftsrechtliche Richtlinie 552, 739
- gesetzliche 551
- works councils 550

Mitglieder, companies 626
- Mindestanzahl 626
- private companies 626
- public company 626

Mutter- und Tochtergesellschaft 759
- holding and subsidiary company 759
- Legaldefinition 759

Mutter- und Tochterunternehmen 761
- Beherrschungsvertrag 761
- dominant influence 761
- Legaldefinition 761
- managed on a unified basis 761
- subsidiary undertaking 747

Nachgiebiges Recht 104
Negligence 77
Neuseeland 1311 ff.
- Gerichtsaufbau 1317
- Gesellschaftsrecht 1315
- Gewerblicher Rechtsschutz 1316
- Handelsrecht 1314
- Vertragsrecht 1313
Nigeria 1307
Nordirland (Ulster) 1318 f.

Obiter dictum 29
Occupational pension schemes 518
Optionsvertrag 74
Ostensible authority 719, 799
Overruling 30
- Court of Appeal 31
- High Court 31
- House of Lords 30
Oversea companies 744
- and Credit and Financial Institutions (Branch Disclosure) Regulations 1992 744
- branches 744
- established place of business 744, 1190
- Zustellungsbevollmächtigter 1056

Pakistan 1321
- Kapitalgesellschaften 1323
- Vertragsrecht 1322
Parlament 21
Partnership 786 ff.
- Auflösung 805
- Außenverhältnis 799
- Begriff 787
- Geschäftsführung 795
- Gesellschaftsvertrag 794
- Gesellschaftsvermögen 797
- Gewinnbeteiligung 789
- Haftung, gesamtschuldnerische 802

- Innenverhältnis 794
- Legaldefinition 788 f.
- partiarische Darlehen 790
- Partner, Höchstzahl 791
- Partner, Treuepflicht 794
- Partner, Vertretungsmacht 799 f.
- partnership articles 791
- Rechtspersönlichkeit 571
- unerlaubte Handlung 804

Passing off 976 ff.
- Advokaat-Fall 977
- Anspruchsvoraussetzungen 977
- Aufmachung 981
- Ausstattung 981
- Budweiser-Fall 980
- character merchandising 983
- common field of activity 982
- Gebrauch desselben oder eines verwechslungsfähigen Namens 609, 976
- geographische Herkunftsbezeichnungen 981
- get up 981
- goodwill 978, 980
- guter Ruf 980
- Herkunftstäuschung 981
- Image und Persönlichkeit, Vermarktung 983
- Imitation der Verpackung, Aufmachung, Ausstattung der Waren 976
- irreführende Angaben 978, 981
- Irreführung 981 f.
- licensing of merchandising rights 983
- Lizenzierung von Vermarktungsrechten 983
- Marktverwirrung 981
- misrepresentation 981
- Nachahmung, sklavische 981
- Namen 609, 793, 981
- pre-launch activity 980
- Rechte an Phantasiefiguren 983
- Schaden 982
- tort of unfair competition 979
- Verkehrsgeltung 976
- Verwechslungsgefahr 976
- Warenbeschreibung 981
- Warenzeichen 981
- Wettbewerbsverhältnis 982

Patenterteilung und -widerruf 870
- Anmeldung 870
- Anmeldung, vorläufige 875
- application 870
- Comptroller of Patents, Designs and Trade Marks 870
- Einspruch 870
- Erfinder 871
- Erneuerungsgebühr 876
- first to file basis 875
- Offenbarung 875
- Offenbarung, ursprüngliche 872
- Patentamt, britisches 870, 874
- Patentamt, europäisches 870, 874
- Patentansprüche 872 f.
- Patentbeschreibung 872 f.
- Patentschrift 872
- Patentzusammenarbeitsvertrag 870, 874
- Priorität 875
- process patent 870
- product by process patent 870
- product patent 870
- Prüfung 873
- Recherche 873 f.
- Recherchebehörde 874
- revocation 877
- Schutzdauer 875 f.
- Stand der Technik 874 f.
- supportive disclosure 875
- Veröffentlichungen 874
- Widerruf 875
- Widerrufsgründe 877
- WIPO 870

Patentfähigkeit 859
- Arzneimittel 868
- as such – Einschränkung 861
- Ausstellung 864
- Bio- und Gentechnologie 862
- biologische Verfahren 862
- Biotechnologie-Richtline 862
- capable of industrial application 867
- Durchschnittsfachmann 865
- Entdeckungen 861
- erfinderische Tätigkeit 859, 863, 865
- Erfindung 859 f.
- Fachteam 866
- Forschungsteam 866
- Gentechnologie 866
- gewerbliche Anwendbarkeit 859, 867
- Informationen 861

- inventive step 863, 865
- literarische, dramaturgische, musische oder künstlerische Werke 861
- medizinische Indikation, erstmalige 868
- medizinische Indikation, zweite (oder weitere) 868
- medizinische Behandlungsmethoden 867
- methods of medical treatment 867
- mikrobiologisches Verfahren 862
- Neuheit 863
- new manner of manufacture 860
- obvious 865
- Offenbarung, deutliche und vollständige 869
- Pflanzensorten 862
- Pläne, Regeln und Verfahren für gedankliche Tätigkeiten, für Spiele oder für geschäftliche Tätigkeiten 861
- Programme für Datenverarbeitungsanlagen 861
- Schöpfungen, ästhetische 861
- Stand der Technik 863 f.
- state of the art 863 f.
- Stoff 868
- Swiss Claims 868
- technischer Charakter 861
- Tierarten 872
- verletzendes, unmoralisches oder unsoziales Verhalten 862
- Vertrauensbruch 864
- Verwendungsmöglichkeit, neue 868
- Vorveröffentlichung 863
- Vorwegnahme 863
- whole contents approach 861
- wissenschaftliche Theorien und mathematische Methoden 861

Patentlizenzen 889
- Alleinlizenz 889
- Benutzung im Dienste der Krone 890
- compulsory licences 890
- crown use 890, 892
- exclusive licence 889
- Exklusivlizenz 889
- Koppelungsklauseln 893
- Lizenznehmer 889, 893
- sole licence 889
- Zwangslizenzen 890, 891

Patentrecht 855 ff.
- geschichtliche Grundlagen 855
- manner of new manufacture 855
- Rechtsquellen 855

Patentrecht und Wettbewerbskontrolle 894 ff.
- Anwendungsbeschränkungen 898
- black list 898
- consent 896
- Diskriminierung, Mittel zur willkürlichen 895
- doctrine of exhaustion 896
- Einfuhrbeschränkungen, mengenmäßige 895
- Einfuhrbeschränkungen zum Schutze des gewerblichen und kommerziellen Eigentums 895
- Einzelfreistellungen 897 ff.
- Erschöpfungslehre 896
- Erschwerung von Parallelimporten 898
- Europäischer Gerichtshof 896
- Gebietsschutz 898
- Geheimhaltungsverpflichtungen 898
- Höchstmengen 898
- Know-how-Gruppenfreistellungsverordnung 900
- Kommission 897, 899
- Koppelungsklauseln 898
- Kundenbeschränkungen 898
- Mindestlizenzgebühren 898
- Patentgruppenfreistellungsverordnung 900
- Preisfestsetzungen 898
- Qualitätsstandards 898
- Technologietransfer-Gruppenfreistellungsverordnung 900
- Verbot der Ausnützung einer Monopolstellung 897
- Verbot wettbewerbsbeschränkender Vereinbarungen 897
- verschleierte Beschränkung des Handels zwischen den Mitgliedsstaaten 895
- Warenverkehr, freier 897
- Wettbewerbsklauseln 898
- Wettbewerbskontrolle nach EU-Recht 895
- Wettbewerbskontolle nach englischem Recht 894

Sachregister

- white list 898
- Zustimmung 896
- Zwangslizenz 896

Patentsysteme 858
- Comptroller of Patents, Designs and Trade Marks 858
- European Patent Attorney 858
- internationale Anmeldung 858
- Patent Agent 858
- Patent Appeal Tribunal 858
- Patent Office 858
- Patentamt 858
- Patentamt, europäisches 858
- Patentanwalt 858
- Patentanwalt, europäischer 858
- World Intellectual Property Organization (WIPO) 858

Patentverletzung 878
- account of profits 883
- Angebot der Veräußerung 879
- Anwendung 879
- Auslegung 878
- damages 883
- defence of innocent infringement 880
- defence of prior use 880
- Delikt 879
- delivery-up of infringing articles 883
- Einfuhr 879
- Einwendungen 880
- Europäisches Patentübereinkommen von 1973 878
- fence post approach 878
- Gebrauch 879
- Gewinn, entgangener 884
- guide post approach 878
- Handlungen außerhalb des Vereinigten Königreiches 879
- Handlungen mit Zustimmung des Patentinhabers 879
- Handlungen zu Forschungszwecken 879
- Handlungen zu nichtgewerblichen Zwecken 879
- Herausgabe 883
- Herstellung 879
- Inhalt 878
- inquiry as to damages 883
- Lagerung zu Veräußerungs- oder anderen Zwecken 879
- Lizenzgebühr, entgangene 884
- Lizenzgebühr, übliche 884
- Nichtigkeitsverfahren 882
- Patent County Court 881
- Patent Court 881
- Patentansprüche 878
- Patentbenutzung 885
- Patentrechtsstreitigkeiten, Kosten 881
- Patentverletzungsprozeß 881
- process patent 879
- product patent 879
- prohibitory injunction 883
- Protokoll zur Interpretation von Artikel 69 des Europäischen Patentübereinkommens von 1973 878
- Rechnungslegung 883
- Rechtsbeständigkeit 882
- Reparatur 879
- Schadensersatz 883
- Schadensfeststellung 883
- Schutzumfang 878
- terms 878
- tort 879
- Unterlassung 883
- validity 882
- Veräußerung 879
- Verjährungsfrist 882
- Verletzungshandlung 879
- Verschulden 884
- Vorbenutzung 880
- Wortlaut 878

Pawn broker 283

Penalty 180 f.

Pension funds 518

Performance 146
- partial performance 149
- substantial performance 149

Pledge 317 ff.
- Begriff 317
- Bestellung 318 f.
- Erlöschen 322
- Konnossement 320
- negative pledge 323
- Übertragung 318
- Verwertung 321

Präzedenzfälle 30

Private companies 575
- Anteile 577, 579, 661

533

Sachregister

- articles of association 579
- Ausschüttungseinschränkungen 580
- company secretary 578
- Darlehen an Direktoren 582
- Deregulierung 578
- directors 578
- Erwerb eigener Aktien 579
- financial assistance 580
- Geschäftsfähigkeit 579
- Jahresabschluß, Inhalt und Form 581
- Legaldefinition 576 f.
- Mitglieder 578
- public companies, Hauptunterschied zu 576
- Übertragbarkeit von Aktien 579
- Umwandlung in eine public company 583
- walisische 579

Privity of contract 76, 1254
Produkthaftung 273
- Einwendungen 279
- Entwicklungsrisiko 280
- Fehlerhaftigkeit 275
- Mitverschulden 281
- Schadensersatz, Umfang 278
- verantwortliche Personen 276
- Verkehrserwartungen 275
- verschuldungsunabhängige 273
- Verteidigungsvorbringen 279

Produzentenhaftung 77
Prohibitive injunction 26
Prokura 14
Promise 60
Prospectuses and public issues 660 ff.
- Angaben, irreführende 667
- Association of British Insurers 660
- Börsenzulassung, Voraussetzungen 665
- competent authority 665
- debentures 663
- Haftung 665, 667
- listing committee 665
- listing particulars 665 f.
- material contracts 665 f.
- National Association of Pension Funds 660
- öffentliche Zeichnung 661, 663
- offer for sale 661

- offer for subscription 661
- pathfinder prospectus 665
- placing 661
- private company 661
- Prospektzwang 665
- public company 660 f.
- Sachverständigengutachten 666
- Schadensersatzanspruch 667 f.
- securities 663, 665
- supplementary listing particulars 668
- Übertragbarkeit 665
- unlisted securities 663
- vendor placing 662
- warrants 663
- working capital 665
- Yellow Book 660, 665 f.
- Zulassung zum Börsenhandel 664

Protectorates 1214
Prozeßrecht 9
Public companies 580
- Anteile 650, 660, 661
- Ausschüttungseinschränkungen 580
- Darlehen an directors 582
- directors 578
- Erwerb eigener Aktien 580
- financial assistance 578
- Firma 579
- Gewerbebescheinigung 579
- Jahresabschluß 581
- Legaldefinition 576, 577
- Mindestkapital 576, 591, 596, 638 f.
- Mitglieder 578, 626
- private companies, Hauptunterschied zu 576
- trading certificate 579
- Übertragbarkeit von Aktien 579
- Umwandlung in eine private company 583
- walisische 579
- Zulassung zum Börsenhandel 664

Publizitätsvorschriften 740 ff.
- Abschriften der Anstellungsverträge der Direktoren 742
- annual report 741
- articles of association 741
- Aufstellung der gezeichneten Aktien 741
- Einzelheiten über den Erwerb eigener Aktien 741

Sachregister

- Einzelheiten über Kapitalerhöhung und -herabsetzung 741
- Geschäftskorrespondenz 742
- listing particulars 665 f., 741
- London Gazette 742
- memorandum of association 741
- Prospekte 741
- Protokolle der Hauptversammlungen 742
- public company 743
- relevant share capital einer public company 742
- Verzeichnis der Aktionäre 742
- Verzeichnis der Belastungen 741
- Verzeichnis der Direktoren 742
- Verzeichnis der Inhaber von Schuldverschreibungen 742
- Verzeichnis über Aktien und Schuldbeschreibungen der Direktoren 742

Qualität, handelsübliche 237, 1230
- Definition 238
- Fehler 241, 242

Quantum meruit 149
Quasi-contract 62
Queen's Bench Division 17
Queen's Counsel 1079

Rangrücktrittsvereinbarungen 347 f.
- Gläubiger, gesicherte 347
- Gläubiger, ungesicherte 349
- Schuldverschreibungen 349

Ratio decidendi 29
Receiver 26, s. a. Insolvenz
Rechnungsprüfer 753
- als officer der company 756
- Association of Authorised Public Accountants 755
- Berufsverband 755
- Chartered Association of Certified Accountants 755
- duty of care 757
- Ernennung der Prüfer 753
- Gesellschafterversammlung 756
- Institute of Chartered Accountants in England and Wales 755
- Institute of Chartered Accountants in Ireland 755

- Institute of Chartered Accountants of Scotland 755
- natürliche Personen 755
- private company 754
- Prüfungsgesellschaften 755
- Secretary of State 754
- Wirtschaftsprüfer im Ausland 755

Rechtsbehelfe, allgemein 166 ff.
- damages 168
- prohibitive injunction 168
- Rechte 166
- remedies 166
- rights 166
- Schadensersatz 168, s. a. Schadensersatz
- specific performance 168, 189 f.
- Unterlassung 168
- Vertragserfüllung 168, 189 f.

Rechtsbehelfe des Käufers 258 ff.
- Entschädigung wegen entgangener Nutzungsmöglichkeiten 269
- Erfüllung 270
- Erfüllungsinteresse 265
- Folgeschäden 268
- Marktpreis 266
- Schadensersatz 263
- wegen Fehlerhaftigkeit 265
- wegen Nichtlieferung 264
- Zurückweisung des Vertragsgegenstandes 258

Rechtsbehelfe des Verkäufers 252 ff.
- personal remedies 252
- real remedies 252
- Rückrufsrecht 254
- Schadensersatz wegen Nichtabnahme der Waren 256
- Wiederverkauf 255
- Zahlung des Kaufpreises 256
- Zurückbehaltungsrecht 253

Rechtspersönlichkeit einer company 569
- certificate of incorporation 570
- Eigenschaften 569
- Entstehungsarten 570
- Rechtsfähigkeit 570

Rechtsprechung 24
Rechtswidrigkeit 121
- doctrine of restraint of trade 126
- Gesetzwidrigkeit 125

Sachregister

- ordre public 122
- public policy 122

Rechtswörterbücher 57

Redundancy s. Kündigungsschutz

Registered office s. Sitz

Representations 91

Repudiation 161, 521

Resolutions s. Hauptversammlung

Rule of law 39

Sark 1300

Satzung einer company 602;
s. a. Articles of Association, Memorandum of Association

Schadensersatz 169 ff.
- Begleitschäden 172
- causation 177
- common law 169
- condition 172
- contributory negligence 179
- Eigentumsschaden 170
- Entschädigung in Geld 170
- Gesamtabrechnung des Vertragsverhältnisses 172
- Kausalität 177, 1073
- mitigation of damages 178
- Mitverschulden 179
- negatives Interesse 173
- nominal damages 175
- Personenschaden 170
- positives Interesse 171
- remoteness-Test 176
- repudiation 172
- Schadensersatz, pauschalierter 181
- Schadensminderung 178
- Strafschadensersatz 175
- Vermögensschäden 170
- Wahlrecht 174
- warranty 172

Schiedsverfahrensrecht 9, 1118 ff.
- case stated 1122
- error on the face of the award 1122
- judicial review 1123
- Schiedsabrede, Auswirkung 1120
- Schiedssprüche, ausländische 1126
- Schiedssprüche, Kontrolle 1122
- stay of proceedings 1120

Schottland 1327 ff.

Schuldverschreibungen 691 ff.
- Absicherung 692
- bearer debentures 695
- convertible debentures 695
- debenture stock certificate 692
- debenture trust deed 692
- fixed charge 692 f.
- floating charge 331, 691, 693
- Legaldefinition 692
- perpetual debentures 697
- receiver 693
- redeemable debentures 697
- Register 696
- registered debentures 696
- Stempelsteuer 697
- stock 692
- Treuhänder 692
- Übertragung 694, 696

Secretary 735 f.
- Anscheinsvollmacht 736
- articles 735
- Berufsorganisation 735
- Ernennung 735
- public companies 735
- Vollmachten 735

Set off 162 f.

Settled colonies 1212

Shares s. Anteile

Sierra Leone 1307

Singapur und Malaysia 1334 f.
- Gerichtsaufbau 1338
- Handelsrecht 1335
- Kapitalgesellschaften 1337
- Personengesellschaften 1336

Sitz einer company 614 f.
- Änderung 616
- Aufbewahrung von Dokumenten 616
- Domizil 614, 1184 f.
- registered office 616
- residence 617
- Zustellungen 616

Societas europaea (SE) 565

Solicitors 1074 ff.

Specific performance 26, 189 f.

Speditionsgeschäft 386

Speditionsvertrag 394
- allgemeine Geschäftsbedingungen 397
- Einbeziehung 397

536

- forwarder 394
- forwarding agent 394
- Handelsbrauch 397
- Hilfsleistungen 395
- Kommissionär 396
- loading broker 394
- Pfandrecht 399
- Provision 398
- ship's agent 395
- Versendung von Gütern 394
- Zurückbehaltungsrecht 399

Stamp duty s. Stempelsteuer
Statutory instruments 39
Statutory law 24
Stellvertreter 400, 402 ff., 1229
- Außenverhältnis 404
- Definition 402
- deliktische Tätigkeit 403
- Eigenhändler 402
- Innenverhältnis 404
- mittelbarer 414
- Prinzipal, verdeckter 414
- rechtsgeschäftliche Tätigkeit 403

Stellvertreter mit Warenlager 402
Stellvertretungsvertrag 404
- formbedürftiger 404
- formloser 404
- Vollmachtsurkunde 404

Stempelsteuer 656, 673
Straßenfrachtvertrag 390
- Beschränkung der Haftung 392
- conditions of carriage 392
- Frachtführer 391
- Frachtführer, öffentlicher 391
- Pfandrecht 393
- private carrier 391
- Richterrecht 390
- Schadensersatz 392
- Teilfrachtführer 392
- Zurückbehaltungsrecht 393

Subsidiary, subsidiary undertaking
   s. Mutter- und Tochtergesellschaft,
   Mutter- und Tochterunternehmen
Südafrika 1341 f.

Take-over bids 771
- Banken 1006
- City Code on Takeovers and Mergers 771
- Department of Trade and Industry 776
- europäische Kommission 776
- Gleichbehandlung 772
- irreführende Aussagen 773
- Kaufrecht des Erwerbers 774
- London Stock Exchange 776
- Mitteilungen 773
- Monopolies and Mergers Commission 776, 1006
- Office of Fair Trading 776
- Sorgfaltspflicht 772
- The Panel on Take-overs and Mergers 771
- The Rules Governing Substantial Acquisitions of Shares (SARs) 771
- Verkaufspflicht der Minderheit 774
- Zeitungsfusionen 1006
- Zwangserwerb 774

Tanzania 1307
Tarifvereinbarungen 42
Tarifverträge 42, 534
- collective agreements 42, 534 f.
- Teil eines individuellen Arbeitsvertrages 536
- Verbindlichkeit 535

Tauschvertrag 205
Teilerfüllung 86, 149
Transfer of Undertakings 511
Transportrecht 383 ff.
Treu und Glauben 108 f.
Trial 1081

Übereignung 212
- Ausnahmen 218
- Bestimmtheit 216
- Eigentumsvorbehalt 216
- Erwerb, gutgläubiger 218
- estoppel 218
- Gattungsschuld 214
- Konkretisierung 214
- Konsensualprinzip 212
- Rechtssicherheit, materielle 218
- Speziesschuld 215
- Vermutungen 215

Übergabe 229
- Leistungsort 229
- Zeitpunkt 231

Übertragung von Anteilen 670 ff.
- Ablehnung 671
- Abtretung 670
- Aktionärsbuch 670, 674
- articles of association 671
- Beglaubigung 672
- beneficial interest 671, 674
- certification of transfer 672
- CREST 673
- cum div 674
- Dividenden 674
- Einschränkungen 670 f.
- Eintragung 670
- Ermessen der Direktoren 671
- ex div 674
- Form 672
- legal title 671
- pre-emption right 671
- private companies 671
- proper instrument of transfer 672
- right of first refusal 671
- SEPON Ltd. 673
- Stempelsteuer 672 f.
- Stimmrecht 674
- Talisman Bought Transfer 673
- Talisman Sold Transfer 673
- Talisman-System 673
- TAURUS-System 673
- Testamentsvollstrecker 670
- Treuhänderverhältnis 670
- Übertragungsmodalität 672
- Übertragungsurkunde 672
- von amtlich notierten Aktien 673
- with registration guaranteed 674
- Zedent 672
- Zessionar 672

Uganda 1307

Ultra vires 39, 602, 618 f.
- Abschaffung 622
- Außenverhältnis 622
- Beschreibung 618
- constructive notice 622
- gutgläubige Dritte 620, 622
- Haftung der Direktoren 621 f.
- Innenverhältnis 622 f.
- Unterlassungsklage 621 f.

Umwandlung einer company 766 f.
- amalgamation 768
- compromise, arrangement 770
- merger 768

- reconstruction 767
- Verschmelzung 768

Undisclosed agency 413 f.

Ungerechtfertigte Bereicherung 62

Unincorporated voluntary associations 574

Unjust enrichment 62

Unlauterer Wettbewerb 974 ff.
- confidential information 974
- Geheimnisschutz 974
- injurious falsehood 974
- law of torts 974
- passing off 974, 976 ff.
- unfair competition 974
- vergleichene Werbung 975

Unlauterer Wettbewerb – sonstige Regelungen 992
- Blinden- und Behindertenware 992
- Consumer Protection Advisory Committee 993
- Director General of Fair Trading 993
- Falschbeschriftung 992
- Ladenschlußzeiten 992
- Rabattmarken 992
- Restrictive Trade Practices Court 993
- unfair or fraudulent trading 993
- Verbraucherschutz 993
- Zusendung unbestellter Ware 992

Unlimited companies 572

Unlisted Securities Market 664

Untergesetzesrecht 39

Unternehmens(außen)recht 15

Unwirksamkeit 117 f.
- Anfechtbarkeit 117
- fehlende Gegenleistung 118
- grundlegender Irrtum 118
- nicht einklagbare 117

Urheberrecht 855, 914 ff.
- angewandte Kunst 917
- Architektur 917
- Aufführungen 917
- Berichterstattung 924
- Collagen 917
- Computerprogramme 916
- copyright 914
- Dramaturgie 915
- Eigentum an dem Gegenstand 920

- Einwendungen 924
- Filme 915
- Form 920
- Förmlichkeiten 919
- Forschungszwecke 924
- Fotografien 917
- Gemälde 917
- Holzschnitte 917
- Idee 920
- individuelle Werke 918
- Karten 917
- Kritik oder Besprechung 924
- Kunst 915
- Kunstwerke 917
- Literatur 915
- moral rights 921
- Musik 915
- Musikaufnahmen 915
- öffentliches Interesse 924
- originality 918
- Pläne 917
- primary infringement 921
- privater Gebrauch 924
- Radierungen 917
- right of integrity 922
- right of paternity 922
- Rundfunksendungen 915
- Schöpfer 923
- Schutzdauer 920
- secondary infringement 921
- Skulpturen 917
- Urheberpersönlichkeitsrechte 921 f.
- Urheberrechtsverletzung 921
- Verwertungsrechte 921
- Zeichnungen 917
- zufälliger Einschluß von Urheberrechtsmaterial 924
Urteilssammlungen 51

Verbraucherkredite 297 f.
- ancillary credit business 297
- consumer credit agreement 297
- cooling off periods 297
Vereinigte Staaten von Amerika 1347 f.
Verfallsklauseln 182
Verfassungsgericht 21
Verjährung 192 f., 1072
- Beginn 196
- Hemmung 197
- Prozeßrecht 192

- Unterbrechung 198
- Verkürzung 195
- Verlängerung 195
- Verträge, einfache 194
- Verträge unter Siegel 194
Verjährungsstatut 1158
Versprechen 60
Vertrag zugunsten Dritter 76 f., 1158
- Ausnahmen 77
Verträge, Ausarbeitung 94
Vertragsänderung 80
Vertragsform 82 f., 494, 1158
- conveyance 84
- corporate seal 84, 569
- deed 82
- einfache Verträge 82
- Siegel 82, 569
- simple contracts 82
- speciality 82
- under seal 82
Vertragsrecht 7, 58 ff.
Vertragsschluß 66 f., 1049, 1158
- acceptance 66
- Allgemeine Geschäftsbedingungen 99
- Anfechtung 119
- Angebot 66, 74
- Annahme 66
- Annahmeerklärung 75
- Austausch von Verträgen 69
- Bindungswille 59, 67
- consideration 66
- exchange of contracts 69
- Geschäftsbeziehung, ständige 1049
- intention to create legal relations 67
- invitationes ad offerendum 89
- Mailbox-Theorie 75
- offer 66
- under seal 66, 82
Vertragsstrafe 180
Vertragsverletzung 136
- Annahme des Vertragsbruches 157
- Aufforderung zur Nachbesserung 140
- conditions 158
- einheitliches Konzept 137
- fundamental terms 160
- Garantiehaftung 138
- innominate terms 159

539

- intermediate terms 159
- Mahnung 140
- Nachfristsetzung mit Ablehnungsandrohung 140
- Pflichten 158
- repudiation 161
- unwesentliche 158
- verschuldensunabhängige Haftung 138
- Vertragsauslegung 139
- warranties 158
- wesentliche 158

Vertreter 406
- mutmaßlicher Parteiwille 407
- Sorgfalt 408
- Übertragung 408
- Verbot des Selbsteintritts 409
- Weisungen 408
- Widerstreit seiner Interessen 409

Vertretungsmacht 410, 1231
- actual authority 410
- agency by estoppel 411
- apparent authority 411
- express authority 410
- general agent 410
- implied authority 410
- ostensible authority 411
- ratification 412
- special agent 410
- undisclosed 413 f.

Verwirkung 81, 109, 657, 1231

Verzicht 80

Vorgesellschaft 597 f.
- Novation 597
- Optionsrecht 597
- Ratifizierung 597
- Rechtsnatur 601
- Verträge 597
- Verträge, unverbindliche 597

Vorvertragliche Erklärungen 89

Wages Councils 537

Wales 1222

Warenabnahme 248

Warenkauf 200
- caveat emptor 234

- caveat venditor 234
- handelsübliche Qualität 237
- Kauf nach Beschreibung 235
- Kauf nach Muster 245

Warenzeichen 8, 925 ff.
- adapted to distinguish 938
- Ähnlichkeit 943
- Auflagen 943
- Ausstattungen 934
- Benutzung 933
- Benutzungsabsicht 929, 942
- Benutzungsrecht 939
- Benutzungsvereinbarung 941
- bona fide intention to use 929, 942
- capable of distinguishing 938
- certification marks 932, 936 f.
- collective marks 937
- Comptroller of Patents, Designs and Trade Marks, auch Registrar 940
- defensive marks 932, 936
- Defensivmarken 932, 936
- Dienstleistungsmarken 933, 935
- disclaimer 945
- distinctive 929
- Eintragung 928 f.
- Eintragungsfähigkeit 933
- Eintragungshindernisse 939
- Eintragungsverfahren 940
- Eintragungsvoraussetzungen 938
- Garantiemarke 936 f.
- Garantiezeichen 932
- Gebühr 944
- get-ups 934
- goodwill 929
- Handel mit 942
- importing a reference 932
- merchandising fictional characters 942
- passing off 927, 929
- Prüfung, amtliche 940
- Qualitätskontrolle 942
- Register of Trade Marks 940
- registered user agreement 941 f.
- Rundfunkwerbung 933
- Schutzrechtsverzicht 945
- service mark 933
- Täuschungs- und Verwechslungsgefahr 939
- Teil A 938
- Teil B 938

- trafficking in a Trade Mark 942
- Unterscheidungskraft 928, 929, 938, 940
- use 933
- Verbandszeichen 937
- Verletzung durch Bezugnahme 932
- Vermarktung von Phantasiefiguren 942
- Warengleichartigkeit 930, 939
- Warenklasse 940, 943
- Warenzeichensystem 925
- Weißbuch zur Neufassung des Trade Marks Act 1938 925
- Werbung, vergleichende 932
- Widerspruch 928, 944
- Zeichenarten 933
- Zeichenrolle 940

Warenzeichen und Wettbewerbskontrolle 955 ff.
- Beschränkung des Handels zwischen den Mitgliedsstaaten 956, 958
- consent 957
- Diskriminierung 956
- doctrine of exhaustion 957
- EU-Recht 955
- Einfuhrbeschränkungen, mengenmäßige 956
- Einfuhrbeschränkungen zum Schutze des gewerblichen und kommerziellen Eigentums 956
- Einverständnis 957
- Erschöpfungslehre 957
- Europäischer Gerichtshof 957
- exercise 957
- existence 957
- Handel zwischen den Mitgliedsstaaten 955
- Märkte, Aufteilung 956
- Parallelimporte 957 f.
- Verpackung für den Exportmarkt 958
- Warenzeichenrecht, Ausübung 957
- Warenzeichenrecht, Bestand 957

Warenzeichenlizenz 954
- Benutzungsvereinbarung 954
- Handel mit Warenzeichen 954
- Qualitätskontrolle 954
- registered user agreement 954
- trafficking in a trademark 954

Warenzeichenreform 959 ff.
- Ausnutzung des guten Rufes, unfaire 968
- Benutzer, eingetragene 972
- Benutzung 972
- Benutzung, hörbare 969
- Benutzung in der Werbung 968
- Benutzung mit Einverständnis des Inhabers 972
- beschreibende Angaben 961
- Bezugnahme 968
- community trademark 973
- Defensivmarken 962
- disclaimer 966
- Drittwirkung 972
- Eintragungsfähigkeit 960
- Eintragungshindernisse 963
- Eintragungsverfahren 965
- Eintragungsvoraussetzungen 960
- Erschöpfungslehre 971
- Farben und Formen 960
- Garantiemarken 962
- Gemeinschaftsmarken 963, 973
- geographische Angaben 961
- Geschäftssitten, gute 968
- grafische Darstellung 960
- Handel mit Warenzeichen 972
- Kollektivmarken 962
- Lizenznehmer, eingetragener 972
- Löschungsantrag 972
- Madrider Markenschutzabkommen, Protokoll 973
- Marken, berühmte 964
- Marken, internationale 963, 973
- Nichtbenutzung 972
- registered user 972
- Rundfunkwerbung 969
- Schutzdauer 966
- Schutzrechtsverzicht 966
- Verkehrsdurchsetzung 961
- Verlängerung 966
- Verletzung 967
- Verletzungshandlungen 967
- Verwässerung 962, 964
- Verwässerung berühmter Marken 967
- Verwechslungsgefahr 963
- Warengruppen, fremde 964
- Warengruppen, verwandte 963
- Warenzeichen, Übertragung 972

541

Sachregister

- Warenzeichenbenutzung 970
- Weißbuch zur Neufassung des Trade Mark Acts 1938 959
- World Intellectual Property Organization WIPO 973
- zeichenmäßige Benutzung 967

Warenzeichenübertragung 953

Warenzeichenverletzung 946
- Bedingungen und Beschränkungen, eingetragene 946
- Benutzung an Originalwaren 950
- Beschränkung des Warenzeichenrechts 946
- Bezugnahme 948f.
- doctrine of exhaustion 951
- Erschöpfungslehre 951
- importing a reference 948f.
- lautere Benutzung des eigenen Namens 946
- lautere Beschreibung der Art und Qualität der eigenen Waren 946
- prioritätsjüngere, trotzdem aber eingetragene Warenzeichen 946
- Rundfunkwerbung, vergleichende 949
- Verletzungsformen 948
- Verletzungshandlung 948
- Vorbenutzung, gutgläubige 946
- Werbung, vergleichende 948f.
- Zeitungs- oder Fernsehwerbung 949
- Zustimmung 950

Weltweite Geltung des englischen Handels- und Wirtschaftsrechts 1210ff.

Werk- und Werklieferungsvertrag 206, 492

Wertpapiere 211, 665

Wettbewerbsbeschränkungen 994ff.
- anti-competitive practices 1007
- Anti-Trust-Gesetzgebung 995
- Ausschließlichkeitsverträge 1004
- Bagatellkartelle 1000
- Beschränkungen der wirtschaftlichen Betätigungsfreiheit 994
- civil conspiracy 994
- collective resale price maintenance 1001
- complex monopoly situations 1003

- Director General of Fair Trading 999, 1002, 1008
- doctrine of restraint of trade 994
- economic torts 994
- gateways 1000
- horizontale Abreden 997
- individual resale price maintenance 1002
- Kartellrecht, europäisches 996
- Kartellvereinbarungen 997, 999
- Koppelungsverträge 1004
- Liefersperren 1003
- Marktbeherrschung 995, 1003f., 1006
- merger situations 995, 1006
- Mißbrauchsprinzip 999
- Monopolkommission 1004ff.
- Monopoly and Mergers Commission 1004ff.
- monopoly situations 995, 1003
- Oligopole 1003
- Preisbindung 1001
- Preise, exzessive 1004
- public interest 1000
- Rechtfertigungsgründe 1000
- Registrar of Restrictive Trade Practices 999
- resale price maintenance 995, 1001
- Restrictive Trade Practices Court 1000
- restrictive trading agreement 995, 997
- Rule of Reason 1000
- simple monopoly situation 1006
- Unternehmenszusammenschlüsse 995, 1006
- vertikale Abreden 997
- vertikale Preisbildung 995
- Werbeetats 1004
- wettbewerbsbeschränkende Vereinbarungen 995
- wettbewerbswidrige Praktiken 1007
- Zweischrankentheorie 996

Widerklage 162

Wirtschaftsrecht 19
- economic law 20
- Konzept 19

Yellow Book 660, 665f.

Zeitschriften 55
Zinsen 183, 1112
- common law 1115
- equity 1115
- Fälligkeit 185
- gesetzliche 183
- Richterrecht 183
- Verzugszinsen 184
- Vorschriften, prozessuale 1116
Zitierweise 52
Zurückbehaltungsrecht s. Lien
Zuständigkeit nach EuGVÜ und LuganoÜ 1017 ff.
Zuständigkeit nach traditionellem englischen Recht 1052 ff.
- Anwesenheit 1054
- Auslandszustellung 1057
- Erfüllungsort 1059
- forum non conveniens rule 1055
- forum selection clause 1055
- Gerichtsstandsklauseln 1060
- Gerichtsstandsvereinbarung 1055
- Geschäftsniederlassung 1956
- Handlung, unerlaubte 1061
- jurisdiction 1053
- jurisdiction clause 1055
- Klagen gegen Gesellschaften 1056
- Klagen gegen Privatpersonen 1054
- Order 11 der Rules of the Supreme Court 1057
- place of business 1056
- presence 1054
- Schiffahrtssachen 1062
- service 1054
- submission 1055
- Unterwerfung 1055
- Vertrag 1059
- Zuständigkeit in rem 1062
- Zustellung 1054
- Zustellungsbevollmächtigter 1056
Zustellung 1088 ff.

Schriftenreihe
Recht der Internationalen Wirtschaft

Band 4 Eisemann/Schütze **Das Dokumentenakkreditiv im Internationalen Handelsverkehr**
Band 6 Grützmacher/Schmidt-Cotta/Laier **Der Internationale Lizenzverkehr**
Band 8 Stumpf u. a. **Eigentumsvorbehalt und Sicherungsübertragung im Ausland**
Band 11 Graf von Westphalen **Rechtsprobleme der Exportfinanzierung**
Band 12 Sonnenberger **Französisches Handels- und Wirtschaftsrecht**
Band 14 Stumpf **Internationales Handelsvertreterrecht,** 2 Teile
Band 15 Triebel u. a. **Englisches Handels- und Wirtschaftsrecht**
Band 16 Gleiss/Hirsch **Kommentar zum EG-Kartellrecht,** 2 Bände
Band 17 Hausmann/Kindler **Italienisches Handels- und Wirtschaftsrecht**
Band 18 Gotzen **Niederländisches Handels- und Wirtschaftsrecht**
Band 19 Sandrock **Handbuch der Internationalen Vertragsgestaltung,** 2 Bände
Band 21 Graf von Westphalen **Die Bankgarantie im internationalen Handelsverkehr**
Band 22 Kropholler **Europäisches Zivilprozeßrecht**
Band 23 Fischer/Fischer **Spanisches Handels- und Wirtschaftsrecht**
Band 26 Elsing/Ebke **US-amerikanisches Handels- und Wirtschaftsrecht**
Band 27 Schütze **Rechtsverfolgung im Ausland**
Band 28 Lange/Black **Der Zivilprozeß in den Vereinigten Staaten**
Band 29 Schütze **Handels- und Wirtschaftsrecht von Singapur und Malaysia**
Band 30 Aden **Internationale Handelsschiedsgerichtsbarkeit**
Band 31 Heidenberger **Deutsche Parteien vor amerikanischen Gerichten**
Band 32 Ebenroth/Karl **Die Multilaterale Investitions-Garantie-Agentur**
Band 35 Langefeld-Wirth **Joint Ventures im internationalen Wirtschaftsverkehr**
Band 36 Ebke **Internationales Devisenrecht**
Band 37 Merkt **US-amerikanisches Gesellschaftsrecht**
Band 38 Ebenroth **Gewerblicher Rechtsschutz und europäische Warenverkehrsfreiheit**
Band 39 Thume **Kommentar zur CMR**
Band 40 Impelmann/Borgers **Kanadisches Handels- und Wirtschaftsrecht**
Band 41 Nielsen **Neue Richtlinien für Dokumenten-Akkreditive**
Band 42 Ebenroth/Hübschle **Gewerbliche Schutzrechte und Marktaufteilung im Binnenmarkt der Europäischen Union**
Band 43 Federhoff-Rink **Umweltschutz und Wettbewerbsrecht**
Band 44 Schäfer/Singer **Mittelstand und EG-Richtlinien**
Band 45 Wandt **Internationale Produkthaftung**
Band 46 Hill-Arning/Hoffman **Produkthaftung in Europa**
Band 47 Ullrich/Körner **Der internationale Softwarevertrag**

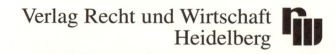

Verlag Recht und Wirtschaft
Heidelberg